汝 信 主编／彭立勋 李鹏

A HISTORY OF
WESTERN AESTHETICS

西方美学史

第一卷

古希腊罗马至中世纪美学

凌继尧 徐恒醇 著

中国社会科学出版社

图书在版编目（CIP）数据

西方美学史（第一卷）古希腊罗马至中世纪美学/
汝信主编 .—北京：中国社会科学出版社，2005.3
　ISBN 7-5004-4884-8

　Ⅰ.西… 　Ⅱ.汝… 　Ⅲ.美学史—西方国家
Ⅳ.B83－095

中国版本图书馆 CIP 数据核字（2004）第 131996 号

责任编辑　黄德志
责任校对　李小冰
封面设计　奇文雲海
版式设计　郑以京　戴　宽

出版发行　中国社会科学出版社
社　　址　北京鼓楼西大街甲 158 号　　　邮　编　100720
电　　话　010—84029450（邮购）　　　　010—64031534（总编室）
网　　址　http://www.csspw.cn
经　　销　新华书店
印　　刷　京南印刷厂　　　　　　　　　装　订　桃园兴华装订厂
版　　次　2005 年 3 月第 1 版　　　　　印　次　2005 年 3 月第 1 次印刷
开　　本　640×960 毫米　1/16
印　　张　46　　　　　　　　　　　　插　页　11
字　　数　616 千字
定　　价　52.00

波塞东像 公元前460年，青铜，高209厘米，雅典国立博物馆藏

狮子门 公元前1300年，门高3.1米，宽3米，迈锡尼文化

掷铁饼者 公元前450年，云石，高155厘米，罗马国立博物馆藏

苏格拉底 石雕

米罗的阿芙罗蒂德 公元前 2
世纪下半叶，云石，高 204 厘
米，巴黎卢浮宫藏

雅典卫城 公元前 5 世纪

▲▌ **科洛西姆竞技场** 公元 75 — 80 年，罗马

◀▌ **图拉真纪功柱** 公元107—117年，云石，
全高 39.81 米，罗马

◀ **奥古斯都像** 公元前19年，云石，高204厘米，罗马梵蒂冈博物馆藏

▼ **圣索菲亚教堂** 公元532—537年，土耳其，伊斯坦布尔

圣三位一体 1410—1420 年，木板画，
141×113厘米，莫斯科特恰科夫画廊藏

圣母玛丽亚访问伊丽莎白 1230年左右，
石雕，法国兰斯大教堂

帝国十字架 1024年，木胎，镏金，珠宝镶嵌，77×70厘米，维也纳美术博物馆藏

法国兰斯大教堂 1230年左右

前　言

一

我们呈献给读者的这部书，是四卷本的西方美学史。

大家知道，自康德以降，西方学术惯常认为，人类精神应该有三大活动领域，即求真的知识领域、求善的伦理领域和求美的审美领域。与此相立，在学术研究的形态上，就有知识学、伦理学和美学（审美学）这三门哲学学科。这种学术思路把审美活动看成人类精神活动不可或缺的领域之一，从而，美学研究也就成为哲学研究不可或缺的劳作之一。

因为上述三个人类精神活动领域，是人类永恒拓展和耕耘的园地，上述三门学科的思想，也就贯穿于世代西方学者的学术视野之中。就美学而言，也就形成了自己漫长的学术传统，尽管在很长一段时间内对审美现象和审美问题的研究并不被叫做"美学"（Aesthetics）。

生活于不同历史时代的人们，其精神生活条件和精神活动水平是不同的，他们据此形成的思想模式和思想类型也是不同的。简单地说，这些不同的模式和类型在时间长河中先后发生，把它们排列起来，就成为思想的"历史"。于是，在时间的长河中，人类就有了"精神活动"的"历史现象"，也就有了审美活动的"历史"，从而在思想的意义上（而不只是在术语的意义上），也就有了相应而生的审美学科的历史，即美学史。

而从美学的现实需要来看，任何时代的人们，在其现实的精神生活中都需要进行审美活动，从而，每一时代的学者也就需要有意识地进行美学研究活动。在这种情况下，美学史作为历史，恰好就是现实的人们进行审美活动和审美研究的一面大镜子——人们往往需要从过去世世代代的"历史"中学习（或者摹仿）前人所积累（所表象出来）的审美体验，需要以前人对美学问题的研究和阐述，作为自己（"美学式"地）思考现实的思想资料和前鉴。因而，人们为了进行现实的审美活动和美学研究，就需要阅读审美活动和美学研究的历史，即美学史。在这里，历史的思想资料与现实问题，在一定条件下，就可能实现"视域的融合"。在这个意义上，任何"历史"，都是"当代"人"视域"中的历史。这就是写作、阅读和研究美学"史"的现实意义。

如此看来，学习和研究美学史，实在是提升人们的现实审美活动达到高雅水平的路径之一，也是那些有学术历史感、有"站在巨人肩头"意识的美学研究者，实现美学研究事业的新突破和新开拓的必要的基础劳作之一。正是出于这种考虑，我们才有兴趣和动力聚集在一起，谈文、论艺、发疑、致思，写作和出版这样一部四卷本的《西方美学史》。

二

有人会说，中国大众自有中国人传统的审美习惯和审美文化精神，中国学者自有中国美学思想的学统和道统，是否有必要去阅读和研习西方美学史呢？

当然，中国的美学研究首先必须从中国的实际出发，扎根于中国的土地，从自己优秀的民族文化传统和文学艺术实践中汲取营养，只有在这个基础上，我们才能真正吸收和消化外国的美学资源，而且也只有这种具有本土性和中国特色的美学理论，才能真正走向世界，而照抄照搬过来的东西，即使是最好的，也不能成为我们自己的，更不能使我们立足于世界美学之林。但是，如果把本土性和民族性推向极端，拒绝吸收人类创造的一切美学瑰宝，拒绝研究和借鉴世界美学所取得的优秀成果，闭门造车，甚至夜郎自大，也绝不可能建设出当代中国的美学理论。在全球化已成必然趋势的历史背景下，维护文化学术的多样性和独特性，绝不应当被理解为某种褊狭的民族主义。

在这个大的思路下，东西方学术关系问题的实质，已经不是互相排斥或者彼此消长，而是如何使二者互鉴、互释、互补，从而使双方都达到新的深度、广度和高度。为达此目标，中国自然应该以积极的、建设性的态度，主动向西方介绍中国学术，同时也应该积极熟悉、反思和消化西方学术，只有这样，中国学术才能与 21 世纪世界先进思想交流互渗，一方面促成自身之繁荣，另一方面，也为世界做出贡献，从而荣立于世界学术之林。我们想，研究西方美学史，也应是实现这个总体学术使命的一个具体方面。

还有人会说，目前国内已经出版了许多西方美学史著作和读本，你们写作、出版"这一部"，还有必要吗？我们的回答，是有必要。我们看到，改革开放二十多年来，与我国经济发展和社会发展水平的不断提高相伴随，我国的哲学社会科学空前发展和繁荣。美学研究事业也出现了一个又一个的学术探讨和争论热潮。在这样一种充满活力的宏观形势下，西方美学史的研究也百花齐放、百家争鸣，研究著作不断出版，真可谓姹紫嫣红，硕果累累。我们觉得，当此之时，自己作为学习和研究美学的学者，也应该对自己多年学习西方美学史的一些体会和心得进行再思考、再梳理，为西方美学史的学术百花园浇水施肥、增光添彩。我们的这种信心，来自于参加本课题研究和本书写作的诸位同仁的学术经历、学术经验、学术研究能力和以往学术成果的严肃考量。客观地说，本课题的研究者和本书的写作者，有的是在我国西方美学史学术研究领域起步较早的前辈学者，有的有多年的西方美学和西方美学史研究和教学的经验，有的对于西方美学从古代到现代的几个断代有较深入的钻研，有的对西方美学史上某个或者某些著名大家有独到的研究，有的对"哲学美学"、"文艺美学"和"风尚美学"分别有一些洞观灼见；而且，课题组诸位同仁无论老中青，都有直接阅读大量第一手资料的能力，他们或曾经在欧美师从过西方的美学专家，或与当代西方美学界著名学者以及西方美学社团、研究群体有着不同程度的学术来往和实质性交流，因而，大家对于当代欧美美学界和美学史界的研究情况、学术动向、问题争论和着力热点等等，都有较好的了解和把握。正因为有这些条件，加之我们在阅读近年出版的一些国内外同仁的学术著作的过程中，在参加国内外一些西方美学（史）研究的专业会议的过程中，在我们课题组同仁之间的学术交往探讨中，又对一些学术问题产生了不少新的兴趣和新的思考。在这种情况下，我们觉得有把我们的研习心得加以整理，使之朝着系统化、规范化的方向发展的必要。出于这些考虑，我们决定合作编写一部西方美学史，为我们与国内外同行之间继续进行西方美学史学术交流和讨论，提供一个新的文本依据，也为我们自己汲取国内外学者的批评意见建构一个开放的平台。我们总是想把自己认为有价值的东西奉献给读者。但这种认真的主观努力，能否有客观价值和效果，尚待读者给予理解性的批判。因为任何学术进步都是在批判中获得的，西方美学史研究也应该是这样。

三

为了使课题组诸位同仁在研究和写作中有共同的或相近的理念，从而促成有质量的合作，我们在研究和写作过程中，不断交换想法和观点，力图不断明确并以本书的写作内容具体回答"什么是'西方美学史'"这个问题。也就是说，我们对"西方美学史"的研究对象的理解，有我们自己的一些特点。

"西方美学史"这个作为本书书名的大概念，具体地解析一下，就是"西方"的"美学"的"历史"。为真正理解这个书名，我们需要对于组成这个大概念的各个词——"西方"、"美学"和"历史"——进行分别的学术追问。

什么是"西方"？这个方位词是西方文化话语系统中的概念，

它有其"历史性的"文化意旨。根据惯常的解释，它专指古代希腊和古代罗马，中世纪的西欧和中欧罗马天主教会统治区域，近代的西欧、北美民族国家，以及现代的欧美。这个概念的地理范围的历史变动，为在研究和写作西方美学史过程中，能够准确把握研究对象，提出了必须予以回答的难题：什么地方的美学才是"西方的"美学？例如，古希腊的一些美学家（也是哲学家）就生活在现代的"小亚细亚"半岛上，这里是今天亚洲的地界，应该是"东方"了，但我们绝不能说他们是东方美学家。他们的美学思想，按照当时的"文化归属"，显然应该是"西方的"。再如，19 世纪某些俄罗斯美学家的思想，按照欧洲人的地理划分概念，应该归属于"东方"。但是，从美学思想的文化"学统"来说，他们显然深受德意志观念论思路的影响，可以说是德意志观念论美学的分支，也可以说是德意志观念论美学在俄罗斯的变种。正因如此，我们在第三卷中把别林斯基等人的美学思想也写了进去。总之，我们在理解并运用"西方"这个概念于本书时，始终把"西方"看作一个"文化时空"，而并未把它看作一个地理学的、有固定边界的自然空间。

　　什么是"美学"？这个问题的答案，就是对美学史研究著作的基本内容应该是什么的理解，这个理解直接决定着美学史研究者和写作者对自己研究对象及其内容的确定、搜集、取舍、加工和剪裁。

　　在我们能够看到的、已经出版的西方美学史著作中，对什么是"美学"的理解是有所不同的。总括起来，美学大体上被分别理解为"哲学美学"、"文艺论美学"和"审美意识与审美风尚研究"。

　　哲学美学把美学看作哲学的一部分，认为美学具有同"伦理学"、"知识学"、"本体论"、"辩证法"一样的哲学意义和价值。因而，哲学美学一般都是哲学家在其哲学框架内对"美"、"美感"以及"审美"诸范畴和诸概念进行的理性探讨。这种探讨表现出哲学家阐释美的智慧。

文艺论美学是文学、艺术这两个领域的理论家、评论家和批评家对文学艺术作品的"美"的特质进行解释和评价的理念化话语系统。在这里，对"美"的阐释总是与对具体文学作品的文本的解释和对具体艺术品（或艺术表现过程）的表象的评判密切联系在一起的。这种探讨，表现出文艺理论家、评论家和批评家通过建构"美学"话语系统而探求文艺作品与美的理念之间的关系的思想努力。

对审美意识与审美风尚的研究，是文化论美学家对"美"进行的"文化研究"。这种研究，从社会大众日常生活中的个体的和群体的情感表达方式中，从日常行为方式和日常语言中对某种"美的"意蕴的偏好与追求中，从大众对文艺文本和表演形象（或过程）的某些审美形式和内容的爱好和执著中，从大众对衣食住行之类平凡生活中"美的"形象、格调、风韵、比例和节律等等的不断翻新的认可和设计中，从民间习俗、礼仪和节庆中"美的"传统性与时尚性的文化张力和非线性消长中，来把捉人类（或人类的某一个文化区域）的审美意识和审美风尚的恪守和流变。在这里，美学在主体方面属于大众"意识学"，在客体方面属于民俗学（"风尚学"），它总体上仍然属于精神文化研究。

以上三种理解，或者按照这三种路数对美学的把握和研究，是定义"美学"的主要方式，但也不是全部方式。更重要的是，从美学（作为"思想"）史的实际情况来看，这三种方式并不是完全分隔乃至对立的，而是相互交错的，或者部分重合、部分相融的，或者互补、互替、互释、互证的。所以，在当今一与多的辩证方法、多样性和复杂性思维方式已经普及的情况下，美学的研究者似不必以任何一种排他性思维方式把美学学术研究的对象"定于一尊"，而应该承认这三种不同美学在"总体历史"中的"共在"。

实际上，在西方学术史上，由于在历史的现实进程中物质文化与精神文化的复杂关系，由于精神文化各领域之间的复杂关系，由于哲学、艺术和社会风尚各自在不同历史时期的不同处境，以及历史主体对它们的不同程度的重视，因而，它们在总体文化的某个时期、某个地区、某个社会阶层、某些重大社会事件或社会现象中，其位势强弱和影响力大小便很不相同。沧海桑田，往往不可同日而语。所以，如果在一定的时期或地区或社会事件中，哲学家的社会地位、生存条件和致思赋向决定他们比文学家和艺术家更关心"美的"问题，那么，在这个确定的时空中，前者对于"美"和"美的事物"就有较多的"社会话语权"，他们就必然占据这个确定时空中美学阐释的主导地位。在这个确定时空中，哲学美学必然成果和著述丰富。一旦社会发展到另外一个历史时期，哲学的文化位势衰落或其致思赋向转移到其他方面，文学家、艺术家获得了"历史机遇"或"文化机遇"，取代了往日哲学家的"好"位置，那么，在这个新的历史时期，文艺美学就成为当时美学的主流形式。

　　所以，对"什么是美学"这个问题，在不同的时空范围（不同的历史时期和不同的文化区域）内，有不同的具体答案。在这种历史客观性面前，我们应该使我们的学术研究符合历史实际。也就是说，美学史如果要真实传达客观历史进程的宏大气魄，就应该对所有时空确定性框架中的美学样式进行包容性的阐述。我们这部西方美学史，力图把美学对象的这种历史客观性、全面性和复杂性，体现在我们的研究和写作中。

　　同时，我们认为，对作为研究对象的"西方美学"概念的探讨，除了要对其历史客观性作比较充分的研究外，还要对美学对象作为"史学遗存"（作为反映客观性的，甚至在很长一段时间被公认为学统的那些说法）的主观性，进行必要的揭示和解释。历史留给每一个时代的美学研究者的思想遗产，按其文本的"原创性"或文本的"解释性"，可分为两类。也就是说，如果美学著作甲、乙、丙等是在 A 时代产生的，那么，我们就可以说甲、乙、丙等对于 A 时代及其以后的时代来说，是"原创性"的；如果美学著作丁和戊是在 A 时代以后的 B 时代、C 时代或 D 时代产生的，是对甲乙丙的解释，那么，对于 A 时代来说，丁戊就是"解释性"的，而对于丁戊各自产生的时代及其以后的时代来说，它们又是"原创性"的。历史上的学术情况经常是：诸多后代研究者对前于自己生活时代的学术著作和思想的研究，往往有自己的主观偏好、观点倾向和方法论方面的侧重（例如在哲学型、艺术型和意识风尚型之间有所侧重，在现实赋向与浪漫赋向之间有所选择，在对学术地域图和学派的关注上有空间选择偏好等等），因而，导致他们在认可、确定和选择以前时代客观存在的思想资料作为自己的研究对象时，有不同的眼界和视角，可能出现或范围宽泛或范围狭窄的不同情况。例如 B 时代的丁认定 A 时代的美学就是甲乙，而丙并不被放在他的研究和解释视野之内；而 C 时代的戊则认为乙和丙很重要，而甲"没有学术价值"。这样，对于丁和戊来说，在他们研究美学史的时候，对于研究对象的认定和选择，就有很大的差异，他们对"什么是美学研究对象"的答案就不尽相同。我们在自己的实际研究和写作过程中，对此类问题进行了多次讨论，化解了这方面的一些难题。例如对于中世纪的美学，注重当时神学—哲学著作中的美学思想和美学问题，研究教会和修道院（经院）的"美的"思想和审美意识，当然是非常必要和重要的。大多数西方美学史著作都倾力于对这个"主流"对象的把握。但是，西方中世纪社会实际上是"宗教神权社会"与"世俗民间社会"的重合体，其"世俗性"与"民间性"虽非主流，但它们是后来欧洲文艺复兴的起源和近代民族国家的根由。因而，在阐述中世纪美学的时候，似乎应该把视野放得更宽一些，对于当时欧洲各个民族区域中的艺术和"非神圣化"的审美风尚，给予必要的关注。同时，对中世纪的"西方"，可以有两种解释。一种是"以罗马为轴心"的罗马教皇（教会）中心论的观点，另一种则是"与东方拜占庭各为互动之一极"的双轴互动论。从 20 世纪后半期以来对中世纪思想和学术的研究动向来看，拜占庭文化关于"美的"思想，拜占庭艺术及其审美风尚，以至东方的"美的"思想、艺术风格和审美风尚经过"拜占庭化"之后的形式和内容等等，对于中世纪欧洲社会的精神领域的作用似乎不可小视。因而，为了对中世纪欧洲美学概念有更完满的表述，适当论及拜占庭美学思想，把它作为一个补充的研究和论述对象，似乎也是应该的。对诸如此类的问题，我们这部书也进行了一些尝试性探索。

四

"西方美学史"概念中的"史"，作为研究对象的一个基本要素，体现着这个概念的"活力"（生命力）。正是由于把美学看成"历史科学"，才使它摆脱了诸多绝对体系的真理性孰为最真的非理性争论的悖论，而使得美学成为一门"不断成长着"的思想史科学。在历史的框架中，美学就是美学史。因而可以说，没有"历史"的美学只能是"独断论"。在这个意义上，任何美学的"原理"或逻辑体系，都必然的是以其历史性（独特优越性与相对局限性）为基础的。任何事物的历史，其实就是它作为（或者被"看"为、被"设定"为）一个具体的生命成长的有机过程。也就是说，在比喻（metaphor）的意义上，历史是一个有机体。美学亦然。

所以，美学的历史应该是"一个"（浑然一体）有整体性的发展着的美学思想史，而不应该是许多"单个"美学思想按时间顺序的、简单的、无内在联系的、机械物品一样的排列，或者拼凑。关于这一点，我们在研究和写作过程中，有如下一些体会。

最首要的、也是最重要的，就是历史发展过程中世代思想的"前后联系"，也就是生活在较前时代的美学家的思想对生活在较后时代的美学家的思想的影响，反过来说，就是较后的美学家对前代的思想的接受。这种影响和接受，是在世代连绵更替的过程中不断"流动"着的，这就是"美学思想史"。所以，只对历代诸多美学家的思想按照时间顺序进行排列，并不是美学史。美学史之所以是一门历史学科，就是要揭示历代美学思想之间的内在联系。当然，把历代"每一个"美学家的思想都描述清楚，是揭示它们之间的内在联系的基础。但美学史不能以这种单个的描述为满足。要揭示在历史上前后相继的美学家之间的思想关系，美学史就应该像一般思想史那样，所使用的概念也主要是"继承"、"接受"和"批判"、"扬弃"等等。搞清楚这种继承和批判的关系，才能阐明思想史是如何进步的，才能让读者看清楚美学史上的"创新"是如何在继承前人的基础上"接着讲"出来的。我们的这部书，也力求贯穿这种"历史"精神。

同时，在历史承续性的大的总体框架内，单就历史上先后存在的美学思想的继承和批判关系而言，并不是简单、严格地按照"前后相邻"的原则进行的，在历史中存在的众多美学思想资料之间，后来者对于先行者，有着十分复杂的关系。例如"跳跃性"继承批判，直接与间接继承批判；又如，较前的一种思想被较后的许多思想各有不同侧重地继承批判，较前许多思想被较后的一种思想所综合地继承批判等等。历史内部的这种复杂性，正表现出历史的活跃性和人类思想的丰富性。我们这部美学史，也力图表现出美学思想继承批判的这种历史丰富性和复杂性。

而且，一旦把作为哲学理念、艺术元理论和审美风尚三者相结合的"美学思想"放入"历史"框架中，从而一旦它们成为连绵和流动着的历时性思想，那么，三者的概念就动态化了，形成审美风尚风俗之衍变、艺术形上思想流派之衍变、"美的"哲学理念之衍变。也就是说，在历史的框架中，三者各自有了其独立的历史。更重要的是，这三个衍变形成为同时代互动和先后时代互动的格局。它们相互影响、相互作用，使得美学思想成为多样多彩的、活生生的、各个时代格局和风格很不相同的历史。在一些时候，它们主次分明，个性凸现；而在例外一些时候，则形成共鸣合奏。从而，美学史的发展便充满了跌宕起伏的波澜。

在更大尺度的历史学视域范围内，我们还应该把美学思想的历史与"大历史"（即人类生命存在和活动的综合史）及其各个分支（经济史、政治史、社会结构史和文化史）联系起来，对美学思想、美学意识与它们之间的实际关系（相互影响和作用）进行必要的描述和阐明。在这个基础上，我们觉得，在社会意识史和社会思想史的界面上，应该关注美学思想与其同时代的或异时代的科学思想、宗教思想、伦理道德思想、语言学思想、人类学思想和心理学思想等等的相互促动关系。

也就是说，任何时代的美学，作为历史框架中"被限制"的思想存在，它必然受到三重历史的影响。第一，在"纯粹"美学专业的视域中，它受到自己以前的所有美学思想的历史遗存的影响；第二，在大历史的框架中，从一般意义上说，美学思想必然也承担着大历史的命运，大历史的命运也是美学不可逃避的命运；第三，美学思想在一定意义上是社会的物质文明和精神文明的产物，同时，在历史过程中，它又与这二者有着相互促动的联系。

这些情况都告诉我们，在研究和写作西方美学史的时候，必须采取历史唯物主义的态度。历史唯物主义是马克思主义的科学历史观，它指明了以科学态度研究历史的途径。它摒弃了唯心史观"从思想到思想"的诠释模式，以历史条件和社会关系作为理解人及其历史活动的出发点，揭示了人的思想活动与人的现实的、客体性的物质存在和社会存在之间互动关系的辩证法，一方面从社会存在中揭示各种社会意识产生和发展的根源，另一方面，也十分重视各种社会意识的相互作用以及它们对社会存在的反作用。唯其如此，才能正确而深刻地阐明诸多思想文化现象的真实内涵，彰显社会历史发展演进的客观规律性。因此，西方美学史的研究，必须以历史唯物主义为指导。确立这样一个学术立场，就会使得我们的西方美学史研究获得正确方向。当然，对于历史唯物主义，我们必须摆脱教条式的阐释，而体会马克思主义的真义。恩格斯早就提醒我们："如果不把唯物主义方法当作研究历史的指南，而把它当作现存的公式，按照它来剪裁各种历史事实，那么它就会转变为自己的对立物。"① 可见，要在西方美

---

① 《马克思恩格斯选集》第 4 卷（下），人民出版社 1972 年版，第 472 页。

学史研究中做到以历史唯物主义观点和方法为指南，就必须正确
理解它，并且正确应用它，坚持从美学历史发展的客观事实出
发，对具体问题进行具体的历史分析，真正从历史的活生生的联
系中，科学地理解美学家或美学流派的学说、主张及其地位和贡
献。

从我们对"西方美学史"中的"历史"概念作为研究对象的
说明中，我们其实已经接触到了西方美学史研究方法论的问题。
因为历史既是"客体"，也是"历史的"研究方法。

五

在研究方法论上，如上面已经说过的，历史唯物主义或者
"唯物史观"，是我们研究和写作这一部西方美学史的基础立场和
基本方法。

我们在研究和写作中坚持美学思想的"客体性"原则。也就
是说，任何美学思想都是某一个时代具体社会历史环境的产物，
其存在和发展都是在一定的历史时段内，因而任何一种学说都只
是"时代的真理"，而不可能是永恒的绝对真理。即使那些伟大
的美学家们，尽管其卓越的思想在历史上具有伟大的、里程碑式
的作用，但是，他们的思想也必然有不可磨灭的时代烙印，有其
历史局限性。唯有如此，美学史才能"后浪推前浪"，扬波涌进。
所以，对任何美学史人物的评价，应该尽可能地客观公正，恰如
其分。

同时，美学理论和著作，虽然是时代的产物，但并不只具有
被动的客体性。根据唯物史观的基本原理，美学思想作为上层建
筑，也具有对社会经济政治的反作用，也具有一般思想在历史上
所具有的影响历史进程的能动性的一面。当然，美学思想对历史
发展的影响，是通过美学所影响的哲学的价值观和方法论对各个
层级的社会生活的影响、通过它所影响的艺术创作思想和艺术评
论思想以及艺术品对日常生活的影响、通过它所潜移默化地影响

的同时代以及其后时代的审美风尚对日常社会生活的影响，来间接地发挥自己作用的。在写作作为"历史"的美学史的时候，防止机械唯物论的简单化倾向，强调历史辩证法，公正地、客观地阐释美学思想对社会思想、从而对社会发展和人的发展的重要意义，应该是我们在 21 世纪中国的历史条件下研究美学史必须重视的一个方法。

在说明本书所运用的研究方法论的时候，我们觉得，通过历史的阐述来展现西方美学思想发展的逻辑性，以清澈的逻辑理性表述其客观规律，十分重要。思想的连贯渐变与跳跃突变，思想发展在一个人那里或在一个时代中的前因后果，历史背景的"场次连接"与"换幕"，思想成果的必然性与偶然性，等等，都必然是人类思想的逻辑和辩证理性能够考察和解释的。在美学史研究中，只有贯彻历史与逻辑相统一的马克思主义辩证法，我们才能真正地理解历史，真正理解"历史中的思想"的真实意义，从而防止思想史研究中不可知论、相对主义诡辩等等各式各样方法上"时髦的"混乱和庸俗无聊倾向。

以马克思主义唯物史观为基本指导方法研究西方美学史，还应该重视对马克思主义诞生后西方美学思想发展的历史及其方法进行认真的考察和理解。马克思主义创始人说过，马克思主义不是一个封闭的体系，它的开放性要求批判地吸收人类文化中一切积极成果作为自己的财富。它应该随着人类思想的发展不断发展自己，使自己永远充满活力而朝气蓬勃。因此，我们在对西方美学史的研究中，应该重视现代西方美学研究所使用的方法论，用马克思主义的立场观点和方法进行鉴别和分析，对于那些真正积极严肃有益的学术方法，应该吸取和运用；同时，对于现当代西方美学家讨论的一些重大问题，也应该"按照他们的思考方式"，进行换位思考。惟其如此，我们才能真正把握西方美学的"鲜活思想"，才能在这种客观把握的基础上，坚持和发展马克思主义的方法论。也只有这样，我们写出来的西方美学史，才会具有 21 世纪的时代气息，才会具有中国学术研究的当代品格。我们力求朝着这个方向努力。

由于我们的研究和写作基本上是以上述思想为导向的，因而使本书具有了如下一些特色：

第一，本书的各个部分，都是我们近年来进行独立学术研究的心得成果，其中蕴涵着各位作者的学术思想和学术个性。

第二，我们在研究和写作中虽然也阅读了大量中文文献，学习国内各家的研究成果，但我们坚持尽量使用研究对象的第一手资料，阅读了大量外文研究文献，较多地讨论了近年来西方美学界和美学史界关注的西方美学问题。同时，虽然我们无意于介入西方美学学者之间的争论，但在客观介绍他们的争论的过程中，进行了一些我们认为是必要的评述。

第三，我们尽量争取使我们的这部书，忠实于西方美学思想的历史实际。

第四，我们在研究中以马克思主义思想方法论为基础，力求在研究和写作中认真思考，解放思想，建构理据，慎重创新，有所开拓。关于这一点，读者可从阅读本前言的过程中大致获得一些了解。

六

这部四卷本《西方美学史》，是国内南北方十几位学者自愿组成课题组进行合作研究的成果。

从 1999 年在深圳银湖召开第一次课题组会议算起，这一合作总共经历了五年的艰辛劳作过程。五年间，各位分头潜心读书，钻研写作，并曾经先后在北京、深圳等地召开了数次研讨会、协商会和审稿会。会间会后，大家畅谈见解，互赠资料，坦诚交换学术心得，互相通报研究动态，互致信电，互征批评，互琢互磨，互砥互砺，自有一种融洽的学术气氛和高雅的学术境界融会在书稿中并建立在我们心中。正是在这种气氛和境界中，我们尽集体之所能，对书稿进行了反复、认真的修改和推敲，有时内部争论也颇激烈，这些都促进着书稿质量的不断提高。虽然最后的书稿并未完全尽我们诸位作者之意，但我们可以说，书稿中体现着我们对西方美学史研究的一种认真的和致力开拓思路的学术追求。在本书出版之际，我们不但有捧在手中的著作作为这一段辛苦劳作和友好融洽的学术合作的见证，而且，我们心中充满了对五年间相互学术交往故事的共同的美好回忆。现在我们可以说，在这部书的写作过程中，我们不但孜孜追求对西方美学史智慧的史实探究和客观阐释，而且也执著于用研究对象的文化内涵对自己的心灵进行审美教化，对我们之间的交往关系进行美的塑造。研究美学的人，似乎本来就应该如此。这也可以说是我们写作这部书的一点心得体会。

本项研究和写作，于 2003 年作为"西方美学史研究"课题，申请国家哲学社会科学基金资助，得到批准，由国家社科规划办立项为国家级课题，并给予了必要的研究资助。在书稿完成之际，我们对国家社科规划办的支持和资助，表示衷心的谢意。

我们的研究和写作，也得到了中共深圳市委宣传部、深圳市社会科学院的大力支持。在此深表谢忱。

还应该特别说明的是：中国社会科学出版社从本课题开始之日起，就给予我们极大的支持。社长张树相编审多次参加我们的工作会议，提出了不少宝贵建议，对我们能够以目前的水平完成本书有重要意义。该社资深编审黄德志先生一直和课题组的学者们一起活动，她真挚而负责地给课题组出谋划策，制定规范，督催进度，联系作者，担负了课题组的许多协调性工作，并对部分章节提出了建设性的修改意见。在本书出版之际，我们对中国社会科学出版社，对张树相编审，对黄德志编审，深表感激之情。

目　录

第一编　古希腊美学

第二编　希腊化时期和古罗马美学

第三编　中世纪美学

古希腊美学

导　论

在世界民族之林中，希腊民族并不是最古老的民族，然而，它是历史的宠儿。它在古代创造的灿烂文化，成为西方文明的源头。它的瑰丽的文学艺术具有"永恒魅力"，"就某方面说还是一种规范和高不可及的范本"①。在它的哲学中，"差不多可以找到以后各种观点的胚胎萌芽"②。德国著名哲学史家策勒尔在他的不断得到再版的《古希腊哲学史纲》中写道："希腊哲学和其他的希腊精神产品一样，是一种始创性的创造品，并在西方文明的整个发展过程中具有根本性的重要意义。"③"希腊哲学家所建立的体系不应当仅仅被看作是现代哲学的一种准备，作为人类理性生活发展中的一项成就，它们本身就具有独立的价值。"④ 这些论述同样适用于古希腊美学。

古希腊美学指公元前6世纪至公元前4世纪古希腊人的美学。它是希腊当时的社会生活的产物，是对希腊文学艺术的总结。因此，要阐明希腊美学的特征，首先必须了解古希腊的社会历史和文学艺术状况。

一　社会历史状况

与现代希腊相比，古代希腊的面积要大得多。它以希腊半岛

---

① 《马克思恩格斯选集》第2卷，人民出版社1996年版，第113页。
② 《马克思恩格斯选集》第3卷，人民出版社1972年版，第468页。
③ 策勒尔(E.Zeller)《古希腊哲学史纲》，山东人民出版社1996年版，第2页。
④ 同上书，第3—4页。

为中心，包括爱琴海诸岛、小亚细亚西部沿海、爱奥尼亚群岛以及意大利南部和西西里岛的殖民地。希腊民族由埃利亚人、爱奥尼亚人和多利亚人组成。经过长期的政治、经济和文化交往，到公元前 8 世纪这三个民族之间的界限逐步泯灭，形成了统一的希腊民族。

希腊文明是海洋文明。希腊多山环海，岛屿密布，海岸细长，航海条件良好。同时，希腊地势崎岖不平，平原少，土地贫瘠，只适合种植葡萄和橄榄，不适合种植粮食作物，希腊人只有通过海外贸易才能维持自己的生存和发展。公元前 8 世纪至公元前 6 世纪，以氏族为基础的原始农村公社让位于城邦，希腊的奴隶制普遍地确立和繁荣起来。城邦在希腊语中为 polis，英译为 city-state，指拥有一个城市以及周围不大的一片乡村区域的独立主权国家。每个城邦有自己的法律、议事会、执政官、法庭和军队。为了寻找土地，解决人口增长造成的负担，希腊人约于公元前 750 年从海岸着手，向西推进，开始并延续了差不多两个世纪的大范围殖民扩张。据统计，希腊参与殖民的城邦有 44 个，在各地建立的殖民城邦超过 139 个。这些新的殖民城邦犹如雨后池塘周围彼此呼应的青蛙①。殖民城邦和母邦没有严格的政治联系，只有宗教和感情的联系。由此看来，希腊不是一个统一的国家，而是由数以百计的、独立的"蕞尔小邦"组成的联合体。柏拉图的《理想国》中的理想国家是城邦，亚里士多德的《政治学》也是城邦政治学。所谓政治学 Politics 源出城邦 Polis。亚里士多德的名言"人天生是政治的动物"，其本意是"人天生是城邦的居住者"。随着希腊城邦的建立和繁荣，希腊进入"古风时代"。希腊文明和艺术出现了奇迹般的繁荣。

许多希腊城邦的政治体制采取直接民主制度，城邦的政治主权属于它的公民，公民们直接参与城邦的治理，而不是通过选举代表，组成议会或代表大会来治理国家②。"公民"（Polites）原

① 马世力主编：《世界史纲》上册，上海人民出版社 1999 年版，第 141 页。
② 顾准：《希腊城邦制度》，中国社会科学出版社 1982 年版，第 10 页。

意为属于城邦的人，然而，希涅城邦的公民仅指祖籍本城的 18 岁以上的男子，妇女、儿童、奴隶和异邦人不是公民。在希腊城邦中，奴隶和奴隶主是两个最基本的阶级。奴隶由战俘、异族人（指非希腊的蛮族人）和奴隶的子女充任，也有本部落的债务人沦为奴隶的。除这两个阶级外，还有平民或自由民这一阶级。平民包括小土地所有者和小手工业者。奴隶主又分为氏族贵族奴隶主和工商业奴隶主。在与氏族贵族奴隶主的斗争中，平民和工商业奴隶主由于利益的趋同，往往携手联合。据有的研究者估计，在伯罗奔尼撒战争以前，即柏拉图诞生前 4 年，雅典 18 岁以上的男子人数约为 4 5 万人，由此推算当时雅典总人口为 10 万多一点。奴隶约有 12.5 万个，其中 6.5 万个用于家庭生活，即充当仆人和保姆。平均每人约有半个奴隶。5 万名奴隶用于手工业，1 万名用于采矿。采矿业奴隶受到冷酷无情的对待。服务于家庭生活的奴隶则相当自由。斯巴达人嘲笑说，在雅典街头无法辨别出哪一个是奴隶，哪一个是奴隶主[①]。也有史书记载，雅典城里的奴隶待遇较好，可以拿工资，从事劳动并担任负责的职务，如小官吏和银行经理[②]。

　　斯巴达是希腊城邦中最大的一个，面积八千五百平方公里。在经济上它重农抑商，不过，斯巴达人既不务农，又不经商，他们靠奴隶的劳动维持生活。斯巴达人对奴隶极其残酷。奴隶必须穿标志卑贱的衣服，每年都要按时挨打。健壮勇敢的青年奴隶常常无缘无故地遭到杀害。斯巴达全国像一座大兵营，全体公民都是战士，生活在按照军事编制的集体里。他们崇尚武力，骁勇善战。新生婴儿要接受体检，体质过弱的被抛到山峡的弃婴场。儿童 7 岁开始过集体生活。12 岁起不准穿内衣，一年之内只穿一件外衣。青年人终年不穿鞋，从小接受体育和吃苦耐劳的锻炼；国家取消金银货币，只使用铁币。所有男人都在公共食堂就餐，上至国王、下至普通公民都吃同样粗糙的食物。斯巴达成为刚毅

---

①　基托（H. D. Kitto）：《希腊人》，上海人民出版社 1998 年版，第 26 页。

②　马世力主编：《世界史纲》上册，第 115 页。

勇敢、视死如归的代名词。

　　与斯巴达形成鲜明对比的是雅典。雅典被称作为"希腊智慧的首府"，"全希腊的学校"。这里的商品经济发达，民主政治健全，文化艺术辉煌。雅典诞生了政治家梭伦（Solon）、伯里克利（Pericles），戏剧家埃斯库罗斯、索福克勒斯、欧里庇得斯、阿里斯托芬，历史学家修昔底德（Thucydides），雄辩家狄摩西尼（Demosthenes），雕刻家菲狄亚斯（Phidias）、普拉克西特利斯（Praxiteles），哲学家苏格拉底、柏拉图。真是灿若群星，蔚为大观。

　　城邦对希腊人的生活方式和审美风貌发生重大影响。在小国寡民的城邦中，人们互相熟悉，共同讨论问题。希腊人酷爱交际和谈话，他们将大部分闲暇时间用于户外，"他们很少享受家庭生活，他们过的是社交生活、宗教生活、艺术生活，特别是阳光生活，他们的阳光是那样晴明……甚至他们的思想也是那样晴明，没有一点雾"①。苏格拉底没有写过任何著作，除了一两次打仗外，他没有离开过雅典。他整天奔忙于街头、市场和广场，找各种各样的人谈话，探索智慧和真理。雅典人总有那么多的闲暇，下午会在浴室或运动场待上很长时间。亚里士多德专门论述过闲暇，科学、哲学和艺术产生于闲暇。雅典人的闲暇一是因为有奴隶的劳作，二是因为他们的生活标准极其低下。奴隶主、异邦人和奴隶都吃同样的食物，穿同样的服装，他们的食物、服装以及家具、房屋都十分简朴。雅典人正常的食谱是大麦面、橄榄、一丁点葡萄酒，弄点鱼调调味，遇上重大节日才吃肉②。苏格拉底无论行军打仗，还是做客赴宴，都穿一件破旧的大衣，并且很少穿鞋。可是，雅典人的精神生活却十分富有。

　　公元前5世纪被称为希腊社会的"古典时代"。"古典"的意思是"最好的"。这段时期希腊的经济和文化都达到巅峰状态。希腊的古典时代起始于希波战争，终结于伯罗奔尼撒战争。希波

---

　　①　罗念生：《希腊漫话》，三联书店1988年版，第8页。
　　②　基托：《希腊人》，第36页。

战争是希腊和波斯之间的战争，战争以波斯的惨败而告终。雅典从希波战争中获得了大量战俘和战利品，进一步促进了商品经济的发展。公元前 443 年至公元前 429 年，作为由平民和工商业者组成的雅典民主派的领袖，伯里克利连任 15 年首席将军。这是雅典社会的黄金时期。在伯里克利时代，公民大会是国家的最高权力机构，各级官职由公民抽签产生。这种民主开世界民主政治之先河，然而它有时候容易导致无政府主义的混乱状态。苏格拉底就由雅典民主法庭以政敌的罪名判处死刑。

随着雅典势力的膨胀，它称雄整个希腊。这引起希腊传统霸主斯巴达的不满。希波战争中结盟的希腊这两个最重要的城邦反目成仇。公元前 431 年，斯巴达军队入侵雅典，爆发了伯罗奔尼撒战争。修昔底德的《伯罗奔尼撒史》（商务印书馆 1960 年版）描述了这场长达 27 年的战争。战争开始的第三年，伯里克利就死于雅典流行的瘟疫。柏拉图伴随着伯罗奔尼撒战争成长。雅典在战争中遭到失败。伯罗奔尼撒战争严重地破坏了希腊的经济和社会，导致各城邦之间战争不断，激化了各城邦中的阶级矛盾，使奴隶数量大增。它标志着希腊古典时代的结束，城邦由此走向衰落和瓦解。柏拉图和亚里士多德直接目睹了城邦的衰落，他们幻想恢复城邦昔日的辉煌，然而逝去的东西再也无法返回。

在希腊城邦瓦解的同时，希腊北方邻国马其顿经过腓力二世的经营迅速崛起。公元前 4 世纪中期，希腊形成了两个敌对政党——反马其顿党和亲马其顿党。它们之间展开了激烈的斗争。反马其顿党主张希腊人的完全自由，亲马其顿党则认为最好服从马其顿的统治。亚里士多德与马其顿王室有着密切的关系，他的父亲曾是马其顿王室的御医，他本人曾是腓力二世的儿子亚历山大的老师。他幻想马其顿统治者能够把分散和软弱的希腊联合成强大而统一的民族。公元前 337 年，腓力二世以武力迫使希腊签下了城下之盟，实现了对希腊的征服，这标志着希腊城邦时代的结束。

第二年，腓力二世被卫兵刺死，亚历山大继位。由于亚历山大是亚里士多德的学生，许多希腊人对他抱有希望，认为他是开明君主，能够把分裂的希腊城邦统一成为人道国家。然而没过几年，亚里士多德的侄子、亚历山大的秘书和编年史编纂卡里森理斯的言行举止得罪了亚历山大，暴虐而多疑的亚历山大借口他参与阴谋活动而除掉了他。卡里森理斯的死打破了希腊人对马其顿占领者的幻想，他们把亚历山大视为东方暴君。亚里士多德也成为马其顿专制政体的批评者。

公元前 323 年，亚历山大于征战极盛之际，突然在巴比伦因恶性疟疾病死。亚历山大去世后，希腊各地掀起了反马其顿的风暴。亚里士多德因其与马其顿王室的亲密关系，被雅典的反马其顿党控以不敬神明之罪。当时亚里士多德的处境极其艰难，马其顿人不信任他，希腊民主派也不信任他。他逃离雅典，定居欧比亚的加尔西斯。在亚历山大死后的第二年，亚里士多德在加尔西斯因病去世，终结了他的哲学散步。也有人认为，亚里士多德死于自杀。公元一、二世纪的传记作家第欧根尼·拉尔修（Diogenes Laertius）提到亚里士多德服用有毒植物乌头身亡[①]。虽然更多的希腊罗马学者谈到亚里士多德的自然死亡，然而无疑，亚里士多德生命的最后岁月充满了矛盾和冲突。我们不仅要看到亚里士多德理性的思考方式和写作方式，也要注意到他思想的激动不安的方面，注意到他哲学中的生活取向和他的社会政治活动。随着亚里士多德的去世，希腊美学结束了。

二　古希腊的文学艺术

古希腊的文学艺术是人类文化遗产中璀璨夺目的瑰宝。很多专门著作、欧洲文学史、艺术史和百科全书都详细阐述了古希腊的文学艺术。我们在这里仅仅论及与古希腊美学理论直接有关的，或者古希腊美学家做过分析的古希腊文学艺术中的有关内容，为

---

① 拉尔修：《著名哲学家生平和学说》第 5 卷第 8 节。

古希腊美学提供一个有关古希腊文学艺术的知识背景。

希腊文学大致可以分为两个阶段：从原始社会向奴隶社会过渡时期的神话和史诗；奴隶制城邦时期的悲剧和喜剧。希腊神话是希腊美学的母体，它的内容分为两部分：神的故事和英雄传说。"神的故事主要包括关于开天辟地、神的产生、神的谱系、天上的改朝换代、人类的起源和神的日常活动的故事。"① 希腊诸神是人格化的自然物或自然力量。众神之首宙斯是雷电之神，波塞冬是海洋神，哈德斯是冥神，阿波罗是太阳神，阿特米斯是月神，阿瑞斯是战神，赫费斯托斯是火神，等等。众神住在希腊最高的奥林波斯山上。他们长生不老，支配着自然力量，主宰着人间祸福。然而，他们有道德缺陷，和人一样有虚荣心、嫉妒心和复仇心，贪图享受，争权夺利，也常常偷情。

英雄是神和人所生的后代。例如，赫拉克勒斯就是宙斯和人间女子生的儿子。"英雄传说是对于远古的历史、社会生活和人对自然作斗争等事件的回忆。"② 英雄传说以不同的英雄为中心形成了许多系统，主要有赫拉克勒斯所建立的十二件大功。希腊神话是在长时期内形成的，它后来在公元前9世纪至公元前8世纪希腊诗人荷马的史诗和公元前8世纪至公元前7世纪希腊诗人赫西俄德（Hesiod）的《神谱》中得到比较系统的描述。荷马史诗是柏拉图和亚里士多德美学理论经常讨论的对象，它包括《伊利亚特》和《奥德赛》。荷马是希腊民族的老师，荷马史诗后来成为希腊城邦公民教育的重要材料。赫西俄德的《神谱》描写了宇宙的形成和诸神的谱系。他还写有教谕诗《工作与时日》。希腊文学这一阶段著名的抒情诗人有女诗人萨福（Sappho，约公元前612年生）和品达罗斯（Pindaros，约公元前518年至公元前422年）。罗马美学家朗吉弩斯的《论崇高》曾引用萨福的一首诗，把它奉为楷模。品达罗斯写过颂神歌、酒神颂等，尤以写竞技胜利者颂

---

① 杨周翰、吴达元、赵萝蕤主编：《欧洲文学史》上卷，人民文学出版社1964年版，第15页。

② 同上书，第16页。

见长。在希腊化时期,他被认为是希腊首屈一指的抒情诗人,罗马美学家贺拉斯对他有很高的评价。

古希腊文学第二阶段的主要成就是戏剧(悲剧和喜剧)。这是除史诗外,希腊文学的又一高峰。也有人把这一阶段的希腊文学称作为雅典文学,因为三大悲剧家埃斯库罗斯、索福克勒斯、欧里庇得斯和喜剧家阿里斯托芬都是雅典人。戏剧是古希腊美学研究的重点,亚里士多德的《诗学》主要论述了悲剧,也涉及喜剧。

埃斯库罗斯(Aeschylus,约公元前525年至公元前456年)被誉为希腊悲剧之父。他第一次在戏剧中把一个演员增加到两个演员,从而通过戏剧对话来表现戏剧冲突。据说,布景、演员的高底靴和色彩鲜明的服装也是由他首先采用的。索福克勒斯(Sophocles,约公元前496年至公元前406年)在政治上属温和的民主派,和雅典民主派领袖伯里克利交情甚笃,伯里克利的老师、早期希腊哲学家阿那克萨戈拉和智者普罗泰戈拉也是他的朋友,他对僭主政治深恶痛绝。索福克勒斯首先采用第三个演员,使对话占据主要地位,歌队的作用下降。他最著名的作品是《俄狄浦斯王》和《安提戈涅》。这两部悲剧成为西方美学经常分析的对象。欧里庇得斯(Euripides,约公元前485年至公元前406年)与苏格拉底和智者交往,被称为"舞台上的哲学家"。他的大部分作品是在伯罗奔尼撒战争期间写成的,他借用现成的神话和史诗情节托古喻今,反映奴隶主民主制危机时的雅典社会。阿里斯托芬(Aristophanes,约公元前446年至公元前385年)被誉为"喜剧之父"。苏格拉底和柏拉图都是他的朋友。在柏拉图的《会饮篇》中,他是参加会饮的客人之一,并就"爱"的问题发表了一通言论。他去世后,柏拉图为他写了两行墓志铭:"美乐女神寻找一所不朽的宫殿,她们终于发现了阿里斯托芬的灵府。"①

---

① 《中国大百科全书·外国文学》第1卷,中国大百科全书出版社1982年版,第27页。

体现了古典时代理想的古希腊艺术，是以雕塑为核心的建筑、雕塑、绘画的三位一体。谈到古希腊雕塑，我们首先要提到古典鼎盛期的"持矛者"（约公元前 440 年，青铜原件，与真人等大）。因为它的作者波利克里托（Polyclitus）正是以毕达哥拉斯学派关于数的比例的美学理论，来规范自己的艺术创作和阐释自己的创作原理的。希腊雕塑凸现的是人体的比例和结构，是在每一个细节上都符合数的关系的明确的外部形式，而不是人物的主观体验和心理活动。这就是波利克里托的法规。

"持矛者"被塑成正在行走中，瞬间的停顿和潜在的运动相结合。左手握矛，左肩因此绷紧并微微耸起。左腿没有负重而臀部自然放松。右手自然悬挂，右肩下垂，右腿支撑全身重量，臀部提起。一边是收缩的躯干，另一边是伸展的躯干，这种对称给身体一种动态的平衡。这种"对偶倒列"的手法被后人经常仿效。"持矛者"的头转向右边，描绘了一条优美的倒"S"曲线，并增加了侧视的趣味，这种手法也为后人所推崇①。"持矛者"身体的各个部位、各个部位和整体的关系，都符合一定的数的比例。

不过，古希腊雕塑家对数的比例的理解是辩证的。他们不从纯数量关系上来理解这种比例，而是把数看作为一种实体、一种本体存在、一种生命力量。数的比例是一种结构，这就是古希腊雕塑家所理解的数的比例的本质。他们的数是从活的人体中自然地产生出来的，就像毕达哥拉斯学派的数是从宇宙天体中产生出来一样。这样理解的数不又是静态的对称，而且是动态的韵律。"持矛者"除了对称外，它的对偶倒列也体现了某种韵律。就像毕达哥拉斯学派的宇宙除了某种固定的模式外，还包含天体运行的节奏。在这一点上，古希腊雕塑和同样遵循数的比例的古埃及雕塑表现出明显的区别。希腊化时期的历史学家狄奥多罗·西库卢（Diodorus Siculus，约公元前 90 年至公元前 21 年）讲述的一则

---

① 苏珊·伍德福特、安尼·谢弗—克兰德尔、罗莎·玛丽亚·莱茨：《剑桥艺术史》第 1 卷，中国青年出版社 1996 年版，第 40—41 页。

故事很能说明这个问题①。早期雕塑家中有两兄弟,他们为萨莫斯岛塑造阿波罗像。其中一个人在萨莫斯岛塑造了阿波罗像的一半,另一个人在另一处塑造了另一半,然后把这两半拼接起来,塑像好像出自一人之手。这种创作方法埃及人常采用,而希腊人不采用。他们的区别在于,埃及人从固定的模式出发,把人体分为 $21\frac{1}{4}$ 部分。雕塑家们根据分工各自创作若干部分,然后组装成完整的人像。这种按照僵死的程序创作出来的作品明显缺乏生气。而希腊雕塑家关于人体比例的概念来自对人体的直接观察②。

最充分地体现了数的比例中的韵律感的是古典早期米隆(Myron)的"掷铁饼者"(约公元前 460 年至公元前 450 年,青铜原件,罗马大理石摹制品,与真人等大)。米隆捕捉了运动员握铁饼的手臂向后摆动到顶,刚要把铁饼猛掷出去的一刹那的形象。有些研究者对"掷铁饼者"的设计进行了分析:它的右边采用了延伸的曲线控制,曲线几乎没有中断,左边则用一条锯齿般的"之"字线控制。右边是闭合形,左边是开放形,右边光滑,左边有角。单线的主体结构、右边的大弓线和左边四条几乎直角相交的直线,给运动的人体带来了和谐③。描绘高潮前的瞬间的作品还有"海神波塞冬"(约公元前 460 年,青铜),雕像描绘了波塞冬手握三叉戟猛掷前的瞬间姿势。

古希腊雕塑喜欢描绘裸体的男子和着衣的女子。女性裸体是希腊化时期艺术的新主题。在希腊雕塑的不同时期,女性身体和衣饰的相互关系表现出不同的情趣。例如,在公元前 6 世纪第二个 25 年(公元前 575 年至公元前 550 年),雕塑尚不能暗示衣褶下面的活生生的女性身体的风采。在公元前 6 世纪最后 25 年

① 塔塔科维兹在《古代美学》中也援引了狄奥多罗的这段记述,见该书中译本(中国社会科学出版社 1990 年版),第 11—12 页。中译者把"狄奥多罗·西库卢"译为"狄奥多阿斯·斯库拉斯"。

② 狄奥多罗:《历史丛书》第 1 卷第 98 节。

③ 苏珊·伍德福特等:《剑桥艺术史》第 1 卷,第 38—39 页。

（约公元前 525 年），古希腊雕塑家"能够暗示在复杂的衣褶下面的一对隆起的乳房，纤细的腰肢和丰满圆润的大腿"①。到公元前 5 世纪后期，"女祖先维纳斯"（即"吉尼吉克斯的维纳斯"，约公元前 430 年至公元前 400 年）已经"把衣饰雕得如此之薄并贴紧肉体，以致女神的身体几乎显得如同一件裸体的作品那样完全。事实上，她的一只乳房已裸露在外"②。这种情趣的变化反映出一种发展趋势：越来越把人体本身的特征提到首位。

在古希腊建筑中，与美学关系最密切的是它的独特建筑语汇——柱式。古希腊建筑最早产生了多利亚柱式和爱奥尼亚柱式，它们分别以创立这两种柱式的希腊两个主要民族——多利亚人和爱奥尼亚人命名。后来古希腊建筑中还出现了科林斯柱式。对这三种柱式的美学特征，古罗马建筑学维特鲁威在《建筑十书》中作过阐述（参见第二编第七章第三节）。19 世纪德国心理学家立普斯曾以多利亚柱式为例，阐述他的移情说。多利亚柱式由柱身、柱头和基石组成。柱头由朴素的圆形垫石和无装饰的正方形顶板组成，柱身上细下粗，高度仅有底部直径的 4 倍至 6 倍，它直接立于基坐上，显得强劲粗壮。与多利亚柱式相比，爱奥尼亚柱式在柱身和基石之间多了精心制作的柱础，柱头上有涡卷饰，柱身细长，柱长是柱底直径的 8 倍至 10 倍，显得纤巧华丽。至于科林斯柱式，它是爱奥尼亚式更加华丽的变体。

古希腊的民居非常简陋，古希腊建筑的最大特征体现在神庙中。希腊神庙是神的住所，希腊人建造神庙的目的是为神的雕像提供庇护所，所以，希腊神庙是建筑和雕塑的结合。希腊神庙不是集会的场所，宗教仪式和典礼仍在神庙正面外侧的祭坛进行，很少有人进入神庙里面。希腊神庙不管是木头建造的还是石头建筑的，可能非常简单，只要一个通过门廊进入的单独房间就够用了③。罗马神庙和希腊神庙的功能不同，它是集会的场所，罗马人

① 苏珊·伍德福特等：《剑桥艺术史》第 1 卷，第 43 页。
② 同上书，第 44 页。
③ 同上书，第 48 页。

在神庙里面从事祭祀活动，所以，罗马神庙很宏伟。

当然，有些富有的希腊城邦出于炫耀的目的，也建造了巍峨壮丽的神庙。奥林匹亚宙斯神庙和雅典帕特农神庙就是这样的例证。宙斯神庙建于公元前 470 年至公元前 456 年，是一座多利亚式的石灰岩雄伟圣殿。建筑师为利翁（Livon），宙斯雕像的作者为希腊最伟大的雕刻家菲狄亚斯。可惜宙斯雕像已经失传，只是神庙上的浮雕尚有残存。神庙东西两端山墙（钝角三角形墙面）上的大理石浮雕都取材于希腊神话故事，其中心人物宙斯和阿波罗都高达 3 米以上。帕特农神庙建于公元前 447 年至公元前 438 年，这座白色大理石建筑是希腊多利亚柱式的最高成就。神庙由柱廊环绕，东西两面各有 8 根柱子，南北两面各有 17 根柱子。神庙供奉的女神雅典娜雕像仍由菲狄亚斯创作，木胎、象牙黄金饰面的雅典娜立像高约 12 米，现存罗马人的大理石摹制品。帕特农神庙的山墙比宙斯神庙要宽阔。英国大不列颠博物馆里世界著名的"三女神像"来自帕特农神庙的东山墙，它的西山墙描绘了雅典娜和海神波塞冬为争当雅典城保护神而展开的竞争。

古希腊画家发明了在一个画面上表现三维立体和三维空间的方法。公元前 5 世纪末之前，帕拉修斯在这方面的造诣已经很深，而宙克西斯在这方面有更大的拓展。他不通过轮廓的暗示，而通过阴影的灵巧的运用，使他的人像具有立体感。古希腊画家绘制舞台布景的经验，促使同时代的哲学家阿那克萨戈拉和德谟克利特从事透视理论的研究。

亚里士多德和古罗马理论家维特鲁威、西塞罗、普卢塔克都提到希腊的画家和绘画。然而他们的论述是片断的。对古希腊绘画作过比较系统的论述的是罗马学者普林尼（Plinus，约公元 23 年至 79 年）。他的《自然史》（37 卷）是一部古希腊罗马自然科学知识的百科全书。在该书有关矿物的部分中，普林尼记述了雕刻家使用的大理石和画家使用的由矿物制成的颜料，这导致他叙述了雕刻和绘画的历史。我们在第二章第一节中就援引了普林尼关于波利克里托的"持矛者"的论述。

三　美学的产生和发展脉络

古希腊美学经历了早期、过渡期和鼎盛期三个发展阶段，在这三个相互衔接和承续的发展阶段中，古希腊美学思想呈现出某种演进的轨迹。

（一）宇宙学美学向人本主义美学的演进

与希腊城邦的诞生和繁荣相同步，早期希腊美学形成于公元前6世纪至公元前5世纪中期。随着氏族关系的瓦解，希腊从原始社会进入奴隶社会。哲学家们开始用自己的思维结构来代替原始社会的意识形态——神话。他们普遍企图寻找世界的本原，以便认识和掌握世界。于是，出现了毕达哥拉斯学派的数、赫拉克利特的火、德谟克利特的原子和恩培多克勒的四根（火、土、气、水）。虽然恩培多克勒的四根不同于其他学派的一元论，是一种多元论，但是这些学说都反映了人类思维的共同进程，即自然元素代替神成为支配世界的力量。

数、火、四根和原子与美学关系密切。早期希腊美学家在寻找世界的本原时，也就把世界和宇宙当作自己主要的研究对象。毕达哥拉斯学派的数是有限和无限的结合。当有限和无限处在和谐的关系中时，事物就以某种形式确定了自身的界限，从无限的背景中剥离出来。数既是事物结构的规定性，又是事物美的根源。赫拉克利特把火看作宇宙的本原，即宇宙变化和发展的一般规律。他特别重视尺度的概念，因为事物的生成和转化是按照一定的尺度进行的。赫拉克利特虽然不属于毕达哥拉斯学派，然而他的尺度概念也带有数的痕迹，因为尺度是一种周期和节奏。赫拉克利特的火本原说通过尺度这种审美原则和美学发生了联系。

恩培多克勒的四根说把火、土、气、水四种元素当作世界的本原。从词源学上看，"元素"指彼此分开的然而处在同一序列中的物体，如森林中的树木、队列中的士兵。在希腊美学中，元素具有审美的、结构的意义。恩培多克勒关于火、土、气、水的概念与现代人不同，他在这方面深受毕达哥拉斯学派的影响，把土设想为六面体，把火设想为四面体，对这些元素作审美的理解。在早期希腊美学家看来，元素既是活的，又是美的。德谟克利特的原子也不是现代科学中的原子，它类似于恩培多克勒四根说中的元素。德谟克利特的原子具有多种多样的几何形状，人的一切感觉都以对象的几何形体为基础。

早期希腊美学家对宇宙本原的探求，使得他们把造型明确、几何形体固定的宇宙看作最重要的审美对象。"宇宙"在希腊语中的原意是"秩序"，早期希腊美学家把观照宇宙的秩序视为人生的目的。对于他们来说，可以听到、可以看到、可以触摸的宇宙是最高的美。

古希腊美学的过渡期形成于公元前5世纪下半叶，当时希腊社会进入古典时期的繁荣阶段。希腊过渡期美学以智者和苏格拉底为代表。在古希腊哲学中，智者和苏格拉底往往作为对立面出现。然而他们思考的主要对象是共同的，那就是人和人的生活，主体、意识和自我意识问题，而不是人的自然环境和宇宙。他们在哲学研究中方向的转换，也导致希腊美学发生了重大转折，从对自然的研究转向对人和社会的研究。智者和苏格拉底美学跨越了早期希腊的宇宙学美学，揭开了人本主义美学的序幕。

智者美学的最大特色是在西方美学史上第一次提出了审美主体和审美意识问题。他们向早期希腊美学所理解的存在发起挑战。早期希腊美学的存在是自在的存在，是一个物质问题。智者的存在是自为的存在，是一个意识问题。智者美学所热衷的不再是早期希腊美学所膜拜的井然有序、恒常稳定的宇宙的和谐，而是变幻莫测、五光十色的生活中的美。

智者美学乃至整个智者运动的理论基础是普罗泰戈拉脍炙人口的一句名言："人是万物的尺度。"事物就是向我呈现的那个样子，也就是我所感觉的那个样子。存在就是被感知。智者把个人的体验当作真实的存在。"人是万物的尺度"这句话是人在自然的统治下第一次觉醒的标志，因此智者可以被看作人本主义的先驱。然而，这句话的消极意义也是明显的。它导致智者美学的相对主义，并且对希腊化时期怀疑论派美学产生影响。

智者的《双重论证》以大量例证，说明每一个人、每一个民族对美丑都有自己的看法和标准，甲认为美的东西，乙可能就认为丑。因此，美没有客观性，它总是相对的。也就是说，同一个现象在不同的主体（社会群体或个体）那里会得到不同的审美评价。在这里智者最早区分了事实判断和价值判断。这种区分对美学非常重要。早期希腊美学在论述美的时候，着眼点放在客体的结构上，如和谐、比例、尺度等；智者美学在论述美的时候，着眼点放在主体上。早期希腊美学把美看作为齐整有度的几何形体，智者美学把美看作为散乱零碎的感性知觉。与早期希腊美学相比，智者美学研究的重点从审美客体转向审美主体。

苏格拉底也论述过美的相对性。色诺芬在《回忆录》中记载了苏格拉底和他的弟子亚理斯提普斯关于金盾和粪筐孰美孰丑的对话，苏格拉底明确表示，"同一事物既是美的又是丑的"。他主张，事物的美丑取决于效用和用者的立场。美不是事物的一种绝对属性，它依存于事物对其他事物的关系。这里已经隐含着"美是价值"的观点。前苏格拉底只研究自然的原因，从苏格拉底才开始涉及价值。

智者关于美的相对性的观点符合他们细腻的生活体验和多重的社会角色。他们对生活的热忱和对社会活动的投入，是早期希腊美学家所没有的。他们在生活现象中寻找美，而远离宇宙的人的生活是那样的纷繁、矛盾、五彩缤纷，难怪智者所理解的美有那么多的相对性。不仅人的生活，而且宇宙在智者看来也是无序的，地球和日月星辰由水、土、气、火等元素偶然地混合而成，没有规律可循。最美的东西也不过是由偶然的机遇造成的。这和早期希腊美学家的观点已经大异其趣。

（二）宇宙学美学和人本主义美学的融合

希腊奴隶制的发展导致希腊城邦的瓦解，因为小国寡民的城邦无法适应生产力进一步发展的要求。公元前 4 世纪以柏拉图和亚里士多德为代表的希腊鼎盛期美学，就形成于希腊城邦衰落和瓦解的社会历史背景中。智者和苏格拉底美学用社会代替宇宙，把人的生活提到首位。然而，对于希腊人来说，没有宇宙的人的生活还是不完满的。柏拉图和亚里士多德美学既不仅仅局限于宇宙学，又不仅仅局限于人本主义，而把这两者结合，把人的生活看作宇宙发展的结果。柏拉图和亚里士多德美学仍然是宇宙学美学，但是和早期希腊美学相比，"宇宙"的涵义已经发生了深刻的变化。在早期希腊美学家那里，宇宙是天文学的；而在柏拉图和亚里士多德那里，宇宙成为社会学的，是一种"社会的宇宙"。在这种意义上，智者和苏格拉底美学是早期希腊美学和柏拉图、亚里士多德美学之间的过渡环节。没有这个中间环节，希腊美学就不完整。

柏拉图的《蒂迈欧篇》是宇宙学美学的杰作。《蒂迈欧篇》指出，宇宙由灵魂和躯体两部分组成。柏拉图接受了早期希腊哲学家的观点，认为宇宙的躯体由火、气、水、土四种元素构成。宇宙灵魂先于躯体，高于躯体，在宇宙中占统治地位。宇宙灵魂的结构决定了宇宙的结构。太阳、金星、水星、月亮、火星、木星、土星之间的距离符合 1、2、4、8 和 1、3、9、27 的比例关系，它们在各自的轨道中往复运动。这两组数列恰恰是黄金分割的比例。

柏拉图没有使用过黄金分割的术语，也没有对黄金分割的规则作出说明。他对黄金分割的比例的选择与其说是自觉的、有意识的，不如说是审美的、直觉的。在他看来，宇宙到处都处在和谐有序的比例关系中。宇宙结构具有的不是普通的比例，而是美的、艺术的比例。

宇宙灵魂把宇宙变成活的有机体。宇宙虽然没有眼睛、耳朵，没有手足四肢，也不需要饮食呼吸，然而《蒂迈欧篇》指出，宇宙是一个完美的生物。人和宇宙一样，是灵魂和躯体的结合。宇宙是一个圆球，人的脑袋作为一个圆球，是宇宙的类似物。为了追求灵魂和躯体的和谐，人应该摹仿宇宙，因为在宇宙中达到灵魂和躯体之间最完美的和谐。观照宇宙，摹仿宇宙，像宇宙那样生活，是柏拉图美学的重要内容。

在《理想国》中，柏拉图把灵魂分作三部分：理性、激情和欲望。在这三部分中，理性最高，它统辖整个灵魂；激情次之，它是理性的盟友，辅助它进行管辖；欲望最低。它们三者的关系就是激情受理性指导而控制欲望，从而达到灵魂的和谐。灵魂的三重区分和柏拉图关于理想国成员构成的三个等级相对应。柏拉图处在希腊城邦急剧衰落的时代，他想恢复城邦昔日的辉煌。在理想国（即理想城邦）成员中，第一等是统治者，第二等是辅助者，即军人、武士。第三等是工农业生产者。他们三者的从属关系就是辅助者协助统治者统治工农业生产者。总之，人和社会都应该摹仿宇宙的和谐，只有这样，才能够美。

亚里士多德对天的理解和我们现代人不同，他认为天是有限的，可以测量的，只是它太大了，难以测量。天像任何其他物一样，有固定的形式，是现实的、坚硬的，像建筑中的拱形石。亚里士多德关于宇宙结构的理论也不是严格科学的，它富有诗意和神话色彩。这种理论不仅具有自然哲学意义，而且具有审美意义。

亚里士多德的宇宙学美学首先强调天体作匀速的圆周运动。圆周运动比直线运动完满，因为圆周是一种完全的形状，而直线是不完全的。无限的直线没有界限和终点，所以不完全；有限的直线能够被延伸，所以也不完全。其次，亚里士多德论证了天体必然是球形。他高度赞美球体，在各种立体图形中，球体是第一位的，因为它只有一个面，是不可被分开的立体。在数目上，圆形相当于一。宇宙之所以是最高的审美对象，因为它的球体形状是最美的，它永恒的、匀速的圆周运动也是最美的。宇宙万物的运动形成和谐的、美妙的图景。

按照亚里士多德的说法，宇宙的真实名称是"井然有序"。宇宙的这种秩序也伸展到人和社会生活中。亚里士多德把秩序看作为美的事物的最主要的性质。秩序与其说表明美的形式，不如说表明美的结构。像希腊美学家一样，亚里士多德具有明确的结构感。

人应该摹仿宇宙的有序，因为秩序在宇宙中比在我们身上表现得更为充分。亚里士多德的《政治学》认为，要治理好城邦，最重要的是确立某种秩序，因为政体是城邦中各种官职配置的一种秩序，法律也是一种秩序。在亚里士多德看来，一切都在运动着，而这种运动是有规律的、有秩序的。作永恒的圆周运动的宇宙最有秩序，而宇宙理性是秩序的终极原因。

柏拉图和亚里士多德把早期希腊的宇宙学美学和过渡期的人本主义美学有机地结合起来，从而把希腊美学推向鼎盛期。

第一章　希腊神话和史诗中的审美观

希腊神话孕育了希腊的文学、艺术和哲学，它也是希腊美学的母体。研究希腊神话的本质，有助于深入理解希腊美学。

第一节　希腊神话和希腊美学

希腊神话产生于希腊原始社会，约公元前 10 世纪至公元前 7 世纪。当然，它的起源更早。在距今 3000 至 4000 年之间，是希腊神话形成的早期阶段，即拜物教阶段。随后，希腊神话从拜物教阶段过渡到万物有灵论，最终发展为发达的万物有灵论。作为希腊原始社会的意识形态的神话，指的是发达的万物有灵论阶段的神话。

希腊神话以口头文学的形式在各个部落流传了几百年，它散见于荷马的史诗《伊利亚特》和《奥德赛》、赫西俄德的《神谱》以及奴隶制时期的文学、哲学和历史等著作中。我们现在所看到的希腊神话故事集都是后人根据古籍重新编写的。

希腊神话和希腊美学的关系，可以从三个方面看。第一，希腊美学是对希腊神话的反思。希腊神话发展的三个阶段清晰地反映出神话思维的变化。希腊美学正是对这种神话思维发展的理论思考。希腊神话发展的初始阶段是拜物教阶段。拜物教特别是植物拜物教在古希腊非常盛行。当时原始社会的希腊人以狩猎和采集为生，他们向自然索取现成的产品，而不培育和生产这些产品。他们赋予所看到、所接触的自然对象和现象以人的功能，这些自然对象和现象成为某种神秘力量，即"精灵"（daimōn）的载体。古希腊人崇拜月桂树、葡萄藤、常春藤、橡树和柏树，崇拜蛇、鹰、狮、虎、狗、狼、豹、公牛和母牛等。例如，古希腊人赋予每棵树以神秘的力量，即"树精"。树精由希腊词 hama（在一起）和 drys（橡树）构成，意思是"和橡树在一起"。当树活着的时候，树精也活着。如果树死了，树精也死了。在这里，精神（树精）和物质密不可分。当时的希腊人还没有把自己和周围环境区分开来，他们把自己看作自然的一部分。拜物教也包括对人的崇拜，例如对灵魂的崇拜。在希腊语和拉丁语中，"灵魂"和"呼吸"由同一个词表示。因为人有呼吸，就意味着有生命，所以，呼吸等同于生命和灵魂。灵魂被古希腊人想象为云，然后又想象为风。

原始社会氏族公社的巩固，促使希腊原始人由采集现成的食物，转入培育这些食物。他们饲养禽兽，种植植物。这种生产经济和原先的狩猎采集经济混合存在。出现了最原始的劳动工具。原始人开始琢磨劳动工具的结构和用途，区分物的组成部分，产生了关于物的概念，并把物的概念和物相分开。这时候原始人的意识中出现了精灵的新概念，精灵脱离相应的物而独立存在，它们从外部作用于物，不再和物同生死，它们成为不朽的。这就是希腊神话的万物有灵论阶段。不过，这些精灵还不是神，它们没有名字和个性特点，没有形成家族，也没有自己的历史。它们突然降临或消失，给人带来幸福或灾难。

随着生产的发展和智力的增强，原始人开始懂得进行概括。比如，起先他们根据自己每天不同的感觉来认识太阳，认为每天的太阳都是新的，有多少个白天就有多少个太阳。后来他们逐渐懂得，尽管他们每天对太阳的感觉不同，然而太阳是同样的，它只有一个。概括是神话在发达的万物有灵论阶段最重要的特点。这时候精灵不仅是某棵树的精灵，而且是各种树、所有树的精灵。精灵获得更广泛的意义。大地、河流、田野、山脉都有精灵。精灵获得某种个性，它成为神。在希腊语中，"神话"的涵义是"词语"。希腊神话是关于神的词语。希腊人用词语称呼周

围的事物，就是在进行某种概括。希腊神话中的赫费斯托斯
（Hephaestus）是一位铁匠，在造型艺术中他身体健壮，穿铁匠长
衣，头戴锥形帽，手执铁锤或铁钳，一只手臂裸露在外。如果他
仅仅是地上普通铁匠的翻版，他就没有任何神话意义。他之所以
能进入神话，因为他是火的概括。希腊人看到闪电迸发出的火
花，看到铁匠炉火中的火苗，看到森林的火灾，看到夜间闪烁的
火光，就用一个词语来概括它们，即赫费斯托斯。赫费斯托斯成
为火神和炼铁业的庇护神。可见，希腊神话中的神既是某种自然
现象的神化，又是对某类事物、现实的某种领域的概括。

　　早期希腊美学不是神话，但是在概括这一点上它和神话有共
同性。早期希腊美学家是自然哲学家，他们力图寻找统摄万物的
原则或元素，毕达哥拉斯学派认为这是数，并且直接宣告数就是
神，数最美。在这种意义上，希腊美学是对希腊神话的反思。这
种反思还表现为，希腊美学在希腊神话中寻找抽象的逻辑结构。
公元前 8 年至公元前 6 世纪氏族制逐渐转向奴隶制，神话时代结
束了，然而氏族关系在奴隶制社会中仍然长期存在，神话的传统
根深蒂固，希腊人不可能忘却神话，不可能忘却阿波罗和雅典
娜。如果说氏族社会无意识地、直觉地创造了神话，那么，奴隶
社会由于在人类历史上第一次形成了脑力劳动和体力劳动的分
工，独立的脑力劳动有可能在神话中寻找抽象的逻辑结构。例
如，在希腊神话中爱神厄罗斯是直觉的，柏拉图在《会饮篇》
（204b，c）就对厄罗斯作出反思，把他说成丰富神和贫困神的儿
子。丰富神代表理式，贫困神代表物质，厄罗斯是理式和物质的
辩证融合。希腊美学从神话走向逻各斯。

　　希腊神话和希腊美学的关系的第二个方面表现为，希腊神话
对现实不自觉的艺术加工是希腊审美意识的萌芽。希腊神话具有
审美意义。比如，它经常描绘奥林波斯诸神和英雄如赫拉克勒斯
（Heracles）、忒修斯（Theseus）、佩尔修斯（Perseus）同妖怪、提
坦、巨人、独目巨人的战斗。天空中响起阵阵雷鸣，地下掀起猛
烈的地震。巨人们是大地女神盖亚为天神乌拉诺斯生下的一群儿

子，盖亚唆使他们反对世界新主宰宙斯。他们拔掉一座座高山，把它们堆砌起来，以山为梯向神的住地攀登。宙斯急忙召集诸神应战。战神手执闪闪发光的金盾、驾着战车朝着密集的敌人冲击，酒神举起酒神杖、雅典娜举起西西里岛、赫拉克勒斯举起烧得通红的铁弹向敌人砸去。结果诸神大获全胜。这场战斗不仅是正义和邪恶之间的较量，而且是美和丑之间的争斗。赫拉克勒斯是宙斯和他的情人——凡间女子阿尔克墨涅所生的儿子，"生得漂亮"①，而巨人们"面目狰狞，杂乱的长须，长发，身后拖着一条带鳞的龙尾巴，这就成了他们的脚"②。诸神取得胜利后，世界由混乱变得有序与和谐。

神话中和谐有序的概念反映出原始人管理周围环境能力的增强。以前的精灵代表了原始人所不理解的神秘和奇异的自然力量。随着神话思维的发展，替代精灵的是庇护山岳、森林和河流的美丽的自然女神。自然女神数目众多，包括海洋诸女神、河流诸女神、山岳诸女神、山谷诸女神、草原诸女神、森林诸女神等。她们到奥林波斯山参加众神会议，为众神所爱，成为众神的妻子。她们过着轻松愉快的生活，唱歌、跳舞，同牧神嬉戏玩耍。在造型艺术中，自然女神是半裸体的美丽少女③。而原先可怕的命运三女神（Moirae）现在愉快地生活着，成为宙斯乖巧的女儿。忒弥斯（Themis）也由灾难的预言女神变成司法律和秩序的女神。希腊神话形象由无序向有序、由混乱向和谐、由怪异向美丽的转化，涉及到美学固有的问题：美的起源问题。

希腊神话中阿波罗（Apollo）和缪斯（Musae）形象的衍变表明古希腊人对艺术起源、艺术的种类和体裁直觉的、感性的理解。阿波罗原来的形象依次是上细下粗的柱子、月桂树、常春藤、飞蝗、狼、鹰、狮身鹰首怪兽等，这些形象都与原始人实践

① 施瓦布（G. Schwab）：《希腊神话故事》，宗教文化出版社 1996 年版，第 124 页。

② 同上书，第 129 页。

③ 参见鲁刚、郑述谱编译《希腊罗马神话词典》，中国社会科学出版社 1984 年版，第 291—292 页。

活动的范围有关。后来阿波罗才成为神，被说成是宙斯和女神勒托之子。不过，人们常称他为"勒托的儿子"，而不提他的父亲宙斯。这反映了母权制社会的历史特征。阿波罗的表征物马和箭则是狩猎时期的生产工具。他高大端庄，作为太阳神还保护农业，同时是诗神缪斯的领袖，其任务是维护世界的和谐，消灭邪恶和混乱。

缪斯女神原来只有一个，她体现了人的各种活动：技术、艺术和科学。这表明这些活动当时还没有区分开来。后来，缪斯的数目增加了，变成三个，最后变成九个，她们分别是：克利俄，司历史女神；欧忒耳佩，司抒情诗女神；塔利亚，司喜剧、牧歌以及田园诗的女神；墨尔波墨涅，司悲剧女神；忒耳普西科瑞，司歌唱舞蹈的女神；厄拉托，司爱情诗女神；波林尼亚，司颂歌女神；乌拉尼亚，司天文女神；卡利俄佩，司史诗女神。缪斯数目的增加和专业分工表明希腊人分析意识的增强。除了司历史和天文的缪斯外，司艺术的缪斯有七个，她们按照艺术的种类和体裁特征进行分工。

希腊神话和希腊美学的关系的第三个方面表现为，希腊神话中对天国世界的描绘，使得天和宇宙在希腊美学中占有重要地位。这涉及到对神话本质的理解。传统观点认为，原始人不能认识和掌握自然规律，神话是他们不发达的思维以想象虚构对自然的解释。可是，原始人为什么要以这种奇怪的方式解释自然呢？他们为什么需要关于世界的这种奇怪的表象呢？为了回答这些问题，有些研究者批评关于神话本质的传统观点忽视了神话和产生神话的历史环境的联系，忽视了神话和社会经济形态的联系。他们把希腊神话看作希腊氏族社会和氏族生活向天国、向宇宙的移植和投射①。生活在氏族公社中的原始人对以血缘为基础的氏族

---

① 持这种观点的有法国社会学家涂尔干（Emile Durkheim）和俄罗斯希腊文化史学家洛谢夫（A．F．Losev）。后者在《希腊人和罗马人的神话学》（莫斯科1996年版）、他和塔霍—戈基合著的《神话、象征和术语中的希腊文化》（圣彼得堡1999年版）等一系列著作中阐述了这种观点。

公社关系最熟悉、最容易理解。氏族社会中没有私有制，劳动工具和劳动成果归集体所有，成员没有贫富之分。古希腊人按照氏族关系创造了神话。神的家族有父母、兄弟、祖先和后代。火神赫费斯托斯就是宙斯和赫拉的儿子。神像人一样，也有各种缺点、欲望和非道德的行为。对于古希腊人来说，天和自然就是一个巨大的氏族公社。按照氏族关系对自然作出的解释是古希腊人最可接受的解释。在希腊神话中，大地首先由自身产生了天，然后和天结婚，逐渐生出神。所以，大地是万物的母亲。宇宙被拟人化，被称作神，而且是最终的和绝对的神。宇宙是氏族生活的极端概括。希腊的神和希腊自发的唯物主义并不矛盾，因为希腊的神是感性物质的宇宙的某些领域的概括，是希腊的某些自然规律，或者人的生活的理想反映。

在希腊美学中，感性物质的、可听可见的宇宙，天体在其中作往复运动的宇宙是最终的和最高的美，是一切真和美的极限。柏拉图的《蒂迈欧篇》是宇宙学美学的代表作。不仅如此，柏拉图所说的最高的美——理式是宇宙永恒的范式和原则；亚里士多德所说的最高的美——"不动的第一动者"是宇宙理性。理式和"第一动者"都是神话，只不过不是以神人同形的形象表现的神话，而是以抽象概括和哲学概念表现的神话。以希腊神话为基础的希腊美学不是认识论的，而是宇宙学的。

第二节　荷马史诗中的美学观念

荷马（Homeros）是公元前 9 世纪至公元前 8 世纪的希腊盲诗人。古代至少有 7 个地方争夺他的出生权，人们比较倾向接受的有两个：伊俄尼亚的基俄斯（Chios）和埃俄利亚的斯慕耳纳（Smur-na）。荷马的史诗作品《伊利亚特》和《奥德赛》是西方文学史上最早的重要作品。荷马时代还没有文字，这两部作品是荷马根据口头流传在小亚细亚的史诗短歌综合编成的，所以又称荷马史诗。公元前 6 世纪，史诗正式写成文字，后来又经过修订，每部各分 24

卷。《伊利亚特》描写了特洛伊战争结束前几十天发生的事,特洛伊战争发生于公元前 12 世纪至公元前 11 世纪之交。《奥德赛》描写希腊英雄俄底修斯在特洛伊战后返乡的故事。不过,在这两部史诗中,史实已经被创新成丰富的神话,或者说,这两部史诗中的神话以某些史实为依据,神话总和历史有密切联系。

一 宇宙观

根据《伊利亚特》的描述,宇宙一分为三,分别为宙斯与他的兄弟波塞冬(Poseidon)和哈得斯(Hades)所有。波塞冬得到大海,成为海神,哈得斯得到冥府,成为冥王。"而宙斯得获广阔的天穹、云朵和透亮的以太"[1],大地和高耸的奥林波斯归他们三神共有。

"巍巍的奥林波斯"是"宙斯的家府"[2]。它不仅很高,而且很陡,上面"白雪覆盖"[3],闪闪发光。它和半圆形的天连在一起,因此,住在奥林波斯山上的诸神也就住在天上。天下面是以太。《伊利亚特》描写雅典娜"穿过透亮的以太,扑下天际"[4],《奥德赛》也描写了赫耳墨斯"从晴亮的以太冲向翻涌的海面"[5]。希腊哲学和希腊美学都论及以太这个概念。以太下面是云,云下面是空气。空气离大地最近。

大地呈圆盘形,它是平的。大地的这种形状在《荷马史诗》中屡次得到描述。《奥德赛》第 12 卷写道,俄底修斯的伙伴们在大地最西端的斯里那基亚海岛,宰杀了太阳神赫利俄斯(Helios)最好的壮牛,这引起赫利俄斯的震怒。原先赫利俄斯在"升登多星天空"时,能够欣赏到他的心爱牧牛。如果大地不是平的,赫

---

① 荷马:《伊利亚特》,花城出版社 1994 年版,第 349 页。注①引文中的"以太"原译为"气空"。

② 同上书,第 112 页。

③ 同上书,第 17 页。

④ 荷马:《伊利亚特》第 19 卷第 351 行。

⑤ 荷马:《奥德赛》第 5 卷第 50 行。

利俄斯就无法从星空看到他的在大地西端的牧牛。大地的四周有海洋环绕，地上的河流源自海洋，太阳、月亮和星辰在海上升起。在大地里面是幽浑、黑暗的冥府。

荷马关于宇宙的概念不仅具有神话学和天文学的意义，而且具有美学的意义。其意义在于，荷马理解的宇宙是一种形体，它很大，然而在空间上有限，也就是说，它具有固定的形状。上面是天，中间是地，下面是冥府。这已经是希腊美学中宇宙的雏形。宇宙是按照某种结构形成的，与宇宙结构有关的是荷马对数字的运用。荷马运用数字不是随意的，这些数字表明宇宙中的一切是按照某种比例构成的。据法国学者热梅因（G. Germain）研究，荷马在史诗中最常用的数字是 3，《伊利亚特》使用了 67 次，《奥德赛》使用 56 次。"3"表示某个人物行为的次数，然而三次都没有结果，第四次才有结果。在《伊利亚特》第 5 卷中，狄俄墨得斯明知阿波罗护着他的敌人埃涅阿斯，他还是勇往直前，"一连三次，他发疯似的冲上前去，意欲扑杀，一连三次，阿波罗将那面闪亮的盾牌打到一边"，"当他发起第四次冲锋"，阿波罗把他喝退①。在《伊利亚特》第 22 卷中，阿喀琉斯三次追击赫克托耳都没有追着，"当他们第四次跑到两条溪泉的边沿"②，宙斯决定了赫克托耳灭亡的命运。10、50 也是荷马喜欢使用的数字。特洛伊战争延续了 10 年，俄底修斯在外漂泊了 10 年。"50"表示中等的数量，兵士一队 50 人："五十之众，由两位首领制统，海蒙之子、神一样俊美的迈昂和奥托福诺斯之子、战斗中骠悍骠勇的波鲁丰忒斯。"③"家居墨索奈和萨乌马基亚，以及来自墨利波亚和岩壁粗皱的俄利宗的兵勇们，分乘七条海船，由弓法精熟的菲洛克忒忒斯率领，每船乘坐五十名划桨的兵丁，战阵中出色的弓手。"④ 甚至一群牲畜也是 50 头："其后，你将航

---

① 荷马：《伊利亚特》，第 114 页。
② 同上书，第 520 页。
③ 同上书，第 91 页。
④ 同上书，第 52 页。

抵斯里那基亚海岛，牧放着大群的肥羊和壮牛，太阳神赫利俄斯的财产，七群羊，同样数量的白壮的肥羊，每群五十头。"[1]

荷马所使用的数字具有审美意义，它表明世界是按照某些数字组织起来的，数字成为世界审美结构的原则。荷马赋予数字以审美意义要远远早于毕达哥拉斯学派。

二　审美观

荷马史诗经常描绘美的对象和现象，特别是女性美。例如，《伊利亚特》描绘了海伦的美。特洛伊老一辈首领看到穿着闪亮的裙袍、流着晶亮的泪珠的海伦沿着城墙走来，压低声音赞叹道：

> 好一位标致的美人！难怪，为了她，特洛伊和胫甲坚固的
> 阿开亚人经年奋战，含辛茹苦——谁能责备他们呢？
> 她的长相就像不死的女神，简直像极了！[2]

爱神阿芙洛狄忒的美、"那修长滑润的脖子，丰满坚挺的乳房，闪闪发光的眼睛"又使女人中闪光的佼佼者海伦"震惊不已"[3]。天后赫拉为了迷惑引诱宙斯，精心梳妆，《伊利亚特》第14卷描绘了她的娇丽妩媚：

> 她走进房间，关上溜光滑亮的门扇，
> 洗去玉体上的纤尘，用
> 神界的琼浆，涂上舒软的
> 橄榄油，清香扑鼻。只要略一
> 摇晃，虽然置身宙斯的家府，青铜铺地的房居，

---

① 荷马：《奥德赛》，花城出版社1994年版，第222页。
② 荷马：《伊利亚特》，第64—65页。
③ 同上书，第73—74页。

醇郁的香气却由此飘飘袅袅，溢满天上人间。

她用此物擦娇嫩的肌肤，

梳顺长发，用灵巧的双手编织发辫，油光

滑亮，闪着仙境的丰采，重荡在与天地同存的

头首边。接着，她穿上雅典娜精工

制作的衫袍，光洁、平展，绣织着众多的图纹，

拿一根纯金的饰针，别在胸前，然后

扎上飘悬着一百条流苏的腰带，

挂起坠饰，在钻孔规整的耳垂边，

三串沉悬的熟桑，闪着绚丽的光彩。

然后，她，天后赫拉，披上漂亮、

簇新的头巾，白亮得像太阳的闪光，

系上舒适的条鞋，在鲜亮的脚面。①

荷马史诗描绘人的美涉及人体、人的服饰和化妆，知觉美的感官不仅有视觉，而且有嗅觉（清香扑鼻，醇郁的香气）和触觉（滑润的脖子，娇嫩的肌肤）。荷马还描绘过"发辫秀美"的黛墨忒耳，"脚型秀美"的达娜娥，"白臂膀的"娜乌茜卡，"长发秀美"的雅典娜，"身材丰美"的裴奈罗珮和"银脚"的塞提丝。不过，这些都不过是个别的美的现象，而不是美的本质。荷马没有论述过美的本质，然而，他把概括的美、一般的美理解为神，神能够给人带来美，使人变得美。在这种意义上，神成为美的原则。《奥德赛》第6卷描写历经磨难的俄底修斯从树丛中钻出身子，从厚实的叶层里折下一根树枝遮住身体，"带着一身咸斑，模样甚是可怕"②，他向未婚少女娜乌茜卡求助。娜乌茜卡嘱咐侍女拿上衣服，带领俄底修斯去河里洗澡。俄底修斯洗毕全身，穿上衣服后，一直帮助他的智慧女神雅典娜使他从"形貌萎悴"

---

① 荷马：《伊利亚特》，第328页。
② 荷马：《奥德赛》，第109页。

变得"光彩灼灼，英俊潇洒"①：

> 雅典娜，宙斯的女儿，使出神通，让他看来
> 显得更加高大，更加魁梧，理出屈髦的发绺，
> 从头顶垂泻下来，像风信子的花朵。
> 宛如一位技巧精熟的工匠，把黄金浇上银层，
> 凭着赫法伊斯托斯和帕拉丝·雅典娜教会的本领，
> 精湛的技巧，制作一件件工艺典雅的成物——
> 就像这样，雅典娜饰出迷人的雍华，在他的头颅和肩膀。②

神使人为美，犹如"把黄金浇上银层"，人有了这种点缀就成为美的。在《奥德赛》第 18 卷中，雅典娜也让裴奈罗珮在见她久别的、化装成乞丐的丈夫俄底修斯前变得更美：

> 首先，女神清亮了她秀美的五官，用
> 神界的仙脂，厄塞瑞娅以此增色，头戴
> 漂亮的花环　参加典雅姑娘们多彩的舞会。
> 接着，女神使她显得更加高大，越加丰满，
> 淡润了她的肤色，比新锯的象牙还要洁白。③

神使人变得美的能力已经超越个体美的现象，隐含了普遍性的意义。

三　艺术观

荷马史诗没有提到绘画和雕刻，但是对乐器、唱歌、舞蹈有较多描述。

---

① 荷马：《奥德赛》，第 113 页。
② 同上书，第 112 页。
③ 同上书，第 341 页。

荷马所描述的乐器分弦乐和管乐。弦乐是竖琴，管乐则包括阿洛斯和苏里克斯，它们类似于双簧管。荷马史诗写道：

> 信使将一把做工精美的竖琴放入菲弥俄斯
> 手中，后者无奈求婚人的逼近，开口唱诵。①

> 神们全都吃到足够的份额，
> 聆听着阿波罗弹出的曲调，用那把漂亮的竖琴，
> 和缪斯姑娘们悦耳动听的轮唱。②

而"阿洛斯和苏里克斯的尖啸和兵勇们低沉的吼声"则使阿伽门农心绪纷乱③。

《奥德赛》第 1 卷描述了裴奈罗珮惦记着在特洛伊战争中下落不明的丈夫俄底修斯，聆听著名的歌手唱诵的情景。歌手唱诵的是神和英雄的经历，歌手的唱段"勾人心魂"，能够"欢悦我们的情怀"，歌手的唱诵受到神的驱使，不能随心所欲④。这里实际上涉及到唱诵的题材，唱诵的作用（"欢悦情怀"）和歌手的灵感（来自神）。荷马史诗中多处谈到神赋予歌者以灵感，把歌手称作为"通神的"。阿尔基努斯招待俄底修斯时，"还要召来通神的歌手"德摩道科斯，"神明给他诗才"⑤，"缪斯催使歌手唱诵英雄们的业绩"⑥。同时，艺术能给人带来快感和审美享受。特洛伊战争中的希腊英雄阿喀琉斯在战斗间隙也"拨琴自娱"，"以此琴愉悦自己的心怀，唱颂着英雄们的业绩"⑦。

荷马已经知道歌的不同体裁。它们有赞歌（Paiēon），哀歌

---

① 荷马：《奥德赛》，第 6 页。
② 荷马：《伊利亚特》，第 23 页。
③ 同上书，第 218 页。
④ 荷马：《奥德赛》，第 12—14 页。
⑤ 同上书，第 131 页。
⑥ 同上书，第 132 页。
⑦ 荷马：《伊利亚特》，第 198 页。

(linos)，婚礼歌曲（hymenaios），挽歌（thrēnos）。颂歌献给神和英雄，哀歌献给早夭的美少年利诺斯、那喀索斯。婚娶时唱婚礼歌曲，"人们正把新娘引出闺房，沿着城街行走，打着耀眼的火把，踩着高歌新婚的旋律"[1]。特洛伊的英雄赫克托耳战死后，"引导哀悼的歌手们坐在他的身边，唱起曲调凄楚的挽歌，女人们悲声哭叫，应答呼号"[2]。在荷马史诗中，歌和舞常常连在一起，密不可分。《伊利亚特》第18卷描绘了热烈的载歌载舞的场面：

> 场地上，年轻的小伙和美貌的姑娘们——她们的聘礼
> 是昂贵的壮牛——牵着手腕，抬腿欢跳。
> 姑娘们身穿亚麻布的长裙，小伙们穿着
> 精工织纺的短套，涂闪着橄榄油的光泽。
> 姑娘们头戴漂亮的花环，小伙们佩挂
> 黄金的匕首，垂悬在银带的尾端。
> 他们时而摆开轻盈的腿步，灵巧地转起圈子——
> 像一位弯腰劳作的陶工，试转起陶轮，
> 触之以前伸的手掌，估探它的运作——
> 时而又跳排让行次，奔跑着互相穿插。
> 大群的民众拥站在舞队周围，凝目观望，
> 笑逐颜开。舞队里活跃着两位耍杂的高手，
> 翻转腾跃，合导着歌的节奏。[3]

四 器物的美

荷马史诗中的器物包括服装、房屋、兵器和器皿等。这些器物以功利价值和使用价值为主，同时又有审美价值和观赏价值。

---

① 荷马：《伊利亚特》，第450页。
② 同上书，第593页。
③ 同上书，第454页。

古希腊人穿着简单，男子们贴身穿用亚麻布织制的衣衫，外面再套一件披篷。衣着虽然简单，但是讲究美。俄底修斯历经磨难回到家里，他淋浴后"穿好衫衣，搭上绚美的披篷"①。披篷上可以织出精美的图案，并染成深红、绛紫的色彩。妇女穿长垂的裙衫，外面使用腰带。"束腰秀美的女郎""全都打扮得漂漂亮亮。"②古希腊人也有奢侈的服装和装饰品。求婚者们送给裴奈罗珮的彩礼琳琅满目，有"硕大的织袍，绚美、精致，缀着十二条衣针，全金的珍品，带着弯曲的针扣"；有"一条金项链，纯妙的工艺，串连着琥珀的珠粒，像闪光的太阳"；有"一对耳环，垂着三挂沉悬的熟桑，射出绚美的光芒"③。俄底修斯曾经叙述自己当年穿戴的服饰：

> 卓著的俄底修斯身穿紫色的羊毛披篷，
> 双层，别着黄金的饰件，带着
> 两道针扣，正面铸着精美的图纹：
> 一条猎狗伸出前爪，逮住一只带斑点的小鹿，
> 捕杀拼命挣扎的猎物。人们无不惊赞金针的工艺，
> 那金铸的图纹。猎狗扑击小鹿，咬住它的喉咙，
> 后者蹬腿挣扎，企图死里逃生。
> 我还注意到那件闪亮的衫衣，穿着在身，
> 像那蒜头上风干的表皮，轻软
> 剔透，像太阳一样把光明闪送。④

《奥德赛》描绘了俄底修斯"精美的宫居"。外面有围墙，院门和门槛硕大，墙内是十分漂亮的院落。宫居中最重要的部分是厅，人们在厅里吃喝交谈、欣赏诗诵。俄底修斯家中的厅高敞巨

---

① 荷马：《奥德赛》，第428页。
② 同上。
③ 同上书，第344—345页。
④ 同上书，第358页。

大，能容纳数以百计的人在里面活动。屋墙上是"一根根漂亮的板条"，"杉木的房梁"和"撑顶它们的木柱"十分坚固①。厅前有门廊，可供来访的客人留宿。主人的睡房和藏室在楼上。藏室橡木的门槛"由木工精心削刨，紧扣着划打的粉线，按上贴吻的框柱，装上闪光的门面"②。甚至连开门的钥匙也是那样精美，"精工弯铸的铜钥匙，带着象牙的柄把"③。

荷马史诗中的兵器有胫甲、胸甲、盾牌、头盔、剑、枪矛、弓箭、战车、战船等。这些兵器不但坚固耐用，而且工艺精湛，造型美观。阿喀琉斯的头盔"体积硕大，恰好扣紧阿喀琉斯的脑穴"，头盔还铸上装饰用的"黄金的脊冠"④。在所有兵器中，阿喀琉斯的盾牌最为著名，它不仅厚重、硕大，而且盾牌上铸着一组组奇美的浮景。荷马用了150行左右的诗句来描绘这些奇景⑤。它们包括大地、天空、海洋、不知疲倦的太阳、盈满溜圆的月亮和众多星宿。盾面上有两座精美绝伦的凡人城市，一座表现婚娶和欢庆的场面，其中有市场和法庭；另一座城市周围聚集着攻城的兵勇，守城的士兵和他们交手开战，激烈捕杀。盾面上铸有原野和牧场。原野中有广袤、肥沃的农田，众多的犁手遍地劳作；有国王的属地，农人们挥舞锋快的镰刀忙于收割，谷地的一边已将盛宴排开；有果实累累的葡萄园，蔓爬的枝藤依附在银质的杆架上。牧场有牧牛场，牧牛人随同牛群行走；有牧羊场，洁白闪亮的羊群卧躺在水草肥美的谷地。盾面上还铸有舞场和磅礴的水流。阿喀琉斯的盾牌不仅具有考古学意义，而且具有审美意义，长期以来许多研究者对它作出阐释。有的研究者如沙德瓦尔德（W. Schadewaldt）在《荷马的世界和作品》一书（莱比锡1994年版）中指出，盾牌所描绘的是荷马所理解的生活图景，是生活的颂歌，荷马史诗所详尽描绘的内容在盾牌中得到简明的体现。阿

---

① 荷马：《奥德赛》，第351页。
② 同上书，第389页。
③ 同上书，第388页。
④ 荷马：《伊利亚特》，第454页。
⑤ 同上书，第449—454页。

喀琉斯的盾牌是最适用的，同时又是不涉利害的观照对象。功利和审美不可分割地结合在一起。

兑缸、碗、杯、高脚杯、酒盅、三脚鼎锅等器皿也体现了功利和审美的统一。兑缸是荷马史诗中经常出现的饮具，酒和水在兑缸里勾兑后，分别斟到各人的酒杯中。兑缸是"纯银的制品，镶着黄金的边圈"，"铸工精美"①。荷马史诗中通过形象描绘所体现的美学问题，成为希腊美学所理性思考的对象。

①　荷马：《奥德赛》，第276页。

第二章　早期希腊美学

　　早期希腊美学指公元前 6 世纪到公元前 5 世纪中期的希腊美学。这段时期是希腊城邦的诞生和繁荣期。随着氏族关系的瓦解，希腊从原始社会进入奴隶社会。出现了城邦，城邦是以邻里关系而不是以氏族关系为基础的社会组织形式。在各城邦中，经营农业的贵族奴隶主和经营手工业、商业的民主派奴隶主发生矛盾和斗争。一开始，贵族派占优势，因为贵族派的社会运作原则和氏族社会更接近。不过，民主派最终取得斗争的彻底胜利。在这种社会历史氛围中形成了毕达哥拉斯、赫拉克利特、恩培多克勒和德谟克利特等人的美学。他们研究的主要对象是人的自然环境和宇宙，寻找自然本原是他们共同的特点。

　　早期希腊美学家的著作都已佚失，现存的资料是从其他古代文献中辑录的。国际上最为流行的早期希腊哲学家残篇是现代德国学者第尔斯（H. Diels）编的《苏格拉底以前的哲学家残篇》（*Die Fragmente der Vorsokratiker*），该书第 6 版经克兰茨（W. Kranz）修订于 1952 年出版，简称 DK 本。比较流行的另一种残篇是由英国学者基尔克（G. S. Kirk）和拉文（J. R. Raven）合编的《苏格拉底以前的哲学家》（*The Presocratic Philosophers*，1957），简称 KR 本；该书第 2 版（1983）由斯柯非尔（M. Schofield）参加作了增补，简称 KRS 本。由苗力田主持、根据 KR 本和 KRS 本摘译的《早期希腊哲学》为《古希腊哲学》一书（中国人民大学出版社 1996 年版）的第一编。另外，汪子嵩、范明生、陈村富、姚介厚合著的《希腊哲学史》第一卷（人民出版社 1988 年版）也包含着早期希腊哲学的大量原始资料。值得指出的是，第尔斯编的

《苏格拉底以前的哲学家残篇》是摘录的，他的选择难免有主观性。作为对该选本的重要补充，他又编了《希腊哲学史家》（亦译为《希腊学述》，1958 年第 3 版）。他所说的"希腊哲学史家"指阐述希腊哲学家观点的编纂家。他在新的选本中完整地辑录了有关材料。C.J. 德·沃格尔（C.J. De Vogel）编的《希腊哲学》第 1 卷（1963 年第 3 版）也颇有特色。它的篇幅要小得多，但很精粹，选的是希腊原文，同时附有英文翻译。

本章依次阐述毕达哥拉斯及其学派、赫拉克利特、恩培多克勒和德谟克利特的美学。

第一节　毕达哥拉斯及其学派

毕达哥拉斯（Pythagoras，约公元前 570 年至公元前 499 年）出生于小亚细亚沿岸希腊人建立的殖民城邦萨摩斯岛。40 岁时因为不堪忍受僭主的残暴统治，移居意大利南部城邦克罗顿，在那里建立了一个从事宗教、政治和学术活动的盟会组织，盟会成员严守宗派秘密的程度令人吃惊。在受到当地政治势力屡次迫害后，毕达哥拉斯迁往迈达朋托。他的弟子们的活动一直延续到公元前 5 世纪中叶。如果用最简单的语言来概括毕达哥拉斯学派美学的内容的话，那就是数的和谐。

一　数的和谐

原始社会进入奴隶社会后，哲学家们开始用自己的思维结构来代替原始社会的意识形态——神话。他们普遍企图寻找一种统摄世界万物的原则或元素，以便认识和掌握它们。在当时的经济生活中，随着产品交换的产生，数的作用得到增强。毕达哥拉斯学派大多是数学家，他们把数（arithmos）当作万物的本原与他们对数的崇拜和神化有关。

从前人们不能把数同用数来计算的事物本身区分开来。毕达哥拉斯学派发现，数绝对不是事物本身，事物是流动和变化的，而数的运算规则永远是一样的。这个发现令他们惊讶不已。数开始被神化，毕达哥拉斯学派直接宣称数是神，神首先是数。现在刚入小学的学生都知道，二加一等于三，三加一等于四，前四个数相加等于十。然而在古希腊人看来，对这些基本的运算规则的解释不仅是哲学的，而且是神话学的和宗教的[①]。毕达哥拉斯学派的数本原说带有神秘色彩，和神话很接近，然而毕竟是对世界的形而上学的哲学思考。毕达哥拉斯是第一个使用"哲学"（爱智）这个术语的人。亚里士多德在《形而上学》中指出，毕达哥拉斯首先向前推进了数学这门学问，"通过对数学的研究，他们认为数的本原即是万物的开始。因为在所有的本原中，数在本性上是居于首位的，在他们看来，同火、土、水相比，数和那些存在着的东西以及生成着的东西之间有着更多的相似。""一切其他事物都表明，其整个的本性乃是对数的模仿。""整个的天不过是一些数而已。"[②]

为了理解数本原说，最好不要从我们现代关于数的概念出发，而要直接依据毕达哥拉斯学派自己的论述。该学派成员菲罗劳斯（Philolaos）写道：

> 由此可见，万物既不仅仅由一种有限构成，又不仅仅由一种无限构成，显然，世界结构和其中的一切都是由无限和有限的结合而形成的，明显的例证是在现实的田野中所看到的情景：田野中由界线（即田塍）组成的一些部分限定了地段，由界线和界线以外无限的地段组成的另一些部分既限定又不限定地段，而仅仅由无限的空间组成的那些部分则是无

---

① 参见凌继尧《西方美学艺术学撷英》，上海人民出版社 1998 年版，第 6—7 页。

② 亚里士多德：《形而上学》Ⅰ，5，见苗力田主编：《古希腊哲学》，第 70—71 页。

限的。①

这种有限和无限的结合就是毕达哥拉斯学派所理解的数，它不完全等同于现代科学关于数的抽象概念。无限是不能够被认识的，有限对无限作出限定，被限定的事物可以被认识。菲罗劳斯继续写道："确实，一切被认识的事物都具有数。因为如果没有数，就不可能理解和认识任何事物。"② 数具有认识论意义，它对某个事物作出规定，使它区别于其他事物，从而能被人的意识和思维所掌握。数是事物生成的原则，是事物的组织原则。按照苏格拉底以前的哲学家的说法，数是事物的灵魂。数是一种创造力和生成力。

菲罗劳斯问道：有限和无限是如此不同，它们怎样才能结合在一起形成数呢？它们应该处在什么关系中呢？答案是：它们应该处在和谐的关系中。所谓和谐，指一个事物发展到"真"的地步，即它以某种形式确定了自身的界限、形状和尺寸等，从无限的背景中剥离出来。和谐是一种结构，数的结构③。它使有限和无限相同一，使事物获得明确的规定性。和谐是从数本原说中自然而然地产生出来的。

和谐（harmonia）是毕达哥拉斯学派美学最重要的概念，它经常出现在他们的残篇中。毕达哥拉斯学派是怎样论述和谐的呢？第一，如上所述，和谐是数的结构，它是最重要的数的规定性，它规定事物，使事物能够被认识。第二，"和谐最美"④。与此有关，毕达哥拉斯学派提出审美教育问题，因为知觉美的能力不是自发产生的，它要求教育。第三，和谐产生于对立面的差

---

① 第尔斯编，克兰茨修订：《苏格拉底以前的哲学家残篇》第 44 章 B 部分第 2 则残篇。简注为 DK44B2，以下用简注。

② DK44B4。

③ 洛谢夫：《希腊罗马美学史》第 1 卷，莫斯科 1963 年版，第 270 页。

④ DK58C4。

异，"和谐是杂多的统一，不协调因素的协调"①。这里表现出辩证意味，虽然还仅仅是初步的辩证法。第四，和谐适用于存在和生活的一切领域。

毕达哥拉斯学派用数的和谐来解释宇宙的构成，创立了宇宙美学理论。宇宙（kosmos）的原意是"秩序"，赫俄西德在《神谱》中就涉及到宇宙（秩序）和混乱的区别。在希腊美学中，宇宙是最重要的审美对象。早期希腊哲学家阿那克萨戈拉（Anaxagoras，约公元前 500 年至公元前 428 年）甚至认为，人的生活目的就是观照宇宙的秩序。有人问他，为什么生比不生好，他说：

生能够观照天和整个宇宙的构造。②

在某些意义上可以说早期希腊美学就是宇宙美学或宇宙学美学。宇宙美学理论的杰作是柏拉图的《蒂迈欧篇》。不过，根据拉尔修的记载，柏拉图从菲罗劳斯的亲戚手里买过一本书，并模仿这本书写下了《蒂迈欧篇》③。毕达哥拉斯学派宇宙学美学理论把数学、音乐和天文学结合起来，其主要内容是：数是宇宙的本原，宇宙内的各个天体处在数的和谐中。太阳和地球的距离是月亮和地球的距离的两倍，金星和地球的距离是月亮和地球的距离的三倍。每个个别的天体也都处在一定的比率中。天体的运行是和谐的，距离越大的天体运动越快，并发出高昂的音调；距离越小的天体运动越慢，并发出浑厚的音调。和距离成比率的音调组成和谐的声音，这就是宇宙谐音。可以听到、可以看到、可以触摸的宇宙，总之，具体可感的宇宙是最高的美。对宇宙美的观照是希腊美学的一个重要特点。希腊思维（无论是唯物主义还是唯心主义）具有静观性。因为它认可现有的存在，而不要求对存在

---

① DK44B10（参见北京大学哲学系美学教研室编《西方美学家论美和美感》，商务印书店馆 1980 年版，第 14 页）。

② DK59A30。

③ 拉尔修：《著名哲学家生平和学说》（亦译为《名哲言行录》）第 8 卷第 84 节，见苗力田主编：《古希腊哲学》，第 61 页。

作根本的改造。

和谐也适用于精神生活和物质生活领域。

> 毕达哥拉斯和菲罗劳斯（说，灵魂是）和谐。[①]

> 德行、健康、一切善和神是和谐。因此，一切产生于和谐。[②]

和谐更适用于艺术。在毕达哥拉斯学派的音乐理论中，和谐具有最重要的意义。高低长短不同的音调，按照某种数的比例组成音乐的和谐。

在毕达哥拉斯学派美学中，与和谐密切相关的概念还有：1. 比例。公元前1世纪罗马雄辩家西塞罗第一次准确地把希腊语比例（analogia）翻译成拉丁语 proportio。比例在毕达哥拉斯学派的艺术理论中具有重要地位，我们将在下面谈到。2. 完善（telēos）。"10"被看作伟大的、完善的数。正确地安排天体的智慧也是一种完善。完善是和谐的最高阶段。3. 秩序（taxis）。天体的秩序是毕达哥拉斯学派经常谈论的话题。内在的结构要在外在的秩序中完满地表现出来。4. 对称（symmetric）。毕达哥拉斯学派认为身体的美在于各个部分的对称。由此可见，西方美学史后来经常使用的许多概念，已经出现在毕达哥拉斯学派美学中。

毕达哥拉斯学派的数不仅具有本体论和认识论意义，而且具有审美意义。从他们对数的理解中，产生出希腊美学一个极其重要的特征。在毕达哥拉斯学派看来，"一切事物的形状都具有几何结构，几何结构则与数字相对应：1是点，2是线，3是面，4是体。世界生成过程是由点产生出线，由线产生出面，由面产生

---

① DK44A23。

② DK44A1。

出体，从体产生出可感形体，产生出水、火、气、土四种元素。"① 菲罗劳斯的学生优吕特斯（Eurutos）把一切事物看作为数，比如，人的定义是数 250，他就用 250 颗骰子块摆成人的图像。亚里士多德记载说，"优吕特斯（Eurutos）把数目分配给事物，这一数目是人，那一数目是马，用骰子块来模仿那些自然物，正如用数目来形成三角形、四边形一样"②。尽管毕达哥拉斯学派的这种理论遭到亚里士多德的批评，因为几何结构不能替代事物生成的自然运动；然而，毕达哥拉斯学派从几何结构和几何形体的角度来理解数、理解世界，对希腊美学仍然具有不可忽视的意义：它从一个方面说明了希腊美学的结构性、形体性、造型性的特征。审美对象不仅是可以看到、可以触摸的，而且是造型明确的、几何形状固定的，这一切是由数来安排的。甚至光和色在毕达哥拉斯学派看来也是造型的、有三维形体的，或者至少和三维形体有关系。

二　艺术中的比例

早期希腊美学对艺术（technē）有三种理解：1. 人类有目的的活动。从词源学上看，technē 也指"产生"，即一种合目的的行为。举凡盖房造船、驯养动物、读书写字、种植、纺织、医疗、炼金、治理国家、军事活动，以至魔法巫术都是艺术。艺术等同于技艺，有劳动和管理经验的人往往被看作诗人。这种传统是如此根深蒂固，直至公元前 1 世纪贺拉斯在《诗艺》中仍然把安菲翁当作诗人，和荷马一起加以颂扬。安菲翁没有写过诗，但是他演奏竖琴，感动顽石自动筑成忒拜城墙。2. 科学。算术、几何是计算艺术。此外还有医学、动物学、占卦术等。3. 现代涵义上的艺术。

---

① 赵敦华：《西方哲学通史》第 1 卷，北京大学出版社 1996 年版，第 19 页。

② 亚里士多德：《形而上学》1092b11—15，《亚里士多德全集》第 7 卷，中国人民大学出版社 1997 年版，第 334—335 页。

毕达哥拉斯学派对美学的另一贡献是从和谐的比例的角度，探讨了现代涵义上的艺术问题。和谐的比例的审美本质在于，它说明了部分和整体，以及统一的整体中部分与部分之间的关系。在这种关系中，一个部分和其他部分尽管有差异，但是它们仍然保持着统一的结构。西方艺术史早就确定，希腊雕像中的肚脐眼是按照黄金分割的规律划分人的整个身高的一个点。黄金分割指这样的比例：把一条线分成两段，长的一段和整条线之比等于短的一段和长的一段之比。就一个人的整个身高而言，从肚脐眼到脚底是下段，从肚脐眼到头顶是上段。身高与下段之比，等于下段与上段之比。就上段而言，从肚脐眼到颈是长段，从颈到头顶是短段。上段与长段之比，等于长段与短段之比。仅就下段而言，膝是黄金分割的一个点。黄金分割的理论据说是由毕达哥拉斯学派提出来的，然后在柏拉图那里得到运用。文艺复兴时期这种"神的比例"正是以毕达哥拉斯和柏拉图的面貌出现的。对于毕达哥拉斯学派的比例学说，2世纪怀疑论者塞克都斯·恩披里柯作过一个总的说明：

> 没有比例任何一门艺术都不会存在，而比例在于数中，因此，一切艺术都借助数而产生……于是，在雕塑中存在着某种比例，就像在绘画中一样；由于遵照比例，艺术作品获得正确的式样，它们的每一种因素都达到协调。一般说来，每门艺术都是由理解所组成的系统，这个系统是数。因此，"一切摹仿数"，也就是说，一切摹仿和构成万物的数相同的判断理性，这种说法是恰当的。这就是毕达哥拉斯学派的主张[①]。

公元前5世纪希腊著名的雕塑家和艺术理论家波利克里托写过关于雕像中数的比例的著作《法规》（*Canon*），他的雕像"持

---

① 恩披里柯：《驳数理学家》第7卷第106节。

矛者"也被称作"法规"。普林尼描述道,"气宇轩昂的持矛青年,艺术家们称誉其为'法规',并引为艺术规矩,犹如法典"①。《法规》之所以重要,因为它是早期希腊美学中罕见的纯艺术分析的范例。它仅仅从形式方面确定雕塑的结构,即整体和各部分之间的比例关系。而希腊美学在首次确定艺术结构时,实际上确定的是人体的结构。

波利克里托是当时惟一从自己的艺术实践中总结出艺术理论的人。有的研究者把他说成是毕达哥拉斯学派的门徒②,即使这种说法有商榷的余地,然而可以肯定的是,波利克里托的理论和毕达哥拉斯学派的比例学说有着密切的关系,而且,流传下来的《法规》残篇和有关"法规"雕像的情况最早见诸毕达哥拉斯学派的记载。菲隆(Philon)写道:

> 许多人在制作同样大小的工具时,利用同样的结构、同样的木材和数量相同、重量不变的铁,结果,他们制作的工具中有一些能被发掷得远,并且打击有力,而另一些则大为逊色。问其原因,他们不能回答。因此,为了将来能够回答,雕塑家波利克里托的名言是合适的:"(艺术作品的)成就产生于许多数的关系,而且,任何一个细枝末节都会破坏它。"③

可见,同一门类的艺术虽然由同样的材料制成,然而形式("许多数的关系")上的细微差异会使它们产生迥然不同的效果。波利克里托在《法规》中就论述了人体的各种比例关系。他按照自己的学说从事雕塑创作,十分注意手指和手指、手指和手掌、手掌和肘、肘和手臂的比例,以及各部分和整体的比

①　吉塞拉·里克特(Gisela M. A. Richter):《希腊艺术手册》,中国美术学院出版社 1992 年版,第 68 页。该书未注明引文出处。这段文出自普林尼《自然史》第 34 卷第 55 节。

②　朱光潜:《西方美学史》上卷,人民文学出版社 1979 年版,第 33 页。

③　DK40B2。

例。由于《法规》早已残缺，现在无从查考波利克里托对人体比例的具体规定。并且，在各种希腊典籍中只有惟一的一处论述到人体比例，那是公元前1世纪建筑家维特鲁威的《建筑十书》[①]（关于维特鲁威的美学思想，可参阅第二编第七章第三节）。在该书第三书中他谈到各种人体比例，其中从下颏到头顶是身长的八分之一，但是他没有提到波利克里托的名字。根据德国学者卡尔克曼（A. Kalkmann）对波利克里托青铜雕像的罗马大理石摹本（现存意大利那不勒斯国立博物馆）的测量，下颏到头顶是身长的七分之一，而不是八分之一。维特鲁威可能依据的是较晚近希腊化时期艺术家的法规。这里重要的是毕达哥拉斯学派对数的理解，他们不把数看作抽象的概念，而看作几何形体。波利克里托的法规就是毕达哥拉斯学派的数。希腊雕塑的特点是凝重、丰厚，具有特别强烈的体感。另外，毕达哥拉斯学派对比例的强调并不是机械的、刻板的公式。他们特别看重的是比例关系中动态的韵律感，就像天体运动一样。波利克里托的"持矛者"姿态平稳放松，一只手握矛，另一只手下垂，身体重量由一条腿承担，另一条腿向后方外斜放。在保持均衡美的同时，体现出一种韵律感。这种律动在米隆"掷铁饼者"的瞬间爆发力中尤其明显。

毕达哥拉斯学派的比例学说以中心的概念为基础。他们的哲学重视中心的概念，例如把火看成宇宙的中心，所有的天体拱卫着火作永恒的运动。由于观察到的天体只有9个，而10才是完善的数字，于是他们臆造出第10个天地，名曰"对地"，它与地球相对。这种中心的概念也体现在艺术理论中，从而使希腊的比例学说和雕塑不同于埃及的比例学说和雕塑，虽然最古老的希腊雕塑曾经受到埃及雕塑的明显影响。波利克里托创作时从一个中心出发，把人体看作一个整体，然后安排人体的各个部分，确定各部分与整体的关系。如果人体是1的话，它

---

① 洛谢夫：《希腊罗马美学史》第1卷，第312页。

的各部分就是分数，其分子是 1，分母随着实际尺寸而变化。比如，人头是身长的 1/7。这个中心是观者的视点，雕像置放在观者正面或高处，视点就不一样。埃及雕像就没有这种人体测量学的视点。埃及雕塑家们按照固定比例和某种结构模式各自制作人体的不同部分，然后组装成一个整体。雕像往往手是张开的，腿是叉开的。希腊雕像则使多侧面、多层次的栩栩如生的人物形象尽收眼底。它的这种特点在文艺复兴时期的绘画和雕塑中得到发扬光大。

三　毕达哥拉斯学派美学的影响

毕达哥拉斯学派关于数的学说虽然没有达到范畴的辩证法，但是已经达到数的辩证法，它在整个希腊罗马美学中起到重要作用，使希腊罗马美学具有数学性。赫拉克利特的"尺度"具有数的痕迹，原子论者留基波和德谟克利特是毕达哥拉斯的学生。柏拉图从数的角度论述宇宙的构成和美的问题。新毕达哥拉斯学派存在于公元前 2 世纪至公元 2 世纪。普洛丁的《九章集》中有一篇论文叫《论数》。扬布里柯的《算术神学》阐述了毕达哥拉斯学派对前 10 位数的理解。

毕达哥拉斯学派的数作为确定界边的元素，是本体秩序的表述，它们使得造型生成为希腊美学的重要特征。18 世纪和 19 世纪上半叶西方学者多次论述了希腊美学的这种特征。雕塑是希腊艺术最杰出的成就。"在这里，雕塑不仅仅被看作一种特殊的艺术，而且被看作希腊艺术、文学、哲学和科学各个领域中创造艺术形象的共同方法。""可以直接地说，在希腊没有一种文化领域不以某种程度表现出这种造型性。"[①] 连数学和天文学这样的学科，在希腊人那里也具有明显的形体性。希腊数学几乎总是几何学，尤其是立体几何学。我们甚至可以把柏拉图的《理想国》设

---

① 　洛谢夫：《希腊罗马美学史》第 1 卷，第 50 页。

想为一座雕塑群像。中间卓然而立的是理想国的统治者——哲学王，分立两侧的是威严的辅助者——武士和谦卑的被统治者——工农业生产者。最能说明希腊美学的造型性特征的是毕达哥拉斯的一则残篇：

> 毕达哥拉斯说，有五种形体，它们也被称作为数学形体：由六面体产生土，由四面体（即锥体——引者注）产生火，由八面体产生气，由二十面体产生水，由十二面体产生宇宙的充填物（即以太）。[1]

这种观点对希腊美学产生很大影响。恩培多克勒把土设想为六面体，把火设想为四面体，他用这些元素表明世界的几何形体结构。德谟克利特的原子也具有多种多样的几何形状，三维形体是原子论美学的主要审美对象。柏拉图在《蒂迈欧篇》中解释神把原初的混沌状态变成四种元素时，同样采用了毕达哥拉斯的说法：土、火、气、水四种元素的形状分别是正六面体、正四面体、正八面体、正二十面体。此外，神还创造了正十二面体的第五种元素，即"以太"。柏拉图的学生和外甥斯彪西波（Speusippus，约公元前 407 年至公元前 339 年）在毕达哥拉斯论述的基础上，说明了元素自身的属性、彼此间的相互关系以及它们的比例[2]。组成事物的元素处在合乎比例的相互关系中，就产生和谐与美。在数中宇宙表现出一种有序的关系。

由于把世界及其万物看作明确的几何形体，因此，与几何形体的结构有关的审美原则在希腊美学中占有特别重要的地位。这些审美原则包括对称、比例、尺度、和谐、均等、秩序等。毕达哥拉斯学派认为身体的美在于各部分的对称。希腊雕塑和神庙采用明显的对称形式，作品按照中心点或中轴线展开。对称在以后的艺术，比如在文艺复兴绘画中仍然起作用，但是已经不那么直

---

① DK58A15。

② DK58A13、24。

接了。文艺复兴绘画描绘了光、色和地平线，并不遵循原始的对称规律。我们在上面谈到波利克里托的雕像"持矛者"时，已经指出了比例的重要性。波利克里托把整体和各部分之间的比例关系，看作艺术的法规。毕达哥拉斯学派、赫拉克利特、恩培多克勒都把和谐看作美。在表示结构关系的审美原则中，和谐是最一般和最基本的审美原则。德谟克利特把均等看作美，均等有"相等"、"均衡"的意思。亚里士多德在不同的场合给美下过多种定义，如"美的最高形式是秩序、对称和确定性"，"美产生于数量、大小和秩序"，"美产生于大小和秩序"。对秩序的强调，是亚里士多德一贯的思想。亚里士多德还从结构上、比例上和数量上来评价颜色的美丑。

　　毕达哥拉斯学派的美学还对科学研究产生了巨大影响。毕达哥拉斯发现弦长成一定比例时能发出和谐的声音，20 世纪德国科学家、量子力学的创始人海森堡把这一发现说成是"人类历史上的一个真正重大的发现"。毕达哥拉斯进而用和谐的观点解释宇宙的构成和宇宙的美，乐器弦上的节奏就是横贯全部宇宙的和谐的象征。一、二世纪希腊天文学家托勒密和十五六世纪波兰天文学家哥白尼都研究过毕达哥拉斯的和谐论，从宇宙和谐的观念来构筑自己的体系。在哥白尼以后，天文学上最大的成就是开普勒发现的行星运动定律，即开普勒定律。从自己的早期研究开始，开普勒就坚信毕达哥拉斯的宇宙和谐观念。他在《宇宙的秘密》一书中，运用毕达哥拉斯的方法检验哥白尼理论中行星轨道数学上的和谐关系。22 年后，他在《宇宙的和谐》一书中发表了开普勒第三定律，即行星运动的"和谐法则"，它阐述了行星运动的周期和距离的关系。这本书的书名就表明，和谐是开普勒终生探索的目标。美国科学家、诺贝尔物理奖获得者钱德拉塞卡在《莎士比亚、牛顿和贝多芬——不同的创造模式》一书中指出："开普勒一定受到了毕达哥拉斯美的概念的影响，当他把行星绕太阳的转动和一根振动弦进行比较时，他发现，不同行星的轨道有如天体音乐一般奏出了和谐的和声。开普勒深深感激上帝为他保留了这份发现,使他能够通过他的行星运动定律,得到了一种最高的美的联系。"①

第二节 赫拉克利特

赫拉克利特（Heraclitus，鼎盛年约为公元前 504 年至公元前 501 年）出身于爱菲斯王族。根据拉尔修《著名哲学家生平和学说》第 9 章第 1—6 节记载，赫拉克利特高傲孤独，把王位让给了兄弟，自己隐居深山丛林中，以草根和植物度日。著有《论自然》一书，内容可以分为三个部分，即"论万物"、"论政治"和"论神灵"。现有残篇存世，第尔斯编的《苏格拉底以前的哲学家残篇》收录了他的 139 则残篇，它们是一些以诗的形象表现哲理的箴言。据说，赫拉克利特故意写得晦涩难懂，以免为一般民众所轻视。所以，他被后人称为"晦涩者"。对于他的著作，研究者作出不同的阐释。有人主张他的整个哲学的出发点是火本原说，有人主张是逻各斯学说，还有人主张是对立面统一的学说。我们认为这三者是相通的，它们之间有着内在的联系。赫拉克利特哲学的这些基本出发点决定了他的艺术理论和美学理论。

一 艺术摹仿自然

"摹仿"（mimēsis）这个术语在赫拉克利特以前就已出现。赫拉克利特明确主张艺术摹仿自然。传统观点认为，既然希腊美学主张艺术摹仿自然（现实），所以，它是现实主义的。实际上，希腊摹仿理论的原意和后人对它的理解很不一样。弄清希腊摹仿的原意，有助于我们准确而深入地理解希腊美学和艺术理论。亚里士多德在《论宇宙》中记述了赫拉克利特的艺术摹仿论：

---

① 钱德拉塞卡:《莎士比亚、牛顿和贝多芬——不同的创造模式》,湖南科学技术出版社(原书无出版年代),第 61 页。

也许，自然喜爱相反的东西，且正是从它们中，而不是从相同的东西中，才求得了和谐，就像自然把雌与雄结合在一起，而不是使每对相同性别的东西结合一样：所以，最初的和谐一致是由于相反，不是由于相同。在这方面，艺术似乎也模仿自然。例如，绘画就是把白与黑、黄与红混合起来，才创造出与自然物一致的作品；音乐是糅合了高音与低音、长音与短音，才谱写出一曲不同音调的悦耳乐章；文法也是把母音与子音结合在一起，才从中形成了这门整体的艺术。①

赫拉克利特所说的摹仿自然不是再现现实，而是摹仿自然的生成规律。赫拉克利特认为，宇宙"过去是、现在是、将来也是一团永恒的活生生的火，按照一定的尺度燃烧，按照一定的尺度熄灭"②。燃烧是万物转化成火，熄灭是火转化成万物。火转化成万物，就是变成水、土、气等形态。火与万物的循环转化遵循一定的规律，这种规律就是"逻各斯"（logos）。逻各斯的原意是"词语"，转义为"原则"、"规律"等。赫拉克利特主张"万物都根据这个逻各斯生成'③。逻各斯和火同为本原，前者为内在的本原，后者为外在的本原。赫拉克利特又把火称为"不足和多余"④，事物变化的原因是这两者之间的对立。"对立物相一致"，"最美丽的和谐来自对立"，"万物由斗争而生成"⑤。"相反的力量造成和谐，就像弓与琴一样。"⑥ 绘画和音乐也是这样形成的。

希腊美学中美、和谐的概念与宇宙联系在一起，希腊美学中

---

① 《亚里士多德全集》第 2 卷，中国人民大学出版社 1997 年版，第 6—8 页。"艺术"原译为"技术"。

② 赫拉克利特残篇 30，见苗力田主编：《古希腊哲学》，第 38 页。"尺度"原译为"分寸"。

③ 赫拉克利特残篇 1，见苗力田主编：《古希腊哲学》，第 39 页。

④ 赫拉克利特残篇 65，见苗力田主编：《古希腊哲学》，第 38 页。

⑤ 赫拉克利特残篇 8，见《亚里士多德全集》，中国人民大学出版社 1997 年版，第 166 页。

⑥ 赫拉克利特残篇 51，见苗力田主编：《古希腊哲学》，第 41 页。

摹仿的概念也与宇宙联系在一起。星空在上、地球居中的宇宙，永恒地循环往复、从有序到混乱、从混乱到有序不断转化的宇宙是最理想的摹仿。宇宙摹仿什么呢？它摹仿自身的本原、自身的逻各斯。在希腊美学中宇宙和人的关系也是原型和摹仿的关系。所谓人是小宇宙，摹仿大宇宙①。原型和摹仿是希腊美学特有的一对概念。因为希腊美学把客观存在置于首位，而不是像文艺复兴美学那样把人的个性置于首位。如果没有原型和摹仿的概念，就不可能理解希腊的美和艺术。在希腊人看来，艺术摹仿自然，就像自然摹仿它的原型一样。

希腊人把"艺术"和"手工技艺"都称作为 technē，有时候还把"手工技艺"置于"艺术"之上。因为艺术和手工技艺都是摹仿。木匠在制作桌子的时候，摹仿桌子的范型，制作出对生活有实际用途的物质产品。而艺术家通过摹仿创作的艺术作品只能使人的听觉或视觉产生愉悦。木匠的摹仿是真正的摹仿，艺术家的摹仿不是真正的摹仿，所以前者高于后者。赫拉克利特对摹仿的理解接近于它的原意。据科勒（H. Koller）研究②，"摹仿"这个术语产生于狄奥尼索斯（Dionysus）崇拜的鼎盛时期。狄奥尼索斯是希腊神话中的植物神和酒神，他代表大自然的无限生机和丰富的创造力。对他的祭祀是一种无节制的狂喜，他的崇拜者们在狂热的舞蹈中确信和他相同一。后来，把摹仿理解为某个角色的戏剧表演。狂热性减弱，然而戏剧性和舞蹈程式性增加了，由此产生了希腊悲剧。可见，在 mimēsis 使用的早期阶段，把它译为"摹仿"是很不确切的。

总之，在希腊的"摹仿"术语中始终包含着三种意义：1. 对被摹仿对象的仰慕，这不仅起源于狄奥尼索斯，而且起源于关于宇宙的神话学概念；2. 摹仿者和被摹仿者的现实同一；3. 真正的摹仿的戏剧舞蹈性③。我们在上一节中谈到的毕达哥拉

---

① 参见朱光潜《西方美学史》上卷，第 34 页。
② 科勒：《古希腊中的摹仿》，伯尔尼 1954 年版。
③ 洛谢夫：《希腊罗马美学史》第 8 卷第 1 册，莫斯科 1994 年版，第 59 页。

斯学派关于万物摹仿数的观点，就包含着上述涵义：摹仿本原以再造现实的事物。随着理性思维的发展，摹仿的涵义有了变化，不仅限于从实体上再造被摹仿的对象。然而无论如何，摹仿论的起源中隐匿着万物的本原和具体可感的宇宙。

二　美的绝对性和相对性

除了艺术摹仿自然外，赫拉克利特的其他美学理论也是以他的哲学学说为基础的：对立面的斗争产生出和谐的概念，对立面的转化产生出尺度的概念，对立面的相对则产生出美的相对性。

赫拉克利特提出和谐的概念，他的和谐概念和毕达哥拉斯学派的和谐概念不同之处在于，后者是静态的，侧重于对立面的同一；而他的和谐概念是动态的，侧重于对立面的斗争。荷马在《伊利亚特》中写过这样的诗句："但愿争斗从神和人的生活里消失"①，为此他受到赫拉克利特的谴责。

> 必须知道，战争是普遍的，正义就是斗争，万物都按照斗争和必然性而生成。②

这种观点导致赫拉克利特把对立面看作最美的和谐的根源。弓弦和琴弦两种相反的力量相互作用，产生出和谐的乐曲。

对立面的转化是对立面之间的关系的另一种形式。赫拉克利特强调事物永恒的生成和转化。柏拉图在《克鲁底鲁篇》中写道：

> 赫拉克利特在某处说，万物流变，无物常住。他把存在着的东西比作一条河流，声称人不可能两次踏入同一条河流。③

---

① 荷马：《伊利亚特》，第436页。
② 赫拉克利特残篇80，见苗力田主编：《古希腊哲学》，第43页。
③ 苗力田主编：《古希腊哲学》，第40页。

事物的生成和转化是按照一定的尺度（metron）进行的。尺度作为重要的美学范畴经常出现在赫拉克利特的残篇中。例如，火"按照一定的尺度燃烧，按照一定的尺度熄灭"；土"散而再成为海，是按照以前海变成土时的同样的逻各斯为尺度的"[①]。"太阳不应该越出它的尺度，否则厄林尼斯——正义之神的女使就会把它找出来。"[②] 赫拉克利特喜欢谈论周期性的尺度：宇宙"从火产生又复归为火，（这种更替）是周期性地产生的，直至永恒无穷。这是被命运规定的"[③]。尺度这个术语荷马就使用过，在希腊美学中它一般有四种涵义：1. 对时间或空间的测量（苗力田主编的《古希腊哲学》和赵敦华的《西方哲学通史》第 1 卷把"火按照一定的尺度燃烧"译为"火按照一定的分寸燃烧"正合后一种涵义，但赫拉克利特在这里的本意指的是周期性的更替）；2. 周期性的更替或节奏；3. 界限或规范；4. 节制，不能过分，也不能不及。赫拉克利特虽然不属毕达哥拉斯学派，然而他的尺度概念也带有数的痕迹，因为尺度是一种周期和节奏。

　　对立面的对比是对立面之间的关系的又一种形式。由于对同一事物的取舍有不同的标准，因而对事物的性质就会产生不同的评价。例如，海水对于鱼来说，它是能喝的和有益的；但对于人来说，它既不能喝又有害。这种对比导致美的相对性。赫拉克利特关于美的相对性的残篇共有三则：

　　　　最美的猴子与人类相比也是丑的。[④]

　　　　最智慧的人和神相比，无论在智慧、美和其他方面，都像一只猴子。[⑤]

[①] 拉尔修：《著名哲学家生平和学说》第 9 卷第 8 节。

[②] DK22B94。

[③] DK22B31。

[④] DK22B82。

[⑤] DK22B83。

> 神的一切都是美的、善的和公正的；人们则认为一些东西公正，另一些东西不公正。①

这三则残篇在肯定美的相对性的同时，也肯定了美的绝对性和等级性。神的美、人的美和动物的美是三种不同等级的美，赫拉克利特虽然主张万物都在转化中，但是上述三种美却不能相互转化。赫拉克利特在肯定万物流变的同时，也不否定处于静止状态的美。他仅仅在和谐的概念中，把斗争提到首位。

赫拉克利特把火当作宇宙的本原，火就是逻各斯，即宇宙变化和发展的一般规律。逻各斯的具体表现是和谐和尺度，它们是对立面的斗争和转化的结果。火和逻各斯就是神，赫拉克利特用它们来替代神话中的神。他虽然没有使用过对立统一的术语，但是他关于对立面相互关系的观点达到早期希腊朴素辩证思想的高峰。

第三节　恩培多克勒

恩培多克勒（Empedocles，约公元前 495 年至公元前 435 年）出身于西西里岛南部阿克拉克一个民主派家庭，他集诗人、哲学家、政治家、雄辩家、医生、奥菲教徒等多种身份于一身。亚里士多德称他为修辞学的奠基人。他的主要著作有《论自然》和《净化》两个诗篇，共 5000 行，现存若干残篇。

恩培多克勒美学的特点表现在对希腊美学重要范畴和谐的理解上，他把和谐理解为后的有机整体。他的这种观点产生于他关于世界构成的四根说或六本原说。他把火、土、气、水四种元素当作世界的本原，这就是所谓四根说。恩培多克勒的"根"指元素。从词源学上看，元素（stoicheion）是彼此分开的，然而处在

---

① DK22B102。

同一序列中的物体，如字母表中的字母，森林中的树木，雁阵中的雁，队列中的士兵。在哲学著作中它指具有某种性质的最小单元，它强调这个单元的不可分性。元素具有审美的、结构的意义。恩培多克勒关于火、土、气、水的概念与现代人不同，他把土设想为六面体，把火设想为四面体，他用这些元素表明世界的几何形体结构，对这些元素作审美的理解。在早期希腊美学家看来，元素既是活的，又是美的。西方哲学史研究把恩培多克勒说成是西方第一位主张多元论的自然哲学家。早期希腊哲学家中有人主张单一的元素如水、气或火是世界的本原。多元论和一元论虽然不同，但是它们都反映了人类思维发展的共同进程。希腊神话是一种自然神话，神是自然力量的极端概括。神话作用的减退消亡必然导致自然元素的绝对化，自然元素替代神成为支配世界的力量。恩培多克勒在阐述他的四根说时坚决反对神人同形同性论，正是用宙斯、赫拉、爱多妞和奈斯蒂这四神的名称来指代火、土、气、水四种元素：

> 首先请听真，万物有四根：
> 宙斯照万物，赫拉育生命；
> 还有爱多妞以及奈斯蒂，
> 她用自己珍珠泪，浇灌万灵生命泉。[①]

火构成太阳，气构成天空，水构成海洋，土构成大地。火、气、水、土这四种元素不生不灭，它们有聚有散，它们的结合生成万物，它们的离散使个别事物消亡。使它们作聚散运动的本原是爱和恨（"恨"亦译为"憎"。由于"恨"在希腊文中的原意是"争吵"，所以又译为"争"）。爱使各部分联合，恨使各部分分离。四根加上爱和恨，被称为六本原说。恩培多克勒的六本原说和赫拉克利特的火本原说都是关于事物生成的理论。根据六本原说，

---

① 恩培多克勒残篇 6，见苗力田主编：《古希腊哲学》，第 110—111 页。

爱处于支配地位时，事物处在和谐的状态中；恨处于支配地位时，这种和谐状态转化为混乱和无序；重新借助爱的力量，恨的状态转化为原初的、永恒的爱，世界再次成为一个美的圆球。这种和谐正是赫拉克利特的生成理论的内在展示，也是六本原说对美学的意义所在。

爱产生和谐和美，恨产生无序和丑。恩培多克勒通过爱把和谐理解为活的有机整体。他在残篇 17 中把爱称作爱神阿芙洛狄忒，这不是简单的类比，而是对爱的本质的准确说明。爱是一种吸引和结合的力量，是一种旺盛的、原始的生命力。和谐作为活的有机整体的观点在残篇 20 中得到清楚地表述：

> 这种情况在有死者的肢体中表现明显：
> 一个时候，在生命力旺盛的时节，
> 所有肢体由"爱"统领结为一个整体；
> 另一时候，由于可恶的"恨"力量驱使，
> 它们就各目分开，在生命海湾中浪流游移。
> 不论植物、水中的鱼，
> 还是穴居山林的野兽和展翅云天的水鸟，
> 全都同样道理。①

恩培多克勒运用六本原说解释生命现象。他把生命的进化分为四个阶段。在第一阶段，动物不是完整的机体，各肢体部分是分离产生的，并不结合在一起，如没有脖子的头、没有肩的胳臂、没有额的眼睛等等。在第二阶段，这些肢体偶然地结合在一起，产生出怪异的动物，如人头牛身或牛头人身的动物。第三阶段是完整有机地构成的一代，那些怪异的动物由于身体各部分不相适合而淘汰，剩下各部分和谐的动物。在第四阶段，动物不再由四根直接产生，而是自行生殖，美貌的吸引成为繁殖的原因，产生的

---

①　恩培多克勒残篇 20　见苗力田主编：《古希腊哲学》，第 122 页。原译中的"友爱"、"争吵"、"一体"分别改译为"爱"、"恨"、"一个整体"。

动物各部分和谐一致又形体美丽。恩培多克勒用朴素的适者生存、自然淘汰的原则说明生命进化过程，尽管其中有荒唐之处，仍然被称为"希腊的达尔文主义"，得到西方哲学史研究者的高度评价。对于西方美学史来说，这种生命进化论的价值在于，恩培多克勒把和谐理解为活的有机整体。他对和谐的理解不同于毕达哥拉斯学派，后者把和谐看作数的关系；也不同于赫拉克利特，后者把和谐看作对立统一。不过，恩培多克勒的和谐的有机整体中包含着某种比例关系，这明显地受到毕达哥拉斯学派的影响。他以和谐比例的观点说明了活的有机体及其各种成分如骨、肌肉和血液的构成：

> 在它宽阔的釜中，温厚的大地
> 接受了八分之二闪着光的奈斯蒂（指水——引者注）
> 以及四分赫费斯托斯（指火——引者注）
> 生成了洁净的白骨，
> 因"和谐"而神奇地粘结在一起。[①]

> 以几乎相同的比例，
> 土和赫费斯托斯，水滴，
> 以及那光亮的以太相遇在一起，
> 就此泊在完美的"爱"的港湾里。
> 只是相比起来，有的多点，有的又少些，
> 从这里面，生出了各种肌肉和血液。[②]

恩培多克勒既把滚圆的球体看作和谐和美（爱占支配地位时，世界是一个圆球），因为圆球从中心到每一边都距离相等，完全没

---

① 恩培多克勒残篇96，见苗力田主编：《古希腊哲学》，第125页。引文中的"赫费斯托斯"原译为"赫斐斯特"。
② 恩培多克勒残篇98，见苗力田主编：《古希腊哲学》，第125页。引文中的"爱"原译为"友爱"。

有任何差别；又把按七例构成的物体看作和谐和美。

　　恩培多克勒还把和谐的原则运用到审美知觉上。要阐述这一点，首先要说明他的知觉认识论——流射说。恩培多克勒认为，任何物体都由四和自然元素组成，它们也放射出连续不断的、细微而不可见的元素。不管动物、植物、大地和海洋，还是石头、铜和铁都是如此。人的感官如眼睛同样由四种元素组成。客观物体的流射粒子进入眼睛，同眼睛中的相同元素构成物相遇，进入合适的孔道，就形成视知觉。物体火的流射粒子就容易进入眼睛中由火组成的孔道，物体水的流射粒子则容易进入眼睛中由水组成的孔道。这就是所谓流射说。公元前 3 世纪的逍遥派哲学家、《论感觉》一书的作者塞奥弗拉斯特（Theophrastus）指出，当时流行的感觉理论都用事物之间的关系来解释事物与感觉之间的关系，恩培多克勒主张感觉是"相似所造成的相似"，这种理论被称作"同类相知"的原则。

　　据塞奥弗拉斯特记载，恩培多克勒主张"感觉是由（射流）和一种感官相适合产生的。所以一种感官不能认识另一种感官的对象，因为某些感官的孔道对感官对象太宽了，另一些又太窄了，因而有些（对象的粒子）可以没有接触就穿过孔道，另一些却根本不能通过"[1]。拿眼睛来说，眼睛内部是火，火的周围是土和气，火的孔道和水的孔道交替排列。

　　　　通过火的孔道，我们看到明亮；通过水的孔道，我们看到黑暗。每一类对象都同一种孔道相适合，各种颜色都是由流射带入眼睛的。[2]

眼睛和客观对象是否"同类相知"，会产生不同的视觉反应。

　　　　元素相同或相同元素的结合便产生快乐，元素相反便产

---

①　DK31A86。

②　DK31A86。

生痛苦。①

眼睛和眼睛的结构不同，有些眼睛的火在中心，有些眼睛的火在旁边。火少的眼睛白天看得清楚，因为眼中的火和外面的火相平衡。水少的眼睛在夜晚看得清楚，因为它的缺陷得到弥补。"最好的是这两种元素（指火与水——引者注）的比例相等的眼睛。"② 这是和谐的比例原则在视知觉中的具体运用。

恩培多克勒通过感官结构和客观物体结构的"同类相知"来解释感觉，基本上出于猜测，也比较粗糙，然而这种理论对美学仍然具有重要意义，它从一个方面说明了审美知觉形成的原因。如果眼睛的结构和外界物体的结构相适合，那么，眼睛中的孔道畅通无阻，在这种情况下视知觉就会产生快感。反之，眼睛中的孔道就阻塞僵滞，视知觉则会产生痛感。现代某些审美知觉理论与恩培多克勒的这种理论相去并不太远③。例如，斯宾塞（H.Spencer）就利用筋力节省的原则来解释秀美。他认为秀美的印象起源于筋肉运动时筋力的节省，运动愈显示轻巧不费力的样子，愈使人觉得秀美④。

第四节　德谟克利特

德谟克利特（Democritus，约公元前 460 年至约公元前 370 年）是原子论的主要代表人物，出身于希腊东北端的阿布德拉一个显赫家庭，他拥护奴隶主民主派。曾到埃及、波斯、埃塞俄比亚和印度旅行。他被称作西方第一位百科全书式的学者，通晓哲学的每一个分支，熟悉数学、教育和艺术。他坚忍刚毅，达观开朗，作为"欢笑的哲人"，同"晦涩的哲人"赫拉克利特形成对

---

① 　DK31A86。
② 　同上。
③ 　洛谢夫：《希腊罗马美学史》第 1 卷，第 413 页。
④ 　对于这种理论，朱光潜作过详细的阐述，见《朱光潜全集》第 1 卷，安徽教育出版社 1987 年版，第 431—436 页。

照。拉尔修在《著名哲学家生平和学说》第 9 卷第 45 节中以四篇一组的方式排列了他的著作，内容涉及伦理学、物理学、数学、文学和技艺等。其中与美学和艺术关系密切的有：《论节奏与和谐》、《论诗》、《论词语的美》、《发音和谐的与不和谐的字母》、《论荷马》、《论歌》和《光线图像》等。德谟克利特的美学观是原子论美学观，即原子论在美学领域里的具体运用。

一　原子论美学观

原子论认为万物的本原是原子和虚空。德谟克利特的原子不是现代科学中的原子，它指不可分割的、内部充实而没有空隙的、肉眼看不见的物质微粒。在这种意义上，它类似于恩培多克勒四根说中的元素。所不同的是，四根说中的元素有火、水、土、气四种，而原子虽然数目无限多，外部形状也千姿百态，不过它们的性质却是一样的。原子论对万物本原的种类和性质作了进一步抽象，成为早期希腊哲学家关于世界结构理论的最高成就。原子的原意是"不可分割"，它和拉丁术语"个性"相同。原子论者提出"不可分割"的概念避免了物体无限分割的可能性使物体成为虚无。可以分割的物体是由不可分割的原子组成的。在恩培多克勒那里，火、水、土、气四种元素相互转化，每种元素都是通过其他元素来确定的。而原子与此不同，它是通过自身来确定的。

性质相同的原子怎样组成性质不同的事物呢？这取决于原子间的区别。亚里士多德在《形而上学》中写道：

他们（指德谟克利特及其老师留基波——引者注）也认为原子间的区别是生或其他事物的原因。这些区别共有三种：即形状、次序和位置。他们断言存在只在形态上、相互关系上和方向上相区别。形态即是形状、相互关系即次序、方向即位置，如 A 和 N 是形状的不同；AN 和 NA 是次序的不同；Z 和 N 则是位置的不同。①

原子形状、位置和次序实际上类似于毕达哥拉斯学派的数的比例。留基波（Leukippos）和德谟克利特都曾是毕达哥拉斯的学生，德谟克利特写过名为《毕达哥拉斯》的论文。亚里士多德屡次谈到原子论和毕达哥拉斯学派的相似。不过，德谟克利特的原子是自我确定的，这一点是毕达哥拉斯学派所没有的。

德谟克利特的原子具有多种多样的几何形状。视觉、听觉、味觉和触觉由占优势的原子的形状决定。例如，白色由光滑的原子产生，黑色由粗糙的和多角的原子产生，红色由大的和球形的原子产生。甜味由圆形原子产生，酸味由粗糙的和多角的原子产生，辣味由棱角的、弯曲的和狭窄的原子产生，苦味由大的、光滑的和歪斜的原子产生。一切感觉都以几何形体为基础，于是，三维的形体成为原子论美学的主要审美对象，这种美学更适用于雕塑和建筑。这表明原子论美学和早期希腊美学的深刻联系，造型性、雕塑性、几何形体性是它们共同的特征。

按照原子论，虚空也是万物的本原。虚空是充实的原子的对立面，原子只有通过虚空才能得到自我确定。也只有在虚空中，原子才能够运动。虚空不是空气，也不是虚无的零。虚空是空无一物的空间，是非存在。非存在也存在着。原子在虚空中的产生和分离，造成具体事物的生成和消亡。虚空的理论运用到美学上，就要重视虚空在任何一种审美对象的形成中的积极作用。这里的虚空指审美对象存在的背景。只有在某种合适的背景中，审美对象的形状才能明显地凸现出来。在绘画、雕塑和建筑中，背景的意义更加重要。

---

① 亚里士多德：《形而上学》Ⅰ，4，见苗力田主编：《古希腊哲学》，第160—161页。

二　艺术中的激情、灵感与对智慧的观照

德谟克利特比较具体的美学理论主要表现在对美和艺术创作的理解上。原子论把事物的形成归结为原子的形状、次序和位置。次序（taxis，即"秩序"）和位置表明的是结构关系。早期希腊美学中有许多表示结构关系的术语，如尺度、节奏、比例、对称等。它们虽然具有不同的意义，但是都表示完整的结构。在这些术语中，和谐是最基本的术语和最一般的原则。德谟克利特对美的理解，也和结构的规定性有关。他把均等看作美：

> 在一切事物中，美是均等；过和不及我都不喜欢。[①]

"均等"在希腊语中是 isos，它还有"相等"、"均衡"的意思。早期希腊哲学家如亓塞诺芬尼（Xenophanes，鼎盛年约在公元前 540 年）、巴门尼德、阿那克萨戈拉和恩培多克勒都使用过。巴门尼德主张存在"有如一个滚圆的球体，从中心到每一边都距离相等"[②]。德谟克利特的上述残篇使"均等"这个术语获得了审美意义。

早期希腊美学往往只从形体上看待美，比如，身体美在于各部分的对称。德谟克利特不满足于各部分对称所产生的美，他对美提出更高的、精神性的要求：

> 身体的美，若不与聪明才智相结合，是某种动物性的东西。[③]

除了均等外，德谟克利特也经常使用尺度、匀称、和谐等概

---

① DK38B102。
② 巴门尼德残篇 8，见苗力田主编：《古希腊哲学》，第 96 页。
③ DK68B105，见《西方美学家论美和美感》，第 16 页。

念，并把这些表示客观事物结构关系的概念运用到社会生活和人的内心世界中。他主张在吃、喝、情爱方面不要超越一定的尺度，幸福是灵魂的和谐和精神的宁静。如果超越尺度，那么，最令人愉悦的东西就会变成最令人厌恶的东西。由于他从精神上、从人的内心世界理解美，所以，美和善、美学和伦理学紧密地联系在一起。他在这方面代表性的残篇有：

> 那些偶像穿戴和装饰得看起来很华丽，但是，可惜！它们是没有心的。①

> 人们的精神的良好安排，产生于有节制的享受和和谐的生活。②

> 少说话对于女人是一种装饰，因为美是装饰的简洁。③

尽管在德谟克利特那里美学和伦理学、人的社会行为相联系，甚至相同一，然而，他的美学中仍然具有希腊美学共同的观照性的特点。"伟大的享受来自对美的作品的观照。"④ 观照指凝神地、深思地静观世界，而不是积极地、能动地改造世界。这是因为当时主体还没有得到充分发展，还没有从存在中分离出来。德谟克利特对"美的作品"的观照，首先包括对智慧的观照。因为"力量和美是青年的善，而老年的善是智慧的繁荣"⑤。德谟克利特对智慧的观照和柏拉图对理式的观照已经很接近了。

　　对于艺术问题，德谟克利特从人类社会进化和文明起源的角度作了探讨。他主张物质需要和经验产生了各种艺术。关于艺术摹仿自然，他说过一段著名的话：

---

① DK68B195，见《西方美学家论美和美感》，第 16—17 页。
② DK68B191。
③ DK68B274。
④ DK68B104。
⑤ DK68B294。

　　　　在许多重要的事情上，人类是动物的学生：我们从蜘蛛
　　学会了纺织和缝纫，从燕子学会了造房子，从天鹅和夜莺等
　　鸣鸟学会唱歌，都是摹仿它们的。①

比起赫拉克利特的摹仿论，德谟克利特的摹仿论前进了一步。他
的摹仿不是对被摹仿对象的直接再现，而且根据生活需要对被摹
仿对象的间接再现。关于音乐的起源，罗马美学家菲罗德谟记载
了德谟克利特的论断：

　　　　音乐是一种相当年轻的艺术，原因就在于它不是由需要
　　产生的，而是产生于高度的奢侈。②

在这里德谟克利特指的不是整个音乐的起源，而可能是音乐中比
较发达的、细腻的形式。他的这种观点的重要性在于，他是从社
会历史观点看待艺术的发展的。
　　在艺术创作方面，德谟克利特还涉及创作主体问题，指出了
灵感的重要作用。绝大部分希腊美学家对灵感、天才和技巧、人
力在艺术创作中的作用同样重视，而德谟克利特更强调灵感、天
才的作用。他关于灵感的论述，分别见之于西塞罗和贺拉斯，以
及早期基督教教父亚历山大的克莱门特（Clement，约公元153年
至公元217年）的记载。贺拉斯在《诗艺》中批评德谟克利特过
分强调灵感在艺术创作中的作用："德谟克利特相信天才胜于技
艺，不许清醒的诗人在赫里孔山上逍遥。"③ 西塞罗写道：

　　　　我常听说，据说在德谟克利特和柏拉图的著作中有这样
　　的言论：如果没有激情的燃烧，没有某种似乎灵感的疯狂，

————————

①　DK68B154。
②　DK68B144。
③　DK68B17（亦见《诗艺》第295—296行）。

就不可能有任何优秀的诗人。①

德谟克利特主张，没有疯狂就不可能有大诗人。柏拉图也说过同样的话。②

克莱门特写道：

德谟克利特（和柏拉图）一样主张，诗人在神的和神圣精神的灵感下所写的诗句，肯定非常好。③

上述残篇表明，在哲学家中首先提出诗人迷狂说的不是柏拉图，而是德谟克利特。德谟克利特虽然强调灵感的作用，然而他对技艺在艺术创作中的作用也不是完全忽略的。他曾明确说过：

无论艺术还是智慧，如果不学习（它们），那就不能获得。④

德谟克利特对后世，特别对柏拉图、伊壁鸠鲁和卢克莱修发生了重大影响。德谟克利特和柏拉图的密切联系是一些研究者热衷的话题。拉尔修援引亚里士多德的学生阿里司托森（Aristoxanus）的话说，柏拉图可能从德谟克利特著作中借用的东西太多，因此"想把他所能搜集到的德谟克利特的著作全都烧掉，但是毕达哥拉斯学派的阿密克拉和克利尼亚劝阻他，说这样做是无用的，因为这些著作已经广泛传播了"⑤。伊壁鸠鲁是德谟克利特的原子论的忠实继承者。卢克莱修在《物性论》中继承了德谟克利特的传统，从社会历史观点看待艺术的发展。

---

① DK68B17。
② DK68B17。
③ DK68B18。
④ DK68B59。
⑤ 拉尔修：《著名哲学家生平和学说》第 9 卷第 40 节。

　　德谟克利特是早期智者和苏格拉底的同时代人。公元前 5 世纪下半叶，希腊社会进入古典时期的繁荣阶段。希腊哲学和美学也发生了重大转折：从对自然的研究转向对人和社会的研究。智者和苏格拉底跨越了早期希腊的宇宙学美学，揭开了人本主义美学的序幕。

第三章　智者和苏格拉底

智者（Sophistes）来自名词智慧（Sophia），原指一切才智之士和能工巧匠。到公元前 5 世纪，它成为一批以传授知识和辩论术、语法和修辞学为业的哲学家的专有名称。智者又被称为诡辩者。诡辩者当然是一个贬义词。不过，"早期智者是高尚的、备受尊敬的人，他们常常被所在的城邦委以外交使命。"智者一词后来"获得吹毛求疵的咬文嚼字断章取义者的贬义"，"那是伟大智者的不肖的后继者，尤息底莫斯和狄奥尼索多洛斯连同他们的逻辑诡辩造成的"①。

在柏拉图的对话中，智者一般都作为苏格拉底的对立面出现，受到苏格拉底和柏拉图的攻击和嘲讽，往往被描绘成夸夸其谈、洋洋自得的江湖骗子和傻瓜。柏拉图的对话《大希庇阿斯篇》是西方第一篇有系统的讨论美的著作。在这篇对话中，智者希庇阿斯（Hippias）在大智若愚的苏格拉底的层层诘问下窘态百出，不得不屡屡承认自己的无知。实际上希庇阿斯博闻强记，精通多种学问。《大希庇阿斯篇》有很大的文学虚构成分。尽管苏格拉底在很多地方和智者相对立，我们仍然把他们放在同一章中阐述，因为他们思考的主要对象是共同的，那就是人和人的生活，主体、意识和自我意识问题，而不是人的自然环境和宇宙。这是他们与早期希腊哲学家和美学家不同的地方。

---

①　策勒尔：《古希腊哲学史纲》，第 85 页。

第一节 智者

智者是希腊民主制度的产物。在希腊民主制度下，公民参与政治活动和文化活动的机会大增。在这些活动中，往往要发表演说，进行辩论。于是，能言善辩成为人们追求的一种本领。智者作为周游于希腊各城邦、收费"传授使人成为非凡雄辩家的艺术的教师"① 应运而生。西方哲学史研究往往把智者运动称作希腊的启蒙运动②。智者运动是一种广泛的社会思潮，而不是统一的哲学学派。智者运动在希腊美学中的作用犹如伏尔泰和法国启蒙运动在近代欧洲美学中的作用③。

智者派人物众多，最重要的代表是普罗泰戈拉和高尔吉亚。普罗泰戈拉（Protagoras，约公元前 490 年至公元前 421 年）是德谟克利特的同乡，生于边远城邦阿布德拉。他在雅典当了 40 年的教师，是第一个自称智者的人。主要著作有《论真理》、《论神》、《相反论证》等。高尔吉亚（Gorgias，约公元前 480 年至公元前 375 年）生于西西里的列奥提尼，是恩培多克勒的学生。主要著作有《论自然和非存在》、《海伦颂》、《帕拉梅德斯辩护词》等。智者本人的著作绝大部分已经佚失，现存残篇散见于古代学者的著作中。DK 本第 80—90 章收录了智者残篇。

智者美学的最大特色是在西方美学史上第一次提出了审美主体和审美意识问题。他们向早期希腊美学所理解的存在发起挑战。早期希腊美学的存在是自在的存在，是一个物质问题。智者的存在是自为的存在，是一个意识问题。伴随着在各个城邦中穿梭往来的匆匆脚步，智者所追寻、所热衷的是变幻莫测、五光十色的人的生活中的美，早期希腊美学所膜拜的井然有序、恒常稳定的宇宙的和谐和宏伟渐渐淡出。

---

① 柏拉图：《普罗泰戈拉篇》，312d。
② 苗力田主编：《古希腊哲学》，第 173 页。
③ 洛谢夫：《希腊罗马美学史》第 2 卷，莫斯科 1969 年版，第 14 页。

一　"人是万物的尺度"

智者运动的思想基础和理论原则是普罗泰戈拉脍炙人口的一句名言："人是万物的尺度。"紧接着这句名言的限定句子为："是存在者存在的尺度，也是不存在者不存在的尺度。"① 柏拉图对这句话作过解释："对于我来说，事物就是向我呈现的那个样子；对于你来说，事物就是向你呈现的那个样子。"② 比如风，有时候同一阵风吹来，你觉得冷，我觉得不冷。冷与不冷不在于风，而在于你和我的感觉。这样，存在就是被感知。普罗泰戈拉把个人的知觉和体验当作真实的存在。

"人是万物的尺度"这句话的积极意义是把人看作自然和社会的中心、主宰和标准，是对过去固定的思维模式的一种否定。西方哲学史研究把它评价为人在原始宗教和自然统治下第一次觉醒的标志，因此普罗泰戈拉可以被看作人本主义的先驱。然而，这句话的消极意义也是明显的，它是一种感觉主义、主观主义、相对主义和怀疑论。智者美学上的相对主义在约公元前 400 年前佚名作者的《双重论证》中得到淋漓尽致的表现。《双重论证》原来保存于恩披里柯手稿的末尾，没有作者和标题。它的第一位出版者斯特法奴（G.Stefanus）给它加了一个标题《两种说法》（*Dialexeis*，塔塔科维兹《古代美学》中译本译为《论辩集》）。后来学者们根据它的内容改用了一个更合适的标题《双重论证》（*Dissoi Logoi*）。研究者们认为它的作者是一位受到普罗泰戈拉影响的智者。DK 本第 90 章收录了《双重论证》。

《双重论证》遵循普罗泰戈拉已经失传的《矛盾法》的原则：任何事物都有正反两种说法。可以用这种方法来论证善和恶、正

---

① 柏拉图：《泰阿泰德篇》，152a。中文有多种译法，这里的译文取自北京大学哲学系外国哲学史教研室编译：《西方哲学原著选读》上卷，商务印书馆1983年版，第 54 页。

② 柏拉图：《克拉底鲁篇》，386a。

义和非正义、真和假、聪明和愚蠢的相对性。例如，饮食男女对病人是坏的，对健康人却是好的。所以没有绝对的好坏，它们都是相对的。《双重论证》共6章，它的第2章论证了美和丑的相对性[①]：

> 双重论证也适用于美和丑。一些人主张，美是一种东西，丑是另一种东西，它们有区别就像它们的名称所要求的那样；另一些人则认为，美和丑是相同的。我试图作如下阐述。成熟的男子爱抚所爱的人是美的，爱抚不爱的人是丑的。女子在室内沐浴是美的，在体育学校洗澡是丑的（而男子在体育学校和其他学校洗澡是美的）。和男子在有墙遮挡的僻静处性交是美的，而在有人看见的公开场合性交是丑的。和自己的丈夫性交是美的，和别人性交是丑的。丈夫和自己的妻子性交是美的，和别的女子性交是丑的。还有，男子化妆、涂抹香料、佩戴很多金饰物是丑的，而女子这样做是美的。向朋友行善是美的，向敌人行善是丑的。回避不愉快的事是美的，而在体育场上回避对手是丑的。杀害朋友和公民是丑的，而杀害敌人是美的。一切事情都是如此。
>
> 现在看一下国家和人民认为丑的东西。例如，斯巴达人认为姑娘训练和行走时裸露双手、不着长衫是美的，爱奥尼亚人则以此为丑。斯巴达儿童不学习音乐和书写是美的，爱奥尼亚人则认为不知道一切是丑的。从畜群和骡群中扣留马，驯养它们，扣留牛——对它们驾驭、剥皮和屠宰，在贴撒利人看来是美的。在西西里人看来就是丑的，因为这是奴隶干的事。[②]

---

　　①　我国的西方哲学史著作认为这一章论述的是光荣和耻辱，实际上这一章论述的是美和丑，塔塔科维兹在《古代美学》（中国社会科学出版社1990年版）中也持后一种观点，见该书第129、140页。

　　②　《双重论证》第2章。

　　我想，如果有人吩咐大家把他们认为是丑的东西送到一处，然后从这一堆丑的东西中再取走他们认为是美的东西，那么，就不会有什么东西能够剩下，大家把所有的东西分别拿完，因为大家的想法不一样。我可以引一首诗为证。

　　"你会明显地看到对于凡人的另一种法则。没有任何完全美的和完全丑的东西，造成美丑的是机遇（cairos），它使得一些丑，另一些美。"如果从总的方面说，那么，一切东西适时就是美，不适时就是丑。[①]

　　《双重论证》的作者表示要论证美丑的同一性，不过他仅仅罗列了大量表明美丑相对性的现象，而并没有作出进一步的论证。尽管如此，上述引文仍然值得重视。首先，它表明美不能脱离主体而存在。赫拉克利特也论述过美的相对性，但他实际上指的是美的不同等级。智者在论述美的相对性时，说的是同一个现象在不同的主体（社会群体或个体）那里会得到不同的审美评价。在这里智者最早区分了事实判断和价值判断。这种区分对美学非常重要。审美评价是一种价值判断。由于价值产生于客体和主体的相互关系，所以，离开主体和社会生活，现象和对象就无所谓美和丑。于是在人类社会之前、在脱离人的自然中没有美。美不是自然现象的天然属性，它只有在对主体、对人的关系中才会存在，只有在社会生活中才会存在。早期希腊美学在论述美的时候，着眼点放在客体的结构上，如和谐、比例、节奏、对称、尺度等；智者美学在论述美的时候，着眼点放在主体上。早期希腊美学把美看作齐整有度的几何形体，智者美学把美看作散乱零碎的感性知觉。虽然智者没有进一步分析，为什么同一个现象在斯巴达人那里是美的，而在爱奥尼亚人那里是丑的，然而，在审美关系中从审美客体向审美主体的转折是重要的，这在美学上是一个进步。

_____

① 《双重论证》第 2 章。

其次，智者的审美视野开阔了。早期希腊美学的审美对象主要是有序的、平静的、按照严格规律永恒不变地循环往复的宇宙。宇宙学美学已经不能够满足智者新的细腻的生活体验，他们在纷繁的、矛盾的、令人眼花缭乱的生活现象中寻找美。这符合智者多重的社会角色和忙碌的身影。智者们是哲学家、雄辩家、戏剧家、诗人、收费授徒的教师和肩负使命的外交家，他们还研究数学、几何和天文学。《大希庇阿斯篇》一开始，希庇阿斯在回答苏格拉底的问题时就说：“苏格拉底啊，我实在太忙了。”智者对生活的热忱、渴望和对社会活动的执著、投入，是早期希腊美学家所没有的。远离宇宙的人的生活是那样紊乱、动荡、五彩缤纷，难怪智者所理解的美有那么多的相对性。不仅人的生活，而且自然和宇宙在智者看来也是无序的，地球和日月星辰由水、土、气、火等元素偶然地混合而生，没有规律可循。在上述引文中，智者认为“造成美丑的是机遇”。机遇是一种偶然性。柏拉图在《法律篇》中也记载了智者类似的观点：“他们（指智者——引者注）说，显然，最伟大和最美的东西是由自然和机遇造成的。”① 这和早期希腊的审美宇宙学相去甚远。

智者美学用社会替代宇宙，把人的生活提到首位。然而，对于希腊人来说，没有宇宙的人的生活还不是完满的。柏拉图和亚里士多德的美学既不仅仅局限于宇宙学，又不仅仅局限于人本主义，而把这两者结合起来，把人的生活看作宇宙发展的结果。在这种意义上，智者美学（还有苏格拉底美学）是早期希腊美学和柏拉图、亚里士多德美学之间的过渡环节。没有这个中间环节，希腊美学就不完整。

二 艺术制造幻觉

与早期希腊美学家相比，智者对艺术更感兴趣。他们中许多

---

① 柏拉图：《法律篇》X，889ₐ。

人是诗人，希庇阿斯擅长各种文学体裁，普罗狄科（Prodicus）是著名悲剧家欧里庇德斯的老师，安提丰（Antiphon）写过诗和悲剧，克里底亚（Critias）以悲剧和讽刺剧著称。普罗泰戈拉、高尔吉亚和希庇阿斯都研究过荷马。尽管智者涉猎过多种艺术门类，然而在艺术理论上，他们的最大贡献体现在戏剧理论，特别是修辞艺术理论上。

在戏剧理论上，智者结合摹仿阐述了艺术幻觉和虚构问题。高尔吉亚认为，悲剧制造"（神话现实和热情的）幻觉"：

> 制造这种欺骗的（诗人）比未能这样做的诗人更出色地完成自己的任务；（被这种幻觉）欺骗的观众比没有被它欺骗的观众更聪明。欺骗人的诗人所以更有道理，因为他实现了他的许诺；而被欺骗的观众之所以更聪明，因为他们对语言的享受很敏感，而不是麻木不仁。[①]

这则最早的悲剧定义之一说明了悲剧的内容、功用以及发挥功用的心理机制。悲剧的内容是幻觉，幻觉作为神话现实和热情的结合，是在再现神话的基础上产生的。这样，幻觉是不脱离现实的虚构。艺术要求虚构，采用虚构的诗人比不采用虚构的诗人更能履行诗人的使命，有虚构的艺术比没有虚构的艺术更有感染力。这种见解已经接近于亚里士多德在比较历史和诗时所说的诗"描述可能发生的事"的观点。悲剧的功用是给观众以智慧（使他更聪明）和享受。悲剧发挥功用的心理机制是观众甘心受骗。观众知道是在演戏，这不是真的；但又相信这是真的，和剧中人物共悲欢。悲剧欣赏中观众甘心受骗的心理机制已经隐含艺术和游戏的同源性。"游戏者应该记得，他参与假定的（非真实的）情境（小孩子记得，他面前是只玩具虎，所以用不着害怕），同时又不记得这一切（小孩子在游戏中把玩具虎当成活的）。小孩

---

① DK82B23。

子仅仅害怕活虎，仅仅不害怕虎的标本；对于披在桌子上的、在游戏中再现老虎的花条长衫，他有些害怕，也就是说，同时既怕又不怕。"① 悲剧欣赏中的观众犹如游戏中的小孩子。艺术的游戏因素是审美享受的最重要的根源之一。

高尔吉亚的上述观点在古代文献中屡次被提及。《双重论证》指出：

> 在悲剧和绘画中，最优秀的作者是通过创作真实的类似物最能够欺骗人的人。②

希波克拉底（Hippocrates，约公元前 406 年至约公元前 370 年）在《论生活方式》一文中写道：

> 演员艺术欺骗观众，虽然观众也知道，这是欺骗；演员说的是一件事，想的是另一件事；他们上台和下台是相同的人，又是不同的人。③

在各种艺术中，智者最感兴趣的是修辞艺术。这是很自然的，因为智者最根本的活动就是传授修辞艺术。修辞艺术指的是公开演说和论辩的技巧，通过语言表达和对听众心灵的影响来说服人，而不是现代所说的关于语法和用词的修辞理论，尽管它也涉及语法和用词。关于修辞学的创始人，历史上有不同说法。我们在第二章第三节中谈到，亚里士多德认为恩培多克勒是修辞学的奠基人，我们是转引拉尔修的记载④。拉尔修本人则把普罗泰戈拉说成是修辞艺术的创始人。按照他的意见，普罗泰戈拉第一次采用了辩论和诡辩，并把言语分为四部分：请求、问题、回答

----

① 洛特曼（J. M. Lotman）：《论"在模拟系统的系列中的艺术"问题的提纲》，载《符号系统著作》第 3 辑，塔尔匡 1967 年版，第 133—134 页。

② 《双重论证》第 3 章。

③ 《希波克拉底文集》第 1 卷第 24 节。

④ 拉尔修：《著名哲学家生平和学说》第 8 卷第 57 节。

和命令。拉尔修没有指名的那些智者则把言语分为七部分：陈述、问题、回答、命令、愿望表述、请求和呼吁①。

2—3 世纪的菲洛特拉图（Philostratus）在《智者生平》中指出，高尔吉亚是智者修辞学以及希腊罗马修辞学最主要的代表。他认为高尔吉亚对修辞学的贡献犹如埃斯库罗斯对悲剧的贡献②。著名雄辩家伊索克拉底（Isocrates）是高尔吉亚的学生。在柏拉图《会饮篇》中，对高尔吉亚佩服得五体投地的阿伽通作过富丽而又优美的颂辞后，苏格拉底说：“阿伽通的颂辞常使我想起高尔吉亚。”③虽然苏格拉底语带讽刺，然而高尔吉亚作为声名远播的雄辩家是不容置疑的。

关于高尔吉亚的修辞艺术理论没有留下任何资料，然而他的《海伦颂》和《帕拉梅德斯辩护词》却作为修辞艺术的范文基本上完整地保存下来，收录于 DK82B11 中。纵观高尔吉亚的修辞艺术实践，有两点值得注意。第一，他重视语言的运用和演说氛围的营造。他把修辞学定义为语言艺术，在演说中使用隐喻、讽喻、多变的词组、词语的转义、倒装、重叠、重复、顿呼（把不在场的人物当作在场的人物来招呼，把无生物当作生物来招呼）等艺术手法，他的表述奇巧、精致、细腻，形成了所谓“高尔吉亚风格”。他在雅典作过葬礼演说，在希腊的宗教节日上作过演说，还作过法庭演说和政治演说。他根据演说的时间、地点和内容，使用不同的论证方法和语言技巧。亚里士多德在《修辞学》中谈到嘲笑在演说中的用途时指出：

> 高尔吉亚说，应当用嘲笑去摧毁对方的严肃，用严肃去摧毁对方的嘲笑；他说得不错。④

---

① DK80A1。
② DK82A1。
③ 柏拉图：《文艺对话集》，人民文学出版社 1980 年版，第 251 页。
④ 《亚里士多德全集》第 9 卷，中国人民大学出版社 1997 年版，第 549 页。

高尔吉亚还是即席演说的高手，随便给他一个题目，他都能侃侃而谈。他善于以最好的方式阐述各种事物。亚里士多德也提到高尔吉亚"从不至于无话可说"，"因为假如要谈论阿喀琉斯，他就赞颂珀琉斯，然后再赞颂埃阿科斯，再赞颂神灵"①。为了增强悲剧演出的效果，埃斯库罗斯让演员穿上特制的服装，并且搭建了舞台。同样，为了营造演说的氛围，高尔吉亚在演说时常常身着紫罗袍。他还习惯突然中断自己的演说，以吸引听众的注意力，从而使自己的演说更有魅力。

第二，高尔吉亚利用语言的力量对听众的心理发生神奇的影响。智者作为人本主义美学的代表，对人的语言十分重视，在希腊首先论述了语言的力量。高尔吉亚在《海伦颂》中写道：

> 语言是伟大的主宰，它具有极其微小的、看不见的躯体，能够达到神奇的效果。因为它能够驱散恐惧，消除悲戚，产生喜悦，激起怜悯。②

> 我认为并把所有诗歌都称为有诗格的言语。它使听众时而为恐惧的颤抖、时而为同情的泪水、时而为忧郁的悲戚攫住；对于别人遭遇的幸运或不幸，灵魂通过言语感同身受。③

> 语言对于灵魂状况的力量和药物对于身体本性的力量具有同样的意义。一些药物可以驱除体内的一些膏脂，另一些药物则驱除体内的另一些膏脂，因此，一些药物可以治病，另一些药物可以丧命。与此相类似，一些言语使人悲戚，另一些言语使人喜悦，第三种言语使人恐惧，第四种言语使人

---

① 《亚里士多德全集》第 5 卷，第 545 页。引文中的"阿喀琉斯"和"珀琉斯"原译为"阿基里斯"和"佩里斯"。
② DK82B11。
③ 同上。

兴奋，还有些言语毒害和迷惑灵魂，使它变坏。①

高尔吉亚通过语言的力量征服听众，使听众心悦诚服地而不是被强制地成为自己的奴隶。在医生劝说无效的情况下，高尔吉亚能够说服病人服下苦药、接受手术治疗②。在奥林匹亚的演说中，他发挥了重要的政治作用，号召希腊人团结一致反对米地亚人和波斯人。

智者美学和苏格拉底美学都转向了人、主体和意识问题，他们都热爱五彩缤纷的生活。然而苏格拉底美学比智者美学远为前进的是，他不仅仅满足于生活的纷繁多姿，而且分析生活，从各种生活现象中归纳出一般判断和普遍定义。智者的人是感觉的人，苏格拉底的人是理性的人。

第二节　苏格拉底

苏格拉底（Socrates，公元前 469 年至公元前 399 年）是柏拉图之前最重要的希腊美学家。他出生于雅典，适逢伯里克利的黄金盛世。父亲是雕刻匠，母亲是助产婆。小时学过雕刻、音乐和其他文化知识。苏格拉底外貌丑陋，脸面扁平，大狮鼻，嘴唇肥厚。然而他智慧超群，希腊北部城镇德尔菲的阿波罗神庙的预言宣称没有人比他更智慧。苏格拉底很穷，无论赴宴做客，还是行军打仗，他常穿一件破大衣。他能吃苦耐劳，忍饥挨饿。然而他蔑视钱财，整天奔忙于公共场所、广场和市场上，和人们相见、交谈。他终生论证真理，建立由感觉和理性所证实的生活逻辑。有时为了思考一个问题，他会有些怪异地站在一个地方不动，从清早站到傍晚，并且站着过夜。他的后半生是在长达 27 年的伯罗奔尼撒战争中度过的，这场战争是雅典由强盛走向衰落的转折点。苏格拉底作为针砭时弊的神圣牛虻，被雅典法庭以"亵渎神

①　DK82B11。
②　DK82A22。

明"和"败坏青年"两条罪名判处死刑。这是希腊的悲剧。"除
了对耶稣的审判外，没有任何其他审判，像对苏格拉底的审判一
样，在西方人的想象力上留下一个这么生动的印象了。"[1]

苏格拉底没有任何著作，他的言行主要见诸他的两个弟
子——色诺芬（Xenophon，约公元前 430 年至公元前 355 年）和
柏拉图的著作。色诺芬记述苏格拉底的著作有《回忆录》、《苏格
拉底在法官前的申辩》（这两种著作的中译本合称《回忆苏格拉
底》，1984 年由商务印书馆出版）、《经济论·雅典的收入》（中
译本 1981 年由商务印书馆出版）和《会饮篇》。柏拉图的对话多
以苏格拉底为主角，如何看待对话中苏格拉底思想和柏拉图思想
的关系，历来有争议。一般认为，柏拉图早期对话，尤其是《申
辩篇》、《克力托篇》、《欧绪弗洛篇》、《拉刻斯篇》基本上反映了
苏格拉底的思想。在色诺芬的著作中，与苏格拉底美学思想关系
密切的是《回忆录》。在智者那里，希腊人第一次把目光转向自
身，苏格拉底用德尔菲神庙的名言"认识你自己"明确地说明了
希腊哲学和美学研究中的这种方向转换。苏格拉底美学不以自然
为本原，而以灵魂为本原，他对美学的贡献首先表现在对美的普
遍定义的探求上。

一　美与效用的关系

流传下来的苏格拉底的美学文献比早期希腊美学和智者美学
的文献要多得多。然而要准确地理解这些文献，必须首先考虑到
苏格拉底主要的哲学活动和基本的哲学观念。

"认识你自己"不仅拓宽了美学研究的领域，而且改变了美
学研究的途径。"认识你自己"是一种自我意识的表现。在苏格
拉底看来，人由灵魂、肉体以及这两者的结合三部分组成，其中
占统治地位的是人的灵魂。因此，"认识你自己"并不是认识人

---

[1]　斯东（I. F. Stone）：《苏格拉底的审判》，三联书店 1998 年版，第 1 页。

的外貌和躯体，而是认识人的灵魂。灵魂中最接近神圣的部分是理性，理性是灵魂的本质。于是认识灵魂就是认识理性。为了反对智者相对主义的感觉论，苏格拉底力图通过理性获得绝对的知识，这是他的哲学的中心。他从理性出发探讨万物存在的原因时，追求概念的普遍性定义。"所谓普遍性定义就是指概念的定义有普遍性、确定性和规范性。""苏格拉底用逻辑方法对事物作出从现象到本质的分析，揭示一类事物的共同的本质属性，要求概念有确定的内涵和外延，从而阐明这类事物存在的因果本性，这就是苏格拉底所说的理性的知识。他建立这种普遍性定义也是针对早期希腊哲学中的直观思维和独断倾向，要求从人的理性思维出发来探究事物的本质。"[1] 追求美的普遍定义是苏格拉底的哲学活动和哲学观点在美学领域里的表现。

色诺芬在《回忆录》中记载了苏格拉底和他的弟子亚理斯提普斯关于美的问题的对话：

> 亚里斯提普斯：你知道有什么东西是美的？
> 苏格拉底：我知道许多东西都是美的。
> 亚：这些美的东西彼此相似吗？
> 苏：不尽然，有些简直毫无相似之处。
> 亚：一个与美的东西不相似的东西怎么能是美的？
> 苏：因为一个美的赛跑者和一个美的摔跤者不相似；就防御来说是美的矛和就速度和力量来说是美的镖枪也不相似。[2]

> 亚：那么，粪筐能说是美的吗？
> 苏：当然，一面金盾却是丑的，如果粪筐适用而金盾不

----

① 汪子嵩、范明生、陈村富、姚介厚：《希腊哲学史》第 2 卷，人民出版社 1993 年版，第 400—401 页。
② 色诺芬：《回忆录》第 3 卷第 8 章第 3—4 节，采用朱光潜译文，见《西方美学家论美和美感》，第 18—19 页。

适用。

亚：你是否说，同一事物既是美的又是丑的？

苏：当然，而且同一事物也可以同时既是善的又是恶的，例如对饥饿的人是好的，对发烧的病人却是坏的，对发烧的病人是好的，对饥饿的人却是坏的。再如就赛跑来说是美的而就摔跤来说却是丑的，反过来说也是如此。因为任何一件东西如果它能很好的实现它在功用方面的目的，它就同时是善的又是美的，否则它就同时是恶的又是丑的。[①]

这段引文在西方美学史上很重要。它的重要性至少表现在两个方面。第一，事物的美丑取决于效用和用者的立场。朱光潜在《西方美学史》中评论苏格拉底的观点时，援引过阿斯穆斯（B.F.Asmus）的一段话，并认为这段话很精辟。阿斯穆斯指出，苏格拉底的观点表明，美不是事物的一种绝对属性，它依存于事物的用途。依存事物对其他事物的关系。"美不能离开目的性，即不能离开事物在显得有价值时它所处的关系，不能离开事物对实现人愿望它要达到的目的的适宜性。"[②] 这里已经隐含着"美是价值"的观点，美是事物的价值属性，审美关系是一种价值关系。在苏格拉底那里，美和善是统一的，这并不是说美就是善，而是说美和善作为价值有其统一的本质。布勒姆（A.F.Blum）在《苏格拉底：创造性及其形象》（伦敦，1978年）一书中也强调苏格拉底对"价值"哲学的贡献，指出前苏格拉底只研究自然的原因，而从苏格拉底开始才涉及"价值"[③]。布勒姆的观点和阿斯穆斯的观点是吻合的，前者指的是一般价值哲学，后者指的是专门价值美学。

第二，苏格拉底在西方美学史上第一次区分出美的事物和美

---

① 色诺芬：《回忆录》第3卷第8章第6—7节，采用朱光潜译文，见《西方美学家论美和美感》，第19页。

② 见朱光潜：《西方美学史》上卷，第37页。

③ 参见叶秀山《苏格拉底及其哲学思想》，人民出版社1986年版，第82页。

本身。彼此不同的事物都可以是美的，同一个事物可以时而美、时而丑，可见美的事物和美本身不是一回事。美的事物是相对的、变化的，美的意义却是永恒的、不变的。美的事物是"多"，美的意义是"一"、原初的"一"。美的事物以美本身为前提，它们是美本身的实现，美本身是美的事物的原则。亚里士多德在《形而上学》中指出，苏格拉底从事哲学研究时，首先寻求对对象作出普遍定义，探索事物"是什么"，而"是什么"是推理的始点或本原：

> 有两件事情公正地归之于苏格拉底，归纳推理和普遍定义，这两者都与科学的始点相关。①

美本身就是苏格拉底对"美是什么"的探求，这已经是柏拉图的理式的雏形。

那么，在苏格拉底看来，美本身、美的意义、美的普遍定义究竟是什么呢？为了阐述这个问题，我们先看一下色诺芬在《回忆录》中记载的苏格拉底和智者欧绪德谟（Euthydemus）的一段对话：

> 苏格拉底：那么，任何一个事物，它对于什么有用处，就把它用在什么上，这就美了吗？
>
> 欧绪德谟：的确是这样。
>
> 苏：任何一个事物，不把它用在它对之有用的事上，而用在别的什么事上，它还会是美的吗？
>
> 欧：对于任何一件别的事都不能是美。
>
> 苏：那么，有用的东西对于它所有用的事来说，就是美的了？
>
> 欧：我以为是这样。②

---

① 《亚里士多德全集》第 7 卷，第 297 页。
② 色诺芬：《回忆录》第 4 卷第 6 章第 9 节。

这段引文和我们在前面援引的色诺芬《回忆录》第 3 卷第 8 章第
3—4、6—7 节的引文通常被理解为：苏格拉底把美等同于效用。
于是，他所说的美本身就是效用。这种理解还没有抓住问题的关
键。结合苏格拉底的整个哲学思想来看，有用的东西之所以美是
合目的性。合目的性是美的基础、是美的本质。苏格拉底经常谈
到合目的性问题。在《回忆录》第 1 卷第 4 章中他指出，为了一
定的目的而制作出来的事物必然不是偶然性的产物，而是理性的
产物。人的身体有一种非常好的和它的目的极相吻合的结构。例
如，眼睛很柔弱，有眼睑来保护它。眼睑像门户一样，睡觉是关
闭，需要看东西时打开。睫毛像屏风，不让风来损害眼睛。眉毛
像遮檐，不让汗珠滴到眼睛上。在苏格拉底看来，这是神预先安
排的。苏格拉底的合目的性是和神结合在一起的。有的研究者认
为，苏格拉底是最早把"目的"引入哲学领域的哲学家。当人们
探索万物本原时，一旦发现了事物的目的，事物就有了归宿，
"是什么"的问题也可有个"了结"①。美是合目的性是一种新的
学说。早期希腊美学家把宇宙也看作是合目的性的，然而这种合
目的性是不脱离事物自身的，它在宇宙的节奏和对称中表现出
来。而苏格拉底的合目的性是事物的逻辑原则，是与人相关的。
苏格拉底关于美的问题不只使人思考哲学概念，而且使人思考生
活价值。

　　在苏格拉底看来，美是合目的性，善也是合目的性；美是有
用的，善也是有用的；如同前面引文所说的那样，"任何一件东
西如果它能够很好地实现它在功用方面的目的，它就同时是善的
又是美的"。这样，美和善在苏格拉底那里就是相同的。西方美
学史和美学理论著作一般也是这样阐述的。然而，实际上在苏格
拉底看来美和善只是在内容上相同的，它们在形式上不同，是两
种不同的存在领域②。不过，苏格拉底从来没有明确地指出过美

---

① 　叶秀山：《苏格拉底及其哲学思想》，第 82 页。
② 　洛谢夫：《希腊罗马美学史》第 2 卷，第 62 页。

和善的这种区分，这是从他的一些暗示中推导出来的。这牵涉到对他的一则对话的理解。色诺芬在《会饮篇》中记载了苏格拉底和美男子克里托布卢（Critobulus）的对话：

> 苏格拉底：你知道我们需要眼睛干什么吗？
>
> 克里托布卢：知道啊，那是为了看。
>
> 苏：这样的话，我的眼睛比你的美。
>
> 克：为什么呢？
>
> 苏：因为你的眼睛只能平视，而我的眼睛能斜视，它们是凸出来的。
>
> 克：按照你的说法，虾的眼睛比其他动物的要好了？
>
> 苏：当然，因为对视力而言它们有极好的眼睛。
>
> 克：那好，谁的鼻子更美呢，是你的还是我的？
>
> 苏：我想是我的。如果神给我们鼻子仅仅是为了嗅的话：你的鼻孔朝下，而我的鼻孔朝上，因而它们能够嗅到来自四面八方的气味。
>
> 克：扁平的鼻子何以比笔直的鼻子更美呢？
>
> 苏：那是因为它不遮挡视觉，而使眼睛立即看到想看的东西；而高鼻子仿佛恶作剧似的，用一道屏障隔开了双眼。[①]

这则对话通常被作为笑话看待，或者被理解为令人惊讶的奇谈怪论，它把"美是效用"的观点推演到荒谬的地步。实际上这则体现了苏格拉底式讽刺的笑话包含着严肃的内容。苏格拉底当然承认克里托布卢的外貌比自己美，他的对话正是以诙谐的方式暗示生理上合目的性的器官不一定就是美的，美的对象不同于合目的性的对象。美的事物是合目的性的，但是，合目的性的事物不一定是美的。美不同于善，不同于效用。美和它们的区别在于

---

① 色诺芬：《会饮篇》第 5 章第 5—7 节。

形式，因为美的事物如眼、鼻等，属于有观赏价值的领域。在苏格拉底那里，美学不同于目的论。

二　人本主义的艺术意识

苏格拉底人本主义的美学观也体现在他的艺术意识上。他的艺术意识仍然以人、人的生活为主要对象。这决定了他的艺术摹仿理论的特征：艺术摹仿生活。这种摹仿理论在西方美学史上是第一次出现，它对希腊美学和以后的美学产生了重要影响。

苏格拉底对艺术摹仿生活的理解可以分为四个层次。首先，艺术摹仿生活应当逼真、惟妙惟肖。画家"用颜色去摹仿一些实在的事物，凹的和凸的，昏暗的和明亮的，硬的和软的，粗糙的和光滑的，幼的和老的"[①]。雕塑家在创作赛跑者、摔跤者、练拳者、比武者时，"摹仿活人身体的各部分俯仰屈伸紧张松散这些姿势"，从而使人物形象更真实[②]。其次，艺术摹仿生活而又高于生活，艺术摹仿包含提炼、概括的典型化过程。苏格拉底问画家巴拉苏斯："如果你想画出美的形象，而又很难找到一个人全体各部分都很完美，你是否从许多人中选择，把每个人最美的部分集中起来，使全体中每一部分都美呢？"巴拉苏斯的回答是肯定的[③]。

再次，艺术摹仿现实不仅要做到形似，而且要做到神似。苏格拉底认为摹仿的精华是通过神色、面容和姿态特别是眼睛描绘心境、情感、心理活动和精神方面的特质，如"高尚和慷慨，下贱和鄙吝，谦虚和聪慧，骄傲和愚蠢"[④]。这样描绘的人物形象更生动、更能引起观众的快感。早期希腊美学强调艺术中的比例、对称等几何形体方面的特征，而苏格拉底更强调艺术对人的

---

① 色诺芬：《回忆录》第 3 卷第 10 章，见《西方美学家论美和美感》，第 19 页。
② 同上书，第 21 页。
③ 同上书，第 19 页。
④ 同上书，第 20 页。

内在心理、精神风貌的描绘。最后，艺术只要成功地摹仿了现实，不管它摹仿的是正面的生活现象，还是反面的生活现象，它都能引起审美享受。苏格拉底问雕塑家克莱陀："把人在各种活动中的情感也描绘出来，是否可以引起观众的快感呢？"① 对此，苏格拉底和克莱陀都持肯定的态度。"各种活动中的情感"自然也包括仇恨、威胁等情感。由艺术摹仿所引起的审美快感与摹仿对象无关。不过，苏格拉底在阐述这种观点时，还不那么坚决，还有犹豫。这从他对画家巴拉苏斯的提问中可以看出："哪种画看起来更使人愉快呢？一种画的是美的善的可爱的性格，另一种画的是丑的恶的可憎的性格？"② 这个提问隐隐约约地表明，艺术带来的审美享受与艺术描绘的对象的美和善有关。直到亚里士多德才明确地主张，艺术产生的审美享受不取决于它所描绘的对象。

从合目的性的观点看待艺术，是苏格拉底人本主义艺术意识的又一种表现。他主张舞蹈不仅要轻盈美观，而且要有益于健康。建筑要既美观又适用。有无合目的性，是苏格拉底和早期希腊美学家对比例作出不同理解的症结所在。在和胸甲制造者皮斯提阿斯的谈话中，苏格拉底准确地区分了这两种不同的比例。皮斯提阿斯制造的胸甲既不比别人造的更结实，也不比别人造的花更多的费用，然而他卖得比别人的昂贵。苏格拉底问其原因，他说他造胸甲时遵循比例。

　　　　苏格拉底：你怎样表现出这种比例呢，是在尺寸方面，还是在重量方面，从而以此卖出更贵的价格？因为我想，如果你要把它们造得对每个人合身的话，你是不会把它们造得完全一样和完全相同的。
　　　　皮斯提阿斯：我当然把它造得合身，否则胸甲就一点用

---

　　① 　色诺芬：《回忆录》第 3 卷第 10 章，见《西方美学家论美和美感》，第 21 页。
　　② 　同上书，第 20 页。

处也没有了。

　　苏：人的身材不是有的合比例、有的不合比例吗？

　　皮：的确是这样。

　　苏：那么，要使胸甲既对身材不合比例的人合身、同时又合比例，你怎样做呢？

　　皮：总要把它做得合身，合身的胸甲就是合比例的胸甲。

　　苏：显然，你所理解的比例不是就事物本身来说的，而是对穿胸甲的人来说的，正如你说一面盾对于合用的人来说就是合比例的一样；而且按照你的说法，军用外套和其他各种事物也是同样的情况。①

　　早期希腊美学所理解的比例是事物本身的比例，没有涉及这些比例的效用，不含有目的性原则。苏格拉底对比例作了人本主义的理解，他所理解的比例不是就事物本身来说的，而是就事物对使用者的关系来说的，包含了目的性原则。前者可以称作自在的比例，后者可以称作为自为的比例。苏格拉底对这两种比例的区分在西方美学史上很重要。苏格拉底所理解的这种比例，即合目的性的美被后来的希腊人称作"适当"（prepon），而被罗马人翻译为"合式"（decorum）和适宜（aptum）②。中世纪奥古斯丁在《论美与适宜》中也接受了苏格拉底的观点，区分出自在之美和自为之美，即事物本身的美和一个事物适宜于其他事物的美。自为之美总是包含着效用和合目的性的因素，而自在之美就没有这些因素。因此，自为之美是相对的，因为同一个事物可能符合这一种目的，而不符合那一种目的。

　　苏格拉底的美学通过弟子柏拉图和再传弟子亚里士多德而发扬光大。在苏格拉底的弟子中，除了忠实的谨遵师教者如色诺芬以外，还有一些自命继承了苏格拉底传统的人，史称他们为"小苏格拉底派"。

---

①　色诺芬：《回忆录》第 3 卷第 10 章第 10—13 节。
②　塔塔科维兹：《古代美学》，第 138 页。

第三节　小苏格拉底派

苏格拉底生前没有建立固定的学派，他去世后，他的一些弟子片面地继承和发挥了他的思想的某些内容，以苏格拉底学说继承人自居，他们被称作小苏格拉底派，虽然他们的观点互不相同。小苏格拉底派主要分为麦加拉派、昔兰尼派和犬儒派。他们的著作都已佚散，只有零星资料保存在第欧根尼·拉尔修的记载和古代哲学家的著作中。除了这三个学派外，苏格拉底还有一些学生写过不少美学方面的著作，例如，西米（约公元前 400 年）写过《论音乐》、《论史诗》和《论美的本质》，西蒙（约公元前 420 年）写过《论美》（两篇）、《论美的本质》和《诗艺》，克里托（约公元前 420 年）写过《论美》、《论艺术》和《诗艺》①。可惜全部失传。

一　麦加拉派

麦加拉是与雅典毗邻的城邦。麦加拉派的创始人欧克里德（Eucliedes，约卒于公元前 369 年）是苏格拉底的学生和朋友。该派成员有：欧布里德（Eubulides），斯提尔波（Stilpo），狄奥多罗（Diodorus，卒于公元 307 年）等。欧克里德和斯提尔波都是麦加拉人，该派由此得名。

麦加拉派把苏格拉底哲学和爱利亚派哲学结合起来。爱利亚派是早期希腊哲学中因意大利南部城市爱利亚而得名的一个流派，代表人物为克塞诺芬尼，巴门尼德和芝诺（Zeno，鼎盛年约在公元前 468 年）。爱利亚派主张世界的本原是不变的"一"，麦加拉派把苏格拉底的"善"同这种"一"相结合。欧克里德"声称善是一，同时赋予它不同的名称，有时称作'思想'

---

① 拉尔修：《著名哲学家生平和学说》第 2 卷第 121—124 节。

（phronsēis），有时作'神'，有时称作'奴斯'等"①。在苏格拉底那里，善既是伦理学范畴，又是本体论范畴。麦加拉派第一次把善称作"一"，善就成为惟一的存在。麦加拉派对苏格拉底的善作出形而上的本体论说明，在这一点上他们和柏拉图相类似。然而他们把本质和现象绝对对立。这使得他们既不同于柏拉图，又不同于爱利亚派。柏拉图并不否定感性世界，而麦加拉派否定感性世界。爱利亚派尽管主张抽象的"一"，但是他们也不否定感性世界，只是认为感性世界由于永恒的变化而模糊不清，他们仍然是早期希腊的自然哲学家。麦加拉派否定任何感性认识，不从事自然哲学研究，在这种意义上他们是不可知论者。

与美学直接有关的是，麦加拉派反对苏格拉底常用的类比论证。拉尔修写道：

> 他（欧克里德——引者注）否定类比论证，宣称这种论证或者产生于类似的对象，或者产生于不类似的对象。如果它产生于类似对象的比较，那么，这是同类似本身发生关系，而不是同类似的对象发生关系。如果比较产生于不类似，那么，这种对比可以弃之不顾。②

可以用一个例子说明欧克里德的观点。有人把美好的容貌比作温润洁净的玉，于是有"玉颜"的说法。在欧克里德看来，如果"玉"和"颜"是同一个东西，那么就没有什么可比较，因为只有一个对象，它既是"玉"又是"颜"。如果"玉"和"颜"不是同一个东西，比较的就只是它们的类似性——色泽肌理的相似，而不是"玉"和"颜"本身。"玉"不是"颜"，"颜"不是"玉"，它们不可以比较。欧克里德的这种观点在逻辑学上或许有一定的意义，他"在现实中区分存在与非存在，在语言中区别'是'与'好似'，在论证中区别证明与类比，表现出用逻辑方法

---

① 拉尔修：《著名哲学家生平和学说》第 2 卷第 106 节。
② 同上书，第 107 节。

建立存在学说的新趋向"①。然而，这种观点却否定了经常利用类比和比较的审美活动和艺术活动。

斯提尔波在把麦加拉派和犬儒派相结合时，使用了"不动心"（apatheia）的术语以表明自己的伦理学原则。这个术语在希腊化时期的哲学和美学中起到重要作用，它也完全符合犬儒派的学说，并且和美学有密切的关系。

二　昔兰尼派

昔兰尼派因其创始人亚里斯底甫（Aristippus，约公元前 435年至公元前 350 年）来自北非城邦昔兰尼而得名。其成员有赫格西亚（Hegesias），安尼凯里（Anniceris），第奥多罗（Diodorus）等。昔兰尼派的基本原则是追求人的精神自由，他们把苏格拉底的善理解为个体的快乐，不受任何外界因素影响的、个人在内心体验到、感觉到的快乐是生活的目的和最高的善。正因为如此，在昔兰尼派哲学的基础上形成了伊壁鸠鲁哲学。

拉尔修描绘了亚里斯底甫的精神自由的状态，他能够适应任何场合，扮演任何角色都游刃有余：

> 享受的主人不是拒绝享受的人，而是利用它而又不为它所役的人。②

亚里斯底甫只愿过一种恬静的悠闲生活，色诺芬在《回忆录》中记述了他和苏格拉底的谈话，有人问他统治者和被统治者谁生活得更快乐，他回答说：

> 我觉得在这两种极端之间有一条中间道路，我努力走这条路，它既不通往统治，又不通往奴役，而通往自由，这条

---

① 赵敦华：《西方哲学通史》第 1 卷，第 94 页。
② 拉尔修：《著名哲学家生平和学说》第 2 卷第 67 节。

路最能导向幸福①。

亚里斯底甫认为，金钱可取可舍，只要这样做不妨碍内心的自由。在一次旅行中，他的仆人扛着过多的钱觉得很累，他就让仆人扔掉大部分钱，只带走便于携带的一部分②。有人问他，为什么哲学家去找富人，而富人不去找哲学家。他回答说：因为哲学家知道他们需要金钱，而富人不知道他们需要智慧③。亚里斯底甫还认为服从和逢迎暗主也是许可的，只要在内心保持独立。他寄居在西西里国王狄奥尼修（Dionysius）的时候受到恩宠，然而有一次狄奥尼修向他脸啐了一口，他毫无反应，并援引渔夫的例子论证自己的平静：渔夫们为了捕捉小鱼都不惜浸泡在水里，而他要捉一条大鱼，早就值得经受由水稀释的啤酒泡沫④。

昔兰尼派的快乐以感觉为标准，他们所说的感觉并不是认知意义上的感觉。据恩披里柯记载，亚里斯底甫只承认感觉是可知的，而感觉仅仅由快感或不快感所决定，绝不由客观对象所决定，对于客观对象我们一无所知。我们有白色和甜味的感觉，但是我们完全不知道产生这些感觉的事物。因为一个人觉得是白的，另一个人可能觉得是黑的；一个人觉得是甜的，另一个人可能觉得是苦的⑤。不过，昔兰尼派快乐的内容后来有了变化。他们尊重友谊，虽然不是因为友谊有用，有时朋友会带来痛苦。第奥多罗甚至主张允许盗贼、铸造假币等。他认为善不单是快乐，丑也不单是痛苦。

昔兰尼派的快乐也包括审美快感，这时候他们坚持审美观照的无私性：

他们（昔兰尼派——引者注）主张，快乐不仅仅由视觉

---

① 　色诺芬：《回忆录》第 2 卷第 1 章第 11 节。

② 　拉尔修：《著名哲学家生平和学说》第 2 卷第 77 节。

③ 　同上书，第 69 节。

④ 　同上书，第 67 节。

⑤ 　恩披里柯：《驳数理学家》第 7 卷第 191 节。

或听觉产生。因为我们从再现葬礼曲的人那里（例如在戏院里）体验到愉快的听觉印象，而从实际上使用葬礼曲的人那里体验到不愉快的听觉印象。①

昔兰尼派的审美快感来自纯粹的摹仿和再现过程，与审美对象的利害无涉。然而，昔兰尼派的审美感觉不仅是无私的、不涉利害的，而且进一步发展成消极的、对生活漠不关心的。这在赫格西亚那里得到充分的表现。赫格西亚认为，"幸福完全不可能。身体充满着各种各样的痛苦，灵魂也和身体一样遭受痛苦，命运妨碍生活在希望中的人。"② 他对人生采取漠不关心的态度，并宣称这是智慧的人所应取的态度。人生与其说提供了快乐，不如说提供了痛苦。为了追求快乐，惟一的出路是毁灭人生，这也就铲除了痛苦的根源。把快乐绝对化的最终结论就是以自杀来摆脱痛苦。赫格西亚由于宣传自杀，曾被托勒密王朝禁止讲学。

三 犬儒派

小苏格拉底派中最著名的是犬儒派。该派创始人安提斯泰（Antisthens，约公元前444年至公元前366年）先是高尔吉亚、后是苏格拉底的学生。苏格拉底去世后，他在雅典郊外"白犬之地"体育场讲学，从而被称为"犬儒派"，音译为"昔尼克派"（Cynics）。"犬儒派"的得名还因为该派成员鼓吹并实践一种放浪形骸、随心所欲、粗鄙俭朴、像狗一样的生活方式。安提斯泰就获得了"纯粹的狗"的绰号③。他的学生第欧根尼（Diogenes，公元前404年至公元前323年）以真正涵义上的狗的生活方式、独特的哲学思辨和机智尖刻的言谈而著称。该派成员还有克拉底（Crates，鼎盛年为公元前326年）和追随克拉底并与他同居的女

---

① 拉尔修：《著名哲学家生平和学说》第2卷第90节。
② 同上书，第95节。
③ 拉尔修：《著名哲学家生平和学说》第6卷第13节。

犬儒希帕基娅。克拉底和希帕基娅都出身于富贵家庭。

犬儒派和苏格拉底一样追求精神自由，然而苏格拉底的精神自由考虑到生活的现实属性和可能性，建立在对生活的合目的性改造的基础上。犬儒派的精神自由则是不顾社会习俗和约定的放任自流，是对人的一切自然需要的满足。人的某些动物性需要可能是卑俗的、不美的，然而在犬儒派看来，满足这些需要仍然是许可的、合理的、美的。

第欧根尼出身于富裕家庭，然而他蔑视财富、荣誉和幸福。他安于贫困和卑贱，轻视一切外物，追求内心绝对的平静，被希腊化时期的斯多亚派誉为榜样。斯多亚派和犬儒派在思想上有渊源联系。第欧根尼主张人归依自然，和自然融成一片，因此他自称是"世界公民"。受他的影响，后来斯多亚派也有类似的提法。第欧根尼落拓不羁，衣服褴褛，夹着讨饭袋到处流浪，终年露宿街头，或者住在市场、门廊和木桶中。他同狗住在一起，常常啃别人扔给狗的骨头。他有一个正式的外号——"狗"。有一次第欧根尼被带到一个装饰豪华的房间，别人请他不要吐痰。可是他要咳嗽，于是他咳嗽了，并把痰吐到一个人脸上，理由是没有比这更合适的地方①。在第欧根尼看来，吃人肉也不违背自然，因为人肉和其他食品没有什么区别②。他还惊世骇俗地在公众场合性交③，宣称女人是公共的④。克拉底和希帕基娅也在公开场合发生性行为，不仅拉尔修记述了这一点⑤，恩披里柯也写道："克拉底和希帕基娅在众目睽睽下性交。"⑥ 安提斯泰还主张同丑女发生性关系，因为丑女能由此获得最大的享受。犬儒派一方面过着自虐式的自暴自弃的贫贱生活，另一方面又放纵自然欲望到恬不知耻的地步。

---

① 拉尔修：《著名哲学家生平和学说》第 6 卷第 32 节。
② 同上书，第 73 节。
③ 同上书，第 69 节。
④ 同上书，第 72 节。
⑤ 同上书，第 3 节。
⑥ 恩披里柯：《毕洛主义概略》第 1 卷第 153 节。

犬儒派是西方美学史上一个非常独特的现象，可以把他们的
美学称作为丑的美学[①]、乖张的美学。犬儒派认为"善是美
的"[②]，在他们看来，善只是促进精神自由的东西，这就要求赋
予生命本能以充分的随意性。例如在性爱中，他们否定爱。第欧
根尼认为爱情是无聊的事，安提斯泰声称，如果他抓到爱神阿芙
洛狄忒，他要用箭把她射死。于是在性爱中仅剩下性。而和什么
样的女人性交对犬儒派来说是无所谓的事情，重要的是保持精神
自由，既不受女性美的影响，又不受所获享受的影响。也就是
说，和女性性交时不要爱女性，不要体验到某种快乐，而要蔑视
女性，自己就像一截无感觉的木头。对生命本能自由的强调，导
致了生命本能的灭绝。

第欧根尼不仅住在木桶中，而且夏天在晒得滚烫的沙子里翻
滚，冬天抱着冰冷的、被雪覆盖的雕塑。他对自己遭受的苦难
"不动心"，泰然处之，以粗鄙的生活磨砺自己，以达到精神自
由。犬儒派不怕任何肮脏和不洁，他们也一点不厌恶精神上的不
洁，相反，他们认为精神上的不洁是必要的。克拉底故意和妓女
打交道，挑引她们争吵，以便适应不堪入耳的谩骂[③]。犬儒派通
过自觉的丑和乖张来达到精神自由，他们确实也达到了他们所理
解的这种自由。拉尔修描述了第欧根尼和马其顿王亚历山大见面
的一些著名故事。亚历山大对他说："我是亚历山大，伟大的皇
帝！"他回答说："我是第欧根尼，犬儒派！"[④] 亚历山大问他是
否要什么恩赐，他让亚历山大走开，不要挡住他晒太阳[⑤]。

犬儒派出自苏格拉底门下。苏格拉底要求人要有智慧，要改
造自己生活中的丑。这才是贤人的"自立"（aytarceia）。犬儒派
对贤人的"自立"作了独特的发展，他们把生活绝对化，认为无
须对生活中的丑进行改造。贤人的"自立"在他们那里成为"不

---

① 洛谢夫：《希腊罗马美学史》第 2 卷，第 87 页。
② 拉尔修：《著名哲学家生平和学说》第 6 卷第 13 节。
③ 同上书，第 90 节。
④ 同上书，第 60 节。
⑤ 同上书，第 38 节。

承担任何社会责任"①。他们弃绝于生活，潜入自身，在孤立的"自立"中寻找幸福。

苏格拉底美学把美归结为人的理性的美、人的意识的美，人的创造是最完善的艺术作品。早期希腊美学则把美归结为感性宇宙的美，宇宙是最完善的艺术作品。在新的层次上对这两种对立的审美倾向的综合，出现在柏拉图和亚里士多德美学中。他们的美学把希腊美学带进鼎盛时期。

① 赵敦华：《西方哲学通史》第 1 卷，第 99 页。

第四章　柏拉图

柏拉图（Plato，公元前 427 年至公元前 347 年）出身于雅典的名门望族，母亲是梭伦的后裔。幼年丧父，母亲改嫁，继父是伯里克利的朋友。柏拉图原名阿里斯托克勒（Aristocles），因为他的胸肩宽阔，一说额头宽阔，原名就被希腊文表示"宽阔"的谐音词"柏拉图"所替代。柏拉图出生那年伯罗奔尼撒战争已经进行到第四个年头。后来，雅典在战争中被斯巴达打败。"三十僭主"取消了雅典的民主政制，实行寡头统治。柏拉图的母亲的亲兄弟卡尔米德和堂兄弟克里亚都是三十僭主的核心人物。柏拉图有两篇对话分别以他俩的名字命名。作为一个如此显赫、古老的家族，其成员难免深深陷入国家事务和政治斗争的漩涡中。但是，柏拉图和他的兄弟们没有参与国家事务，他们都热爱书籍，勤奋好学。

第一节　学术生涯及著作的风格

柏拉图从小受过良好的、全面的教育。他 20 岁时成为苏格拉底的学生，在苏格拉底身边学习了七八年。三十僭主由于施行暴政，执政 8 个月后即被推翻。雅典恢复了民主政体，然而当局却以莫须有的罪名判处柏拉图深深尊敬的老师苏格拉底以死刑。

苏格拉底饮鸩服刑后，他的弟子们各奔东西，开始了独立的生活。雅典这块令柏拉图伤透心的地方使他无法继续居住下去，他离开雅典，开始周游各地，了解异邦的科学、哲学、宗教和习俗。在周游过程中，他和毕达哥拉斯学派结下了深厚的友谊。当时的毕达哥拉斯学派成员主要是天文学家和数学家，特别是几何学家和音乐家。他们以数学上精密的逻辑思维著称，擅长在空间几何关系、数的结构关系上把握世界。毕达哥拉斯学派对柏拉图发生了重要影响。苏格拉底教导柏拉图追求知识和道德理想，毕达哥拉斯学派则使柏拉图重视思维的精确性、理论建构的严密性和考察对象的全面性。柏拉图在各地周游了 10 年，以公元前 389 年至公元前 387 年的西西里岛之行结束。

这是柏拉图第一次去西西里岛。西西里岛是一座富庶的岛，它是献给丰收和农业女神得墨忒耳（Demeter）的。它位于地中海的舒适环境使希腊人在公元前 8 世纪就在这里建立了自己的领地。西西里科学文化发达，恩培多克勒和高尔吉亚就是西西里的希腊人。柏拉图去西西里是为了施展自己的政治抱负的。苏格拉底被判死刑，给他留下了无法愈合的创伤。事隔 50 多年，他以 70 多岁的高龄在《第七封信》中追忆了自己当时的心情：他对城邦内部倾轧的罪恶活动感到厌恶，认为现存城邦无一例外地都治理得不好。只有真正的哲学家获得政治权力，或者政治家成为真正的哲学家，人类才会有好日子。这样的信念促使他三下西西里岛，然而他的政治理想始终未能实现，并且在第一次去西西里岛时因触怒叙拉古国王奥尼索斯一世，被当作奴隶拍卖，幸遇其他哲学家出资为他赎身。

公元前 387 年柏拉图从西西里岛回到阔别的雅典。他在雅典西北郊区购置了带花园的住宅，在那里居住并创办了哲学学校。由于学校地处希腊阿提卡的英雄阿卡德摩斯（Academus）的园林墓地，而被称作"学园"（Academy）。学园存在了 9 个世纪之久。除了两次又去了西西里岛外，柏拉图一直在学园中过着平静、俭朴、家庭式的生活。柏拉图是学园的第一任领袖，他生前就指定外甥斯彪西波为自己的继承人。学园领袖的更迭标志着学园发展的不同阶段。学园门口写着"不懂几何学者不得入内"，这表明柏拉图及其弟子对数学包括几何学的重视。其中不难看出毕达哥拉斯学派的影响。学园授课分两类：一类课程较普通，适用于较广泛的听众；另一类较专门，适用于哲学奥秘的探索者。起初，柏拉图沿着学园的林阴道一边散步，一边和弟子们交谈。后来，他坐在室内设立的主讲席上讲学。讲学之余，柏拉图继续写他那著名的对话。

在希腊哲学家和美学家中，柏拉图和亚里士多德是幸运的，他们的著作保存了下来。柏拉图的对话现存 40 余篇，书信 13 封。其中 27 篇对话被确定为真品或者可信度很高的作品，4 封书信被确定为真品。

在柏拉图的对话中，柏拉图本人始终没有出场，出场担任主角的大部分是他的师尊苏格拉底。在这些对话中，究竟哪些像色诺芬的《回忆录》那样，是记载和复述了苏格拉底的观点，哪些仅仅借苏格拉底之口，是在阐述柏拉图自己的观点？对于这个问题，西方哲学史研究者历来争论激烈，各种看法歧义迭见。大部分人认为，柏拉图的早期对话代表了苏格拉底的观点。然而对柏拉图对话的分期又有不同见解。有代表性的有两种。一种把柏拉图的对话分为早期、中期和晚期，早期对话为苏格拉底的观点，中期和晚期对话为柏拉图的观点。汪子嵩等人的《希腊哲学史》第 2 卷就持此说。另一种见解把柏拉图的对话分为早期、过渡期、成熟期和晚期。早期对话表达苏格拉底的观点，过渡期对话表达柏拉图观点的酝酿，成熟期和晚期对话表达柏拉图的观点。赵敦华的《西方哲学通史》第 1 卷即持此说。我们基本上采用后一种见解。当然，任何分期都不是绝对的。因为其中有很多难以捉摸的因素。对于美学来说，这种分期的意义在于：柏拉图的《大希庇阿斯篇》和《伊安篇》究竟属于早期作品，还是过渡期作品？也就是说，它们表达的究竟是苏格拉底的观点，还是柏拉图的观点？我们倾向于把它们看作过渡期作品，表达了柏拉图的观点。

从苏格拉底死后到柏拉图第一次西西里之行期间，即从公元前 399 年至公元前 387 年柏拉图的作品为早期作品，它们有：《申辩篇》、《克里托篇》、《欧绪弗洛篇》、《拉刻斯篇》、《普罗泰戈拉篇》、《卡拉米德篇》和《吕雪斯篇》。这段时期的对话主要讨论道德问题：什么是德行、善、勇敢、对法律的尊重和对祖国的热爱等。过渡期对话虽然写得也很早，但是它们偏离了苏格拉底纯粹的道德问题，而开始阐述柏拉图自己的观点。对话中的苏格拉底是一个新的形象，即柏拉图的苏格拉底。这段时期的对话有：《伊安篇》、《高尔吉亚篇》、《曼诺篇》、《欧绪德谟篇》、《大希庇阿斯篇》、《小希庇阿斯篇》、《克拉底鲁篇》和《美涅克塞努篇》。成熟期的对话有：《会饮篇》、《美诺篇》、《斐多篇》、《理想国》和《斐德若篇》。晚期对话有：《泰阿泰德篇》、《巴门尼德篇》、《智者篇》、《政治家篇》、《斐利布斯篇》、《蒂迈欧篇》、《克里底亚篇》和《法律篇》。朱光潜翻译的柏拉图《文艺对话集》（人民文学出版社 1963 年第 1 版，以后多次重印）收录了与美学关系密切的对话《大希庇阿斯篇》、《伊安篇》、《会饮篇》、《斐德若篇》、《斐利布斯篇》、《法律篇》和《理想国》（其中部分对话为节译）。

除了《申辩篇》和书信外，柏拉图的全部著作都以对话写成。朱光潜指出：

> 对话在文学体裁上属于柏拉图所说的"直接叙述"一类，在希腊史诗和戏剧里已是一个重要的组成部分。柏拉图把它提出来作为一个独立的文学形式，运用于学术讨论，并且把它结合到所谓"苏格拉底式的辩证法"。这种辩证法是由毕达哥拉斯和赫立克利特等人的矛盾统一的思想发展出来的，其特点在于侧重揭露矛盾。在互相讨论的过程中，各方论点的毛病和困难都像剥茧抽丝地逐层揭露出来，这样把错误的见解逐层驳倒之后，就可以引向比较正确的结论。在柏拉图的手里，对话体运用得特别灵活，向来不从抽象概念出发而从具体事例出发，生动鲜明，以浅喻深，由近及远，去伪存真，层层深入，使人不但看到思想的最后成就或结论，而且看到活的思想的辩证发展过程。柏拉图树立了这种对话体的典范，后来许多思想家都采用过这种形式，但是至今还

没有人能赶得上他。柏拉图的对话是希腊文学中一个卓越的
贡献。①

柏拉图对话瑰丽多彩的文风和严肃深邃的思想珠联璧合，相映生
辉。哲学家柏拉图和诗人柏拉图紧密地结合在一起。例如，《斐
德若篇》中苏格拉底的第二篇演说词是一首抒情诗；《理想国》
的结尾是神话，描写了希腊勇士厄洛斯在一次战斗中被杀死，死
而复生后讲述他漫游阴曹地府所见到的情景；《蒂迈欧篇》是宇
宙生成的诗篇；19 世纪德国学者诺尔登（E. Norden）称《会饮
篇》是一部戏剧。角色对话是戏剧的基本要素。在柏拉图的对话
中，各个对话者富有鲜明的个性，所以，他的对话往往被称作思
想的戏剧。《会饮篇》除了具有柏拉图对话的一般优点外，它的
戏剧色彩尤为强烈，完全可以把它看作一部真正的戏剧艺术作
品。泰勒指出，"《会饮篇》也许是柏拉图作为一个戏剧艺术家所
有成就中最富于才华的作品。"②

下面我们从戏剧艺术的角度分析一下《会饮篇》的结构。会
饮是古希腊普遍流行的一种庆祝礼节。在宴席上，宾主用餐以
后，开始一边饮酒，一边就某个议题进行交谈。这种交谈不仅饶
有兴味，而且充满了智慧，涉及哲学、伦理学和美学等问题，包
含着深邃思想的绚烂表述往往令满席生辉。会饮有乐伎助兴，歌
舞增添了喜庆气氛。荷马在《伊利亚特》和《奥德赛》中就描写
过这种场景。以对话形式描述会饮的也不乏其人，例如希腊哲学
家色诺芬，罗马哲学家普卢塔克和琉善，罗马作家佩特罗尼乌斯
（Petronius，公元 66 年去世），罗马皇帝、反对基督教的新柏拉图
主义者尤利安等。但是，其中没有一篇对话能像柏拉图的《会饮
篇》那样清隽秀逸，那样富于戏剧性。朱光潜指出，在柏拉图的
所有著作中，"《会饮篇》是历来诗人和艺术家们最爱读的一篇，

---

① 柏拉图：《文艺对话集》，第 334—335 页。
② 泰勒：《柏拉图——生平及其著作》，山东人民出版社 1996 年版，第 299 页。

也是对文艺影响最深的一篇"①。

　　柏拉图所描述的那次会饮的事由是悲剧家阿伽通的第一部剧上演获奖，于是阿伽通在家设宴，邀请好友庆祝成功。在饮酒时，医生厄里什马克建议，把吹笛女打发出去，而用谈论来消遣这次聚会的时光。具体做法是每人作一篇最好的颂扬爱神的文章。《会饮篇》就由七篇颂词组成。从戏剧的角度看，《会饮篇》中正式颂词开始前的部分即为序幕。序幕包括两部分内容：第一，说明会饮的对话是怎样流传下来的。第二，确定讨论议题的过程。苏格拉底作为《会饮篇》的主角，在序幕里一出场，就是一个活脱脱的既贫乏而又丰富的哲人形象。在物质生活上，苏格拉底是贫乏的、俭朴的。他不修边幅，去参加会饮的"那天他洗过澡，脚上还穿了鞋，这些在他都不是常有的事"②，因为他"从来就不穿鞋"③。在精神生活上，苏格拉底是丰富的、充裕的。他邀请亚理斯脱顿同去参加阿迦通的宴会，可是快到主人家时他却不知去向。阿迦通派人去找他，"要找的那位苏格拉底已退隐到邻家的门楼下，在那里挺直地站着，请他进来他不肯。"原来，"他有一个习惯，时常一个人走开，在路上挺直地站着。"④他这种有些怪异的行为是为了凝神默想，做哲学的长考。苏格拉底贫乏而又丰富的哲人形象为他以后礼赞爱神的颂词、也是《会饮篇》中最重要的颂词作了铺垫。

　　序幕过后，剧情渐次展开。雅典人斐德若第一个作颂词。他是智者和修辞学家的信徒，精通历史、神话学和神谱学，为人耽于幻想，不切实际。在柏拉图的对话《普罗泰戈拉篇》中他出现过，柏拉图还以他为名写了《斐德若篇》。他的颂词平淡无奇，目的在于"使用一种恰当的'渐进方式'，渐渐引到苏格拉底讲话中要达到的顶点"⑤。

---

① 柏拉图：《文艺对话集》，第 331 页。
② 同上书，第 214 页。
③ 同上书，第 93 页。
④ 同上书，第 216 页。
⑤ 泰勒：《柏拉图——生平及其著作》，第 304 页。

接下来作颂词的是泡赛尼阿斯，他生活经验丰富，对哲学争论和逻辑推理感兴趣。他不满意斐德若关于爱神的笼统说法，他认为有两种爱神：天上的爱神爱智慧、灵魂和美德，是高尚美妙的；人间的爱神只爱肉体、金钱和权势，是卑微下贱的。他的发言比斐德若前进了一步。

厄里什马克第三个作颂词，他的父亲和他本人都是名医。他把爱从对美的一种渴求变成协调和统一两种对立面的宇宙潜力。这是早期希腊美学家的观点，恩培多克勒曾经明确地提出过。这样理解的爱神的威力普遍而广大。

从结构上看，《会饮篇》七篇颂词的前三篇和后三篇分别可以看作一部剧的上、下部，而喜剧家阿里斯托芬的第四篇颂词承上启下，仿佛是这两部之间的幕间剧。按照次序阿里斯托芬应该第三个发言，但是可能还没有想好，于是装成吃得太饱的样子，不断打嗝，就让厄里什马克先讲了（有些研究者认为这个插曲含有暗喻）。阿里斯托芬谑浪笑傲，言辞刻薄，在喜剧《云》中曾对苏格拉底作过辛辣的嘲讽。在颂词中他讲了一个怪诞的神话。这个神话表明，爱就是对于那种原始的整一状态的希冀和追求。显然，对完整性的追求不是生理意义上的，而是精神意义上的。"柏拉图在这里提出的'自我完善（或完全、完整）'，至少在西方是一个创始。"①

下一轮颂词由智者高尔吉亚的崇拜者和摹仿者阿伽通开头。他以华丽的词藻赞扬了爱神的本质和功用。现在轮到苏格拉底出场了。他大智若愚，佯装与阿伽通相比自叹弗如，以特有的幽默请大家让他讲真话，而不斤斤计较词藻。为了借第三者之口批评阿伽通的颂词，也为了戏剧创作的需要，苏格拉底转述了以前他和女先知第俄提玛关于爱神的一场讨论。他当时的看法和阿伽通一样，而现在他要反驳阿伽通的话就是第俄提玛原先反驳他自己的话。由于引入第俄提玛，苏格拉底的颂词由独白变成生动的对

---

① 汪子嵩、范明生、陈村富、姚介厚：《希腊哲学史》第 2 卷，第 754 页。

话。他一人扮演两个角色——自己和第俄提玛。对白、提问、回答全由他一人承担。苏格拉底像往常那样，以最简洁的方式向大家解释，爱神是对最高的善的永恒追求。而这种追求是从个别事物向精神领域逐渐上升的。

思维的发展至此方佛形成一个闭合的圆圈。但是，柏拉图不愿意在纯逻辑结构中结束对话，他要把苏格拉底凭借抽象思维所得到的关于爱神的教义，通过具体的人物形象体现出来。担当这个使命的是头戴花冠、表面上烂醉如泥、在一片喧嚷中从门外闯进来的少年政治家亚尔西巴德。大家让他接着作颂词，他作了，但是颂扬的不是爱神，而是苏格拉底。苏格拉底礼赞爱神的话，由亚尔西巴德转而用来礼赞苏格拉底。这样，后三篇颂词呈现出鲜明的逻辑结构。阿伽通说了爱神作为完善原则的各种功用，苏格拉底谈到怎样达到理想的完善，亚尔西巴德把这种完善体现在苏格拉底的形象中。苏格拉底是爱神的体现，爱神以美为爱的对象，而智慧是事物中最美的，所以爱神必定是爱智慧的哲学家。《会饮篇》表面上有三个主题："颂爱情，颂哲学，颂苏格拉底。实际上这三者是统一的，爱情的对象是美，而最高的美只有最高的哲学修养才能见到，苏格拉底就是一个具体的例证，他体现了真善美三者的统一。"[1]

戏剧终场的时候，演员们走下舞台。厄里什马克、斐德若和旁人都离开回家了，只留下三个人：苏格拉底，悲剧诗人、主人阿伽通和喜剧诗人阿里斯托芬。他们还在交谈，苏格拉底逼他们承认同一个人可以兼长喜剧和悲剧。苏格拉底追求智慧、知识和美的完善，也力图在舞台上和生活中把悲剧和喜剧凝成一个整体。阿里斯托芬和阿伽通相继睡去，只有苏格拉底不知疲倦，天快亮的时候他起身离去，到利赛宫洗了一个澡，和平时一样整天和人交谈，到晚间才回去休息。把柏拉图对话当作文学作品来阅读，能够读出兴味，能够身临其境地体验到对话的氛围和场景，

---

[1]　柏拉图：《文艺对话集》，第 330 页。

从而更细腻、更准确地把握柏拉图跌宕起伏、峰回路转的思维历程。然而，要深入理解柏拉图的美学，还得首先理解这种美学的哲学基础。

第二节　理式论

柏拉图美学的哲学基础是所谓理式论。柏拉图是一位观念论者，他把世界分成三种：第一种是理式世界，它是先验的、第一性的、惟一真实的存在，为一切世界所自出。第二种是现实世界，它是第二性的，是理式世界的摹本。第三种是艺术世界，它摹仿现实世界。与理式世界相比，它不过是"摹本的摹本"，"影子的影子"和真实"隔着三层"。柏拉图在《理想国》第10卷中以床为例说明他的观点①。床有三种，一种是床的理式，它是真实体，统摄许多个别的床。第二种是木匠制造的床，木匠不能制造"床之所以为床"的理式，只能制造个别的床，个别的床只是近乎真实体的东西。第三种是画家画的床，他画的床和真实体相去更远。理式论在美学中的运用，必然导致寻求统摄各种美的事物的美本身，即美的定义。

一　美的定义

柏拉图遵循苏格拉底的观点，区分出美本身和各种美的事物，提出了"什么是美"的问题。在这种意义上，他们正是美学的代表。柏拉图更进了一步，他按照他的哲学体系对"什么是美"的问题作出了回答。

《大希庇阿斯篇》"是西方第一篇有系统的讨论美的著作，后来美学上许多重要思潮都伏源于此"②。在这篇对话里，柏拉图

---

① 柏拉图：《文艺对话集》，第 67—73 页。
② 同上书，第 329 页。

"问的不是：什么东西是美？而是：什么是美？"① 也就是说，他感兴趣的是美本身和美的定义，而不是各种美的东西的罗列。希庇阿斯一会儿把美说成是一位漂亮的小姐，一会儿又说黄金使事物成其为美。这样的回答当然不能使柏拉图满意："我问的是美本身，这美本身，加到任何一件事物上面，就使那件事物成其为美，不管它是一块石头，一块木头，一个人，一个神，一个动作，还是一门学问。"② 可见，美本身的一个特征是：它既不由单个美的事物又不由其些美的事物的总和来确定，它对于许多美的事物来说是同一的。

在讨论"美是恰当"的定义时，希庇阿斯只注意到恰当和事物外在性质的关系："我以为所谓恰当，是使一个事物在外表上现得美的。"③ 柏拉图则强调，美本身不是外在的性质，而是事物的内在内容："这种美不能是你所说的恰当，因为依你所说的，恰当使事物在外表上现得比它们实际美，所以隐瞒了真正本质。"④ 美本身是美的事物的本质，这是美本身的又一个特征。《大希庇阿斯篇》还涉及美本身在事物中的存在形式问题："美在部分，也在全体"，使各种事物成其为美的那种性质同时在全体（几种美的事物合在一起），也在部分（几种美的事物分开）⑤。这也是美本身的一个特征。像柏拉图的某些其他对话一样，虽然《大希庇阿斯篇》并没有对所提出的问题作出肯定的答复，然而我们仍然可以阐述这篇对话中所包含的关于美的定义的观点。

柏拉图所说的美本身究竟是什么呢？《斐多篇》对这个问题作了明确的回答。《斐多篇》区分了两类不同的存在，一类存在是美本身、善本身等，它们是永恒不变的，这就是理式。另一类存在是和理式同名的具体事物。美本身是各种美的事物的原因，

---

① 柏拉图：《文艺对话集》，第 180 页。
② 同上书，第 188 页。
③ 同上书，第 191 页。
④ 同上书，第 192 页。
⑤ 同上书，第 206 页。

这种原因即是事物的理式。其他事物之所以美，是因为它们分有了美的理式。这样，美就是理式。我们上面分析的美本身的特征也就是美的理式的特征。《斐多篇》是关于理式的一篇重要对话，它还指出，美本身是单一的、独立的存在，永远留在同一状态没有任何变化。至于那些美的事物，如美的人、马、衣服等等，却不是永恒不变的，无论它们自己或彼此的相互关系都是不同的①。由此可见理式的一个特征：理式是纯粹的、不变的和永恒的，而具体事物是不纯粹的、变化的和短暂的。《斐多篇》谈到，美本身是眼睛看不到的，也不是肉体器官所能感觉到的，只有不受任何感觉干扰的纯粹的思想才能够获得②。这样，理式和事物是两类存在，事物是可以看到、触到、感觉到的，而理式是看不见的，只有思想才能够掌握的。这是理式的又一个特点。与以前的对话相比，《斐多篇》中的理式具有明显的先验意义。理式是先验的，它决定事物，而不是由事物来决定。美的事物分有美本身：

> 如果在美本身以外还存在着别的美的东西，那么，它仅仅因为分有了美本身而成为美的。

> 美的东西之所以美，仅仅由于美本身出现在它上面，或者它分有了美本身，或者由于美本身和它相结合。

> 一切美的东西由于美本身而成为美的。③

看到美的具体事物的人只能说有意见，只有看到美本身的人才能说有知识。为了反驳普罗泰戈拉"知识就是感觉"的命题，柏拉图对意见和知识作了严格的区分。他认为意见是感觉的产物，

---

① 柏拉图：《斐多篇》，78b—79a。
② 同上书，65d、100c—e。
③ 同上。

是按照事物所显现的样子对事物所作的判断,知识则是运用概念对事物所作的概括。因此,"只注视许多美的事物的人,看不到美本身,也不能跟随引导他们到达美本身的人","只有意见,没有知识"①。

如果说在《大希庇阿斯篇》中美的理式的特征还是隐含的,须作仔细的分析才能够见出;在《斐多篇》中这些特征仅仅得到分散的说明;那么,洋溢着欢乐和青春气息的《会饮篇》则斩钉截铁、酣畅淋漓地肯定了美的理式的永恒性、绝对性和单一性。《会饮篇》的中心议题是爱情。爱情的对象是美,这不只是寻常的美,爱情的极境是达到统摄一切美的事物的最高的美。

> 这种美是永恒的,无始无终,不生不灭,不增不减的。它不是在此点美,在另一点丑;在此时美,在另一时不美;在此方面美,在另一方面丑;它也不是随人而异,对某些人美,对另一些人就丑。还不仅此,这种美并不是表现于某一个面孔,某一双手,或是身体的某一其他部分;它也不是存在于某一篇文章,某一种学问,或是任何某一个别物体,例如动物、大地或天空之类;它只是永恒地自存自在,以形式的整一永与它自身同一;一切美的事物都以它为泉源,有了它那一切美的事物才成其为美,但是那些美的事物时而生,时而灭,而它却毫不因之有所增,有所减。②

这段话常常为西方哲学史和西方美学史著作所援引,它集中而扼要地阐述了美的理式(也是一般理式)的四个特征。如果我们把这些特征和柏拉图在其他著作中分散说明的理式特征结合起来看,就会更加醒豁。第一,美的理式具有永恒性。它不生不灭,不增不减。《斐多篇》也指出过美的理式的这种特点。第二,美

---

① 苗力田主编:《古希腊哲学》,第 303 页。引文中"美的"原译为"美丽的","美本身"原译为"美自身"。
② 柏拉图:《文艺对话集》,第 272—273 页。

的理式具有绝对性。它不是在此点、此时、此方面美，而在另一点、另一时、另一方面丑，它也不随人而异。美本身的这种绝对性《大希庇阿斯篇》也曾描述过。第三，美的理式具有先验性和单一性（一类中只有一个）。它不存在于个别事物中，无论是某一个面孔或某一双手，还是某一篇文章或某一种学问。它只是自存自在。《会饮篇》第一次使理式具有外在于物、与事物相分离的性质。《斐德若篇》也肯定了理式的这种先验性。亚里士多德指出，苏格拉底的普遍定义激发了理式论，"不过他并没有把普遍和个别相分离"①。而在柏拉图那里，理式和具体事物相分离。第四，具体事物分有美的理式。各种美的理式却不因此有所增损。美的理式的这种特征《斐多篇》也曾谈到。

苏格拉底的普遍定义是一种逻辑规定，柏拉图的理式则是一种客观存在，虽然这种存在是非物质的。这样，柏拉图在新的基础上回到早期希腊美学中的本体论。苏格拉底在探索普遍定义时专注于伦理问题而忽视了整个自然界，柏拉图把寻求伦理定义扩展到整个宇宙和人类社会。柏拉图的理式是宇宙和人类社会生活中一切事物的生成模式。早期希腊哲学和美学中的宇宙是自在的，它变成了数和元素；而柏拉图从自然转向心灵，"由心灵推断世界的性质"②，宇宙成为一种社会存在。柏拉图的理式美学是他以前的宇宙学美学和人本主义美学的综合，希腊美学的发展导致了这种综合的历史必然性。

二 理式的涵义

"理式"是柏拉图哲学和美学中的核心概念，它在希腊文中分别由 eidos 和 idea 两个词来表示。一般说来，这两个词的涵义没有区别，柏拉图在同样的意义上使用它们。据国外学者统计，

---

① 《亚里士多德全集》第 7 卷，第 317 页。
② 赵敦华：《西方哲学通史》第 1 卷，第 107 页。

在柏拉图的全部著作中，eidos 出现过 408 次，idea 出现过 96 次①。由于 eidos 和 idea 本身的多义性，更由于柏拉图在使用中赋予它们各种各样的有时甚至相互矛盾的意义，这给后人理解柏拉图的理式带来很多困难和分歧。

在国外学者对柏拉图理式术语的研究中，那托尔普（P. Natorp）的《柏拉图的理式论》是一个转折点，作者首次明确地清除了柏拉图理式研究中的形而上学因素，把理式理解为"原则"、"规律"、"方法"和"模式"等。《柏拉图的理式论》出版于 1903 年，1921 年在莱比锡再版。在再版中，那托尔普对初版中自己的新康德主义观点作了自我批评。1961 年该书又在汉堡出版。里特尔（C. Ritter）的《柏拉图新探》（慕尼黑 1910 年版）对柏拉图理式论的研究也具有重要意义。他对柏拉图著作中用来表示理式的术语 idea 和 eidos 进行了统计学研究。他的研究结果令人惊讶，相对来说，idea 和 eidos 在柏拉图著作中出现的次数并不多，而且在大部分场合还不具有专门的意义。嗣后，著名的新康德主义哲学家卡西尔（E. Cassirer）、依尔斯（G. F. Else）、哈特曼（N. Hartman）、罗斯（D. Ross）、克列梅尔（H. J. Kramer）、克拉辛（C. Classen）等人都对柏拉图的理式论作了专门的研究。

在我国的柏拉图理式论研究中，首先碰到的难题是 eidos 和 idea 的翻译问题。这两个词的中文译名已达二十多种：理念、观念、概念、种类、理式、理型、相、共相、形相、形、式、型、原型、范型、模式、形式、真形、方式、意式、通式、理念型相，等等。其中有代表性的译名为以下三种：1. 理念；2. 理式；3. 相。

1. 理念。这是最通用的译名，大部分西方哲学史著作都采

---

① 里特尔在《柏拉图新探》（慕尼黑 1910 年版，第 228—326 页）中研究了这两个术语。在他的研究基础上，洛谢夫在《希腊象征主义和神话》（莫斯科 1993 年版，第 136—708 页，该书写于 1918—1921 年，初版于 1928 年）中花了五六百页的篇幅对这两个术语进行了更详尽的考察。里特尔和洛谢夫对柏拉图 eidos 和 idea 使用频率的统计均是手工进行的，当时还不可能用上计算机。两个人的统计结果有出入，这里采用的是洛谢夫的统计结果。

用这种译名。柏拉图认为，在我们耳闻目睹的现实世界以外，还存在一个理念世界。理念世界是原型，而现实世界是以理念为范型铸造出来的。柏拉图力图从具体事物、从众多的个别事物中寻求一般性和共性。在他那里，理念和各种具体事物的关系就是一般和个别、普遍和特殊、共性和个性的关系。

2. 理式。这是朱光潜极力倡导的译名，由于他的影响，我国美学著作中采用这种译名的较多。早在 1930 年朱光潜就指出，"柏拉图所谓 idea 就是'理式'，就是'共相'，原来是偏重客观的"①。在 20 世纪 40 年代他较详细地阐述了 idea 的翻译问题：

> idea 源于希腊文，本义为"见"，引申为"所见"，泛指心眼所见的形相（form）。一件事物印入脑里，心知其有如何形相，对于那个事物就有一个 idea，所以这个字与"意缘"（image）意义极相近。它作普通用时，译为"观念"本不算错。不过在哲学上，已往哲学家用这字，意义往往各不相同。柏拉图只承认 idea 是真实的，眼见一切事物都是 idea 的影子，都是幻相。这匹马与那匹马是现象，是幻相，而一切马之所以为马则为马的 idea。这是长存普在的，不因为有没有人"观念"它而影响其真实存在，它不仅是人心中一个观念，尤其是宇宙中一个有客观存在的真实体。近代哲学家康德与黑格尔用 idea 字，大体也取这个意义。所以它不应译为"观念"，应译为"理式"，意思就是说某事物所以为某事物的道理与形式②。

20 世纪 60 年代翻译柏拉图《文艺对话集》时，朱光潜在一则注释中写道：

> 柏拉图所谓"理式"（eidos，即英文 idea）是真实世界

---

① 《朱光潜全集》第 8 卷，安徽教育出版社 1993 年版，第 338 页。
② 《朱光潜全集》第 9 卷，安徽教育出版社 1993 年版，第 225 页。

中的根本原则，原有"范型"的意义。如一个"模范"可铸出无数器物。例如"人之所以为人"就是一个"理式"，一切个别的人都从这个"范"得他的"型"，所以全是这个"理式"的摹本。最高的理式是真，善，美。"理式"近似佛家所谓"共相"，似"概念"而非"概念"；"概念"是理智分析综合的结果；"理式"则是纯粹的客观的存在。所以相信这种"理式"的哲学，属于客观唯心主义。①

在《西方美学史》中朱光潜谈到，物的理式是物的"道理或规律"，柏拉图综合个别事物得到概念，表明他"思想中具有辩证的因素"，因为"人们的认识毕竟以客观现实世界中个别感性事物为基础，从许多个别感性事物中找出共同的概念，从局部事物的概念上升到全体事物的总的概念。这种由低到高，由感性到理性，由局部到全体的过程正是正确的认识过程"②。从以上的引文中可以看出，idea 的翻译问题已在朱光潜头脑中盘桓了半个世纪。他把它译为"理式"，是在洞悉了这个术语的精义后作出的。"理式"成为他的极富特色的一个译名。

3．相。这是我国希腊哲学家研究的前辈陈康的译名。他不同意"理型"、"理念"的译名。1944 年他在译注《柏拉图〈巴曼尼得斯篇〉》中指出："'理型'、'理念'所以不当，是因为它们既有共同的错误，复有个别的弊病。"共同的错误是柏拉图从不讲"理"，另外，"'理型'的特殊弊病是'型'；它只翻译了 paradeigma 这一方面。但柏拉图的 eidos，idea 不只是 paradeigma。'理念'的特殊弊病是'念'，因为它偏于意识一方面。柏拉图的 idea 在有些篇'谈话'里，比如《斐德罗斯篇》263c，《苔耳业陶斯篇》184d，诚然是主观方面的，但它在其他几篇'谈话'里却又是'型'"。"'理型'中的'型'之所失正是'理念'中的'念'之所得；'理念'中的'念'之所失正是'理型'中的

---

① 《朱光潜全集》第 12 卷，安徽教育出版社 1991 年版，第 109 页。
② 《朱光潜全集》第 6 卷，安徽教育出版社 1990 年版，第 60—61 页。

'型'之所得，因此皆偏于一方面。"①

时隔半个世纪，"相"的译名开始为人所重视。汪子嵩等人的多卷本《希腊哲学史》第 1 卷还采用"理念"的译名，在第 2 卷中，经考虑再三，作者们决定改用"相"的译名。据说，《柏拉图全集》的译者王太庆也极力主张采用"相"的译名。

我们采用"理式"的译名。"理式"的原意是"见"、"所见"。它可以指事物的外部形状，也可以指事物的内在本质。前者由眼睛见到，后者主要由理智见到。理智所见到的事物的本质就是事物的理式。

三　理式论的评价②

柏拉图总是坚定地把理式摆在高于物质的地位上，显然是唯心主义的。柏拉图甚至是公认的欧洲唯心主义开山鼻祖（"唯心主义"在西文中的直义就是"观念论"）。他是对理式高于物质作唯心主义论证的第一人。在这种意义上可以说他过去曾经是，并且现在仍然是唯心主义者的首领和导师。

不过，要准确、深入地评价柏拉图的理式论，我们应该弄清楚，为什么柏拉图如此陶醉于自己的理式。

柏拉图的理式论是在思考"物是什么，对物的认识怎样才可能"的问题时产生的。为了区分和认识物，应该针对每个物提出这样的问题：这个物是什么？它和其他物的区别在哪里？物的理式正是对上述问题的回答。柏拉图认为，每一种物都和任何一种其他物有所区别，因此，它具有一系列本质特征，而物的所有这些本质特征的总和就是物的理式。比如，房子是由某些建筑材料构成的东西。这是一。房子适用于不同的目的：居住，栖息，放

---

① 陈康译注：《柏拉图〈巴曼尼得斯篇〉》，商务印书馆 1982 年版，第 40 页。原文中的希腊字母由拉丁文字母替代。引文中的《巴曼尼得斯篇》、《苔耳业陶斯篇》本书分别译为《巴门尼德斯篇》、《泰阿泰德篇》。

② 参见凌继尧《西方美学艺术学撷英》一书中的《说理念》一文。

置物品，从事某种活动等。这是二。房子所有这些本质属性的总和就是房子的理式。如果我们不懂得房子的结构和用途，那么，我们就没有房子的理式，也就根本不能把房子同其他事物如汽车、火车、轮船等区分开来。换言之，物的存在就要求它是某种理式的载体。为了认只物，同它发生关系，利用它，制造它，必须要有物的理式。任何物乃至世上存在的一切都有自身的理式。如果没有理式，那么，就无法使甲区别于乙，整个现实就变成不成形和不可知的混沌。

任何一种物的理式不仅是对物的概括，而且是对物的极端概括。它是组成它的各种特殊性和个别性的一般性。一切个别性只有在同一般性、同理式的联系中才能得到理解。例如，北京的四合院是房子，上海的石库门也是房子，天津的小洋楼还是房子。如果我们不承认房子的理式的概括性，那么，立即消失的不仅是房子的理式，而且是房子本身和房子的一切局部的、个别的表现形态。理式是对它名下的所有个别物的无限概括。一切有限要求承认无限，一切个别都受一般管辖。作为物的一般性，理式是物的规律。柏拉图是第一个使用"辩证法"术语的人。他的理式论包含着一般和个别的深刻的辩证法。

朱光潜精辟地把柏拉图的理式称作"神"[1]。他在柏拉图《文艺对话集》的一则注释中特别说明，柏拉图的神"并不同耶稣的上帝，它是宇宙中普遍永恒的原理大法，即最高的理式"[2]。柏拉图的理式确实是神，但这已经不是希腊神话中的神，而是翻译成抽象的一般性语言的神。柏拉图的学说是沿着早期希腊哲学发展的。早期希腊哲学家用数和元素来代替希腊神话中的神，柏拉图则用理式来代替神。柏拉图的理式是以朴素的方式提出的自然规律和社会规律，他力图用这些规律来替代古老的神话。那个时代对自然规律和社会规律的探索刚刚开始，对这些规律的解释也是相当朴素的。不过，柏拉图对万物规律的探索表明了由神话向人的思

---

[1]　朱光潜：《西方美学史》二卷，第 46 页。
[2]　柏拉图：《文艺对话集》，第 68 页注①。

维过渡的深刻变革。在这里,柏拉图是完全站在了先进的立场上。

柏拉图的理式论使人们认识到理式完全不是物自身,而只是物的定义、物的含义。这种发现使柏拉图和他的弟子们惊喜不已,理式被他解释为神的本质。如果历史主义地看问题,我们应当理解这种狂喜、赞叹和惊异。哲学发现使哲学家们狂喜的例子在柏拉图以前就有过。首先是毕达哥拉斯对数的发现。从前人们不能把数同用数来计算的物本身区分开来。毕达哥拉斯学派发现这两者是可分的,而且数的运算规则永远是一样的,这种发现导致对数的神化。同样地,从前人们也不能区分思想和感觉。公元前6世纪至公元前5世纪巴门尼德发现了这两者的区别。这种发现引起狂喜,巴门尼德甚至在充满神话象征意义的赞美诗中歌颂这种发现。因为这标明希腊人全新意识的产生,这种意识把思想同人对生活的感性知觉区分开来,把人的理智提到第一位。

面对理式柏拉图陷入狂喜中,结果夸大了理式的作用。他不仅主张理式高于物质,而且理式形成了一种独特的世界,理式世界向现实世界释放自身的威力,这导致了理式世界和物的世界完全脱离。而他后期的继承者们又进一步走入极端,使得客观物质世界在理式面前黯然失色并完全消失。物质世界只是每个人意识中观念的产物,从而,客观唯心主义为主观唯心主义开辟了道路:我们周围的世界完全取决于人的内心自我,或者人的“理式”。这些因素导致了理式论的变形。

谈到柏拉图理式论的缺陷时,人们总会想起他的弟子亚里士多德对他的批判。亚里士多德并不反对理式的存在,只是反对理式脱离现实,孤立于现实之外。柏拉图理式论中的矛盾使亚里士多德有理由同他分道扬镳。这种矛盾就是柏拉图作为严格的思想家和作为热情洋溢的诗人之间的矛盾。作为严格的哲学家,他懂得理式和物的相互依赖和互不可分,这种思想明显不过地体现在他的对话《巴门尼德篇》中。然而作为热情洋溢的诗人,他又不由自主地把永恒理式的美同物质世界的不完善对立起来。亚里士多德对理式论的批判不仅针对柏拉图,而且针对柏拉图后期的继承者。这些继承者系统而自觉地论证物的理式和物本身的二元存在。亚里士多德批判这种二元论首先指向对柏拉图理式论的片面庸俗化和简单化。

第三节　审美主体和审美对象

在柏拉图的对话中，《会饮篇》和《斐德若篇》被称作姊妹篇。这两篇重要的美学对话，以大量篇幅讲述了神话故事。通过这些神话柏拉图阐述了审美主体和审美意识问题，同时也阐述了审美对象问题。

一　"厄罗斯"的隐喻

《会饮篇》的主要内容是关于厄罗斯（Eros）的学说。厄罗斯（相当于罗马神话中的丘比特）是希腊神话中的小爱神。柏拉图讲述了一个关于厄罗斯的神话。除《会饮篇》外，柏拉图在《斐德若篇》、《理想国》、《斐多篇》、《蒂迈欧篇》、《法律篇》和《克里底亚篇》中也讲述了神话和乌托邦故事。希腊美学时期笼罩着浓郁的神话氛围。连柏拉图的诞生都充满了神话传说。希腊传统一致认为，柏拉图生于希腊历法"塔尔格里温"月 7 日（公历 5 月 21 日），那天是天神宙斯和女神勒托的儿子太阳神阿波罗的生日。柏拉图的外甥斯彪西波在失传的《柏拉图颂》中直接把阿波罗称作柏拉图的父亲，因为柏拉图的母亲和父亲没有肉体接触，阿波罗向她显圣，于是生下了柏拉图。柏拉图著作的晚期希腊注释者奥利皮奥多尔利用这一情节进行渲染：柏拉图生下后，父亲带他去祭祀阿波罗和希腊女神。当父母忙于祭祀时，一群蜜蜂用蜜喂柏拉图。这预示他有杰出的口才，荷马的《伊利亚特》里有"谈吐比蜂蜜还要甘甜"的说法①。"柏拉图和苏格拉底都

---

① 荷马：《伊利亚特》，第 10 页。

是颇为虔诚的信神的公民。"① 在这种氛围中，希腊美学家借用神话来说明自己的观点是很自然的事。在柏拉图那里，神话和逻各斯是紧密联系在一起的。《会饮篇》通篇礼赞厄罗斯，只有深入分析厄罗斯的涵义，才能掌握《会饮篇》的精髓。

希腊美学家引用的神话既有传统的希腊神话，又有根据自己的理论需要虚构的神话，后一种神话又被称为哲学神话。在《会饮篇》中，柏拉图借用希腊爱神厄罗斯虚构了一个神话。柏拉图不满足于仅仅在学园的院墙内观照崇高的理式，他想在现实生活中实现自己的理想。由于屡屡碰壁，他对现实生活感到失望，于是把最高的美和最高的善移植到彼岸世界，移植到天国。传统希腊神话讲述过去的事情，而柏拉图的哲学神话是指向未来的，指向所愿望的事情。厄罗斯不断追求美，从美学的角度看，他是一个审美主体。尽管柏拉图虚构的神话奇异诡谲，没有严格的逻辑论证，然而比较厄罗斯在传统的希腊神话和柏拉图的哲学神话中的区别，仍然可以窥见柏拉图对审美主体和审美意识的特征的隐喻。

在希腊神话中，关于厄罗斯的母亲阿芙洛狄忒（相当于罗马神话中的维纳斯）的出生有两种说法。一种说她是天神乌拉诺斯的女儿，她没有母亲。起初天地一片混沌，在混沌中最先出生的是女性神该亚，该亚生出了第一个男性神即天神乌拉诺斯，并且与乌拉诺斯交合生出众多的巨神。乌拉诺斯担心儿子们谋反篡位，对他们施以暴政。在该亚的召唤下，幼子克罗诺斯戕杀了父亲乌拉诺斯。乌拉诺斯的血溅落到大海里，从海水泡沫中产生了女爱神阿芙洛狄忒，即天上的阿芙洛狄忒。另一种说法是：阿芙洛狄忒由天神宙斯（克罗诺斯的儿子）和狄俄涅（宙斯的新生女儿）所生，这是人间的阿芙洛狄忒。在词源上，厄罗斯和观照

---

① 陈中梅：《柏拉图诗学和艺术思想研究》，商务印书馆 1999 年版，第 94 页。陈中梅还认为，"在当今西方——至于国内则历来如此——人们往往片面重视柏拉图的哲学见解，而不合适地忽略了他的神学造诣"（见该书第 88 页）。研究柏拉图著作中与美学关系密切的神话，显然是西方美学史研究的一项任务。

（horasis）接近。在希腊美学中，厄罗斯作为天上的阿芙洛狄忒的儿子，体现了对乌拉诺斯或者他所代表的理式概念的观照；他作为人间的阿芙洛狄忒的儿子，则体现了对自己的观照，他住在人间，管理人间的婚姻。柏拉图在《斐德若篇》中使用了厄罗斯是阿芙洛狄忒的儿子的说法。在《会饮篇》中，他借泡赛尼阿斯之口说出了两种女神和两种厄罗斯的区别。但是，《会饮篇》着力阐发的却是苏格拉底转述第俄提玛关于厄罗斯身世的说法。由此可见，在希腊美学家，包括在柏拉图那里，每个神话人物可以表现若干种哲学意义，或者同一个概念可以由若干种神话人物来体现，在神话人物和他们所表现的哲学意义之间并没有严格的、始终如一的吻合。

柏拉图借第俄提玛之口虚构了一个神话故事[①]。阿芙洛狄忒诞生时，众神设宴庆祝。聪明神的儿子丰富神多饮了几杯琼浆，喝醉了，在宙斯的花园里睡去。贫乏神想生一个孩子，就睡在他身边，结果怀了孕，怀的就是厄罗斯。厄罗斯在阿芙洛狄忒的生日投胎。他像他的母亲贫乏神，永远是贫乏的，他不仅不美，而且粗鲁丑陋，赤着脚，无家可归。然而他也像他的父亲，爱智慧，不折不挠地追求美和善。他是介乎于有知与无知之间的爱智慧的哲学家。柏拉图实际上是按照苏格拉底的形象来塑造厄罗斯，厄罗斯就是他心目中的苏格拉底。

第俄提玛所说的厄罗斯根本不是神，而是一个精灵，一个大精灵，他介乎于人和神的中间。普洛丁的《九章集》中有一篇论文名为《论厄罗斯》[②]，它对第俄提玛启示作出阐释。普洛丁也认为厄罗斯不是神，是一个精灵，一个大精灵，他居于人神之间。他的厄罗斯的特征和柏拉图的厄罗斯的特征区别很小。他也把厄罗斯说成是丰富神和贫乏神的儿子，丰富神多喝了几杯琼浆，也就饮下了宙斯的智慧。宙斯的花园里充满着安排宇宙的美的逻各斯，丰富神醉卧在那里就是以具体的涵义和内容充填、灌

① 第俄提玛的启示见柏拉图《文艺对话集》，第257—274页。
② 普洛丁：《九章集》第3集第5篇。

注了逻各斯。贫乏神是逻各斯的质料，她是丰富神的对立面，辩证法要求综合，所获得的综合就是厄罗斯。用现代语言说，厄罗斯就是理性和感性、精神和物质相结合的产物。柏拉图和普洛丁都把厄罗斯说成是一种精灵。精灵不同于神，神是自满自足的，而精灵处在永恒的追求中；神是不受激情感染的，而精灵充满激情。精灵是神和人之间联系的媒介，他们把人的祈祷和祭祀传给神，又把神的意旨、命令和赐福传给人，从而填补神和人之间的缺空。神和人之间本来没有交往，凭借精灵神和人发生交往。

柏拉图哲学神话中的厄罗斯和传统神话中的厄罗斯的区别主要有两点：第一，柏拉图的厄罗斯不是阿芙洛狄忒的儿子，而是丰富神和贫乏神的儿子。丰富神代表逻各斯，贫乏神代表物质，所以，厄罗斯是理性和感性的结合。这决定了审美意识也是理性和感性的结合。第二，柏拉图的厄罗斯不是神，而是处在神和人之间的精灵。神没有激情，而精灵富于激情。这种激情表现在对美的事物的爱上。厄罗斯"是在阿芙洛狄忒的生日投胎的，因为他生性爱美，而阿芙洛狄忒长得顶美"[①]。这表明审美意识与审美对象处在特别密切的、隐秘的关系中。柏拉图用"爱"来形容这种关系。近现代西方美学中一些理论如移情说、内摹仿说专门研究审美意识和审美对象的关系。可以说柏拉图开了这方面研究的先河。

柏拉图所理解的审美意识的另一个特点与审美观照的上升历程有关。在对美的观照中，审美意识是由个别到一般、由局部到全体、由低级到高级分阶段逐步上升的。人从幼年起，就应倾心向往美的形体：

> 如果他依向导引入正路，他第一步应从只爱某一个美形体开始，凭这一个美形体孕育美妙的道理。第二步他就应学会了解此一形体或彼一形体的美与一切其他形体的美是贯通

---

① 柏拉图：《文艺对话集》，第 260 页。

的。这就是要在许多个别美形体中见出形体美的形式。假定是这样，那就只有大愚不解的人才会不明白一切形体的美都只是同一个美了。想通了这个道理，他就应该把他的爱推广到一切美的形体，而不再把过烈的热情专注于某一个美的形体，就要把它看得渺乎其小。再进一步，他应该学会把心灵的美看得比形体的美更可珍贵，如果遇见一个美的心灵，纵然他在形体上不甚美观，也应该对他起爱慕，凭他来孕育最适宜于使青年人得益的道理。从此再进一步，他应学会见到行为和制度的美，看出这种美也是到处贯通的，因此就把形体的美看得比较微末。从此再进一步，他应该受向导的指引，进到各种学问知识，看出它们的美。①

在这里，审美观照上升的梯级是：第一，爱一个美的形体；第二，爱全体形体中的美；第三，爱美的心灵和行为制度；第四，爱美的知识学问。审美观照的上升之路也是审美认识的上升之路。这种上升还有最后一个、也是最高的一个梯级：对美的理式的观照。这是一种奇妙无比的美：

这时他凭临美的汪洋大海，凝神观照，心中起无限欣喜，于是孕育无量数的优美崇高的道理，得到丰富的哲学收获。如此精力弥满之后，他终于一旦豁然贯通惟一的涵盖一切的学问，以美为对象的学问。②

审美意识富有强烈的感情色彩，审美观照和审美享受密切地结合在一起。观照的美越高级，审美享受就越强烈。在美的理式面前，一切黄金、华装艳服、娇童和美少年都卑微不足道。从上述引文中还可以看到，在柏拉图那里，审美对象是分等级的，所以才有审美观照上升的梯级。美的等级取决于存在的等级，而存

---

① 柏拉图：《文艺对话集》，第271—272页。
② 同上书，第272页。

在等级的高低又取决于距离物质的远近。柏拉图的这种本体论美学、美的等级以及美的等级取决于精神和物质的关系的看法，对普洛丁新柏拉图主义和中世纪奥古斯丁美学发生了直接影响。

二　"灵魂马车"的隐喻

与《会饮篇》中的第俄提玛的启示相应的、对美学同样重要的是《斐德若篇》中苏格拉底的第二篇演说①。这篇演说讲述了灵魂巡行诸天的神话。灵魂和厄罗斯一样，也是一个爱美的主体。

灵魂是希腊美学中的一个重要概念。希腊人认为人由灵魂（psuchē）和肉体（sōma）组成，肉体会死去，而灵魂是不朽的，灵魂可以离开肉体而存在。在《伊利亚特》中，阿喀琉斯梦见死去的帕特罗克洛斯，他伸出双臂想去拥抱，"灵魂钻入泥地，像一缕青烟"②。柏拉图接受了希腊传统观点，这也符合他的理式论。世界有两种存在：不可见的理式和可见的事物。人也有两种存在：不可见的灵魂和可见的肉体。灵魂的不朽在于它永远是自我运动的，不是由他物推动的。它是运动的本原，如果它毁灭的话，宇宙和万物都将不复存在，因为没有东西使它们再动起来。"这种自动性就是灵魂的本质和定义。"③

柏拉图把灵魂比作一个御车人和两匹马的马车。御车人要驾驭两匹马，而一匹驯良，另一匹顽劣。柏拉图在《理想国》中把灵魂分作三部分：理性、激情和欲望。这三个部分中，理性最高，它统辖整个灵魂；激情次之，它是理性的盟友，辅助它进行管辖；欲望最低。它们三者的从属关系就是激情受理性指导而控制情欲，从而达到灵魂的和谐④。柏拉图说灵魂不朽主要指理性

①　柏拉图：《文艺对话集》，第 116—137 页。
②　荷马：《伊利亚特》，第 536 页。
③　柏拉图：《文艺对话集》，第 119 页。
④　郭斌和、张作明译柏拉图：《理想国》，商务印书馆 1986 年版，第 166—170 页。

灵魂的不朽，而激情和欲望是可朽的。灵魂的三重区分和柏拉图关于理想国成员构成的三个等级相对应。在理想国成员中，第一等是统治者，第二等是辅助者，即军人、武士，第三等是工农业生产者。他们三者的从属关系就是辅助者协助统治者统治工农业生产者。在灵魂马车中，御车人代表理性，驯良的马代表激情，顽劣的马代表欲望，灵魂马车使人想起《会饮篇》中介乎神和人、有知和无知之间的厄罗斯。灵魂马车出游顺畅与否取决于马匹是否驯良，御者是否驾驭有方。

　　宙斯率领诸神徜徉遨游，次等的神和灵魂跟在后面。灵魂巡游象征生命的经历、学问道德的修养，结果有三种情况："御良马驯者高飞天外，窥见真实本体（真善美诸理式），御与马较差者各随能力所致，愈飞低所见愈浅；御劣马顽者锻羽堕地，与肉体结合，成为各种高低不同的人物。"[1] 柏拉图一直在谈论灵魂的不朽，现在却谈到灵魂和肉体的结合。这表明灵魂是不纯粹的，其中的理性部分向往天国的理式，而欲望部分则眷恋下界的肉体。灵魂本身是理性和感性的结合。然而灵魂作为整体和肉体的关系，又是理性和感性的关系。灵魂和肉体的结合是理式和质料的结合，这种情况和厄罗斯一样，再一次暗示审美意识是理性和感性的结合。

　　按照柏拉图的逻辑，不仅"御劣马顽"的灵魂和肉体相结合，其他灵魂也和肉体相结合。每个人的灵魂都"天然地曾经观照过永恒真实界，否则它就不会附到人体上来"[2]。由此产生了柏拉图的回忆说。一个人见到尘世里美的事物，灵魂就回忆起在上界所见到的美本身，即美的理式，因此对美的理式在下界的摹本惊喜不已，"他凝视这美形，于是心里起一种虔敬，敬它如敬神"[3]。在这里对美的观照程序和《会饮篇》里的相反。灵魂首先在天国看到先验的美的理式，投胎以后之所以能够观照美的事

---

①　采用朱光潜的概括，见柏拉图《文艺对话集》，第136—137页注②。

②　柏拉图：《文艺对话集》，第125页。

③　同上书，第127页。

物，因为想起它是美的理式的摹本。这种观照是自上而下的。在《会饮篇》中，对美的观照是自下而上的，从一个形体到全体形体，经过精神领域，最后到美的理式。

在苏格拉底的第二篇演说中，柏拉图区分出四种迷狂：预言的迷狂、宗教的迷狂、艺术（诗神）的迷狂和审美的迷狂。审美的迷狂之所以发生，因为人见到尘世的美，就回忆起上界真正的美，急于高飞远举，"像一个鸟儿一样，昂首向高处凝望，把下界一切置之度外，因此被人指为迷狂"①。和《会饮篇》一样，这里再次强调了审美意识强烈的情感性。

厄罗斯和灵魂马车是哲学和美学概念的诗化，诸如此类的神话、比喻和隐喻在柏拉图美学中占有重要地位。在西方美学史上，普洛丁不仅承袭了《会饮篇》中关于厄罗斯的观点，而且承袭了《斐德若篇》中关于灵魂马车的观点。普洛丁论证了灵魂的不朽，论据和柏拉图的一样，灵魂是自我运动的，其他事物的运动是他物推动的，由此灵魂是不朽的②。普洛丁在许多地方也重复了柏拉图灵魂马车的形象，叙述了宙斯率领诸神观照宇宙的情景，跟随其后的还有精灵和灵魂③。普洛丁还描绘了审美迷狂的状态。柏拉图对灵魂的三重区分影响了现代美学。西方学者认为弗洛伊德在许多方面重复了柏拉图的思想。弗洛伊德精神分析学中的"本我"是人性中原始的、被压抑的欲望和冲动；"自我"是受理性控制的、对"本我"实施改造的积极意识；"超我"反映社会的准则，支持"自我"有效地压抑"本我"④。

第四节 现实中的美

柏拉图始终观照理式的美，同时他又始终观照现实世界中的

---

① 柏拉图：《文艺对话集》，第 125 页。
② 普洛丁：《九章集》第 5 集第 1 篇第 2 节。
③ 《九章集》第 3 集第 5 篇第 8 节。
④ 陈中梅：《柏拉图诗学和艺术思想研究》，第 135—136 页。

美。理式是美的最高等级，然而，理式作为生成模式，需要在具体的物、人、国家制度、社会生活、自然和宇宙中体现出来。在现实世界中，柏拉图认为感性的、可以听到、看到和触摸的宇宙，按照规律永恒地往复运动的宇宙最美。因为宇宙是理性和感性最完美的结合。

一 宇宙学美学

柏拉图的宇宙美学最充分地体现在他的后期对话《蒂迈欧篇》中。在对话中蒂迈欧是来自意大利南部洛克利的毕达哥拉斯学派成员，在政府中担任高官，在哲学上也有很深造诣。可是实际上他名不见经传，所以许多学者认为他是柏拉图虚构的人物，柏拉图通过他的口，把数学、物理学、天文学、生理学的知识和神话结合起来，描绘了宇宙生成的图景。

《蒂迈欧篇》指出，宇宙由灵魂和躯体两部分组成。柏拉图接受了早期希腊哲学家的观点，认为宇宙的躯体是火、气、水、土四种元素构成。他所强调的是，这四种元素必须按照一定的比例安排：火∶气＝气∶水＝水∶土。宇宙的躯体是表面光滑的球形，从中心到各边的长都相等。宇宙的灵魂、即后来的世界灵魂先于躯体、高于躯体，在宇宙中占统治地位。宇宙究竟是本原的，还是生成的呢？柏拉图主张它是生成的。既然是生成的，就应该有它的理式，即范型。范型是永恒的理智（即奴斯，noys,）。在范型和摹本之外，柏拉图又引入了一个"造物主"（Demiourgos，为了与基督教哲学中造物三柜区别，有人译为"创造者"）。当造物主构造这个宇宙时，"他把理智放入灵魂，将灵魂放入肉体"[1]。在《斐利布斯篇》中理智本来就是宇宙生成的原因，即造物主，而在《蒂迈欧篇》中柏拉图在理智之外加了一个造物主，他也把造物主称作神、父亲。柏拉图的造物主以理式、理智为范型，使

---

[1] 苗力田主编：《古希腊哲学》，第369页。

混沌的物质与空间相结合，形成有序的宇宙。这种造物主不同于基督教的造物主，后者凭空创造世界。

与美学直接有关的是柏拉图对宇宙灵魂结构的划分。柏拉图深受毕达哥拉斯学派的影响，用数的关系来进行这种划分：（1）从整体中分出一部分，得到 1；（2）再分出 1 的两倍，得到 2；（3）比 2 又多一半，得到 3；（4）2 的两倍，得到 4；（5）3 的 3 倍，得到 9；（6）1 的 8 倍，得到 8；（7）1 的 27 倍得到 27[①]。结果，得出两个数列：1 的双倍数（偶数）系列 2、4、8 和 3 倍数（奇数）系列 3、9、27。宇宙灵魂是自我运动的，它推动其他事物运动。宇宙灵魂的结构决定了宇宙的结构。太阳、金星、水星、月亮、火星、木星、土星按照 1、2、4、8 和 1、3、9、27 的比例关系在各自的轨道中往复运动。柏拉图为什么恰恰选择这两个数列来划分宇宙的结构呢？原来，这两组数列是黄金分割的比例：在 1、2、4、8 数列中，前三位数之间和后三位数之间的比例分别是 2:4 = 1:2，4:8 = 2:4。1、3、9、27 数列中数字之间的比例关系也是如此：3:9 = 1:3，9:27 = 3:9。我们在本编第二章第一节中阐述毕达哥拉斯学派美学时，曾经涉及黄金分割问题。柏拉图没有使用过黄金分割的术语，也没有对黄金分割的规则作出说明。他对黄金分割的比例的选择与其说是自觉的、有意的，不如说是审美的、直觉的。在他心目中，宇宙结构具有的不是普通的比例，而是美的、艺术的比例。难怪希腊美学把宇宙看作美的艺术作品。

在柏拉图看来，宇宙到处都处在和谐有序的比例关系中。由于 1、2、4、8 和 1、3、9、27 两个数列之间还有间隙，他又在每两个相邻数之间各插入两个数，使它们以相同的比数比前一个大，比后一个小。对此各家解释比较一致：

双倍数（1），4/3，3/2，（2），8/3，3，（4），16/3，6，（8）

它们每两个数依次的比例都相等：1:4/3 = 3/2:2 = 8/3:3 = 4

---

① 柏拉图：《蒂迈欧篇》，35bc。

:16/3 = 6:8，比数是 3:4。

中间项之间的比例也相等：4/3:3/2 = 8/3:3 = 16/3:6，比例都是 8:9。

三倍数：（1），3/2，2，（3），9/2，6，（9），27/2，18，（27）

它们每两个数依次的比例同样都相等：1:3/2 = 2:3 = 9/2:6 = 9:27/2 = 18:27，比数是 2:3。中间项之间的比例也相等：3/2:2 = 9/2:6 = 27/2:18，比数是 3:4。把充填了中间项的这两个数列连接起来，得出：1，4/3，3/2，2，8/3，3，4，9/2，16/3，6，8，9，27/2，18，27。

有的西方哲学史研究者如康福德（F.M.Cornford）在《柏拉图的宇宙论》一书中甚至用五线谱来表示上述数的音调①。

确实，柏拉图所理解的宇宙结构处在严格的、经过精确计算的数的比例关系中。不仅如此，柏拉图数的比例还有另外的审美意义，它表示宇宙的某种乐音。在这方面，他同样深受毕达哥拉斯学派的影响。毕达哥拉斯学派用数量关系来表示乐音，例如：2:1是八度音程，4:3是四度音程，3:2是五度音程，9:8是纯音。柏拉图接受了这种观点。在上述数列中，第二项4/3是四度音程，第三项3/2是五度音程。至于1、2、4、8和1、3、9、27两个数列，它们之间的比例关系完全表示某种乐音。2:1（4:2，8:4）是八度音程，3:2是五度音程，4:3是四度音程，9:8是纯音。在这种意义上，宇宙是一部完美的音乐作品。在希腊美学中，宇宙不仅是可以见到的美，而且是可以听到的美。

柏拉图并不是一位天文学家，他所描绘的也不是一幅准确的天文学图景。然而他的宇宙生成学说仍然具有重要的美学意义。宇宙是按照黄金分割的比例构成的、具有和谐乐音的整体，这是柏拉图宇宙美学的第一个要点。这种美学的另一个要点是，把宇宙看作三维的几何形体和活的有机体。《斐德若篇》已经论述到

----

① 参见汪子嵩等《希腊哲学史》第 2 卷，第 1035—1036 页。

宇宙是三维的几何形体。宙斯驾驭一辆飞车领队巡行，诸神"沿着那直陡的路高升一级，一直升到诸天的绝顶"，"至于不朽者们到达绝顶时，还要进到天外，站在天的背上，随着天运行，观照天外的一切永恒的景象"①。由此可见，天、宇宙是有限的，它有顶和背。

在《蒂迈欧篇》中，柏拉图更鲜明描绘了宇宙的几何形体。因为"生成的东西必定有可看见、可触摸的形体"②。柏拉图把宇宙灵魂分为两种成分：一种是永恒的存在——"同"；另一种是生成性的存在——"异"。"同"和"异"都作旋转运动，"同"在外圈，向右旋转，"异"在内圈，向左旋转。外圈和内圈的直径以 90°相交。外圈排列着恒星，内圈共有 7 个圆，地球位于圆心，依次向外 7 个星体分别为月亮（1，括弧中的数字表示星体之间距离的比率）、太阳（2）、金星（3）、水星（4）、火星（8）、木星（9）、土星（27）。在广袤的苍穹中，各种星体有序地、交错地、多层次地作旋转运动。这确实是一幅瑰丽奇妙的图景。对柏拉图的这种描绘有许多注释，也引起一系列猜测。从美学上说，柏拉图的宇宙理论表现了希腊美学的形体性、结构性和造型的特点。

宇宙灵魂把宇宙变成活的有机体。宇宙虽然没有眼睛耳朵，没有手足四肢，也不需要饮食呼吸，然而"由于神提供了灵魂和理智，世界是作为一个有生物而生成的"，世界是一个"完美的生物"，"在其自身中包含着所有本性上类似于它的一切可见动物"③。"活的有机体"的概念是希腊美学中的重要概念，亚里士多德和其他一些美学家都用有机整体的概念来解释艺术作品。宇宙作为生物和人有类似之处。虽然宇宙没有人的一些器官，但是它和人一样，都是灵魂和躯体的结合。宇宙是一个圆球，人的脑

---

① 柏拉图：《文艺对话集》，第 121 页。
② 苗力田主编：《古希腊哲学》，第 370 页。
③ 同上书，第 369 页。

袋作为一个圆球，是宇宙的类似物①。为了追求灵魂和躯体的和谐，人应该摹仿宇宙，因为在宇宙中达到灵魂和躯体之间最完善的和谐。观照宇宙，摹仿宇宙，像宇宙那样生活，是希腊美学的重要内容。

除了宇宙美外，柏拉图还论述了物体和自然风景的美。物体的美取决于物体体现理式的程度，而体现理式的物体的美有什么特点呢？柏拉图很重视形式特别是几何形体在其中的作用。《斐利布斯篇》写道：

> 我说的形式美，指的不是多数人所了解的关于动物或绘画的美，而是直线和圆以及用尺、规和矩来用直线和圆所形成的平面形和立体形；现在你也许懂得了。我说，这些形状的美不像别的事物是相对的，而是按照它们的本质就永远是绝对的美的；它们所特有的快感和搔痒所产生的那种快感是毫不相同的。②

在《斐德若篇》著名的开头，柏拉图描绘了自然风景的美：

> 这棵榆树真高大，还有一棵贞椒，枝叶葱葱，下面真荫凉，而且花开的正香，香的很。榆树下这条泉水也难得，它多清凉，脚踩下去就知道。从这些神像神龛看来，这一定是什么仙女河神的圣地哟！再看，这里的空气也新鲜无比，真可爱。夏天的清脆的声音，应和着蝉的交响。但是最美妙的还是这块青草地，它形成一个平平的斜坡，天造地设地让头舒舒服服地枕在上面。③

这充分表明了柏拉图对自然风景细腻的审美体验。在《斐多篇》

---

① 柏拉图：《蒂迈欧篇》，73a—74a。
② 柏拉图：《文艺对话集》，第 298 页。
③ 同上书，第 95—96 页。

中，柏拉图描述了由以太包围的天国世界，由空气包围的地面世界和由水包围的海底世界。从高空看地面世界，地球像由 12 块皮缝制的球，五彩缤纷，仿佛画家用色彩绘过一样，只是比我们的色彩更绚丽、更纯净。地面上生长的植物、树木、花卉、果实和地球的外貌相匹配。山石美得令人赞叹不已，它们是玛瑙、碧玉和祖母绿。在它们上面是金、银和其他金属[①]。从高空看地球，比我们在地面上看到的景象要真实得多、美得多。

柏拉图也阐述了人的美和社会生活的美。

柏拉图并不否定人的形体美，然而在总的倾向上，他主张人的美在于外表和心灵的和谐：最美的境界是"心灵的优美与身体的优美谐和一致，融成一个整体"[②]。他厌恶"没有天然的健康颜色，全靠涂脂敷粉"的外貌[③]。扁鼻和鹰鼻、面黑和面白，如果就它们本身而言，柏拉图认为没有任何意义[④]。《蒂迈欧篇》在阐述宇宙的构造后，又阐述了人体的构造。柏拉图认为在人体中灵魂和肉体是否和谐、是否适合比例是最重要的。如果一个人的双腿过长，或者其他某种属性太过分，那么，这种人体由于自身不合比例就显得丑，同时，它还是无穷的不幸的根源，它不得不花费更多的精力和运动，由于笨拙而经常跌倒。如果与肉体相比灵魂过于强大，那么，灵魂就容易愤怒，给肉体带来疾病，或者灵魂专注于紧张的研究和探索，使肉体衰弱。因此，人的这两个方面应该同时发展，彼此协调，这样才能健康。从事科学研究或脑力劳动紧张的人应该进行体育锻炼，而积极锻炼身体的人应该从事音乐艺术和某种哲学研究，以发展自己的灵魂。这样的人才是既美又好的人[⑤]。

柏拉图的《理想国》设计了一个真、善、美相统一的政体。理想国中有三个阶层，他们各有自己的职能：统治者，即哲学

①　柏拉图：《斐多篇》，110b—111c。
②　柏拉图：《文艺对话集》，第 64 页。
③　同上书，第 109 页。
④　柏拉图：《理想国》，第 216 页。
⑤　柏拉图：《蒂迈欧篇》，87e—88c。

王，他观照永恒的理式并使它们在生活中得到实现；卫士，他们
保卫国家，帮助统治者实现理式；工农业生产者，他们为社会提
供生活资料。理想国中有四种主要德性：智慧、勇敢、节制和公
正。统治者必须有智慧，卫士必须要勇敢，工农业生产者则应当
节制。公正在于三个等级各司其职，各安其位，"仿佛将高音、
低音、中音以及其间的各音阶合在一起加以协调那样，使所有这
些部分各自分立而变成一个有节制的和谐的整体"①。这样，国
家才能秩序井然，达到每个人安乐幸福的境地。理想国中三个阶
层的从属关系是一种均衡的、合度的和谐关系。在这种意义上，
柏拉图的政治社会哲学也具有审美意义。

二　和谐、比例、对称和尺度

我们在本编第二章中讨论了早期希腊美学表现结构关系的一
些术语，其中包括毕达哥拉斯学派的和谐、比例、对称和赫拉克
利特的尺度。这些术语在柏拉图美学中也起到重要作用。

（一）和谐

"和谐"这个术语经常出现在柏拉图的著作中，他用它来说
明形体、灵魂、国家政体和宇宙的特征。柏拉图的和谐论是对毕
达哥拉斯学派和赫拉克利特的和谐论的总结：

> 赫拉克利特说过一句含糊费解的话，也许就是指这个意
> 思。他说："一与它本身相反，复与它本身相协，正如弓弦
> 和竖琴。"说和谐就是相反，或是和谐是由还在相反的因素
> 形成的，当然是极端荒谬的。赫拉克利特的意思也许是说，
> 由于本来相反的高音和低音现在调协了，于是音乐的艺术才
> 创造出和谐。如果高音和低音仍然相反，它们就决不能有和

---

① 柏拉图：《理想国》，第172页。

谐，因为和谐是声音调协，而调协是一种互相融合，两种因
素如果仍然相反，就不可能互相融合；相反的因素在还没有
互相融合的时候也就不可能有和谐。由于同样的理由，节奏
起于快慢，也是本来相反而后来互相融合。在这一切事例
中，造成协调融合的是音乐，它正如上文所说的医学，在相
反因素中引生相亲相爱。[1]

　　我们曾经指出，毕达哥拉斯的和谐偏重于对立面的同一，赫
拉克利特的和谐偏重于对立面的斗争。柏拉图在新的层次上把这
两者统一起来，他的和谐论主张：第一，和谐以对立面的存在为
前提；第二，对立面经过相互作用以后，达到相互融合。柏拉图
正是用这种和谐论来解释肉体和灵魂的关系，灵魂中三种组成成
分的关系，理想国中三个阶层的关系，以及宇宙中"同"和
"异"的关系。柏拉图的和谐主要体现在灵魂和宇宙中，而灵魂
和谐是对宇宙和谐的摹仿。柏拉图《理想国》指出在智慧、勇敢
和节制三种德性中，"节制像是一种和谐"，它的作用和智慧、勇
敢的作用不同。智慧作用于统治者，使其成为智慧的；勇敢作用
于武士，使其成为勇敢的。节制不是这样起作用。它贯穿于全体
公民，把最强的、最弱的和中间的都结合起来，"造成和谐，就
像贯穿整个音阶，把各种强弱的音符结合起来，产生一支和谐的
交响乐一样"。因此，节制就是天性优秀和天性低劣的部分在谁
应当统治、谁应当被统治这个问题上所表现出来的一致性和协
调[2]。这样，和谐是各个对立面之间协调的关系。也可以说，和
谐是一种"中"的状态，"过"和"不及"都会破坏事物的美和
好。"健全的人与有缺陷的人之间的主要差别就在于'中'或
'过'与'不及'。"[3] 在这一点上和谐和尺度相联系。

　　令人感兴趣的是，柏拉图在阐述和谐的对立面时，区分出两

---

① 柏拉图：《文艺对话集》，第 234—235 页。
② 柏拉图：《理想国》，第 152 页。
③ 柏拉图：《政治家》，北京广播学院出版社 1996 年版，第 74 页。

种不同的美：一种是敏锐、迅速和有力，另一种是平缓、圆润和娴静。

> 敏锐和迅速，不管是肉体上的，还是灵魂中的，或是发音里的，不管它们是真实的，还是存在于音乐、绘画艺术由摹仿它们而创造出的这样那样的影像之中，你从来没有赞扬过它们中的一种或听到过它们被别人赞扬吗?[①]

> 当我们赞叹神思运作时，当我们谈到动作平缓而舒慢、声音圆润而沉稳，乃至把每个有节奏的动作和音乐通常品评为有着恰如其分的徐缓时，我们总是说:"多么娴静啊!""多么有节制啊!"于是我们以这样一个词表征其意味，它不是"勇敢"，而是"克制"。[②]

对这两种美的区分在柏拉图的著作中不是偶然出现的，《法律篇》、《高尔吉亚篇》和《理想国》都涉及这个问题[③]。柏拉图的这种观点对希腊化和罗马美学产生直接的影响。罗马美学家西塞罗就把美分成威严和秀美，前者是刚强的美，后者是温柔的美（参见第二编第七章第一节）。

（二）比例

我们在第四节中阐述柏拉图的宇宙学美学时，已经涉及比例问题。柏拉图在各种各样的事物中，寻找统一的比例原则。他的比例原则适用于各种存在。

在抽象的数的关系上，柏拉图区分出三种比例。一种是算术比例，如 1、2、3，公式是：$b - a = c - b$；第二种是几何比例，

---

① 柏拉图：《政治家》，第 116 页。

② 同上书，第 117 页。引文中最后一个词"克制"（cosmiot-ētos）原译为"得体"。

③ 柏拉图：《法律篇》，802de；《高尔吉亚篇》，506e—507d；《理想国》，399e。

如 1、2、4，公式是 a/b = b/c；第三种是和谐比例，如 1、11$\frac{1}{3}$、

2，第二项等于第一项加上该项的 1/3（1 + 1/3 = 1$\frac{1}{3}$），同时也

等于第三项减去该项的 1/3（2 − 2 × 1/3 = 2 − 2/3 = 1$\frac{1}{3}$）。这三种

比例是研究者们根据柏拉图的实际运用总结出来的。在平面中，
柏拉图推崇正方形和等边三角形。这对建筑产生了重要影响。
"首先是希腊的，然后是罗马的，还有后来中世纪的建筑，很多
世纪以来都是根据这三角形和正方形的原则设计的。"[①] 在立体
中，柏拉图把构成世界万物的水、火、土、气等元素的形状设想
成某种合比例的几何形体，水是正二十面体，火是正四面体，土
是正六面体，气是正八面体。宇宙结构是合比例的结构，宇宙乐
音也是由一定的比例构成的。宇宙好比一部巨大的琴，琴弦绷得
越紧音就越高。柏拉图的比例理论对于美学的意义在于，一切审
美对象都是可以看到、可以触摸的、规则的几何形体，比例的统
一性并不妨碍审美对象的多样性。

（三）对称

在柏拉图的著作中，"对称"（亦译作"匀称"）具有比它的
现代涵义远为广泛的意义。《智者篇》指出，如果画家描绘美的
事物的真实对称，那么，就会显得上部太小、下部太大，因为上
部离观者远，下部离观者近。因此，画家画像不按实在的美的对
称（tas oysas symmetrias），而按显得美的对称[②]。在这里，对称指
结构、指尺寸。

《泰阿泰德篇》中有一段关于数学问题的对话，虽然其中没
有出现对称的术语，然而它充分地体现了柏拉图关于对称的思
想。这篇对话的直接参与者是苏格拉底、塞奥多洛和泰阿泰德。
塞奥多洛（Theodorus，约生于公元前 460 年）是数学家，柏拉图

① 塔塔科维兹：《古代美学》，第 156 页。
② 《智者篇》，235e—236a。

和泰阿泰德的老师。泰阿泰德（Theaetetus，约公元前 414 年至公元前 369 年）是柏拉图的学生和朋友，学园中重要的数学家。这段对话的主要内容如下：

> 在座的塞奥多洛为我们画图表明方数的根，如三方尺和五方尺的方形，指出其边或根以整尺的单位量不尽；逐一举例，直到十七方尺的方形为止。于是我们想出主意：根之为数既是无穷，设法以一名称概括所有的根。

> 我们把所有的数分为两类：其一，凡同数相乘而生者，用正方形代表，谓之正方形数或等边方形数。其二，介于此类之间的数，如三、五，与凡不能生于同数相乘、而生于小乘大或大乘小，如形之有长短边者，我们以长方形代表，谓之长方形数。

> 凡代表等边方形数之正方形的四等边，我们名之曰长度。凡面积大小等于长方形数之正方形的四等边，我们名之曰不尽根。此两种正方形的边异名，因后者与前者，不能在边的长短上，只能在面积的大小上，以共同单位量尽。关于立体亦复如此。①

应该怎样理解这段话呢？我国的西方哲学史著作对它没有作出说明。康福德 1935 年出版的《柏拉图的知识论》是对《泰阿泰德篇》和《智者篇》的翻译和注释。在国内外的西方美学史著作中，只有一处较为详细地分析了这段话②。柏拉图把数分为两种：一种数的平方根是整数，如 4、9；另一种数的平方根是无理数，如 3、5，它们的平方根是某个整数加上小数点后的无穷

---

① 柏拉图：《泰阿泰德 智术之师》，严群译，商务印书馆 1963 年版，第 32—33 页。

② 洛谢夫：《希腊罗马美学史》第 2 卷，第 398—402 页。

数。能不能不用数字符号如 3、5，而用几何图形直观地来表现无理数、无穷数的抽象概念呢？

柏拉图的做法是这样的：取边长为 1 的正方形，那么，它的对角线就是 $\sqrt{2}$。这个无理数和无穷数在这个正方形中是可以看到、可以触摸的，并成为有限的形体的一部分。正方形把有限和无穷、有理数和无理数联合在统一的视觉形象中。$\sqrt{2}$ 是无理数，然而它作为边长为 1 的正方形的对角线，和其他线条没有什么区别。如果以 $\sqrt{2}$ 为一边、1 为另一边构成长方形，那么，这个长方形的对角线是 $\sqrt{3}$（计算程序略）。以 $\sqrt{3}$ 为一边、1 为另一边构成长方形，其对角线为 $\sqrt{4} = 2$。继续以这种方式构筑长方形，则可以得出 $\sqrt{5}$、$\sqrt{6}$、$\sqrt{7}$ 等对角线。长方形的对角线和边在数学上是不可公约的，然而在图形上却是可以比量的。柏拉图把这种可以比量性叫做对称。对称是有理数和无理数在视觉上的结合。或者说，有理数和无理数进入现实的联系中，并形成现实的形式，是谓对称。我们把对称理解为围绕中心或轴分布的等量部分，而柏拉图对"中心"或"轴"的理解要广泛得多。对于他来说，对称不仅存在于数和几何形体的关系中，而且存在于灵魂和宇宙中。

现代建筑学家们利用了《泰阿泰德篇》的这段对话，提出了动态对称的理论。他们认为，正方形是静态的、机械的对称，而对角线为 $\sqrt{3}$ 特别是 $\sqrt{5}$ 的长方形则是动态对称的范例。大量的艺术例证和自然科学例证，包括雅典娜帕特农神庙和其他希腊神庙基本的建筑成分都可以说明这一点。柏拉图所理解的对称正是动态对称，《泰阿泰德篇》这段对话的审美意义不容置疑。

（四）尺度

在《政治家篇》、《斐利布斯篇》、《蒂迈欧篇》、《法律篇》、《会饮篇》、《斐多篇》和《理想国》等著作中，柏拉图使用过尺度的概念。《政治家篇》阐述了计量技艺的分类：

我们应该按照已经说过的，明确地把量度的技艺分为两

部分。一部分包括有测量数目、长度、宽度、厚度以及与它
们相关的对立面的技艺，另一部分包括那些与适度、恰当、
恰好、必要以及所有其他位于两种极端之间的"中"的标准
相关的技艺。①

显然，一种方法测量的是事物的形式：数目、长度、宽度、厚度
等。另一种方法测量的则是事物的本质，即从使用功能的角度
看，事物是否适度、恰当、恰好和必要。在后一种情况下，事物
的尺度就是该事物的理式，更确切地说，是该事物理式的结构。

　　《斐利布斯篇》是柏拉图晚年的作品，与《会饮篇》和《斐
德若篇》相比，它比较含混难懂，然而对于美学的意义，它完全
不亚于《会饮篇》和《斐德若篇》。《斐利布斯篇》讨论"善"究
竟是快乐还是智慧。斐利布斯是柏拉图虚构的快乐论的代表，另
一位对话人普罗塔克则是智者高尔吉亚的追随者。在这篇对话
中，柏拉图认为尺度是有限和无限的结合②。我们在本编第二章
第一节中论述了毕达哥拉斯学派关于有限和无限的范畴，有限指
规定性，无限指非规定性。柏拉图不是在我们现在通常所理解的
意义上，而是在毕达哥拉斯学派所理解的涵义上使用这对范畴。
通俗一点说，无限和有限相当于亚里士多德后来所使用的"质
料"和"形式"。

　　在《斐利布斯篇》的结尾，柏拉图区分出善的五个等级。他
认为尺度是最高的善："处在第一等级上的是一切以某种形式属
于尺度、适度和适时的东西，以及一切类似的、应该认为取得永
恒本质的东西。"③ 美处在第二等级上："占据第二等的是相称、
美、完善、充分以及一切属于这一种的东西。"④ 柏拉图在这里
的善不是伦理学范畴，而是本体论范畴。从对立面统一的观点

---

①　柏拉图：《政治家》，第 76 页。译文据原文略有改动。
②　柏拉图：《斐利布斯篇》，26d。
③　同上书，66a。
④　同上。

看，一切存在的东西不仅是可以分割的多，而且是不可分割的一。这就是柏拉图的善。正因为如此，《斐利布斯篇》讨论了一和多、有限和无限、智慧和快乐这些对立面，它们既是可分的多，又是不可分的一，即善。善是完全的，自足的，即不依赖别的东西的[①]。在柏拉图的著作中，术语往往具有多义性。从古代的拉尔修到现代的伽达默尔，近两千年来不断有人指出这一点。拉尔修写道，柏拉图"常常用不同的词语表示同一个所指……他也用对立的用语说明同一个东西"[②]。"善"就是这样的术语。在善的等级结构中，尺度和美的关系仿佛是理式和理式的体现的关系。可以说，美是尺度的体现。这种观点也存在于《蒂迈欧篇》中："一切善的东西是美的，而美的东西不能没有尺度。"[③]

在讨论善同快乐和智慧的关系时，柏拉图得出的结论是：善是智慧和快乐的结合。因为一个人离开了智慧，就根本不知道是否享受了快乐。反之，如果只生活在智慧中，没有各种快乐，这也不是人所希望的。智慧和快乐都不是独立自足的，都不是善，只有它们的结合才是善[④]。这也是一种尺度。智慧和快乐的结合对美学有重要意义。在指称"智慧"时，柏拉图还使用"科学"、"知识"、"记忆"等术语。"快乐"（hēdonē）也被译为"快感"、"享受"。智慧和快乐的结合表明审美既是涉及生活利益的又是不涉及利害的独立自足的观照。

第五节　艺术摹仿和摹仿艺术

柏拉图对艺术的理解和早期希腊美学相同。我们在本编第二章第一节中指出早期希腊美学对艺术的三种理解：1. 人类有目的的活动，在这种涵义上艺术等同于手工艺；2. 科学；3. 现代

---

① 柏拉图：《斐利布斯篇》，20cd。
② 拉尔修：《著名哲学家生平和学说》第3卷第38节。
③ 柏拉图：《蒂迈欧篇》，87c。
④ 柏拉图：《斐利布斯篇》，20d—22e。

涵义上的艺术。在柏拉图那里，艺术创作和物的制作没有区别，所以，艺术等同于手工艺。艺术和手工艺都是理式的物质体现。而理式最完美的物质体现是宇宙，所以宇宙是最美的艺术作品。

根据上述观点，柏拉图在《理想国》中把艺术分作利用事物的艺术、制造事物的艺术和摹仿事物的艺术[1]。在《智者篇》中，柏拉图把人类的一切活动都称作艺术，艺术、手工艺、科学和人的其他实践活动没有任何区别。康福德甚至用图表排列出《智者篇》对艺术的详细分类[2]。艺术主要分为两种：生产（poēticē）艺术和聚敛（ctēticē）艺术。前者生产自然所不具有的事物，后者则利用存在于自然中的事物，如渔、猎等。生产艺术又可以分为造原物的艺术（如木工造床）和造物象的艺术（如画家画床），前者就是"造物艺术"。这是西方最早出现的"造物艺术"的概念。虽然柏拉图关于艺术的概念很宽泛，然而他仍然对纯艺术有独特的感受，纯艺术的形式美能给他带来快感。《斐利布斯篇》写道：

> 真正的快感来自所谓美的颜色，美的形式，它们之中有很大一部分来自气味和声音，总之，它们来自这样一类事物：在缺乏这类事物时我们并不感到缺乏，也不感到什么痛苦，但是它们的出现却使感官感到满足，引起快感，并不和痛感夹杂在一起。[3]

我们主要阐述柏拉图关于纯艺术的观点。

一　艺术摹仿

柏拉图摹仿理论的研究者们，从 19 世纪的阿贝肯

----

① 柏拉图：《理想国》，601d。
② 见柏拉图：《泰阿泰德　智术之师》，第 131 页。
③ 柏拉图：《文艺对话集》，第 298 页。

（G. Abeken）到 20 世纪的洛杰（R. Lodge）都指出，柏拉图对摹仿有各种不同的甚至矛盾的理解。他有时充分肯定摹仿的价值，有时又竭力否定摹仿的意义。要掌握柏拉图摹仿理论的复杂性，有必要理解他对摹仿理解的特点。柏拉图认为有三种不同等级的摹仿：第一种是神摹仿自身，产生出理式；第二种是工匠摹仿理式，制作出具体的事物；最后是画家摹仿具体的事物，创作出艺术作品。柏拉图的摹仿理论符合他关于世界存在的等级理论。根据这个总原则，我们具体分析一下柏拉图关于艺术摹仿的若干意义。

首先，柏拉图把艺术摹仿理解为对客观现实的再现。《理想国》第 10 卷指出，床的理式是"床之所以为床"的道理，是床的真实体。木匠摹仿床的理式制作出个别的床。画家摹仿的不是床的真实体，而是木匠制作的个别的床。并且，他只摹仿床的外形，并不是摹仿床的本质。画家的"摹仿和真实体隔得很远，它在表面上像能制造一切事物，是因为它只取每件事物的一小部分，而那一小部分还只是一种影像"[1]。如果一个人既能摹仿一件事物，同时又能制造那件事物，他就不会专在摹仿上下工夫，而宁愿制作它们，"那样做，他可以得到更大的荣誉，产生更大的效益"[2]。实际上，摹仿桌子的画家并不会制作桌子，"摹仿者对于摹仿题材没有什么有价值的知识；摹仿只是一种玩意儿，并不是什么正经事"[3]。柏拉图虽然承认艺术是对现实的摹仿，然而他把这种摹仿放在客观唯心主义基础上，改变了它原来的唯物主义涵义。"他否定了客观现实世界的真实性，否定了艺术能直接摹仿'理式'或真实世界，这就否定了艺术的真实性"[4]。由此，他把艺术家和艺术作品的地位摆得很低，艺术美低于现实美，艺术作品低于手工匠制作的物品，因为后者直接摹仿理式，

---

[1] 柏拉图：《文艺对话集》，第 72 页。
[2] 同上书，第 73 页。
[3] 同上书，第 79 页。
[4] 朱光潜：《西方美学史》上卷，第 46—47 页。

而艺术作品仅仅间接摹仿理式。在《斐德若篇》中，柏拉图把人分成九等，"诗人或其他摹仿的艺术家"被列在第六等，地位在医卜星相之下。荷马作为歌颂英雄的诗人，就不如被诗人歌颂的英雄，如斯巴达的莱科勾和雅典的梭伦。

其次，柏拉图把艺术摹仿理解成为主观的虚构。在《理想国》第3卷中，柏拉图批评荷马把最伟大的神宙斯描写得失去本来面目，宙斯"色欲一动，就把什么都忘了"；还批评他把阿喀琉斯描写成"时而站起沿空海岸行走，哀恸得像要发狂；时而用双手抓一把黑灰撒在头上；时而痛哭流涕"[①]，阿喀琉斯也很贪婪，要收礼才肯办事。柏拉图明确指出，"从荷马起，一切诗人都只是摹仿者，无论是摹仿德行，或是摹仿他们所写的一切题材。"[②] 荷马的《奥德赛》和《伊利亚特》当然是摹仿，然而它们的摹仿和被摹仿对象却相去甚远。不知羞耻、没有勇气、暴烈心理、轻易发笑和轻易痛哭这些弱点本来不是神所应该有的，而荷马把这些弱点都强加在神身上。柏拉图认为，荷马的这类摹仿既是对神的大不敬，而且也不真实。他的摹仿不是再现客观对象，而是主观的、随意的行为。柏拉图要定下规律，禁止这类摹仿，把它们排除在艺术领域之外。

最后，如果艺术摹仿不是主观的虚构的话，柏拉图认为摹仿的关键不在摹仿本身，而在摹仿的对象。柏拉图并不笼统否定摹仿，只是要求摹仿勇敢、有节制、虔敬、宽宏之类的品德。至于卑鄙丑恶的事，绝不能摹仿。柏拉图在荷马的诗中区分出两种叙述形式：一种是单纯叙述，诗人以自己的身份说话，他站在旁观者的地位把故事叙述出来，即所谓间接叙述；另一种是摹仿叙述，诗人以诗中人物的身份说话，作者自己不露面，借人物的动作和对话把故事叙述出来，即所谓直接叙述。柏拉图肯定第一种叙述形式，而否定第二种叙述形式，也就否定了希腊当时盛行的戏剧，因为戏剧采用摹仿叙述。在摹仿叙述中，性格和教养不好

---

① 柏拉图：《文艺对话集》 第42、38页。
② 同上书，第76页。

的诗人会摹仿"打雷吹风下冰雹的声音，轮盘滑车的声音，号角萧笛以及各种乐器的声音，乃至于鸡鸣狗吠羊叫的声音"[1]。这种摹仿使自己在声音容貌上像另一个人，实际上等同于演员的扮演[2]。柏拉图鄙视这种几乎全是声音姿势的摹仿。这种摹仿和感性粘连太多，逢迎了人性中低劣部分，最受下层群众欢迎。柏拉图不仅要把这种摹仿逐出艺术领域，而且要逐出生活领域。为此，他写下一段著名的文字：

> 如果有一位聪明人有本领摹仿任何事物，乔扮任何形状，如果他来到我们的城邦，提议向我们展览他的身子和诗，我们要把他当作一位神奇而愉快的人物看待，向他鞠躬敬礼；但是我们也要告诉他：我们的城邦里没有像他这样的一个人，法律也不准许有像他这样的一个人，然后把他涂上香水，戴上毛冠，请他到旁的城邦去。[3]

总之，柏拉图的"摹仿"取决于上下文有不同的涵义，如"再现"、"创造"、"主客体的同一"等。他对艺术摹仿的态度是矛盾的。一方面，艺术是摹仿事物的结果，而事物与理式相比是不完善的，艺术的目的正是观照这种不完善。这样的摹仿是不需要的。另一方面，任何事物都是理式的反映，艺术在摹仿事物时也分有了理式，即分有了美。随着对美的分有，艺术也具有某种等级的美。在这种意义上，艺术摹仿又是值得肯定的。

二 诗、音乐、舞蹈、绘画

除了酒神颂以外的诗（悲剧、喜剧和史诗），以及音乐、舞蹈和绘画等都被柏拉图称作摹仿艺术。

---

① 柏拉图：《文艺对话集》，第 54 页。
② 陈中梅：《柏拉图诗学和艺术思想研究》，第 64 页。
③ 柏拉图：《文艺对话集》，第 56 页。

（一）诗

在柏拉图的著作中，"诗"（poēma）这个术语比现代意义的诗有广泛得多的涵义。他把任何一种制作活动和成就都称为"诗"和"诗歌艺术"，把所有领域里的能工巧匠如鞋匠、木匠、立法者等都称为"诗人"。不过，对于纯诗歌柏拉图有着很深的爱好，他写过酒神颂、抒情诗和悲剧。他被称为"最富诗意的哲学家"。

柏拉图对诗的态度有两种明显相反的倾向。一方面，他爱好诗，熟悉希腊诗歌作品，受到它们的浸润。他援引希腊诗歌，即使没有这些援引，任何了解希腊文学的读者都会感受到他的对话充盈着希腊诗歌和希腊文学的精神。有的研究者甚至对柏拉图哲学的文学基础作了专门探讨①。然而，另一方面，他又对诗持激烈的批评态度，甚至完全否定诗，并驱逐诗人。要了解这种状况，必须分析柏拉图的诗歌理论。

柏拉图对诗有敏锐的体验，准确地区分了诗的体裁。《理想国》第3卷写道：

> 凡是诗和故事可以分为三种：头一种是从头到尾都用摹仿，像你所提到的悲剧和喜剧；第二种是只有诗人在说话，最好的例也许是合唱队的颂歌；第三种是摹仿和单纯叙述掺杂在一起，史诗和另外几种诗都是如此。②

在这里，柏拉图把诗的体裁分为三种：第一种是剧体诗，即悲剧和喜剧，它们以摹仿为基础。第二种是抒情诗，如酒神颂，它们不采用摹仿的方法。第三种是史诗，它们部分地采用摹仿的方法，部分地采用抒情诗的手法即表现诗人内心的感情。在谈到这三种体裁的关系时，柏拉图既看到他们的区别，又看到它们的联

---

① 陈中梅：《柏拉图诗学和艺术思想研究》，第337—378页。
② 柏拉图：《文艺对话集》，第50页。

系。一般地讲，一个诗人不能同时掌握剧体诗和史诗这两种不同的体裁，然而荷马能把这两种体裁结合起来，并且取得很高的成就。柏拉图称荷马是"悲剧诗人的领袖"①，可见悲剧和史诗是可以结合的。它们之所以能够结合，除了体裁上有兼容的可能性外，还因为这两者都有神话的内容。柏拉图对诗歌体裁的分类为亚里士多德所接受。亚里士多德在《诗学》中把诗歌分为史诗、悲剧和喜剧，以及酒神颂三种。所不同的是，亚里士多德把酒神颂称作摹仿艺术，因为当时的酒神颂已经半戏剧化，酒神颂中的歌有些像戏剧中的对话。后人关于叙事诗、抒情诗和剧体诗的区分，也起源于柏拉图。

柏拉图的诗歌理论还涉及悲剧的净化功用。净化指过分强烈的情绪得到舒缓和平静：

> 母亲们要让不想睡觉的孩子入睡，她们采用的不是安静的方法，而是运动的方法，把孩子抱在手里固定地摇晃；她们不是沉默不语，而是哼着某种曲调，仿佛直接给孩子弹琴。母亲们运用同扬抑格和诗才相结合的这种运动，医治孩子们的烦躁。②

这里虽然没有专门谈到悲剧，然而柏拉图清楚地认识到有节奏的、纯审美的方式对于抚平内心的烦躁和不安的意义。这也完全适用于悲剧③。这样亚里士多德的悲剧净化说是对柏拉图的观点的进一步发展和完善。

对诗的道德评价是柏拉图诗歌理论中最重要的内容，他对荷马的态度就是这种道德评价的具体表现。荷马是希腊最著名的诗人，柏拉图是希腊最权威的哲学家。柏拉图对荷马的态度成为柏拉图美学的重要问题之一。柏拉图深深地热爱荷马，欣赏荷马史

---

① 柏拉图：《文艺对话集》，第 67 页。
② 柏拉图：《法律篇》，790de。
③ 洛谢夫：《希腊罗马美学史》第 3 卷，莫斯科 1974 年版，第 71 页。

诗的美。"他所接受的传统是荷马的，哺育他成长的教育是荷马的"，"荷马的身影似乎总是闪现在他的眼前；荷马、赫西俄德以及悲剧和某些拟剧诗人的作品是他认知、解释和批判传统文化的依据。在评估人性中的精华时，他想到了荷马；在论及神族成员的分工时，他引述了荷马的观点；在谈论文学的表述形式时，荷马'再次'出现在他的眼前"[1]。柏拉图仅仅在《理想国》中批评了荷马，在作这种批评时，他还肯定了荷马史诗的艺术价值。然而这种批评是异常严厉的。他不能容忍荷马描写了神的种种劣迹，也不满意荷马描写了普通人的有害性格。荷马作品的这些内容与他梦想建立的乌托邦理想国相冲突、相违背。柏拉图体验到城邦的衰落，他想恢复过去时代的美和和谐。他所采用的是手段严厉的道德措施和政治措施。有悖于他的道德标尺的一切，包括他所敬爱的荷马，也要毫不留情地加以清洗。柏拉图诗歌理论的悲剧正在于纯粹的、无私观照的美和倾向性明确的、严格的道德规范之间的矛盾。

（二）音乐

希腊语"音乐"（mousikē）有两种涵义，广义上指教育的手段和内容，包括阅读、算术、绘画和诗歌，可以译为"缪斯艺术"。柏拉图称哲学是'最高的缪斯艺术"[2]。在狭义上，mousikē指现代涵义上的音乐。在希腊，音乐和诗紧密相连，诗人既做诗又谱曲；另一方面，音乐和舞蹈紧密相连。不过，柏拉图对它们作出了明确的区分，音乐作为声音的运动，不同于以形体动作为基础的舞蹈，也不同于以词语为基础的诗歌。

按照柏拉图的理解，音乐有三个要素：歌词、乐调和节奏[3]。对于乐调和节奏的区别，朱光潜解释道："节奏侧重长短

---

① 陈中梅：《柏拉图诗学和艺术思想研究》，第342—343页。
② 柏拉图：《斐多篇》，61a。
③ 柏拉图：《文艺对话集》，第56、57页注①。

起伏，乐调侧重高低起伏。"① 柏拉图认为没有歌词的音乐是粗俗的、野蛮的，不能够独立存在。在音乐三要素中，歌词起主要作用，不是歌词适应乐调和节奏，而是乐调和节奏适应歌词。柏拉图激烈地批评纯音乐，并非不理解这种音乐，而只是认为它没有明确的理性内容。

关于乐调，柏拉图讨论了四种：吕底亚式、爱奥尼亚式、多利亚式和佛律癸亚式。

> 希腊音乐往往以流行地区得名，类似中国古代的"郑声""秦声""楚声"之类。每一地区的音乐往往有它的特殊风格和特殊的伦理性质。希腊音乐约分四种：一、吕底亚式：吕底亚在小亚细亚，这地方音乐柔缓哀婉；二、爱奥尼亚式：爱奥尼亚在小亚细亚西海岸，这地方音乐柔缓缠绵；三、多利亚式：多利亚在希腊北部，这地方音乐简单，严肃，激昂；四、佛律癸亚式：佛律癸亚也在小亚细亚，音乐发达最早，对希腊音乐的影响也最大，它的特点是战斗的意味很强②。

表现悲哀的吕底亚式遭到柏拉图的抛弃，因为这类乐调对于培养品格好的女人尚且不合适，更不必说培养男人。文弱的爱奥尼亚式用于饮宴，对于理想国的保卫者没有用处。那么，就只剩下多利亚式和佛律癸亚式了。柏拉图对多利亚式评价最高，"它能很妥帖地摹仿一个勇敢人的声调，这个人在战场和在一切危难境遇都英勇坚定，假如他失败了，碰见身边有死伤的人，或是遭遇到其他灾祸，都抱定百折不挠的精神继续奋斗下去"，这是一种勇猛的、表现勇敢的乐调③。至于佛律癸亚式，它"摹仿一个人处在和平时期，做和平时期的自由事业，或是祷告神祇，或是教导

① 柏拉图：《文艺对话集》，第57页注①。
② 同上书，第57页注②。
③ 同上书，第58页。

旁人，或是接受旁人的央求和教导，在这一切情境中，都谨慎从事，成功不矜，失败也还是处之泰然"①，这是一种温和的、表现聪慧的乐调。

我们上面援引的朱光潜为柏拉图《文艺对话集》中译本加的注表明，佛律癸亚式"战斗的意味很强"，柏拉图却认为是温和的、顺从的乐调，这显然是一种矛盾。实际上，朱光潜的评价是正确的。所有的希措学者都认为佛律癸亚式是热烈的、奔放的、激越的乐调。惟有柏拉图一人对它作出不同的评价。许多研究者想解释这个千古之谜，然而迄今未能取得令人满意的结果。

像对待乐调一样，柏拉图也要求节奏表现某种道德品质。要区分适宜表现勇敢、聪慧的节奏，以及表现卑鄙、傲慢、疯狂的节奏。节奏不应该求繁复，不应该有许多音节。美与不美要看节奏的好坏。歌词的美、乐调的美和节奏的美，都表现好性情。柏拉图的音乐是表现好性情的音乐②。所谓好性情，指灵魂在理性统辖下的尽善尽美。柏拉图的音乐还是有节制的音乐，有节制的音乐不能过度，要爱美和秩序③。

柏拉图发现音乐中乐调和节奏的运动，同人的心理活动相类似，因此能够最有效地调节这种活动：

> 头一层，节奏与乐调有最强烈的力量浸入心灵的最深处，如果教育的方式适合，它们就会拿美来浸润心灵，使它也就因而美化；如果没有这种适合的教育，心灵也就因而丑化。其次，受过这种良好的音乐教育的人可以很敏捷地看出一切艺术作品和自然界事物的丑陋，很正确地加以厌恶；但是一看到美的东西，他就会赞赏它们，很快乐地把它们吸收到心灵里，作为滋养，因此自己性格也变得高深优美④。

---

① 柏拉图：《文艺对话集》，第58页。
② 同上书，第61页。
③ 同上书，第64—65页。
④ 同上书，第62—63页。

由于音乐和人的心理体验过程相类似，所以，对于培养柏拉图所主张的那些德行，音乐能够比其他艺术发挥更有效的作用。最美的境界是"心灵的优美与身体的优美谐和一致，融成一个整体"，而"真正懂音乐的人就会热烈地钟爱这样心身谐和的人们，不爱没有这样谐和的人们"①。按照柏拉图的理解，音乐除了和人的心理活动相类似，除了具有道德意义外，它还是宇宙有规律的运动的反映。我们可以这样概括柏拉图的音乐理论：音乐是有节制的、表现好性情的；从微观上讲，它最能打动人的内心世界，从宏观上讲，它和宇宙相谐和；它是培育人的德性的最有效的手段。

（三）舞蹈

《法律篇》是柏拉图最晚的一部著作，它的篇幅也最长，约占柏拉图全部对话的五分之一。它主要讨论实际问题，哲学思辨较少，因此不为西方哲学史著作所重视。然而它却专门阐述了柏拉图的舞蹈（orchēsis 或 choros）理论。柏拉图在《法律篇》中阐述舞蹈理论，表明了他对舞蹈的道德取向。《法律篇》和《国家篇》一样，讨论了国家社会的各个方面，它是柏拉图为建立理想的城邦制定的一套完整的法律制度。舞蹈对于国家具有重要意义，每个人，成人或儿童，自由人或奴隶，男人或女人，总之，整个国家都应该唱歌跳舞。老人由于动作迟缓，跳舞有困难，柏拉图主张让他们喝酒，以活络筋骨，促使他们翩翩起舞。一个人在 18 岁以前禁止喝酒，在 18—30 岁时应该有节制地喝酒，40 岁以后在会饮时可以多喝酒。

舞蹈能够使人快乐。除了"快乐"（chairein）这个术语外，柏拉图还使用了其他一些术语说明舞蹈的这种作用，如"幸福"（de eyphrainethai）、"极乐"（eydaimōn）、"愉悦"（hēdistos）、"享受"（hēdonē）、"魅力"（epaidein）等。然而，不是任何舞蹈都能

---

① 柏拉图：《文艺对话集》，第 64 页。

产生快乐的，这取决于舞蹈的内容。像对待诗和音乐一样，柏拉图对舞蹈的内容作了严格的规定。舞蹈的一切形体动作都应该表现"灵魂和形体的德行"，这样的舞蹈是美的，而表现恶习劣迹的舞蹈是不美的①。摹仿有德性的品质，使舞蹈成为美的。美的舞蹈才能使人感到愉悦。在人的德行中，最重要的德性是公正。公正的生活是最愉悦的生活，公正生活的人是最幸福的人。舞蹈应该通过形体动作加强人的这种公正性。柏拉图从国家法律的高度，对舞蹈的内容作出了规定，舞蹈应该是国家法律的体现。

根据内容，柏拉图把舞蹈分为高级舞蹈和低级舞蹈。高级舞蹈表现高尚的内容，它又可以分为战争舞和和平舞。在战争舞中，身体弯曲，有各种跳跃动作，然后是面向前方的进攻性姿态，这是柏拉图最喜欢的。在和平舞中，动作幅度可以比较大，也可以比较小。柏拉图认为端庄的、刚强的人的动作比较舒缓，而怯懦的、思维不成熟的人的动作比较忙乱。因此，最美的和平舞是庄严的、祈祷的，它和宗教仪式相联系。

低级舞蹈表现丑陋的形体和卑下的灵魂，是对它们的可笑的再现。柏拉图要把内容不好的诗逐出城邦，然而却保留了低级舞蹈。因为他认为笑是正常的，"没有可笑的东西，就不能够认识严肃的东西：如果人只想成为理性的人，那么一般说来，一个对立面可以借助另一个对立面被认识。"② 尽管如此，柏拉图仍然坚持低级舞蹈应该由奴隶和雇佣的外邦人来表演，而他基本上禁止邀请外邦人来表演严肃的艺术作品。

（四）绘画

绘画（zōgraphia）是柏拉图经常论及的艺术。据拉尔修记载，柏拉图从事过绘画创作③。柏拉图的对话提到多名画家，并把他想要阐明的对象和绘画相比较。例如，他把哲学家治国和画家画

---

① 柏拉图：《法律篇》，655b。
② 同上书，816e。
③ 拉尔修：《著名哲学家生平和学说》第 3 卷第 6 节。

画相比较，画家在干净的画板上"按照神圣的原型加以描画"①，哲学家接过城邦和民众，如同拿过一块画板，先要把它擦抹干净，否则不会贸然立法。而理想国中不好的卫士就像不能"注视绝对真实"、不能"注视着原样"的画家②。

柏拉图把世界分为可知世界和可见世界。可知世界就是理式世界，是只有用思想才能看到的实在。可见世界作为现实世界，又可以分为两部分：实物和影像。实物指我们周围的动物以及一切自然界和人造物，影像包括绘画等。实物是影像的原型，就像可知世界是可见世界的原型一样。"影像与实物之比正如意见世界与知识世界之比。"③ 这样，绘画处在第三等的摹仿的地位。不过，柏拉图并没有否定实物作为被摹仿对象在绘画中的意义，只是他要求画家具有关于被摹仿对象的知识。他常用字母来说明知识的获得，比如有字母显影在水中或镜里，"如果不是先认识了字母本身，我们是不会认识这些影像的"④。他批评画家不懂得鞋匠木匠之类的手艺，却画出他们的像，以欺哄小孩和愚人。

在绘画和实物的关系上，柏拉图的态度是矛盾的。一方面，他肯定绘画可以描绘现实中不存在的理想的东西：

> 如果一个画家，画一个理想的美男子，一切的一切都已画得恰到好处，只是还不能证明这种美男子能实际存在，难道这个画家会因此成为一个最糟糕的画家吗？⑤

对这个问题的回答当然是否定的。然而另一方面，对绘画和实物之间毕肖的强调使得柏拉图否定了绘画中的透视理论。在《智者篇》中，柏拉图要求画家按照原物长、阔、深的真实的比例来描绘。如果画家采用透视法，根据某个视点看到的物像来作画，柏

---

① 柏拉图：《理想国》，第 253 页。
② 同上书，第 229 页。
③ 同上书，第 269 页。
④ 同上书，第 108 页。
⑤ 同上书，第 213 页。

拉图就称之为求像不求真的幻象术①。他在《理想国》中也批评了透视法：

> 同一件东西拍在水里看起来是弯的，从水里抽出来看起来是直的；凸的有时看来凹的，由于颜色对于视官所产生的错觉。很显然地，这种错觉在我们的心里常造成很大的混乱。使用远近光影的图画就利用人心的这个弱点，来产生它的魔力，幻术之类玩意儿也是如此。②

绘画中的透视理论不仅在柏拉图之前的阿那克萨戈拉和德谟克利特时代而且在更早的埃斯库罗斯时代就已经流行了。据维特鲁威《建筑十书》第七书记载，埃斯库罗斯的悲剧首次在雅典上演，公元前 5 世纪的画家阿伽塔尔科设计舞台，并写了有关舞台的说明。德谟克利特和阿那克萨戈拉也就这个题目写了说明。那是为了表明，怎样确定一个中心点，使汇集到中心点的各条线自然地符合人的视线和光线的辐射，从而描绘在平面上的舞台布景产生纵深感。透视法要求再现的不是实物真实的相等与和谐，而是人们眼中的相等与和谐；不是客观的比例与对称，而是符合主观的，即视觉的比例与对称。柏拉图不可能不知道透视法，然而他对客观真实性的考虑却使他对透视法提出严厉的批评。

第六节　艺术教育

近现代西方学者十分重视希腊文化包括柏拉图学说的教育思想，马堡新康德主义学派哲学家耶格尔（W. Jaeger）就是其中的代表。耶格尔在两卷本著作《潘迪亚：希腊文化的理想》（1959年柏林第 3 版，初版于 1936 年）中，逐篇分析了柏拉图的对话，极其详尽地研究了柏拉图的教育思想，包括艺术教育思想。耶格

---

① 柏拉图：《泰阿泰德　智术之师》，第 160—161 页。
② 柏拉图：《文艺对话集》，第 80 页。

尔把柏拉图首先看作道德政治思想家，他对柏拉图教育思想的研究，在深度和广度上至今无人超越。我们在上面阐述柏拉图的美学和艺术理论时，已经部分地涉及他的艺术教育思想，这里我们较为集中地分析《理想国》和《法律篇》中的艺术教育思想。

一　内容与方法

出于对现存的、逐步衰落的城邦的不满，柏拉图为当时的社会寻找出路，他的出路只是乌托邦。柏拉图在《理想国》中构建了理想的城邦国家。城邦是出于经济需要而聚居的社会。社会的根本原则是专业分工的原则，各个人根据自己的天然禀赋从事某种职业。理想国中有统治者、卫士和生产者三个阶层，他们之间脑力劳动和体力劳动的分工绝对化。这种政治体制是希腊奴隶社会和埃及等级制度的结合。针对统治者和卫士柏拉图制订了理想的教育计划。耶格尔援引卢梭的说法："《理想国》不是一部关于政治学的著作，而是迄今撰写的有关教育的最好论著。"[1] 艺术教育是柏拉图整个教育的一个部分。

柏拉图把艺术教育的内容摆在首位。他之所以要把不符合他的道德标准的艺术清洗出去，因为这些艺术对理想国公民的教育有害。我们在上面谈到，柏拉图论述过艺术的净化功用，也承认艺术的审美功用（艺术形式的美能使人产生快感）。然而在艺术的各种功用中，柏拉图最强调艺术的教育功用。他把艺术完全变成他的社会政治目的服务的工具。理想国的公民应当敬神，荷马诗歌中谩神的内容是不能容许的：

> 我们像已决定了我们的儿童该听哪些故事，不该听哪些故事，用意是要他们长大成人时知道敬神敬父母，并且互相友爱。[2]

---

① 耶格尔：《潘迪亚：希腊文化的理想》第 2 卷，第 200 页。
② 柏拉图：《文艺对话集》，第 34 页。

理想国的最高秩序是各安其位,各司其职。卫士担任保卫城邦的职责,他们应该知道谁是真正的敌人,勇敢是他们的德行,会使他们勇气消沉的诗歌要坚决剔除:

> 我们就有理由把著名英雄的痛哭勾销,把这种痛哭交给女人们,交给凡庸的女人们和懦夫们,使我们培养起来保卫城邦的人们知道这种弱点是可耻的。[①]

理想国的公民应该知道什么是善,混淆善恶的艺术当然要禁止:

> 诗人们和做故事的人们关于人这个题材在最重要的关头都犯了错误,他们说,许多坏人享福,许多好人遭殃;不公正倒很有益,只要不让人看破,公正只对旁人有好处,对自己却是损失。我以为我们应该禁止他们说这类话,命令他们在诗和故事中所说的话要恰恰和这类话相反,是不是?[②]

经过对荷马、赫西俄德和其他诗人的作品进行彻底检查和坚决清洗后,剩下的只有"颂神的和赞美好人的诗歌",而其他一切诗歌都不准闯入理想国的国境。[③]

除了艺术教育的内容外,柏拉图还注意艺术教育的方法。他深知艺术对人的作用是潜移默化地进行的:

> 我们不是应该寻找一些有本领的艺术家,把自然的优美方面描绘出来,使我们的青年们像住在风和日暖的地带一样,四围一切都健康有益,天天耳濡目染于优秀的作品,像从一种清幽境界呼吸一阵清风,来呼吸它们的好影响,使他

---

① 柏拉图:《文艺对话集》,第37页。
② 同上书,第46页。
③ 同上书,第87页。

们不知不觉地从小就培养起对于美的爱好，并且培养起融美于心灵的习惯吗？[①]

艺术教育应该采用合适的方式，顺其自然，不能有任何强制和压力，要把这种教育变成儿童感到愉悦的游戏。同时，艺术教育既要从每个人的自然禀赋出发，发展符合他的禀赋的潜在能力；又要调节人的性格和性情，达到某种和谐。引导性格安静的、驯服的人变得坚强、刚毅，促使性情粗鲁的、暴烈的人变得温柔、诚恳。

引起研究者们争论的是，柏拉图在《理想国》中对第三阶层——工农生产者的艺术教育未曾置一词。有人据此认为，这是柏拉图的贵族奴隶主的立场所决定的。实际上，理想国中的第三阶层不是奴隶，而是自由民。他们在生产活动中完全独立，从事贸易，掌握一定的资本，拥有私有财产。柏拉图认为希腊人中不应该有奴隶，奴隶只能是野蛮人。不过，柏拉图对第三阶层是鄙视的。第三阶层和第一、二阶层的关系犹如肉体和灵魂的关系，灵魂主宰肉体，肉体服从灵魂。

二 艺术教育的渗透性

《理想国》中的艺术教育只涉及统治者和卫士，《法律篇》中的艺术教育则为全体公民所必需。《法律篇》中艺术教育的基础是国家法律。"最高尚的剧本只有凭真正的法律才能达到完善"[②]。国家法律是天体永恒不变的运动规律的反映，社会生活和天体运动相类似。艺术教育的目的是培养德行，全体公民不倦地唱歌、跳舞、演奏乐器是为了歌颂铁的法律。

从艺术教育的目的出发，柏拉图高度评价希腊诗人提尔泰奥斯（Tyrtaios，公元前 7 世纪下半叶）和泰奥格尼斯（Theognis,

---

① 柏拉图：《文艺对话集》，第 62 页。
② 同上书，第 313 页。

公元前 6 世纪下半叶）。提尔泰奥斯是抒情诗人，在与外族的战争中斯巴达要求雅典出兵相助，雅典派他一人去声援，他用自己的歌曲鼓舞了斯巴达人的士气。泰奥格尼斯歌颂了德行以及公民在战争与和平时期的相互忠诚。

柏拉图主张艺术教育和一般教育是相互渗透的，甚至是同一的，"教育首先是通过阿波罗和诗神们来进行的"①。他认为"受过教育的人就受过很好的合唱的训练，而没有受过教育的人却没有这种训练"，"教育得好的人就能歌善舞"②。如果"知道在歌唱和舞蹈中什么才是好的，我们才真正知道谁受过教育，谁没有受过教育"③。针对不同年龄的人，要采用不同的教育手段。对于 1—3 岁的幼儿，不仅要经常带领他们到室外呼吸新鲜空气，关心他们身体的均衡发育，而且要培养他们的正确情绪，不要过于快乐，也不要过于悲伤，要造成和谐的心理状态。对于 3—6 岁的儿童，要继续执行上述适中的教育路线，在哺育人的照管下，儿童们常常聚集在神庙中。从 6 岁起，男女儿童分开，男孩练习射箭、骑马、郑标枪，女孩也可以从事这些练习。然后，儿童们应该学习体操、舞蹈和缪斯艺术。13—16 岁的少年必须学习竖琴。以后还要学习基法拉琴、单声部歌和诗歌，背诵优秀诗人的作品。

在柏拉图的艺术教育理论中，游戏占有重要的意义。一个人要成为优秀的农夫或房屋建筑者，从小就应该做种田或盖房的游戏。他们的教育者应该给他们配备小型工具，教他们最基本的技能，例如，教未来的盖房者进行测量和使用抹灰板，教未来卫士骑马，而这一切都在游戏中进行。通过游戏，培养他们对未来所要从事的职业的爱好④。经过柏拉图的教育，人的心理、道德和肉体像社会一样，都与严格的法律相符合。而服从法律、热爱具

---

① 柏拉图：《文艺对话集》，第 301 页。
② 同上书，第 301—302 页。
③ 同上书，第 302 页。
④ 柏拉图：《法律篇》，643b—d。

有完整法律的国家的人，是美的人。

第七节 艺术灵感

在西方美学史上，柏拉图第一次如此强调艺术的政治思想内容和社会教育功用。他从严格的道德标准出发，批评和清洗各种艺术。他所敬爱的荷马的史诗中，几乎一切都是非道德的、不好的。抒情诗在理论上被他视为真正的诗（因为抒情诗不摹仿外物，而表现诗人的内心），然而他也很少评价抒情诗。悲剧摹仿本应受到节制的情感，而喜剧则投合人类本性中诙谐的欲念。对于异邦的诗，建立了检查制度。这些诗是否宜于朗诵或公布，应该由长官们加以判定，合格的颁发许可证。这些规矩被定为法律[①]。自由创作的诗人应该被逐出理想国，禁止儿童诵读他们的作品。诗人只能写颂扬神和德行的诗。最好的艺术是埃及的艺术，几千年来不断重复同样的内容，代代相传，"丝毫的改动都在所不许"[②]。《法律篇》虽然谈到全国、全民应该唱歌、跳舞、游戏，"应该游戏地活着"[③]，然而全国性、全民性的舞蹈以服从、恪守法律为基础。

柏拉图之所以要清洗艺术，因为他深知艺术对人的情感的特殊作用。他认为情感是人性中的低劣部分，应当由理性加以控制，理应枯萎，而艺术却浇灌它们、滋润它们。愈美、愈悦耳的诗，作用就愈坏。从理性的、道德的立场来对待艺术，这是柏拉图著作中一种非常明显的倾向。与这种倾向截然对立的，是柏拉图在论述艺术创作时，又充分肯定了灵感、迷狂、激情和非理性的重要作用。这种观点明显地表现在《伊安篇》中。《伊安篇》作为西方完整保留下来的谈艺术灵感最早的文献（更早的德谟克利特只留下关于灵感的残篇），是柏拉图最短的对话。朱光潜为

---

① 柏拉图：《文艺对话集》，第 312—313 页。
② 同上书，第 305—306 页。
③ 柏拉图：《法律篇》，803e。

《伊安篇》中译加的题解指出：

> 　　伊安是一个职业的诵诗人。古希腊的文学类型是史诗，悲剧和抒情诗。悲剧由演员在剧场里表演，史诗和抒情诗由诵诗人在祭典和宴乐场合朗诵。朗诵之外他还可以自出心裁演述，有如中国的"说书"。伊安的拿手诗是荷马的两部大史诗：《伊利亚特》和《奥德赛》。[①]

演员的表演和诵诗人的朗诵都是艺术创作，虽然是第二性的创作。《伊安篇》讨论的主题是：艺术创作是凭专门技艺知识还是凭灵感？答案是它只凭灵感：

> 　　凡是高明的诗人，无论在史诗或抒情诗方面，都不是凭技艺来做成他们的优美的诗歌，而是因为他们得到灵感，有神力凭附着。科里班特巫师们在舞蹈时，心理都受一种迷狂支配；抒情诗人们在做诗时也是如此。[②]

> 　　诗人们对于他们所写的那些题材，说出那样多的优美词句，像你自己解说荷马那样，并非凭技艺的规矩，而是依诗神的驱遣。因为诗人制作都是凭神力而不是凭技艺，他们各随所长，专做某一类诗，例如激昂的酒神歌，颂神诗，合唱诗，史诗，或短长格诗，长于某一种体裁的不一定长于他种体裁。假如诗人可以凭技艺的规矩去制作，这种情形就不会有，他就会遇到任何题目都一样能做。[③]

柏拉图的艺术灵感论至少有三点值得注意。首先，在艺术创作需要天才还是技艺的问题上，他强调天才，否定技艺。驾车、盖

[①]　柏拉图：《文艺对话集》，第 315 页。
[②]　同上书，第 8 页。
[③]　同上书，第 8—9 页。

房、医疗凭的是技艺，各种技艺有不同的知识，通过学习和训练，人能够掌握这些知识。然而，艺术创作和这些技艺不同，它靠的是先天的禀赋，而不是后天的训练。凭技艺的规矩从事的艺术创作只是匠人之作，而不是真正的艺术作品。其次，灵感达到高潮时，艺术家会失去平常理智，进入迷狂状态。这时候非理性因素在艺术创作中起很大作用，感情和想象高度白热化。艺术家"失去自主"，"意思源源而来"，有时"满眼是泪"，有时"毛骨悚然"①。最后，凭灵感的艺术创作具有极强的感染力。柏拉图用连在一起的铁环来比喻艺术感染力，听众是最后一环，诵诗人和演戏人是中间环，诗人是最初的一环。而诗神像磁石，她首先把灵感传给诗人，诗人把它传给诵诗人，诵诗人又把它传给听众。"磁石不仅能吸引铁环本身，而且把吸引力传给那些铁环，使它们也像磁石一样，能吸引其他铁环。"这样，"许多铁环互相吸引着，挂成一条长锁链，这些全从一块磁石得到悬在一起的力量"②。

柏拉图的艺术灵感论对美学具有重要意义。希腊时期流行的是艺术摹仿论，摹仿论后来成为现实主义创作的理论基础，在这种理论中客体起着首要的作用。艺术灵感论把主体的作用提到首位，它成为浪漫主义创作的理论基础，浪漫主义运动提出的"天才"、"情感"和"想象"三大口号来源于艺术灵感论。柏拉图敏锐地觉察到艺术创作不是凭借理智的、按照某种程序可以不断重复的行为，它需要激情和狂热，从而强调了个性、自由、独创性和创造力的作用。柏拉图所说的灵感实际上是长期在潜意识中酝酿的东西猛然间显现于意识。当时心理学还不发达，柏拉图不可能对灵感的根源作出科学的说明，但是他准确地描绘了灵感的两个重要特征：它是突如其来的，它是不由自主的③。柏拉图依据希腊神话把灵感解释为诗神凭附。在希腊神话中，阿波罗是负责

① 柏拉图：《文艺对话集》，第10—11页。
② 同上书，第7—8页。
③ 参见《朱光潜全集》第1卷，第396页。

诗和艺术的守护神，手下还有 9 个女神缪斯。诗人由诗神凭附，就产生迷狂。在《斐德若篇》中柏拉图再次指出了这一点：

> 它（指诗神——引者注）凭附到一个温柔贞洁的心灵，感发它，引它到兴高采烈神飞色舞的境界，流露于各种诗歌，颂赞古代英雄的丰功伟绩，成为后世的教训。若是没有这种诗神的迷狂，无论谁去敲诗歌的门，他和他的作品都永远站在诗歌的门外，尽管他自己妄想单凭诗的艺术就可以成为一个诗人。他的神智清醒的诗遇到迷狂的诗就黯然无光了。[①]

柏拉图一方面从他的道德标准出发，强调艺术的理性内容，艺术只能基于知识，贬抑情感在艺术中的作用；另一方面又肯定艺术灵感，认为迷狂的诗要超过神智清醒的诗。这两种对立的倾向能不能统一呢？柏拉图的辩证法不能不在这两种对立面之间找到统一，他自己虚构的那些神话就是这两者的综合。例如，《会饮篇》中的厄罗斯就是纯粹的、不涉利害的审美形象和严格的道德规范的融合。

第八节 小结

柏拉图的美学思想丰富，他的很多对话都广泛地涉及美学问题，美学在他的学说中的地位并不亚于伦理学、宇宙学和国家学说等。为了便于理解，我们想很简要地勾勒一下柏拉图美学的轮廓。

理式是柏拉图美学的核心概念，它高于事物，与事物相脱离。一方面，柏拉图的理式是静止的、永恒的；另一方面，他的理式又是事物的原则、模式，是事物的生成模式和结构模式，它

---

① 柏拉图：《文艺对话集》，第 118 页。

要求在物质中得到体现。理式在物质中最完满的体现的作品是宇宙，宇宙永恒的运动规律是最终的、最高的美。

宇宙连同它的循环往复运动的天体是可以看得见的几何形体，宇宙本身是美的球体。宇宙不仅是可以看得见的，而且是可以触摸的，它由水、火、土、气四种自然元素构成。柏拉图把这四种元素看作几何形体：土是立方体（正六面体），水是正二十面体，气是正八面体，火是锥体（正四面体）。自然元素由几何形体组成，而柏拉图的宇宙严格地由两种直角三角形构成（一种直角三角形两个一组可以构成一个正方形，六个正方形构成正方体，这是土元素的形状。另外一种直角三角形两个一组构成一个等边三角形，这种三角形可以构成正四面体、正八面体和正二十面体，分别为火、气和水元素的形状）。从形体上、造型上看待审美对象，是希腊美学的一个特点，柏拉图美学保留了这个特点。宇宙不仅是可以看到、可以触摸的，而且是可以听到的。天体按照一定的比例排列，不同的比例产生高低不同的乐音。宇宙好比一个巨大的乐器，演奏出和谐的音乐。宇宙是最美的艺术作品，观照宇宙、观照纯粹的、永恒的理式是哲学家的职业。柏拉图美学具有观照性、静观性。

宇宙内部的万物应该和宇宙、和宇宙永恒的运动相协调。不仅自然中的万物是如此，人类社会也应如此。柏拉图理想国中的三个阶层处在某种等级结构中，它们之间协调的关系不仅是公正，而且也是美。

柏拉图的存在是分等级的，最完善的存在是真实界，即理式。最完善的存在也是最完善的美。真和美是统一的，善和美也是统一的。善和美是一切存在中最明亮的[1]。因此可以说，美是善的明亮的表现。真、善、美的统一是柏拉图美学的本体论的基础。"柏拉图是著名的三位一体'真、善、美'的创造者，它集中概括了最高的人类价值。"[2] 他的三位一体为后来的时代所采用。普洛丁

---

[1]　柏拉图:《理想国》,518c。
[2]　塔塔科维兹:《古代美学》,第 151 页。

论述过真、善、美的相互转换；奥古斯丁美学的中心是绝对美、绝对善、绝对真的三位一体，即上帝；托马斯·阿奎那谈到美和善的统一。

美存在于自然、社会和艺术中，我们可以观赏这类美。然而这类美是变化不居、有生有灭的，我们不如观赏永恒绝对、不生不灭的美，那是美本原、美本身，即理式。观赏美本原有两种途径。一种途径是从个别形体的美到全体形体的美、再到灵魂和制度学问的美，最后到美本身。另一种途径是不朽的灵魂投胎和肉体结合后，看到尘世事物的美，回忆起在天国里所见到的这些事物的蓝本的美。看到美本身能产生迷狂的情绪，这是一种强烈的爱。爱使人看到不爱的人所看不到的美。至于艺术，它低于生活，它应该服从社会的善和社会需要。于是，柏拉图把艺术的教育功用摆在首位。按照他的标准来衡量，绝大部分希腊艺术应该被逐出理想国。虽然他本人富有艺术才能，在第一次会见苏格拉底时留下了自己的诗作。然而根据他的理式论，艺术不过是物的感性显现，离真正的存在很远，因此在理想国中难有一席之地。

柏拉图的美学和他的哲学一样，产生了长久而广泛的影响。英国哲学家怀特海（A. Whitehead）甚至将西方两千多年的哲学归结为对柏拉图的注释。柏拉图之所以能够产生如此巨大的影响，首先在于他的理式论。理式是关于一般的概念，只有借助一般，个别才能被认识。一般是个别在其无限丰富的表现中的范型。物总是变化的，甚至可以消亡，而物的理式不会变化，也完全不会消亡。理式是物的最终原因和最终目的，它决定物的整个结构和一切变化形式，产生这些形式，是这些形式的原型。尽管现在已经没有人相信柏拉图的理式存在于天国或天国之外，也没有人相信他的灵魂轮回说，他关于星体排列位置的数学计算从现代科学的观点看也是幼稚的；然而，研究者们仍然在他的理式论中找到积极的内容。其次，柏拉图是一位理想主义者。个性和谐、社会和谐、自然和谐是他一生始终不渝地追求的理想。尽管人们对柏拉图学说的具体评价不一样，甚至对它作出严厉批评，然而，柏拉图追求理想的热情使他的著作广为流行。再次，柏拉图是真理的永恒探索者。他从不以平静的、终极的方式阐述自己的思想。他总是不断提出新问题，对这些问题作出回答，然而又不满意这些回答，于是继续思考。他的对话展示了他的思维过程，他的怀疑、犹豫和艰难探索，使得读者和他一样思考他的概念。他的对话归根到底是他和自己心灵的交谈。柏拉图把他的哲学方法称作辩证法，他的哲学和美学是永无终结的辩证法。这些特点使得他的著作吸引了一代又一代的读者。

柏拉图的影响有几条线索可循。第一条是柏拉图学园。柏拉图生前建立的学园在他去世后仍然存在，而且延续的时间很长，直到公元 529 年被东罗马皇帝尤士丁尼关闭，一共存在了 900 年。柏拉图的亲炙弟子斯彪西波、塞诺克拉底（Xenocrates，公元前 4 世纪）、波勒谟（Polemo，公元前 314 至前 276 年）、克拉特斯（Krates）在柏拉图去世后领导的学园是第一期学园，即老学园。阿尔克西劳领导第二期学园，即中期学园。卡尔内亚德领导第三期学园，即新学园。费洛领导第四期学园。安提奥克领导第五期学园。各个时期的学园派首领都有一些哲学和美学方面的观点。虽然他们对柏拉图的理解很不一样，然而在总体上仍是柏拉图的继承者和阐释者。希腊化时期和罗马早期流行三大哲学美学流派——斯多亚派、伊壁鸠鲁派和怀疑论派。新学园派可以归入怀疑论派。就斯多亚派而言，中期斯多亚派代表巴内修斯对斯多亚派哲学和柏拉图哲学进行折衷，力图恢复被中断的同柏拉图的精神联系。晚期斯多亚派代表爱比克泰德、马可·奥勒留等在某种意义上成为新柏拉图主义的先驱者。

文艺复兴时期，在意大利佛罗伦萨建立了柏拉图学园，柏拉图甚至被当作神来供奉。大艺术家米开朗琪罗参加了学园的活动。不同思想倾向的文艺复兴理论家，如库萨的尼古拉、费切诺、布鲁诺等都信奉柏拉图的学说。柏拉图主义成为文艺复兴美学的哲学基础之一。文艺复兴美学利用柏拉图的学说论证宇宙的生气活力和人的创造力，论证人的个性的自我确证，从而使柏拉图学说服务于世俗的人文主义目的。

柏拉图发生影响的另一条线索是新柏拉图主义。在柏拉图身后600年诞生的新柏拉图主义虽然不是柏拉图主义的简单的复活，然而它对柏拉图学说的依赖是明显的。新柏拉图主义的最大代表普洛丁继承了柏拉图学说，并且吸收其他学说，根据新的时代要求和历史条件对柏拉图学说进行了重要的补充。通过新柏拉图主义，柏拉图对中世纪基督教哲学和美学的最大代表奥古斯丁发生影响。柏拉图哲学逐渐融入基督教、犹太教和伊斯兰教，柏拉图成为绝对精神哲学的代表。中世纪哲学家菲洛（Philo Judaeus，公元前25年至公元40年）运用希腊哲学，特别是斯多亚的柏拉图主义来解释《圣经》尤其是《摩西五经》。波埃修作为新柏拉图主义者和世俗的基督教哲学家，他的著作和翻译是中世纪了解希腊罗马文化遗产最重要的来源之一。第一位经院哲学家爱留根纳深受新柏拉图主义的影响，力图把新柏拉图主义和基督教学说结合起来。他把托名狄奥尼修斯的著作从希腊文译成拉丁文，促使了拜占庭美学在西欧的传播。在罗马时期、中世纪和文艺复兴时期，新柏拉图主义在哲学和美学中都起了重要作用。柏拉图主义和新柏拉图主义还对德国古典美学，比如对康德、谢林和黑格尔的美学产生过很大影响。虽然新柏拉图主义受到以笛卡尔为代表的欧洲大陆理性主义和以培根为代表的英国经验主义的反对，然而，17世纪下半叶英国还出现了剑桥新柏拉图主义学派，美学家夏夫兹博里就是一位新柏拉图主义者，他对启蒙运动的领袖们也发生过广泛的影响。"美学中美善统一的思想是由夏夫兹博里从新柏拉图主义派接受过来，又传到大陆方面去的。"[①]

柏拉图发生影响的第三条线索表现在浪漫主义运动中。如果亚里士多德和贺拉斯被现实主义者推为鼻祖的话，那么，柏拉图和朗吉弩斯被浪漫主义者奉为宗师。不必说柏拉图的灵感说和迷狂说是浪漫主义运动三大口号——天才、情感和想象的来源，就

---

① 朱光潜：《西方美学史》上卷，第64页。

是柏拉图的理式，后来也被浪漫主义者理解为"理想"。理想成为浪漫主义艺术理论的基础。浪漫主义运动时期，许多诗人和美学家在不同程度上都是柏拉图主义者和新柏拉图主义者，"赫尔德，席勒和雪莱是其中最显著的。歌德本来基本上是一位唯物主义者和现实主义者，但是在他的《关于文艺的格言和感想》里，我们也发见有些段落简直是从新柏拉图主义者普洛丁的《九章集》中翻译过来的"①。

根据传说，柏拉图临终前看见自己变成一只天鹅。在苏格拉底第一次见到柏拉图之前，苏格拉底也梦见了一只天鹅。天鹅是诗神阿罗波的神鸟。柏拉图的外甥斯彪西波更把柏拉图说成是阿波罗的儿子，因此也是医神阿斯克勒庇俄斯（Ascalepius）的兄弟。这些传说似乎暗示，柏拉图是人的灵魂的医治者，他终生追求美与和谐，追求真善美的统一。

---

① 朱光潜：《西方美学史》上卷，第 64 页。

第五章 亚里士多德

亚里士多德（Aristotle，公元前384/3年至公元前322年）出生于马其顿南部的斯塔吉拉城。他是柏拉图以后最重要的希腊美学家，他和他的师尊柏拉图堪称希腊罗马美学的双峰。然而，和热情洋溢的诗人哲学家柏拉图不同，亚里士多德的思考方式和写作方式是理性的。不过他的思想仍然是对现实生活的深度介入。在他看来，没有不被思想完全渗透的生活，也没有孤立于生活之外的思想。亚里士多德的生活中隐匿着他的哲学和美学的许多奥秘。

第一节 学术生涯及其特色①

在柏拉图学园的生活、和马其顿王室的密切关系以及创立自己的吕克昂学园，是亚里士多德一生中最重要的三件事。

亚里士多德于公元前367至公元前366年前往柏拉图学园，渴望成为柏拉图的忠实弟子。当时，他还是十七八岁的年轻人，而柏拉图早已是闻名遐迩的六旬哲人了。起先三年他还未能见到柏拉图，因为柏拉图正在西西里推行他的政治主张。亚里士多德在柏拉图学园生活到公元前347年柏拉图去世为止，历时20载，和柏拉图的交往达17年。谈到和柏拉图的关系，亚里士多德说过一句名言："吾爱吾师，吾更爱真理。"某些希腊史学家不仅直接谈到亚里士多德和柏拉图的分歧，而且谈到这两位哲学家之间的不和。据拉尔修记载，柏拉图把他的行动迟缓的门生塞诺克拉

---

① 参见凌继尧《西方美学艺术学撷英》一书中的《说亚里士多德》一文。

底同性格执拗的亚里士多德作比较，说："一个需要马刺，另一个需要笼头。"① 然而，尽管亚里士多德在许多哲学问题上和柏拉图有分歧，但是他根本没有想离开柏拉图学园，只是在柏拉图死后才离去。甚至当他不同意柏拉图时，他也往往不说"我"，而说"我们"，把自己当作柏拉图的弟子们中的一员。他在《尼各马科伦理学》中批评柏拉图的理式论时写道："理式学说是我们所敬爱的人提出来的。"② 当然，这首先指柏拉图。由此可见他们的个人关系基本上是友善的。彼此亲近的人们在理论观点上有分歧，这并非罕见的现象。其实，柏拉图是一个富于自由色彩的哲学家，他允许自己的弟子有各种不同意见。尽管亚里士多德和他有分歧，他仍然高度评价这位弟子的哲学才能，称他为"学园的智慧"。

亚里士多德离开柏拉图学园后，曾在小亚细亚爱索斯、米底勒尼一带讲学。公元前 343 年，他应马其顿王腓力二世（公元前 382 年至公元前 336 年）的邀请，担任 13 岁的王太子，后来成为半个世界的征服者亚历山大（公元前 356 年至公元前 323 年）的老师。马其顿国王对希腊的态度处在深刻的矛盾中。一方面，他们是希腊文化的崇拜者，努力掌握希腊文化的成就；另一方面，他们总是想统治希腊。亚里士多德的父母都是希腊人，但是，不知何故迁居到马其顿，亚里士多德就出生在马其顿。亚里士多德的父亲尼各马科是一位医生。他虽然是一位外地人，然而，他在整个马其顿却极有声望，以至马其顿王阿明塔二世聘他为御医。尼各马科携妻扶雏（包括亚里士多德在内的三名子女）住进王宫，直到他去世为止。在希腊，医生的职业不仅受到一般的尊崇，而且希腊人认为，所有的医生都是医神阿斯克勒庇俄斯的后代。根据希腊神话，阿斯克勒庇俄斯是阿波罗和女神科罗尼斯（Coronis）的儿子。亚里士多德郑重地认为自己是阿斯克勒庇俄斯遥远的后代。从历史主义观点看，这点非常重要。亚里士多德

① 拉尔修：《著名哲学家生平和学说》第 4 卷第 6 节。
② 《亚里士多德全集》第 8 卷，第 9 页（"理式"原译为"形式"）。

并不是一个理性主义学究，他把哲学工作同自己民族幼稚的宗教神话情绪完美地结合在一起。腓力二世聘请他担任儿子的老师后，特地修建了一条林阴道，供他们边散步边交谈。公元前 336 年夏天，腓力二世被自己的卫兵刺杀身亡，亚历山大即位，这样他就没有时间学习了，亚里士多德于公元前 335 年离开了生活达 8 年之久的马其顿王宫，回到雅典。不过他仍然没有中断同亚历山大的密切联系，亚历山大的慷慨相助极大地促进了他的学术探索活动。

亚里士多德作为一位成熟的哲学家来到雅典，他的首要任务是创立自己的学园吕克昂。吕克昂和柏拉图学园同在雅典，形成了明显的竞争和有趣的对比。两者的哲学学说不同，甚至在管理和习惯上也存在着很多区别。吕克昂附近有一座阿波罗神庙，柏拉图学园有雅典娜、英雄阿卡德穆和普罗米修斯的圣殿。在学园中，柏拉图沿着林阴道边散步边进行学术交谈。在吕克昂也有林阴道，供亚里士多德和他的弟子散步交谈。柏拉图学园是柏拉图的私人财产，而吕克昂直到亚里士多德去世后才由他的学生买下，因为亚里士多德作为一个外省人，无权在雅典拥有地产。吕克昂不同于柏拉图学园的最大特点是教学和研究中的实践性和具体性。

西方哲学史称亚里士多德的学派为逍遥学派，因为他和他的学生喜欢在林阴道上一边散步一边讲学讨论。"逍遥"一词来源于希腊语 peripateō，原意为"散步"。宗白华把他的一部美学著作命名为《美学散步》，他写道："散步是自由自在、无拘无束的行动，它的弱点是没有计划，没有系统。看重逻辑统一性的人会轻视它，讨厌它，但是西方建立逻辑学的大师亚里士多德的学派却唤做'散步学派'，可见散步和逻辑并不是绝对不相容的。"[1]边散步边讲学的传统来自柏拉图学园。柏拉图的弟子起初也被称作逍遥学派——"学园逍遥学派"，从而有别于"吕克昂逍遥学派"，即亚里士多德的弟子。只是后来，柏拉图的弟子被简称为

---

① 《宗白华全集》第 3 卷，安徽教育出版社 1994 年版，第 284 页。

学园派，而亚里士多德的弟子被称为逍遥学派。

亚里士多德在柏拉图学园的前期，仿效柏拉图写了许多对话，基本上重复柏拉图的理论。他的对话以柏拉图为主角，就像柏拉图的对话以他的师尊苏格拉底为主角一样。标志着亚里士多德哲学思想转变的对话是《论哲学》，它明显地具有非柏拉图主义的性质。从内容上判断，它和《形而上学》第 1 卷的写作时间相接近，完成于柏拉图死后不久的年代。除了很专门的研究外，一般研究者几乎不涉及亚里士多德的早期著作，原因之一是，它们流传到现在仅剩下断编残简，要研究它们十分困难。亚里士多德比较完整地流传下来的著作是他的课堂讲稿，直到公元前 1 世纪才由逍遥派代表人物安德罗尼科（Andronicus）编辑成书，共分 5 类：逻辑学、形而上学、自然哲学、伦理学和美学。不过，亚里士多德的著作长期湮没，直到 12 世纪以后，西方学者才通过阿拉伯哲学家见到亚里士多德的著作，并把它们从希伯来语译为拉丁语。14 世纪末期，西方出版了原希腊语的亚里士多德的著作。亚里士多德的著作有不少中译本，90 年代由苗力田主持翻译了 10 卷本的《亚里士多德全集》。从阅读柏拉图著作到阅读亚里士多德著作，仿佛从一个世界来到另一个世界。柏拉图著作热烈奔放，汪洋恣肆，熔思辨与想象于一炉；而亚里士多德著作严肃冷峻，"以表达的简洁清晰和丰富的哲学语汇见长"[①]。亚里士多德在研究中坚持严格的历史主义和系统性，他总是在历史发展中研究每个问题，在阐述自己的观点前，先要仔细研究哲学史资料。例如，在《形而上学》一开头就对丰富的哲学史资料进行批判分析，然后才论述自己的"第一哲学"。他十分善于把经验的、实践的研究和平静的、怡然自得的纯理性状态结合起来。

按照上文提到的安德罗尼科对亚里士多德著作的分类，美学著作包括《诗学》和《修辞学》。这形成了一种传统：绝大部分

---

①　策勒尔：《古希腊哲学史纲》，第 181 页。

研究者主要根据这两部著作来研究亚里士多德的美学思想。实际上，亚里士多德的《形而上学》包含着更重要的美学观点。并且，只有结合《形而上学》，以《形而上学》为基础，才能对《诗学》作出深入的理解。此外他的《政治学》、《物理学》、《体相学》、《论颜色》等著作也具有美学内容。

第二节　本体论美学

在西方哲学史中，亚里士多德是把本体作为一个哲学概念，进行分析，加以论证的第一人[①]。他的本体论美学主要体现在《形而上学》一书中。亚里士多德著作的编纂者把他研究具体的自然事物的著作编在一起，名为《物理学》；又把他研究比较抽象的东西的著作编在一起，摆在《物理学》之后，将它叫做"在物理学以后"。中译根据《易经·系辞》中"形而上者谓之道"把它译为《形而上学》，表示它高于其他研究具体事物的科学。这符合亚里士多德的原意，他自己把这部分思想叫做"第一哲学"，研究"作为存在的存在"。亚里士多德对存在的理解和我们不同。他认为事物有各种特殊的存在，比如与物理、生物、逻辑等有关的存在，物理学、生物学、逻辑学等分别研究它们。除了这类存在外，还有一种最一般的存在，它不是具体科学研究的对象，而是哲学研究的对象，这就是"作为存在的存在"。其特点是："所有的东西，将它们各自具有的特殊性都一个一个地去掉以后，最后只留一个最普遍最一般的共性，那就是'存在'。"[②] 研究存在的学问，叫做本体论。

一　四因说

亚里士多德的本体学说，是从他的四因说中引申出来的。他

---

① 汪子嵩：《亚里士多德关于本体的学说》，三联书店1982年版，第1页。
② 同上书，第9页。

在《物理学》第 2 卷第 3 章中系统地论述了四因说，在《形而上学》第 1 卷中重申了这种观点。四因说是亚里士多德哲学体系的核心。他认为，任何事物，不管人造物还是自然物，其形成有四种原因：质料因、形式因、动力因和目的因。质料因是事物所由形成的原料，如构成房屋的砖瓦。形式因是事物的形式或模型，如房屋的设计图或模型。动力因是事物的制造者或变化者，房屋的动力因是建筑师。目的因指事物的目的和用途，房屋的目的因是居住。有了这四个原因，事物才能够产生、变化和发展。质料和形式就是亚里士多德所说的本体。四因中最重要的是形式因。

（一）形式因

亚里士多德的"形式"在希腊文中是 eidos，和柏拉图的"理式"是同一个词①。亚里士多德对柏拉图的理式论作过尖锐的批判，但是他们都主张，物的存在就要求它是某种理式的载体。柏拉图使物的理式与物相脱离，进而形成与现实世界相对立的理式世界，并把它移植到天国中去。亚里士多德在《形而上学》第 1 卷第 9 章和第 13 卷中，批判了柏拉图关于一般理式可以脱离个别事物而独立存在的观点。亚里士多德哲学的全部基础在于，他不脱离于物来理解物的理式。他认为，在个别的房屋之外不可能还存在着一般的房屋，一般的房屋是我们的思想把它从客观对象中抽象出来的。他主张物的理式就在物的内部。他论证的逻辑很简单：既然物的理式是这个物的本质，那么，物的本质怎么能够存在于物之外呢？物的理式怎么能够存在于远离物的其他地方，而一点不对物产生影响呢？物的理式存在于物内部，在物的内部发生作用，理式和物之间没有任何二元论。这一论题是亚里士多德和柏拉图基本的和原则的分歧。

虽然亚里士多德对柏拉图的理式作了无情的批判，然而他并

---

① 20 世纪 60 年代初期，汪子嵩在《亚里士多德对柏拉图"理念论"的批判是对一般唯心主义的批判》一文中就指出这一点，见《北京大学学报》1963 年第 5 期。

没有放弃柏拉图的理式。19 世纪初欧洲哲学界普遍认为柏拉图哲学和亚里士多德哲学截然对立，然而黑格尔以及一些现代中外研究者如策勒尔、洛斯夫、陈康等都认为，这两者之间有着深刻的共同性，亚里士多德哲学是对柏拉图理式论的继承和发展。亚里士多德批判理式脱离于物的孤立存在，但是从来没有否定过理式本身。相反，柏拉图的理式几乎全部转移到亚里士多德那里。按照传统翻译惯例，亚里士多德所使用的希腊术语 eidos 在拉丁文中译成"形式"，为的是使物的 eidos 尽可能与物本身相接近，从而强调亚里士多德的 eidos 处在物之中。而在柏拉图的著作中，eidos 从来不被译成"形式"，只译成"理式"，为的是强调"理式"处在物之外。我们不反对把亚里士多德的 eidos 译成"形式"，但是始终要记住，这就是柏拉图的"理式"。

柏拉图的理式论是"一般在个别之外"，亚里士多德的理式论是"一般在个别之中"。柏拉图仅仅承认理式的一般性，而忘掉它的个别性。一般总是对某些个别事物的概括，它总以个别事物的存在为前提。没有个别性，也就没有一般性。物的理式不仅是对物的各种因素的概括，它也必然是某种个别性。这种个别性使某种物的理式区别于其他理式，使某种物区别于其他物。空气可以有干湿冷暖、鲜浊稠薄，但是在所有这些情况下，空气仍然是空气，而不是土石草木。因此，亚里士多德的结论是，存在于物内部的理式既是一般性，又是个别性。就像准确地区分了一般性和个别性一样，亚里士多德还区分出必然性和偶然性。在《后分析篇》第 1 卷里，亚里士多德谈到，科学是关于一般性的学说，它以必然性为基础。彼此孤立的东西是偶然性，偶然性中没有以证明为基础的知识。如果我们在偶然性中发现了某种规律，那么，偶然性就不再是偶然性，而成为必然性。这样，亚里士多德对一般性的理解和必然性、规律性密切相关。所以，物的理式是一般性、必然性和规律性。

在批判和发展柏拉图理式论的基础上，亚里士多德形成了自己的形式观：个别蕴涵着一般、必然和规律。而这正是亚里士多德美学中典型理论的哲学基础。亚里士多德在《诗学》中比较诗和历史的一段著名的话常为人所援引：

> 根据前面所述，显而易见，诗人的职责不在于描述已发生的事，而在于描述可能发生的事，即按照可然律或必然律可能发生的事。历史家与诗人的差别不在于一用散文，一用"韵文"；希罗多德的著作可以改写为"韵文"，但仍是一种历史，有没有韵律都是一样；两者的差别在于一叙述已发生的事，一描述可能发生的事。因此，写诗这种活动比写历史更富于哲学意味，更被严肃的对待；因为诗所描述的事带有普遍性，历史则叙述个别的事。所谓"有普遍性的事"，指某一种人，按照可然律或必然律，会说的话，会行的事，诗要首先追求这目的，然后才给人物起名字；至于"个别的事"则是指亚尔西巴德所做的事或所遭遇的事[1]。

亚里士多德在这里所说的"诗"指文学乃至整个艺术。艺术虽然描绘个别现象，但是在假定的前提或条件下可能发生某种结果（可然律），或者在已定的前提或条件下必然发生某种结果（必然律），从而通过个别性揭示普遍规律。历史当然也应当反映规律，只是亚里士多德所理解的历史还仅是罗列现象的编年纪事史。亚里士多德的本意正如朱光潜所指出的那样："就是诗不能只摹仿偶然性的现象而要揭示现象的本质和规律，要在个别人物事迹中见出必然性与普遍性。这就是普遍与特殊的统一。这正是'典型人物'最精微的意义，也正是现实主义的最精微的意义。"[2] 亚里士多德的形式观蕴含着最早的典型论，是对美学史的一个重大贡献。

---

① 亚里士多德：《诗学》，人民文学出版社 1982 年版，第 28—29 页。
② 朱光潜：《西方美学史》上卷，第 73—74 页。

(二) 质料因

在亚里士多德的四因说中，形式和质料密不可分，形式就存在于质料之中。亚里士多德的"质料"是希腊哲学家所说的物质性元素，如水、火、土、气之类，也是我们现在所说的"物质"，在外文中由"物质"一词来表示。我国有人就把它译成"物质"，我们还是采用"质料"的译名，因为亚里士多德对它有特殊的理解。

要理解质料这个概念，先要弄清它和形式的关系。亚里士多德用"一般在个别之中"的命题批判了柏拉图"一般在个别之外"的观点。接下来的问题是：在亚里士多德自己的命题中，一般和个别的关系如何？是一般先于个别、决定个别呢，还是个别先于一般、决定一般？亚里士多德认为，个别事物中的一般先于个别、决定个别（可与中国哲学史宋明理学所主张的"理在事先"相参校），形式是第一本体，个别事物是第二本体。形式和质料的关系是：形式是现实的，质料只是潜能的存在，现实先于潜能，形式先于质料。在这里亚里士多德陷入了唯心主义，因为唯心主义的根本特征是观念、理式、形式先于和高于物质。

在现实生活中任何质料都有形式，它在变成人类所需要的某种物之前根本不可能没有形式。橱的质料是木板，木板是有形式的；木板的质料是原木，原木也是有形式的。即是最混乱、最无序的东西都有自己的形式。一堆沙在用于建房之前已经有自己的形式，即"堆"的形式。乌云在暴风雨来临时似乎是完全不成形的。不过，如果乌云没有任何形式的话，那么，它对我们就不会成为能被认识的物。这样看来，究竟怎样理解亚里士多德的质料呢？"他认为，将具体事物的各种形式，也就是它的各种规定性——剥掉以后，最后才得出无形式的纯粹的质料。比如一座铜的雕像，将它的雕像形式去掉，剩下它的质料——铜；再将铜的形式去掉，剩下质料——土和水（当时认为铜是由水和土组成的）；再将水和土的形式去掉，剩下的质料就只是有一定的空间即具有一定的长、宽、高的东西；再将这长、宽、高的空间形式也去掉，最后剩下的才是没有任何规定性的纯质料。"①

亚里士多德的质料不过是物成形的潜能，这种潜能是无限多样的。另一方面，没有质料，形式也仅仅是物的潜能，而不是物本身。只有物的质料和物的形式的完全结合，只有它们的完全同一和不可分割才能使物恰恰成为物。柏拉图已经善于区分物的形式（理式）和质料，并且把它们相同一。不过，在希腊所有懂得区分形式和质料的哲学家中，亚里士多德把这两者最深刻、最精细地同一起来。事物成形的原则是通过质料体现形式的原则，因而必然是创造原则。形式和质料相互关系的创造原则是亚里士多德在这个问题上的中心立场。

对于亚里士多德来说，质料和形式的关系是潜能和现实的关系，它们相互对立，"但是这种对立具有相对性，比如砖瓦，对于房屋说，它是质料；但对于构成它的泥土说，它又是形式。任何具体事物，对于它更高一层的事物说，它是质料，但对于它更低一层的事物说，它又是形式。因此，从整个世界说，从质料到形式，是一个一层一层不断发展的系列"②。亚里士多德又把潜能和现实的关系与运动的理论联系在一起，他把这种从潜能到现实的过渡称之为运动。他在《形而上学》第11卷中写道：

> 每一种东西都可分为潜能和现实。我把一个潜能上是如此的东西的实现叫做运动。从下面的例证就显然可见我们所说的真实性。一所能被建造的房屋，作为能被建造的东西我们说它自身存在着。然而要现实地存在，就须去进行建筑，这整个的过程就是建造活动。③

① 汪子嵩：《亚里士多德》，《西方著名哲学评传》第 2 卷，山东人民出版社 1984 年版，第 24—25 页。
② 同上书，第 35 页。
③ 《亚里士多德全集》第 7 卷，第 257 页。

世界万物都在运动，或生灭，或变化，或增减，或位移。既然万物都在运动，那么，就存在着运动的原因。燃烧要有燃料，点火要有点火器。这样，除了质料因和形式因外，又出现了动力因。

在《诗学》一开头，亚里士多德就明确指出，各种艺术"实际上是摹仿"。质料因、形式因和动力因给亚里士多德的艺术摹仿论注入新的、深刻的内容。这主要表现在两个方面：第一，肯定了艺术所摹仿的现实是真实的存在。柏拉图也主张艺术是摹仿，但是在他那里，理式世界是第一性的，是真正的实在。现实世界是理式世界的摹本和影子，是第二性的。而摹仿现实的艺术则是第三性的，是摹本的摹本和影子的影子。而亚里士多德认为理式（形式）就在事物之中，他肯定了现实世界的真实性，从而也肯定了摹仿现实世界的艺术的真实性。第二，在艺术摹仿中把创造的原则而不是摹仿的原则提到首位。如前所述，亚里士多德的质料和形式导致每个物都是创造的结果。自然也是创造的结果，其中形式和质料融成不可分割的整体。对于亚里士多德，与其说是艺术摹仿自然，不如说是自然摹仿艺术，因为自然本身也是艺术品。朱光潜十分透辟地指出：亚里士多德认为艺术家的"摹仿活动其实就是创造活动，他的摹仿自然就不是如柏拉图所了解的，只抄袭自然的外形，而是摹仿自然那样创造，那样赋予形式于材料，或则说，按照事物的内在规律，由潜能发展到实现了"[1]。

四因说的原则是创造原则，或者艺术创造原则。对于亚里士多德来说，一切存在都是艺术品。整个自然是艺术品，人是艺术品，整个世界包括天体和苍穹也是艺术品。亚里士多德"把任何事物的形成都看成艺术创造，即使材料得到完整的形式，艺术本身也不过是如此"[2]。泛艺术性是亚里士多德的基本原则。如果不理解他的艺术性原则，不理解这种原则的独特性，那么，就无法理解他的哲学和美学。

---

[1] 朱光潜：《西方美学史》上卷，第70页。
[2] 同上书，第69页。

（三）四因的相互关系

亚里士多德四因说的最后一项是目的因。事物在运动，这种运动有某种原因。但是，物向何处运动呢？运动能够没有方向吗？显然，运动具有方向性。运动的方向性表明，在这种运动的每一点上有某种结果。如果事物运动的原因使事物进入某种状态，那么，这种原因以某种目的为前提。任何事物都是为了一定的目的而存在的，燕子筑巢，蜘蛛结网，都有其目的。亚里士多德指出，"在那些产生出来的，而且是由自然产生出来的东西里面，是有那种有目的的活动存在的。"①我们逐条分析了四因说。实际上，它们在亚里士多德那里是不可分割的整体。四因可以最完满地体现在事物中，从而创造出美的和合目的性的有机整体。如果它们在事物中的体现缺少某种尺度，过分或不及，那么，整体就受到损害，从而失去美、艺术性、效用和合目的性。物质世界的多样性取决于四因不同的相互关系。四因可以出现在最美的事物中，也可以出现在最丑的事物中。这一切取决于四因相互关系的尺度。由四因说直接产生出亚里士多德的尺度理论。他写道：

> 人们知道，美产生于数量、大小和秩序，因而大小有度的城邦就必然是最优美的城邦。城邦在大小方面有一个尺度，正如所有其他的事物——动物、植物和各种工具等等，这些事物每一个都不能过小或过大，才能保持自身的能力，不然就会要么整个地丧失其自然本性，要么没有造化。例如一指长或半里长的船干脆就不成其为船了，也有一些船在尺寸大小上还算过得去，但航行起来还是可能嫌小或嫌大，从而不利于航行。②

---

① 《西方哲学原著选读》上卷，第147页。
② 《亚里士多德全集》第9卷，第239—240页。原译"美产生于数量和大小"改译为"美产生于数量、大小和秩序"。

亚里士多德把他的尺度理论运用到伦理学和国家学说中。他在《尼各马科伦理学》中分析道德范畴时指出，在情绪方面的道德是勇敢，它的不及是懦怯，过就是鲁莽；在欲望方面的道德是节制，它的不及是吝啬，过就是奢侈；在仪态方面的道德是大方，它的不及是小气，过就是粗俗，等等。在《政治学》中，他指出国家必须保持适当的疆域，国土不能太小，否则缺乏生活所必需的自然资源；且也不能太大，否则过剩的资源将产生挥霍消费的生活方式。国家最好由中产阶级统治，因为中产阶级既不过强过富，又不太穷太弱。而巨富只能发号施令，穷人又易于自卑自贱，这两类人都不适合治理国家。

亚里士多德也把他的尺度理论运用到美学上来。他在《诗学》中写道：

> 一个美的事物——一个活东西或一个由某些部分组成之物——不但它的各部分应有一定的安排，而且它的体积也应有一定的大小；因为美产生于大小和秩序，一个非常小的活东西不能美，因为我们的观察处于不可感知的时间内，以致模糊不清；一个非常大的活东西，例如一个一万里长的活东西，也不能美，因为不能一览而尽，看不出它的整一性；因此，情节也须有长度（以易于记忆者为限），正如身体，亦即活东西，须有长度（以易于观察者为限）一样。[①]

只有理解了亚里士多德的四因说和由此产生的尺度理论，才能够弄清这段貌似平常的言论的深刻内涵。

四因适中的、合度的关系产生出有机整体。

[①]　亚里士多德：《诗学》，第25—26页。为了保持译文的统一，也为了译文的确切，原译"美要倚靠体积与安排"改译为"美产生于大小（megethei）和秩序（taxis）"。顺便指出，taxis一词中梅译作"顺序"。我们认为，从亚里士多德的美学体系看，这个词只能译作"秩序"。

> 整体的意思是，整体的自然构成部分一个不缺。包容被包容者的东西形成某种一，这又有两种情况，或每一个体作为一，或者这些个体构成一。①

按照亚里士多德的观点，一种整体的各个部分仅仅在某个方面相一致，另一种整体的各个部分则形成有机的统一。虽然亚里士多德的整体有多种涵义，但是他主要把它看作有机整体。怎样理解亚里士多德的"有机整体"概念呢？首先，亚里士多德主张一般在个别之中，一般不能脱离个别，个别也不能脱离一般。任何物是它的各个部分不可分割的一般性，同时，它又是某种个别的东西，或者由某些个别的物组成。必须寻找物的一种特征，以期在这种特征中无法分割一般性和个别性。亚里士多德找到了这种特征，它称之为整体或整体性。在整体中无法分割一般性和个别性。取走整体的某一部分，整体马上就不再是整体。从钟中取走指针，钟就失去了自己的完整性。从房子上揭去屋顶（比如，为了修理），房子就不是完整的，甚至不再是房子了。

其次，物的有机性不同于物的机械性。在亚里士多德的整体理论中再深入一步，就会见出这两者的区别。例如，一只钟的指针坏了，修理工只要给它装个新指针，而完全不必修理它的内部结构，钟就恢复了原样。物的有机性与此不同。如果物的某一种成分损坏就意味着整个物损坏，即使用其他成分来替代也无济于事，那么，这个物就是有机整体。一个人的心脏停止跳动，他的生命就会终结。不过，在有机整体中并非一切都是有机的。有机整体中也有不那么重要的成分，用其他成分替代它，并不会导致整体的毁灭。比如，一个人被截肢后装上假肢，对生命不会有影响。

亚里士多德要求艺术成为有机整体。他写道：

---

① 《亚里士多德全集》第 7 卷，第 139 页。

按照我们的定义，悲剧是对于一个完整而具有一定长度的行动的摹仿（一件事物可能完整而缺乏长度）。所谓"完整"，指事之有头，有身，有尾。所谓"头"，指事之不必然上承他事，但自然引起他事发生者；所谓"尾"，恰与此相反，指事之按照必然律或常规自然的上承其事者，但无他事继其后；所谓"身"，指事之承前启后者。所以结构完美的布局不能随便起讫，而必须遵照此处所说的方式。①

对于一个完整的行动，"里面的事件要有紧密的组织，任何部分一经挪动或删削，就会使整体松动脱节。要是某一部分可有可无，并不引起显著的差异，那就不是整体中的有机部分"②。亚里士多德的这一观点受到美学研究者的高度评价。朱光潜明确指出：

这个有机整体观念在亚里士多德的美学思想里是最基本的。就是根据这个观念，他断定悲剧是希腊文艺中的最高形式，因为它的结构比史诗更严密。也就是根据这个观念，他断定叙事诗和戏剧之中最重要的因素是情节结构而不是人物性格，因为以情节为纲，容易见出事迹发展的必然性；以人物性格为纲，或像历史以时代为纲，就难免有些偶然的不相关的因素。③

四因说是亚里士多德的有机整体观念的哲学基础。与柏拉图美学关于一般性的概念相比，亚里士多德的有机整体观念前进了一大步。

---

① 亚里士多德：《诗学》，第25页。
② 同上书，第28页。
③ 朱光潜：《西方美学史》上卷，第78页。

二　宇宙理性

四因说的第三个原因是动力因。如果一个物在运动，那么，就必须有使这个物运动的第二个物。而这第二个物的运动又是第三个物推动的。整个运动的链条由无数事物组成。每个事物既是被推动者，又是推动者。无生命事物的运动须要其他事物推动，有生命对象的运动也须要外在的原因（如食物）。亚里士多德要求整个运动的链条有一个起点或终点。他不仅从自然科学的立场而且从哲学的立场来看待运动。他要解决运动的起源问题。他认为，有一种物，它的运动无须其他物的推动，它自身就能运动。也就是说，如果万物的运动都有某种原因，那么，必须承认一种自我运动，它自身就是运动的原因。这就是第一推动者，而它本身又是不动的。亚里士多德称它为"不动的第一动者"，"不动的始动者"。

在《形而上学》第 12 卷中，亚里士多德强调，"必然存在着某种永恒的、不运动的本体"①。接着，他批评了柏拉图的理式论。不过，他的批评并不是削弱了，相反是加强了柏拉图的客观唯心主义。他认为，柏拉图的理式虽然也是永恒的本体，但本身不包含产生变化的原因，不是动因，不能说明运动，而他的"不动的第一动者"是永恒运动的原因。

亚里士多德所谓"不动的第一动者"究竟是什么呢？对此，他有过多种不同的表述。而最能代表他的思想的是他在《形而上学》第 12 卷第 6、7、9、10 章的论述，不动的动者是"奴斯"（noys，或者译为"努斯"，意译为"理性"，亦译为"心智"、"理智"等）。阿那克萨戈拉和柏拉图已先于亚里士多德使用过这个术语，不过，亚里士多德赋予它新的涵义。他的奴斯的特点产生于四因说。从形式因看，奴斯是"形式的形式"。它是最高的

---

①　《亚里士多德全集》第 7 卷，第 275 页。"本体"原译为"实体"，现从汪子嵩改为"本体"。

存在，万物都依赖它。在这里一定要把"形式的形式"理解为"理式的理式"，免得把亚里士多德的形式论和柏拉图的理式论对立起来，实际上这两者是一回事。柏拉图的奴斯由理式组成，亚里士多德的奴斯也由理式组成。在这两位哲学家那里，奴斯都是宇宙理性。宇宙理性先于任何物质的东西，同它们相分离，不受任何物质因素的影响。

从质料因看，奴斯虽然与感性质料无粘连，但是它含有纯理性质料。有的研究者认为，亚里士多德的奴斯作为第一动者，是"不带任何质料的纯形式"[1]，黑格尔在《哲学史讲演录》中也持这种观点[2]。我们认为这种理解值得商榷。亚里士多德的四因说是无所不在的，对于奴斯也不例外。奴斯作为形式的形式，也具有一般形式的特点。如果没有质料，那么，形式仅仅是抽象的可能性。同理，如果没有理性质料，奴斯就不能实现自己。从动力因看，奴斯是宇宙运动的原则，是第一推动者。宇宙是美的有机体，宇宙在运动着，奴斯是一切运动的原因。同时，它又是永远不动的，因为它仅仅依赖自身，没有其他物推动它；又因为它已经包容了一切，没有地方可动。从目的因看，奴斯是一切运动的目的，是万物追求的绝对目的。它是最高的善，万物热爱它，趋向它。"善是生成和全部这类运动的目的。"[3]亚里士多德的美学和他的哲学一样，实际上是一种目的论。希腊人认为，最高的善、最高的智慧是人不可企及、不可掌握的，人只能对它静穆观照和顶礼膜拜。正如柏拉图在《斐德若篇》里所说的那样，"智慧"这个词太大了，只适合于神，而"爱智"却适合于人[4]。亚里士多德的奴斯就是神（哲学上的神）。他实际上把神看作一个艺术家[5]，这是他的哲学的泛艺术性的根源。神或第一动者"力

---

① 汪子嵩：《亚里士多德》，《西方著名哲学家评传》第 2 卷，第 25 页。
② 黑格尔：《哲学史讲演录》第 2 卷，商务印书馆 1959 年版，第 295 页。
③ 《亚里士多德全集》第 7 卷，第 33 页。
④ 柏拉图：《文艺对话集》，第 175 页。
⑤ 朱光潜：《西方美学史》上卷，第 69 页。

量最强大、容貌最漂亮、生命永不朽、德行最高尚"①。他一方面承认运动的永恒性，一方面又肯定有一个不动的第一动者，为运动设立了终极，这是他的辩证法的严重局限，是他的哲学被中世纪基督教哲学加以利用和发展的原因，也是他把静观作为文艺最高理想的哲学根源："人应该像神一样，从静观默想中得到最高的快乐，艺术也应该表现出神的庄严静穆，才真达到最高的风格。"② 在亚里士多德的本体论美学中，奴斯或宇宙理性的意义表现在三个方面。首先，宇宙理性作为最高的存在，也是最高的美、终极的美，而且，这种美先于其他一切美。为了说明宇宙理性的先在性，亚里士多德列举了一个例证。植物的种子长成，有人认为植物的美和完善仿佛不在植物生长过程的初始（种子）中，而在这种过程的终结（种子的产物）中。亚里士多德批驳了这种看法，指出种子出于另一些完整的植物，这种植物是先在的：

> 有些人，像毕达哥拉斯派中人和斯彪西波，认为最美和最善良不在本原之中，不在事物之始。其论据是，虽然本原是植物和动物的原因，然而美和完整却在它们的产物中。他们这种看法是不对的。因为种子出于另一些完整的生物，这些生物是先在的。所以，并不是种子最初，而是这个完整物最初。③

其次，宇宙理性是主体和客体、主观和客观的统一④。亚里士多德在《形而上学》第 12 卷第 9 章中对此作了论证。宇宙理性的活动是思想活动。它要思想，如果什么也不思想，它就没有尊严可言，仿佛是个睡着了的人。如果它依赖别的东西思想，那

---

① 《亚里士多德全集》第 2 卷，第 626 页。
② 朱光潜：《西方美学史》上卷，第 93 页。
③ 《亚里士多德全集》第 7 卷，第 279 页。"美"在原译中为"美好"。
④ 汪子嵩在分析奴斯的五个特征时，把"主观和客观合而为一"列为它的第一个特征。见《亚里士多德关于本体的学说》，第 91 页。

不是真正的思想，因此它依赖自身思想。那么，想什么呢？只有两种可能：或者想它自己，或者想别的东西。如果它要想最神圣尊贵、永远不变的东西，那就只能想它自己。宇宙理性在思想，就是思想它自身，"思想就是对思想的思想"[1]。思想与被思想、主体与客体的和谐和同一，被亚里士多德称作美。希腊美学包括柏拉图美学都把理想在现实中的体现看作美，亚里士多德发展了这种观点，在宇宙理性中找到理想和现实的统一。

第三，在希腊哲学家中，没有人像亚里士多德那样肯定宇宙理性的独立自在性，从而没有人像他那样肯定美的独立自在性。对宇宙理性的观照是快乐和幸福的顶点，不涉功利目的和实用动机。这样，美在亚里士多德那里第一次获得如此独立的价值。后来康德明确地阐述过美的独立自在的理论，但那主要是通过主观唯心主义的途径达到的。谢林和黑格尔也论述过美的独立自在，但是他们的美往往远离自然现实和艺术，是纯精神的。而亚里士多德的宇宙理性是第一动者，他的独立自在的美虽然不涉及物质，然而却是一切物质存在的动力因[2]。

第三节　美的本质和对象

在分析亚里士多德的本体论，即第一哲学时，我们看到宇宙理性是最高的美。这是由亚里士多德的本体论得出的美学结论。虽然亚里士多德的美学是本体论的，然而他也独立地、不依赖本体论直接论述美学问题。这时候他研究的对象不是不涉及物质的神或宇宙理性，而是现实世界的对象。

一　美的本质

亚里士多德关于美的论述很多，而最重要的美的定义有两

---

[1]　《亚里士多德全集》第 7 卷，第 284 页。
[2]　洛谢夫：《希腊罗马美学史》第 4 卷，莫斯科 1975 年版，第 69—70 页。

则。一则见诸《修辞学》：

> 美是由于其自身而为人所向往并且值得赞颂的事物，或
> 是善并且因为善而令人愉快的事物①。

这里实际上是两种美的定义，而这两种美的定义在亚里士多德那
里是等同的。相比之下，第二种定义更清楚些。塔塔科维兹对第
二种定义作了如下的表述："所有的美都是善，但并非所有的善
都是美；只有既是善的又是愉悦的才是美的。"② 亚里士多德通
过善来确定美。善指高尚的道德行为和自由的生活，"种种德行
必然是善的事物"③，它是涉及利害的。善要成为美，它还必须
产生愉悦。这种愉悦不是生理上的愉悦，而是精神上的愉悦。愉
悦有各种等级，它的极限就是幸福。善作为独立的价值被观照
时，能够产生无私的、不涉利害的愉悦。涉及利害的善和不涉及
利害的愉悦的结合，就形成了美。至于第一种定义"美是由于其
自身而为人所向往并且值得赞颂的事物"，虽然比较含混，但是
实际上和第二种定义没有什么区别。"为人所向往"的事物指善，
而"值得赞颂的事物"指产生愉悦的事物。亚里士多德以前的希
腊美学对善和美往往不作区分，亚里士多德在承认善和美的同一
性的同时，在西方美学史上第一次对它们作出明确的区分。如果
木匠做的桌子完全符合它的功能，希腊人认为它就是善。但是这
张桌子可能是不美的。如果它具有独立观照的价值，能够产生愉
悦，那么，它就既是善的又是美的。

亚里士多德另一则重要的美的定义见诸《形而上学》：

> 美的最高形式是秩序、对称和确定性，数学正是最明白
> 地揭示它们。由于它们（我说的秩序和确定性）是许多东西

---

① 亚里士多德：《修辞学》，1366a34—35。
② 塔塔科维兹：《古代美学》，第 199 页。
③ 《亚里士多德全集》第 9 卷，第 358 页。

的原因，所以，很显然，数学在谈论这些东西时，也就是以某种方式谈论美的原因。①

这则定义通过数学来说明美的原因，事物凭借数维持自身的秩序（taxis）、对称（symmetria，即匀称）和确定性（hōrismenon）。而这些正是美的性质，它们与其说表明美的形式，不如说表明美的结构。像希腊美学家一样，亚里士多德具有明确的结构感，他不喜欢混沌无序。与这则定义相类似的定义我们在第二节的引文中曾经提到过："美产生于数量、大小和秩序"，"美产生于大小和秩序。"可见，这是亚里士多德一贯的思想。

亚里士多德所理解的秩序存在于自然、天体、人和社会生活中。他在《物理学》中指出，"那些由于自然和根据自然的事物决不会是无秩序的；因为自然是一切秩序的原因"②。他在《论动物部分》中写道，"秩序和确定性在天体中比在我们身上显示得更为突出"③。在《政治学》第 3 卷中亚里士多德谈到，政体是城邦中各种官职配置的一种秩序，法律也是一种秩序。秩序是善的实现。善的存在有两种形式，一种是"就其自身而存在"，万物追求它，就像将领号令军队，军队有了秩序；另一种是"秩序的安排"，就像一支有秩序的军队，将领是这种秩序的一部分④。亚里士多德认为，一切都在运动着，而这种运动是有规律的、有秩序的。作永恒的圆周运动的宇宙最有秩序，而宇宙理性是秩序的最终原因。在亚里士多德的结构范畴中，秩序占据首位。

二　美的对象

亚里士多德的著作涉及植物、动物、人、天（宇宙）、颜色、

---

① 《亚里士多德全集》第 7 卷，第 296 页。
② 《亚里士多德全集》第 2 卷，第 214 页。
③ 《亚里士多德全集》第 5 卷，第 10 页。
④ 《亚里士多德全集》第 7 卷，第 285 页。

声音等各种对象的美，他的审美领域十分广泛。

（一）体相学①

体相学（phusiognomonika）研究身体与灵魂之间的相互作用。有什么样的灵魂，就有什么样的外貌；反之亦然，灵魂、心性也随身体状况的变化而发生变化。亚里士多德篇幅不长的著作《体相学》就专门研究这个问题。虽然《体相学》被学术界怀疑为后人伪托，然而正如《亚里士多德全集》第6卷的中译者所指出的那样，《体相学》和收入该卷的其他著作（包括《论天》），"如果撇开作者问题不谈（事实上，它们到底系何人所作，已无法确知），仅从内容上看，它们确实是值得我们认真清理的一笔精神财富"。从这些著作中，"我们不能不强烈地感受到亚里士多德爱智慧、尚思辨、重探索的思想遗风，不能不被古人热忱、真诚的求知欲望和踏实、细致的求知作风所折服"②。

对于美学来说，《体相学》的价值更不可忽视。亚里士多德美学的基础是理式（形式）和质料的相互关系。而体相学正是研究灵魂和身体、内部心性和外部面貌的相互关系。亚里士多德认为，理式存在于物之中，我们看到一个物，如果立即知道了它的理式，那么，我们也就认识了这个物。否则，我们还不能够充分地认识这个物。同样，如果我们在体相学中通过外部表征认识到内在灵魂，那么，我们对对象就有一个完整的认识。这里的"表征"亚里士多德用希腊语 semion 表示，即表示事物特征的标志或符号，它是"符号学"一词的来源。这使得亚里士多德的美学具有符号学意义。

在各种动物中，亚里士多德对狮子评价最高。狮子具有最完全的雄性动物的特点，它脸盘方正，深陷的双眼不大不小，既不狂暴，也不忧虑。眉毛浓郁，额头方阔，脖子长而厚实。肩膀强

---

① 亚里士多德的《体相学》、《论颜色》（本书稍后有论述）学界有人认为是伪作。

② 《亚里士多德全集》第6卷，第577页。

壮，胸脯结实有力，体阔膀宽。腿脚肌肉发达，行走有力，走得不快，但步子较大，走时双肩来回晃动。狮子的这些体相特征，和它的"宽容、大度、慷慨、好胜、温和、正直、与同伴友善"的性格相吻合[①]。

亚里士多德通过人的运动、外形、肤色、面部的习惯表情、毛发、皮肤的光滑度、声音、肌肉，以及身体的各个部位和总体特征，来分析人的性情。例如，动作缓慢表示性情温驯，动作快速表示性情热烈。声音低沉浑厚标示着勇猛，尖细乏力意味着怯懦。身体扭捏作态者是俗媚的，短步幅与慢步态者是软弱的。眼睛下面生有垂凸物者嗜酒，因为眼睛下面的垂凸物是滥饮的结果；眼睛上面生有垂凸物者嗜睡，因为人从睡梦中醒来时，上眼睑总是下垂的。亚里士多德对人的体相的分析，包含着对人体美的欣赏：

> 那些脚掌生得宽大结实，关节灵活肌腱强壮者，性情也刚烈，是雄性的表征；而那些脚掌窄小，关节不强健，外貌虽不雄健，但比较富有魅力者，性情也柔弱，是雌性的表征。[②]

出于对妇女的轻视，亚里士多德认为女性不如男性勇猛和诚实，甚至女性比较邪恶，"身体不匀称者是邪恶的，雌性就带有这种特性。"[③] 然而另一方面，亚里士多德又主张女性的身体比男性美，女性和雌性动物"整个身体的外貌，与其说是高贵，毋宁说是更富有魅力"[④]。这里就产生了一个矛盾：亚里士多德把秩序、匀称（对称）和确定性看作美的性质，然而不匀称的女性身体却富有魅力、显得美。实际上，亚里士多德说的是两种美的概念。

---

① 《亚里士多德全集》第6卷，第48页。
② 同上书，第49页。
③ 同上书，第56页。
④ 同上书，第48页。

女性身体美是一种外在的形式美、感性美，而秩序、对称和确定性指与宇宙和谐一致的、内在的有序的结构。

在人体的各个部位中，眼睛是最重要的表征之一。亚里士多德描绘了眼睛的顾盼生姿和脉脉含情：

> 眼睛不停地向四周环视者，眼珠处在眼睛中央，眼睑低垂，眼睛自下而上地温柔凝视者，眼睛向上转动者，以及一般而言，凡眼眶蓄泪，目光温柔者，都富有青春活力。这在女子方面是显而易见的。[①]

体相表征和内在性情的对应关系不是绝对的。亚里士多德认为，腰腹强健者性情刚烈。但是，腰腹强健者也有性情不刚烈的，性情刚烈者也有腰腹柔软的。亚里士多德完全懂得，体相特征只说明一种可能性，并不说明必然性。只有哲学才能够辨析某些事物的必然性，促用哲学方法得出的结论有时会和体相观察所得出的结论相反[②]。

（二）宇宙

亚里士多德的《论宇宙》和疑为伪作的《论天》涉及宇宙美学问题。"宇宙"（kosmos）在希腊美学中占有特别重要的地位。它的原意是"秩序"、"有序"。据凯申施泰纳（J. Kerschensteiner）《宇宙》一书（慕尼黑 1962 年版）的研究，kosmos 一词在荷马著作中出现过 18 次，其中绝大部分表示"秩序"、"战斗秩序"，有时还表示"美"。而据拉尔修记述，kosmos 第一次获得"天"的涵义是在赫西俄德的著作中（希腊文中的"天"为 ouranos，它产生于 horosano，即"上方的界域"）[③]。米利都派自然哲学家们使得宇宙逐渐具有了统一的、球形的、美的性质。该派哲学家阿

---

① 《亚里士多德全集》第 6 卷，第 55 页。
② 同上书，第 42 页。
③ 拉尔修：《著名哲学家生平和学说》第 8 卷第 1 节。

那克西美尼（Anaximenes，鼎盛年约在公元前546年至公元前545年）已经在上述意义上使用"宇宙"这个词①。

希腊人对天的看法和我们现代人不同。在我们看来，天是无限的，没有固定的形式，无数星体排列在其中。我们觉得天是一个半圆形的苍穹，有最高的顶点，也有遥远的、天地相交的地平线，那只是我们的视力所及而产生的印象。实际上天是无法测量的。希腊人认为天是有限的，可以测量的，只是它太大了，难以测量。天像任何其他物一样，有固定的形式，也有质料，它是形式和质料的结合。天像屋顶一样，是现实的，坚硬的，亚里士多德称它"像拱形建筑中的所谓拱心石"②。他指出了天的三种涵义。第一，天是整个宇宙最外围的实体；第二，天是与整个宇宙最外围连着的物体，它包括月亮、太阳和某些星体；第三，天指最外围包容着的一切物体。根据第三种涵义，天由所有自然的、可以感知的物体所构成。天之外既无物体存在，也不可能有物体生成，所以，天之外无地点、无虚空、无时间③。天的第三种涵义就是宇宙。在《论宇宙》中亚里士多德指出，"宇宙是一个系统，由天、地和被包含在它们之中的自然事物构成。"④宇宙的中心是地球，地球是一切生物之家。宇宙的上面区域是天，是诸神的居所，其中充满着神圣物体，即星体。

《论天》批评一些希腊哲学家关于宇宙结构的理论，例如毕达哥拉斯学派关于星体旋转移动时所发出的声音是和谐的主张，"虽然讲得美妙而富于诗意，但却不可能是真实的"⑤。然而，亚里士多德本人关于宇宙结构的理论也不是严格科学的，它带有神话色彩。在这方面，《论天》可以和柏拉图的《蒂迈欧篇》相媲美。实际上，希腊哲学家关于宇宙结构的理论都富于诗意和神话色彩，因此，这种理论不仅具有自然哲学意义，而且具有美学

① DK13B2。
② 《亚里士多德全集》第2卷，第626页。
③ 同上书，第295—297页。
④ 同上书，第606页。
⑤ 同上书，第331页。

意义。

亚里士多德的宇宙理论首先强调天体作匀速的圆周运动。他把移动分为直线运动和圆周运动两种。地球上的万物由水、土、火、气四种元素构成，这四种元素作直线运动，它们构成的事物也作直线运动。天和天中的星体由第五种元素"以太"构成，极度纯洁，通明透亮，星体"以庄严肃穆的韵律在同一的圆形轨道上和所有天体一起永无止息地旋转"①。圆周运动比直线运动完满，因为圆周是一种完全的形状，而直线是不完全的。无限的直线没有限界和终点，所以不完全；有限的直线能够被延伸，所以也不完全。圆周运动包容那些不完满的、有限界的和停顿的运动。直线运动是断续的、暂时的，由水、土、火、气构成的，作直线运动的事物是可朽的。而以太不增不减，万古长存，它们存在于最高的地点。这也是神存在的位置，"不论是野蛮人还是希腊人，都认为要把最高的地点给予神灵"②。希腊神话把天体和上面的地界分派给神，认为只有那才是不朽的。亚里士多德通过以太就是要证明天是不可消灭和不可生成的，所以，他关于以太的学说也是一种神话，他试图用当时的自然科学知识来论证神话。

天体作均衡的圆周运动，亚里士多德又论证了天体必然是球形。他高度赞美球体，"球体是最为有用的形状"③，"球体是第一位的立体图形"④，因为它只有一个面，是不可被分开的立体。"在数目上，圆形相当于一"⑤。所以宇宙作为球体是最高的美：

> 宇宙是个球体，并且，这圆在程度上是如此的精确，以至于没有什么人手造就的东西，也没有任何我们眼睛所看得到的其他东西能与之匹敌。因为在所构成的元素中，没有一

① 《亚里士多德全集》第 2 卷，第 606 页。
② 同上书，第 272 页。
③ 同上书，第 330 页。
④ 同上书，第 321 页。
⑤ 同上书，第 321 页。

种能够像这种包容着其他物体的物体那样有均衡和精确的本
性；因此很显然，就像水比土那样，距离得越远的元素就越
完美。①

　　其次，亚里士多德的宇宙理论强调"天是有生命的"②，在
动物中存在的东西也合乎情理地存在于天体中，天有上和下、左
和右。如果"把星体认作仅仅是物体和单位，它们具有一定的排
列次序，完全无生命"，那是错误的。"我们应该把它们理解为分
有行为和生命。"③ 在《物理学》中，亚里士多德把动物与宇宙
相比，称动物为"小宇宙"，声称"如若这种情形能在动物中出
现，又为什么不能在宇宙全体中同样地出现呢？因为如果它能在
小宇宙中发生，也就能在大宇宙中发生"④。亚里士多德显然接
受了希腊哲学家关于"人是小宇宙，摹仿大宇宙"的观点。
　　在亚里士多德看来，宇宙是最高的审美对象。它的球体形状
是最美的，它永恒的、匀速的圆周运动也是最美的。宇宙"整体
的真实名称是'井然有序'（kosmos），而不是无序（akosmia）"⑤。
宇宙就像一支合唱队。指挥示意开始，合唱队就一齐高歌，有些
音高，有些音低，由这些不同的音调组成和谐悦耳的一曲。宇宙
也像一支军队。统帅一声号令，兵士们有的操起盾牌，有的绑上胸
甲，有的套上马车，有的登上战车。神或宇宙理性或不动的第一动
者推动最接近的事物，仿佛给万物发出信号，万物的运动组成和谐
的、有序的和美妙的图景。

（三）颜色

　　亚里士多德的《论颜色》以细腻而丰富的视知觉和感性观察
为基础，论述了颜色的形成和变化。歌德对《论颜色》很感兴

---

① 　《亚里士多德全集》第 2 卷，第 323 页。
② 　同上书，第 316 页。
③ 　同上书，第 335 页。
④ 　同上书，第 216 页。
⑤ 　同上书，第 624 页。

趣，对它作了仔细的研究，并把他译成德文。歌德关于颜色的理论和对颜色的敏锐观察，深受亚里士多德的影响。

亚里士多德把颜色分为单一色和复合色两类。单一色有三种：白，黄，黑。附随于火、气、水、土这些元素的颜色都是单一的。气、水、土在本性上是白色，火和太阳是黄色。黑色则出现于元素之间的转换，"当水和气通过火燃烧，黑颜色就随之出现，因此，所有燃烧的东西，都要变黑"，如被火燃烧的木柴和柴炭①。

复合色由单一色混合，以及与阳光、阴影的混合而形成。白色和黑色混合形成灰白色，黑色与阳光混合变成红色，太阳升起和降落时空气呈紫红色，微弱的阳光照在暗色上就成灰褐色。颜色的这种变化难以穷尽，亚里士多德力图在其中找出某种规律性的东西，"必须在其颜色的生成很明显的事物中，探寻令人信服的证据和相似性"②。复合色的生成规律在于混合物的比例和数量。"通过较大和较小比例的混合而从这些颜色中生成的其他颜色，显得多种多样，且形成诸多不同的性质。"③"我们必须注意颜色的多样性和无限性，这是由于数量所导致的。"④ 颜色的不同，是由于它们分有的阳光和阴影的多少而造成的。在《论感觉及其对象》中亚里士多德也谈到颜色的混合比率问题：

> 所以，这样的颜色所产生的方式很像和声；因为取决于这种简单比率的颜色，就像和声一样，被认为是赏心悦目的颜色，例如，紫色、绯红色以及其他少数几种类似的颜色，和声稀少，也是由于同样的原因……⑤

---

① 《亚里士多德全集》第6卷，第4页。
② 同上书，第6页。
③ 同上书，第4—5页。
④ 同上书，第6页。
⑤ 《亚里士多德全集》第3卷，第105页。

就像音乐中的和声一样，结构上合比例的颜色是最美的。亚里士多德正是从结构上、比例上、数量上来评价颜色的美丑的。这种观点完全符合希腊美学的精神。

第四节　诗学理论

亚里士多德的《诗学》是西方第一部最重要的文艺理论著作。它原名为《论诗的》，意即《论诗的艺术》，应译为《论诗艺》[①]。在亚里士多德那里，"诗"可以被广义地理解为文学作品，包括史诗、悲剧和喜剧等。《诗学》被译成各种文字，中译本主要有四种：罗念生译的《诗学》（人民文学出版社 1962 年第 1 版），缪灵珠译的《诗学》（载《缪灵珠美学译文集》第 1 卷，中国人民大学出版社 1998 年版），崔延强译的《论诗》（载《亚里士多德全集》第 9 卷），陈中梅译的《诗学》（商务印书馆 1999 年版。陈中梅的译本除了有详细的注释外，在附录里还分析了《诗学》中的某些关键术语）。《诗学》的注释者和研究者不计其数，他们对《诗学》理解的分歧是如此之大，以至《诗学》的一位注释者科勒（H. Koller）在《希腊的摹仿》一书（伯尔尼 1954 年版）中宣称，读者们应该忘掉所有研究者关于《诗学》的一切诠释，他要对《诗学》作出自己的阐述。

对《诗学》理解的分歧，在某种程度上与《诗学》本身有关。《诗学》是亚里士多德的讲稿，它长期湮没，直到 1500 年西方学术界才知道了它。由于传抄者和校订者增删、改动的缘故，《诗学》中有很多含混、矛盾、缺漏、不连贯、不确切的地方。研究者们屡次指出了这种情况。例如，在《诗学》第 6 章中亚里士多德主张，悲剧必然具有六个组成成分：情节、性格、台词、

---

① 　罗念生：《〈诗学〉译后记》，《诗学》，第 109 页。

思想、情景（opsis）、歌曲①。他还用摹仿说来解释这六个成分，其中之二（台词和歌曲）是摹仿的媒介，其中之一（情景）是摹仿的方式，其余三者（情节、性格和思想）是摹仿的对象。但是他马上又表示，"情景固然能打动人心，但最无艺术价值，同诗艺的关系最少。因为悲剧的效果并不依赖表演和演员，至于产生情景的效果，舞台设计者的技术就比诗人的艺术更有权威了。"②这样，悲剧组成成分就成为五个。亚里士多德之所以把情景排除在悲剧组成成分之外，是因为他把悲剧看作一种独立于演出的艺术样式。人们无需观看演出，只要听到悲剧事件如《俄狄浦斯》的发展，就会产生悲剧的特殊效果——恐惧和怜悯。悲剧作者若是借情景来产生这种效果，就显得他缺乏艺术手腕。又如，《诗学》第20—22章讨论了音和名词的分类，这与诗学没有联系或者很少联系。缪灵珠在翻译《诗学》时干脆把这三章略去。《诗学》主要研究悲剧，它的书名和内容也不吻合。《诗学》第18章第2自然段提到悲剧《普罗米修斯》。埃斯库罗斯写过几种有关普罗米修斯的悲剧，如《被缚的普罗米修斯》、《被释放的普罗米修斯》、《带火的普罗米修斯》。这里究竟指哪一部历史剧，也令人费解。类似的问题还可以举出很多。为了准确地掌握《诗学》中深刻而丰富的美学思想，分清这些瑕疵是必要的。

从结构上看，《诗学》分为五个部分③。第一部分为序论，包括第1—5章。亚里士多德分析了各种艺术所摹仿的对象、摹仿所采用的媒介和方式的差异，论述了诗的起源，以及悲剧和喜剧的历史发展。第二部分包括第6—22章，主要讨论悲剧，特别是悲剧的两种组成成分——情节和性格。第三部分包括第23、

① 关于悲剧的六个组成成分，诸家的译法很不一样，我们择善而从之。按照缪灵珠的意见，情景指："（一）布景、道具、服装等等舞台装饰；（二）演出的惊人的行为，尤其是引起怜惜与恐惧的行为，例如舞台上的死伤。凡是诉诸观众的视觉、摆在观众眼前的一切壮丽的或惊人的景象，都是'情景'。"（见《缪灵珠美学译文集》第1卷，第32页。）

② 《缪灵珠美学译文集》第1卷，第10页。

③ 亚里士多德：《诗学》，罗念生译，第111页。

24 章，讨论史诗。第四部分为 25 章，讨论批评家对诗人的指责，并提出反驳这些指责的原则和方法。第五部分为 26 章，比较悲剧和史诗的特征。这部分仍然和悲剧有关。从《诗学》的结构中可以看出，《诗学》的研究对象是悲剧和史诗，而主要是悲剧。在研究悲剧时，亚里士多德提出了一系列重要的美学概念，其中有些概念我们在论述亚里士多德的本体论美学（本章第二节）时已有所涉及。

一　摹仿

希腊美学把艺术与现实的关系看作为摹仿。根据流传下来的文献资料，荷马在《阿波罗颂》中第一次使用了"摹仿"（mimēsis）的词语。在荷马那里，这个词语并不是指"再现"，而是指"表现"。后来，这个词语获得了准确地、逼真地再现外物的意思。柏拉图在《理想国》第 10 卷中谈到，一个画家"如果有本领，他就可以画出一个木匠的像，把它放在某种距离以外去看，可以欺哄小孩子和愚笨人们，以为他真正是一个木匠"①。

希腊哲学中个性、主体的概念还不发达，艺术摹仿说表明了主体对客观现实的某种依赖，在和客观现实的关系中，主体处于某种消极状态。希腊艺术也把对外物的逼真再现看作优秀作品的标志。据说，马其顿王亚历山大的坐骑看到一幅栩栩如生的马的画而嘶鸣不已。希腊著名国家宙克西斯画的葡萄也曾使飞鸟受骗。这些传说用以赞叹画家技艺的高超。作为典型的希腊美学家，亚里士多德也信奉艺术摹仿说。不过与前人相比，他的摹仿带来了新的重要内容。

我们在本章第二节中曾经谈到亚里士多德的摹仿说有两点值得注意。第一，亚里士多德批判了柏拉图的理式论，他所理解的现实是真实的，因此摹仿现实的艺术也是真实的。第二，根据四

①　柏拉图：《文艺对话集》，第 72 页。

因说，摹仿是一种创造。罗念生也曾多次指出这一点。亚里士多德在《气象学》和《物理学》中说"艺术摹仿自然"指的是艺术摹仿大自然的创造过程①。在此基础上，我们对亚里士多德的摹仿说作进一步的说明。《诗学》开宗明义地指出：

> 史诗和悲剧、喜剧和酒神颂以及大部分双管箫乐和竖琴乐——这一切实际上是摹仿，只是有三点差别，即摹仿所用的媒介不同，所取的对象不同，所采的方式不同。②

艺术摹仿什么呢？答案似乎不言自明：艺术摹仿我们周围存在的客观现实。实际上，这种回答并不确切。在《诗学》第 9 章中，亚里士多德明确指出，艺术不是摹仿已经发生的事，而是摹仿可能发生的事，即按照可然律或必然律可能发生的事③。也就是说，艺术不是摹仿整个现实，而是摹仿某种特殊的现实。在这种意义上，亚里士多德是最早提出艺术特殊对象的人。按照可然律或必然律发生的事，是体现某种一般性、普遍性和规律性的事。"艺术所摹仿的决不如柏拉图所说的只是现实世界的外形（现象），而是现实世界所具有必然性和普遍性即它的内在本质和规律"，这样，艺术比现象世界更为真实，这个基本思想是贯穿在《诗学》里的一条红线④。艺术摹仿要通过个别体现一般，"不能只摹仿偶然性的现象而是要揭示现实的本质和规律，要在个别人物事迹中见出必然性和普遍性"⑤。这是亚里士多德一贯的思想。他在《形而上学》和《尼各马科伦理学》中都曾指出，"经验只知道特殊，艺术才知道普遍"⑥，"那些愿意去通晓艺术善于思辨

---

① 亚里士多德：《诗学》，罗念生译，第 113 页。
② 同上书，第 3 页。
③ 同上书，第 28 页。
④ 朱光潜：《西方美学史》上卷，第 72 页。
⑤ 同上书，第 72—74 页。
⑥ 《亚里士多德全集》第 7 卷，第 28 页。"艺术"原译为"技术"。

的人进而走向普遍，尽可能通晓普遍"①。《诗学》第 25 章列举了三种不同的摹仿对象：

> 诗人既然和画家与其他造型艺术家一样，是一个摹仿者，那么他必须摹仿下列三种对象之一：过去有的或现在有的事、传说中的或人们相信的事、应当有的事。②

在同一章里，亚里士多德对这三种摹仿作了解释。第一种是简单摹仿自然，如欧里庇得斯，他"按照人本来的样子描写"。第二种指根据神话传说来摹仿。第三种是"按照人应当有的样子来描写"，如索福克勒斯③。在这三种方式中，最好的是第三种，索福克勒斯一直是亚里士多德的理想的悲剧诗人，而欧里庇得斯却经常遭到他的谴责。按照事物应当有的样子来描写，就是描写按照可然律或必然律可能发生的事情。在讨论第二种摹仿时，亚里士多德指出，"一桩不可能发生而可能成为可信的事，比一桩可能发生而不能成为可信的事更为可取。"④ 荷马根据神话写成的史诗是不可能发生的，在历史上不真实。然而在荷马所假定的那种情况下，他的描写又是可信的，即符合可然律或必然律。而可能发生或已经发生的偶然事件，由于不能体现出某种必然性，它就不能成为可信的。这就是第一种摹仿。这样，第二种摹仿就要优于第一种摹仿。亚里士多德理想的创作方法是按照事物应当有的样子来描写，这对 19 世纪车尔尼雪夫斯基关于美的定义产生了直接的影响。车尔尼雪夫斯基写道："任何事物，我们在那里面看得见依照我们的理解应当如此的生活，那就是美的。"⑤

《诗学》第 4 章还有关于摹仿的一段重要论述：

---

① 《亚里士多德全集》第 3 卷，第 235 页。"艺术"原译为"技术"。
② 亚里士多德《诗学》，罗念生译，第 92 页。
③ 同上书，第 93—94 页。
④ 同上书，第 101 页。
⑤ 车尔尼雪夫斯基：《生活与美学》，人民文学出版社 1957 年版，第 6—7 页。

人从孩提的时候就有摹仿的本能（人和禽兽的分别之一，就在于人最善于摹仿，他们最初的知识就是从摹仿得来的），人对于摹仿的作品总是感到快感。经验证明了这一点：事物本身看上去尽管引起痛感，但惟妙惟肖的图画看上去却能引起我们的快感，例如尸首或最可鄙的动物形象。（其原因也是由求知不仅对哲学家是最快乐的事，对一般人亦然，只是一般人求知的能力比较薄弱罢了。我们看见那些图画所以感到快感，就因为我们一面在看，一面在求知，断定每一事物是某一事物，比方说，"这就是那个事物"。假如我们从来没有见过所摹仿的对象，那么我们的快感就不是由于摹仿的对象，而是由于技巧或着色或类似的原因。）①

这段论述包含着丰富的内容。艺术作品能够使我们产生快感，原因在于摹仿。我们在欣赏绘画时，同时在求知，即"判定每一事物是某一事物"，也就是把艺术作品和原型相比较，通过比较作出艺术评价。快感是作品和原型的吻合引起的，也就是由艺术摹仿引起的。可见，艺术知觉需要有原型存在。这里的原型，就是根据可然律或必然律可能发生的事。求知使艺术具有认识作用。这符合摹仿的本性，人们最初的知识就是从摹仿得来的。如果我们没有见过所摹仿的对象，那么，我们对于绘画的快感就仅仅是由于着色、技巧等外在原因引起的。此外，从科学的观点或伦理学的观点使人引起痛感的事物，如尸首或最可鄙的动物，对它们的艺术摹仿也能使人产生快感。也就是说，描绘丑的现象的艺术作品可能是美的，自然丑可以化为艺术美。亚里士多德在《修辞学》中的一段论述可以与此相参较：

　　既然学习和惊奇是令人快乐的，那么与此同类的事物必

---

① 亚里士多德：《诗学》，罗念生译，第11—12页。原译中的"图像"改为"图画"。原译中的"那么我们的快感就不是由于摹仿的作品"改为"那么我们的快感就不是由于摹仿的对象"。参见《亚里士多德全集》第9卷，第645—646页。

然也是令人快乐的，例如摹仿的事物，如绘画、雕像、诗歌以及所有摹仿得逼真的作品；即便是被摹仿的原物本身并不令人愉快；因为引起愉快的并不是原物本身，而是观赏者做出的"这就是那事物"的结论，从而还学习了某种东西。①

亚里士多德使艺术及其内在规律成为独立自在的领域，使艺术体验和审美体验成为独立自在的领域。这是亚里士多德摹仿论的特色和创新之处②。

二　悲剧过失说

《诗学》第6章给这部著作的主要研究对象——悲剧下了个定义：

> 悲剧是对于一个严肃、完整、有一定长度的行动的摹仿；它的媒介是语言，具有各种悦耳之音，分别在剧的各部分使用；摹仿方式是借人物的动作来表达，而不是采用叙述法；借引起怜悯与恐惧来使这些情绪得到净化。③

这个定义指出了悲剧的四个特征，前三个特征分别涉及悲剧摹仿的对象、媒介和方式。然而，这三个特征并不是悲剧独具的特征。亚里士多德谈到，史诗也摹仿严肃的行动④，完整、有一定长度的行动也是其他艺术摹仿的对象。至于第二个特征，所谓"具有悦耳之音的语言"，指具有节奏和音调（亦即歌曲）的语言；所谓"分别在剧的各部分使用"，指某些部分单用韵文，某

① 《亚里士多德全集》第9卷，第387页。
② 洛谢夫：《希腊罗马美学史》第4卷，第409页。
③ 亚里士多德：《诗学》，罗念生译，第19页。原译"陶冶"改为"净化"，"这种情感"改为"这些情绪"。
④ 亚里士多德：《诗学》，罗念生译，第17页。

些部分则用歌曲①。此前亚里士多德就说过，几种艺术"都用节奏、语言、音调来摹仿"②。第三个特征完全不符合希腊悲剧舞台的实际。希腊演出悲剧时，"合唱队跳舞、唱歌，对剧中人表示同情，提出劝告，并向观众解释或预示后来的情节，对剧中事件的发展表示感慨"③。希腊的悲剧演出不仅借人物的动作来表达，而且采用叙述法。这样，悲剧的特征就剩下最后一个："借引起怜悯和恐惧来使这些情绪得到净化。"然而，这句话又说得过于含混。据此推测，亚里士多德关于悲剧的定义已经不符合它的原貌。尽管如此，怜悯和恐惧的"净化"说仍然受到研究者的高度重视。它和悲剧主角的"过失"说是密切联系的。朱光潜认为它们是"亚里士多德的两个极重要的关于悲剧的理论"④。

我们先看过失说。《诗学》第 13 章专门讨论了过失说。前此（第 6 章）亚里士多德已经指出，悲剧各种成分中最重要的是情节，"即事件的安排"，"悲剧的目的不在于摹仿人的品质，而在于摹仿某个行动"⑤。"情节乃悲剧的基础，有似悲剧的灵魂。"⑥希腊悲剧的情节（剧情的内容）通常利用某些神话故事，但是也允许虚构。有些悲剧"只有一两个是熟悉的人物，其余都是虚构的；有些悲剧甚至没有一个熟悉的人物，例如阿伽通的《安透斯》，其中的事件与人物都是虚构的"⑦。

悲剧应给我们一种特殊的快感，这种快感是由悲剧引起我们的怜悯与恐惧之情，这是由诗人的摹仿，即"通过情节来产生"的⑧。在情节的安排上，悲剧不应写好人由顺境转入逆境，不应写坏人由逆境转入顺境，也不应写极恶的人由顺境转入逆境，因为这些情节都不能引起怜悯与恐惧。那么，悲剧应该描写什么

---

① 亚里士多德：《诗学》，罗念生译，第 19 页。
② 同上书，第 4 页。
③ 杨周翰、吴达元、赵萝蕤主编：《欧洲文学史》上册，第 31 页。
④ 朱光潜：《西方美学史》上卷，第 86 页。
⑤ 亚里士多德：《诗学》，罗念生译，第 21 页。
⑥ 同上书，第 23 页。
⑦ 同上书，第 29 页。
⑧ 同上书，第 43 页。

呢？悲剧应该描写"与我们相似"的人，他"不十分善良，也不十分公正"，即不是好到极点的人，不过，这种人甚至宁可更靠近好人，不要更靠近一般人。"而他之所以陷于厄运，不是由于他为非作恶，而是由于他犯了过失。"①"过失"一词在希腊语中由 hamartia 表示，罗念生、缪灵珠和陈中梅译为"错误"，崔延强译为"缺陷"，我们采用朱光潜的译法"过失"②。荷兰学者布拉梅（J.M.Bremer）在《亚里士多德诗学和希腊悲剧的悲剧过失》一书（阿姆斯特丹 1969 年版）中详细分析了从荷马到希腊化时代关于"过失"（hamartia）一词的用法，以及从中世纪到当代对亚里士多德的悲剧过失说的研究。布拉梅指出，公元前 4 世纪之前 hamartia 一词的基本涵义是"过错"，然而随后它有了"故意犯罪"的意义。布拉梅列表说明公元前 4 世纪雄辩家吕西亚斯、伊索克拉底、埃斯客涅斯（Aischinēs）、狄摩西尼以及柏拉图和亚里士多德使用带有该词词根 hamart 的一组单词的基本涵义③（表中数字为使用次数）：

	Hamartanein			hamartia			hamartēma		
	雄辩家	柏拉图	亚里士多德	雄辩家	柏拉图	亚里士多德	雄辩家	柏拉图	亚里士多德
落空，没有达到目的	3	11	4	—	—	—	—	—	—
过失	34	37	36	5	5	29	12	11	20
犯罪	90	16	3	6	4	1	63	12	1

从这张表里可以看出，亚里士多德对这些单词的使用不仅不

---

① 亚里士多德：《诗学》，罗念生译，第 38 页。引文中的"过失"原译为"错误"。

② 朱光潜：《西方美学史》上卷，第 85 页。

③ 布拉梅：《亚里士多德诗学和希腊悲剧的悲剧过失》，阿姆斯特丹 1969 年版，第 56 页。

同于当时的雄辩家们，而且不同于柏拉图。他极少在"犯罪"的涵义上使用它们。自从文艺复兴以来，通常把亚里士多德的悲剧过失解释为"悲剧罪愆"（tragische schuld）。布拉梅认为这是不对的。亚里士多德并没有强调悲剧过失的道德方面。悲剧主角在道德上是一个好人，他的悲剧过失是良好愿望的意想不到的结果，不是蓄意的，而是意外的。正如罗念生在《诗学》译注中指出的那样，"犯了过失""指由于看事不明（例如不知对方是自己的亲属）"而犯了过失，"不是指道德上有缺点"[①]。

悲剧过失不涉及道德方面，这表明悲剧主角虽然不是尽善尽美的道德楷模，然而仍然是和我们相似的有道德的人。他在不明真相或不自愿的情况下有了过失，遭受了不应遭受的厄运，他的这种"祸不完全由自取"使我们产生怜悯。例如，索福克勒斯的悲剧《俄狄浦斯》中的主人公由于"无知"弑父娶母，最后挖目自贬以赎罪。另一方面，悲剧"过失"是一个内涵丰富的概念。悲剧主角遭的祸又有几分咎由自取[②]，俄狄浦斯的莽撞是引发悲剧的原因。这样，我们才会产生因小过而惹大祸的恐惧。不涉及道德方面的悲剧过失所产生的悲剧效果，却和我们的道德评价密切相连。

三　净化说

在西方美学史上，净化说是争论时间最长、分歧最大的理论问题之一。迄至 1931 年，西方研究净化说的文献已达 1425 种。在这之后，这类研究文献的数量又极大地增加了。虽然研究者们无法就净化说得出一致的结论，然而他们的研究工作从不同方面丰富了艺术知觉过程中审美体验的理论。"结果像一则尽人皆知

---

　　① 　亚里士多德：《诗学》，罗念生译，第 39 页注⑤。缪灵珠则认为亚里士多德的悲剧过失既可能是"判断的过失"，又可能是"道德的过失"。见《缪灵珠美学译文集》第 1 卷，第 33 页注⑱。
　　② 　朱光潜：《西方美学史》上卷，第 87 页。

的寓言所说的那样：一位父亲对儿子们说，果园里埋着财宝，儿子们挖遍整个果园，却什么财宝也没有找到，然而，这样一来，葡萄园里的地被掘松了。"① 葡萄的丰收给儿子们带来了财富。

对净化说理解的分歧，是由《诗学》第 6 章中悲剧定义的最后一句话"借引起怜悯与恐惧来使这些情绪得到净化"的含混多义所引起的。现存的《诗学》已残缺，没有关于净化的详细解释。长期以来，参与解读这句话的不仅有美学家和文艺理论家，而且有语言学家。有的注释家甚至认为，这句话中没有一个词语是容易理解的。"怜悯"与"恐惧"貌似好懂，然而亚里士多德没有说明悲剧产生什么样的怜悯与恐惧，因为并非所有的怜悯与恐惧都是悲的。正如朱光潜所指出的那样，"'怜悯和恐惧'这短短两个词一直成为学术的竞技场，许许多多著名学者都要在这里来试一试自己的技巧和本领，然而却历来只是一片混乱"②。尤其令注释家伤透脑筋的是词组"这些情绪"（toioytōn pathēmatōn，朱光潜译为"这些情绪"③，罗念生译为"这种情感"，缪灵珠译为"这类情绪"，崔延强译为"这类情感"，陈中梅译为"这些情感"）。如果把 toioytōn 译为"这种"或"这些"，那么，"这种情感"或"这些情绪"就指怜悯与恐惧。19 世纪以前的一些语言学家们就是这样译的，20 世纪也有人如罗斯塔尼（A. Rostagni）采用这种译法。这种译法的结果是：借引起怜悯与恐惧来使怜悯与恐惧得到净化。也就是感情通过自身来净化。这种译法遭到反对者的嘲笑。反对者主张把 toioytōn 译为"类似的"。"类似的情感"或"这类情感"就不仅仅指怜悯与恐惧。例如，高乃依就认为，悲剧涤除的是悲剧中表现的所有情绪，包括愤怒、爱、野心、恨、忌妒等。亚里士多德本人确实同怜悯与恐惧相并列也谈到其他情感。《诗学》第 19 章与怜悯、恐惧一起，提到愤怒

---

① 斯托洛维奇：《生活·创作·人——艺术活动的功能》，中国人民大学出版社 1993 年版，第 147—148 页。

② 朱光潜：《悲剧心理学》，人民文学出版社 1983 年版，第 73 页。

③ 朱光潜：《西方美学史》二卷，第 87 页。

（orgē）①。《修辞学》第 2 卷第 1 章指出：

> 各种激情是能够促使人们改变其判断的那些情感，而且
> 伴随有痛苦与快乐，例如愤怒、怜悯、恐惧和诸如此类的其
> 他激情，以及与它们相反的激情。②

在《政治学》中，亚里士多德谈到："这种情形当然也适用于怜
悯、恐惧以及其他类似情绪影响的人。"③ 不过我们仍然认为把
toioyōn pathēmatōn 译作"这些情绪"更合适，因为亚里士多德认
为，不同的艺术净化不同的情绪，悲剧引起怜悯与恐惧，又使它
们净化。《政治学》第 8 卷谈到音乐净化另一种情绪，我们在下
面将会论及。

为了解释净化说，很多人首先力求理解亚里士多德所说的怜
悯与恐惧④。《修辞学》第 2 卷第 8 章专门阐述了怜悯问题，亚里
士多德写道：

> 可以把怜悯定义为一种痛苦的情感，由落在不应当遭此
> 不测的人身上的毁灭性的、令人痛苦的显著灾祸所引起，怜
> 悯者可以想见这种灾祸有可能也落到自己或自己的某位亲朋
> 好友头上，而且显得很快就会发生。⑤

《修辞学》第 2 卷第 5 章专门论述了恐惧：

> 姑且让我们把恐惧定义为某种痛苦或不安，它产生于对
> 即将降临的、将会导致毁灭或痛苦的灾祸的意想。人并不对

---

① 亚里士多德：《诗学》，罗念生译，第 66 页。
② 《亚里士多德全集》第 9 卷，第 409 页。
③ 亚里士多德：《政治学》Ⅷ7，1342a12—13。
④ 朱光潜的《悲剧心理学》第 5 章，陈中梅译注亚里士多德《诗学》附录
〈三〉论述了对怜悯和恐惧的理解。
⑤ 《亚里士多德全集》第 9 卷，第 435 页。

一切灾祸感到恐惧，例如对将会成为不义的或蠢笨的人，而只是对那些将会导致极大的痛苦与毁害的灾祸感到恐惧，而且只在这些灾祸显得并不遥远而是近到迫在眉睫的情况下。[①]

这些论述对于理解净化固然有参考价值，然而对净化的关键论述见诸《政治学》第 8 卷：

音乐应该学习，并不只是为着某一个目的，而是同时为着几个目的，那就是(1)教育，(2)净化（关于净化这一词的意义，我们在这里只约略提及，将来在诗学里还要详细说明），(3)精神享受，也就是紧张劳动后的安静和休息。从此可知，各种和谐的乐调虽然各有用处，但是特殊的目的宜用特殊的乐调。要达到教育的目的，就应选用伦理的乐调，但是在集会中听旁人演奏时，我们就宜听听行动的乐调和激昂的乐调。因为像怜悯和恐惧或是狂热之类情绪虽然只在一部分人心里是很强烈的，一般人也多少有一些。有些人在受宗教狂热支配时，一听到宗教的乐调，卷入狂迷状态，随后就安静下来，仿佛受到了一种治疗和净化。这种情形当然也适用于受怜悯、恐惧以及其他类似情绪影响的人。某些人特别容易受某种情绪的影响，他们也可以在不同程度上受到音乐的激动，受到净化，因而心里感到一种轻松舒畅的快感。因此，具有净化作用的歌曲可以产生一种无害的快感。[②]

对净化说的历史悠久、数量众多的研究中，有若干种有代表

---

① 《亚里士多德全集》第 9 卷，第 423 页。
② 亚里士多德：《政治学》，Ⅷ7，134b36—1342a15。这里采用的是朱光潜的译文，见《西方美学家论美和美感》，第 44—45 页。亦可参见吴寿彭译文（《政治学》，商务印书馆 1965 年版）和颜一、秦典华译文（《亚里士多德全集》第 9 卷）。

的观点[1]：

第一，挖掘净化的伦理学涵义，认为净化的作用在于改造人的不良习性，培养道德规范。17 世纪法国新古典主义戏剧学家高乃依和拉辛，特别是 18 世纪德国美学家和戏剧理论家莱辛就持此说。希腊悲剧具有崇高的内容，它必然涉及道德方面。不过，道德作用仅仅是悲剧净化的一个方面。在上述引文中，亚里士多德还谈到净化引起的快感，净化和治疗的联系，即净化的心理生理方面。强调净化的道德教育作用有其正确的一方面，然而仍不免是片面的。

第二，从医学观点解释净化，主张悲剧净化像胃净化一样，排除和宣泄灵魂中不必要的积淀，净化对灵魂起治疗作用，就像药物对身体起作用一样。这种观点以德国学者贝奈斯（J. Bernays）为代表，他在 1857 年发表的《关于戏剧理论的两篇论文》中对悲剧净化作了医学阐释。其实，早在文艺复兴时期，意大利学者明屠尔诺（Minturno）于 1564 年就在《论诗艺》中提出了悲剧的净化作用等同于药物的治疗作用的观点。接着，弥尔顿（J. Milton）于 1671 年、特瓦依宁（T. Tvayning）于 1789 年、维尔（H. Weil）于 1847 年都阐述了类似的看法。这种观点的出现并不奇怪。据西塞罗记载，最先运用净化疗法的是医神阿斯克勒庇俄斯[2]。按照希腊希波克拉底的医学观点，人的健康产生于身体里四种体液的平衡，如果某种体液郁积过多，就会产生病害，但可以用医药办法驱除过量的体液。这就是净化疗法。亚里士多德自认为是神医遥远的后裔，他的父亲又是名医，他本人也受了医学教育，因此他不可能不知道净化疗法。他的著作几十次提到净化的医学意义。《物理学》和《形而上学》都谈到减肥、清泻（或灌肠，即净化）和药剂是达到健康的中介[3]。净化的医学解

---

[1] 朱光潜：《悲剧心理学》，第 172—192 页；洛谢夫：《希腊罗马美学史》第 4 卷，第 193—202 页；亚里士多德：《诗学》，陈中梅译注，第 226—233 页；罗念生：《卡塔西斯笺释》（《剧本》1961 年 11 月号）；《缪灵珠美学译文集》，第 31 页。

[2] 西塞罗：《论神的本性》第 3 卷第 22 章第 57 节。

[3] 《亚里士多德全集》第 2 卷，第 38 页；第 7 卷，第 111 页。

释在现代仍然很有影响。留卡斯（D. Lucas）、伯克尔（C. W. Van Boekel）就持这种观点。弗洛伊德也从事过心理的净化治疗工作。医生通过解放和发泄精神病患者的情感，引导他的精神状态恢复正常。这种净化疗法掀起了精神分析运动。净化的医学解释具有一定的合理内核，当然，这是指心理的净化，而不是指生理的净化。

第三，从宗教观点解释净化，"净涤"、"洗涤"不洁净的心灵是宗教活动的目的。持这种观点的有策尔（K. Zell）和《诗学》的德语译者施达尔（A. Stahr）。古代希腊流行的奥菲斯教（Opheus）主张灵魂需要净涤，它有以水净化洗身的教义。奥菲斯教的宗教神秘仪式传给毕达哥拉斯学派，柏拉图又受到毕达哥拉斯学派的影响，认为净化具有纯净和开发灵魂的作用。在罗马时期美学家西塞罗和马可·奥勒留的著作中可以看到净化和宗教神秘仪式相联系的材料。在古代希腊还没有建立法庭的时候，每个罪人，特别是杀死亲人的罪人被认为是"不洁净的"，他应该通过宗教仪式来净化这种"不洁净"。亚里士多德的净化术语无疑具有宗教神秘的起源，但是亚里士多德作为一个理性的哲学家，已经远离这种古老的起源。他在《诗学》中追溯悲剧的起源时，淡化了它的宗教背景。他没有赋予净化术语的宗教起源以重要的意义。

第四，《诗学》的英译者、著名的亚里士多德研究者布切尔（S. H. Butcher）把净化看作一种审美快感，认为希腊美学评价艺术作品时首先从道德观点出发，而亚里士多德偏离了这种传统，把接受者观照艺术作品所获得的审美快感放到首位。他由此得出结论说："亚里士多德是第一个设法把美学理论和道德理论分开的人。他一贯地主张诗的目的是一种文雅的快感。"[①] 实际上，亚里士多德并没有忽视艺术的教育功用。他在《政治学》中论述音乐净化时，列举了音乐的目的：（1）教育，（2）净化，（3）精

---

① 布切尔：《亚里士多德的诗与艺术的理论》，纽约 1951 年第 4 版，第 238 页。参见《西方美学史》上卷第 83 页朱光潜的译文。

神享受。这里就把教育功用摆在第一位。

上述四种观点尽管有各自的片面性，然而对我们理解净化说仍然有帮助。综合《诗学》中关于悲剧净化和《政治学》中关于音乐净化的论述，我们认为，艺术净化就是通过艺术作品，舒缓、疏导和宣泄过分强烈的情绪，恢复和保持心理平衡，从而产生一种快感即美感。不同的艺术能够净化不同的情绪。悲剧净化怜悯和恐惧，产生悲剧的快感。宗教音乐净化迷狂的情绪，产生音乐的快感。艺术净化的快感又不同于艺术摹仿的快感和艺术作品的技巧或着色所引起的快感。亚里士多德对审美快感的分析是很仔细的。

值得注意的是，朱光潜在 1933 年用英文撰写的博士论文《悲剧心理学》第 10 章中就对亚里士多德的净化说作了精彩的分析。首先，在讨论净化的对象时，朱光潜区分出悲剧所表现的情绪和悲剧所激起的情绪。悲剧表现的情绪是悲剧人物感到的，悲剧激起的情绪则是观众感到的。例如，悲剧《奥瑟罗》表现的情绪是忌妒和悔恨，但是观看这部悲剧的观众所感到的情绪却是怜悯和恐惧。悲剧中受到净化的情绪是怜悯和恐惧，而不是忌妒、悔恨、野心等所表现的情绪。

其次，在讨论净化的本质时，朱光潜区分出情绪和对应于这些情绪的本能潜在的能量。情绪与本能密切相关，产生一种情绪时，必定有一种对应的本能在起作用。怜悯和恐惧不是心中随时存在的具体事物，它们只有在某种客观事物刺激之下才会出现。在刺激产生之前，它们只是本能的潜在性质，这类潜在性质在适当的时候可以使人产生一定的情绪。例如，怜悯只有在面对值得怜悯的对象时才会产生。人不能总是用哭泣来表现悲伤，用笑来表现欢乐。本能冲动被压抑后，其潜在能量就会郁积起来，对心灵造成痛苦的压力，甚至会引起各种精神病症。但是，压抑一旦排除，郁积的能量就可以畅快地排出，从而产生轻松的快感。净化的本质是情绪的缓和，实际上得到疏导的是本能潜在的能量。"于是，亚里士多德那段有名的话就等于说：悲剧激起怜悯和恐惧，从而导致与这些情绪相对应的本能潜在能量的宣泄。"[1] 朱光潜对净化说作了美学和心理学的分析。

亚里士多德只谈到悲剧和音乐的净化，其实，其他艺术也有净化功用。例如，净化表现在哥特式"建筑艺术从沉重、惰性的石头中取得"的那种轻盈、缥缈和清澈中[2]。不仅在艺术知觉过程中，而且在艺术创作过程中存在着净化。艺术史上很多例证表明，一些艺术家在强烈的情绪的驱动下从事创作，创作完成后会有摆脱重荷的轻松。除了知觉艺术作品外，审美地知觉自然、社会现象、人的外貌和行为也能产生净化。净化为任何一种审美体验所固有。在艺术功用系统中，净化功用和补偿功用相互毗邻、相互转化。补偿功用引知觉者从艺术那里补充了精神上不存在的东西，是潜意识愿望的满足，净化功用则是现存的、压抑精神世界的那些东西的释放。亚里士多德提出的净化说极大地丰富了审美知觉和艺术创作理论。

四　喜剧

《诗学》第 5 章对喜剧下了一个影响深远的定义：

> 喜剧的摹仿对象是比一般人较差的人物。所谓"较差"，并非指一般意义的"坏"，而是指具有丑的一种形式，即可笑性（或滑稽）。可笑的东西是一种对旁人无伤，不至引起痛感的丑陋或乖讹。例如喜剧面具虽是又怪又丑，但不至引起痛感。[3]

这条定义不仅适用于喜剧，而且适用于喜的现象。亚里士多德第

---

① 朱光潜：《悲剧心理学》，第 180 页。
② 维戈茨基：《艺术心理学》，上海文艺出版社 1985 年版，第 317 页。
③ 亚里士多德：《诗学》，14—9a3—35。采用朱光潜译文，见朱光潜《西方美学史》上卷，第 91 页。

一次把喜作为审美范畴提出来。喜的本质是丑陋乖讹和对旁人无伤、不引起痛感这两者之间的统一。喜产生的快感是笑。喜使我们产生审美愉悦，不仅由于我们看到丑陋乖讹的现象，而且我们把自己和"较差的人物"不知不觉地对比时，感受到自身的价值，或者说，感到自身的优越。"可笑性"是对臆造的价值的揭穿，它本身成为一种人类价值①。亚里士多德关于喜的定义是深刻的。另外，亚里士多德关于喜的定义中还提到丑，把喜看作丑的存在形式。西方美学在 19 世纪中叶以后把丑归入审美领域。亚里士多德所说的丑虽然不是一般的丑，只是喜中的丑，然而他"把'丑'作为一个审美范畴提出"，表明了丑在审美理论和艺术实践中都占有一席之地。"喜剧里不但摹仿的对象丑（人物），而且摹仿的成品（面具）也丑。这种丑的存在却不妨碍人把喜剧作为艺术来欣赏。"②

　　亚里士多德在《修辞学》中指出，"关于可笑的东西，我们在《诗学》中已经作了规定。"③ 可是后人在《诗学》中并没有发现这些论述。现存法国国家图书馆、编号为 MS120 的《科伦抄本》（ *Tractatus Coislianus* ）阐述了喜剧理论，有的研究者把它当作失传的《诗学》第 2 卷的摘要。虽然此说无法证实，然而抄本原作者无疑受到亚里士多德或亚里士多德学派成员的喜剧理论的影响。抄本原作者姓名和生卒年代不详，之所以称为《科伦抄本》，因为它由法国人科伦（Coislin）收藏，抄本成文年代约在 10 世纪初，亦说在 11—12 世纪。《科伦抄本》后被译成多种文字。

　　《科伦抄本》援引了亚里士多德关于喜剧的定义：

　　　　喜剧是对于一个可笑的、不顺利的、有一定长度的行动的摹仿；它的各部分的形象中是表演的东西，而不是叙述的东西；表演的东西借引起快感和笑来使这些情绪得到净化。

---

　　① 参见斯托洛维奇《审美价值的本质》，中国社会科学出版社 1984 年版，第 138 页。

　　② 朱光潜：《西方美学史》上卷，第 91 页。

　　③ 亚里士多德：《修辞学》，1372a1。

笑是喜剧之母。①

这个定义和《诗学》第6章的悲剧定义在结构上非常相似。喜剧和悲剧的基础都是摹仿，它们具有一定的长度，同样借人物的动作来表达，而不采用叙述法，也都具有净化功用。不同的地方仅仅在于，悲剧摹仿"严肃的"行动，喜剧摹仿"可笑的、不顺利的"行动；悲剧通过"怜悯和恐惧"实现净化，而喜剧通过"快感和笑"实现净化。《科伦抄本》中的喜剧定义没有提到我们在上面引用的《诗学》第5章对悲剧下的定义。不过，《科伦抄本》随即补充说："笑产生于行动，产生于欺骗，产生于未曾有的、可能的和乖讹的事件，产生于意外的事件。"②

《诗学》第6章指出了悲剧的六个成分，《科伦抄本》则指出了喜剧的六个成分：情节、性格、思考、言词、歌曲和戏剧情景。情节是可笑的事件的安排，性格是可笑的、讽刺的、招摇撞骗的。思考包括两个方面：思想和信念。由此可见，喜剧成分和悲剧成分在结构上是相同的。喜剧不是无思想的，不是粗俗的插科打诨，它和悲剧一样，应该表现性格和思想。性格和思想与情节一起，是喜剧的基本成分。

《科伦抄本》把喜剧分为四个段落：开场、场、退场和合唱部分。开场是喜剧的位于歌队进场前的整个部分，场是喜剧的位于两支完整的歌之间的整个部分，退场是喜剧的位于最后一支歌之后的整个部分。合唱部分则是歌队唱的歌。《科伦抄本》对喜剧段落的划分，和《诗学》第12章对悲剧段落的划分如出一辙。

五　史诗

《诗学》第26章对史诗和悲剧的比较研究并不成功，然而，作为《奥德赛》和《伊利亚特》的杰出鉴赏家，亚里士多德对这

---

① 《科伦抄本》第2章。
② 《科伦抄本》第3章。

两部史诗及其作者荷马的评价却涉及一系列美学问题。对于荷马，亚里士多德抱有深深的敬意。他十分熟悉荷马的著作，需要引用时随手拈来，而又恰到好处。

《奥德赛》第 13 卷描述俄底修斯乘坐的船被冲上岸，水手们把他移到岸上，然后乘船而去，俄底修斯却一直酣睡未醒[①]。亚里士多德认为这是不可能发生的事，然而"荷马却用他的别的特长加以美化，把这事的荒诞不经掩饰过去了"，这表明"一桩不可能发生而可能成为可信的事"[②]，仍然是艺术应该描写的对象。"合情合理的不可能"就是"把谎话说得圆"，这主要是荷马教给其他诗人的，其方法就是利用似是而非的推断[③]。假如第一件事情存在，那么第二件事情就会存在，因此，人们就会认为：既然第二件事情存在，那么，第一件事情也会存在。亚里士多德在《诗学》第 24 章中举了《奥德赛》中洗脚一景的推断。伪装乞丐的俄底修斯在洗脚之前告诉他的妻子珀涅罗珀，他从前很富有，曾经款待过俄底修斯。为了证实这件事，他提到俄底修斯当时穿的衣服[④]。珀涅罗珀知道他所说的关于衣服的事是真的，因此作出错误的推断，认为这个乞丐一定见过俄底修斯。在荷马那里，A 等于 B，B 就等于 A。这当然是个逻辑错误。然而，亚里士多德认为，这种逻辑错误并不妨碍艺术创作和艺术效果。

《诗学》第 8 和 23 章论述了史诗的行动整一性。史诗的情节应该像悲剧的情节那样，围绕一个整体的行动，有头，有身，有尾，从而像一个完整的有机体，给我们以特别的快感。行动的整一性要求史诗不描绘偶然的事件，而描绘本质的事件，即按照可然律或必然律从情节中产生出来的事件。与其他诗人相比，"惟有荷马在这方面及其他方面最为高明"[⑤]，亚里士多德甚至称荷

①　荷马：《奥德赛》12.70—125。见《奥德赛》中译本，花城出版社 1994 年版，第 239 页。

②　亚里士多德：《诗学》，罗念生译，第 89—91 页。

③　同上书，第 89 页。

④　荷马：《奥德赛》19.164—307。

⑤　亚里士多德：《诗学》，罗念生译，第 27 页。

马"像神一样"①。有幸受亚里士多德如此赞誉的仅有荷马一人。《伊利亚特》只取历时 10 年的特洛伊战争中最后一年中 50 天左右的故事（阿喀琉斯的愤怒及其后果）作为核心，这个核心是整一的。荷马把 10 年战争中的其他故事作为穿插，从而以 50 天的故事表现 10 年战争的全貌。《奥德赛》也是围绕俄底修斯回家"这种有整一性的行动"展开的，并没有把俄底修斯的每一件经历，例如他在帕耳那索斯山上受伤，在远征军动员时装病都放到主要情节里，而只是把这些经历作为穿插描写。

亚里士多德重视荷马语言的隐喻风格。所谓隐喻，指"用一个表示某物的词借喻他物"，其应用范围包括以属喻种和以种喻属等②。《诗学》第 21 章以《奥德赛》和《伊利亚特》的语言为例证进行分析：

> 所谓"以属喻种"的例子，如"我的船停在这儿"，因为"泊"是"停"的一种方式。所谓"以种喻属"的例子，如"俄底修斯的确做过一万件美事"，其中"一万"是"多"的一种表达形式，在此取代"大量"。③

在《修辞学》第 3 卷中，亚里士多德也论述了荷马对隐喻的运用，从而"把无生命的事物描写成有生命的事物"④。这样的句子有："那无耻的石头又滚下平原"，"那枝箭在飞"，"那枝箭急急地飞"，"（那些长枪）栽进了土地，依然想要吃肉"，"那枪尖迫不及待地刺穿了他的胸膛"⑤。在这些句子中，无生命的事物似乎有了生命，从而显出了现实性。

---

① 亚里士多德：《诗学》，1459a31。"thespesios"字面意思为"神似的"，中译本译为"出类拔萃"、"高人一等"、"超凡入圣"等。

② 亚里士多德：《诗学》，陈中梅译，第 149 页。

③ 《诗学》引文中的"我的船停在这儿"和"俄底修斯的确做过一万件美事"分别见《奥德赛》1.185、24.30 和《伊利亚特》2.272。

④ 《亚里士多德全集》第 9 卷，第 521 页。

⑤ 分别见《奥德赛》11.598；《伊利亚特》13.587、9.126、11.574、15.542。

亚里士多德对荷马的崇敬和爱戴，是希腊文化史和希腊美学史的重要现象。他不仅热爱荷马，而且热爱荷马史诗中描绘的奥林波斯和奥林波斯上的诸神。奥林波斯（Olumpos）是马其顿的特萨勒边境上的一座高山，被厚厚的云层所守护。对于亚里士多德来说，那是美的、永恒的、幸福的家园。在《论宇宙》中，他引用了荷马的《奥德赛》中的诗句：

> 奥林波斯，人们说那是诸神的居所，
> 永远安全和牢固；
> 无疾风袭击，亦无雨水浇淋，
> 雪不飘落在附近，万里无云；
> 只有以太缭绕，
> 闪耀着透亮的光明。[1]

第五节　修辞学理论和音乐理论

除了诗学理论外，修辞学理论是亚里士多德着力研究的另一个领域。亚里士多德并没有专门研究音乐（他的许多学生对音乐作了研究），然而作为一个希腊哲学家，他对音乐感兴趣，因为希腊哲学家都认为音乐是哲学的一个组成部分。

一　修辞学理论

亚里士多德的修辞学由希腊语 rhetorike 表示，指的是演说艺术，亦可译为"雄辩术"，而不是现代意义上作文的艺术。修辞学家就是演说家。亚里士多德的《修辞学》一书专门阐述了修辞学理论。他把修辞学定义为"在每一事例上发现可行的说服方式的能力"[2]。修辞学的目的是说服人。

---

① 亚里士多德：《论宇宙》，400a10—14。荷马的诗句见《奥德赛》6.42—45。
② 《亚里士多德全集》第9卷，第338页。

在希腊社会生活中，修辞学有着广泛的用途。赋税的征收、战争与和平、疆土的防卫、进口与出口，以及立法方面的事务都是修辞学家所游说的内容。修辞学按照应用范围可以分为三种：议事修辞学对未来的事情进行劝说或劝阻，力陈提议的利或弊，推动或阻止提议的实施，这适用于私人场合或公众场合；法庭修辞学对过去的事进行控告或辩护，达到公正或不公正的目的；展示性（epideiktikon）修辞学对现在的事情进行赞颂或谴责，赋予当事人以荣誉或耻辱。

修辞学的说服论证有三种形式，"第一种在于修辞学家的品格，第二种在于使听者处于某种心境，第三种在于借助证明或表面证明的论证本身"[①]。从美学的角度看，这三种形式分别涉及修辞学家的人格修养、修辞学听众的接受心理和修辞学的风格问题。

（一）修辞学家的人格修养

修辞学的目的在于说服人，而修辞学家的品格具有重要的说服力量。亚里士多德认为，修辞学家使人信服要依靠三种素质，即德性、明智与善意[②]。这就是修辞学家的人格修养。修辞学家如果缺乏明智就不能形成正确的意见，即使有了正确的意见由于心地邪恶也不说出其意见。如果缺乏善意，修辞学家有可能不把自己最好的识见作为劝说提出来。

对于修辞学家的三种素质，亚里士多德作了具体说明。德行是"能够提供和保存诸善，而且是一种可以在诸多事情或最重大的事情上，以及在一切方面的一切事情上带来好的效果的能力"[③]。德性的组成成分是公正、勇敢、节制、大方、大度、慷慨及和蔼等。德性必然对其他人有用处。公正在和平期间对人有

---

① 《亚里士多德全集》第9卷，第338页。引文中的"修辞学家"原译为"演说者"。
② 同上书，第409页。
③ 同上书，第372页。

用，每个人通过它拥有自己合法的份额，不公正则是不合法地侵占他人的份额。勇敢在战争期间对人有用，人们通过它在危险之际做出高尚的业绩。通过节制人们把身体的快乐控制在法律允许的范围之内。慷慨之人乐善好施。明智是头脑或思想的德性，依据它人们对善和恶能有贴切的见解从而增进各自的幸福。善意是这样一种心意，"据此人们把拥有善意的人说成是对某些有所需求的人提供了帮助的人，而且这种帮助不图任何回报，也不想为帮助者本人带来某种好处，而仅仅为被帮助的那人着想"①。如果是为了回报才帮助别人，或者善举不过出诸偶然或被迫无奈，这就谈不上善意。具有这三种素质的修辞学家能够使别人信服，因为在所有事情上我们都更多和更愿意依赖好人。亚里士多德在这里谈的实际上是艺术家的德和艺、人品和文品的关系问题。

（二）听众的接受心理

修辞学家的人格修养是修辞学产生效果的必要条件，但不是充分条件，充分条件还包括听众的接受心理。朱光潜指出："亚里士多德也是心理学的祖宗，无论是在《诗学》里还是在《修辞学》里，他随时随地都在进行心理的分析，特别是考虑重要问题，都从观众心理着眼。"② 在讨论悲剧过失说和净化说时，亚里士多德分析了观众的心理；在讨论修辞学的效果时，他又分析了听众的心理。

修辞学家的演说针对不同的听众，听众的情绪对演说的接受产生直接的影响，因为听众在友爱之中与在仇恨之中、在愤怒与温和的情绪下对演说的判断绝不相同。因此，修辞学家应该针对不同听众的心理，有的放矢调动他们的情绪。亚里士多德分析了不同年龄和不同社会地位的人的心理特点。

年轻人精力旺盛，热情冲动，追求超越，易于相信别人，因

---

① 《亚里士多德全集》第 9 卷，第 433 页。
② 朱光潜：《西方美学史》上卷，第 90 页。

为他们还没有受过太多的欺骗。他们满怀希望，缅怀未来而不眷恋过去，因为来日方长，去日尚短。他们热爱名誉胜于热爱钱财。他们满怀激情，无所畏惧，志向远大。他们的一切错误都起因于过分和过激，他们做一切事情都有过之而无不及，爱人爱得太深，恨人也恨得太过。老年人与此相反，他们活过许多岁月，受过太多的欺骗，自己也做过许多事情。他们疑虑重重，畏畏缩缩，显得冷漠。他们不慷慨，因为深知财物来得艰难，去得却容易。他们靠记忆而不是靠希望为生，在追抚往昔中感到快乐。他们显得很有节制，欲望已经衰退，而且是得失的奴隶。他们总是满腹牢骚，缺乏机智风趣。中年人的性情介于上述两种人之间。他们既无太大的胆量，亦无过度的恐惧，既不吝啬也不挥霍。他们的节制中有勇敢，勇敢中又有节制。凡是在青年人和老年人那里过度或不及的东西，都能在中年人那里居中得宜。贺拉斯在《诗艺》中对青年、中年和老年三种年龄性格特点的分析和亚里士多德相似，他很可能受到亚里士多德的影响。但是，亚里士多德的着眼点在于修辞学对听众的效果，而不是像贺拉斯那样，要求文艺按照不同年龄的类型描绘人物的性格。

　　出身、财富和权力也会对人的心理和性格产生影响。出身高贵的人热爱名誉。有时候只要家族优良，就能在一定时期内产生出卓越的人，但随后又开始退化。资质聪颖的家族可能蜕变出疯狂的情性，意志沉稳的家族则易蜕变出愚蠢和懒惰的情性。富人容易奢纵和炫耀。亚里士多德对暴发户的心理作了入木三分的描绘：

　　　　不过新发财的富人跟由来已久的富人在性情上还是有差别的，其差别在于新富或暴发户具有全部甚至更多更坏的恶德，新富就好比是在财富方面的缺乏教育。[1]

与富人相比，当权者更加爱名也更勇敢。他们更有尊严，这种尊

---

① 《亚里士多德全集》第9卷，第452页。

严是一种温和的经过了文饰的威风。听众的心理是修辞学家研究的重要对象。

（三）修辞学的风格

《修辞学》第3卷论述了修辞学的风格。亚里士多德所说的修辞学的风格指用语和演说各部分的安排①。他所要求的风格的第一个特点是明晰。所谓明晰，就是要自然流畅，不露痕迹，用语既不流于粗俗，也不能过于高雅，而应恰到好处。演说不能含混不清，不能矫揉造作。要少用奇词异字、复合字和生造字，多用转义字、本义字和规范字。"转义或隐喻最能使风格变得明晰"②，不过隐喻必须用得恰当，应该"取材于在声音上、在表达能力上、在视觉上或在其他某种感觉上显得优美的那些词汇"③。

明晰不同于呆板。亚里士多德分析了造成呆板的四种原因。一是使用各种复合字，例如吕科弗朗所说的"有'高耸峰顶'的地上的'多重面目'的天"。二是使用奇词异字，例如阿尔喀达马斯所说的"在他内心的尖怒上砥磨过的"。三是不适宜地使用附加词，例如把"在跑"说成是"灵魂发动的飞奔"。四是不恰当地使用隐喻。如果隐喻关系转得太远，意思就会含混不清，例如高尔吉亚所说的"浅绿色的、没有血色的事件"。

亚里士多德所要求的风格的第二个特点是纯正。纯正的希腊语是风格的本原或基点。这种纯正表现在五个方面。一是连接词的使用，应当按自然顺序排出它们的先后。二是应当使用殊名而不是泛名。三是避免模棱两可的用语。四是区分名词的种类，如普罗泰戈拉那样，把名词分为阳性、阴性和无生命的中性。五是正确地表示名词的多数、少数与单位。

---

① 《亚里士多德全集》第9卷，第493页。

② 同上书，第498页。引文中的"风格"原译为"用语"。亚里士多德所说的"风格"（lexis）字面含义为"用语"、"说"、"词语结构"。

③ 同上书，第500页。

　　明晰和纯正并不意味着枯燥和冷漠。风格应该能够表现丰富的感情、多样的性格和五彩的现实，关键在于和题材相协调。亚里士多德写道：

　　　　风格若是能表达情感和性情，并且与事实载体或题材相比之下显得协调，就称得上适当。风格与题材之间成比例是指，对很有分量的事情不能随随便便，对大可不了了之的事情不能一板一眼。而且对十分寻常的字眼不能刻意雕饰，否则就会显得像是喜剧的风格。①

这里所说的"适当"是亚里士多德所要求的风格的第三个特征。"适当"在希腊语口是 prepon，它在亚里士多德的著作中多次出现。它在希腊美学，特别是希腊化时期和罗马美学中是一个技术术语，然而在亚里士多德那里却具有审美意义。《诗学》第 22 章在论述了衍体字、缩体字和变体字后指出，"适当的使用上面所说的各种字以及双字复合字和借用字是很重要的事"②。《论题篇》第 5 卷更是明确指出，"美和适当是同样的"③。对于风格的适当特点，《修辞学》中还有一段更加清楚的说明：

　　　　风格表达激情或情感，要是谈到暴虐的行径，就应有愤怒的措辞；要是谈到不恭敬或可耻的行为，措辞就应显出难堪和谨慎；要是谈到可赞颂的事物，就应有喜悦的措辞；要是谈到可怜悯的事物，就应有感伤的措辞；其余各类情况皆可依此类推。④

明晰、纯正和适当是亚里士多德所要求的风格特点，这也是希腊

---

　　① 《亚里士多德全集》第 9 卷，第 508 页。引文中"风格"原译为"用语"，"适当"原译为"得当"。

　　② 亚里士多德：《诗学》，罗念生译，第 81 页。

　　③ 亚里士多德：《论题篇》，135a13。

　　④ 《亚里士多德全集》第 9 卷，第 508 页。

风格的特点。

二 音乐理论

亚里士多德把音乐称作摹仿艺术。不过，它的摹仿对象和其他艺术不同，它摹仿人的心理过程，即性情。《政治学》第 8 卷写道：

节奏和曲调摹仿愤怒和温和、勇敢和节制以及所有与此相反的性情，还有其他一些性情。[①]

其他艺术不直接摹仿人的内心世界，只摹仿人的内心世界的外在表现。"形象和颜色这类派生的视觉印象并不是与性情相同的东西"，它们摹仿的只是性情的表征，即激情的状态。然而，"旋律自身就是对性情的摹仿"[②]。各种曲调本性迥异，人们在欣赏每一支乐曲时心境也就迥然不同。例如，吕底亚式令人悲郁，多利亚式令人神凝气和，佛律癸亚式令人热情勃发。由于"音乐的旋律和节奏可以说与人心息息相通"[③]，人的灵魂就是一支旋律，或者说人的灵魂蕴藏着旋律，所以，音乐对灵魂和性情能产生特殊的影响。在这种意义上，亚里士多德把直接摹仿心理的音乐称作真正的摹仿艺术。其他艺术只是间接的摹仿，它们通过人的外部形象摹仿内心状态。

除了音乐摹仿的特征外，亚里士多德还论述了音乐知觉的特征。我们通过听觉来接受音乐，听知觉不同于其他感官的知觉。亚里士多德的《问题集》第 19 卷专门讨论了音乐方面的问题，共有 50 节。其中第 27 节写道：

---

① 《亚里士多德全集》第 9 卷，第 280 页。
② 同上。
③ 同上书，第 281 页。

为什么在感觉到的东西中，只有听到的才具有品性①?
因为音乐虽无文字，却有品性，但颜色、气味和味道却没
有。是因为，只有声音才有运动吗？当然，不是指在我们之
中引起的那种运动，因为这样的运动也存在于其他感官中，
例如颜色就使视觉器官运动；而是指我们感觉到的、跟随着
如此这般的声音而发生的运动。这种运动在节拍上和高低音
的排列次序上都类似于品性，但不是在混合上相似。②

听觉不同于视觉、嗅觉、触觉和味觉，它具有伦理属性，其他感
觉则没有这种属性。原因在于声音产生运动。这不是指声音使听
觉器官产生的那种运动，因为颜色也使视觉器官产生运动。而是
指声音对我们听觉器官的作用，和听觉感受对我们心灵的作用几
乎是一样的。正是在这种意义上，听觉具有伦理属性。这使音乐
在整个艺术中占有一种特殊的地位。第 29 节对音乐感觉的这种
特征作了进一步的说明：

为什么只有声音的节奏和音调相似于品性，气味不像，
颜色和味道也不像？因为它们是运动，就像行为是运动一样
吗？活动是有品德的，且造就品性，但气味和颜色却不造成
同样的效果。③

音乐最擅长摹仿人的心理，又能对人的心理产生最强烈的影
响。亚里士多德把音乐和人的心理紧密地联系在一起，这在美学
上具有重要的意义。一切事物和对象都处在永恒的生成和消亡、
发展和变化中。不过，这些事物和对象又都具有某种相对的稳定
性、明确性和有序性。音乐的特点在于描绘永恒的生成和消亡过
程、描绘这种纯粹的时间过程。其他艺术也以这种时间过程为基

---

① "品性"的原文是 ethos，指"道德"、"伦理属性"。
② 《亚里士多德全集》第 5 卷，第 388 页。
③ 同上书，第 389 页。

础，否则，它们就是呆滞的、僵死的。然而，其他艺术如绘画必然描绘某种稳定的、明确的、有序的形象，也就是描绘处在时间过程中的相对固定的事物和对象，而不像音乐那样描绘纯粹的时间过程本身。人的心理中存在着某些固定的形象、表象和概念，但这不是心理本身。亚里士多德所理解的人的心理是一种过程，用现代学者詹姆士的话来说，是一种"意识流"。音乐描绘人的心理的运动、生成和过程，描绘"意识流"。亚里士多德的音乐理论区分了意识流和处在意识流中的事物，即意识的对象①，这是他对希腊美学的重大贡献。

第六节 其他艺术理论

和其他希腊美学家一样，亚里士多德对艺术作广义的理解，艺术包括技艺、科学和现代意义的艺术。亚里士多德把人类活动分为三种：理论活动（认识和观照）、实践活动和创制活动。相应地，知识有三种：理论知识，包括第一哲学、数学和物理学；实践知识，包括政治学和伦理学；创制知识，包括诗学和修辞学，创制活动指人工制作的活动，艺术和技艺都属于创制活动。在《形而上学》第 1 卷第 1 章中，亚里士多德指出科学和艺术都以经验为基础，"人们通过经验得到了科学和艺术"②。艺术和技艺的共同性以及艺术和科学的共同性使得"艺术"一词在亚里士多德那里获得多义性。不过，亚里士多德仍然试图界定艺术不同于科学和技艺的特点。

一 对艺术的界定

我们先看艺术和技艺的区别。亚里士多德认为，手艺人（工匠）做事情只凭经验和习惯，只知其然，而不知其所以然。艺术

---

① 洛谢夫：《希腊罗马美学史》第 4 卷，第 557 页。
② 亚里士多德：《形而上学》，981a—2。

家虽然也以经验为基础，但是他们对经验进行了加工和概括。他们之所以比手艺人更加智慧，并不在于实际做事情，而由于懂得道理，知道原因。在这里亚里士多德强调了艺术和普遍规律的联系。实际上技艺也具有普遍的规律和方法，亚里士多德对此作出否定是错误的。从他对艺术和技艺的界定中，可以看出他对技艺的轻视。在他看来，技艺是奴隶所从事的工作，而艺术是自由民所从事的工作。他从奴隶主阶级立场出发，特别贬低没有技能的纯体力劳动，认为这是粗活。柏拉图则坚决主张，画家画的桌子要远远低于木匠做的桌子。与此相反，亚里士多德强调自由民不应该"从事任何工匠的贱技"①。

在《政治学》中为儿童教育立法时，亚里士多德明确把技艺说成是非自由人的事务：

> 有一点很清楚，就是儿童应该学习种种必需的和实用的事务，但还不是全部实用的事务，因为它们明确分为自由人的和非自由人的两类，儿童们只能从事工匠们不能从事的有关实用事务。任何工作、艺术和学识倘若使得自由人的身体和思想不适合于德性的运用和实行，都应该认为与工匠的营生同类。②

我们再看亚里士多德对艺术和科学的界定。亚里士多德把科学看作逻辑论证的系统，他在《尼各马科伦理学》第6卷中给科学下了一个严格的定义：

> 我们全都认为，科学地认识的东西是不可改变的，而可改变的东西既处于考察之外，那也就无法知道它们是存在还是不存在。凡是出于必然的东西，当然能被科学地认识，当然是永恒的东西。而凡是出于必然而存在，当然完全无条件

---

① 《亚里士多德全集》第9卷，第374页。
② 同上书，第272页。引文中"艺术"原译为"技术"。

是永恒的。而永恒的东西既不生成也不灭亡。①

　　科学的对象是永恒的、必然的东西。艺术的对象与此不同，"一切艺术都和生成有关，而进行艺术的思考就是去审视某些可能生成的东西怎样生成。它可能存在，也可能不存在。"② 艺术的对象不是纯粹的现实，而是一种可能的存在，是一种生成。亚里士多德所理解的生成具有一定的结构特征，那就是完整的行动。于是，艺术的真正对象就是作为一种可能性的完整的行动。《诗学》第 8 章批评了某些诗人没有摹仿完整的行动的错误：

　　　　有人认为只要主人公是一个，情节就有整一性，其实不然；因为有许多事件——数不清的事件发生在一个人身上，其中一些是不能并成一桩事件的；同样，一个人有许多行动，这些行动是不能并成一个行动的。那些写《赫拉克勒斯》、《忒修斯》以及这类诗的诗人好像都犯了错误。他们认为赫拉克勒斯是同一个人，情节就有整一性。③

　　完整的行动或整一性的行动就是要求各种行动之间具有必然的或可然的联系。在这方面，亚里士多德赞扬了荷马，他的《奥德赛》和《伊利亚特》就是按照情节的整一性构成的。关于这一点，我们在第四节史诗部分中已经讨论过。

二　艺术和审美

　　亚里士多德对艺术和审美的关系作过零散的论述，然而这些论述令人感兴趣。《政治学》第 8 卷第 3 章写道：

---

　　① 《亚里士多德全集》第 8 卷，第 123 页。
　　② 同上书，第 124 页。引文中的"艺术"原译为"技术"。
　　③ 亚里士多德：《诗学》，罗念生译，第 27 页。

　　儿童们的教育中包括一些实用的课程，例如学习读写，但并非仅仅为了实用，而是为了通过它们得以步入更加广阔的知识天地。同样，学习绘画也并非为了在私下的交易中不致出差错；或者在各种器物的买卖中不致上当受骗，而毋宁是为了增强对于形体的审美能力。①

　　"增强对于形体的审美能力"译法不妥。因为在希腊还没有出现"审美"的术语。这句话据原文应译为"培育确定形体美的眼睛"。但两者的涵义是相似的。艺术不涉功利，不为实用，绘画的目的是增强对于形体美的知觉能力。有无审美能力是人和动物的根本区别之一。人先天具有审美的潜能，这是人的感官长期进化的结果，但是潜能的实现有赖后天的培育。在《尼各马科伦理学》第6卷第5章中亚里士多德指出，艺术和实践不同，"良好的实践本身就是目的"②。艺术是没有目的的，即没有实用的、功利的目的。但是艺术有自身的和谐、节奏和规定性，艺术中的一切都是合目的性的。所以艺术是没有目的的合目的性。这是亚里士多德所理解的艺术的特征，也是他所理解的美的特征。

　　视觉和听觉作为审美感官为人所独有。《尼各马科伦理学》第3卷第10章谈到，一个人在聆听音乐和歌剧、观看图像和绘画时，会产生快感。这种快感不涉利害，与欲望无关，因此是一种审美的快感。人的快感一旦和欲望相联系，比如佳肴的香气所产生的快感，那只是生理上的快感，而不是审美的快感。动物的快感没有审美意义，它仅仅和生理欲望相粘接。"公牛的叫声也不会使狮子感到快乐，只有在吞咽的时候它才感到快乐。"③

　　在《优台谟伦理学》第3卷第2章中，亚里士多德描述了审美快感的直觉性和强烈的情感性。一个人看到漂亮的雕塑、听到

---

① 《亚里士多德全集》第9卷，第275页。
② 《亚里士多德全集》第8卷，第125页。
③ 同上书，第65—66页。

美妙的歌声时，就像"那些被海妖们的歌声迷住了的人"一样①。这些感觉是动物所没有的。虽然动物的感觉比我们灵敏，然而，"和谐和美"、"美好的东西"、"悦耳的音乐"不能使动物产生美感。

《政治学》第3卷第11章也论述了艺术和美的关系。

> 贤良之人之所以出类拔萃，就在于每人都集众人之长于一身，恰如被称为美的事物胜于不美的事物，艺术的产物胜于真实的事物，因为它们汇集孤立存在的要素于一体，尽管分开来看，一幅画像中人物的眼睛或其他某个部分可能会不如另外某个人的眼睛或其他相应的部分。②

亚里士多德的这段论述表明，艺术美高于现实美。艺术把"孤立存在"于现实中的各种美的要素"汇集于一体"，是各种美的集中、概括和凝聚。尽管画像中人物的眼睛或其他某个部分可能不如现实中某个人的眼睛或其他相应的部分美，但是画像中人物各个部分的组合仍然比现实中的人物更美。

第七节　审美教育

和柏拉图一样，亚里士多德重视全民的、全社会的教育。《政治学》第8卷第1章指出，"对教育的关心是全邦共同的责任，而不是私人的事情。"③ 亚里士多德反对各人关心各自的子女，各人按自己认可的准则施教，赞扬斯巴达人把儿童的教育作为全邦的共同责任。和柏拉图不同的是，亚里士多德的"全民"仅指自由民，他的教育对象不包括奴隶。在这方面，他表现出更为强烈的奴隶主思想意识。亚里士多德的审美教育理论的特色

---

① 《亚里士多德全集》第8卷，第393页。
② 《亚里士多德全集》第9卷，第94—95页。
③ 同上书，第271页。

是，把它作为一个独立的教育层面提出来，使它有别于道德教育和智力教育。

一　闲暇

在《政治学》第 8 卷第 3 章中，亚里士多德把时间分为劳作时间和闲暇时间。有两种闲暇时间：社会闲暇时间和个人闲暇时间。在奴隶社会中，社会闲暇时间以奴隶的劳作时间为基础，奴隶生产的剩余产品，为不劳动阶级提供了发展其他能力的闲暇时间，成为社会发展，包括科学、文化和艺术发展的物质基础。亚里士多德把个人闲暇称作"全部人生的惟一本原"，"人的本性谋求的不仅是能够胜任劳作，而且是能够安然享有闲暇"①。如何用艺术充填闲暇时间，这是亚里士多德的审美教育所关心的问题。正如他所说的那样，需要思考"闲暇时人们应该做些什么"，他的答案是，"显然应该有一些着眼于消遣中的闲暇的教育课程"②。这些课程只为了自身范围的事物，而不以自身之外的其他事物为目的。音乐就是这样的课程：

> 前人们把音乐归入教育，既不是作为必需之物——因为它不具备这种性质，也不是作为实用之物——因为音乐不像读写，在理财、家政、求知和政治活动等方面有着广泛的用途；它也不像绘画，有助于更好地鉴别各种艺术作品；它也不像体育，有助于健康和强壮，因为我们看不到音乐能起这样的作用。于是剩下的可能就是在闲暇时的消遣，显然这是设置音乐课程的初衷。音乐被认为是自由人的一种消遣方式。③

---

① 《亚里士多德全集》第 9 卷，第 273 页。
② 同上书，第 273—274 页。
③ 同上书，第 274 页。

亚里士多德的闲暇概念对于审美具有重要的意义。首先，这种概念把艺术、审美和自由联系在一起。艺术和审美"既不立足于实用也不立足于必需，而是为了自由而高尚的情操"①。艺术创作是在社会自由的闲暇时间中实现的，艺术欣赏是在个人自由的闲暇时间中进行的。艺术活动和审美活动是自由地、不受强制地实现的。没有闲暇，艺术既不能产生，又不能被欣赏。这种观点触及到艺术和审美的本质特点，对后世产生巨大的影响。启蒙运动美学就把艺术活动和审美活动同自由联系起来。

其次，闲暇的概念涉及艺术的娱乐功用，"音乐被认为是自由人的一种消遣方式"。《政治学》第 8 卷第 5 章明确提出了音乐的娱乐功用。其实，不仅音乐，其他艺术也具有娱乐功能。娱乐功能使艺术对广大观众具有强烈的吸引力，虽然它不是艺术的目的，然而没有它艺术的目的就无法实现。亚里士多德所阐述的艺术功能是多种多样的。

二　体育锻炼和音乐

体育锻炼和音乐被亚里士多德当作审美教育的手段。当时最关心儿童的城邦中，为了造就儿童运动员一般的体质，却损害了他们的体形和阻碍了他们的发育。亚里士多德反对这种做法，主张体育锻炼的目的是为了人的美。斯巴达人以对儿童进行艰苦训练著称，认为这样可以大大增强其勇敢。然而他们的目的没有达到，因为勇敢并不是与残暴结合在一起，而是伴随着温顺的类似狮子的性格。《政治学》第 8 卷第 4 章指出，"斯巴达人热衷于从事艰苦的训练，他们超过其他希腊人仅仅因为其他希腊人轻视这些训练。而现在有些人已经超过他们，这些人锻炼中重视的不是劳动和训练本身，而是美。""在教育中起着首要作用的应该是美，而不是粗野的动物性的东西。"② 亚里士多德批评了有些人

---

① 《亚里士多德全集》第 9 卷，第 275 页。
② 亚里士多德：《政治学》，1138b26—30。

教育儿童过于注重粗野的身体训练的做法，这种做法的结果是把儿童变成了低贱的工匠。

出于审美的考虑，亚里士多德对体育训练的方式提出了建议。青春期以前的儿童只应该从事轻微的锻炼，并要避免严格的饮食限制和强制性的劳累。青春期到来之后的三年里，应该学习一些其他课程，随后的年龄才适合从事剧烈的运动和接受严格的饮食限制，因为人的思想和身体不宜同时操劳。

《政治学》第8卷第5—7章讨论了音乐教育问题。音乐的功用有三种：教育、娱乐和消遣[①]。在审美教育中，音乐的这三种功用是结合在一起的。我们在第五节中阐述亚里士多德的音乐理论时，曾经指出他把音乐看作对人的心理过程的摹仿，人的听知觉具有伦理属性。音乐能对人的性情和灵魂起教育作用，人的性情通过这样或那样的韵律会有所改变。关于音乐的娱乐和消遣功能，亚里士多德写道：

> 娱乐是为了松弛，而松弛必定带来享受，它是医治劳苦的良药；至于消遣，人们公认它不仅包含美，而且包含愉悦，幸福是美和美所产生的愉悦构成的。[②]

为了使音乐在审美教育中更好地发挥作用，亚里士多德主张少年需要亲自学习歌唱和演奏，因为没有音乐实践经验的人很难或几乎不可能成为评判他们演奏的行家。不过，不能让音乐的学习妨碍青少年日后的事业，也不能损害他们的身体，使他们不适于战争或政治方面的训练。亚里士多德所要求的音乐教育不是专业教育，不是为参加竞赛而刻苦进行技术训练，也不是追求惊奇和高超的表演，其目的在于"使青少年有可能欣赏旋律和节奏的美，而不仅仅满足于欣赏连某些动物、奴隶和幼儿都能体验的普通

---

① 《亚里士多德全集》第9卷，第278页。
② 亚里士多德：《政治学》，1339b16—19。

音乐"①。

　　审美教育和伦理教育是结合在一起的，根据这种原则，并非所有乐器都适宜在教育中采用的。例如笛管就不适宜，亚里士多德认为它不能表达道德情操，过于激越。凡是需要专门技巧的乐器也应当排除在音乐教育之外。专门技巧指为参加竞赛而训练的技巧，参赛者的表演不是为了自身的德性，而是为了取悦听众。和乐器一样，也不是所有的曲调和节奏都适宜于音乐教育。亚里士多德把旋律分为三种：伦理的、行动的和激昂的。在教育方面，要采用伦理的旋律。至于音乐剧场的观众，他们分为两类：一类是受过教育的自由人，一类是工匠、雇工和其他诸如此类的鄙俗之人。对于后者，专职的乐师在演出时可以选用与他们相宜的那种音乐，比如偏好紧张和花哨的旋律。对于自由人，需要采用严格规定的旋律。亚里士多德指出最合适的旋律是最为沉凝庄严、最能表达勇敢刚强的情操的多利亚式，因为多利亚在各种乐调中居中。当然，亚里士多德也不排斥通晓哲学和音乐教育的人所赞同的其他乐调。由于年龄的差异，老年人很难再唱紧张高亢的曲调，应该给他们一些轻松的乐曲。

　　总之，亚里士多德的音乐教育不限于聆听音乐，还要演奏乐器。但是，演奏乐器既要避免走上职业的道路，又要对乐器有严格的选择。曲调和旋律也应当按照人物的身份和年龄有所选择，最适宜于青少年审美教育的旋律是多利亚式。

　　在本章结束时，我们对亚里士多德的美学作一个简单的小结。亚里士多德美学的哲学基础是所谓四因说。他认为任何事物都有质料因、形式因、动力因和目的因这四种原因。质料和形式是亚里士多德所说的本体，所以，以四因说为基础的美学是本体论美学。在四医中，最重要的是形式因。亚里士多德的形式就是柏拉图的理式。亚里士多德激烈批判了柏拉图的理式论，但是他并没有放弃理式这个概念。和柏拉图不同的是，亚里士多德的形

———————

　　①　亚里士多德：《政治学》，1341a13—17。

式存在于物之中，而不存在于物之外，他的形式论（或理式论）是一般存在于个别之中。由此出发，他主张艺术通过个别表现一般，艺术的典型人物是普遍与特殊的统一。

一般存在于个别中，形式存在于质料中，那么，一般和个别、形式和质料孰先孰后呢？亚里士多德主张，形式先于质料，形式是第一本体，个别事物是第二本体。在这方面亚里士多德陷入了客观唯心主义。亚里士多德的唯心主义还表现为，在论述动力因时，他设定了"不动的第一动者"，这就是"神"或者"宇宙理性"。宇宙理性是最高的美，也是最高的善，是万物追求的目的，亚里士多德的美学是一种目的论。

四因的原则是创造原则。任何事物的形成都是使质料获得形式，艺术也是如此。与其说艺术摹仿自然，不如说自然摹仿艺术。泛艺术性是亚里士多德哲学和美学的基本特点。在美的事物中，四因处在合乎尺度的相互关系中。这种相互关系产生出有机整体。亚里士多德把艺术看作有机整体。

当亚里士多德不依赖第一哲学而直接阐述美学问题时，他的审美对象就不是宇宙理性而是现实世界，包括植物、动物、人、宇宙、颜色、声音等。在这些审美对象中，球形的、作永恒的、匀速的圆周运动的宇宙是最高的审美对象。人应该观照宇宙，并从中感到幸福。人本身是小宇宙，应该像宇宙那样和谐地生活。亚里士多德对美下过两个主要的定义。在《修辞学》中，他通过善来确定美，认为美是善和愉悦的结合，从而在西方美学史上第一次对善和美作出明确的区分，虽然他也承认它们的同一性。在《形而上学》中，亚里士多德通过数学来确定美，认为美的最高形式是秩序、对称和确定性。与其说这是美的形式特征，不如说是美的结构特征。在这三个特征中，秩序最为重要。宇宙的真实名称就是秩序（kosmos）。亚里士多德的宇宙完美说对近、现代自然科学家也产生重要影响。他们认为，宇宙是完美的，阐释宇宙的理论也应该是完美的。每当这种理论出现破绽时，他们就力图更新这种理论。比如哥白尼提出了日心说，牛顿创立了经典力学体系，布朗克、迈克思韦突破了经典物理学,爱因斯坦提出了相对论。

在西方美学史著作中,很少有像亚里士多德的《诗学》那样引起如此众多的学者作万久不衰的研究和异常激烈的争论。由于后人的加工整理,也由于数百年来的窖藏造成《诗学》手稿的破损,《诗学》中有不少含混不清之处。《诗学》的这种历史命运更助长了对《诗学》内容的争议。尽管如此,《诗学》的价值和影响不容置疑。《诗学》和亚里士多德的其他著作涉及艺术的本质和功用。亚里士多德也把艺术看作摹仿,不过他的摹仿比柏拉图前进了一大步。亚里士多德明确地论述到艺术的多种功用:教育、净化、娱乐、消遣。他谈论艺术处处从心理学出发,艺术摹仿出于人的天性,净化则是强烈的情绪的宣泄,他的音乐理论更是与人的心理有关。

在《政治学》中亚里士多德讨论了审美教育,他把审美教育看作治国方略的一部分。在审美教育中,他提出了闲暇的概念。艺术创作因社会闲暇而产生,艺术欣赏因个人闲暇而可能。这样,艺术和审美同自由、不涉及利害联系在一起。这和亚里士多德对哲学的态度是一脉相承的。哲学的特征是"因闲暇而沉思,因沉思生诧异,从诧异求知识,因知识而满足"。"这种无需外求、不务实用的思辨生活被推崇为最高贵、最幸福的生活。"①

---

①　赵敦华:《西方哲学通史》第 1 卷,第 202 页。

第 二 编

希腊化时期和古罗马美学

导　论

希腊化时期和古罗马早期的哲学美学

古罗马文艺美学

普洛丁和新柏拉图主义

导　论

　　希腊化时期和古罗马美学指从公元前 322 年亚里士多德去世，到公元 529 年罗马帝国皇帝查士丁尼下令关闭雅典所有学园这段时期的西方美学（这和历史上的希腊化和古罗马时期不完全吻合）。它历时 800 多年，比历时 200 年的古希腊美学长得多。希腊化时期和古罗马时期在历史上是两个时期。在希腊化时期，古希腊美学传至东方；在古罗马时期，古希腊美学传至拉丁语地区。这两个历史时期流行着同样的美学学派。

一　社会历史状况

　　公元前 334 年，统治了希腊的马其顿王亚历山大率领大军开始东征。这标志着历史上的希腊化时期的开始。经过 10 年征战，他逐渐建立了前所未有的、横跨欧亚的大帝国，其范围西起希腊、马其顿，东至印度河流域，南临尼罗河第一瀑布，北抵多瑙河与药杀水。很多希腊人不承认非希腊的所谓蛮夷之族是真正的文明人，然而亚历山大认为自己的历史使命就是要使希腊人和东方民族融合为一个整体。他的远征在历史上第一次使东西方世界连在一起。为了实现东西方的融合，亚历山大采取了很多具体措施。一次，他安排了 3 万名东方民族男孩学习希腊文化和操练马其顿武器。他曾在苏撒举行过一次盛大的集体婚礼，东西方贵族联姻的有 1 万多对。他自己也数次和东方女性结婚。他在尼罗河入口处建立了一座新城市——亚历山大里亚，日后该城和雅典并列为文化和哲学的中心。

　　亚历山大所建立的横跨欧亚非的大帝国只是一个不稳定的、

临时的军事联合体，它并没有统一的经济基础。亚历山大于公元前323年去世后，群臣混战，逐渐形成三支割据势力。占据埃及的大将托勒密建立了托勒密王朝，占据中亚、西亚的塞琉古建立了塞琉古王国，马其顿和希腊则在卡山德控制之下。公元前2世纪中叶，这些地区经济危机上升，阶级和民族矛盾加剧，逐渐被走向强盛的罗马所征服。公元前31年，埃及的托勒密王朝作为最后一个希腊化国家被罗马吞并，历时300年的希腊化时期终结。

罗马原是古意大利的一个城邦，它的历史通常被分为三个时期：王政时期、共和国时期和帝国时期。公元前3世纪至公元前1世纪，罗马不断向外扩张。首先，它于公元前343年至公元前266年征服了整个意大利。接着，为了战胜西部地中海霸国——北非的迦太基，它发动了三次布匿战争。迦太基是腓尼基人在北非建立的殖民地，领土包括北非西部沿岸、西班牙南部、巴利河群岛、撒丁岛、科西嘉岛和西西里岛。罗马人称腓尼基人为布匿人，所以对他们的战争被称为布匿战争。在第一、二次布匿战争中取得胜利的罗马进入迦太基人的势力范围。"经过半个世纪的争斗（公元前264至前202年），罗马成为一股'世界性力量'，西方的土地将由雅利安人而非闪族统治，这已成定局。"[1] 公元前149年至公元前146年的第三次布匿战争实际上是罗马军团对解除了武装的迦太基人的一场屠杀。

布匿战争后，罗马开始了对希腊化东方的征服。罗马人在希腊化时期同希腊人交往时，很羡慕他们的文化。然而，希腊化各国无休止的混战使罗马人厌烦。罗马在军事上组织良好，军队纪律严明，装备精良，训练有素；在政治上效率高，元老院、公民大会、执政官和保民官相互制衡。罗马决定一个一个地征服希腊化国家。公元前148年它占领了马其顿，公元前146年占领了希腊，公元前133年占领了帕加马，公元前63年

---

① 巴洛（R.H.Barrow）：《罗马人》，上海人民出版社2000年版，第30—31页。

占领了叙利亚，公元前 28 年至公元前 50 年占领了加里西亚，公元前 31 年占领了埃及。罗马疆域的扩张在共和国政府的统治时期已经基本完成，它的领土"西至大西洋边；北至莱茵河和多瑙河；东至幼发拉底河；南边则直到阿拉伯和非洲的沙漠地带"①。

从公元前 146 年方匿战争结束到公元前 31 年屋大维作为罗马第一个皇帝登基，是罗马由共和体制向帝国体制转型的时期。公元前 27 年，罗马元老院授予屋大维"奥古斯都"（Augustut，意为"至圣至尊"，"帝国的惟一执政者"）的称号。罗马自此进入帝国时期。所谓帝国，并不是针对领土而是针对统治方式而言，即罗马开始由一个皇帝来统治。

罗马帝国时期自公元前 27 年至公元 476 年，这一年西罗马被日耳曼雇佣军灭亡。帝国时期可以分为两个阶段：帝国前期约 200 年，政治稳定，经济繁荣；而自 2 世纪末到 3 世纪末，帝国在政治和经济方面爆发了全面危机，从而导致帝国的衰落和灭亡。屋大维在位的 40 多年和近 100 年的安敦尼王朝是帝国前期的黄金时代。在这两段时期之间罗马宫廷充斥着血腥和丑闻，并且出现了罗马历史上最著名的暴君尼禄。斯多亚派哲学家、美学家塞内卡曾任尼禄的老师和大臣，后被尼禄赐死。安敦尼王朝有 6 位皇帝：涅尔瓦、图拉真、哈德良、安敦尼、马可·奥勒留、康茂德。2 世纪初期图拉真在位时，罗马帝国版图最大。马可·奥勒留则是斯多亚派哲学家、美学家。

如果说希腊民族是个思想的民族，那么，罗马民族是个实践的民族。在罗马帝国前期，农业、手工业、商业和市政建设都有了长足的发展。罗马人眷恋土地，罗马诗人维吉尔的《农事篇》描绘了农村稼穑丰阜，葡萄藤上、橄榄枝头硕果累累，牛羊牲畜繁衍成群的兴旺景象。罗马诗人、美学家贺拉斯也对中等规模的

---

① 吉本（R.Gibbon）：《罗马帝国衰亡史》上册，商务印书馆 1997 年版，第 20 页。

农场怀有真挚的情感①。由于改良土壤和种植技术，改进生产工具，农业出现了前所未有的繁荣。罗马的手工行业达八十多种，分工细密，产品种类繁多，有制陶、金属加工、玻璃吹制、纺织、榨油和酿酒等②。新的机械设备得到应用，如建筑中的起重装置，工业中的水磨。当时的科学家还研究了嵌齿轮和滑轮、涡轮和驱动、光线折射以及以此为基础的原始经纬仪。罗马人擅长把科学技术运用于生产实践。由于地中海成为罗马帝国的"内湖"，所以地中海沿岸地区的贸易畅通无阻。与此同时，国际贸易也十分频繁。罗马和亚历山大里亚成为内外贸的枢纽。有一年120艘商船从罗马前往印度。汉桓帝延熹九年（公元166年），罗马皇帝安敦尼派遣使臣向中国进献象牙、犀角、玳瑁，和中国开展贸易。《后汉书·西域传》曾有记载。罗马皇帝马可·奥勒留又向中国派遣了商贸使团。

最令人称道的要算帝国的市政建设。屋大维热衷于罗马公共工程建设，大兴土木，把一座砖造的罗马改建成大理石造的罗马。罗马人以直线规划城市，两条宽阔的大街相交，以十字路口为起点，一行行地规划其他道路。路面平整，坚固的路基至今犹存。城市入口处建有纪念性的拱门。市内建有神殿，法庭，带柱廊的广场，图书馆，学校，剧场，浴室，圆形露天竞技场。为了向城市供水，罗马建立了14条引水渠，总长265英里，一些引水渠至今仍在使用。著名的加尔桥引水渠由三层拱桥相叠而成。住宅用水由铅管从蓄水池引入。罗马人还建造了喷泉，"公共广场、花园和街角的喷泉在日光下熠熠生辉，并给尘土飞扬的城市带来清爽的感觉"③。罗马人建造的每一项工程都巨大而华美。巨大是罗马明显不同于希腊的地方。

由于奴隶制束缚了劳动者的积极性，不能适应生产力发展的需要，加上奴隶经常逃亡，奴隶来源枯竭，于是，帝国经济中出

---

① 巴洛：《罗马人》，第144—145页。
② 马世力主编：《世界史纲》上册，第211页。
③ 巴洛：《罗马人》，第149页。

现了隶农制。土地所有者把土地分割成小块租给奴隶或农民耕种，收取地租。承租土地的奴隶或农民就是隶农。与奴隶相比，隶农有一定的自由，他们的劳动积极性也较高。隶农制在某种程度上促进了生产力的发展，它是罗马帝国由奴隶社会向封建社会过渡的产物。以普洛丁为代表的新柏拉图主义就是罗马帝国封建化过程在意识形态领域中的反映。

192 年安敦尼王朝的最后一个皇帝康茂德死于宫廷政变，罗马帝国陷入混乱中。军队哗变不断，王朝短命，皇帝更迭频繁。从 235 年至 284 年的 50 年中，罗马有 24 个皇帝，其中只有一个是自然死亡，其余都死于皇位争夺战。只是有赖戴克里先和君士坦丁的努力，罗马帝国才免于彻底崩溃。284—305 年在位的罗马皇帝戴克里先为了稳定和加强帝国统治，实行了君主专制的"多米努斯制"。他把罗马划分为四大区域，四大区域又划分为 12 个行政大区，行政大区之下设行省，连同特别行政区罗马城，行省总数为 101 个。罗马帝国建成了等级森严的军事官僚制度。这种政治制度在普洛丁以后的新柏拉图主义中打下不可磨灭的印记，新柏拉图主义非常热衷于划分存在的各种等级。

继承戴克里先皇位的君士坦丁，继续组建帝国的安全保障体系。由于罗马东部许多方面超过了罗马西部，君士坦丁把帝国的首都从罗马迁往东部的拜占庭，取名君士坦丁堡。君士坦丁去世后，罗马帝国一分为二，被他的两个儿子继承。东罗马帝国以君士坦丁堡为首都，西罗马以罗马为首都。戴克里先和君士坦丁所采取的一系列措施延缓了罗马帝国的衰亡过程，但是无法挽狂澜于既倒。西罗马危机汇重，生产萎缩，财源枯竭，城市凋敝，军队横征暴敛，哀鸿遍野，民怨沸腾，人民起义风起云涌。4 世纪下半叶，西哥特人、日耳曼人、匈奴人相继攻入罗马。476 年，日耳曼雇佣军废黜了西罗马最后一位皇帝，西罗马帝国灭亡。罗马的奴隶制随之结束。

关于罗马帝国灭亡的原因，有多种说法。然而，罗马人道德的沦丧无疑是重要原因之一。"残忍和纵欲的倾向贯穿于罗马人的个性。"[1] 罗马人把竞技场当作自己的家。竞技场里经常举行斗士表演、斗兽表演。连狮子、老虎等猛兽也被引进竞技场，与赤手空拳的角斗士进行生死搏斗。观看这种残酷、兽性的表演的，既有达官贵人，又有芸芸众生。3—4 世纪，罗马街头整日整夜地游荡着大批流氓无产者。为了观看角斗表演，他们迫不及待地在天刚破晓时就去占地方，甚至在竞技场近处的柱廊里度过焦急的不眠之夜。观众人数有时多达 40 万[2]。

骄奢淫逸是弥漫罗马的又一种风气。各种宴饮通宵达旦，食品精心炮制。罗马人乞活的某些时期餐桌上的享乐所达到的程度令人惊讶。罗马作家佩特罗尼乌斯（Petronius）反映罗马社会习俗的长篇小说《萨蒂利孔》，以大量篇幅生动描绘了一个暴发户家宴的饕餮场景。罗马富人的马车常用雕刻精美的白银装饰，马的鞍辔也都镶着黄金饰物。皇帝戴克里先的浴池有 3000 多个座位，在规定的时间内不分等级从元老到平民都可以使用。"那些高大房间的墙壁上都覆盖着模仿笔画艺术的，设计精美、颜色各异的绚丽的马赛克。矣及的花岗岩十分精美地镶嵌着贵重的努米底亚绿石大理石；洁净的热水不停地从众多闪闪发光的银制大喷嘴中注入宽大的浴池。"[3] 然而，从这些宫殿般的建筑中走出的平民却衣衫褴褛，他们四处闲逛，在赌场、酒馆或妓院里消磨时光。

二 希腊化时期和古罗马的文学艺术

古罗马文学艺术以希腊文学艺术为圭臬，而希腊化时期的文学艺术是古罗马文学艺术学习和摹仿的直接对象。希腊化时期的文学艺术作为古希腊文学艺术的继续和发展，取得了辉煌的成就。

---

[1] 巴洛：《罗马人》，第 117 页。
[2] 吉本：《罗马帝国衰亡史》下册，商务印书馆 1997 年版，第 20 页。
[3] 同上书，第 19 页。

　　与古希腊艺术相比，希腊化时期的艺术个性化因素增强，通过面部表情、多变的姿态和衣服的褶皱深入地刻画了人物的情感特征。这一时期是人物肖像诞生的时期，这在艺术史上有重要意义，艺术家把视线从神转向人。这和前此苏格拉底把哲学思想从天上拉回人间的行为相呼应。著名的雕像有合手而立的雄辩家狄摩西尼（约公元前 280 年，被认为是波利厄克托斯的作品）、哲学家伊壁鸠鲁的坐像（约公元前 270 年）、斯多亚派哲学家克吕西甫的坐像（约公元前 200 年，被认为是欧布里德斯的作品），以及盲诗人荷马的雕像（约公元前 150 年）。这些雕像手法细腻，人物栩栩如生，或深思，或倾诉，或矜持，或安详，个性各异。除了这些肖像作品外，这段时期最负盛名的雕像是公元前 2 世纪后半期的"米洛的阿芙洛狄忒"（亦称"米洛的维纳斯"），它出自塞琉西王国都城安条克的一位雕塑家之手。它的手臂已经被毁，然而美神的断臂引起了人们丰富的想象。"米洛的阿芙洛狄忒"把卡普亚的阿芙洛狄忒的姿势及部分裸体和普拉克西特的尼多斯的阿芙洛狄忒的"对偶倒列"及面部的类型结合起来①。它雍容大方，端庄静穆。然而，它的"躯干和肢体的不同的方向与多样化的衣褶，还传达出了一种流动的韵律"②。希腊化雕像通常具有强烈的动感。例如，"萨莫色雷斯岛的胜利女神"（约公元前 200 年）的衣裳在劲风的吹动中飘然掠向后方。"跳舞的农牧之神"（公元前 3 世纪前半期）通过风吹的头发、骨架的结构、皮肤的柔软的凹陷刻画了身体的旋转。

　　希腊化时期艺术中戏剧化的情节、格斗厮杀的悲剧性因素代替了古希腊艺术中的和谐、从容和凝重。在某种程度上，这也是希腊化时期动荡不安的社会现实的反映。这类作品主要是帕加马的雕刻，它们包括超过真人高度的"垂死的高卢人"和"杀妻后自刎的高卢人"（约公元前 240 年至公元前 200 年），装饰在帕加马宙斯和雅典娜祭坛上"神祇和巨人战斗"的饰带浮雕（约公元

---

①　伍德福特等：《剑桥艺术史》第 1 卷，第 108 页。
②　里克特：《希腊艺术手册》，第 124 页。

前 180 年至公元前 150 年）。高卢人是被希腊化城市帕加马打败
的敌人，他们被描绘成充满尊严的高尚对手。身材高大、头发浓
密、肌肉结实的一位高卢人眼见失败不可避免，他不愿自己钟爱
的妻子成为帕加马人的奴隶，于是杀死了妻子。妻子毫无生气的
女性的手臂垂挂在丈夫强有力的、绷紧的男性的大腿边。这位高
卢人向后看着，大胆对抗到最后，并准备将剑刺进自己的咽喉。
雕像中生和死、男和女、裸体和着装形成强烈的对比[①]。

　　和帕加马作品密切相关的是因莱辛的同名著作而益享盛名的
群雕"拉奥孔"。这座两米多高的大理石雕像由哈格山大（Hage-
sander）、波利多柔斯（Polydoros）和阿提诺多柔斯（Athenodoros）
三位雕塑家约于公元前 175 年至公元前 150 年合作。拉奥孔是特
洛伊的司祭，他识破了攻打特洛伊的希腊人所施的木马计，极力
劝阻特洛伊人把藏有希腊精兵的大木马移入城内，从而触怒了偏
袒希腊人的阿波罗神。阿波罗遣两条巨蟒把拉奥孔和他的两个儿
子绞死。尽管在雕像中拉奥孔剧烈痛苦的感情没有充分宣泄，从
而被温克尔曼称作"静穆的伟大"，然而希腊古典雕塑的理想化
倾向在这里已大为削弱。

　　希腊化艺术的题材比古希腊艺术明显扩大。"这个时代，在
题材的开掘上，几乎是无休无止的。跳舞的森林神、年迈的渔
翁、贩货的老妪、酣睡的孩子和厄罗斯、被吊起的马尔斯亚、马
上的骑师、摔跤手等等，全部用等身像的尺寸制作。同时，这些
题材也表现在小雕像和浮雕中。"[②] 希腊化时期希腊人的大扩张
也表现在艺术题材上。如果说希腊哲学家追求自然的本原，那
么，希腊化时期的艺术家则对自然本身感兴趣。人、神、动物、
植物、各种生活场景都成为艺术的题材。出现了描绘街头音乐家
的镶嵌画（公元前 3 世纪），画面上是一群戴着假面具、正在全
神贯注地演奏的音乐家和一个穷孩子；描绘正在喝水的鸽子的镶
嵌画（公元前 2 世纪），画面情调宁静庄重；以及博斯科里利出

---

① 伍德福特等：《剑桥艺术史》第 1 卷，第 104—105 页。
② 里克特：《希腊艺术手册》，第 129 页。

土的壁画（公元前 2 世纪），它以红、黄、白、蓝等色调描绘了城市建筑的风貌。

希腊文学至希腊化时期已成为强弩之末，文学失去了深刻的内容，一味讲究形式和词藻。尚可言说的有忒俄克里托斯（约公元前 310 年至公元前 245 年）的田园诗和米南德（约公元前 342 年至公元前 292 年）的新喜剧。田园诗为忒俄克里托斯首创，他的诗描绘了西西里优美的田园生活和自然风景，对后世欧洲的诗歌有很大影响。在希腊化时期，剧场不再是群众政治文化活动的中心，而成为富人的娱乐场所。适应这种需要，新喜剧应运而生。新喜剧通过爱情故事和家庭关系反映当时的社会风貌，出现了新的人物类型，如食客、艺妓、奴隶和兵士等。最著名的新喜剧作家是米南德。他的剧本对后世欧洲喜剧，尤其是风俗喜剧，产生了影响。

罗马人在政治和军事上征服了希腊人，但是在艺术和文化上却为希腊人所征服。用罗马诗人贺拉斯的话来说，"被俘虏的希腊人诱使他的粗野的捕捉者成为俘虏。"① 希腊艺术摹仿自然，罗马艺术接受了这一信条，然而它首先摹仿希腊。

罗马艺术呈现出若干特点，首先是它的折衷性。罗马帝国时期大部分雕塑作品是希腊雕像的复制品。不过，罗马人的审美趣味和艺术趣味毕竟和希腊人不同。希腊人追求理想化，他们的艺术作品要求概括同类人物的典型性格。罗马人追求写实化，他们要求看到具体人物的准确形象。他们对毕肖的追求甚至超过希腊化时期的作品。罗马帝国第一位皇帝奥古斯都的肖像雕塑就是希腊雕塑家顺应罗马人的要求，通过折衷主义方法取得的成功范例。

"奥古斯都像"（约公元前 19 年，青铜原件，大理石摹制品）以希腊古典雕塑的顶峰、波利克里托的"持矛者"为摹本。"持矛者"安详、威严，适合人们对奥古斯都权力的尊敬和对他的伟大的赞赏。但是，须要作一系列改动。"持矛者"不是真人的形

---

① 转引自伍德福特等：《剑桥艺术史》第 1 卷，第 132 页。

象，而是想象的形象，于是，"持矛者"的头按照奥古斯都的真实面貌作了许多必要的修改。"持矛者"是裸体，这对于希腊雕塑是正常的，但不适合奥古斯都这样一个传统礼节的卫道者。因此，"奥古斯都像"穿上盔甲，甚至还有斗篷。"持矛者"缺乏焦点和方向，"奥古斯都像"头抬起并稍稍向前看，右手扬成指挥的姿势，这表明他支配着面前的空间。"持矛者"的侧面也被认真考虑过，"奥古斯都像"的整个重点则集中在正面，他扬起的右臂的弯曲与松弛的左腿的弯曲优美地呼应。"持矛者"成为"奥古斯都像"，表明希腊古典结构罗马化了[①]。

　　罗马皇帝哈德良的妻子萨宾娜的雕像"像维纳斯一样的萨宾娜"（公元 130 年），其头像是萨宾娜的，身子却是公元前 5 世纪著名的"吉尼吉克斯的维纳斯"的复制品，改动的地方是把左边裸露的胸脯盖住了。

　　罗马艺术的折衷性也表现在建筑中。在罗马的多层建筑（大角斗场）中，一楼是多利亚式风格，二楼是爱奥尼亚式风格，三楼是科林斯式风格，四楼则是科林斯式壁柱。公元前 1 世纪建于法国南部尼姆的奥古斯都神庙也是折衷的产物。希腊神庙的基础通常由三层台阶组成，不是建得很高。而罗马神庙高高耸立，它的基础比人还高。希腊神庙四边看上去都差不多，而罗马神庙正面突出，其他三面就不那么重要。奥古斯都神庙对这两者进行折衷。它仍然建在高高的墩座墙上，通过台阶攀登而上，首先进入纵深的门廊，穿过门廊可以进入内室。它同时吸收了希腊神庙的建筑风格，把门廊的柱廊扩大到神庙周围，以致神庙被列柱环抱着。

　　宏伟和刚劲是罗马艺术的另一个特点。这种宏伟和刚劲令人想起大一统的罗马帝国广袤无垠的疆土、庞大威严的国家机器和帝王的宏图伟业。恺撒是西方帝国的象征，为他雕刻的"恺撒头像"（公元前 1 世纪）个性极为鲜明。在这尊头像中，恺撒的头

---

①　伍德福特等：《剑桥艺术史》第 1 卷，第 133—135 页。

发经过精心梳理，"他有着坚硬而光滑的前额，不大但显得炯炯有神的眼睛，尽管瞳孔并没有刻出来，眼中却仍然像射出威严锐利的目光，让人感到人物充分认识到自己的权威和优势，内心充满了自信和骄傲。嘴唇并不大，双唇紧闭着，嘴角透出一点冷峻的笑容，似乎正嘲弄着他所蔑视的敌手"①。

　　罗马艺术的宏伟尤其体现在罗马建筑中。罗马人是建筑的天才，2世纪时他们就开始使用混凝土，并在建筑拱门、拱顶和穹顶等方面积累了丰富的经验。把罗马万神殿与低矮的希腊神庙相比较，可以看到罗马人对宏伟的特殊的审美追求。万神殿建于罗马皇帝哈德良时代。神殿为圆形，屋顶呈穹隆状，周围绕以6.2米厚的混凝土墙体。穹隆的直径和高度均为43.43米（在19世纪前，它的穹隆顶保持着最大跨度的纪录）。与希腊神庙仅注重外部立面设计不同的是，万神殿也注重内部空间设计。连续的墙体和半圆的穹顶仿佛形成一个球状空间。墙体无窗，穹顶正中央开有一个直径8.9米的天窗，从天窗射入的光的圆盘，随着时辰的变化神奇而诡异地移动。墙体内壁沿圆周有8个大券，目的是减轻墙体的自重和丰富墙体的构图。同时，封闭而连续的内壁把庞大的穹顶过渡到地面，增强了整个构图的连续感和稳定感。穹顶的内表面采用了放射形拱肋和水平拱肋组成的"井"字划分，丰富了室内的透视效果②。巨大的半球形穹顶建筑和高达7米的青铜大门体现了罗马帝国的强盛和大一统。在希腊罗马球形是永恒的象征，是任何闭锁的形体的极限。半球形穹顶使人想起天穹和宇宙。然而，这是"社会的宇宙"③。万神殿里能够容纳许多人，许多祭祀者。而希腊神庙只是某位神的住处，人不应该在希腊神庙里逗留，他们在神庙前露天祈祷。

　　气势恢弘、巍峨壮丽的罗马建筑还有大角斗场，君士坦丁凯

---

① 章利器：《希腊罗马美术史话》，人民美术出版社1999年版，第137页。

② 凌继尧、张燕主编：《美学与艺术鉴赏》，上海人民出版社2001年版，第173—174页。

③ 洛谢夫：《1—2世纪的罗马美学》，莫斯科1979年版，第43页。

旋门，奥林匹亚宙斯神庙，尼姆渡槽等。大角斗场建于 69 年至 82 年，材料为石头和混凝土，长轴 190 米，短轴 155 米，高 48.5 米。4 座看台建有容纳 8.2 万名观众的座位。与地面中间角斗区相连的是密如蛛网的人行走道。现已残破的大角斗场，不难使人想起它昔日的雄姿。君士坦丁凯旋门建于 312 年至 315 年，材料为大理石，高 21 米，宽 25.7 米，进深 7.4 米。正面为 3 个拱门，由 4 个科林斯式装饰半柱隔开，这益发显得凯旋门的高大。凯旋门装饰所需的大量浮雕来不及创作，就把其他建筑物上的雕刻作品移植此处。奥林匹亚宙斯神庙始建于希腊，竣工于罗马（约公元 130 年）。宙斯神庙的地基长 106 米，宽 40 米，庙顶由 104 根华美的科林斯式石柱支撑。石柱现存 15 根，这些高达 16 米、峥嵘屹立的石柱仿佛在向人们诉说着往日的辉煌。法国南部加德河上的尼姆渡槽是罗马人在奥古斯都时代建的向尼姆城供水的输水道，历经 2000 年依然保存完好。渡槽由三层拱组成：底层 6 个孔，中层 11 个孔，上层 35 个孔。三层拱总高度为 47 米。罗马建筑的壮观和宏伟不同于希腊建筑的单纯和典雅。

装饰性是罗马艺术的又一个特点。在希腊人的影响下，罗马人在建筑中也喜欢柱式。罗马的多利亚柱式对希腊的多利亚柱式稍有偏离，罗马的科林斯柱式仅仅更为华丽奢侈，然而，罗马在希腊柱式的基础上创立了混合柱式，其主要特征在于复杂的柱头。这种柱头由爱奥尼亚柱式中的涡卷和科林斯柱式中的爵床叶饰组合而成，它的惟一目的是装饰建筑物，炫耀奢华，从而产生强烈的效果。

希腊建筑中的结构因素和装饰因素相结合，而罗马人往往使结构因素完全服从装饰因素。希腊建筑中的立柱支撑重物，具有结构意义。罗马建筑中的立柱有时候不是一种建筑单元，而是只起装饰作用的假立柱。我们在上文中提到的奥古斯都神庙（又称方殿）好像被列柱环抱着。实际上这些列柱分为两种：一种是门廊周围独立的列柱，另一种是正殿周围非独立的列柱。后一种列柱和正殿外侧墙一起共占墩座墙的边缘，成为嵌入墙壁的半圆柱，即附墙柱。结构形式和装饰形式的分离表示某种象征意义。

罗马人爱好纯装饰，他们使用拼花的地板和有雕塑装饰的天花板。他们的图案花纹比希腊人华美得多。用以装饰的不仅有月桂、常青藤、棕榈和番草叶，而且有各种人物和动物。古城赫库兰尼姆、庞贝和罗马发现的壁画在题材和艺术手法上比希腊丰富、细腻得多。纯粹的风景画"花园"（约公元前 25 年）鲜花怒放，草木竞长。庞贝残存的后期壁画构图精致，注重幻觉，使人产生虚无缥缈的感觉。这种壁画可以与 1600 年以后的巴罗克式装饰绘画相媲美。

罗马艺术的宏伟和刚劲与罗马人的性格有关。罗马雄辩家西塞罗说过，与希腊人和其他民族相比，罗马人天生有种特点，那就是精神的宏大、坚定和崇高。一些拉丁语研究者如 O. 魏泽（O. Weize）、A. 克鲁阿泽（A. Croiset）认为，罗马人的语言——拉丁语也体现了他们性格上的特点。如果把希腊语和拉丁语这两种古老的语言相比较，可以明显地看到它们之间的差异。在发音上，希腊语中元音和辅音平稳地交替，总的说来元音多，并有很多双元音。而在拉丁语中辅音多。辅音多使发音显得生硬。在词法上拉丁语也缺乏灵活性，它喜欢保持工具格。在句法上，拉丁语以力度和逻辑的彻底性令人惊讶。这种句法是为法律文件和军事文件而不是为抒情诗制定的。罗马雄辩家昆体良（Quintilianus，约公元 35 年至公元 96 年）指出，拉丁语不像希腊语那样细腻，然而更有力。确实，拉丁语的句法缺乏希腊语的温柔和绵软。用昆体良的话说，恺撒说话就像吵架一样。拉丁语是强硬的、刚性的语言，它使人想起能征善战的罗马士兵晒得黝黑的面孔，以及他们高傲、威严的姿态①。海涅把拉丁语称作命令的语言。罗马人追求语言的逻辑性和明晰性，他们是天生的律师。

罗马时期思维的特点是准确、严格、庄严和不容置疑。这和希腊时期，甚至和希腊化早期很不相同。希腊人的思维方式显得

---

① 　魏泽：《拉丁语的特征》俄译本，莫斯科 1901 年版，第 17 页。

轻松，往往很优雅。罗马帝国的庞大要求思维和言辞的确定不移。这种言辞受到法律条文和军事条例的影响。美国作家爱伦·坡在诗歌《海伦颂》中写道："光荣属于希腊，伟大属于罗马。"这也适用于罗马艺术。

罗马文学中最重要的诗人有维吉尔（Vergilius，公元前70年至公元前19年）、贺拉斯和奥维德（Ovidius，公元前43年至约公元18年）。维吉尔的作品有《牧歌》、《农事诗》和《伊尼德》。《牧歌》摹仿希腊田园诗，《伊尼德》则摹仿《奥德赛》和《伊利亚特》。贺拉斯的主要作品《颂歌集》中有一组为"罗马颂歌"，颂扬罗马帝国和屋大维。奥维德的主要作品为《变形记》，他的早期作品《爱情诗》、《爱的艺术》等内容轻佻，风格纤巧。与希腊诗歌相比，罗马诗歌显得内容贫乏，而崇尚修辞技巧。

三　美学的演进轨迹及承上启下的作用

与古希腊美学相比，希腊化时期和古罗马美学时间长，流派多，枝蔓繁复。它的美学思想演进的轨迹不如古希腊美学那样清晰可辨，然而也不是无迹可循的，虽然勾勒这种轨迹有一定的难度。

（一）希腊化时期和古罗马美学的内容

希腊化和古罗马美学主要由三部分内容：希腊化时期和古罗马早期的哲学美学、古罗马文艺美学和新柏拉图主义美学。

希腊化时期和罗马早期的哲学美学指这一时期三个哲学流派——斯多亚派、伊壁鸠鲁派和怀疑论派的美学。这三派美学是希腊城邦瓦解、奴隶制大国兴起时产生的美学。希腊人摆脱了氏族公社进入奴隶制城邦后，他们在政治、经济、道德和审美上与城邦生活紧密地联系在一起。由于希腊城邦的小国寡民不能适应大规模奴隶制和工商业的发展，它最终走向瓦解。希腊化时期开始形成的奴隶制大国第一次使人把客观世界放在次要地位，而首先保持自身内心的特点。斯多亚派、伊壁鸠鲁派和怀疑论派美学尽管有种种差异，然而它们的共同之处是追求内心的平静和安宁，并认为这才是最高的美。

斯多亚派创立了"有智慧的人"的理论。有智慧的人坦然面对生活中的不幸，不追求日常生活的充裕，始终保持内心的宁静。伊壁鸠鲁派也宣扬保持宁静的心境，并把宁静视为快乐和幸福。伊壁鸠鲁的"花园"学校不同于柏拉图学园和亚里士多德的吕克昂，他不要求学生研究科学和艺术，因为从事这些研究会带来烦恼。"不从事社会事务"是他的一条律令。在有面包和水的情况下，伊壁鸠鲁派惟一要做的事，就是躺在"花园"学校美丽的河畔的浓密树阴下，对心灵宁静这一理想境界作纯审美的观照。怀疑论派对任何现象都不作判断，既不说"是"，又不说"不是"。他们不说"蜜是甜的"，只说"我觉得蜜是甜的"。他们吃过蜜，味觉感到蜜的甜，但蜜在本质上是否也是甜的，他们说不知道。他们认为不作判断是一种宁静的心灵状态，他们先于斯多亚派和伊壁鸠鲁派把灵魂的安宁当作生活的目标。

然而，这三派美学仍然和希腊美学保持着内在的联系，它们对内心宁静的追求或者以希腊的自然哲学为基础，或者以当时的客观存在为背景。斯多亚派接受了赫拉克利特关于火是世界本原的思想，火是一切存在，即感性宇宙的基础。把火向其他元素（气、水、土）转变的规律看作逻各斯。逻各斯弥漫于宇宙万物中。赫拉克利特关于火是逻各斯的学说成为斯多亚派美学的基础。斯多亚派把宇宙看作"世界国家"，自称是"宇宙公民"。他们要求参与社会事务和国家事务，履行公民职责。正因为如此，晚期罗马国家意识形态以斯多亚派学说为基础。斯多亚派认为，有智慧的人内心生活是宇宙中的规律和秩序的再现。追求内心宁静的斯多亚派美学并不是主观主义美学。伊壁鸠鲁派接受了德谟克利特的原子论，认为世界由原子的垂直运动和偏斜运动产生，世界的产生和神没有任何关系。死不足惧，因为死只是原子的分解，死后的生活是不存在的。伊壁鸠鲁派能够以闲适的心情对待死亡，因此能够对任何现象保持内心的宁静。他们的美学并不否定客观的存在。斯多亚派和伊壁鸠鲁派都力图建立客观存在的理论，只是这种客观存在不仅不能够妨碍相反应该促进内心的宁静。

与斯多亚派和伊壁鸠鲁派相比较，怀疑论派对客观存在最不感兴趣，他们宣扬客观存在的不可知。不过，怀疑论派接受了赫拉克利特万物皆流的思想。所不同的是，赫拉克利特并没有由此得出非理性的结论，他注意把握万物皆流中的逻辑界限。而怀疑论派从万物皆流中得出非理性结论。他们认为，既然一切都在流动，因此不能对它们作出判断，知识是不可能的。他们否定关于存在的客观学说，却并不否定万物非理性的流动。他们内心宁静的背景是万物无限的、不停的、非结构的生成。只是他们对这种生成完全不动心，不能让这种生成破坏他们内心深处的宁静。这样看来，怀疑论派美学也不是纯主观主义的[①]。

希腊化时期和古罗马美学的第二部分是古罗马文艺美学。在古罗马文艺美学中，诗学以贺拉斯为代表，修辞学以西塞罗和朗吉弩斯为代表，建筑学以维特鲁威为代表。贺拉斯在《诗艺》中论述了诗和诗人，即创作客体和创作主体。这种两分法的论述方法常见于当时的修辞学、哲学、音乐学和建筑学著作中。在总的美学倾向上，贺拉斯把早期斯多亚派的诗学理论移植到罗马土壤上，从而确立了具有世界意义的古典主义。从艺术形式上看，贺拉斯的《诗艺》精致、细腻，有鲜明的形象性，富于表现力。他作为诗人，受到尼采的激赏。然而在内容上，《诗艺》缺乏激情和思想深度。贺拉斯要求一切都规矩合度，一切都简洁整一，他力图把希腊的内容纳入罗马固定的，甚至刻板的规则中。《诗艺》虽然也受到希腊美学著作，包括亚里士多德的《诗学》的影响，然而《诗艺》和《诗学》的区别是明显的。亚里士多德的《诗

---

① 洛谢夫：《希腊罗马美学史》第 5 卷，莫斯科 1979 年版，第 14 页。

学》是古希腊美学的代表作，而贺拉斯的《诗艺》则是古罗马美
学的代表作。

古罗马时期，诗学和修辞学成为文学的基本理论。贺拉斯是
诗学家，西塞罗和朗吉弩斯是修辞学家。修辞学在古希腊罗马得
到高度发展，因为社会管理问题始终是当时的思想家关注的主要
对象，他们力图利用词语对人的心灵发生作用，这正是修辞学研
究的对象。"有人把亚里士多德死后五六百年的时期（包括罗马
时期）叫做'修辞学的时期'，这是很有见地的。这时期修辞学
论著确实是如雨后春笋，多至不可胜数。"① 在思想倾向上，西
塞罗是一个折衷主义者。他第一个把大量的古希腊哲学著作翻译
成拉丁语，并且师从各种哲学流派。但是在折衷中，西塞罗也有
创新。例如，在西方美学史上他是对美的概念进行仔细辨析的第
一人，他提出了"秀美"的问题。朗吉弩斯和贺拉斯一样，也是
古典主义者。他作为亚洲风格的支持者，在《论崇高》中反对雅
典风格。在朗吉弩斯之前，一些修辞学家已经使用过"崇高"的
术语。不过朗吉弩斯不是在修辞学涵义上，而是在美学涵义上第
一次使用了这个概念。他在美学史上第一个把崇高作为审美范畴
提出来。

古罗马时期科学分类的发展，导致美学中出现了一种值得注
意的倾向：产生了专门研究建筑、绘画和音乐的著作。维特鲁威
就是著名的建筑理论家。古罗马统治阶级倾心于军事、交通、建
筑、水利等实际工作，维特鲁威的《建筑十书》是对古希腊罗马
建筑理论的总结。《建筑十书》的思维方式符合罗马时代的特点：
富于技术性和功利性，缺乏审美体验和哲学概括。不过，《建筑
十书》是西方惟一保留下来的完整的古代建筑典籍。

希腊化时期和古罗马美学的第三部分，也是最重要的部分是
以普洛丁为代表的新柏拉图主义美学。新柏拉图主义美学的社会
基础是罗马帝国的军事官僚等级体系，当时罗马的土地拥有者和

---

① 　朱光潜：《西方美学史》上卷，第 98 页。

高利贷本金、包税制税金的拥有者合而为一，成为帝国官僚，并被纳入到经过精心安排的官僚等级结构中。普洛丁的《九章集》用希腊语写成，他的哲学和美学是对古希腊的、希腊化的和古罗马的哲学和美学的总结。普洛丁美学不是纯罗马美学。它是对以往美学的综合，而不是折衷。在上千年的古希腊罗马美学中，柏拉图美学、亚里士多德美学和普洛丁美学最为重要，也是我们在第一、二编中着重撰写的篇章。普洛丁哲学和美学的基本原则是关于太一、理智和世界灵魂三大本体的学说。他把美学本体论化。新柏拉图主义具有很高的精神性和很浓的神秘性，它为基督教所利用，然而它根本不同于基督教。连新柏拉图主义的神秘内容也具有冷漠的性质，它不是对灵魂的忏悔，没有对世界恶的暗示，也没有消除世界恶的热忱①。普洛丁仍然是典型的希腊罗马美学家。新柏拉图主义不仅存在于罗马，而且存在于中世纪和文艺复兴时期。这三个时期的新柏拉图主义是新柏拉图主义具有世界意义的三种基本类型。

（二）希腊化时期和古罗马美学思想演进的轨迹

希腊化时期和古罗马美学是希腊美学的自然承续，它和古希腊美学具有共同的社会历史背景——奴隶社会形态，它们只是一个整体的两个不同发展阶段。不过，既然是不同发展阶段，那么，无论在社会历史背景中，还是在美学本身中，希腊化时期和古罗马美学都会出现新的内容。

以柏拉图和亚里士多德为代表的希腊鼎盛期美学，综合了希腊早期的宇宙论美学和过渡期的人本主义美学。在柏拉图和亚里士多德美学中占据核心地位的分别是"理式"和"不动的第一动者"，它们都是一种客观存在。一改古希腊美学偏重客体的倾向，希腊化时期的斯多亚派、伊壁鸠鲁派和怀疑论派美学却把人的主

---

① 洛谢夫：《1—2世纪的罗马美学》，第90页。

体提到首位，追求人内心的平静和安宁。如果说古希腊美学的基础是对世界和世界的美的客观理解，人是客观秩序的结果；那么，希腊化时期美学则以人和主观感觉为基础，客观对象是人的思维和体验的结果。

造成这种情况的原因主要有三个。首先，希腊化以后，分散的、独立的希腊城邦被统一到庞大的、多民族的国家中去。能征善战的将军成为国家的统治者，产生了君主政体。经济规模迅速扩大，出现了大型的个人商贸企业。崛起一批新兴城市，如埃及的亚历山大城、小亚细亚的帕加马、西西里的锡拉库萨。建立了国家的科学研究机构、图书馆和博物馆，亚历山大城和帕加马相继成为最大的文化中心。面对新的社会环境，个人和国家的关系已经大大不同于个人和城邦的关系。在城邦里人们彼此熟悉，人们依附于城邦，城邦可以看得见摸得着。与城邦相比，现在的国家是远为宽泛、远为抽象的概念。主体在新的社会中的地位、命运和作用受到关注。与哲学研究中的伦理学化趋势相一致，美学研究也把人的主体提到首位。其次，希腊化时期不按照希腊神话英雄的方式来理解人，而主要是在同客观现实的比较中来理解人的主体。与客观现实相比，主体总是软弱的、不稳定的，因此对主体提出过分严肃、冷峻的道德要求。最后，希腊化时期征伐不断，战争频仍，各希腊化国家也经常争斗杀戮。社会上两极分化严重，财富集中在少数人手中，广大群众日趋贫困。面对激烈的社会矛盾，很多人感到惶恐迷茫，看不到出路。顺应这种社会情形，希腊化时期美学教导人漠视外物的诱惑、回避现实的纷扰，而遁入内心深处以求安宁。这使得希腊化时期美学具有悲观失望的色彩。

希腊化时期和古罗马美学进一步的发展，不仅把人的主体而且把人的主体的某一个方面、能力和功用提到首位。这种趋势在希腊化时期美学中已露端倪。例如，斯多亚派把理性、伊壁鸠鲁派把快乐提到首位。人的主观心理能力得到更加细腻的划分。这在美学中产生的直接结果是，对各种艺术进行了分门别类的研究。产生了诗学、建筑学、音乐学的著作，特别是修辞学著作层出不穷。这些著作重视艺术的形式方面和技巧方面。虽然希腊美学，首先是柏拉图和亚里士多德的美学也具有形式因素，然而在那里形式因素具有哲学意义。罗马美学中的形式因素不具有哲学意义，而只具有纯艺术学意义。西塞罗、贺拉斯、维特鲁威和朗吉弩斯就是古罗马艺术美学的杰出代表。

　　希腊化时期美学重视主体、轻视客体的倾向，作为整个时代的风貌并没有维持多久（虽然在某种流派中可以长久存在）。促使这种倾向转变的是中期斯多亚派的代表巴内修斯和波西多尼。他们不满意早期斯多亚派的理论，用柏拉图的观点对它加以改造。巴内修斯作为"柏拉图的热烈的爱戴者"[1]，力图恢复被早期斯多亚派中断的同柏拉图的精神联系。波西多尼把斯多亚派哲学和柏拉图哲学结合起来，形成了所谓的斯多亚的柏拉图主义。斯多亚派接受了赫拉克利特的原火说，认为万物由火生成。在人身上，原火就是暖的嘘气或"普纽玛"。波西多尼把斯多亚派火的普纽玛同柏拉图的宇宙学结合起来，把火的普纽玛理解为柏拉图的"奴斯"或理智，从而，普纽玛成为柏拉图的宇宙的原则和结构。宇宙由奴斯调节，奴斯渗入宇宙的各个部分，就像灵魂推动躯体的各个部分一样[2]。具有普纽玛的宇宙是波西多尼美学研究的对象。《斯多亚派流传残篇》中有一则关于宇宙美的引文，虽然没有指明这是谁的言论，然而根据内容来判断，一般认为是波西多尼的观点："因此，宇宙是美的。这从它的形状、色彩和满天繁星中是显而易见的。宇宙是球形的，它优于各种形状。因为只有这种形状能够同时指向自身的各个部分：作为圆形，它的各个部分也是圆形的。"[3] 这种观点和柏拉图如出一辙，波西多尼重新回到柏拉图的本体论美学上来。不过，他是在新的历史条件下这样做的，他承认主体的重要性，力图消弭希腊化时期美学

---

① 斯特拉登编：《巴内修斯残篇》第 57 节。
② 爱德尔斯坦、基德编：《波西多尼残篇》第 21 节。
③ 阿尼姆编：《斯多亚派流传残篇》第 2 卷第 1009 节。

造成的主体和客体之间的分裂。

不仅在审美理论上，而且在审美实践上巴内修斯和波西多尼都一改早期斯多亚派严峻冷酷的形象。作为真正的希腊人，巴内修斯喜欢平易温和的生活态度和自然中的合目的生。在他那里，宇宙、宇宙的逻各斯和人的生活是美的，他欣赏星空、自然、动植物、人体和人的精神的美。波西多尼也像他的师尊巴内修斯一样，喜欢观照丰富多彩的生活和宇宙。

波西多尼注释过柏拉图的《蒂迈欧篇》，他的注释对后人，包括对新柏拉图主义者产生过影响。波西多尼和随后两个世纪（一、二世纪）的柏拉图主义者的研究工作为新柏拉图主义的诞生准备了条件，他们是以普洛丁为代表的新柏拉图主义者的先驱。由于这个缘故，在斯多亚派、伊壁鸠鲁派和怀疑论派三个学派中，普洛丁与斯多亚派关系最为密切。普洛丁的学生波菲利在《普洛丁生平》中指出："斯多亚派和逍遥学派的学说以隐匿的形式成为他（普洛丁）的著作的组成部分。"[①]

一、二世纪的柏拉图主义者从与波西多尼不同的方向为新柏拉图主义的诞生打下基础。他们是第五期学园首领安提奥克的继承者，安提奥克就以在学园内从事斯多亚派哲学研究著称。一、二世纪的柏拉图主义者精心构筑了存在的等级结构：在最高的神和地面之间有着广阔的空间，各种存在在其中形成完整的系统。处在最高地位的是最高的神、天外的神，它不是理智，是理智的本质和原因，只为紧随其后的理智所知觉。理智有两种，一种较高，一种较低，较低的理智与整个天相等同。理智下面是世界灵魂，世界灵魂栖居在宇宙内部。世界灵魂下面是可以看得见的神、星辰、精灵，它们分别由以太、火、气、水构成，充斥在月亮和地球之间。这里已经出现了三个本体：最高的神、理智和世界灵魂。它们可以被看作普洛丁的太一、理智和世界灵魂三大本体的雏形。所不同的是，最高的神虽然高于理智，但还不是普洛

①　波菲利：《普洛丁生平》第 14 节第 4—5 行。

丁所明确阐述的太一。理智的概念也有两种，不如普洛丁的理智那样清晰。然而无疑，晚期柏拉图主义者的这种理论，对新柏拉图主义的诞生具有直接的意义。普洛丁用流溢说解释太一生成其他本体的过程。"流溢"这个概念是波西多尼首先使用的[①]，虽然普洛丁以柏拉图关于理式世界和感性世界等级结构的观点对它进行了改造。

　　普洛丁美学的哲学基础是关于太一、理智和灵魂三大本体的学说。他提出了美的等级结构：第一等级是理智美，理智美的根源是太一；第二等级是自然的理式美，人的灵魂美，以及德性、学术、艺术的美。最低等级是感性知觉的美，包括物质世界的现实美和艺术作品的美。在普洛丁那里，美不仅是实体的属性，而且是存在的本质。一个实体越美，它就越接近于真正的和永恒的存在。于是，美学成为一种本体论。普洛丁关于太一的学说使他的美学成为绝对的客观主义，一切东西首先要存在，然后才可能是美的。他的美学的这种形而上学基础是新的。另一方面，他的审美经验分析也是新的。美的等级结构按照流溢说自上而下地形成，而审美历程则自下而上，由低级美逐步走向高级美，最后返回太一。要观照和欣赏最高的、本原的美，必须"抑肉伸灵，收心内视"，即把眼睛折回到自身内部、观照自己深层的内心世界。这时候运用的不是观看普通客体的肉眼，而是"内在视觉"，即理智视觉，借助它我们在自己的理智中观照抽象的、没有视觉形象的表象。普洛丁指出了在自身隐秘的灵魂深处而不是在外部物质世界中寻求真、寻求美的途径。这对中世纪基督教美学家如奥古斯丁产生了很大的精神震撼。

（三）普洛丁美学的承上启下作用

　　新柏拉图主义是古希腊罗马最后一个成熟的哲学体系，普洛

---

　　①　阿尼姆编：《斯多亚派流传残篇》第 1 卷第 120 节。

丁是站在古希腊罗马和中世纪之交的美学家。如何理解和评价普洛丁美学，是西方美学史研究的关节点之一。普洛丁美学对上千年的中世纪美学产生了重要影响，他的理论常为基督教学说所利用，他的思想体系中也含有神秘因素。这些事实使得普洛丁有时被理解成具有基督教神学倾向的美学家，或者具有东方神秘主义色彩的美学家。实际上，普洛丁是典型的古希腊罗马美学家，他的美学没有超出古希腊罗马美学的范围，他自始至终受到古希腊罗马的文化传统和美学传统的浸润。

　　像其他古希腊罗马美学家一样，普洛丁也深受希腊神话的影响，他经常援引荷马和赫西俄德的著作以说明自己的观点。《九章集》中的《论理智美》第 13 节一开头就写道，克罗诺斯把统治宇宙万物的权力授给儿子宙斯（隐喻"世界灵魂"）①。普洛丁的这种说法来自《伊利亚特》：宙斯是"众神之主，克罗诺斯之子"②。普洛丁在《论美》第 8 节中有一句著名的话："让我们逃回到我们的亲爱的故乡吧！"③"故乡"指彼岸的理智世界。这句话脱胎于荷马的描写："我要返回家乡弗西亚——能乘坐弯翘的海船回家，是一件好得多的美事。"④普洛丁利用赫西俄德《神谱》中的乌拉诺斯、乌拉诺斯的儿子克罗诺斯、克罗诺斯的儿子宙斯分别比拟他的三大本体的太一、理智和灵魂。这种比拟使"父亲"的概念在普洛丁那里具有特殊的意义，"父亲"指太一，也指较高一级的存在。

　　普洛丁吸收了早期希腊美学家的思想。毕达哥拉斯学派数的学说在普洛丁那里得到回应。他熟悉毕达哥拉斯学派的著作，他的《论数》一文（《九章集》第 6 集第 6 篇）赋予数以重要的意义。这些数在他的太一和理智之间占据中间的位置。赫拉克利特认为相反的力量造成和谐。普洛丁持同样的看法⑤，他还复述了

---

①　《缪灵珠美学译文集》第 1 卷，第 259 页。

②　荷马：《伊利亚特》，第 334 页。

③　《朱光潜全集》第 6 卷，第 417 页。

④　荷马：《伊利亚特》，第 7 页。

⑤　普洛丁：《九章集》第 3 集第 2 篇第 16 节。

赫拉克利特的见解："内在的和谐比表面的一致更为强大。"① 他对赫拉克利特关于美的相对性的观点也感兴趣：最美的猴子与人类相比也是丑的②。恩培多克勒的六本原说把爱和恨说成是火、气、水、土四种元素聚散运动的本原。《恩培多克勒残篇17》指出："万物一时在爱中结合，变成单一，一时又因恨分散，彼此离异。"普洛丁多次援引恩培多克勒的这条基本原理③。普洛丁也了解德谟克利特的原子论以及感觉和思想的关系的观点。

在古希腊美学家中，柏拉图和亚里士多德对普洛丁的影响最大。新柏拉图主义的命名本身就表明了普洛丁对柏拉图的依赖，虽然普洛丁并不是柏拉图著作的简单的诠释者。在柏拉图的所有对话中，普洛丁援引《蒂迈欧篇》的次数最多。在美学方面，普洛丁援引柏拉图对话最多的是《斐德若篇》。《斐德若篇》论证了灵魂的不朽④，普洛丁接受了这个观点。他把灵魂分为世界灵魂和个别灵魂两种。产生于世界灵魂的个别灵魂要弱小得多，有时会屈服于欲望。然而，无论世界灵魂还是个别灵魂，它们都是不朽的。《斐德若篇》描绘了著名的灵魂马车，"诸天的上皇，宙斯，驾驶一辆飞车，领队巡行，主宰着万事万物；随从他的是一群神和仙……"⑤ 在普洛丁的《论理智美》中我们可以读到似曾相识的句子："于是宙斯（在他领导的诸神中他最为年长）首先前来观照这种美，随后是其余的神灵以及凡能观照的精灵和灵魂。"⑥

普洛丁在柏拉图的《巴门尼德篇》（137c—142a）和《理想国》（508a—509c）的基础上发展了太一的概念，在亚里士多德的《形而上学》第12卷的基础上发展了理智的概念。亚里士多

---

① 普洛丁：《九章集》第4集第8篇第1节。引文为《赫拉克利特残篇54》，见苗力田主编：《古希腊哲学》，第42页。

② 《九章集》第6集第3篇第11节。

③ 普洛丁：《九章集》第6集第7篇第14节、第5集第1篇第9节。

④ 柏拉图：《文艺对话集》，第119页。

⑤ 同上书，第121页。

⑥ 《缪灵珠美学译文集》第1卷，第256页。"精灵"和"灵魂"原译为"幽灵"和"生灵"。

德的《形而上学》比他的《诗学》和《修辞学》包含着更重要的美学思想。普洛丁几乎援引过亚里士多德的每一部著作，特别对《形而上学》作过详细研究。普洛丁美学和亚里士多德美学相类似，在普洛丁那里最美的是理智，在亚里士多德那里最美的是"第一动者"，也就是奴斯或理智。

以普洛丁为代表的新柏拉图主义美学为希腊罗马美学画上了句号，普洛丁美学是对希腊罗马美学的总结，并对中世纪美学产生了深远的影响。在西方美学史中，普洛丁起到承上启下的作用。

第一章　希腊化时期和古罗马
早期的哲学美学

希腊化时期和古罗马早期的哲学美学指当时最有影响的三个哲学流派——斯多亚派、伊壁鸠鲁派和怀疑论派的美学。以往的西方美学史著作大多数对他们的美学没有或很少研究，于是，从亚里士多德（公元前 4 世纪末）到普洛丁（3 世纪）的500 多年期间哲学美学出现了巨大的空白。实际上，仅就美学文献的数量来说，这也是一个不仅不容忽视的而且值得仔细研究的新时代。新时代给哲学美学带来了新特点。与人物突出、主线清晰的希腊美学相比，以整体流派为特征的希腊化时期和罗马早期哲学美学呈现出错综复杂、令人眼花缭乱的局面。如果说希腊美学偏重客体，那么，希腊化时期和罗马早期的哲学美学偏重主体。尽管赫拉克利特论述过人的心灵的多方面表现，在柏拉图和亚里士多德那里人的主体也起着非常重要的作用，然而在总的倾向上，希腊美学的基础是对世界和世界的美的客观理解，人是客观秩序的结果。希腊化时期和罗马早期的哲学美学则以人的主观感觉为基础，客观对象是人的思维和体验的结果。

第一节　斯多亚派

在希腊化时期和罗马早期的三个哲学流派中，斯多亚派的影响最大。"斯多亚"在希腊语中的意思是"画廊"。该派第一创始人塞浦路斯的芝诺（Zeno of Cyprus，公元前 336 年至公元前 264

年）于公元前 300 年左右在雅典开办了学校，在一个画廊讲学，他的学派因此而得名。经过 30 年的努力，他的画廊成为与柏拉图学园、伊壁鸠鲁花园齐名的雅典著名学校。斯多亚派历史悠久，可以分为早期、中期和晚期三个时期。早期为公元前 3 世纪至公元前 2 世纪的希腊化时期，中期为公元前 2 世纪至公元前 1 世纪罗马征服希腊化地区之后的罗马共和国时期，晚期为公元 1 世纪至公元 2 世纪的罗马帝国时期。早期斯多亚派的代表有芝诺，他的弟子和朋友克里尼雪斯（Cleanthes，公元前 331 年至公元前 232 年），克里尼雪斯的弟子克吕西甫（Chrisippus，公元前 280 年至公元前 206 年）。他们是该学派的创始人。中期斯多亚派的代表有巴内修斯（Panaetius，公元前 189 年至公元前 109 年），他的弟子波西多尼（Posidonius，约公元前 135 年至公元前 51 年）。晚期斯多亚派的代表有塞涅卡（Seneca，公元前 4 年至公元 65 年），爱比克泰德（Epictetus，公元 55 年至 135 年），马可·奥勒留（Marcus Aurelius，公元 121 年至 180 年）。斯多亚派和上层统治阶级关系密切，其代表人物既有宫廷大臣塞涅卡，又有被称为"御座上的哲学家"的罗马皇帝奥勒留。

根据欧根第尼·拉尔修的记载，斯多亚派的不少著作与美学直接有关。仅就其早期代表来说，有芝诺的《论符号》、《论词语表现》、《荷马的五个问题》、《论诗艺》和《艺术》，克里尼雪斯的《论诗人》和《论美》，克吕西甫的《论言语》、《怎样听诗?》、《隐喻句的比较》和《反对修复绘画》[①]。从这些著作的题目可以看出，斯多亚派美学所涉及的领域很广。不过，希腊化时期和罗马早期哲学的希腊文典籍只有残篇保存在当时的传记作家和编纂者的著作中，而拉丁文著作大多流传下来。斯多亚派残篇有多种版本，流传最广的是阿尼姆（H. von. Arnim）编的《斯多亚派流传残篇》（SVF）1—4 卷，该书于 1921 年至 1923 年在利普西（Lipsea）出版，1964 年在荷兰莱顿再版。

---

① 拉尔修：《著名哲学家生平和学说》第 7 卷第 4、160、174 章。

一　斯多亚派美学的哲学基础

斯多亚派哲学包括逻辑学、自然哲学和伦理学三部分。对于哲学这三个分支的关系，早期斯多亚派哲学家有不同的理解，有人"把哲学比作一个动物，把逻辑学比作骨骼与腱，自然哲学比作有肉的部分，伦理哲学比作灵魂。他们还把哲学比作鸡蛋，称逻辑学为蛋壳，伦理学为蛋黄，自然哲学为蛋白。也拿肥沃的田地作比，逻辑学是围绕田地的篱笆，伦理学是果实，自然哲学则是土壤或果树"①。

按照斯多亚派伦理学，"有智慧的人"是最高的道德理想。有智慧的人坦然面对生活中的苦难，尽管他们遭遇许多不幸，然而他们在外界的折磨中砥砺德性，他们的内心始终宁静。斯多亚派的著作经常把这种平静的、安宁的、不动心的、有智慧的人的概念放在首位，称颂赫拉克利特、苏格拉底、芝诺、克里尼雪斯、第欧根尼等有智慧的人，因为他们都备受苦难的折磨。斯多亚派不追求富有，也不追求日常生活的充裕。斯多亚派还主张，人应该按照自然生活。这种自然既是人生活于其中的自然，又是人的理性。有智慧的人的内心生活是整个自然中的秩序和理想原则的再现。顺应自然的生活引导人走向幸福。人也有自己的自然，即本性。人的本性是人的灵魂，人借助自己灵魂的本性来认识自然。

按照斯多亚派自然哲学，火是世界的本质。他们接受了赫拉克利特关于原火周而复始循环的思想。这种火转变为其他各种元素（气、水、土），火与气构成精气，它是最富有火的能动性的热气，即火的"普纽玛"（penuma，"气息"、"嘘气"）。这样他们把原火解释为活的有机体，它扩散到整个宇宙中，使宇宙成为原火的产品。火向其他元素转变的规律实际上被斯多亚派称作逻各

---

① 北京大学哲学系外国哲学史教研室编译：《西方哲学原著选读》上册，第178—179页。

斯。逻各斯是理性，自然和逻各斯连在一起。理性是自然的，自然也是理性的。理性弥散于宇宙之间，渗入万物之中。于是，斯多亚派成为泛神论者。

除了把斯多亚派的伦理学和自然哲学当作他们美学的哲学基础外，在西方美学史研究中出现了一种值得注意的倾向：依据斯多亚派逻辑学来确定斯多亚派哲学的特征，从而阐述斯多亚派美学的哲学基础。也就是说，不仅通过关于平静、安宁和智慧的学说，而且通过纯逻辑理论来说明斯多亚派学说的基本原则。

这种倾向的出现首先与西方逻辑学史研究中对斯多亚派逻辑遗产的重新评价有关。在希腊化时期和罗马时期的哲学学派中，伦理学占有重要地位。西方哲学史研究早就指出，伦理化倾向是这些哲学家学派的显著特征。他们的哲学以伦理学为指归，主要目标不是像希腊哲学那样追求智慧，而是追求幸福，追求内心的安宁。近几十年来，关于斯多亚派的大量著作，例如，亨利·西蒙（H. Simon）和玛利娅·西蒙（M. Simon）的《早期斯多亚派及其自然概念》（柱林，1956 年），L. 爱德尔斯坦（L. Edelstein）的《斯多亚派的意义》（剑桥，1966 年），以及 J. 古尔德（J. Gould）的《克吕西甫哲学》（莱顿，1970 年）等，特别是在斯多亚派学说中寻找现代数理逻辑起源的著作使人承认，在斯多亚派学说中逻辑学即使不高于伦理学，也至少与它平起平坐。正如有的研究者所指出的那样："波兰逻辑学家 J. 卢卡西维茨、美国逻辑学家 B. 麦茨等均一反过去历史上一些哲学史研究者对这一学派逻辑学的贬斥和批评，从斯多亚派创立的命题逻辑在现代逻辑发展中的重要奠基作用，对这一学派的逻辑学给予很高的评价。"[1] 确实，早期斯多亚派素来重视逻辑学研究，克吕西甫有著作 705卷，其中逻辑学占 262 卷，这就是一个明证。

就西方美学史研究自身而言，试图通过斯多亚派逻辑学阐述该派哲学和美学特征的做法，受到克罗齐的影响。克罗齐在《作

---

① 李今山：《斯多亚派美学初探》，《外国美学》第 2 辑，商务印书馆 1986 年版，第 67 页。

为表现的科学和一般语言学的美学的历史》一书中写道：

> 尽管斯多亚派把语言和思维而不是和幻想结合在一起，然而他们似乎感到了语言的非逻辑本性，并把希腊人的 lecton 一词和拉丁人的"effatum"或"dicibile"一词所指明的一个确然的东西置于思维和声音之间。①

希腊语 lecton 指"可说的东西"，即语句的意义。语句的意义不同于语句的表达："表达是说出的声音，但被说出的内容却是事物状态，它们才是实际上可说的东西。"② 虽然克罗齐在他的著作中没有论述斯多亚派的美学，然而他涉及斯多亚派关于"可说的东西"的学说是重要的。后来一些西方美学史研究者正是从这个学说出发，来界定斯多亚派美学的基本特征。

对斯多亚派这种学说的最早记述见诸公元 2 世纪至公元 3 世纪的经验论怀疑主义者塞克斯都·恩披里柯的著作。他写道：

> 所指（涵义）、能指（声音）和对象三个因素彼此结合在一起。能指是词语，例如"狄奥"。所指是词语所表示的物本身；我们把它作为在我们理性中得到确定的东西来知觉，而蛮族人虽然听到词语，但是不理解它。对象像狄奥本身一样是外在的。这三种因素中有两种是有形体的，它们就是声音标志和对象。而一种是无形体的，它就是所指的物和词语所表示的对象性（lecton），它可能是真的，也可能是伪的。③

对这段话必须作些解释。斯多亚派的"可说的东西"在恩披

---

① 克罗齐：《作为表现的科学和一般语言学的美学的历史》，中国社会科学出版社 1986 年版，第 18 页。
② A. 朗和 D. 塞德莱编：《希腊化时期哲学家》第 1 卷，剑桥 1987 年版，第 155 页。转引自赵敦华：《西方哲学通史》第 1 卷，第 276 页。
③ 恩披里柯：《驳数理学家》第 8 卷第 11—12 节。

里柯那里就是"所指"。然而这种"所指"不是对象，而只是对象的涵义。亚里士多德区分出客体和主体，客体存在于主体之外，主体凭借理性和语言能够理解和指称客体。斯多亚派在客体和主体之间添加了一个中间环节，即可以说出和可以理解的对象的涵义。只有通过这个中间环节，主体才可以理解和指称客体。对象是有形体的，而对象的涵义则是无形体的。后期斯多亚派代表塞涅卡曾用一个例子说明所指的这种无形体性。他写道：

> 我看见卡托在散步。感性知觉指出这一点，而理智相信这一点。我所看见的东西是一种形体，我把自己的眼睛和理智转向这种形体。然后我确认："卡托在散步。"①

在他看来，"卡托在散步"作为一句说出的话是有形体的（声音），作为一种行为也是有形体的，然而作为一种涵义是没有形体的，但是它表示某种形体。看来，斯多亚派对散步的例子很感兴趣，早期的克吕西甫曾举过"狄奥在散步"的例子。

　　为什么斯多亚派的所指"可能是真的，也可能是伪的"呢？原来，他们的所指处在现实之外，不和现实发生关系。克吕西甫曾以"现在是白天"为例加以说明。所指不同于表达它的词语，也不同于它所表达的事实。说"现在是白天"的人显然认为，他关于现在是白天的观念（或概念）是合适的，是可以被接受的。言说的事实本身不是观念的被接受（或被拒绝），词语本身不是观念，它只是观念的表述。"现在是白天"的观念也不同于"现在是白天"的状况。也就是，"现在是白天"这个所指如果符合事实，它就是真的；如果不符合事实，它就是伪的。然而就它本身看，它既不是真的，又不是伪的；既可能是真的，又可能是伪的。无论是否符合事实，它都有一定的涵义。总之，斯多亚派的所指是相对的、中立的、不涉现实的，它是一种思维结构。所指

---

① 塞涅卡：《信件集》第 117 集第 13 节。

的这种特点也决定了斯多亚派哲学和美学的特点。斯多亚派把词语分为语音层和意义层，这是希腊哲学的独特成就。如果把这条原则运用到客观现实中去，客观现实也就分为两个层次——物质层次和意义层次。意义高于存在，赋予存在以涵义。

西方美学史研究一般把斯多亚派的伦理学和自然哲学当作他们美学的哲学基础。塔塔科维兹就持这种观点，他在论述斯多亚派美学的哲学基础时写道：

> 斯多亚派的美学被他们的体系——伦理学和本体论——的一般假设所限制，所具有的特色是斯多亚派的道德论以及美学价值应从属于道德价值的信念。斯多亚派的美学是建立在逻各斯的理论基础上的，这种理论迫使斯多亚派把世界看成渗透了理性。①

把斯多亚派的逻辑学当作他们美学的哲学基础，是一种新的视角。不过，在采用这种研究视角时，也不应该忽视伦理学和自然哲学在斯多亚派美学中的作用。

二　美在于适度和比例

在论述斯多亚派关于美的本质的观点时，塔塔科维兹开宗明义地指出：

> 关于美取决于什么的问题，斯多亚派根据希腊美学的主要传统而给予了一致的答复，断言美取决于适度和比例。他们保留了传统的概念和传统的术语对称。②

确实，在论述美时，斯多亚派经常提到对称的概念。

---

① 塔塔科维兹：《古代美学》，第244—245页。
② 同上书，第248页。

根据柏拉图主义者伽伦（约公元 129 年至 200 年）的记载，克吕西甫在论述形体美时，"认为健康在于各种元素的对称（下文作了解释，元素是冷暖干湿——引者注），而美在于各个部分的对称"①。他在另一处也强调了这一点："人体四肢的对称或不对称导致美或丑。"② 5 世纪编纂家斯托拜乌（Stobaeus）曾记载了斯多亚派类似的观点：

> 身体的美是四肢在它们相互关系中以及与整体的关系中的对称，同样，灵魂的美是理性的对称，以及理性的各种因素在与灵魂整体的关系中和彼此的相互关系中的对称。③

> 在身体中四肢有某种匀称的姿态，再加上某种悦目的肤色，这被称作美；同样，在精神中，与某种有力和坚定连在一起的意见和判断的平稳的一贯性，被称作美。④

《斯多亚派流传残篇》还写道：

> 身体美在于各部分的对称，美好的肤色和结实的肌体；……而理性美在于信条的和谐和德性的协调……⑤

由此可见，对称作为美的本质由斯多亚派作了充分论述。事物和人体的美是各部分和整体的协调，内在心灵的美是各种心理因素和理性的协调。然而，对斯多亚派美学的研究不能到此止步，因为把和谐、比例和对称看作美是希腊美学的共同传统，这里还看不出斯多亚派美学独具的特征。只有说明斯多亚派的对称的本质及其专门的审美意义，才能认清他们美学的风貌。

---

① 《斯多亚派流传残篇》第 3 卷第 472 节。
② 同上书，第 471 节。
③ 同上书，第 278 节。
④ 同上书，第 279 节。
⑤ 同上书，第 392 节。

斯多亚派的对称的本质和他们的逻辑理论有关系。我们在前面已经说过，斯多亚派逻辑学中的所指是中立的、不涉现实的。与此相适应，他们在伦理学中宣扬和践履"不动心"（apatheia）和"心平气静"（ataraxia）的原则。在美的理论中，他们则把美说成是"中立的"、"无涉的"（adiaphora）①。这可与怀疑论派的"无动于衷"、"漠不关心"（adiaphoron）相参较。事物可以分成好的和坏的，有益的和有害的。然而斯多亚派认为，美、健康、富有既不是好的又不是坏的，既不是有益的又不是有害的。可以为了善的目的或恶的目的追求美、健康和富有，但是它们本身不是善和恶。在这种意义上，它们是无私的、不涉利害的。斯多亚派主张无私地、不涉利害地观照客观现实和客观存在的美。拉尔修写道：

> 他们（指斯多亚派——引者注）主张，有些东西是善，另外一些东西是非善，还有些东西两者都不是……两者都不是的东西既无利又无害，如生命、健康、快乐、美、强健、富有、好名声、出身高贵，以及它们的反面——死亡、疾病、苦难、丑、虚弱、贫困、坏名声、出身卑微，以及与其相近的东西，就像赫卡通在《论目的》第9卷，以及阿波罗多和克吕西甫所主张的那样。这些东西都不是善，而是无所谓的，仅仅从某种观点来看是需要的。确实，热的特征是变暖，而不是变冷，同样，善的特征是有益，而不是有害。富有和健康带来的益处并不比坏处多，因此，富有和健康都不是善。他们还说，能够利用得好或坏的东西也不是善。富有和健康可以利用得好，也可以利用得坏。这表明富有和健康不是善。②

---

① 参见洛谢夫《希腊罗马美学史》第5卷，第139—140页。
② 拉尔修：《著名哲学家生平和学说》第7卷第102节。亦见《斯多亚派流传残篇》第3卷第117节。

斯多亚派把美、富有、健康归入既非可取又非不可取的中立领域。美不是善，它处在道德之外；美没有益，它处在合目的性之外。美的这种观点是以前的美学中所没有的。在以前的美学中，美同善、同合目的性往往很难区分。而在斯多亚派那里，美成为与实际生活无涉的、独立自在的。美在生活中可以起积极作用，也可以起消极作用，但是它不取决于这些作用。它在本质上是中立的，与实际无沾无碍的。显然，美的这种性质和斯多亚派的所指概念的性质是一致的。斯多亚派对身外之物平淡甚至冷漠的态度也与此有关，因为任何心理动机都要服从与实际无沾无碍的美。在这里斯多亚派的伦理学和美学融为一体。

根据拉尔修的记载，斯多亚派把中立的东西分为两类：一类有积极价值（如健康、富有、强健、好名声等）或者消极价值（如疾病、贫困、虚弱、坏名声等），另一类没有什么价值（如头发数目的奇偶、钱币的正反面等）[①]。斯托拜乌复述了这种观点[②]。积极价值是值得追求的，它们能够给人带来内在的幸福。美属于有积极价值的一类。我们追求审美，完全不同于我们在日常生活中追求某种实用目的。美使我们产生的幸福感也完全不同于我们在功利生活中所体验到的快感。这样，美是中立的、不涉利害的，它能够使我们产生强烈的幸福感，它作为价值是在评价中被知觉的。斯多亚派对称的本质和专门的审美意义就在于此，这也是斯多亚派美学的根本特征。斯多亚派把美同健康、富有、强健、好名声等归为一类，对于美同它们的区别，斯多亚派没有作出说明。不过有一点可以肯定，斯多亚派不是在实践的、功利的涵义上理解健康、富有、强健这些概念，在他们那里，这些概念是高尚的。

在以上的引文中，斯多亚派明确表示，美不是善。然而在其他场合，他们又屡次谈到美就是善。例如，拉尔修写道：

---

① 拉尔修：《著名哲学家生平和学说》第 3 卷第 104 节。
② 《斯多亚派流传残霜》第 3 卷第 28 节。

　　他们（指斯多亚派——引者注）之所以把完美的善称作美，是因为完美的善反映了自然所要求的各种数的关系，或者说反映了完美的对称。按照他们的学说，有四种美——正义、勇敢、适宜和智慧。美的行为正是在这种范围内完成的。相应地也有四种丑——不正义、怯懦、不适宜和愚蠢。一些人拥有值得称赞的善，使这些人值得称赞的东西被称作美，这是美的一种涵义。在另一种涵义上，美是对于自身事业的成功的自然禀赋。还有第三种涵义，当我们说"有智慧的人是善的和美的"时，这是一种修饰。①

　　他们只把善称作美（像赫卡通在《论善》第3卷和克吕西甫在《论美》一文中所说的那样）。美是德性和以德性为美的东西。②

在美和善的关系上，斯多亚派不是自相矛盾了吗？确实，这里存在着矛盾。这种矛盾来自他们对道德美、精神美和感官美、形体美的二元论理解。与以往的美学相比，他们的美学更加鲜明、更加对立地区分了这两种美。他们把精神美、道德美等同于德性，因而等同于善，并使它们在很大程度上有别于美学的美，高于美学的美。

　　上面我们论述的是早期斯多亚派关于美的本质的观点，这种观点在中期斯多亚派那里发生了很大变化。中期斯多亚派代表巴内修斯是罗马斯多亚派团体的创始人，也是罗马执政者西庇阿的密友和西塞罗的老师。西塞罗的《论责任》就是以他的同名著作为原本编译的拉丁文著作。他的残篇由斯特拉登（M. Van Straten）编辑，1946年在莱顿出版，1952年和1962年再版。巴内修斯把希腊化时期的斯多亚派哲学罗马化，把该派哲学中能为罗马接受并为罗马所需要的那些内容移植到罗马土壤上来。在总的思

---

① 《斯多亚派流传残篇》第3卷第83节。
② 《斯多亚派流传残篇》第1卷第188节。

想倾向上，他对斯多亚派哲学和柏拉图哲学进行折衷，力图恢复被早期斯多亚派中断的同柏拉图的精神联系，称柏拉图为神、最有智慧的人和"哲学中的荷马"①。他喜欢平易温和的生活态度，摒弃了早期斯多亚派严峻冷酷、心如古井、可敬不可亲、不食人间烟火的形象，使美更加接近于尘世，更加接近于普通人的体验。他对自然中的合目的性感兴趣，热爱星空、自然、动植物、人体和人的精神的美。在他那里，美不仅是宇宙和宇宙逻各斯，而且是人的生活，这种生活充满了各种感情和思想，同时追求最高的理性。

如果哲学上巴内修斯偏离了早期斯多亚派，那么，在美学上他简直走到早期斯多亚派的反面。他主张美和效用有联系。美被认为是最高的效用，因为它能够帮助人们生活和相互交往。如果效用没有任何美，甚至不成其为效用。当效用和某种丑的东西联系在一起时，其中就没有真正的效用。使人感到丑的东西，不可能有任何效用②。巴内修斯指出，对感性事物外在美的欣赏，能够导致行为美。只有人借助自己的本性和理性能力能够欣赏美，其他动物不能感受到感性事物的美和各部分的和谐。人在观照外在美时，这种美的类似物传达给人的灵魂，人的灵魂在自己的言行中遵循美和秩序，避免丑的和不良的举止，从而产生行为美③。巴内修斯还认为美虽然不归结为道德，但是和道德有联系。他区分出四种道德美：对真的认识和艺术，公正和国家德性，灵魂崇高的坚定，人的一切行为的有序和节制。这四种道德美相互联系，然而每种都有独特的道德责任④。和早期斯多亚派不同的是，巴内修斯强调了道德美和责任的密切联系。早期斯多亚派则认为责任低于德行，履行责任的人不一定具有道德美。从总的方面说，巴内修斯美学思想的独特性表现为：美是有效用

① 《巴内修斯残篇》第 56 节。
② 同上书，第 102 节。
③ 同上书，第 98 节。
④ 同上书，第 103—104 节。

的，同时又是完全独立自在的，人们对美的欣赏与他们的物质需要无关。

中期斯多亚派的另一位代表、巴内修斯的弟子波西多尼力图把希腊哲学和希腊化时期哲学综合起来。他的著作很多，思想遍及哲学的每一个分支。然而，他没有一部完整的著作流传下来，他的残篇由爱德尔斯坦（L. Edelstein）和基德（I. Kidd）编辑于1972年在剑桥出版。他对西塞罗、维特鲁威、恩披里柯、塞涅卡、爱比克泰德、马可·奥勒留和新柏拉图主义者都产生了影响。中世纪和文艺复兴首先按照《蒂迈欧篇》的精神来理解柏拉图也与他的学说有关。他关于哲学是生活的安慰者的说法流传很广，他的亲炙弟子西塞罗在《图斯库卢姆辩论集》中最早对此作出回应。在美的本质问题上，他认为美就是善，灵魂的理性能力追求美[1]。有智慧的人主张美是最高的和不可逾越的善[2]。他因病卧床，对前来探视的罗马统帅庞培说，只有善才是美。按照克吕西甫等早期斯多亚派代表的观点，富有和健康既可以利用得好，又可以利用得坏，因此，它们不是善。波西多尼不同意他们的观点，提出这也是善。富有和健康对于人来说，甚至是最高的善[3]。他认为善和恶、美和丑具有同样的起源。恶仅仅是表现不充分的善，因此，丑也仅仅是表现不充分的美。对于美和善、美和丑的这种一元论理解是前所未有的。

晚期斯多亚派既不同于早期斯多亚派，又不同于中期斯多亚派。他们强烈地感到在混乱的社会生活面前软弱无助和微不足道，希望挣脱罪恶世界，对内心的宗教体验的兴趣大增。宇宙的美仍然存在，然而被他们道德化了，现在最要紧的是按照美的结构塑造自己的道德生活和内心世界。他们还完全轻视逻辑学，逻辑学在他们那里不再是一门独立的学科、不再是哲学的一个分支。早期斯多亚派仔细研究的逻辑概念以及对美学的影响，在他

---

① 《波西多尼残篇》第160节。
② 同上书，第164节。
③ 同上书，第172节。

们那里已经荡然无存。虽然他们反对基督教，可是在方法论上已经接近于基督教，并且在某种意义上成为新柏拉图主义的先驱。在美的本质问题上，爱比克泰德和马可·奥勒留都有一些值得注意的观点。奴隶出身的爱比克泰德流传下来的著作4卷集《言谈集》或者《格言集》由他的学生阿里安（Arrian）根据他的讲话提纲整理而成。该书有奥尔德法泽（W.A.Oldfather）的英译本（伦敦，1926—1928年，1959年）、索尔赫（J.Souilhé）和雅古（A.Jagu）的法译本（巴黎，1950年）。《言谈集》第3卷第1章专门阐述了美学问题。爱比克泰德有一次和一位年轻的修辞学家讨论美的问题：

> 他对那个人说："请告诉我，你是否认为有些狗和马长得美，其他各种动物中间也是这样呢？"
>
> 那人说："我认为是这样。"
>
> "这就是说，人中间也是一些人长得美，另一些人长得丑吗？"
>
> "怎么可能不是呢？"
>
> "那么，我们把各种和每种中的个体称作美的，是根据同样的原因，还是根据不同的原因呢？你会看到情况是这样的。既然我们看到，狗在本性上是按照一种目的长成的，马按照另一种目的长成，夜莺则按照第三种目的长成，那么，这样说是完全合理的：每种个体最符合自身的本性时就是美的，而由于每种个体的本性都不相同，我以为，每种个体的美也就不同。"
>
> 那个人同意："难道不是这样吗？"
>
> "这不就意味着，使狗变得美的东西，会使马变得丑了吗？而使马变得美的东西，会使狗变得丑了吗？因为它们的本性是不同的呀！"[①]

[①]　爱比克泰德：《言谈集》第3卷第1章第1—4节。

这段论述表明，爱比克泰德在美的本质问题上保持了中期斯多亚派的传统，但是也有自己的特色。他把美的概念同合目的性的概念联系在一起，而他的目的是具体充分的理想性（"最符合自身的本性"）。既然每种对象都有自身的目的、自身的功能，那么，美的对象是极其丰富和多样的。

晚期斯多亚派最后一个重要的代表、161年至180年在位的罗马皇帝奥勒留是爱比克泰德最忠实的崇拜者和追随者，他比爱比克泰德更加专注于伦理学问题。"所不同的是，爱比克泰德经受外部环境的折磨而保持道德的纯粹性，身为奴隶却感到是精神上的国王；奥勒留遭受内心煎熬，无力摆脱悲惨命运，身为皇帝却感到是精神上的奴隶。"① 奥勒留的著作《沉思录》被译成多种文字，其中有哈内斯（C.R.Haines）的英译本（伦敦，1916年，1970年）、蒂勒（W.Theiler）的德译本（苏黎世，1951年）、特拉诺（A.J.Trannoy）的法译本（巴黎，1925年）、罗戈文（S.Rogovin）的俄译本（莫斯科，1914年）。《沉思录》充满世纪末的悲怆情调，发出"人生如烟"的慨叹②。然而，在这动荡不安的时代中，奥勒留却遵循希腊美学精神，显示出对纯粹的、无私的美的热爱。他写道：

> 一切美的东西无论是什么，都因自身而美：赞扬不能作为一个组成部分进入其中。因此，它不由于赞扬变坏或变好。我在这里指的是从平常观点看被称作美的东西，例如，物质的东西和艺术作品。那真正美的东西需要什么样的赞扬呢？除了法则、真理、仁慈和秩序，不需要任何东西。这一切中的什么东西是由于赞扬才美或者由于谴责才丑的呢？难道纯绿宝石缺乏赞扬就会变坏吗？难道黄金、象牙、紫袍、大理石、花卉和植物缺乏赞扬就会变坏吗？③

①　赵敦华：《西方哲学通史》第1卷，第305页。
②　奥勒留：《沉思录》第10卷第31章。
③　奥勒留：《沉思录》第4卷第20章。

在这里，美成为独立自在的，它由于自身具有意义，而不需要任何其他东西。它表明在斯多亚派美学完全瓦解和走向终结的时候，在阴郁黯淡的时代氛围中，罗马人仍然没有忘记光明、愉快的希腊美学理论。

三　对艺术的广义理解

斯多亚派对艺术作广义的理解，即把艺术理解为人工技艺，凡是人凭技艺制作的一切产品都是艺术品。这种理解往往难以说明现代意义上的艺术的特殊本质。斯多亚派在阐述艺术问题时最早使用了"体系"（即"系统"）的术语。体系的原意是组合。艺术是有用之物的体系，而哲学则是知识的体系。

根据奥里庇奥多拉记载，克里尼雪斯把艺术定义为："艺术首先是通过方法达到一种状态。"[1] 昆体良的转述与此完全相符：克里尼雪斯认为，"艺术是达到某种途径，即秩序的力量。"[2] 奥里庇奥多也记载了芝诺的观点："艺术是为了生活中某种有目的的共同培育的理解的体系。"[3] 芝诺还谈到，"艺术是创造某些途径的状态，即借助途径和方法创造某种东西的状态。"[4]

这些定义未免使人感到困惑。为什么在艺术中如此强调方法、强调有意识地实施的、能够形成某种体系的方法呢？这和斯多亚派的个性教育的理论有关。他们以道德规定的严格性著称，主张摒弃任何激动的感情，而保持内心绝对的宁静。他们认为真正的艺术不是众所周知的传统艺术，而是使人达到道德完善、保持不动心的一种自我教育方法。因此，艺术作品是人的主观努力的结果，是有意识地追求某种体系的努力的结果。他们关于艺术

---

① 《斯多亚派流传残篇》第 1 卷第 490 节。
② 同上。
③ 同上书，第 73 节。
④ 同上书，第 72 节。

的定义中的方法，实际上指预先规定的、经过深思熟虑的计划，所以，他们又把方法称作途径。在他们那里，对艺术的理解是和艺术的功能联系在一起的。

艺术作品不是自然产品，它是在方法上经过周密考虑的、人的主观努力的结果，是严格按照预定的计划制作出来的。艺术作品中的人物，比如俄狄浦斯遇到的就不应该是偶然的状况和意想不到的命运，而是早就知道的、预先安排好的结局。就像斯多亚派的有智慧的人那样，他们预先知道将来会发生什么事、应该怎样做，从而在任何情况下都保持内心的平静。斯多亚派对艺术的这种理解不同于希腊美学，可以认为这是他们所理解的艺术的第一特征。

斯多亚派所理解的艺术的第二特征应该在他们的自然观中去寻找。他们把自然（宇宙）看作"最伟大的艺术作品"（克吕西甫）。自然作为艺术作品是和美联系在一起的。克吕西甫写道：

> 大自然为了美创造了许多生物，大自然欣赏它们并为它们的丰富多彩而感到愉悦……孔雀因为它的尾巴、因为它的尾巴的美而被创造出来。①

公元前 2 世纪至公元前 1 世纪哲学家艾修斯有一段转述斯多亚派关于宇宙和宇宙美的引文，虽然艾修斯没有指明这是波西多尼的言论，然而根据内容来推断，一般认为是波西多尼的观点：

> （斯多亚派）首先从外在表现的美产生这样的概念。因为任何美的对象都不是枉然地和偶然地，而是由于某种造化的艺术形成的。因此，宇宙是美的。这从它的形状、色彩、宏伟和满天繁星中是显而易见的。宇宙是球形的，它优于各种形状。因为只有这种形状能够同样指向自身的各个部分：

---

① 《斯多亚派流传残篇》第 2 卷第 1163 节。

作为圆形，它的各个部分也是圆形的。①

美是艺术创造的结果。宇宙是艺术作品，因为它是美的，这种美体现在它的形状、色彩等丰富多彩的外在感性形式中。所以，斯多亚派理解的艺术的第二特征是，艺术是具体可感的，而且是具体可感的美。

与希腊美学家的自然观相比，斯多亚派的自然观发生了变革：他们不仅把自然看作客体，而且也看作主体。因此，他们不仅把自然看作伟大的艺术作品，而且看作伟大的艺术家。芝诺就赋予自然这种称号，《斯多亚派流传残篇》写道：

> 根据这个理由，整个自然是艺术的，因为它仿佛具有它所遵循的某种途径和规则。而对于吸纳一切和包容一切的世界本身，自然不仅被同一个芝诺称为艺术的，而且直接称为艺术家，称为一切有益的东西的保护者和制造者。②

自然之所以成为一个艺术家，因为在斯多亚派看来，自然是有生命的，是一个巨大的活物。原初的火和气组成"普纽玛"（pneuma）。希腊语 pneuma 的字面意思是"微微吹动"，或者"风"、"一阵风"。它很早就表示"呼吸"、"气息"。由于呼吸是一切生命的特征，所以，普纽玛又衍生出"精神"的意思，西文把它译为 spirit。在希腊罗马文献中往往把生命的呼吸等同于生命本身，于是就把普纽玛理解为生命。斯多亚派对普纽玛作了高度的哲学概括，把它理解为"自然的本质"③。自然作为火的普纽玛放射的结果，像一切活物一样，第一是温暖的，第二能够呼吸。宇宙的火的普纽玛也被斯多亚派称作"艺术创造的火"。波

---

①　《斯多亚派流传残篇》第 2 卷第 1009 节。由于艾修斯没有指明这段引文是波西多尼的言论，所以，《波西多尼残篇》没有收录。

②　《斯多亚派流传残篇》第 1 卷第 172 节。

③　《斯多亚派流传残篇》第 2 卷第 715 节。

西多尼曾以火来解释为什么是月亮，而不是太阳成为涨潮的原因。太阳是纯粹的火，因此它能迅即清除大地和海洋上升起的湿气。而月亮的火不纯粹，比较软弱无力，因此它不能消弭湿气，只能以自身微弱的火推动湿气作某种运动，而无法减少湿气的数量。在阳光下海水被火烧烤，变得匀整。而在月光下，海水上扬并扩散①。总之，火是支配宇宙的力量。

斯多亚派的这种观点来自赫拉克利特，他们都把火称作逻各斯。然而，赫拉克利特的火的逻各斯是生和死在宇宙中永恒地、无目的地循环的规律，而斯多亚派的逻各斯首先是合目的性。在这方面他们受到亚里士多德的影响②。既然自然的逻各斯具有合目的性，既然火的普纽玛使自然有温度又能呼吸，所以，自然是活的有机体。希腊美学家也把自然看作有机体，然而这是理性分析的结果，他们仅仅把自然当作观照的对象。斯多亚派不仅把自然当作观照的对象，而且通过火的普纽玛、即温暖的呼吸，把自然当作直接感觉的对象③。从自然是活的有机体的观点，派生出斯多亚派对艺术的理解的第三个特征：艺术像自然一样，也是有机整体。

虽然艺术和自然有着密切的关系，然而，早期斯多亚派对希腊传统的艺术摹仿自然的观点却不感兴趣。据查阅，在早期斯多亚派的所有残篇中，仅有惟一的一处提到"摹仿"的术语，那是在公元前 1 世纪伊壁鸠鲁派哲学家菲罗德谟批评斯多亚派的音乐理论时出现的。菲罗德谟指出，斯多亚派"既在摹仿的涵义上，又在发明的涵义上"把音乐和诗相等同④。晚期斯多亚派代表塞涅卡沿袭柏拉图和亚里士多德的传统，重新阐述了艺术摹仿自然的理论。塞涅卡是暴君尼禄的老师和大臣，西方哲学史研究常以他为例说明晚期斯多亚派道德说教和行为之间的矛盾。他经常谴

---

① 《斯多亚派流传残篇》第 2 卷第 219 节。
② 塔塔科维兹：《古代美学》，第 247 页。
③ 洛谢夫：《希腊罗马美学史》第 8 卷第 2 册，莫斯科 1994 年版，第 271 页。
④ 菲洛德谟：《论音乐》第 90 节。参阅洛谢夫《希腊罗马美学史》第 8 卷，第 2 册，第 65 页。

责财富，然而他又非常富有。他反对残忍行为，然而他又为虎作伥。他的著作有《致卢齐利乌书信集》、《论天命》、《论幸福生活》、《自然问题集》等。与美学关系最大的是《致卢齐利乌书信集》中的第65封信。另外，他的散文和悲剧作品中也含有一定的美学思想。

在阐述艺术摹仿自然的理论之前，塞涅卡在致卢齐利乌的第62封信中首先说明了世界万物的成因：

> 如你所知，按照斯多亚派的学说，参与万物创造的有两种元素：质料和原因。质料是怠惰的，能够接受任何形式，如果没有东西促使它运动，它就不会动。而原因或理性赋予质料以形式，按照自身的意愿给予它某种功能，由它产生各种物。因此，应该有某种东西，由它形成事物；然后还有一种东西，它创造事物。前者是质料，后者是原因。

然后，塞涅卡把这和原理运用到艺术中：

> 艺术摹仿自然。因此，我关于整个世界所说的东西，也可以运用到人工制品上来。比如，雕像既要有质料，它由质料制成；又要有艺术家，艺术家赋予质料以某种形式。铸造雕像的青铜是质料，而雕刻家是原因。关于其他各种物也可以这样说，它们中有两种元素：物所由制成的东西和使物产生的东西。[①]

斯多亚派认为物的形成只有一个原因，就是使物产生的东西。而亚里士多德认为有四个原因。塞涅卡以雕像为例来解释亚里士多德的四因说。第一种原因是青铜，因为如果没有质料，雕像就无从浇铸或塑造。第二种原因是制作者，即雕刻家，因为如

---

① 塞涅卡：《致卢齐利乌书信集》第65封信第2、3节。

果没有雕刻家有经验的双手的工作，青铜就不可能获得雕像的形式。第三种原因是形式，亚里士多德称它为埃多斯（eidos），因为如果雕像没有某种形式，它就不会成为"持矛者"或者"束发的运动员"。第四种原因是目的，因为如果没有目的，也就不会有雕像。目的可以是金钱，如果雕刻家想出售雕像的话；目的也可以是荣誉，如果雕刻家想获取知名度的话；目的还可以是虔诚，如果雕刻家要把雕像赠给神庙的话。

令人感兴趣的是塞涅卡在亚里士多德的这四种原因之外，添加了第五种原因，即柏拉图所说的"理式"（idea），塞涅卡称之为"范型"。范型指画家在完成自己的构思时所观照的对象。它可以存在于画家的外部，或者仅仅存在于画家的想象中。塞涅卡认为，按照柏拉图的观点，事物的形成有五种原因：质料因、动力因、形式因、范型因和目的因。实际上这仅仅是塞涅卡的理解，柏拉图本人从来没有这样说过。现在的问题是，既然塞涅卡明确地区分了亚里士多德的埃多斯（eidos）和柏拉图的范型（idea），那么，这两者之间的区别何在呢？在致卢齐利乌的第58封信第16节中，塞涅卡对此作了说明。如果一位画家为芝诺画肖像，那么，芝诺本人即画家画肖像时所依据的芝诺的面孔就是范型。而画家从芝诺的面孔中提炼出来的并使之入画的那些东西，则是埃多斯。这样，塞涅卡所说的范型和埃多斯的区别，颇类似朱光潜在论述美的本质时所说的物甲和物乙的区别。一朵花客观地存在着，无论放在室内还是室外，它都是同样的一朵花。这时候，花是范型，是物甲。然而，我们在知觉同一朵花时，我看到的花不同于你看到的花，我在此时看到的花也不同于在彼时看到的花。这时候，花是埃多斯，是物乙。客观存在的物是范型，包含了我们意识的作用的物的形象是埃多斯。艺术作品作为艺术创作的结果和产物是范型，经过我们理解和诠释的艺术作品是埃多斯。

塞涅卡在第28封信中，还谈到埃多斯和范型（理式）的相互关系。同一个对象既可以是埃多斯，又可以是范型。物就它自身而言，即自为的时候，它是埃多斯。但是，物一旦进入我们的阐释领域，即他为的时候，它就成了范型。塞涅卡仍以雕像为例，说明所谓柏拉图的五因说：用什么做——青铜，由谁来做——雕刻家，为什么做——某种目的，照什么做——范型，这些原因的结果就是雕像（什么样的）。塞涅卡对范型和埃多斯的区分，在艺术摹仿理论中迈出了重大的一步。他强调了主观意识的作用，主观意识应该在客体中寻找相关的东西。

斯多亚派的艺术理论还涉及艺术分类问题。塞涅卡在第88封信中援引了波西多尼关于艺术分类的观点：

> 波西多尼把艺术分为四种：民众的和低级的艺术，戏剧表演艺术，增进学识的艺术和自由艺术。[①]

民众艺术是工匠双手劳作的产品，目的在于使生活舒适，其中没有美和对高尚的摹仿。戏剧表演艺术为我们的耳、目提供享受。增进学识的艺术是较为专门的艺术和科学：诗、音乐、绘画、雕刻、建筑和数学、几何学、天文学。自由艺术是以德性为目的的艺术。波西多尼的艺术分类表明，他继承希腊美学的传统，把艺术、科学和技艺相等同。然而，他在艺术领域中分出等级。最低级的艺术是民众艺术，戏剧艺术较高，增进学识的艺术更高，而最高的艺术是德行。这反映了斯多亚派对艺术的评价：艺术归根到底仅仅是道德生活的艺术。在同一封信中，塞涅卡也表述了对艺术分类的观点。他认为艺术还不是通向德行的途径。犹如没有树就没有船，然而树还不是船。塞涅卡并不反对艺术，然而他力图寻找艺术的外在涵义。甚至科学和哲学也会受到他严厉的谴责，如果它们仅仅研究纯粹的知识，而不以培育德行作为中心任务的话。

斯多亚派美学于2世纪结束。它经过早期、中期和晚期的发

---

① 《波西多尼残篇》第90节。

展，为 3 世纪新柏拉图主义美学登上历史舞台准备了条件。

第二节　伊壁鸠鲁派

伊壁鸠鲁派的创立者伊壁鸠鲁是亚里士多德较为年轻的同时代人。公元前 306 年他在雅典自己领地的花园创办的“花园”哲学学校，与柏拉图学园、亚里士多德的吕克昂和斯多亚派的“画廊”齐名。他后来把领地连同学校遗赠给自己的学生们。和斯多亚派一样，伊壁鸠鲁派也分为早期、中期和晚期。本节主要阐述伊壁鸠鲁本人和中期伊壁鸠鲁派代表菲罗德谟、卢克莱修的美学。

一　伊壁鸠鲁

伊壁鸠鲁（Epicurus，公元前 342/341 年至公元前 271/270 年）生于萨摩斯，早年学习柏拉图和德谟克利特的哲学。他生前享有盛名，他的学校接纳了众多学生，包括一些女生。他的朋友从四面八方来看望他，并住在他的花园里。他的著作有 300 多卷，大多失传，与美学和艺术直接有关的有《论音乐》和《论雄辩》。伊壁鸠鲁流传下来的若干著作和残篇保存在拉尔修、恩披里柯、普卢塔克、塞涅卡、斯托拜乌和西塞罗等人的著作中。在后人编辑整理的伊壁鸠鲁的各种残篇中，乌塞纳（H. Vsener）编的《伊壁鸠鲁残篇》最为流行。该书 1887 年在利普西出版，1966 年重版。

伊壁鸠鲁快乐主义的伦理学、原子论的自然哲学和感觉主义的认识论，给他的美学打下了印记。把幸福等同于快乐是伊壁鸠鲁伦理学的基本原则。“快乐”一词在希腊语中是 hēdonē，在拉丁语中是 voluptas。伊壁鸠鲁著作的一些翻译者为了使普通读者便于理解，把这个词译成“享乐”。这种译法对于许多希腊文献和拉丁文献来说是正确的，然而，如果用它来确定伊壁鸠鲁伦理学的基本原则的话，那就不确切了[1]。因为伊壁鸠鲁的快乐主义不是后人误解的官能欲望的满足，更不是罗马贵族曲解的穷奢极欲。相反，在某种意义上伊壁鸠鲁是个禁欲主义者。他说过，只要给他大麦、面包和水，他"就准备同宙斯本人辩论什么是幸福"[2]。他的快乐仅仅以面包和水为基础，这两种食品就足以使他感到自己像神一样幸福。因此，准确地把握伊壁鸠鲁的快乐主义的涵义，是深入理解他的美学的前提。

如果斯多亚派从符合自然的理性出发，那么，伊壁鸠鲁派从符合自然的感觉出发。火是热的，雪是白的，蜜是甜的，快乐和痛苦从外在的、直接的感觉中产生。快乐是任何生物的目的，因为任何生物从存在之日起就自然而然地追求幸福，回避痛苦。拉尔修援引了伊壁鸠鲁在《论目的》中的一段话：

> 如果我拒绝饮食的快乐，如果我轻视爱情的享乐，如果我不与我的朋友们一起聆听音乐和观看美的艺术品，那么，我不知道我还能设想什么善？[3]

伊壁鸠鲁还说：

> 胃的快乐是一切善的起始和根源，一切智慧和卓越也产生于这种快乐。[4]

在这里，伊壁鸠鲁强调了官能的享受。然而，这仅是问题的一个方面。伊壁鸠鲁区分了人的三种欲望：自然的和必需的，如渴了

---

① 塔塔科维兹的《古代美学》中译本就译为"享乐"，见该书第 229 页。

② 斯托拜乌：《论适度》。马克思在《关于伊壁鸠鲁哲学的笔记》中写道，伊壁鸠鲁声称："只要有了面包和水，他就准备同任何人辩论什么是幸福"（《马克思恩格斯全集》第 40 卷，人民出版社 1982 年版，第 157 页）。这段话在乌塞纳编的《伊壁鸠鲁残篇》中未收录，然而见诸阿里格蒂（G. Arrigheti）编注的《伊壁鸠鲁残篇》第 3 卷第 66 节，都灵 1960 年版。

③ 拉尔修：《著名哲学家生平和学说》第 10 卷第 6 节。

④ 《伊壁鸠鲁残篇》（乌塞纳编）第 409 节。凡引自该书的，不另注编者。

饮水；自然的而非必需的，如名贵肴馔；既非自然又非必需的，如得到颂扬和为自己立铜像。他认为有智慧的人只应该产生第一种欲望，因为这种欲望如果得不到满足，就会感到痛苦。而消除痛苦也是快乐。因此，伊壁鸠鲁所说的"胃的快乐"仅仅指按照人的自然需要有节制的、有益于健康的饮食的快乐。他对此身体力行，一生过着俭朴的生活。拉尔修指出了伊壁鸠鲁和昔兰尼派的区别①。昔兰尼派认为仅仅消除痛苦是不够的，他们还要求动态的快乐，即欲望的满足。伊壁鸠鲁既承认动态快乐，又承认静态快乐，并主张静态快乐高于动态快乐。静态快乐的主要特征是宁静的心态，这是一种恒定的、平稳不变的幸福。伊壁鸠鲁把快乐同美和德行联系起来：

> 只有在美、德性和诸如此类的事物等产生快乐的时候，它们才值得珍视；如果它们不产生快乐，那么，就应该抛弃它们。②

德性对于幸福生活是不够的，因为幸福是由德行所产生的快乐，而不是德性本身。伊壁鸠鲁的快乐主义理论之所以应该进入西方美学史，因为被他当作"幸福生活的起始和终结"的快乐，被他当作德性的真正内容的快乐，其最高境界是宁静轻松的、无痛无求的心态。这与其说是一种伦理心态，不如说是一种审美心态，这是一种享受内在的、精神的宁静的审美体验。不涉他物的美学原则使斯多亚派进入"不动心"的境界，或者对独立自在的美进行观照；这种美学原则使伊壁鸠鲁派进行审美的自我享受，追求清朗的、绝对稳定的快乐。但是这种快乐并不是纵欲。因为任何过度的享乐都会妨碍内在的平静。

从快乐主义原则出发，伊壁鸠鲁对艺术持否定态度。古代文献中有大量关于他否定艺术的记载。西塞罗在《论目的》中

---

① 拉尔修：《著名哲学家生平和学说》第 10 卷第 136—137 节。
② 《伊壁鸠鲁残篇》第 70 节。

写道：

> 你觉得他（伊壁鸠鲁）没有受过足够的教育，原因在于他否定任何教育，如果教育对幸福生活的科学没有帮助的话。难道他应该在细读那些没有任何实实在在的效用，而仅有一种孩提为乐趣的诗人作品中耗费时光吗？[①]

折衷主义哲学家普卢塔克（Plutarch，约公元 40 年至公元 120 年）《论信从伊壁鸠鲁不可能有幸福的生活》中写道：

> 语法学家赫拉克利特回敬了伊壁鸠鲁，因为伊壁鸠鲁派谈论诗的混乱和荷马的鄙俗。[②]

2—3 世纪语法家阿特纳奥谈到，伊壁鸠鲁和柏拉图一样，要把荷马逐出理想国[③]。拉尔修指出，如果伊壁鸠鲁认为，"只有有智慧的人才能够正确地谈论音乐和诗"，那么，这里所说的智慧不过是逃避任何教育[④]。拉尔修提到的伊壁鸠鲁的一句警言"善良的人，请扯起范帆，逃避任何教育"[⑤]，也为普卢塔克和昆体良屡次引用。伊壁鸠鲁认为演说艺术是不好的艺术，其中只有一种性质值得肯定（如果它出现的话），那就是明晰[⑥]。虽然伊壁鸠鲁有时候也提及艺术快感，然而在总的倾向上，他坚决否定艺术，主张同艺术作斗争。在这一点上他和斯多亚派不同。斯多亚派肯定艺术，然而对艺术作道德化的理解，艺术的目的和功能在于培养德性，从而使人达到内心的宁静。伊壁鸠鲁派否定艺术，因为艺术刺激了人的内心生活，破坏了内在的宁静，解决问题的

---

① 西塞罗：《论目的》第 1 卷第 21 章第 71 节。
② 普卢塔克：《论信从伊壁鸠鲁不可能有幸福的生活》第 2 章第 1086 节。
③ 《阿特纳奥著作集》第 5 卷第 187 节。
④ 拉尔修：《著名哲学家生平和学说》第 10 卷第 121 节。
⑤ 同上书，第 6 节。
⑥ 同上书，第 3 节。

途径是远离艺术、抛弃艺术。伊壁鸠鲁和斯多亚派对待艺术的态度不同，然而目的一样，他们殊途同归。可以推测，伊壁鸠鲁失传的《论音乐》和《论雄辩》的主要内容会告诫人们放弃音乐、放弃雄辩，而回归内心的宁静快乐。

　　伊壁鸠鲁是唯物主义的无神论者，这种情况对他的美学产生了重要影响。然而，他的唯物主义和无神论与现代意义上对它们的理解不同。他是唯物主义者，因为他把感性的物质元素看作存在的基础。他是无神论者，因为他不承认神有干预世界的能力，虽然他承认神的存在。如果说斯多亚派的原火说来自赫拉克利特，那么，伊壁鸠鲁的原子论则来自德谟克利特。伊壁鸠鲁派和斯多亚派把主体提到首位，但是他们并不否定客观现实，相反，由于主体内在感觉的发展，他们对客观现实作了更深刻的描绘。这也表现在伊壁鸠鲁的原子论中。伊壁鸠鲁像德谟克利特一样，认为万物的本原是原子和虚空。虚空是物存在的地方和运动的场所，原子则是构成物的最小的、不可分割的单位。德谟克利特认为原子有大小和形状。伊壁鸠鲁为原子补充了一个性质：重量。重量使原子像雨点一样垂直下落，产生有序的、整齐的运动。但是，这样无法形成世界。为了解决这个问题，伊壁鸠鲁又提出原子在下落时具有偏斜的能力。作偏斜运动的原子和其他作垂直运动的原子相碰撞、缠结和交织，形成了世界。这样，垂直是原子运动的必然性，偏斜是原子运动的偶然性。从偶然性出发，伊壁鸠鲁否定了德谟克利特原子论中的命运决定论。在他那里，物理学上原子随意的偏斜运动和伦理学上的自由意志、美学上自由的内在体验是相通的。

　　普卢塔克和拉尔修都指出伊壁鸠鲁的原子偏离说和人的自由特别是精神自由的联系。伊壁鸠鲁的头上"没有任何主宰"[1]，他不怕任何折磨、任何艰苦，特别不怕死。

---

①　拉尔修：《著名哲学家生平和学说》第 10 卷第 133 节。

死不足畏的人，在生活中就无所惧。①

我们存在的时候，死亡就不存在；而死亡到来的时候，我们已经不存在。因此，对于生者和死者来说死亡都不存在②。

伊壁鸠鲁以闲适的心情对待死亡，就像对待其他一切事情一样。他感到死亡来临的时候，仅仅洗了个热水澡，喝了几口纯葡萄酒。因为死仅仅是原子的分解，是生命的自然终结。在他那里，审美快感不是消极的状态，而是主体内在自由的一种表现。

既然世界是原子的垂直运动和偏斜运动产生的，那么，它的产生和神没有任何关系。然而，伊壁鸠鲁不仅承认神的存在，而且论证神的存在。他的论证方法是："所有可感的东西都是真实的"，神即使在我们的梦中出现过，也有充分的理由认为它们是存在的。然而，他的神有着一系列特征。神和万物一样，由原子构成，只是这些原子非常精细，地面上是没有的。神有形体，外貌像人一样，他们吃、喝以维系生存。按照菲罗德谟的说法，神还说希腊语，或者说接近希腊语的某种语言③。神是至福和不朽的生物，它们无忧无虑无烦恼。"操劳、烦恼、愤怒和恩赐都不符合至福，这些通常出现在软弱、恐惧和欲求中。"④

在描绘"美的生活的基本原则"时，伊壁鸠鲁写道：

神是不朽的和至福的生物，像关于神的一般想象所指出的那样（存在于人的理智中），没有给它添加异己于它的不朽，或者不符合它的至福的任何东西；而是设想神的一切能够保持它的和不朽连在一起的至福。确实，神存在着：认识

---

① 拉尔修：《著名哲学家生平和学说》第 10 卷第 125 节。
② 同上书，第 125 节。
③ 《伊壁鸠鲁残篇》第 356 节。
④ 拉尔修：《著名哲学家生平和学说》第 10 卷第 77 节。

它们是明显的事实。然而，它们不是芸芸众生所想象的那样，因为芸芸众生没有始终保持自己关于神的想象。不虔诚的并非取消芸芸众生所相信的那些神的人，而是把芸芸众生的想象用到神身上的人。因为芸芸众生关于神的说法不是正常的概念，而且虚妄的臆测，根据这些臆测，神会给坏人带来最大的损害，而给好人带来最大的利益。[①]

伊壁鸠鲁的神居住在世界之外，对善恶无动于衷，从不干预世界和人间的事务，充分表现了希腊化时期的哲学和美学中不涉他物的原则。卢克莱修在《物性论》第3卷序诗中的一句话，极其传神地描绘了伊壁鸠鲁派的神的泰然、与世无争、享受着最完满的宁静的境界：神永远"带着远远散开的光辉在微笑"。神的至福是无私的、不涉利害的。在西方哲学史上这种神是很独特的。这与其说是自然神论，不如说是超然物外的独立自在。实际上，伊壁鸠鲁的神是人的生活的理想。神能够以更加恒定不变的形式永远保持内心的宁静。"伊壁鸠鲁派的圣贤就是他们心目中的神，因为神的本性只是无忧无虑地、快乐地生活，达到了心灵宁静这一快乐的理想境界，也就是达到了神的崇高境界。"[②] 在这一点上，伊壁鸠鲁关于神的学说和美学，更确切地说，和审美体验、审美意识发生了联系。在对心灵宁静这一理想境界无私的、纯审美的观照中，伊壁鸠鲁派找到慰藉和快乐。

由于神不干预人间的事务，所以神不会理睬更不会兑现人间的祈祷。伊壁鸠鲁否定祈祷的意义和作用。然而，他又主张"有智慧的人应该对神顶礼膜拜"[③]。对神的顶礼膜拜完全不是为了祈求神的恩赐，不是为了某种功利目的，而是对神作无私的、审美的观照，和神发生不涉利害的、审美的交往。伊壁鸠鲁对神的观照就是对自己的理想的观照。神的生活是最高的和最完善的

---

① 拉尔修：《著名哲学家生平和学说》第10卷第123—124节。
② 赵敦华：《西方哲学通史》第1卷，第271页。
③ 《伊壁鸠鲁残篇》第12节。

美。神是伊壁鸠鲁派美学的审美对象。

伊壁鸠鲁自然观中的虚空概念也和他的美的理想有关。在他看来，生活在虚空中、遁入这种不存在中是一种幸福。这时候你已分辨不出周围是梦还是真——一切如雾、如烟、如幻。伊壁鸠鲁的审美意识就是人似醒非醒的一种状态，这时候人有些醒了，感到自己躺在床上，回味着梦境，但是还不想离开梦境马上起床。换言之，伊壁鸠鲁的审美意识是一种令人愉悦的昏昏欲睡，人感受到自己的手脚不能动，然而也不需要动，对于别人和对于自己都不需要任何运动①。面对社会生活的矛盾和危机，伊壁鸠鲁找不到解决问题的办法和出路，感到失望甚至是绝望，于是遁隐到内心世界，宣扬保持宁静的心境，并把宁静视为快乐。这种闲云野鹤般的遗世独立、这种漠视权力名位的大彻大悟②、这种于尘世喧嚣中的心如止水，是对社会现实的全面回避和彻底退隐。"不从事社会事务"就是他的一条律令③，连他的神都不过问世事。实际上，他的快乐和绝望结合在一起，是一个问题的两个方面。他的美是遁入虚空，循入精神的虚静（虚空和宁静）。

马克思在博士论文《德谟克利特的自然哲学和伊壁鸠鲁的自然哲学的差别》中写道：

> 人们曾经嘲笑伊壁鸠鲁的这些神，说它们和人相似，居住在现实世界的世界和世界之间的空隙中，它们没有躯体，但有类似躯体的东西，没有血，但有类似血的东西；它们处于幸福的宁静之中，不听任何祈求，不关心我们，不关心世界，人们崇敬它们是由于它们的美丽，它们的威严和完美的本性，并非为了某种私利。
>
> 不过这些神并不是伊壁鸠鲁的虚构。它们本来就存在

---

① 洛谢夫：《希腊罗马美学史》第 5 卷，第 304 页。
② 卢克莱修在《物兮论》第 2 卷序诗中把营营于权力名位的人称作为"惶惶不可终日的""可怜虫"。
③ 拉尔修：《著名哲学家生平和学说》第 10 卷第 119 节。

着。这是希腊艺术塑造的众神。西塞罗，作为一个罗马人，有权嘲笑它们，但是普卢塔克，作为一个希腊人，当他说：这种关于神的学说消除了恐惧和迷信，但是并不给人以神的快乐和恩惠，而是使我们和神处于这样一种关系中，就像我们和赫尔干尼亚海的鱼的关系一样，从这种鱼那里我们既不想得到什么害处，也不想得到什么好处，——当他说这番话时，他已完全忘记希腊人的世界观了。理论上的宁静正是希腊众神性格上的主要因素。亚里士多德也说："最好的东西不需要行动，因为它本身就是目的。"[1]

马克思把伊壁鸠鲁的神说成是"希腊艺术塑造的众神"，从而简洁明了地说明了伊壁鸠鲁美学的特征。

二 菲罗德谟

菲罗德谟（Philodemus，公元前 110 年至公元前 40/35 年）是伊壁鸠鲁派哲学家和诗人，生于巴勒斯坦的加达拉，年轻时在雅典向伊壁鸠鲁派哲学家、西顿的芝诺学习哲学，西塞罗在公元前 79 年至公元前 78 年也曾听过芝诺的讲学。公元前 75 年菲罗德谟迁居罗马，将伊壁鸠鲁哲学传至罗马。他曾住在公元前 58 年任罗马执政官的卡普尼乌·皮索的家中。西塞罗称赞他学识渊博[2]。

菲罗德谟的著作原已全部佚失，19 世纪发掘皮索赠给他的位于意大利赫库拉涅姆的别墅遗址时，获得了他的一些著作残篇。其中与美学有关的有三种：《论诗歌作品》，耶森（Chr. Jensen）编，1923 年在利普西出版；《修辞学》1—2 卷，苏德豪斯（S.Sudhaus）编，1902 年至 1906 年在利普西出版；《论音乐》，凯姆克（J.Kemke）编，1884 年在利普西出版。另外，菲罗德谟还有 300 多篇短诗存世。从伊壁鸠鲁到菲罗德谟已经跨越了 200

---

① 《马克思恩格斯全集》第 40 卷，人民出版社 1982 年版，第 215 页。
② 西塞罗：《论目的》第 2 卷第 35 章第 119 节。

多年，在这期间伊壁鸠鲁派的学说发生了很大变化。伊壁鸠鲁对艺术持完全否定的态度，而菲罗德谟对艺术的兴趣大增。除了消除人对死亡和神的恐惧的科学外，伊壁鸠鲁不仅排斥关于艺术的科学，而且排斥其他一切科学；而菲罗德谟在同斯多亚派的争论中，不仅分析了艺术的伦理内容和审美内容，而且分析了艺术的表现形式。伊壁鸠鲁的主要目的是保持人内心的宁静，而爱情和婚姻会破坏这种宁静，因此他认为最好不要恋爱和结婚，如果要恋爱和结婚，也必须以不破坏内心的宁静为前提；而菲罗德谟的所有诗篇几乎都以爱情为题材[1]。

《论诗歌作品》批评了三位斯多亚派的代表：对贺拉斯发生重要影响的涅奥普托勒墨斯（公元前 3 世纪，参见本编第七章第二节对贺拉斯美学的理论渊源的论述）、阿里斯通（公元前 3 世纪）和克拉退特（公元前 2 世纪）。菲罗德谟的艺术观点不仅不同于上述哲学家，而且不同于他的同时代人西塞罗和贺拉斯。西塞罗和贺拉斯在阐述传统的艺术观点时，从来没有提起他。他和伊壁鸠鲁派的观点是偏离希腊罗马美学主流派的惟一的少数派的观点[2]。

涅奥普托勒墨斯主张，真正的诗，如荷马史诗，兼有教益和娱乐的功能。其理由是：艺术描绘现实，所以具有教益功能；艺术以特有的形式、艺术的形式描绘现实，所以具有娱乐功能。菲罗德谟驳斥了他的观点。他认为艺术不是对现实的摹仿，不能把描绘现实的作品看作有益的作品，因为现实是多种多样的。伊壁鸠鲁派给艺术下的定义是："艺术是创造对生活有益处的东西的途径。"[3] 对艺术的这种功利主义理解排除了艺术的娱乐功能。涅奥普托勒墨斯还主张，诗应当简洁而明晰，菲罗德谟也不同意这种观点，因为简洁和明晰不是诗所特有的，与诗没有关系的谎言和臆造也可能是简洁和明晰的。从菲罗德谟的批评中可以看

---

① 　洛谢夫：《希腊罗马美学史》第 5 卷，第 267 页。
② 　参见塔塔科维兹 《古代美学》，第 234 页。
③ 　《伊壁鸠鲁残篇》第 229 节。

出，在论述诗歌作品时，斯多亚派使用了"教益"、"娱乐"、"简洁"、"明晰"等术语。斯多亚派理解的简洁和明晰，在罗马美学中得到广泛的传播。涅奥普托勒墨斯把诗学分为三部分：诗人论、作品论和创作论。诗人论研究诗人的心理，作品论研究诗的表现形式，创作论研究创作过程。这种区分在西方美学史上是第一次。而菲罗德谟反对这种区分，认为诗的内容结构和形式表现结构是不可分割的。

阿里斯通是位道德主义者，他遵循斯多亚派的传统，从伦理学观点看待艺术，主张具有好的内容和教育作用的诗是好的诗。他称赞荷马的诗，力图在诗中寻找美学和伦理学相结合的手段，即完善的形式和良好的道德内容相结合的手段。另一方面，他又把艺术作品的内容和形式割裂开。他把事物划分为三类：好的、坏的、不好不坏的。根据这条原则，他不仅把艺术作品分为三类，而且把艺术内容和艺术形式也分为三类。对于内容不好的诗歌作品，他主张用脱离内容的、言语表现的美来补救。这种观点理所当然地遭到菲罗德谟的驳斥，因为艺术技巧一旦脱离了内容，也就丧失了对技巧进行评价的标准。在任何情况下，艺术作品的形式都不能脱离内容。阿里斯通还主张，知觉艺术形式需要专门培育的听觉。这也不为菲罗德谟所首肯。菲罗德谟把语言只看作理智的创造，而看不到语音对听觉的作用。对于他来说，诗歌中最重要的东西是内容。他不否定艺术存在的必要性，但是不像阿里斯通那样重视艺术的形式。

被菲罗德谟批评的第三位斯多亚派哲学家克拉退特把诗歌批评当作自己的任务。他自称是一位批评家，而这种批评家不同于当时评论艺术的语法学家。恩披里柯写道：

> 他（指克拉退特——引者注）确认批评家不同于语法学家的地方恰恰在于，用他的话来说，批评家在整个逻辑学中有经验，而语法学家只是不清晰的表述的诠释者，诗律的阐述者和诸如此类事物的行家。因此，批评家像建筑师，而语

法学家像听差。[①]

批评家所谓的逻辑批评，指研究整个艺术语言。斯多亚派诗学赋予音响以巨大意义。克拉退特也主张，诗歌批评首先应该从听觉经验出发，分析诗歌作品的音响。听觉在知觉语音、重音和节奏方面起着重要作用。由听觉可以进而知觉诗歌作品的思想内容。这样，听觉就成为诗歌作品价值的惟一标准和判断者。克拉退特重视感性的审美体验。菲罗德谟认为克拉退特的批评方法太主观了，把仅仅由节奏产生快感的听觉说成是判断诗歌作品的出发点未免可笑。在这种判断中起作用的只是主观因素，而缺乏客观的法则和标准。在菲罗德谟看来，客观的标准之一是语言应该摹仿带来益处的东西。诗歌语言要摹仿日常语言，日常语言由于社会生活的自然需要而产生，其中包含着各种风格特征。因此，没有必要刻意学习语言技巧，艺术技巧是一种直接的天然禀赋。

　　在对斯多亚派的批评中，菲罗德谟未能明确地阐述自己的观点。塔塔科维兹看到他的这种缺点，称之为"关心与别的理论进行论战超过关心发展自己的理论"[②]。然而，菲罗德谟仍然值得注意，因为他的观点是明显的非正统观点。他否定艺术是对现实的摹仿；在艺术创作的天才和技巧问题上，他强调天才而否定技巧；在艺术的教益功能和娱乐功能的关系上，他只承认教益是衡量艺术的标准。这些观点都和传统的希腊罗马美学思想相违背。不仅如此，他也偏离了早期伊壁鸠鲁派的轨道。

　　在《修辞学》中，菲罗德谟也表现出非正统的倾向。与西塞罗和昆体良相对立，他认为雄辩家和道德没有任何共同之处。在阐述雄辩艺术的风格时，他指出，为了表现事物，惟一的和美的途径是美的语言[③]。在各种雄辩艺术中，仅仅专注表现力和听众印象的语言最富于艺术性。这种语言没有任何道德内容，不追求

---

① 恩披里柯：《驳数理学家》第 1 卷第 79 节。
② 塔塔科维兹：《古代美学》，第 234 页。
③ 菲罗德谟：《修辞学》第 1 卷第 149 节。

诉讼和政治活动的成果。在这里菲罗德谟出人意料地从纯审美立场看待艺术作品，这和他在《论诗歌作品》中的观点相矛盾。然而，菲罗德谟随即表示，这种语言虽然美，但是没有任何必要。语言的简洁、自然和生活可靠性是第一位的。他的功利主义观点又占了上风。

菲罗德谟的《论音乐》只有第 4 卷得到比较完整的恢复，其他部分只有残篇。他在《论音乐》中直接批评的对象是斯多亚派的巴比伦的第欧根尼（约公元前 240 年至公元前 152 年）。然而，他对音乐的教育意义和伦理意义的否定，实际上就把矛头指向了以柏拉图和亚里士多德为代表的哲学家。在这种意义上，有的研究者认为他的《论音乐》毋宁叫做《反音乐》。菲罗德谟"反对认为音乐和灵魂间存在着一种特殊的联系的主张。他直截了当地说明音乐对灵魂的影响与烹饪艺术的影响并无不同"[1]，把音乐仅仅当作一种感性知觉。至于一些人感到音乐是"高尚的和纯洁的"，另一些人感到音乐是"严厉的和专横的"，这些意见不过是从外部加给音乐的，音乐本身并没有与此相类似的东西。他写道：

> 音乐并非像有些人所想象的那样是一种摹仿。它不是作为摹仿具有一些性格的属性，它在存在着宏伟和柔顺、英勇和怯懦、礼貌和放肆的地方显示这些性格的属性，完全不比烹饪艺术所显示的多。[2]

音乐所提供的东西并不比"食物和香气"多[3]。既然音乐不能对人的心理发生影响，所以，它与德性没有任何关系，它没有教育作用。《论音乐》虽然没有点名批评亚里士多德，然而提到一些散步学派哲学家的名字，并且驳斥了亚里士多德关于音乐净化、音乐和德性的关系、旋律和人的性格的类似的理论。菲罗德谟轻

---

① 塔塔科维兹：《古代美学》，第 292 页。
② 菲罗德谟：《论音乐》第 65 节。
③ 同上书，第 53 节。

视音乐，因为它是非逻辑的，无思想的。正因为如此，音乐也没有什么坏处。能够毒害青年的不是音乐，而是思想。音乐本身是非逻辑的，然而由于知觉者的思想背景不同，同样的音乐能够得到完全不同的阐释。

《论音乐》也否定音乐在宗教中的作用，从而反对音乐和神的联系。菲罗德谟认为根本不需要崇拜神，有些人之所以这样做，那是出于他们自身的需要。宗教音乐产生的狂喜状态，不过是乐器震耳欲聋的音响造成的。所以，它们主要对妇女产生作用①。

总之，音乐是无用的艺术，是一种奢侈品。它只能像好闻的气味和美味的食品那样给人提供愉悦。如果要说到用处的话，充其量不过是使劳动轻松些，或者在战斗中鼓舞士气，在一些战争和搏斗中往往演奏某种乐器。《论音乐》还批评了毕达哥拉斯及其学派关于音乐和数的关系观点、柏拉图的音乐教育理论、斯多亚派的克吕西甫等许多反对派的观点，所以，说它是一部反对音乐的作品也许并不过分。虽然他对艺术的兴趣较之伊壁鸠鲁已经大为增强，然而伊壁鸠鲁派对艺术的轻视态度也在他身上体现出来。

三　卢克莱修

卢克莱修（Lucretius，约公元前 96 年至公元前 55 年）是罗马共和国时期的伊壁鸠鲁派哲学家和杰出的诗人。他的《物性论》（亦可译为《论事物的本性》）是用拉丁文写的长篇哲学诗，分 6 卷，每卷都超过千行。《物性论》中译本由方书春翻译，原来由三联书店出版，1959 年后改由商务印书馆出版。

《物性论》不是一部美学著作，然而它以诗情和哲理的融合，形象地描绘了伊壁鸠鲁派的学说，揭开只有经过仔细研究

---

① 菲罗德谟：《论音乐》第 49 节。

才能了解的伊壁鸠鲁派哲学奥秘上覆盖的帷幔。对于理解伊壁鸠鲁派的美学，它所提供的东西比专门论述美学问题的著作还要多。不过，《物性论》不仅是对伊壁鸠鲁哲学的通俗阐释，还以伊壁鸠鲁的学说来思考他所处的血腥时代。他生活于罗马共和国行将崩溃而向罗马帝国过渡的时期。统治阶级内部的战争连绵不断，对奴隶的残酷镇压频频发生。卢克莱修正值盛年时，从罗马通往斯巴达作为角斗奴隶生活过的加普亚的大道上，曾有 6000 名斯巴达起义者被血淋淋地钉死在十字架上。其惨烈程度令人发指。罗马共和国的崩溃在某种程度上类似于希腊城邦在被马其顿王国占领前夕的崩溃。伊壁鸠鲁面对希腊城邦的崩溃感到走投无路而专注于内心的宁静，同样，卢克莱修对社会现实感到悲观而潜入内心的自我观照。他在《物性论》第 2 卷写道：

> 当狂风在大海里卷起波浪的时候，
> 自己却从陆地上看别人在远处拼命挣扎，
> 这该是如何的一件乐事；
> 并非因为我们乐于看见别人遭受苦难，
> 引以为幸的是因为我们看见
> 我们自己免于受到如何的灾害。
> 这同样也是一件乐事：去瞭望
> 远处平原上两军布成阵势大战方酣，
> 而我们自己却不是危险的分受者；
> 但再没有什么更胜于守住宁静的高原，
> 自身为圣贤的教训武装，
> 从那里你能瞭望下面别的人们，
> 看他们四处漂泊，全都迷途，
> 当他们各自寻求着生的道路的时候；
> 他们彼此较量天才，争取名位，
> 日以继夜地用最大的卖命苦干

企图攫取高高的权位和对世事的支配。①

卢克莱修认为，"除了使痛苦勿近"，"除了要精神享受愉快的感觉，无忧无虑"，人"并不要任何别的东西"②。以精神的宁静为至福，他的这种审美意识和伊壁鸠鲁是一致的。在《物性论》第3卷第417—827行中，卢克莱修用大量篇幅，列举了28个证据，论述灵魂是有死的③。灵魂如果不死，就会永远遭受痛苦和折磨。外物"叫它老在恐惧，用忧虑使它憔悴；而即使恶行已经属于过去的时候，旧时的罪过仍然会痛苦地啃啮着它"④。为了求得彻底的宁静，宁可让灵魂死去，也不要让它活在永恒的黑暗中，不要像宗教那样否定灵魂的死亡。

卢克莱修继承了伊壁鸠鲁的原子论，不过，又有所发展。这种发展首先表现在对原子性质的描绘上，正是这些性质使人产生不同的审美反应。由圆滑、光滑、平滑的原子构成的事物使人产生快感，感到美；反之，由粗糙、歪斜的原子构成的事物使人产生厌恶感，感到丑。他写道：

> 切勿以为尖锐而使人起疙瘩的锯子声音
> 是由于同样光滑的元素所构成，
> 像那由灵敏的手指在琴弦上所唤醒的
> 那巧妙的乐师们所塑的旋律一样……⑤

> 也不要以为赏心悦目的东西的美好色彩，
> 和那些刺痛眼睛而使人流泪，
> 或以可憎的面目显出其凶恶的东西一样，
> 都是由相似的种子所构成。

---

① 卢克莱修：《物性论》，商务印书馆1981年版，第61页。
② 同上书，第62页。
③ 同上书，第151—173页。
④ 同上书，第173页。
⑤ 同上书，第84页。

> 因为从未有一件迷醉我们感官的东西，
> 能够不是由一定的元素的平滑所构成；
> 反之，凡是粗糙而讨厌的东西，
> 乃是由一些元素的粗糙所构成。①

在卢克莱修那里，圆滑、光滑和平滑是一种审美性质。

　　卢克莱修发展了伊壁鸠鲁原子论的另一个表现是对万物成形的多样化统一原则的阐述。他尖锐地提出了一个问题：既然万物都是由原子组成的，为什么"闪亮的谷实、快乐的灌木和树林"以及"在山岭间逡巡的野兽"都各不相同呢？即使同一个种类的动植物，也没有彼此完全相同的：

> 那些栖居在近水美好的地带、
> 在河岸、泉潭和池塘旁边的鸟类，
> 以及那些群集飞翔在树木间、
> 在人迹不到的森林里的鸟类，
> 随便你挑哪一种的哪一个，
> 你总会发现它们每一个
> 和其他的总是形状有所不同。②

> 再者，咩咩地叫着的小山羊
> 能认识它们有角的母亲，
> 而那些用角相抵着玩的羔羊
> 也认识它们自己的羊群，
> 因此它们的每一个
> 都常常无误地循其本性
> 奔回各自的母亲的乳房。
> 最后，试拿任何的谷粒，

---

① 卢克莱修：《物性论》，第 85 页。
② 同上书，第 80—81 页。

你会看到对于任何谷类来说，

其中没有一粒是和另一粒这样地相同，

以致它们之间在形状上再没有什么差别。①

造成这种状况的原因除了原子具有不同的形状外，还在于原子的
排列和物的结构。伊壁鸠鲁对物理学的结构不那么感兴趣，他只
用关于原子和虚空的一般论述来解释物的起源，而卢克莱修把物
的结构提到非常重要的地位。他写道：

虽然有许多为许多东西所共有的始基，

但它们（指原子——原译注）当彼此结合起来的时候，

却能形成新的整体，与别的很不相同。②

就是在我们这些诗句里面，要紧的也是：

每一字母是和什么别的字母，

以及在什么次序中被放置，

同样的字母标志天空、

海洋陆地河流和太阳；

同样字母标志五谷、树木和生物。

如果不是全部至少也是大部分都相同——

但位置所能带来的区别是如何巨大！

同样地在事物本身，当物质的

［距离、路线、联系、重量、撞击、］

冲突、运动、次序、结构、形状

等等方面有所改变的时候，

事物本身也必定同样起变化。③

---

① 卢克莱修：《物性论》，第 82 页。

② 同上书，第 103 页。

③ 同上书，第 120 页。原译中的"元素"改译为"字母"。

卢克莱修从原子论出发阐述的宇宙万物多样化统一的原则，对于美学有什么意义呢？英国物理学家、诺贝尔奖获得者乔治·汤姆生（George Thomson，1892 年至 1975 年）认为，大自然进行着大批量生产，这种生产是科学真理中最深刻的真理。有人把大自然比作巨型宇宙工厂，它源源不断地提供大批量生产的产品——人、鸡、蝴蝶和松树等。这些大批量生产的产品确实是独特的系列，这些系列仿佛由同样的标准件所组成。然而，每种标准件又都是严格地个性化了的。世界上绝对没有雷同的人、鸡、蝴蝶和松树。卢克莱修的论述已经涉及这条"科学真理中最深刻的真理"。大自然所创造的一切既符合标准而又纷繁多姿。它衍生出美学和标准化的问题，这是当代技术美学和现代艺术设计中的现实问题之一。在工业生产中，能不能通过大批量生产制造出具有个性特征的标准产品，就像大自然的标准件一样呢？在将来发明了新的调和级数、模数系统、新的设计和装配方法以后，也许有这种可能。

卢克莱修在《物性论》第 5 卷中描绘了人类文明的起源和进化的图景，其宏伟瑰丽是希腊罗马美学中所没有的。人类早期是野蛮时期，原始人过着"一种像野兽那样到处漫游的生活"。经过长期发展，"他们获得了茅舍、皮毛和火"，出现了家庭生活，人变得温和起来。社会处在信约关系中，这导致语言的进化：从指称事物到表达概念。人们用一个个的新发现，"来改变他们以前的生活方式"。然后，建立了国家和城市，制定了法律。人们发现了铜、金、铁、银和铅的能力，加工它们，"当人们看见那一块块冷却了的东西不久都在地面上闪闪发光的时候，大大地被它们的光滑可爱所迷住"，这是一种审美快感。人们利用金属制作工具和武器，从事生产和作战。随着社会的进化，出现了艺术：

人们用口模仿鸟类的流畅歌声，
远远早于他们能够唱出富于旋律

　　而合乎节拍的歌来愉悦耳朵。

　　风吹芦苇管而引起的鸣啸，

　　最先教会村民去吹毒芹的空管。

　　之后他们逐渐学会优美而凄婉的歌调，

　　由吹奏者用手指按箫笛吹出的歌调……①

　　航海耕种筑城法律武备道路服装，

　　以及诸如此类的一切，所有的奖赏，

　　所有更好的生活的享受，诗歌，绘画，

　　巧夺天工的雕像，——所有这些技艺，

　　实践和活跃的心灵的创造性逐渐地

　　教晓人们，当人们逐步向前走的时候。②

　　在卢克莱修看来，社会历史进化的动力有三种。首先是物质需要。这种需要促使人利用火、制造工具、学会了农耕，有了一个又一个的发现。其次是理性，理性把人发明的每一种东西"升举到光辉的境界"。卢克莱修多次谈到人与人之间的信约关系。"邻居们开始结成朋友，大家全都愿意不再损害别人也不受人损害"，"对于弱者大家都应该有恻隐之心。虽然当时完全的和谐还不能得到，但是很大的一部分人都遵守信约"③。这里是一种友谊，是对物质需要的限制。由此可见，信约是理性的表现。第三种动力与美学有关。音乐和歌唱摹仿鸟类的鸣啭和风吹芦苇管的啸声。然而后来，人们学会用手指按箫笛吹出优美而凄婉的歌调，唱出富于旋律而合乎节拍的歌。这已经不是对自然的简单摹仿。音乐、歌唱和舞蹈能够"安慰人们的心灵"，"使他们快乐"。卢克莱修还描绘了人们沉浸在艺术享受中的田园牧歌式的图景：天气晴好，绿草鲜花，歌声笑语，人们三五成群，头戴花冠纵情

---

① 卢克莱修：《物性论》，第346页。

② 同上书，第350页。

③ 同上书，第326页。

舞蹈①。这表明，在人类社会的某个历史阶段，自由的审美感受也是社会历史进化的动力之一。

为了理解卢克莱修的美学特性，还必须分析他的社会历史进化观中所蕴含的深刻矛盾。他在描绘社会历史进化的同时，也描绘了世界的进化。他浓墨重彩地描绘了大自然的美："以太父亲投到大地母亲怀里的雨点消失了，但是这之后金黄的谷穗就长出来，绿枝就摇曳在树林间，而树木自己也胀大起来，载满了累累的果实"，"而茂密的林地就回响着新的鸟声"，"幼畜就用弱小的四肢在嫩草上跳跃"②。卢克莱修还特别喜爱"沿着天际铺开玫瑰色的早晨"的日出。然而，与大自然的美形成强烈反差的是社会现实的丑。权势者凶暴丑恶，"他们就用同胞的血来为自己积累好运，他们增值自己的财富，他们是贪婪的，是死尸的堆集者"③。在富人的住宅里，"黄金童子的雕像沿着大厅用右手举着明亮的灯火来照耀夜宴"④。而奴隶"被贫困的巨力所迫"，从事繁重危险的劳动，"惯于在短时间内就死掉"⑤。卢克莱修的这些描述被认为影射苏拉（Sulla，公元前138年至公元前78年）执政时期的罗马社会现实。苏拉把反对者列入不受法律保护的黑名单（Proscriptio），进行大规模屠杀，并作为敛财手段（被列入黑名单者的财产要被罚没）。社会表面上进化了，但是实际上退化到原始人的野蛮时期。这使得卢克莱修的美学具有内在矛盾和悲剧色彩，而不像伊壁鸠鲁美学那样一味地追求宁静的快乐。

在本节结束时，我们对斯多亚派和伊壁鸠鲁派作一个简单的比较。表面上看来，斯多亚派和伊壁鸠鲁派是截然对立的，因为一个安于贫贱，而另一个追求快乐。他们之间的激烈争论和相互攻击也加深了人们关于他们之间彼此对立的印象。实际上，这两派之间有不少共同之处，有时候甚至很难把他们相互

①　卢克莱修：《物性论》，第346—347页。
②　同上书，第14页。
③　同上书，第133页。
④　同上书，第62页。
⑤　同上书，第399页。

区分开来。我们首先看他们之间的相异点。斯多亚派认为世界
起源于火，万物是火流溢的不同阶段；伊壁鸠鲁派认为万物由
原子构成，它们的不同取决于原子的排列。斯多亚派的神是世
界的主宰者，它们自上而下地起着作用；伊壁鸠鲁派的神不干
预世事，独立自主，仅仅自下而上地起作用。这两派都不畏惧
死亡，斯多亚派把死亡看作火在一定尺度上的熄灭；伊壁鸠鲁
派把死亡看作原子的彻底分解。斯多亚派既思考又行动，伊壁
鸠鲁派仅仅满足于享受宁静。然而，他们之间也有重要的相似
点。他们都承认存在的事物是有形体的，因而都是唯物主义
者。他们都把内心的安宁看作幸福的最高状态，都追求清心寡
欲的生活，主张有智慧的人应当摒弃过分的热情和欲望。他们
都把神当作理想，幸福是和宁静的神结合在一起的。这些异同
都在他们的美学中体现出来。

第三节　怀疑论派

怀疑论作为一和思潮，始终贯穿在希腊哲学中。但是怀疑论
作为一个学派，它存在于公元前4世纪至公元3世纪。这一学派
对真理是否存在持怀疑主义态度，反对被称为独断论者的斯多亚
派和伊壁鸠鲁派，因为这两派相信发现了真理。不过，怀疑论派
与斯多亚派和伊壁鸠鲁派也有共同之处，那就是追求心灵的宁
静。这是由共同的社会历史条件造成的。西方哲学史对怀疑论派
的分期有多种意见。我们从美学史研究的角度，把怀疑论派分为
两部分来阐述：第一，毕洛和学园派；第二，恩披里柯。毕洛和
学园派没有美学和艺术理论著作，他们主要以自己的思维方式和
生活方式对美学产生影响。恩披里柯则有专门的美学和艺术理论
著作。

一　毕洛和学园派

在斯多亚派、伊壁鸠鲁派和怀疑论派的所有代表人物中，怀

疑论派早期阶段的首领毕洛（Pyrrhon，约公元前 360 年至公元前 270 年）出生最早，他仅比亚里士多德晚生 20 多年。毕洛出生于希腊城邦爱利斯，跟随德谟克利特的继承者阿那克萨尔刻（Anakserkhos）学习哲学。他做过画匠，喜爱荷马的诗，但是从不写作，他的言行见诸传记家的著述。怀疑论稍后在柏拉图学园派中得到发展。这已不是老学园派，而是中期以后的学园派。其代表人物有中期学园派首领阿尔克西劳（Arcesilaus，公元前 315 年至公元前 241 年）、新学园派首领卡尔内亚德（Carneades，公元前 214 年至公元前 129 年）、第四期学园派首领费洛（Philo of Larissa，约公元前 140 年至公元前 79 年）、第五期学园派首领安提奥克（Antiochus，公元前 2 世纪至公元前 1 世纪）。公元前 1 世纪学园派和它所批评的独断论者首先与斯多亚派发生联系，这引起学园派成员艾那西德谟（Aenesidemus，公元前 1 世纪）的不满，他成为毕洛主义的坚定继承者和复兴者。他和后来的阿格里帕（Agrippa，公元 1 世纪）成为后期毕洛主义的代表。

要理解怀疑论派的哲学和美学，有必要弄清毕洛首先或较早使用而后来广为流行的三个术语。第一个术语是"悬搁"（epochē）。悬搁的意思是避免，既不肯定，又不否定。毕洛反对以科学材料和论证为基础的独断论知识，要求按照现象，即事物向我们显现的那样看待事物。例如，一座山峰在远处看来云雾缭绕，平平正正，在近处看则是犬牙交错。山有不同的现象。因此，山是不确定的，它的本性不可知，对山的判断也就不可能。既然我们不知道任何事物，甚至不知道"我们究竟是知道某事物还是什么都不知道"，那么，应该悬搁一切判断。恩披里柯在《毕洛主义概略》中举例说，蜜对我们显得是甜的，这我们承认，因为我们通过感官知觉到甜味了，但它本质上是否也是甜的，我们认为是一件可疑的事情，因为这不是一个现象而是一个关于现象的判断[①]。

---

① 苗力田主编：《古希腊哲学》，第 650 页。

第二个术语是无动于衷、漠不关心（adiaphoron）。由于悬搁任何判断，所以对一切都无动于衷。拉尔修在记述毕洛的生平时写道：

> 他的生活方式与他的学说相一致。他不注意任何事物，从不避免任何事物，而是面对着一切危险，无论是撞车、摔倒、被狗咬还是其他，总之从不让感官武断地断定什么。[①]

有一次他的老师阿那克萨尔刻跌入泥潭，他径自走过而没去拉他一把。别人都谴责他，而阿那克萨尔刻却称赞他的冷漠和无动于衷。

第三个术语是不动心（apatheia）。怀疑论的起因是希望获得安宁。毕洛先于斯多亚派和伊壁鸠鲁派把灵魂的安宁当作生活目标。恩披里柯在《毕洛主义概略》中指出：

> "不作判断"是一种宁静的心灵状态，由于它我们既不肯定也不否定任何事物。"不动心"是心灵的不受干扰、安宁平静的状态。[②]

有一次毕洛和同伴们一起乘船出海，遇到了风暴，同伴们都惊慌失措，而他却若无其事，指着船上一头正在吃食的小猪，对他们说，这就是哲人所应当具有的不动心状态。毕洛把哲人的不动心状态理解为幸福。

怀疑论是一种生活方式，怀疑论派美学是一种生活美学。拉尔修在《著名哲学家生平和学说》第9卷中还记述了毕洛生活中的其他一些趣事。毕洛永远都镇定自若，泰然安详。即使你在他演说的时候离开了他，他也会在没有听众的情况下把话说完。有一次人们发现他自言自语，便问其故，他回答说正在培养善。他

---

① 苗力田主编：《古希腊哲学》，第650—651页。
② 同上书，第645页。

的个性特点和深刻思想受到尊敬。伊壁鸠鲁十分敬重他的生活方式。他的母邦人民选他为祭司司长，并在他的故乡广场上为他竖立了雕像。这一切促使我们深入思考怀疑论的本质，不能对它作简单否定。

毕洛的学生蒂蒙（Timon，约公元前 325 年至公元前 235 年）写过 60 部悲剧、30 部喜剧和其他作品。作为毕洛主义的天才宣传者，他曾以自问自答的方式阐述了怀疑论的本质。第一，事物怎样存在着？答曰：事物是不可识别的和不稳定的。第二，我们应该怎样对待事物？答曰：我们不应该相信我们对事物的知觉，也不能相信我们关于事物的表象，由于事物不稳定，这些知觉和表象既不是真的，也不是伪的。第三，由此我们应该有什么样的行为？答曰：我们不能对事物决定什么，不能对事物说些什么，我们应该完全摒弃自己的判断，从而形成我们精神的坚定性①。采取这种态度的结果只能是沉默。怀疑论派在纷扰人生中对各种问题保持沉默，并不是因为他们愚昧无知，也不是因为他们对知识秘而不宣。他们感觉丰富，机敏智慧，洞悉精神的奥秘。他们之所以沉默，是因为生活比词语和思想深刻得多，存在比人的意识深刻得多。生活和存在好比汪洋大海，而词语仅仅是大海浪尖上的泡沫。他们的沉默就是对滚滚红尘中各种尖锐的问题的回答。"我们可以说，这是最有趣、最复杂和最深刻的哲学回答之一。"② 只有沉默，才能不受任何烦恼，从而保持内心的宁静。怀疑论派与斯多亚派和伊壁鸠鲁派都是希腊城邦瓦解时产生的哲学，它们都旨在保障个人平静的、不动心的状态。

学园派中的怀疑论代表修正了毕洛的观点，毕洛主义归于沉寂。只是在一、二百年后，经过艾那西德谟和阿格里帕等人的努力，毕洛主义重新登上历史舞台。为了驳斥独断论，艾那西德谟提出十个论证，阿格里帕提出五个论证③。尽管怀疑论派内部有

---

① 第尔斯（H. Diels）：《诗人哲学家残篇》第 175 节。
② 洛谢夫：《希腊罗马美学史》第 5 卷，第 384 页。
③ 有兴趣的读者可参阅苗力田主编《古希腊哲学》，第 653—659 页。

种种分歧，然而，这派代表都认为，哲学不能论证事物，不能给生活和科学提供标准，因此，应该"遵循现象"，"悬搁判断"。怀疑论派代表有丰富的审美趣味、爱好诗歌和艺术创作。我们已经指出，毕洛当过画匠，并爱好荷马的诗歌。蒂蒙流传下来的诗歌表现了他的讽刺才能，他年轻时还是个舞蹈家。阿尔克西劳像毕洛一样，也爱好荷马的诗歌，自己还写过有一定水平的诗。

　　遵循现象、悬搁判断的原则对怀疑论派美学产生了重要影响。怀疑论派在观照美和艺术作品时，把美的定义和艺术创作理论统统悬搁起来，因为不需要、也不可能有什么美的定义和艺术创作的理论。希腊美学喜欢追问：什么是美？美有哪些性质？美是怎样产生的？怀疑论派对这些问题置之不理，他们割裂了美和现实的一切联系，把审美对象置于完全孤立的境地，作无所为而为的玩索。他们深信，只有对美这种完全不涉他物的、独立自主的、无所为而为的知觉，才是真正的审美知觉。比如，我们从高处看风景，我们喜欢它，对它产生了强烈的审美情感。然而这处风景究竟是什么，怀疑论派不感兴趣；肯定什么或者否定什么，对于他们并不重要[①]。同理，我们在聆听音乐时，不必知道音乐史和音乐理论，只要全身心地沉浸在美妙的旋律和音响中就足够了。在观照自然风景和聆听音乐时，你是否体验到美感，这仅仅是你个人的事，完全不需要什么理智判断和科学论证。怀疑论派美学的合理之处是肯定了审美知觉的直觉性和直接性，缺点是容易导致审美知觉的非理性和虚无主义。

　　毕洛喜欢荷马的诗句：

> 凡人的生活，就像树叶的聚落。
> 凉风吹散垂挂枝头的旧叶，但一日
> 春风拂起，枝干便会抽发茸密的新绿。
> 人同此理，新的一代崛起，老的一代死去。[②]

---

① 　洛谢夫：《希腊美学史》第 5 卷，第 320—321 页。
② 　荷马：《伊利亚特》，第 137 页。

这些诗句流露出光阴易逝、人生苦短的伤感，倾诉了宇宙无穷、生命有限的慨叹。怀疑主义的生活美学的这种精神倾向和希腊传统相一致。

早期斯多亚派和伊壁鸠鲁派都主张美是独立自在的、不涉他物的、对美应该作无所为而为的观照。怀疑论派秉承了这种美学的特点，并把它推演到极端。在早期斯多亚派那里，所谓 lecton（语句的意义）虽然是中立的、不涉他物的，然而它仍然是认识存在的原则。而怀疑论派不需要存在，存在或不存在对他们都一样。至于认识，那是不可能的。伊壁鸠鲁派把神看作最高的美，神是独立自在的、不干涉世事的。然而毕竟有神存在。怀疑论派则是什么也不能说，什么也不想说。他们是斯多亚派不涉他物的美学原则最极端、最坚定的支持者。他们悬搁判断的目的是使主体免受一切侵扰，对外物漠不关心。在他们那里，美是喧嚣中保持的精神平静。所以，他们对"什么是美"的问题的回答不是空洞的、无内容的。恩披里柯以前的怀疑论派批评了独断论。不过这种批评本身也可以被看作是一种判断。恩披里柯则更进一步，认为自己批评独断论的论据也是不可信的、值得怀疑的。在这种意义上，他成为绝对的怀疑论者。

二 恩披里柯

塞克斯都·恩披里柯（Sextus Empiricus，公元 2 世纪）是惟一有大量著作流传下来的怀疑论者。然而关于他的生平，人们所知甚少。他的名字也许透露出关于他的生平的某些信息。塞克斯都·恩披里柯都是名字，当时完整的人名往往由两个或三个名字组成。塞克斯都（Sextus）是拉丁语"第六"的意思，但是这并不表明恩披里柯是罗马人，因为在多民族聚居的罗马帝国，希腊人常取罗马人名字，罗马人也常取希腊人的名字。恩披里柯是希腊人，他用希腊语写作。恩披里柯（Empiricus）的意思是"经验的"。当时的医生仅仅以经验观察为基础，所以，把医生称作"恩披里柯"，把"恩披里柯"称为医生。"恩披里柯"就成为塞克斯都医生的一个别名，后来成为他的完整名字的一个组成部分。

恩披里柯不仅对存在了 600 年的怀疑论进行了系统的总结，而且他对怀疑论派所攻击的独断论哲学的阐述和批评，保存了希腊罗马哲学的丰富史料。在这方面能够和他相媲美的，庶几只有拉尔修一人。相比之下，拉尔修的著作生动有趣，但缺乏系统性；恩披里柯的著作以系统性和逻辑性见长，但比较抽象。恩披里柯与美学关系密切的著作有《反对修辞学家》和《反对音乐家》。

《反对修辞学家》分析、归纳了从柏拉图到斯多亚派的独断论哲学家关于修辞学的概念：修辞学是一门科学；言语是修辞学的材料；修辞学的目的是说服。恩披里柯对修辞学的驳斥就是围绕这三方面进行的。

首先，他证明修辞学不是一门科学。修辞学不像哲学或语法学那样有稳定的目的，也不像医学或航海学那样对某种事物占优势。修辞学不总是能够帮助人战胜对手。从这个观点来看它不是科学。不学习修辞学的人能成为修辞学家，相反修辞学中的繁琐练习无助于法庭上的论辩。因此，雄辩家的存在与科学无关。科学是有益的，而修辞学无益。因此，国家鼓励科学的繁荣，却驱逐修辞学家。克里特的立法者和斯巴达人通过了法律，禁止炫耀言语的人在他们的国家出现。斯巴达人以言语的简洁和直截了当著称。既然国家不驱逐科学而驱逐修辞学，可见修辞学不是科学。至于哲学家遭到放逐，那么，被放逐的不是哲学科学，而是它的个别学派的代表，如宣扬享乐的伊壁鸠鲁派，或者贬损神的苏格拉底派。修辞学不仅没有益，而且还有害。它对掌握它的人有害，这种人不得不同坏人打交道，成为欺骗者，他树敌很多。修辞学对国家有害。法律是国家的灵魂，如果法律消亡，国家也就消亡。修辞学恰恰反对法律。修辞学家随心所欲地对待法律：

或者仅仅照字面涵义来解释它，或者不照字面涵义来解释它。当人们问一位拜占庭雄辩家：拜占庭的法律处在什么状态中？他回答说："处在我想要的那种状态中。"修辞学也对人民有害，因为它教人学坏。

其次，恩披里柯从修辞学的材料——言语出发，论证修辞学的非现实性。其他一切科学都使用言语，但是它们都没有成为修辞学，因此，修辞学使用言语时也不会成为一门科学。修辞学不创造好的言语，不为此提供科学规则。说得漂亮不是修辞学独具的特征。言语不好也不坏，它取决于使用它的人。如果它解释有益的事物，它可能是好的。但这不是修辞学所特有的，因为修辞学不知道有益的事物。想把话说得好的人应该依赖习俗，而不是修辞学。

最后，恩披里柯驳斥了修辞学的目的在于说服。他认为修辞学的目的不是说服。修辞学家在说服法官后，还要达到其他的目的。因此，修辞学的目的是紧跟说服之后的某种东西。修辞学言语同说服相对立，它不清晰，过滥，不能引起好感。能引起好感的是简洁的和真诚的言语。因此，古代法庭不允许被告邀请辩护人，每位被告可以自己辩护，但是不能花言巧语。关于修辞学也可以这样说：它既是科学，又不是科学。如果它不是科学，那么，就无法找到它的目的。如果它是科学，那么，它的目的没有修辞学的帮助也可以达到，因为富有、美或荣誉也有说服的作用。这样，修辞学没有目的，它作为一门科学并不存在。

关于音乐古代有多种涵义。恩披里柯在《反对音乐家》中所驳斥的音乐指的是关于旋律、音响、节奏创作的科学。有人认为，音乐以一种迷人的信服力达到哲学所达到的结果。这样的例证有：毕达哥拉斯借助扬扬格的拍子使喝醉酒的年轻人平静下来；斯巴达人和雅典人利用音乐以提高斗志；阿喀琉斯弹奏乐器以平息愤怒；柏拉图确认有智慧的人像音乐家一样灵魂和谐，苏格拉底年迈时不羞于向基法拉琴演奏者学习音乐。

恩披里柯对此展开批评。在他看来，不能认为一些旋律在本性上刺激灵魂，而另一些旋律则安抚灵魂。实际上，一切取决于我们的想象。例如，同一种旋律能够使马兴奋，却不能使人兴奋。音乐不具有安抚力，它仅仅具有吸引的能力，它没有治疗的属性，仅仅像梦游或酒一样起作用。至于毕达哥拉斯使醉汉平静下来，那是一种轻率的行为。如果真是音乐起了作用的话，那意味着长笛演奏者要比哲学家重要。斯巴达人想用音乐把自己从不安和软弱中吸引出来，而不是音乐能够导向勇敢。容易冲动的阿喀琉斯也是这样。不同的哲学家如柏拉图和伊壁鸠鲁都谴责音乐，这表明音乐不能导致幸福。

恩披里柯的怀疑论观点"尤其被运用于希腊人特别重视的两种艺术主张上，即关于艺术的认识价值和道德价值的主张。怀疑论者对这两者均加以否定，坚持认为艺术既不能教育人也不能改善人的道德"①。有人认为，音乐的成分和哲学的知识是同样的，因为世界是按照和谐被安排的，而音乐是追求和谐。恩披里柯批评这种观点，否定音乐和哲学的联系。因为世界不是按照和谐被安排的，即使世界按照和谐被安排，音乐仍然不能导致幸福，就像借助乐器创造的和谐不能导致幸福一样②。还有人认为，没有音乐不能造就好人，某些音乐旋律能够促进道德完善。恩披里柯也不同意这种观点，他指出音乐不仅不能导致德性，相反，它导致淫逸放荡③。

《反对修辞学家》和《反对音乐家》表明："人们关于艺术、它的效果和价值所陈述的那些普遍真理都是一些值得怀疑的真实；事实上它们都是虚假的、不合理的概括。"④ 恩披里柯甚至对自己怀疑的论据都表示怀疑，在他那里，怀疑论已经走向终结。如果说怀疑论派的先驱——智者派的怀疑论还是一种年轻的、有活力的理

---

① 塔塔科维兹：《古代美学》，第241页。
② 恩披里柯：《反对音乐家》第36—38节。《反对音乐家》是恩披里柯6卷本《反对学者》中的第6卷。
③ 同上书，第34—36节。
④ 塔塔科维兹：《古代美学》，第241页。

论,是"对独创论和草率概括的一个警告"①,那么,恩披里柯的怀疑论已是一种衰老的、枯萎的理论。智者派的怀疑论是充满希望、带有启蒙色彩的怀疑论,而恩披里柯的怀疑论则是丧失任何希望的、带有保守色彩的怀疑论。在它之后,新的独断论——新柏拉图主义登上历史舞台。

---

① 塔塔科维兹:《古代美学》,第 241 页。原译"教条主义"改译为"独断论"。

第二章　古罗马文艺美学

在古罗马文艺美学中，我们主要阐述修辞学、诗学和建筑学中的美学思想，而不拟涉及音乐理论和绘画理论。在修辞学中我们选出西塞罗和朗吉弩斯，在诗学中选出贺拉斯，在建筑学中选出维特鲁威。朗吉弩斯的《论崇高》虽然是一部修辞学著作，然而它的意义远远超出修辞学范围。朗吉弩斯论述了新的审美范畴——崇高，这标志着风气的转变，即从现实主义倾向到浪漫主义倾向的转变。

第一节　西塞罗

西塞罗（Marcus Tulius Cicero，公元前 106 年至公元前 43 年）是古罗马著名的雄辩家（演说家）、政治家和哲学家。出身于骑士家庭，年轻时学习过修辞学、法学、哲学等。在哲学方面，先后师从斯多亚派和柏拉图学园派哲学家。诉讼的屡次成功给他带来巨大声誉，他成为站在古罗马雄辩实践和雄辩理论顶峰上的人物。公元前 51 年，他出任小亚细亚的西里西亚总督。公元前 49 年恺撒和庞培内战时，他支持比较接近元老院的庞培。庞培失败后，他与恺撒和解。公元前 44 年恺撒被刺后，他支持屋大维，反对安东尼。不久屋大维与安东尼和解，他作为共和理想的捍卫者最终被杀。根据安东尼的命令，他的头和手被砍下，挂在元老院的演讲坛上。因为他用头想、用手写，去反对安东尼。西塞罗的著作很多，广泛地涉及哲学、美学、诗学和修辞学问题。与美学关系比较密切的著作有《论雄辩家》（公元前 55 年）、《雄

辩家》①（公元前 46 年）、《论合式的本质》、《论神的本性》、
《论职责》、《论国家》和《图斯库卢姆辩论集》等。

一 修辞学理论中的美学思想

作为古罗马第一雄辩家，西塞罗的美学思想首先体现在修辞
学理论中。为了深入理解西塞罗的修辞学理论，有必要简略回顾
一下古希腊罗马修辞学发展的总背景。修辞学是关于公开演讲的
艺术，亦可译为"雄辩术"或"演说术"。它是语言艺术的科学。
在世界上没有一个民族像古代希腊人和罗马人那样重视修辞学。
修辞学起始于公元前 5 世纪的大希腊时期②。它的奠基者是智者
派哲学家，他们高度评价词语的力量及其说服力。柏拉图虽然反
对智者派，但是他并没有怀疑修辞学的艺术价值，而是想说明修
辞学对知识和伦理学构成了威胁。亚里士多德和散步学派则把修
辞学和逻辑学、辩证法结合起来。

现代学者 E. 诺尔顿（E. Norden）、H. 里德（H. Reader）、E.
韦伯（E. Weber）、E. 舒尔茨（E. Schulz）、D. 费勒（D. Fehler）等
人的研究表明，古希腊罗马的著作，无论哲学著作还是历史著
作，甚至医学著作都包含着修辞学的某些特征。柏拉图善于使用
高尔吉亚式的辞格和过分颂扬的叙述方法，他巧妙地把夸夸其谈
的语调变成严肃、简洁和崇高的哲学风格。对于希腊罗马的历史
学家来说，最主要的是风格。只要翻阅希罗多德（Herodotus）的
历史著作，就会立即感受到他的语言的自然、简洁和平稳。不仅
在贺拉斯的《诗艺》中，而且在维特鲁威的《建筑十书》和琉善
（Loucianos，约公元 125 年至 192 年，亦译"卢奇安"）的《论舞
蹈》中也可以看到修辞学是古希腊罗马精神文化的重要组成部

---

① 《论雄辩家》（de Orator）和《雄辩家》（Orator）亦可译为《论演说家》和
《演说家》。有人译为《论演说》和《演说家》（见塔塔科维兹：《古代美学》，第
272—279 页），前一个译名似有误。

② 参见塔塔科维兹《古代美学》，第 336 页。

分。希腊罗马人甚至认为修辞学比纯粹的声乐和纯粹的器乐更富于音乐性，难怪有人把修辞学称为"希腊罗马真正的音乐"。

西塞罗在希腊传统的基础上，依据自己的实践经验，形成了一套修辞学理论。他的修辞学理论以雄辩为主要对象，但也往往越出雄辩的范围，涉及其他艺术。他的理论中既有对古希腊罗马美学传统的继承，又有自己的创新。我们先看继承方面。西塞罗认为雄辩是一门艺术，雄辩家类似于诗人，而且雄辩高于诗，诗的魅力与雄辩相比只占第二位。希腊美学主张艺术摹仿自然，西塞罗也指出："人自身是为了观照和摹仿世界而生的。"[1] 他对摹仿的理解比较辩证，这种摹仿不是刻板的照抄，而是有选择、有概括的。他以宙克西斯作画为例说明自己的观点。画家从众多姑娘中挑选了 5 位姑娘作为自己的模特儿。虽然 5 位姑娘都很美，但每个人都不是完美无缺的，画家要把她们身上最有代表性的特点集中起来，体现在一幅画中。不过，大自然和现实世界在西塞罗的心目中具有如此崇高的地位，以至于人的聪明才智和任何摹仿都在它面前黯然失色："任何艺术都不可能摹仿大自然的发明（sollertian）。"[2] "确实，没有任何东西比世界更优秀，更卓越，更美。"[3]

在西塞罗的修辞学理论中，"合式"（从朱光潜译，亦译为"得体"）是一个重要的概念。这个概念存在于希腊美学中，它的希腊语是 prepon，西塞罗用拉丁语 decorum 来表示，它在罗马美学中得到特别的强调。所谓合式，指的是秩序、适度、始终如一、和谐的结构和适宜的组合，合式就是美。这和艺术摹仿自然的看法有关，因为大自然中一切都那样合式，摹仿它的艺术也只有做到合式才能够美。西塞罗在《论雄辩家》中写道：

我们看到，为了平安和安全整个世界由于大自然而这样

---

[1] 西塞罗：《论合式的本质》第 2 卷第 14 章第 37 节。

[2] 西塞罗：《论合式的本质》第 1 卷第 33 章第 92 节。

[3] 西塞罗：《论合式的本质》第 2 卷第 7 章第 18 节。

> 安排：天是圆的，地处在中间，凭自身力量平衡地支撑着。
> 太阳围着它转，逐渐重新上升；月亮或盈或亏，接收阳光；
> 五颗星以不同的速度、沿不同的方向在同一空间中运动。一
> 切是如此匀称，以致极小的变化都会造成紊乱；这种秩序有
> 这样的美，甚至无法想象还有比它更美的形式。①

他在《论职责》中有一段话说得更醒豁：

> 躯体美以四肢适宜的组合吸引我们的视力，并用各个部
> 分彼此优雅地协调使我们的视力感到愉悦。与此类似，一切
> 言谈举止中的合式以秩序、适度和始终如一而引起称赞。②

后来，合式成为贺拉斯美学中最重要的概念，它像一根红线贯穿
于他的《诗艺》的始终。西塞罗把物质可感的、天体在其中作永
恒的往复运动的宇宙看作最高的美，以及他要求艺术具有合式的
品质，符合古希腊美学关于宇宙美和把艺术看作有机整体的看
法。

按照西塞罗的理解，合式的基础是心灵中理性压倒渴求
（appetitus）。"理性起统治作用，渴求应该服从。"③ 如果放纵渴
求，让它们听任热情或恐惧的摆布，那么，它们就会超越界限和
尺度，就不会合式。人应当压抑热情，因为人以道德美胜过动
物。西塞罗对美的要求是节制。在他看来，"正确"和"明晰"
是雄辩家语言中极其重要的因素，然而最主要的是说得"美"，
即"平稳、展开、详尽、词藻华丽和形象鲜明"④。优秀的语言
应当机敏，能够引人发笑。然而对于雄辩家来说，引人发笑要遵
守尺度，笑不能是无节制的。由此我们可以理解西塞罗和热情奔

---

① 西塞罗：《论雄辩家》第 3 卷第 45 章第 179 节。
② 西塞罗：《论职责》第 1 卷第 28 章第 98 节。
③ 同上书，第 97 节。
④ 西塞罗：《论雄辩家》第 3 卷第 14 章第 52—53 节。

放的希腊雄辩家狄摩西尼的不同风格，朗吉弩斯在《论崇高》第
12 章中对他们两人进行了著名的比较研究。

不过，在承认理性的主导作用时，西塞罗也不排斥雄辩家的
激情，只是要求避免不遵循理性的过分强烈的情绪。愤怒也妨碍
雄辩家，不能保障他的言谈举止正确。由于雄辩家的言论是智慧
的，所以激情要有一定的尺度。"激情应当节制，而本能服从理
性。"[①] 为什么要服从理性呢？因为人应当以大自然为师，大自
然中的一切都理性地存在着。在这方面，西塞罗受到斯多亚派的
影响。斯多亚派把"按照自然生活"看作最高的善。按照自然生
活就是按照理性生活。这里的理性既指人的理智活动，又指支配
世界的自然本性。斯多亚派认为德性是生活的最高的善，既然他
们也把"按照自然生活"看作最高的善，那么，他们就把自然和
德性等量齐观。西塞罗同样把合式和德性联系在一起。对于他来
说，一切合式的东西是德性，而任何德行都是合式的。在西塞罗
那里，德性不仅指道德完善，而且指结构完善，不仅指道德状
态，而且指审美状态，它是美和善的相互渗透。理性的思想和言
论、深思熟悉的行为、对真的遵循，即凡是和德性相联系的一切
都属于合式的范围。西塞罗的合式不仅是形式上的，而且具有伦
理内容。斯多亚派把智慧看作主要德性，西塞罗则充分肯定修辞
学的伦理价值。他说："修辞学对于我们雄辩家来说属于广义的
智慧和学问。"[②] 有的研究者指出：

> 可以揣测，西塞罗推崇雄辩的理由与斯多亚派有密切联
> 系。斯多亚派重视个人的社会责任，西塞罗也认为哲学家应
> 把国家公众事业置于个人思辨之上，雄辩正是影响和说服公
> 众、履行社会职责的必要工具。再者，斯多亚派认为语言是
> "内在逻各斯"的外在化，语言的意义在于摹仿自然声音，
> 语言表达的理性和世界理性有着同样"音调"等等。雄辩的

---

① 西塞罗：《论职责》第 2 卷第 5 章第 17 节。
② 西塞罗：《论雄辩家》第 3 卷第 31 章第 122 节。

气势和流畅的声音按照这种解释不正是理性的表达吗？[1]

确实，西塞罗对雄辩语言和诗歌艺术风格提出的审美要求，是顺应自然的结果。而他的合式、节制和尺度感又是和斯多亚派的德性密切相关的，他追随斯多亚派智慧的生活原则，认为这种智慧是艺术应该遵循的范例。"智慧"这个概念在希腊美学、早期罗马美学和随后的新柏拉图主义美学中都具有重要意义。它不仅指人的智慧，而且指宇宙的智慧。宇宙是始终不可分割的整体。它的各个部分反映了整个宇宙的完善和美。

修辞学旨在增强雄辩和文章的说服力、感染力，使它们在更广的范围内传播。这涉及艺术的功能问题。西塞罗指出，艺术的功能在于摹仿真实，虽然真实都优于摹仿，但是它不足以有效地表达自己，所以需要艺术的帮助。同时，西塞罗也重视艺术对人的愉悦作用：

> 如果我们扪心自问，使用各种诗格的目的何在呢？那么，我们回答说：为了愉悦听众。[2]

艺术的这两种功能是由艺术的理性内容和感性形式产生的。

> 既然对事物和词语的判断在于渊博的知识，而声音和节奏的裁判是耳朵，既然前者属于智慧，后者属于愉悦，那么，在前种情况下理性出现在艺术中，在后种情况下感觉出现在艺术中。[3]

艺术既需要有教益的理性内容，又需要愉悦知觉者的感性形式，两者不可偏废。艺术的说服教育功能和娱乐功能相结合，艺

---

① 赵敦华：《西方哲学通史》第1卷，第298—299页。
② 西塞罗：《雄辩家》第60章第203节。
③ 同上书，第49章第162节。

术的理性内容和感性形式相结合，这仍然是沿袭希腊罗马美学的
传统。

西塞罗的修辞学理论还涉及艺术家的天才和技艺、灵感和训
练的问题。他高度评价天才和灵感，认为"没有一个伟大的人没
有神的灵感"[①]。他还写道：

> 在我看来，甚至一切更卓越和更重要的东西也没有丧失
> 神的力量。我也认为，如果没有上天的力量的激励，诗人不
> 可能写出重要和华丽的诗章；如果没有伟大的力量，词句铿
> 锵、思想深沉的雄辩也不会产生。[②]

不过，西塞罗一点也不菲薄技艺和训练，对于它们的重要性他同
样说得十分肯定和坚决：

> 确实，在天姿和刻苦之间没有什么留给艺术。艺术仅仅
> 指明到哪里去探索和你急切想要找到的东西的位置：一切别
> 的东西都依赖于细致周到、全神贯注、深思熟虑、谨慎小
> 心、持之以恒和勤奋努力。用我们经常用的一个词语来概
> 括，就是刻苦，所有其他的优点都取决于这个优点。[③]

在艺术创作中坚持天才和技艺相结合，是希腊罗马美学一贯的思
想。在艺术摹仿现实、艺术作品的合式、艺术功能、艺术创作中
天才和技艺的关系等问题上西塞罗基本上采用了前人的观点，
"但他提炼了这些观点并使它们更为精确"[④]。同时他也有创新的
地方。

西塞罗的创新首先表现为，他对美这个概念作了更精细的区

---

① 西塞罗：《论合式的本质》第 2 卷第 66 章第 167 节。
② 西塞罗：《图斯库卢姆辩论集》第 1 卷第 26 章第 64 节。
③ 西塞罗：《论雄辩家》第 2 卷第 35 章第 150 节。译文引自塔塔科维兹：《古代美学》，第 275 页。
④ 塔塔科维兹：《古代美学》，第 267 页。

分。他把美分为威严和秀美，前者是刚强的美，后者是温柔的美，从而赋予它们以明显的伦理色彩。他写道：

> 因为有两种美，一种是秀美，另一种是威严，我们应该认为秀美是女性美的属性，威严是男性美的属性。[①]

对美的这种区分，不仅适用于男性和女性，而且适用于自然和社会中不同形态的美，以及艺术中不同风格的美。这避免了过去比较空泛的美的概念，有助于更准确、更深入地把握审美对象，对以后的美学研究和审美欣赏产生了重要影响。

作为修辞学家，西塞罗对词义的辨析具有天生的敏感，他仔细地分辨了作为美的同义词使用的一些词语在含义、色调上的差异。在他的著作中，"美"用 pulchritudo 表示，"秀美"用 venustus 或 venustas 表示，这两者之间有什么区别呢？法国学者 P. 蒙泰尔（P. Monteil）在他的著作《拉丁语中的美和丑》中，以拉丁语作家包括西塞罗的著作为材料，考察了拉丁语中表明"美"和"丑"的一些审美术语的原意和转义。他屡次称赞西塞罗对美的概念的仔细辨析：

> 西塞罗比其他任何人更具有准确的语言感觉和趣味，他的哲学著作和批评著作使他对其他作家不加辨析就使用的那些概念，一一加以确定。[②]

西塞罗在使用"美"这个术语时，指体现在和谐完善中的美，例如人体的和谐美。它也可以表示体现在完善的艺术作品中的美，或者宇宙美，以及精美雕塑的美。它还表示视力可见的、某个对象中的美。至于"秀美"，那么，它指能够使视力愉悦、给感觉带来快感、产生一种优雅的美。美确认完善、稳定，而秀美是对

---

① 西塞罗：《论职责》第 1 卷第 36 章第 130 节。
② P. 蒙泰尔：《拉丁语中的美和丑》，巴黎 1964 年版，第 100 页。

不那么完善的美的一种冲动性的、暂时性的反映。由此，秀美更多地适用于女性美，而不是男性美。尽管男性也可以是优雅的。秀美也指那样一种精致的艺术作品，它在瞬间令人醉迷，而很久就不再提供智慧。美中的快感来自社会生活和文学生活，它的使用具有道德的、社会的和艺术语言的色彩，或者表示"内在和谐"、"适宜"和"逻辑统一"等。在西方美学史上西塞罗第一次对美作了这样仔细的区分，连对他颇多非议的鲍桑葵也承认，这是"比较深入的分析的必要条件之一"①。

　　主张雄辩和艺术风格的多样化，是西塞罗美学理论的又一特点。对艺术中合式的强调并不导致艺术风格的刻板化和单一化。相反，西塞罗屡次谈到艺术的创新和风格的多样化。他说："雕塑艺术只有一种，米隆、波利克里托和卢西帕斯都是这门艺术的杰出代表，但是，你不会愿意看到他们中的任何人失去自己的风格。"在绘画中，"艺术和规则是一致的"，不过，画家宙克西斯、阿格劳芬、阿帕莱斯"彼此都不相同"②。在"言语和语言"中这种多样化更是惊人。西塞罗列举了很多希腊罗马作家，或"华丽"，或"简洁"，或"机敏"，或"深沉"，或"温婉"，或"平稳"。他称赞雄辩风格的多样性，指出："我们看到，有多少个雄辩家，就有多少种雄辩。"③　塔塔科维兹认为，现在十分平常的这种多样化的观点，在美学史上是经历了很长时间才确立起来的。它"直到亚里士多德时才出现，并在西塞罗那里得到加强"④。

　　西塞罗还阐述了美感的个人直觉性，并且高度评价作为主要的审美感官的视觉和听觉。人在欣赏美的过程中，无需借助理性思考和概念分析，在瞬间就能直接作出对象是否美的判断，在不知不觉中产生美的享受。西塞罗用"直接感觉"、"自然感觉"和

---

①　鲍桑葵：《美学史》，商务印书馆1997年版，第138页。
②　西塞罗：《论雄辩家》第3卷第7章第26节。
③　同上书，第9章第31节。
④　塔塔科维兹：《古代美学》，第270页。

"无意识的感觉"等术语来说明美感的直觉性和直接性。他写道:

> 于是,不难相信散文语言中有某种节奏。直接感觉指出了这一点……因为诗本身不是被抽象的理论,而是被本性和自然感觉所掌握的,而理论只是后来通过衡量来解释,这里究竟发生了什么。[1]

诗的匀称的结构虽然是"由艺术理论发现的",然而是"由听觉本身无意识的感觉规定的"[2]。产生美感的能力只为人所固有,动物对美不具有感受力。人的视觉和听觉要远胜于动物的感官,对色彩、形状和音响具有非凡的鉴赏能力。西塞罗的这些看法预示了美感的现代理论的发展[3]。

二 折衷主义美学

除了作为雄辩家形成了修辞学理论外,西塞罗另一个最引人注目的特点是他在哲学倾向和思维方式上的折衷主义,这也表现在他的美学理论中。

在哲学上,西塞罗的目的不在于建立一个独立的哲学体系,而在于以拉丁语阐述希腊哲学,给希腊哲学以一种罗马解释。"西塞罗是第一个把大量希腊哲学概念译成拉丁文的学者,他的理解对哲学语言拉丁化及哲学概念随之发生的意义变化,起着难以估量的重大影响。"[4] 他直接师从各种流派的哲学家,其中对他影响最大的老师是中期斯多亚派的波西多尼和柏拉图学园第五任首领安提奥克。他有时认为自己和苏格拉底、柏拉图、亚里士多德相接近,有时又承认和斯多亚派相接近,有时还谈论不同于

---

① 西塞罗:《雄辩家》第 55 章第 183 节。
② 西塞罗:《雄辩家》第 60 章第 203 节。
③ 塔塔科维兹:《古代美学》,第 269 页。
④ 赵敦华:《西方哲学通史》第 1 卷,第 298 页。

老学园派的新学园派的怀疑论。可以说，除了伊壁鸠鲁派以外，他几乎和希腊罗马的所有哲学流派都接近。不过他不是全盘吸收这些哲学流派的观点，而是力图综合其中某些共同的、正确的内容。在希腊罗马美学史上，他是进行广泛概括的标志性人物之一。他的美学是"古典时代旧观点的一个总结"[①]。

鲍桑葵认为，"西塞罗在哲学上是一个折衷派，我们当然不能希望他有独创的思想。"[②] 其实，情况未必如此。西塞罗的折衷之中也有独创，这特别表现在他关于艺术创作描绘内在形象的观点上。希腊美学主张艺术摹仿现实。根据这种理论，艺术家在创作中以现实存在的人和物为对象，当然也允许虚构，只是虚构要逼真。雕塑家菲底阿斯的雕像无与伦比，他是按照现实原型创作的，然而，西塞罗认为无论菲底阿斯的雕像多么美，无论他创作所依据的现实原型多么美，我们仍然能够设想出更美的形象，这就是存在于艺术家心中的内在形象。画家和雕塑家在创作时，其实并不专注于他所依据的现实原型，而是常常凝视自己心中的内在形象，内在形象指挥着他们的双手去创作。西塞罗的原话是这样的：

> 我坚决认为，无论在任何别的种类中，都没有一种东西会如此美，以致会超过最高美。任何一种别的美都是最高美的类似物，就像面膜是面孔的类似物一样。最高美不可能由视觉、听觉或者其他感官来把握，我们只可以通过思维和理智理解它。例如，我们虽然没有见到比菲底阿斯的作品更完美的雕像，然而我们仍然能够设想出更美的雕像来，以及比我们提到的那些绘画更美的绘画来。画家本人也是这样做的，他在创作朱庇特或者米涅瓦时，不去旁顾他可能描绘其面貌的那些人，但是在他的理智中有一个最高的美的形象，

---

① 塔塔科维兹：《古代美学》，第264页。
② 鲍桑葵：《美学史》，第137页。

他凝神观照它，驱动自己的双手按照它去创作。[①]

西塞罗在西方美学史上第一次提出了内在形象的问题，并用对它的摹仿代替对现实的摹仿。内在形象不是感性存在，它是人心中的理想，艺术家在创作时观照它，并把它体现在艺术作品中。西塞罗的内在形象说明显受到柏拉图的理式说的影响。他随即解释到，柏拉图把内在形象称作理式，理式是永恒的，"而其他一切东西生长着，死亡着，流淌着，消失着"[②]。但是内在形象毕竟不同于理式。理式是一种客观的、形而上学的存在，而内在形象存在于主体的意识中，这时候主体成为理想的载体。内在形象具有内在内容，主体不断地与它相比照。这种内在性的根源来自于斯多亚派。因为希腊美学侧重于对世界和美的客观理解，而斯多亚派美学侧重于人的主观感觉和体验，从主观体验描绘客观现实，西塞罗折衷了柏拉图学说和斯多亚派学说，形成了内在形象的观点。这种观点的价值在于，它强调了艺术家在创作中的能动作用，避免了艺术家在摹仿说中的被动地位。

西塞罗的折衷主义也表现在对美和效用、功利的关系的看法上。柏拉图不承认效用、功利就是美，当他把美看作审美范畴时，效用比美要低得多。在某些场合下，西塞罗的观点和柏拉图相类似。他以神殿的建筑为例，来说明美和效用的关系："卡庇托林神殿和其他建筑物的这种山墙不是为了美而是为了需要而建造的。"[③] 神殿山墙之所以具有特殊的形状，乃是为了发挥功利效用：使雨水从屋顶两翼快速流淌。这样看来，效用和美不是一回事，它们甚至是对立的。这里可以看到柏拉图的影响：力图从美中剔除功利因素和物质因素。

然而，另一方面，美和效用在西塞罗又是同一的。"石柱支撑着

---

① 西塞罗：《雄辩家》第 2 章第 8 节。
② 西塞罗：《雄辩家》第 3 章第 10 节。
③ 西塞罗：《论雄辩家》第 3 卷第 45 章第 179 节。

神殿和门廊。不过它们的效用并不多于威严。"[1] 在西塞罗的概念中，威严和秀美是美的两种不同形态。支撑重物是石柱的效用，然而它们在发挥效用的同时也显得美。同样，在卡庇托林神殿山墙的效用后面也蛰伏着美。可以设想在天上建造卡庇托林神殿，如果因为那里不下雨而把山墙取消，那么，神殿也就没有任何美。美和效用的同一性还表现在语言和人的躯体上。西塞罗写道：

> 但是在大多数事物中，大自然本身不可思议地安排了这一切，与此类似，在语言中具有最大效用的东西恰恰具有最大的威严，或者甚至常常具有最大的美。
>
> 现在注意一下人或者其他动物的形状和姿态吧，你们会发现躯体的每一部分都是完全必要的，而整个形状是艺术地、而非偶然地制造出来的。[2]

西塞罗在评价艺术作品时，运用的不是忠实于理想的抽象标准，也不是艺术形式完善的审美标准，而是社会效用标准。他关心艺术的社会影响问题。13 世纪启蒙运动者继承了他的这种传统，使艺术和社会相接近。西塞罗把美和效用相联系的观点来自斯多亚派。斯多亚派关于美的定义之一是"适合于自身的目的"[3]。这个定义把美和合目的性联系在一起。在美和效用、美和合目的性的关系上，西塞罗再一次折衷了柏拉图学说和斯多亚派学说，这种折衷也符合罗马时代的实践精神和功利精神。我们想顺便指出，对西塞罗影响最大的老师之一、中期斯多亚派哲学家波西多尼又被称作斯多亚派的柏拉图主义者。他试图综合希腊和罗马的思维方式，沿着柏拉图的方向革新斯多亚派哲学，从而使他领导的中期斯多亚派有别于早期斯多亚派。西塞罗对他的老师的继承是显而易见的。

在希腊化时代，艺术中形成了两种风格：亚洲风格（因为它

---

[1]　西塞罗：《论雄辩家》第 3 卷第 45 章第 179 节。
[2]　同上。
[3]　塔塔科维兹：《美学史》，第 248 页。

诞生并繁荣于小亚细亚而获此名）和雅典风格。亚洲风格热情浓烈，雅典风格则冷峻精确。这两种风格在雄辩中得到了强烈的表现。它们之间的斗争在公元前1世纪上半叶，即西塞罗从事雄辩的时期显得特别尖锐，这和当时罗马的社会矛盾和政治矛盾的激化有关。随着元首制①的胜利，雅典风格大大地占了上风，它被认为是符合罗马国家传统和精神的惟一风格。它的地位在罗马帝国崩溃前都没有动摇。西塞罗既不属于雅典风格阵营，又不属于亚洲风格阵营。然而，对亚洲风格的支持至少有一部分来自于他。他试图以特有的深刻性和表现力将这两种风格综合起来。在这方面，他同样表现出折衷主义立场。而雅典风格和亚洲风格的结合产生了雄辩风格的优秀范例。西塞罗的意义表现为，他善于从这两种风格中吸取最有价值的东西。

在西塞罗以后，雄辩艺术发生了重要变化。罗马帝国时代学校雄辩教育发达。当时占统治地位的雄辩教学法由另一位著名雄辩家昆体良在他的《论雄辩家的教育》一书中加以阐述。昆体良赞同西塞罗的理论，但是已经不可能像西塞罗那样把雄辩活动和政治活动结合在一起。仅仅注重掌握语言技巧的学校把修辞学变成了一门纯艺术。

第二节　贺拉斯

贺拉斯（Quintus Horatirs Flaccus，公元前65年至公元前8年）是罗马帝国时期奥古斯都统治下的著名诗人和文艺理论家，罗马的拉丁古典主义的奠基者（这种古典主义广泛流行于文艺复兴时期，并演变为17—18世纪的新古典主义）。他生于意大利南部一个获释奴隶家庭。他的父亲略具资财，送他到罗马受到很好的教育，其后又送往雅典去学哲学。公元前44年罗马军事独裁者恺撒被刺死后，雅典成为共和派活动的中心。贺拉斯应募参加了共

---

① 公元前1世纪后半期，罗马由共和转入帝制的过渡体制，是一种元首与元老院分权而实际操于元首的统治。

和派的军队。共和派军队被恺撒的继承人屋大维（后称奥古斯都）击败后，他回到罗马。这时他父亲已死，田产充了公，他谋得一个小官，并开始写作。公元前39年由罗马著名诗人维吉尔和瓦留斯介绍，他加入奥古斯都的文学助手迈克纳斯的文学集团，并改变了对奥古斯都的政治态度，此后一直受到迈克纳斯和奥古斯都的眷顾。约6年后，迈克纳斯在罗马附近赠送他一座庄园，他便在庄园与罗马两地消磨了此后的岁月。公元前19年维吉尔去世后，他成为罗马最负盛名的诗人。罗马举行百年庆典时委托他写庆典颂诗，可见他的名声之炽。贺拉斯的社会地位决定了他的生活哲学，其中最根本的一点是适度的享乐。这种适度的思想也反映在他的文艺观点中①。

奥古斯都时期是罗马文学的黄金时期，贺拉斯是这一时期文坛主流派的立言人。他的作品有《讽刺诗集》两卷、《长短句集》一卷、《歌集》四卷、《世纪之歌》一卷、诗体《书札》两卷等。其文艺理论和美学思想主要见诸《致皮索书》和《上奥古斯都书》。《上奥古斯都书》又名《诗话》，有人称它为"古典主义的宣言"。《致皮索书》是写给罗马贵族皮索父子三人（其中长子是诗人）的诗体书信，原来没有标题，1世纪罗马修辞学家昆体良首次把它定名为《诗艺》（*De arte poetica*）。在贺拉斯的著作中，它对后世影响最大。《诗艺》有两种中译本，杨周翰译本和缪灵珠译本，两者都根据《洛布古典丛书》（*Loeb Classical Library*）拉丁文本译出。所不同的是，杨译用散文体，出版较早（初版于1962年）；缪译用诗体，并自拟了小标题，于1998年出版。

一 《诗艺》的主题和结构

尽管《诗艺》在西方美学史上具有重要意义，然而关于它的

---

① 关于贺拉斯的生平，参见杨周翰的《〈诗艺〉译后记》、《诗学·诗艺》，人民文学出版社1982年版，第153—167页；王焕生的《贺拉斯〈诗艺〉刍议》，载《外国美学》第3辑，商务印书馆1986年版。

主题和结构始终是人们争论的话题。贺拉斯著作的早期诠释者阿克隆（2 世纪）和波菲利（普洛丁的学生，3 世纪新柏拉图主义者）都认为《诗艺》缺乏系统性，只是一些孤立的论断的堆砌。这种观点得到 16 世纪的权威批评家斯卡利格尔的赞同。19 世纪德国学者魏森菲尔斯（O. Weissenfels）甚至认为这种松散无系统是一种特殊的艺术手法。有人还试图通过调整诗行的办法来揭示《诗艺》的内在体系，这种研究古籍的方法在 19 世纪比较流行。

要了解《诗艺》的主题，首先要了解它的结构。根据缪灵珠为《诗艺》中译自拟标题，《诗艺》分为三章：第一章是诗意篇（1—37[①]），第二章是诗法篇（38—294），第三章是诗人篇（295—476）。每一章又分为若干节。缪灵珠对于《诗艺》的结构作了可贵的探索。在国外学者关于《诗艺》结构的纷纭见解中，有两种最值得注意。第一种见解是诺尔顿（E. Norden）在 20 世纪初期提出来的[②]。诺尔顿把《诗艺》分为两章：第一章论悲剧诗（1—288），第二章论诗人，特别是戏剧诗人（289—476）。

第一章分 5 节：1. 选择题材（1—41）。贺拉斯反对艺术家在虚构和选材时东拼西凑，绘出人头接马颈、肢体披羽翎的奇形怪状（1—13）。同时，不同体裁的诗歌，如史诗和抒情诗不能混淆。要想制造酒坛，结果出现酒瓶，这就不合适。总之，务求朴素统一（14—23）。如果力求简洁却写得含糊暧昧，如果追求平易却失掉精神和魄力，如果志在雄伟不惜滥用浮夸之词，那么，就会对整个作品产生不良影响。因此，艺术家必须选择力能胜任的题材（24—41）。

2. 布置（dispositio，42—44）。贺拉斯主张作家善于安排材料，以达到"条理的美和优点"。这使人想起关于布置的修辞学理论和维特鲁威《建筑十书》中作为建筑六要素之一的布置的观

---

① 这里的数字指诗行的序数，下同。

② E. 诺尔顿：《贺拉斯〈致皮索书〉的结构和文学》，载德国《赫尔姆斯》第 40 辑，1905 年，第 481—528 页；参见洛谢夫：《希腊罗马美学史》第 5 卷，第 408—415 页。

点，都是指材料的布置。然而令人疑惑的是，在《诗艺》中这一节特别短。

3. 文辞表达（45—179）。a. 词语的选择（45—72）。词语不断变化，最古老的词语先凋零，正如森林中最老的叶先落。而新生的词汇像青春年华，繁荣茂盛。作家有权选择新词。b. 格律的选择（73—82）。荷马用六音步长短短格来颂扬帝王将相的丰功伟绩，而抑扬格为悲剧和喜剧所采用。c. 戏剧人物的谈吐（83—118）。"老态龙钟的长者，少年气盛的纨绔，炙手可热的贵妇，殷勤献媚的乳姆，惯跑江湖的货郎，小康之家的农夫"①，说话都要适合身份。d. 遵循传统（119—135）。描写阿喀琉斯，就要写他的性情急躁、暴戾、刚愎、勇猛。e. 戏剧要开门见山（136—152）。戏剧开头应该"直引读者到故事中心进窥结果"。f. 性格和年龄相当（153—178）。"老幼少壮各有其行藏"，不能"把老年人的心事赋予青春时期"，也不能把"成年的特性赋予少年稚子"。这一段完全不符合本节关于文辞的表达的内容。

4. 情节（179—274）。a. 陈述（178—188）。有些情节"留待剧中人用动听的台词来口说"。b. 幕（189—190）。戏剧"应该恰好有五幕"。c. 演员（191—192）。台上同时至多只能有三个演员。d. 歌队（193—201）。戏剧两出之间的乐歌"必须能促进剧情，与情节自然配合"。e. 音乐（202—219）。贺拉斯支持传统的做法：音乐为歌队伴奏。反对当时的笛手在台上来去往往。f. 谐剧（220—250）。谐剧可以冷嘲热讽，也可以先庄后谐。g. 抑扬格（251—274）。贺拉斯遵循传统，只承认三音格的抑扬格，他指责其他粗制滥造的韵律。他在这一段里的名言"朋友，请你日日夜夜揣摩希腊典籍"（269）经常被后世的著作援引。

5. 希腊罗马戏剧史（275—288）。贺拉斯提到罗马的历史剧和喜剧，因为它们是对希腊范本的摹仿。

第二章一开始是过渡（289—308），罗马的摹仿不会差，如

---

①　译文采用缪灵珠《诗艺》中译，见《缪灵珠美学译文集》第1卷，第37—62页。下同，不一一注明。括弧中的数字表示《诗艺》的诗行。

果"诗人不惮其烦劳耐心雕琢"。贺拉斯嘲笑了只凭天才和灵感做诗的诗人。第二章也分5节：

1. 诗人的培养（309—332）。诗人应该具有一般的哲学教育，"苏格拉底的著作能把题材供给你"。此外，诗人应该"向生活寻找典型，向习俗汲取言词"。有内容而缺乏技巧的诗，比无内容而华丽的诗"更令人心旷神怡"。榜样仍然是希腊人，他们但求"诗坛盛誉"，不像罗马人那样"计较锱铢"。

2. 诗人的品德（333—390）。a. 寓教于乐（333—346）。贺拉斯在这一段里的见解常常被援引："诗人的目的在于教益或在于娱乐，或者在诗中使娱乐教益相结合"；"不论你有何教诲，务必扼要而简约"；"怡情乐性的虚构也要像诚实无讹"；"寓教于乐的诗人才博得人人称可，既予读者以快感，又使他获益良多"。b. 作品的完善（347—360）。c. 诗如画（361—365）。这里有贺拉斯的名言"画如此，诗亦然"（Ut pictura poesis）。d. 诗不应平凡（366—378）。"唯独平凡的诗篇，神人都不能相容"。e. 诗人要有知识（379—390）。

3. 诗人的崇高地位（391—407）。贺拉斯举例说明艺术的作用：奥菲士制止了蛮族的残杀，安斐翁弹琴使顽石点头，荷马以其诗名垂千古。

4. 促进诗歌创作的条件（408—452）。贺拉斯进一步阐述上文讲过的观点。a. 天才和技艺（408—418）。贺拉斯提出天才和技艺相结合的著名原则："有人问，好诗要靠天才还是靠艺术；依我看，勤功苦学而无天生的品赋，或者虽有天才而无训练，皆无用处，因为两者必须彼此协助互相亲睦。"b. 善意的批评和杜绝阿谀的赞扬具有重要意义（419—452）。

5. 佯狂的诗人（452—476）。在结尾时，贺拉斯嘲讽了佯狂的诗人。

诺尔顿把《诗艺》分为"诗—诗人"的图式是合理的，有一定的逻辑性。前者是艺术创作的客体，后者是艺术创作的主体。罗马时期修辞学、音乐和建筑等方面的著作，通常也包括这两部分的内容。至于《诗艺》论诗时，涉及很多戏剧和戏剧表演的内容，那是因为当时的戏剧是诗体的。戏剧诗和史诗、抒情诗一样，都是诗的一个组成部分。论诗时涉及戏剧也是顺理成章的。这样，《诗艺》的主题是明确的：论诗和诗人。《诗艺》具有某种内在联系的逻辑结构，而不是零散观点的杂陈。诺尔顿提出的《诗艺》结构也有一系列矛盾，这引起其他学者如考埃尔（P. Cauer）、罗斯塔尼（A. Rostagni）、特瑞西（H. Tracy）对这种结构进行修正和补充。

研究《诗艺》结构的另一种值得注意的见解，是加斯帕罗夫（M. Gasparov）在 20 世纪 60 年代提出的。他在《贺拉斯〈诗艺〉的结构》一文[①] 中，考察了许多学者对《诗艺》结构的研究成果，提出了自己的观点，以揭示《诗艺》基本原理的内在联系。他认为《诗艺》是折衷的，就像奥古斯都时代的整个哲学是折衷的一样。《诗艺》是书信体谈话（sermo）、理论教科书（technē）和文艺作品（poema）三种不同的文学体裁相互作用的结果。每种体裁的结构有自身的特征。书信体谈话在生动的言谈中再现思维复杂的运动，理论教科书以逻辑连贯性为基础，文艺作品的结构则是形象和主题的艺术平衡。加斯帕罗夫指出，《诗艺》首先是罗马时期的文艺作品，其范本是当时的镶嵌工艺，这种工艺把各种零散的部件连成不可分割的整体。《诗艺》的结构产生于罗马时期的文艺作品，而不是源自理论著作。在写作《诗艺》之前，贺拉斯早就运用了结构对称的手法。《诗艺》的"完善"和"匀称"不是逻辑的，而是艺术的和审美的。

对于《诗艺》的结构，加斯帕罗夫作了如下描述：

1. 创作，适用于作品。

1—37——朴素统一。

（1）作品各部分的一致性：

---

① M. 加斯帕罗夫：《贺拉斯〈诗艺〉的结构》，载《罗马文学批评史略》，莫斯科 1963 年版，第 97—151 页。我国有的学者注意到这篇文章，不过未作展开说明。见王焕生：《贺拉斯〈诗艺〉刍议》，载《外国美学》第 3 辑，第 307 页。

38—41——题材；42—44——条理；

45—72——词汇；73—85——格律。

（2）作品各部分的差异性：

86—88——主题；89—92——体裁。

93—113——激情（pathos）；114—118——身份（ēthos）。

119—135——摹仿。

136—152——朴素统一。

2. 戏剧，适合于听众。

（1）153—178——身份（ēthos）——年龄。

179—192——激情（pathos）——技术规定。

（2）193—201——歌队。

202—219——音乐。

220—224——谐剧：起源。

（3）225—250——谐剧：题材，词汇。

251—274——一般的戏剧：格律。

275—294——摹仿。

3. 诗人，适用于作者。

（1）295—305——天才，技艺。

306—308——主题。

309—332——诗歌的起源。

333—346——天才。

（2）347—360——艺术中的瑕疵。

361—378——所要求的完善。

（3）379—390——诗人劳动的严肃性。

391—407——诗人劳动的荣誉。

408—418——天才，技艺。

419—452——真正的和伪善的批评家。

453—476——天才。

　　加斯帕罗夫对《诗艺》的解读表明，《诗艺》具有某种结构的对称，这种对称被贺拉斯自觉地运用于其他著作中。贺拉斯以诗人的创作经验为基础，在《诗艺》中建立了特殊的概念系统。《诗艺》是论述诗和诗人的有系统的著作。

二　理论渊源

《诗艺》所研究的问题在罗马的其他学术著作中也广泛讨论过，但是，贺拉斯在《诗艺》中总结了整个希腊化和罗马时期的文艺批评思想。贺拉斯早期研究者波菲利在诠释《诗艺》开始时就肯定地说："在这篇著作中，贺拉斯收集了帕里昂人涅奥普托勒墨斯的《论诗艺》中的教训，虽然不是全部，但是是最精辟的。"[①] 贺拉斯把《诗艺》分为诗和诗人，就承袭了涅奥普托勒墨斯的做法。在罗马时期，这种分法（创作客体和创作主体）是普遍采用的手法，我们在维特鲁威的建筑学著作、昆体良的修辞学著作和其他哲学著作、音乐学著作中都可以见到。但是，这种划分的始作俑者是涅奥普托勒墨斯。贺拉斯关于天才和技艺不可分割、诗人要耐心雕琢自己的作品、诗能够引导听众的心灵、诗的娱乐功能和教益功能相结合、虚构要像真实、向生活和习俗学习、诗要整一和完善、诗要扼要而简约等观点，都来源于涅奥普托勒墨斯失传的《论诗艺》。

19世纪在发掘伊壁鸠鲁派哲学家兼诗人菲罗德谟在意大利的故居时，发现了他的一些著作残篇，其中《论诗歌作品》一书批评了亚历山大里亚时期的各种美学理论。菲罗德谟著作残篇的整理者、德国学者耶森认为，菲罗德谟的《论诗歌作品》匿名批评了涅奥普托勒墨斯的《论诗艺》。根据菲罗德谟的批评可以看出，涅奥普托勒墨斯的《论诗艺》包括三部分，即诗意论（poiesis），讨论诗的内容；诗法论（poiema），讨论诗的形式；诗人论（poietes）。贺拉斯的《诗艺》也有同样相应的三部分（即上文中提到的缪灵珠为《诗艺》中译各章拟的标题）。虽然耶森

---

① 《波菲利对贺拉斯著作诠释集》，纽约1979年版，第162页。转引自王焕生《贺拉斯〈诗艺〉刍议》，载《外国美学》第3辑，第307页。

后来改变了自己的观点，然而很多学者宁可相信他原来的说法。

对贺拉斯《诗艺》理论渊源的研究对于西方美学史具有重要意义。它表明，斯多亚派的诗学理论经过贺拉斯移植到罗马土壤上后，成为具有世界意义的古典主义的源头。由涅奥普托勒墨斯等早期斯多亚派哲学家发端的古典主义，经贺拉斯确立后，成为有广泛影响的文艺思潮，它在 17 世纪法国新古典主义者布瓦罗之前很少有变化，并一直存在到浪漫主义运动兴起之时。

《诗艺》在受到斯多亚派影响的同时，也受到希腊美学的影响。虽然《诗艺》中根本没有提到亚里士多德，然而，《诗艺》和亚里士多德的《诗学》不乏共同之处。《诗学》第四章指出，悲剧从"羊神剧"演变而来，诗格也由四双步变成短长格。因为四双步适合羊神剧，自从有了对白，短长格就适用了，因为它最接近于谈话的腔调①。而喜剧摹拟常人，用的就是短长格。这样，短长格在喜剧中的运用要早于悲剧。《诗艺》也持类似的观点：

> 阿奇罗科斯独创抑扬格（即短长格——引者注）只因一怒；
> 喜剧和悲剧的伶人都采用这格律，
> 它既适宜于对话，压倒观众的欢呼，
> 而且是天籁自然，合乎舞台的脚步。（79—82）

《诗学》第二十五章写到：诗人"正如写生画家或其他肖像作者，是摹拟的艺术家"②。《诗艺》一开头就批评了不摹拟真实事物的画家，讽刺他们绘出"人头接马颈"的怪状奇形。《诗学》第七章强调了情节的圆满和完整。《诗艺》基本上重复了亚里士多德的这条基本原则。《诗学》第十五章主张性格必须一贯，"即令所摹拟的人物是自相矛盾的，而且其性格确是如此，也必须把他写成始终

----

① 参见缪灵珠《诗学》中译，《缪灵珠美学译文集》第 1 卷，第 7 页。
② 同上书，第 26 页。

一贯地矛盾"①。关于性格的一贯，《诗艺》也写道："假如你搬上舞台一个新鲜的主题，假如你敢于塑一个崭新的烈士，他的性格必须始终前后一致"（125—127）。《诗学》第二十三章称赞"唯独荷马比诸其他诗人显得超凡入圣"②，《诗艺》则推崇"不作此等蠢事的荷马就高明得多"（140）。《诗学》和《诗艺》相同的地方还有：关于演员的数目（《诗学》第四章，《诗艺》第 192 行），关于情节中的"解"不要请神搭救（《诗学》第十五章，《诗艺》第 191 行）等。然而，亚里士多德悲剧理论中的重要内容——净化说和过失说，在《诗艺》中却未见提及。因此，有人据此认为贺拉斯并不了解亚里士多德的著作。但是，多数学者主张贺拉斯完全可能熟悉亚里士多德的著作，根据普卢塔克的记述，公元前 1 世纪中叶罗马首次出版了亚里士多德的许多著作。

三　基本的美学思想

我们在阐述《诗艺》的结构和理论渊源时，已经多次涉及贺拉斯的美学思想。在这里我们作一个总的说明。贺拉斯对西方美学发展影响最大的是确立了古典主义。古典主义号召学习希腊，继承古典文化。《诗艺》里的一句劝告"朋友，请你日日夜夜揣摩希腊典籍"（269），成为 17 世纪新古典主义运动中鲜明的口号，布瓦罗等人都曾应声复述过。那么，贺拉斯的古典主义要求文艺具有什么样的性质呢？

贺拉斯的回答是"合式"（decorum）或"妥帖得体"。"合式"这个概念是贯穿在《诗艺》里的一条红线。根据这个概念，一切都要做到恰如其分，叫人感到它完美，没有什么不妥当处。

到了罗马时代，"合式"就发展成为文艺中涵盖一切的

---

① 参见缪灵珠《诗学》中译，《缪灵珠美学译文集》第 1 卷，第 17 页。
② 同上书，第 23 页。

美德。①

《诗艺》中的一些观点现在看来未免是老生常谈，然而在当时并非如此。贺拉斯针对罗马文艺创作的现实，力图总结希腊罗马文艺创作的具体经验，把它们凝定成文艺家必须遵循的法式，把文艺创作纳入一定的规范中。根据合式的概念，贺拉斯要求诗在形式上朴素（朱光潜译为"单纯"）、统一和整体相协调。这是艺术作品的基本形式。贺拉斯竭力嘲笑风格上的不协调。他把这种风格时而说成是"东拼西凑的肢体披上五彩的羽翎，随意挥毫画成上半身是美人艳影，下半身却是丑陋不堪的一尾鱼精"（2—4），时而说成是"蛇蝎同小鸟相爱，羔羊同猛虎谈情"（12）。这就像"为了斑斓夺目缀上大红补丁几片"（14）或者"森林里绘上海豚，波涛上添上封豕"（30），或者在美目和美发下面，"鼻子终生歪在一旁"（36—37）。虚构的情节要"虚虚实实相混合，使故事的始与中，中与末彼此调和"（151—152）。一切都要恰到好处。"条理的美和优点，假如我没有胡猜，在于恰好此时说出你所应该交代；有些话你不妨暂时搁下甚或丢开"（42—44）。音乐应该替歌队伴奏，但是不要太热烈。谐剧应该有，但是不要谈吐粗鄙。诗人有造一个古罗马人闻所未闻的新字的自由，但是不要滥用这种自由。每部剧本应该有五幕，不多也不少。每场只应该有三个演员，不宜有第四个演员出来说话。如此等等，无一不是要求得体适宜。

对于诗的内容，贺拉斯要求具有正确的见识（朱光潜译为"正确的思辨"），把人物写得合情合理。要做到这一点，应该摹仿现实，向生活寻找典型。他大体上接受了希腊传统的艺术摹仿自然的观点。他尊重现实生活中的习俗和习惯，认为文艺作品和帝王事业都不会万古长青。许多久已废弃的词汇可能复兴，而今日盛行的可能衰落。这一切都取决于习惯，习惯是语言的标准和

① 朱光潜：《西方美学史》上卷，第105页。

法令。贺拉斯反复强调文艺作品要完整、统一、首尾一致。他不反对创新，但是塑造一个新的角色，他的性格必须贯穿始终。这里最重要的还是合式。人物的言谈要与他们的个性和性格合式，要与他们的年龄和社会地位合式。喜剧的主题不能用悲剧的诗句，历史剧题材不能使用适合喜剧的日常谈吐。"让各种体裁守住它在所应在之处"（92）。"悲歌适合愁容，严词只宜于盛气，谑语则嬉皮笑脸，道貌则庄重其词"（106—107）。如果人物的语言和他的命运不符，就会受到观众的嗤笑。人物的性格要和年龄相当。例如，小孩子喜怒无常；少年喜新厌旧，主意多变，欲望无穷，只知道挥霍；中年人小心翼翼，追求金钱和朋友；老年人则忧心忡忡，因循守旧，缺乏热情和勇气，贪得无厌而又吝啬，贪生怕死，常常怨天怨地。诗人应该按照人物的年龄来描写他们的性格，即从数量上来概括同类人物的共性。贺拉斯所倡导的是只强调共性而忽视个性的类型化创作方法，而不是共性与个性相结合的典型化创作方法。除了类型化以外，贺拉斯还主张人物创作的定型化。他举阿喀琉斯为例加以说明。诗人如果要写阿喀琉斯这位著名英雄，就要写他的性情急躁、暴戾、刚愎、勇猛，不受法律约束，动辄以武力行动。因为荷马在史诗《伊利亚特》里是这样写的，后人应该遵循传统。类型化和定型化容易导致人物形象脸谱化、概念化和公式化。合式的概念还表现为适度。舞台上不能上演凶杀、暴力、怪异，这些情节不能让观众目睹，而要由剧中人用台词说出。同时，简洁不能变成暧昧，雄伟不能变成浮夸，小心翼翼不能变成怯懦。

根据合式的概念，贺拉斯对诗人提出了一系列要求。诗人应该反复琢磨自己的作品，"宛若雕刻家在石像上用指甲摩挲"（293）。诗完成后要束之高阁，过 9 年后才决定是否公开。诗人要删去繁缛的藻饰，把含糊其辞的地方改得更加明显。诗人既要有天生的禀赋，又要勤功苦学，使天才和技艺相结合。

《诗艺》表明，作为古典主义的确立者，贺拉斯在思维方式和审美趣味上具有中庸拘谨、平和恬淡的特点。他缺乏宏大的气魄和撼人的精神力量。他的美学关注艺术作品的形式问题，主张形式的完美和修饰。他在自己的颂诗《纪念像》中把诗人的创作比作浇铸铜像。从中我们可以看到罗马人所特有的在艺术创作活动中对明晰确定的、得到社会认可的形式的追求。贺拉斯孜孜以求的就是建立宛如浇铸铜像的模式和范型，来规范当时的文艺创作。作为一名诗人、一名文艺创作实践家，他力图把先前给定的、来自希腊的内容铸入民族的、罗马的形式中，他要求形式中的一切都平衡、单纯、简洁。由于把一切都纳入到固定的、有时未免刻板的规则中，他给诗人留下的自由空间相对较小。贺拉斯没有奔泻千里的激情，也不作攀越峭壁的探索，他没有醉人的狂喜，也缺少深沉的悲哀，对于他来说，一切都要端庄严整、规矩合度，一切都要按部就班、协调有序。这就是他为 17—18 世纪新古典主义者特别是布瓦罗所喜欢而不能为欧洲浪漫主义者所接受的原因，他对西方美学的贡献和局限也在于此。

除了奠定了古典主义以外，贺拉斯关于艺术功能的观点也对后世发生了重要影响。他的这种观点不仅是对前人见解的简洁而明确的总结，而且是针对当时的文艺创作现实有感而发的。在亚里士多德以后，哲学、修辞学和诗学的统一瓦解了。诗学无意解决社会任务，净化的概念消失了。诗首先与美而不是与真和道德相联系。这时候强调想象的作用，把它摆在高于摹仿的地位。这种情况也出现在造型艺术中。人们重视的不是画家通过摹仿而是通过丰富的想象创作华丽的、多姿多彩的生活图景的能力。这就是贺拉斯在《诗艺》中所批评的画家绘出的奇形怪状。关于艺术的功能问题也发生了争论。一些人主张艺术非理性的、享乐的功能，而另一些人主张艺术应该反映生活真实、具有教育功能。贺拉斯则力图统一这两种观点。他认为诗中仅有美是不够的，诗中最重要的是见识（思辨、思想），因此诗人要勤学希腊典范，同时不忘记观察和摹仿生活。当然，富于情感和表现力的诗也能产生审美享受。这样，诗既有教育功能，又有娱乐功能。

在分析贺拉斯的理论渊源时，我们曾提到《诗艺》和亚里士多德《诗学》的相似点，然而它们的区别更为明显。在总的倾向上，亚里士多德对诗的形式进行了客观的分析，他很少告诫诗人，他的《诗学》是逻辑的、客观的。而主要论述创作方法的、仅有400多诗行的《诗艺》却充满了对诗人的告诫。《诗艺》是伦理的，说教的。在具体观点上，这两者之间也存在着分歧。贺拉斯以理性主义修正了亚里士多德的《诗学》。例如，在谈到虚构时，贺拉斯强调："虚构也要像真实无讹"（338）。亚里士多德则在《诗学》中表示："假如诗人写出不可能有的事，那固然是错误。但是如果这彰达到诗的目的（这目的上文已有论述），如果这样反能使诗中这段或那段更令人惊叹，那么，诗人是对的。"[①] 这段论述表明，对生活事实的再现中的错误，并不等于诗本身的错误。贺拉斯则不作这种区分，他排斥了亚里士多德许可的艺术的非理性因素。

在谈到《诗艺》和《诗学》的影响时，朱光潜指出："《诗艺》对于西方文艺影响之大，仅次于亚里士多德的《诗学》，有时甚至超过了它。"贺拉斯"替后来欧洲文艺指出一条调子虽不高而却平易近人，通达可行的道路"[②]。这决定了他的影响既广且远。

第三节　维特鲁威

维特鲁威（Vitruvii，公元前1世纪）是古罗马著名的建筑学家，出生年月、地点和生平不详。根据间接资料，他生长于恺撒和奥古斯都时代，家庭富有，受过文化教育和工程技术教育，懂希腊语，学识渊博，除了掌握建筑、市政、机械和军工等项技术外，还广泛涉猎几何学、物理学、气象学、天文学、哲学、历史、语言学、美学、音乐等方面的知识。他约于公元前32年至公元前22年，历经10载，撰写了《建筑十书》。"这十卷书是以

---

① 《缪灵珠美学译文集》第1卷，第26页。
② 朱光潜：《西方美学史》上卷，第107页。

向奥古斯都上书的形式用拉丁文撰写的。可惜原文不久就遗失，只流传下来抄本。到了中世纪，在修道院书库保存下来的抄本偶然为营造教堂的修道士所发现，非常珍视，便利用它指导建筑实践。在文艺复兴时期，古典文物逐步复兴，建筑师们热望通晓古典建筑技法，曾以这十卷作为规范进行建筑创作。这时从意大利开始，西欧国家纷纷刊行了《建筑十书》的拉丁文版本，这些拉丁文版本就是近代各国文版的根据。"[①] "这部著作不仅是全世界保留到今天的惟一最完备的西方古典建筑典籍，而且是对后世的建筑科学有参考价值的建筑全书。"[②]《建筑十书》也是一部具有美学价值的著作，它的若干章节与美学有直接关系。

《建筑十书》的每一书中都有序言，它概述了该书的内容。全书内容为：第一书论述一般建筑（第 1—3 章）和一般的建造条件（第 4—7 章）；第二书论述建筑材料，第 1—2 章为导论，第 3—10 章考察具体的建筑材料；第三书从总的方面论述神庙；第四书从细部方面论述神庙；第五书论述公共建筑，第 1—2 章论述国家建筑，第 3—9 章论述剧场，第 9—12 章论述浴室、体育场和其他建筑；第六书论述住宅；第七书论述建筑装饰；第八书论述水的问题；第九书论述晷的制作方法；第十书论述机械，第 1 章论述机械的定义，第 2—3 章论述搬运重物的机械，第 4—9 章论述扬水的机械，第 10—16 章论述军事机械。有的研究者如约勒斯（J. A. Iolles）和瓦特津格（C. Watzinger）曾指出维特鲁维的建筑理论对当时占统治地位的修辞学学说的依赖。修辞学的这种巨大影响在贺拉斯的《诗艺》和维吉尔抒情诗中也可以见到。

一　建筑的本质和要素

维特鲁威和罗马人所理解的建筑，比我们现在所理解的建筑

---

① 维特鲁威著，高履泰译：《建筑十书》译者序，中国建筑工业出版社 1986 年版，第 7 页。

② 同上书，第 4 页。

要宽广。除了建造房屋外，《建筑十书》中的建筑还包括制造日
晷（以及水钟）和机械。对建筑本质的理解，维特鲁威深受修辞
学理论的影响，他把建筑不仅理解为艺术，而且理解为科学，这
和西塞罗对修辞学的看法相类似。维特鲁威认为，建筑不仅是手
艺和技巧，而且是理论，理论可以"论证和说明以技巧建造的作
品"①。把建筑分为手艺和理论两个方面以后，维特鲁威进而指
出：

> 实际上在一切事物中特别是在建筑学中，也存在着以下
> 两种事物，即被赋予意义的事物（quod significatur，亦可译
> 为"被表现的事物"——引者注）和赋予意义的事物（quod
> significat，亦可译为"表现的事物"——引者注）。被赋予意
> 义的事物就是对它要提出讨论的事物；赋予意义的事物就是
> 按照学问的原理作出解释的阐明。自己宣称为建筑师的人就
> 要精通这两种事物。②

昆体良也把这种区分运用于修辞学中。可见，维特鲁威上述的建
筑观点和罗马修辞学理论是一致的。

在维特鲁威看来，建筑师应该具有广博的知识。他在第一书
第一章第一节中开宗明义地指出：

> 建筑师的科学要具备许多知识领域和种种技艺，借助它
> 们可以判断其他艺术所完成的一切作品。③

维特鲁威把建筑师看成其他各种艺术的判断者。他要求建筑师既
有天赋的才能，又有钻研学问的本领。

---

① 维特鲁威：《建筑十书》，第4页。
② 同上。
③ 同上。译文据原文有改动。

因此建筑师应当擅长文笔，熟悉制图，精通几何学，深悉各种历史，勤听哲学，理解音乐，对于医学并非茫然无知，通晓法律家的论述，具有天文学或天体理论的知识。[①]

原因在于，擅长文笔为了能做记录而使记忆更加确实；制图知识能够更容易表现建筑师所希望的建筑外貌的效果；几何学可以帮助正确地定出直角、水平和直线，并解决艰难的对称问题；历史学使建筑师了解建筑的发展与时代变迁的关系；哲学使建筑师气宇宏阔，"昭有信用，淡泊无欲"。维特鲁威在哲学中把伦理学放在首位，同时，自然哲学也是哲学的一个重要方面，因为建筑师还可以从哲学中学会物性原理；音乐使建筑师按照数学法则分别音程，在剧场形成和声；医学理论有助于建筑师建造适于健康的住宅；法律使建筑师了解建筑所必要的法规，避免冲突和纠纷；天文学则帮助时钟的制造。建筑的学问是如此广泛，因此从儿童时期就要攀登这些学问的阶梯，将来才能胜任建筑师的职务。维特鲁威对建筑师提出的这些要求符合罗马传统，西塞罗和昆体良也常常谈到雄辩家应当具有广博的知识。

所谓建筑的要素，即指建筑的构成，也有人称之为建筑的范畴。维特鲁威关于建筑的要素的论述，是希腊罗马文献中仅有的。他在第一书第二章"建筑的构成"中写道：

建筑是由希腊人称做塔克西斯的法式，称做狄阿忒西斯的布置、比例、均衡、适合，和称做奥厄诺弥亚的经营构成的。[②]

建筑的六种要素是各自独立的，同时又有紧密的联系。然而，正如塔塔科维兹所指出的那样：

---

① 维特鲁威：《建筑十书》，译文据原文有改动。

② 维特鲁威：《建筑十书》，第 10—11 页。塔塔科维兹《古代美学》中译本将这六要素分别译为规则、安排、比例、对称、合适和节省，见该书第 364 页。

　　　　这六个术语多少世纪以来就给建筑史家和建筑理论家带来了极大的困难。这六个术语囊括了古代社会中这类艺术的全部内容。它们不仅与建筑相关，而且也与其他艺术有关。但这些术语含义不清，概念缺乏精确性，定义混乱。[①]

因此如何深入、准确地理解这六种要素，历来是研究者们关注和争论的重点。

　　我们先看一下维特鲁威对法式和均衡下的定义。

　　　　法式是作品的细部要各自适合于尺度，作为一个整体则要设置适于均衡的比例。

　　　　均衡是由建筑细部本身产生的合适的协调，是由每一部分产生而直到整个外貌的一定部分的互相配称。[②]

法式要求建筑的各部分之间相互适应，这种适应的目的是达到均衡。这样，法式就是建立均衡的活动。在给法式下定义时，维特鲁威还谈到量的问题，他这样解释量："量就是由建筑物的细部本身采用模量，并由（这些）特别的细部做成合适的整幢建筑物。"[③] 如果量和法式连在一起，那么，比例和均衡连在一起。在第三书第一章第一节中，维特鲁威指出，建筑的结构在于均衡，而均衡来自比例。"比例是在一切建筑中细部和整体服从一定的模量从而产生均衡的方法。"[④] 法式（包含量的概念）和均衡（包含比例的概念）在内容上虽然有所重复，然而前者主要说明建筑师的活动，后者主要说明这种活动的依据。

　　布置和比例是又一组关系密切的要素：

---

①　塔塔科维兹：《古代美学》，第 354 页。
②　《建筑十书》，第 11 页。
③　同上。
④　同上书，第 63 页。

布置则是适当地配置各个细部，由于以质来构图因而做成优美的建筑物。

比例指优美的外貌，是组合细部时适度表现的关系。[①]

布置要求通过建筑师的实践——适当地配置各个细部，从而形成建筑物的美。在内容上和比例相一致，比例是通过细部适度的组合，以达到美的效果。在建筑物各个细部的布置中，质起着重要的作用。维特鲁威虽然没有阐述质的概念，然而这显然是整体所具有的质，即建筑样式。如果法式说的是处在均衡整体中各个细部量的合适，那么，布置说的是整体本身。维特鲁威区分出三种布置的"理念"（idea）。第一种是平面图，使用圆规和直尺在建筑场地上放出图形。第二种是立面图，即正面的建筑外貌，以适度的划分绘出要实现的建筑物的图样。第三种是透视图，绘出远离的正面图和侧面图，所有的线都向圆心集中。建筑透视图来源于舞台布景（拉丁语中"透视图"和"舞台"同源），维特鲁威在第七书序言中指出，希腊画家阿伽塔耳科斯按照悲剧家埃斯库罗斯的提示建造了悲剧舞台，在舞台背景中，"画在没有凹凸的平面上的物体看上去有些显得凹入而另一些又显得凸出，要怎样顺应眼睛的视线或（由物体而来的）放射线，把某处确定为一个定点，按照自然法则，才能使这些线条集中"[②]。法式、均衡、布置和比例这四个要素关系密切，它们说的是建筑的样式。这种样式可以看作各个部分的总和，这时候我们从各个部分走向整体，样式就是以均衡为指导的法式的结果。它也可以看作一种整体，这时候我们从整体走向各个部分，它就是以比例为指导的布置的结果。有的研究者认为，"法式和布置是建筑师的活动，而均衡和比例是建筑师的这种活动在客体中达到的结果。"[③] 也就是说，法式和布置是因，均衡和比例是果。其实毋宁说，法式和

---

① 《建筑十书》，第 11 页。
② 同上书，第 153—154 页。
③ 洛谢夫：《希腊罗马美学史》第 5 卷，第 604 页。

布置分别是以均衡和比例为原则的建筑师的活动。

建筑的第五要素是适合，维特鲁威对它下的定义是：

> 适合是以受赞许的细部作为权威而组成完美无缺的建筑整体。[①]

这里的权威（auctoritas）是什么意思呢？第六书第八章第九节写道：

> 当建筑物适合美观、比例和均衡而博得威名（auctoritem）时，才实在是建筑师的光荣呢![②]

第七书第五章第四节写道：

> 心灵被不健全的判断所蒙蔽，竟不能以威信（auctoritas）与适合原理来验证实际可能存在的东西。[③]

这些论述表明，建筑物正确地实现自己的功能，它就会具有权威。

适合有三种情况：程式的、习惯的和自然的。程式的适合指建筑的装饰特征应该适合它的功能。为雷电神朱庇特要建造露天式神庙，因为我们在开阔而光辉的现实空间里看到他的色相和法力。为女神维纳斯要建造用草叶、涡纹精细华丽地装饰起来的神庙，因为这适合她的婉约性格。习惯的适合指建筑特征取决于它的风格。内部豪华的建筑，门厅也要华丽，而不能简陋。在多利亚式建筑中，不能夹杂爱奥尼亚式的细部装饰。自然的适合指建筑的特征取决于地段、水和阳光的选择。卧室和书房要朝东，浴

---

① 维特鲁威：《建筑十书》，第12页。
② 同上书，第148页。
③ 同上书，第165页。

室要朝西，画廊要朝北。从北方采光，光线在一日之中是不变的，不会由于太阳的运行忽明忽暗，这样，对保护艺术品有利。

建筑的第六个要素是经营：

> 经营就是适当地经理材料和场地，还有计算和精细地比较工程造价。[①]

经营有两个阶段，一个阶段是材料的使用，"经营的另一个阶段就是对于业主使用，或显示财产富饶，或擅有雄辩声誉要建造各不相同的房屋的情况。"[②] 有人把"经营"译作"节省"，仿佛经营纯粹是经济上的考虑，其实在更深的层次上经营包含着审美考虑。维特鲁威在第六书和第五书中分别写道："然而应当采用什么种类的材料，却不在建筑师的权限之内。"[③] "而且如果在工程中短缺某些材料，如大理石、木材以及其他备用品，就要进行稍微的加减，只要是经过充分考虑来做的，即使它有所过度而非严重过度，不会是不适当的。"[④] 这里说的是材料使用方法，材料的使用要最大限度地符合建筑物的需要。

这样看来，经营和适合是一组要素，就像法式和均衡、布置和比例分别是一组要素一样。在这三组要素中，前一项阐述建筑师的创作活动，后一项阐述创作原则，从而表现出一定的逻辑层次。

二 器物文化的创造原则

希腊罗马不仅创造了灿烂的艺术文化，而且创造了丰富的器物文化。近五千年的爱琴海附近克里特岛遗址在许多考古学家的

---

① 维特鲁威：《建筑十书》，第 13 页。
② 同上书，第 13—14 页。
③ 同上书，第 148 页。
④ 同上书，第 115 页。

努力下，重新展现在现代人面前。这些文化遗产包括宫殿、宅邸、港口、墓穴的遗址以及用彩陶、石头、金银、象牙制成的各种器物。希腊陶瓶和罗马银器是举世闻名的工艺品。《建筑十书》不仅是对希腊罗马的建筑而且也是对希腊罗马器物文化创作经验的总结，因为希腊罗马人所说的建筑，实际上包括器物制作的全部知识。

维特鲁威明确指出：

> 建筑还应当造成能够保持坚固、适用、美观的原则。[①]

这条原则对后世的建筑和器物制作产生了重要影响。当代建筑理论家托伯特·哈姆林评价道：

> 最早的建筑学家玛库斯·维特鲁威·波里奥，在奥古斯都时期写的全部著作流传至今。他认为，建筑有一个三位一体的基础：适用、坚固和美观。现代的评论家用它来寻求功能完善、结构先进和富有创新精神的优秀设计。从维特鲁威的时代到我们现在，尽管不同的时代有不同的侧重，但这三个不同的因素，依然被当成优秀建筑至关重要的因素。[②]

在器物制作中，情况也同样是如此。

维特鲁威把建造房屋分为两种：一种是筑城和建造公共建筑物，另一种是建造私有建筑物。公共建筑物又分三种：防御用的、宗教用的和实用的。防御用的建筑指城墙、塔楼，它们用来抵御敌人的攻击；宗教用的建筑指神庙；实用的公共建筑指港口、广场、浴场、剧场、散步廊以及其他在公共场地规划的建筑物。每一种建筑的式样都必须首先为它们的功能服务。就私有建筑物而言：

---

① 维特鲁威：《建筑十书》，第 14 页。
② 哈姆林：《建筑形式美的原则》，中国建筑工业出版社 1982 年版，第 1 页。

实际上，城市中的房屋似乎应当按照特殊的方式来建造；农村中从田地里收获谷物的房屋又应当按照另一种方式；对于财主家也不相同；对于富裕而豪华的人们则又按照另外的方式。此外，对于按其意旨治理国家的权势人物必须建造得对他们适用。一般说来，建筑的经营都必须做得对各自的业主适用。[①]

这种观点在《建筑十书》中得到反复说明：

从事于耕地收获的人们在其前院必须建造厩舍和小店，在住宅里必须建造地窖、堆房和储藏室；与其建造其他装饰华丽的房屋，不如建造对收获物能够致用的房舍。又对于贷款业者和税吏，应当建造气派华丽而无被窃之虞的房间；对于律师和雄辩家，应当建造风格高尚而宽阔的房屋，足以容纳聚会而来的人群。又对于得到名誉和官职而为市民服务的贵族们，为了粉饰他们的显赫，则应当建造像王宫那样的高大门厅，十分宽敞的院子和围柱式院子，广阔的园林和散步道。[②]

不同国家的住宅，其风格各不相同。这取决于地区、方位、气候和种族的特征。维特鲁威的这些论述给器物制作的启示是：任何器物特别是现代生产条件下的产品都应该是有对象的产品。设计和生产产品时，应该充分考虑到潜在消费者的实际需要、爱好、兴趣和习惯等因素，并以一系列人体工程学参数如身高、体重、活动区域等为依据。现代艺术设计中的功能主义主张形式遵循功能，即产品的构造、造型、外观、色调等应该服从产品的使用功能。维特鲁威强调建筑的式样应该服从业主的实用目的，这里已

---

① 维特鲁威：《建筑十书》，第 14 页。
② 同上书，第 140 页。

隐含了功能主义的思想。

在强调建筑物的功能时，维特鲁威并不忽略它的美。塔塔科维兹认为，"他的建筑理论在功用和纯形式的美之间保持着平衡"[1]。随着时代的发展，建筑不仅在功能上日益完善，而且在形式上显得更加美。维特鲁威比较希腊建筑中多利亚式、爱奥尼亚式和科林斯式三种柱子，来阐述功能和美的问题。多利亚式柱最先产生。希腊人在为阿波罗神庙布置柱子时，既要使它们适合承受荷载，又要使它们保持美的外貌。测量到男子的脚长是身上的六分之一，他们把同样的比例移用到柱子上来，使柱子的高度为柱身下部粗细尺寸的7倍，这就是既能承重又显示出男性身体比例的刚劲和优美的多利亚式柱。在建女神神庙时，希腊人对柱子作了改造，把柱子的粗细做成高度的九分之一，从而使柱子显得更高些。在柱子下部安置靴状的凸出线脚，在柱头上布置了左右下垂的卷蔓像头发一样，在整个柱身上附以纵向沟槽，像女子衣服的褶纹一样。这就是显示出女性窈窕的爱奥尼亚式柱。科林斯式柱则是摹仿少女的窈窕姿态。因为少女的肢体更加纤细，用来做装饰，就会取得更优美的效果。

值得注意的是，《建筑十书》第十书对机械下了一个定义：

> 机械是把木材结合起来的装置，主要对于搬运重物发挥效力。[2]

这个定义在西方器物文化史上具有重要意义，因为罗马时代的这种机器制造原则在文艺复兴前1500年期间的西方器物制作史中实际上没有改变。机械基本上由木材制成，极少用金属零件，使用机器是为了节省体力。这类机器有起重机、磨粉机、纺纱机等。维特鲁威把机械分为两种：作为机械而作用的和作为工具而

---

[1]　塔塔科维兹：《古代美学》，第363页。
[2]　维特鲁威：《建筑十书》，第224页。

作用的。前者如葡萄压榨机，它要众多工人和很大力量才能发挥作用；后者如螺旋装置，一名操作人员就可以使用。工具和机械在人类的生产和生活中不可缺少。

三　美的客观基础

建筑的布置由均衡决定，均衡由比例得来。没有均衡或比例，就不可能有建筑的布置。那么，均衡和比例的依据是什么呢？维特鲁威认为，均衡和比例作为美的规律，有其客观基础，那就是姿态漂亮的人体。自然构成了人体，人的肢体和整个外形保持着某种对应。建筑也应当按照人体比例，使局部和整体之间在计量方面保持正确。建筑师必须最精心地体会这种方法，从而建造完善的作品。

维特鲁威对人体比例作了有趣的观察：

> 实际上，自然按照以下所述创造了人体，即头部颜面由颏到额之上生长头发之处是十分之一；又手掌由关节到中指端也是同量；头部由颏到最顶部是八分之一；由包括颈根在内的胸腔最上部到生长头发之处是六分之一；由胸部中央到头顶是四分之一。颜面本身高度的三分之一是由颏的下端到鼻的下端；鼻由鼻孔下端到两眉之间的界限也是同量；颏部由这一界线到生长头发之处同样成为三分之一。脚是身长的六分之一；臂是四分之一；胸部同样是四分之一。此外，其他肢体也有各自的计量比例，古代的画家和雕塑家都利用了这些博得伟大的无限的赞赏。
>
> 同样，神庙的细部也必须使其各个部分有最适合总体量的计量上的配称。在人体中自然的中心是肚脐。因为如果人把手脚张开，作仰卧姿势，把圆规尖端放在他的肚脐上作圆时，两方的手指、脚趾就会与圆规接触。不仅可以在人体中这样画出圆形，而且还可以在人体中画出方形。即如果由脚

底量到头顶，并把这一计量移到张开的两手，那么就会高宽
相等，恰似地面依靠直尺确定成方形一样。①

建筑师遵循人体的比例，对建筑的局部作出类似的安排，就能使
这些局部和整体和谐一致。建筑和人体的类比表明，自然是艺术
的范本。机械装置也取决于自然。人们在自然中寻找先例，摹仿
它们，以制造机械。例如，日月星辰的旋转启发人们制造了旋转
机械。总之，美的规律客观地存在于自然中，人们能够发现它
们，但是不能发明它们。

　　维特鲁威同意某些希腊人的意见，把"十"确定为完全数，
这也来自于人体，因为十是两手指数的总和。同时，他也赞同持
反对意见的数学家们的观点，把"六"说成是完全数。这也与人
体有关，脚是人的身长的六分之一，如果把脚的尺寸定为一，人
的身长就为六，所以六为完全数。在这里，维特鲁威表现出折衷
的观点。

　　在坚持美的客观基础的同时，维特鲁威也主张美要依从主观
的知觉。为了满足观赏者的主观需要，对美的客观规律进行修正
是允许的，甚至是必要的。他又一次达到折衷的平衡②。人的视
觉在观看外物时往往会产生错误，心灵会因此作出错误的判断。
例如，把船桨笔直地放在水中时，桨在水面以上的部分是笔直
的，然而水下部分的影像通过透明稀薄的水流到水面，受到干
扰，眼睛里看到的桨似乎成为曲折的。《建筑十书》第三书论述
了五种神庙的外貌：密柱式，这是柱子密集的；窄柱式，这是稍
微离开而柱间宽度小的；宽柱式，这是净空充足的；净空超出适
度而柱子与柱子之间离开的，是离柱式；正柱式则是柱间正常布
置的。柱子由于高度不同，随着视线的上升，就会对柱子的粗细
产生错觉。在离柱式中，柱身如果以柱长的九分之一或十分之一
作粗细，它就显得纤细软弱，空气仿佛通过柱间的宽度要吞没柱

① 　维特鲁威：《建筑十书》，第 63 页。
② 　参见塔塔科维兹《古代美学》，第 364 页。

身而使其变小。在密柱式中，柱身如果以柱长的八分之一作为粗细，柱间由于密而且窄，就会臃肿难看。粗细相近的柱子在不同的背景中，给观赏者留下粗细相差很多的印象，这就是视错。"眼睛有错觉的地方应当根据理论来补偿"①。为了追求视觉上的美观，就要对粗细加以调整，对于建筑中规定的数量关系进行增加或缩减。

> 因此，真实的东西也可以看成是错误的，不真实存在的某些物体也会由眼睛认可下来，所以我不认为适应场地的状况或场地的需要（对均衡）施以加减，是应当怀疑的。相反，这样做了以后，这幢建筑物就不会存在着尚有期待的地方。②

建筑师对客观均衡和比例的遵循不是刻板的、一成不变的。根据人的知觉需要来调整客观比例，也是重视建筑与人的关系的结果③。

在论述与建筑有关的壁画时，维特鲁威表现出保守的观点，他主张绘画应该真实和具有健全的思想，这和贺拉斯对待诗歌的观点相类似。《建筑十书》第七书第五章指出：

> 实际上，绘画就是要做出存在的东西或可能存在的东西的形象，例如人物、房屋、船舶以及其他摹仿轮廓清楚明确的实物而能做成表现其形象的图画。④

最初，壁画摹仿大理石嵌板的纹样和挑檐线。后来，壁画开始描绘建筑物的外貌、各种自然风景、家畜、牧人和特洛伊战争。这时候壁画仍然是忠实于自然的。可是现在墙上画出的是奇奇怪怪

---

① 维特鲁威：《建筑十书》，第 70 页。
② 同上书，第 135 页。
③ 参见方珊《维特鲁威美学思想试析》，载《外国美学》第 15 辑，商务印书馆 1998 年版，第 263—264 页。
④ 维特鲁威：《建筑十书》，第 164 页。

的不真实的东西。维特鲁威认为应该同这种现象作斗争。

总的来说，《建筑十书》独创性较少，它更多的是以系统的、通俗的形式总结了古希腊罗马的建筑技术，这种总结带有折衷性。作者列举了许多建筑师的名字和著作，这些著作都已失传了。作者也对哲学表现出浓厚的兴趣，他援引了毕达哥拉斯学派、赫拉克利特、德谟克利特、柏拉图、伊壁鸠鲁等哲学家的观点，然而作者对艺术作品更多的是技术体验，而缺少审美体验和哲学概括。《建筑十书》的技术性有余，而缺少理论的深度、广度和高度。与古希腊时代相比，古罗马时代更富于技术性和功利性。维特鲁威具有丰富的实践经验，对技术的观察仔细精确。他的趣味和思维方式符合罗马时代的特点，在这种意义上，他完全是罗马精神的产物。直到3世纪，新柏拉图主义才在希腊之后对美学问题作了深入的哲学思考。

第四节　朗吉弩斯

除了贺拉斯的《诗艺》以外，古罗马时期的文艺理论著作对后世影响最大的当推《论崇高》。过去一般认为，这部著作的作者是3世纪的哲学家、政治家和修辞学家卡修斯·朗吉弩斯（Casius Longinus，公元213年至273年）。这位帕尔迈拉人是阿曼纽·萨卡斯的学生，也就是说，他是新柏拉图主义者普洛丁的同窗。他担任叙利亚女王芝诺比亚的谏议大臣，曾劝女王脱离罗马帝国的结盟。《论崇高》这部著作长期被湮没。10世纪拜占庭在编辑亚里士多德的《物理学》手稿的附记中首次披露了它。文艺复兴时期，意大利学者罗伯特洛于1554年将此书出版。1674年法国新古典主义者布瓦罗把它译成法文，从而引起广泛注意。

关于《论崇高》作者的真伪问题在19世纪引起广泛的争议[①]。自从德国学者G. 凯贝尔（G. Kaibel）于19世纪末期发表

---

① 有关资料参见纳霍夫《古代美学的一部杰作——朗吉弩斯的〈论崇高〉》，载《西欧美学史论集》一书，中国社会科学出版社1989年版。

了他的研究成果后，人们普遍相信，《论崇高》的作者应是塞涅
卡、昆体良同时代的人，它写于 1 世纪中叶。对于这位 1 世纪的
佚名作者，国外一些著作假定性地称他为伪朗吉弩斯，或者简称
为朗吉弩斯（Logninus）。

一 《论崇高》的结构和理论渊源

《论崇高》是写给罗马贵族特伦天的一封信。前此，凯齐留
斯已有一部同名著作问世。凯齐留斯是公元前 1 世纪西西里修辞
学家，犹太教徒，于奥古斯都时代曾在罗马讲学。我们在本章第
一节中曾经谈到雄辩中的亚洲风格和雅典风格的激烈斗争。作为
雅典风格的支持者，凯齐留斯还写过两篇已经失传的著作：《反
对亚洲风格者》和《雅典风格和亚洲风格的区别何在?》。在凯齐
留斯较为年轻的同时代人、历史学家和修辞学家哈利卡纳苏的狄
奥尼修（Dionysius of Halicarnassus，公元前 1 世纪下半叶）的时
期，雅典风格几乎成为公认的理论。朗吉弩斯则是亚洲风格的支
持者，他对凯齐留斯的风格当然不满意，他的《论崇高》把自己
关于崇高的意见辑录起来，以直接反对凯齐留斯的同名著作。他
们的争论使人想起柏拉图热情奔放的风格和希腊历史家吕西阿斯
（Lysias，公元前 459 年至公元前 380 年）冷峻简洁的风格之间的
对立。《论崇高》由缪灵珠根据《洛布古典丛书》希腊文本译出
（该书原文为希腊文）[1]，原稿没有分篇，各章也无标题，译者依
照内容将全书 44 章分为六篇，并给每篇、章加了标题。这六篇
是：第一篇绪论（1—8 章），第二篇思想论（9—15 章），第三篇
辞格论（16—29 章），第四篇措辞论（30—38 章），第五篇结构
论（39—43 章），第六篇感情论（44 章）。

德国学者 H. 穆切曼对《论崇高》结构的分析和缪灵珠有同

---

① 《缪灵珠美学译文集》第 1 卷，第 74—132 页。

有异，可以相互参较。穆切曼把《论崇高》分为三部分[1]。

第一部分：绪论（1—7章）。

导言（第1章）。在第1章里，朗吉弩斯似乎给崇高下了个定义：

> 崇高在于指辞的高明和美妙[2]。

这个定义和希腊罗马美学中的许多概念一样，在逻辑的涵义上没有得到充分分析，仅仅是描述性的。他还指出，

> 一个崇高的思想，在恰到好处时出现，便宛如电光一闪，照彻长空，显出雄辩家的全部威力。[3]

1. 究竟有没有使文章崇高的技术（第2章）？朗吉弩斯批评了天分是惟一能产生崇高的技术的观点，主张天分和人力不可偏废，在文学方面训练和技巧也很重要。

2. 退化了的崇高形式（3—5章）。它们有浮夸、幼稚、矫情、奇想和标新立异。

3. 真正的崇高（5—7章）。"一般地说，凡是古往今来人人爱读的诗文，你可以认为它是真正美的、真正崇高的。"[4]

第二部分：崇高或者说是崇高风格的五个源泉或因素（8—43章）。

1. 列举五个源泉（第8章）：庄严伟大的思想，慷慨激昂的热情，构想辞格的藻饰，高雅的措辞，尊严和高雅的结构[5]。前

---

① H. 穆切曼：《〈论崇高〉的倾向、结构和渊源》，柏林1913年版。参见洛谢夫：《希腊罗马美学史》第5卷，第454页。

② 《缪灵珠美学译文集》第1卷，第77页。

③ 同上书，第78页。

④ 同上书，第82页。

⑤ 崇高的这五种源泉朱光潜译为："掌握伟大思想的能力"、"强烈深厚的热情"、"修辞格的妥当运用"、"高尚的文词"和"把前四种联系成为整体的""庄严而生动的布局"。朱译流畅易懂，见《西方美学史》上卷，第108页。

两者依赖天赋，后三者则来自技巧。朗吉弩斯指出，这五个因素中有些是凯齐留斯没有提及的，例如，他忽略了热情这个因素。如果凯齐留斯从未想到热情有助于崇高，所以只字不提，那么他就铸成大错了。然而，朗吉弩斯本人在《论崇高》里也没有论述热情，在该书结束时他表示写另一篇文章来讨论它。因此，《论崇高》实际上只分析了崇高的四个源泉。

2. 依次分析崇高的源泉（9—43章）。

a. 庄严伟大的思想（9—15章，即缪灵珠划分的第二篇思想论）。崇高首先来源于伟大的精神和思想。

> 崇高的风格是一颗伟大心灵的回声。[1]

因此，一个朴素的思想，也往往仅凭它本身固有的崇高精神而使人赞叹。为了说明崇高，这几章作了两组比较。把荷马的《伊利亚特》和《奥德赛》相比较，把希腊雄辩家狄摩西尼和罗马雄辩家西塞罗相比较，《伊利亚特》全篇朝气蓬勃，富有戏剧性的动作，朗吉弩斯断定它是荷马才华全盛时代的作品。而《奥德赛》则以叙事为主，显出暮年老境的征候。这是荷马晚年的作品，这时候的荷马好比落日，壮观犹存，而光华已逝了。就风格来说，狄摩西尼像疾雷闪电，如火如荼，"凭借他的勇猛、他的急进、他的力量和惊心动魄的辞令，把一切燃烧起来"。而西塞罗则如"野火燎原，席卷一切"，"时而东，时而西"，广度有余，而深度、速度和强度都不足。狄摩西尼热情磅礴的雄辩将听众惊心动魄，而西塞罗滔滔不绝的雄辩将听众淹没。朗吉弩斯的观察也符合西塞罗本人的意见。

b. 辞格（16—29章，即缪灵珠划分的第三篇辞格论）。首先是一般的论述（16—17章）。朗吉弩斯以狄摩西尼为例，这位雄辩家凭借誓词这种辞格使他的文辞"无比崇高热情洋溢"，并且

---

[1] 《缪灵珠美学译文集》第 1 卷，第 84 页。

具有说服力。使用辞格时有一个重要的原则：

> 唯有当听者不觉得你的辞格是个辞格时，那个辞格似乎最妙。①

滥用辞格则会引起怀疑，使人觉得言不由衷。

> 巧妙的修辞手段既稍为隐藏在美与崇高的光辉中，便不再显著，从而避免了一切怀疑。②

18—29 章以大量列证，对各种辞格进行了审美分析。这些辞格包括设问，散珠，辞格的联用，虚字的障碍，倒装，复数代单数，单数代复数，现时代往时，变人称，婉曲。

c. 高雅的措词（30—38 章，即缪灵珠划分的第四篇措词论）。由于演讲词的思想与措词往往互相阐明，所以，选择恰当和华丽的词藻很重要，这能够感染听众。然而，过多的华丽词藻就不合适。凯齐留斯规定隐喻只能用两个或者最多三个。朗吉弩斯以狄摩西尼和柏拉图为例，批驳这种见解。狄摩西尼"用隐喻的适当机会，是在热情有如春潮暴涨，不免带着许多隐喻一起流逝的场合"③。柏拉图也运用一连串彼此连续的隐喻，使文章更神妙。"隐喻有助于崇高的意境"，运用的多少完全取决于需要，人为地硬行规定是没有道理的。

33—36 章对著名作家的风格进行了比较研究，这堪称为希腊罗马文学批评的优秀范例。朗吉弩斯强调指出，带有小瑕疵的崇高之作，要比才情中庸但是四平八稳无瑕可指的作品更有价值。阿波罗尼奥斯就其《阿尔戈远航记》来说是一个无疵的诗人，忒奥克里托斯在牧歌方面是最成功的，然而他们远逊于具有

---

① 《缪灵珠美学译文集》第 1 卷，第 99 页。
② 同上。
③ 同上书，第 109 页。

崇高风格的荷马。作为雄辩家，狄摩西尼"崇高的格调，生动的热情"，"恰到好处的迅速，使人望尘莫及的劲势和力量"要远胜于许帕里德斯的"清醒的心"和"软弱无力"。

d. 结构（39—43 章，即缪灵珠划分的第五篇结构论）。这个题目在希腊罗马的修辞学著作中多次讨论过，哈利卡纳苏的狄奥尼修为此还写过专论。因此，人们长期以来也曾把《论崇高》说成是他的作品。朗吉弩斯把结构看作使文章达到崇高的诸因素中最主要的因素。雄辩家最重要的任务是说服听众。笛和琴凭借声音和谐的混合，往往能产生奇妙的魔力。词语的和谐组合不但能到达人的耳朵，而且能打动人的心灵。

第三部分：结尾（44 章），论述雄辩衰败的原因，首先借一位哲学家之口，说明雄辩的衰败是由政治状况造成的。朗吉弩斯不同意这种看法，认为原因在于道德方面。人们爱金钱，爱音乐，灵魂中的伟大品质开始衰退、凋萎而枯槁。朗吉弩斯的这种观点有其片面性。

关于《论崇高》的理论渊源，有各种说法。我们在上文中提到的德国学者穆切曼把朗吉弩斯说成是修辞学家哈达尔的费奥多的继承者。费奥多是罗马帝国初期修辞学中亚洲风格的主要代表，他宣扬修辞学中的激情、热忱和狂热，而反对雅典风格严峻、精确和枯燥的原则。法国学者 P. 奥托（P. Otto）认为朗吉弩斯的基本观点来源于斯多亚派。当然，不是说他直接从斯多亚派哲学家那里吸取了这些观点，而是经过一个中间环节，即费奥多。这种传统是重要的，因为斯多亚派很重视分析语言的表现形式。也有人认为，朗吉弩斯很可能自觉地把斯多亚派的观点同柏拉图、亚里士多德的方法结合起来。德国学者 W. 施密特（W. Schmid）还在"崇高"的概念中找到了"东方色彩"，原因是《论崇高》第 9 章作为崇高的佐证，引用了犹太立法者在《法律篇》开头写的内容："上帝说什么呢？'要有光，于是有光；要有大地，于是有大地'。"对于《论崇高》的理论渊源，我们采用朱光潜的说法：

首先，朗吉弩斯和贺拉斯一样，也是一个古典主义者。《论崇高》的主要任务就在于指出希腊罗马古典主义作品的"崇高"品质，引导读者去向古典学习。①

《论崇高》是一部修辞学著作，但是它的意义远远超出修辞学范畴，它含有重要的美学内容。荷马、柏拉图和狄摩西尼是朗吉弩斯最钟爱的希腊作家，他使我们从新的视角阅读他们的作品，感受到这些作品的深刻和表现力。《论崇高》充溢着对希腊的感情，也具有它所分析的希腊作品的那种崇高风格。朱光潜通过对朗吉弩斯的《论崇高》和贺拉斯的《诗艺》的比较研究，分析朗吉弩斯在哪些观点上保持了古典主义传统，在哪些方面作出了创新。这种科学、贴切的分析角度完全符合朗吉弩斯美学思想的倾向。我们循此思路作进一步的说明。

二 古典主义传统

把艺术作品理解为活的有机整体，是希腊罗马美学所特有的。亚里士多德认为艺术是有机整体，部分应与全体密切联系，情节的内在逻辑要求布局有头有尾有中部。贺拉斯的"合式"概念也要求艺术作品首尾融贯一致，成为有机整体。朗吉弩斯继承了这种传统，他在《论崇高》第40章"结构"里写道：

> 在使文章达到崇高的诸因素中，最主要的因素莫如各部分彼此配合的结构。正如在人体，没有一个部分可以离开其他部分而独自有其价值的。但是所有部分彼此配合则构成了一个尽善尽美的有机体；同样，假如雄伟的成分彼此分离，各散东西，崇高感也就烟消云散；但是假如它们结合成一体，而且以调和的音律予以约束，这样形成了一个圆满的

---

① 朱光潜：《西方美学史》上卷，第109页。

环，便产生美妙的声音。①

有机整体就是和谐、就是美。朗吉弩斯的有机整体观不仅表现在作品的结构上，而且表现在人物的塑造上。他在第 10 章中写道：

> 在一切事物里总有某些成分是它本质所固有的，所以，在我们看来，崇高的原因之一在于能够选择最适当的本质成分，而使之组成一个有机的整体。②

把事物最有代表性的本质成分组成一个有机整体，这已经是很精确的典型理论了。朗吉弩斯的这种观点和亚里士多德的典型观相接近，而远远高明于贺拉斯的类型说。

古典主义号召学习希腊典范，日夜不辍。《论崇高》也多次重复这种观点。通向崇高境界的途径之一，"就是摹仿古代伟大散文家和诗人们，并且同他们竞赛"③。柏拉图就是全心全意同荷马竞赛，所以他的哲学芳园里百花齐放，并和荷马一起踯躅于诗歌和词藻的幽林。长期沉浸在古典作品里，受到潜移默化，就会"获得灵感"。荷马、柏拉图和狄摩西尼"就出现在我们面前，宛若耀眼的明星，使我们的心灵扬举而达到心中凝想的典范"④。虽然朗吉弩斯和贺拉斯都重视古典的典范作用，但是他们对古典的态度有所不同。

> 贺拉斯谈到摹仿古典时所侧重的是从古典作品中所抽绎出来的"法则"和教条，朗吉弩斯则强调具体作品对于文艺趣味的培养。他主张读者从具体作品中体会古人的思想的高超，情感的深刻以及表现手段的精妙。⑤

---

① 《缪灵珠美学译文集》第 1 卷，第 119 页。
② 同上书，第 88 页。
③ 同上书，第 92 页。
④ 同上书，第 93 页。
⑤ 朱光潜：《西方美学史》上卷，第 109 页。

　　古典主义主张艺术摹仿自然和现实，朗吉弩斯也大体接受了这一信条。他认为"自然是万物的主因和原型"（第2章），雕塑要精确，符合原型，"人像须像人"，否则，有缺点的巨像就不如波利克里托的"持矛者"（第36章）。诗中可以有虚构和想象，但是这种虚构和想象乃然是以生活真实为基础的。荷马在《伊利亚特》中缕述神的受伤、争吵、复仇、流泪、囚禁，他把神写成人。至于雄辩，其中"最美妙的想象却往往具有现实性和真实性"[1]。不过，《论崇高》对艺术摹仿的论述要远远少于对想象的强调。

　　《论崇高》第2章批评了"崇高的天才是天生"的观点，指出"天才常常需要刺激，也常常需要羁縻"，所谓"羁縻"就是受到理性控制，受到规则的约束，不能任其盲目冲动。第36章专门讨论了天才与技艺的关系。朗吉弩斯主张艺术创作需要这两者的结合。

　　　　在一切场合都应该以技巧来帮助天然。这两者的结合大抵能达到尽善尽美。[2]

朗吉弩斯的这些观点也是和古典主义合拍的。正因为在一些基本观点上朗吉弩斯保持了古典主义传统，所以布瓦罗把《论崇高》翻译成法语用于自己的目的。他在译本序言中对朗吉弩斯作了高度评价。他想通过《论崇高》把希腊罗马诗学的一些原则变成教条，从而窒息艺术家的想象力。《论崇高》法译本似乎成为布瓦罗同年出版的《论诗艺》的补充。布瓦罗在1694年撰写了《阅读朗吉弩斯的深思》，援引《论崇高》的观点帮助当时古今之争中自己的一方。他在自己的晚年，于1710年又根据朗吉弩斯提出的崇高标准，为同时代的法国古典主义戏剧家高乃依和拉辛辩

---

① 《缪灵珠美学译文集》第1卷，第95页。
② 同上书，第115页。

护。不过，这种情况很快发生变化。英国、德国的启蒙运动者和浪漫主义者对《论崇高》作出不同于古典主义者的理解。这是因为《论崇高》除了与古典主义具有共同的传统和理想外，它和古典主义的分歧更加明显。朗吉弩斯的创新正在于此，而他的创新是围绕着作为一个审美范畴的崇高展开的。

三　崇高作为一个审美范畴

朗吉弩斯在西方美学史上的最大贡献是把崇高作为审美范畴提出来。这不仅是他个人的功劳，而且是几个世纪以来亚洲风格酝酿、积淀和发展的结晶。在希腊罗马，"崇高"不是一个新名词。修辞学家在阐述风格理论时就用过这个术语。西塞罗在《雄辩家》（第6章）、昆体良在《论雄辩家的培养》（第12册）中就论述过修辞学的崇高风格。然而，朗吉弩斯不是在修辞学的涵义上，而是在美学的涵义上使用崇高概念的第一人。尽管他仍然把美和崇高当作类似的概念来使用，还没有对它们的区别进行具体的界定，然而他对崇高的生动描述促使近代欧洲美学迅速承认崇高是一种独立的审美范畴。现代美学中的崇高理论是以朗吉弩斯的《论崇高》为起点逐步走向完善的。

按照朗吉弩斯的理解，崇高首先存在于自然界，存在于某些自然事物中：

> 你试环视你四周的生活，看见万物的丰富、雄伟、美丽是多么惊人，你便立刻明白人生的目的究竟何在。所以，在本能的指导下，我们绝不会赞叹小小的溪流，哪怕它们是多么清澈而且有用，我们要赞叹尼罗河、多瑙河、莱茵河，甚或海洋。我们自己点燃的爝火虽然永远保持它那明亮的光辉，我们却不会惊叹它甚于惊叹天上的星光，尽管它们常常是黯然无光的；我们也不会认为它比埃特纳火山口更值得赞叹，火山在爆发时从地底抛出巨石和整个山丘，有时候还流

下大地所产生的净火的河流。关于这一切，我只需说，有用的和必需的东西在人看来并非难得，唯有非常的事物才往往引起我们惊叹。①

这些自然事物之所以显得崇高，或者因为它们的广袤无垠（海洋），或者因为它们的渺然穹远（星空），或者因为它们摧毁一切的惊人气势（火山爆发）。朗吉弩斯列举的这些对象已经显示出自然界崇高的美学特征：数量的巨大和力量的强大（后来康德以明确的语言阐述了崇高的这种特征，朗吉弩斯还只是描述了这两类崇高现象），威严可怕，令人惊叹，人的实践尚未征服的奇异。

崇高还存在于社会生活和艺术中。朗吉弩斯所理解的社会生活中的崇高主要限于人格的伟大、精神的高尚和感情的炽烈，还没有涉及社会生活更广阔的内容。《论崇高》通篇充满了对意志远大、激越高举、慷慨磊落、敝屣浮华的人格和精神的赞赏，以及对琐屑无聊、心胸狭窄、墨守成规、奴性十足的人格的鄙夷。《论崇高》把如痴如醉的感情也列入崇高的范围。第 10 章援引了希腊女抒情诗人萨福描写恋爱的篇章：

只要看你一眼，
　我便说不出声，
　我的舌头不灵。
一种微妙的火焰
　立刻在我身上传遍，
　我眼花，视而不见，
　我耳鸣，听而不闻；
我的汗好像甘霖，
　我浑身抖颤；
　我的脸色比草还青，

---

① 《缪灵珠美学译文集》第 1 卷，第 114 页。

我觉得我与死亡接近。①

这首诗之所以崇高，主要在于诗人选择和组织了现实生活所有钟情的男女显出的最动人的特征。这样看来，钟情男女炽烈的感情也是崇高的。

从《论崇高》的结构分析中可以看出，这部著作花了大量篇幅来论述不同艺术作品中的崇高。这种崇高有一个共同的特点，那就是激流急湍的劲势，春潮暴涨的热情，疾雷闪电的迅猛。总之，是惊心动魄，而不是玲珑雅致。值得注意的是，在朗吉弩斯那里，崇高不是和修辞形式，而是和内容相联系的。

雄伟的风格乃是重大的思想之自然结果，崇高的谈吐往往出自胸襟旷达志气远大的人。

有助于风格之雄浑者，莫过于恰到好处的真情。②

类似的论述在《论崇高》中屡见不鲜。修辞学传统主要注意形式，而朗吉弩斯更加重视精神状态、表达的真诚和力量。这是他超越同时代修辞学家的地方。但是，朗吉弩斯也不否认表现崇高的方式、规则的重要性。在《论崇高》的 46 章中，不少于 30 章论述了形式问题。

朗吉弩斯不仅论述了崇高的对象和范围、崇高的特征（形式的和内容的），而且着重论述了崇高的效果。崇高能够唤起人的尊严和自信。人天生就有追求伟大、渴望神圣的愿望。在崇高的对象面前，人感到自身的平庸和渺小。为了克服这种平庸和渺小，人奋起追赶对象、征服对象、超越对象，从而极大地提升自己的精神境界，感到一种自豪的愉悦。

天之生人，不是要我们做卑鄙下流的动物；它带我们到

① 《缪灵珠美学译文集》第 1 卷，第 88 页。
② 同上书，第 84 页。

生活中来，到森罗万象的宇宙中来，仿佛引我们去参加盛会，要我们做造化万物的观光者，做追求荣誉的竞赛者，所以它一开始便在我们的心灵中植下一种不可抵抗的热情——对一切伟大的、比我们更神圣的事物的渴望。[①]

《论崇高》多处号召要和崇高的对象展开竞赛、竞争，并援引了赫西俄德的话"竞争对于凡夫是有好处的"。凡夫俗子在和崇高对象的竞争中，能够"心灵扬举"，"襟怀磊落，慷慨激昂，充满了快乐的自豪感"[②]。后人关于崇高效果的论述，明显地留下了朗吉弩斯的观点的印记。例如，黑格尔写道：

> 大海给了我们茫茫无定、浩浩无限的观念；人类在大海的无限里感到他自己的无限的时候，他们就被激起了勇气，要去超越那有限的一切。[③]

车尔尼雪夫斯基也指出：

> 我们在观照伟大的东西时，或者感到恐怖，或者惊奇，或者对自己的力量以及人类的尊严产生自豪，或者由于我们自身的渺小、衰弱而丧魂落魄。[④]

艺术中的崇高应该对人的感情产生强烈的效果，这是贯穿《论崇高》全书的一条主线。

> 天才不仅在于能说服听众，且亦在于使人狂喜。凡是使人惊叹的篇章总是有感染力的，往往胜于说服和动听。因为

---

① 《缪灵珠美学译文集》第 1 卷，第 114 页。
② 同上书，第 82 页。
③ 黑格尔：《历史哲学》，三联书店 1956 年版，第 134 页。
④ 《车尔尼雪夫斯基论文学》中卷，人民文学出版社 1965 年版，第 73 页。

> 信与不信，权在于我，而此等篇章却有不可抗拒的魅力，能
> 征服听众的心灵。[①]

在这里，朗吉弩斯超越了古希腊美学和古典主义传统。崇高的目
的不是净化，不是摹仿，也不是理智的说服。它的作用在于使人
狂喜、惊奇。按照朱光潜的解释，狂喜"是指听众在深受感动时
那种惊心动魄，情感白热化，精神高度振奋，几乎失去自我控制
的心理状态"[②]。对人的感情能否产生强烈的效果，成为朗吉弩
斯评价不同作家的优劣，或者同一个作家不同作品的优劣的首要
标准。基于这种原因，能够产生雷霆轰击效果的雄辩家狄摩西
尼，不仅胜过优点很多然而不能感动听众的许帕里德斯，而且胜
过罗马著名的雄辩家西塞罗。西塞罗和狄摩西尼的主要区别在于
前者铺张，后者崇高。铺张以数量和广度见长，而崇高则以强度
和深度取胜。"崇高在于高超，铺张在于丰富；所以你在一个思
想中也往往能发现崇高，而铺张则常常须依赖数量甚或一点冗
赘"[③]。所以，如"野火燎原"的西塞罗不如"宛若电光一闪，
照彻长空"的狄摩西尼。荷马的《奥德赛》之所以不如他的《伊
利亚特》，主要是前者犹如"退潮的沧海"，"在四周崖岸中波平
如镜"，而后者焕发磅礴的热情，能够产生惊心动魄的效果。

　　既然崇高的效果是"不可抗拒的"狂喜，朗吉弩斯就承认
了它是非理性的，这意味着他偏离了希腊美学所培育的审美知
觉的理性主义理论。朗吉弩斯特别指出，他的论敌凯齐留斯仅
仅阐述崇高的形式特征，而他要把重点放在热情、激情上。他
再三强调，雄辩家应该把"感情灌输到旁听者的心中，引起听
众的同感"，把听众"迷住"，"完全支配"听众的心情（第39
章）。这种热情不同于怜悯、烦恼、恐惧等卑微的感情（第8

---

　　① 《缪灵珠美学译文集》第1卷，第77—78页。"狂喜"一词采用朱光潜译法，
见朱光潜：《西方美学史》上卷，第112页。缪译为"心荡神驰"。
　　② 朱光潜：《西方美学史》上卷，第112页。
　　③ 《缪灵珠美学译文集》第1卷，第91页。

章)。热情中包含着非理性的、迷狂的成分，"它仿佛呼出迷狂的气息和神圣的灵感"(第8章)。

对艺术中的热情和强烈效果的强调，表明了朗吉驽斯也偏离了艺术摹仿现实的传统。他虽然不否认艺术要摹仿现实，然而他谈得更多的却是艺术要摹仿古人。希腊作家的作品中已经包含了现实中的崇高内容，以他们的作品为典范，认真摹仿，这是达到崇高的途径之一。与艺术中的热情和强烈效果密切相关的一个美学和心理学问题是想象。《论崇高》第15章专门讨论了想象。朗吉驽斯用来表示"想象"的希腊词是 phantasia，原意为"视觉形象"，朗吉驽斯在新的涵义上使用了它：

> 所谓想象作为，一般是指不论如何构想出来而形之于言的一切观念，但是这个名词现在用以指这样的场合：即当你在灵感和热情感发之下仿佛目睹你所描述的事物，而且使它呈现在听众的眼前。[1]

朗吉驽斯区分出两种想象：雄辩中的想象和诗歌中的想象。前者的目的是使观念明晰，后者的目的是使人惊心动魄。但是这两者有一个共同之处，就是打动知觉者，激发他们的感情。诗人的想象和雄辩家的想象不同。诗人的想象有夸张，远远超过可信的程度。而雄辩家的想象往往具有现实性和真实性。作为诗人想象的范例，朗吉驽斯援引欧里庇得斯对复仇女神的描绘和埃斯库罗斯对七将攻忒拜的描绘。这些想象使知觉者产生心醉神迷的效果。作为雄辩家想象的范例，朗吉驽斯援引狄摩西尼和许帕里德斯。他们把事实的论证和想象力结合在一起，使雄辩具有感染力，听众"被吸引着，从推理方面转向想象所产生的魅力，于是事实的论证就仿佛笼罩在灿烂的光环中"[2]。在朗吉驽斯那里，想象不仅是观念的形象显现，而且是一种充满激情、心驰神往的

---

[1]　《缪灵珠美学译文集》第1卷，第93—94页。
[2]　同上书，第96页。

现象。这样理解的想象已经很接近于近代欧洲美学中的想象。在这种意义上，朗吉弩斯的著作是希腊罗马文献中绝无仅有的。

对热情、想象的重视，对艺术的强烈效果的重视，使得《论崇高》成为启蒙运动者和浪漫主义者手中的武器。既然崇高是"非常的事物"（第 35 章），既然它唤起的是出人意料的、令人惊叹的感情，那么，它在艺术创作中的体现必然要打破一切清规戒律，按照崇高要求的创作是完全自由的。虽然浪漫主义者的这种理解未必完全准确，然而《论崇高》同文艺创作中的教条主义和刻板公式无疑是格格不入的。朗吉弩斯以崇高这个审美范畴丰富了美学的内容，并对崇高的范围、特征和效果作了描述性的说明，对以后美学的发展产生了重要影响。《论崇高》反映了对艺术的目的和任务的新的理解，拓宽了艺术的概念和艺术作用的范围。

第三章　普洛丁和新柏拉图主义

新柏拉图主义作为古希腊罗马最后一个成熟的哲学体系，流行于 3 世纪至 6 世纪。据说阿曼纽·萨卡斯（Ammonius Saccas，公元 175 年至 242 年）是新柏拉图主义的开创者，但是他没有留下著作。实际上完成新柏拉图主义哲学体系的是他的学生普洛丁，普洛丁才是这个学派真正的创始者，并且是它最有影响的代表。新柏拉图主义的中心有罗马、亚历山大城、叙利亚、帕加马[①]和雅典。普洛丁和他的弟子波菲利在罗马活动了 50 多年，并从这里把新柏拉图主义传播到其他地方。

第一节　普洛丁

普洛丁（Plotinus，公元 204/205 年至 270 年[②]）生于罗马帝国统治下的埃及的吕科坡利。根据他的学生波菲利（Porphyrius，公元 233 年至 305 年）的《普洛丁生平》记载，普洛丁 28 岁到亚历山大城师从阿曼纽·萨卡斯达 11 年之久。为了研究波斯哲学，他参加了罗马皇帝哥狄阿努对波斯的远征。这次远征遭到失败，

[①]　帕加马（Pergamum）：小亚细亚古城，是帕加马王国的首都，希腊化时期的商业和文化中心，以图书馆、医学院和宙斯的大祭坛而闻名于世。

[②]　关于普洛丁的出生日期有不同的说法。我国一些西方哲学史著作把它说成是 204 年（参见全增嘏主编《西方哲学史》上册，上海人民出版社 1995 年版，第 261 页；朱德生主编、赵敦华著《西方哲学通史》第 1 卷，北京大学出版社 1996 年版，第 319 页），而范明生著的《西方美学通史》第 1 卷（上海文艺出版社 1999 年版）把它说成是 205 年（见该书第 898 页）。根据巴内斯（T.D.Barnes）的说法，普洛丁生于 204 年 9 月至 205 年 8 月之间（参见巴内斯《普洛丁生平年表》，GRBS，第 17 卷，第 1 册，英国达勒姆 1976 年版）。

他逃到安条克。40 岁左右时在罗马定居，开始了讲学生涯。罗马皇帝加里安和皇后为普洛丁的讲学所吸引，普洛丁建议皇帝按照柏拉图《法律篇》的蓝图，在康帕尼亚建立一座"柏拉图城"。皇帝起先同意了这个建议，可是后来未能付诸实现。普洛丁宽厚仁慈，学识渊博，乐于助人，过着清心寡欲的生活。他 60 岁时，波菲利成为他的热忱追随者。在波菲利和他交往的 6 年中据说他4 次进入与神直接交往的迷狂境界中，在弥留之际，他表示要和神融为一体。这时候一条蛇从他的床下游过，钻进墙缝里，普洛丁也就撒手人寰了。波菲利可能带有虚构的这种记述，为普洛丁的死亡涂抹上一层神秘的色彩。

普洛丁长期述而不作，50 岁时才开始写作。临死前他把自己的希腊语著作交给波菲利，委托他整理出版。波菲利按内容把这些论文分为 6 集，每集 9 篇论文，所以他把每集都叫做《九章集》，以后，这 6 集也被总称为《九章集》。这样《九章集》共有54 篇论文，波菲利给每篇论文加了标题。这 6 集书的内容分别涉及伦理学、自然科学、宇宙学、心理学、三大本体的学说和认识论。专门研究美学的论文有两篇：第 1 集第 6 篇《论美》和第5 集第 8 篇《论理智美》。

一 新柏拉图主义美学的基本原则

新柏拉图主义形成于 3 世纪，那已是柏拉图身后 600 年的事了。新柏拉图主义的名称本身就说明了普洛丁对柏拉图的依赖。国外有的研究者作过统计，普洛丁《九章集》的内容很多出自柏拉图的著作，有 105 处出自《蒂迈欧篇》，98 处出自《理想国》，59 处出自《斐多篇》，50 处出自《斐德若篇》，41 处出自《斐利布斯篇》，36 处出自《会饮篇》，35 处出自《法律篇》，33 处出自《巴门尼德篇》，26 处出自《智者篇》，11 处出自《泰阿泰德篇》，9 处出自《高尔吉亚篇》，如此等等。

然而，新柏拉图主义不是柏拉图学说的简单复活，不能把柏拉图的影响绝对化。普洛丁也接受了赫拉克利特、阿那克萨戈拉、亚里士多德、斯多亚派的影响，他想总结古希腊罗马的全部哲学学说。

普洛丁新柏拉图主义哲学和美学的基本原则是关于三大本体的学说。第一本体是"太一"（hen）。太一的概念是普洛丁根据柏拉图的《巴门尼德篇》（137c—142a）和《理想国》（508a—509c）制订而成的。太一有"原一"、"整一"、"一"的意思，是一个数的术语。普洛丁把太一视为世界的本原，太一是绝对的，超越一切存在，是惟一的实在和万物之源。普洛丁认为，太一"既不是一个东西，也不是性质，也不是数量，也不是理智，也不是灵魂，也不运动，也不静止，也不在空间中，也不在时间中，而是绝对只有一个形式的东西，或者无形式的东西，先于一切形式，先于运动，先于静止"[①]。在柏拉图《巴门尼德篇》之后，普洛丁在西方哲学史上第一次如此坚决地强调了万物之源的先验性。普洛丁的太一是存在的最高等级，但它又不是存在，它高于任何存在。太一是一种范畴，但是它又高于任何范畴。这不是自我矛盾了吗？

这种自我矛盾来自普洛丁的阐述风格。黑格尔很熟悉普洛丁的原文著作，在《哲学史演讲录》中指出普洛丁阐述问题的一个特点是经常重复。确实，普洛丁的哲学不首先提出最基本的概念和范畴，然后再进行详尽论证和系统说明。他的一些最重要的概念在每一篇论文，甚至在著作的每一页中都得到反复说明，每次说明都会有些新内容。普洛丁哲学和美学的内在逻辑很严格，可是阐述风格又很随意。他的概念是扩散的、开放的、游移的、飘忽的，这给阅读和理解带来了难度。连黑格尔也承认，"叙述普洛丁是很困难的，其困难绝不下于作一个有系统的发挥"[②]。如果孤立地阅读普洛丁的某篇著作，往往很难理解。必须把普洛丁

---

　　①　普洛丁：《九章集》，《西方哲学原著选读》上卷，第214页。"理智"在原译中为"心智"。

　　②　黑格尔：《哲学史并演录》，商务印书馆1959年版，第180页。

的每篇论文放在他的整个语境中来阅读，才能读通。

太一是普洛丁哲学的辩证过程的起点，就像"物自体"是康德哲学的辩证过程的起点一样。不过，康德的"物自体"尽管不可知，然而仍然是一种现实和存在。而普洛丁的太一不是现实，不是存在，而高于现实，高于存在。更主要的，太一不是可知，而是对立的统一，是不可知和可知的统一。它高于任何认识，又不是任何认识。它是万物的根源和目的。

普洛丁认为，世界万物从太一那里流溢出来。

> 流溢是无损于自身的生成，正如太阳放射出光芒无损于自身的光辉一样。希腊哲学从早期的"补偿原则"到后期的"流溢说"，经历了一个根本性的变化。按照前者，生成是一种缺失，有待生成物的归复作为补偿；按照后者，生成是完善的本性所在，是自满自足、产生外物而又不需外物的补偿。①

太一首先流溢出来的是第二本体——理智（nous 或 noys，音译奴斯、努斯，亦译为"精神"、"心灵"、"理智"，意即宇宙理性）。理智是绝对客观的因素——太一的产物，是存在的本体论状态，是宇宙潜能。它不是抽象的概念，而是一种客观现实的存在，是其他各种存在的基础。新柏拉图主义者在古希腊哲学家阿那克萨戈拉的学说和亚里士多德《形而上学》第 12 卷的基础上发展了理智的概念。柏拉图的各种理式或理式世界就是普洛丁的理智。它是万物的原型。每个理式就是神，有多少个理式就有多少个神。每个神或每种理智都是相应的存在领域的原型。因此，每种理式，或每种理智，或每个神和整个理式世界、希腊诸神是造物主和原型。从方法论和体系的结构上看，普洛丁的神的世界和黑格尔的绝对精神相类似。所不同的是，普洛丁把自然力量神化，

---

① 赵敦华：《西方哲学通史》第 1 卷，第 322 页。

他的神自始至终是自然哲学的概括，而黑格尔把人的精神绝对化，得到极端概括的是人的精神。如果把太一也说成是神的话，那么，它是众神之神，是自然最终的神化，太一高于一切。

从理智中流溢出第三本体世界灵魂，世界灵魂是万物运动的起源。灵魂产生于理智，就像热产生于火。在普洛丁看来，物体或生或灭，或动或静。一个物体要借助另一个物体才能运动，另一个物体要借助第三个物体才能运动，这样就产生一个问题：是否有一种物体，它的运动无须其他物体帮助，而它能推动其他物体的运动。普洛丁认为这种自我运动的物体就是无形体的灵魂。人有灵魂，天地和动植物也有灵魂，各种灵魂就组成了世界灵魂。从灵魂中再流溢出物质世界，感性世界的末端是质料。人的任务就是从肉体生活上升到灵魂生活，从灵魂上升到理智，再从理智上升到与太一交融。这当然是一种神秘主义，不过，普洛丁强调了人摆脱粗俗的物质生活、追求自由的精神生活的重要性。另外，也应看到新柏拉图主义对逻辑演绎的重视。神秘主义和逻辑学在新柏拉图主义那里是并行不悖的。

普洛丁和柏拉图的联系和区别是，柏拉图所隐含的思想由普洛丁明确地表述出来。普洛丁的三个主要概念"太一"、"理智"和"灵魂"在柏拉图那里都可以找到，但是，柏拉图对它们的论述很简单，它们是分散出现的，只有仔细的哲学研究才能使它们明显起来，有的概念如太一在柏拉图的哲学中完全不占据中心地位。而这三个概念在普洛丁的著作中触目皆是，并且占有非常重要的地位。可以说，新柏拉图主义是对柏拉图主义的补充和发展。

新柏拉图主义不仅吸取了包括柏拉图在内的众多希腊罗马哲学家的思想成果，而且是罗马帝国封建化过程在意识形态上的反映[1]。新柏拉图主义产生于古罗马，颇类似于我国玄学产生于魏晋。两者在时间上几乎同时，在人民的苦难和社会的动乱方面，

---

① 洛谢夫：《希腊罗马美学史》第6卷，莫斯科1980年版，第169—171页。

当时的罗马和魏晋也颇相像。新柏拉图主义形成的时期，正是有着上千年历史、地域广阔、在社会和文化领域中颇多建树的奴隶社会土崩瓦解的时期。

> 帝国面貌依旧，但雄风已消，军纪松弛，边防削弱；而蛮族人口增殖迅速，有战士百万，并从罗马学到作战艺术，因之构成对帝国边境的威胁。[①]

罗马帝国为了维系自己的生存，连年征战。奴隶不堪赋役之苦，纷纷揭竿而起。近卫军常常哗变暴动，杀死旧君另立新帝。饥饿、疾病、贫穷、抢劫、杀戮遍及全国。罗马北方不断被众多日耳曼部落攻城掠地，东方又受到强大的波斯的挤压。人们丧失了物质基础和生活保障，对前途悲观失望。这是一个普遍笼罩着遁世情绪、试图摆脱一切世俗而在天国寻求永恒存在的时期。

　　当时，罗马政体实行君主专制的多米努斯制（dominatus）。这是一个矛盾的现象。一方面，罗马帝国仅靠奴隶劳动无法生存，于是通过半解放的劳动力提高生产水平。罗马晚期出现隶农制，隶农半自由地租赁一小块地，以货币或实物交租。以前奴隶主把奴隶当作活的牲口，现在他和隶农的关系是主人和雇工的关系。隶农制的发展表明了罗马帝国向封建社会的过渡，这种过渡在古代首次唤起了个人因素的绝对价值感。另一方面，为了避免政治上的多中心，罗马帝国建立了等级森严的军事官僚制度，实行多米努斯制的绝对统治。这种独特的绝对性给当时的意识形态打下烙印，新柏拉图主义正是表现多米努斯制特征的哲学。在希腊罗马，没有一个哲学学派像新柏拉图主义那样热衷于确立存在的各种等级。虽然在柏拉图那里存在也分等级，然而只有几种，新柏拉图主义则确立了存在的几十种等级，其最高点是太一。太一高于一切，高于整个世界。产生这种概念的相应的社会条件是

---

　　① 　爱德华·吉本：《罗马帝国衰亡史》上册中译本序言，黄宜思、黄雨石译，第10页。

罗马帝国的封建化。当然，不是说新柏拉图主义关于存在的等级结构直接来源于等级森严的军事官僚制度，而是说这两种相似的现象具有共同的社会基础。

作为关于太一、理智和灵魂的学说，新柏拉图主义在研究美学时，把美学本伍论化。

二　作为本体论的美学

在希腊罗马，美学和本体论很少有区别。普洛丁把美学本体论化。在他那里，美学不仅与本体论相接近，而且就是真正的本体论。

（一）美的等级

在普洛丁那里，存在是分等级的。相应地，美也是分等级的，物体美、物质世界的美处在最低的等级上。普洛丁从分析感性知觉的美入手，力图通过肉眼可见的物体来理解美的本质。他在《论美》[①] 中写道：

> 首先要研究的问题就在于：呈现于各种物体的美是什么呢？是什么在及住观众的眼睛，使他们观照中感到欣喜呢？如果我们能找出物体美是什么，我们也许就可以用它作为阶梯去观照其他事物的各种美。[②]

然而，普洛丁感兴趣的不是美的现象，而是各种现象中的美本身的问题，他不断追问：

---

① 普洛丁《论美》的中译文有两种：朱光潜译文和缪灵珠译文。朱光潜对《论美》的大部分节译收录于《西方美学家论美和美感》，全译刊于《朱光潜全集》第6卷。缪灵珠的译文收录于《缪灵珠美学译文集》第1卷。本书援引《论美》时，一般采用朱光潜译文（原译中的"心灵"、"理性"分别改为"灵魂"、"理智"），个别地方采用缪灵珠译文。

② 《朱光潜全集》第6卷　第408页。

>是什么使得视觉在物体中见出美，听觉在声音中听出美呢？为什么一切直接联系到灵魂的东西都美呢？是否一切事物之所以美，因为都具有同一的美？还是在不同的物体和其他对象中，美也是不同的呢？这许多种美或是这一种美究竟是什么呢？①

为了寻找美本身，普洛丁首先把美的实质和物体的实质区分开来。同一物体，时而美，时而不美，物体的实质显然不同于美的实质。其次，普洛丁把美和比例对称区分开来。美在比例对称是斯多亚派哲学家给美下的著名定义，他们指出，"美是物体各部分的适当比例，加上悦目的颜色"。这个定义在普洛丁时代和随后的中世纪都很流行。普洛丁批驳了这个定义。可见，普洛丁在讨论美时，是与现实情况紧密联系的。

普洛丁的批驳分四个层次。第一，如果美在比例对称，那么，只有复合的东西才美，因为它由各个部分组成，这才谈得上比例对称。而且，复合的东西只有作为整体才美，各个部分分开来看就不美，因为分开来时各个部分就成为单纯的东西，单纯的东西没有比例对称，就不美。然而事实上，如果整体是美的，它的各个部分也应该美，因为美的东西不能由丑的部分来组成。这就说明，组成美的整体的各个单纯的东西也应该是美的。此外，单纯的东西也可以独立存在，如阳光、星光、黄金的固有色、单纯的音等，它们也是美的。普洛丁在西方美学史上第一次提出了"单纯的"物体的美的问题。第二，同一张面孔，尽管比例对称没有变化，然而它时而美，时而丑，可见，比例对称中的美和比例对称不是一回事。第三，比例对称的概念不适用于精神实践领域里的现象，如美的事业、法律、知识或学术。并且，丑也可以有契合对应，"节制就是愚蠢"和"公道是一种天真的慷慨"这

---

① 《朱光潜全集》第 6 卷，第 408 页。

两种坏见解之间也有对应和一致。第四，把比例对称运用到灵魂上就更加荒谬。这里的灵魂不是世界灵魂，而是人的灵魂。灵魂的德行是一种美。尽管灵魂包括许多部分，但是体积和数量在这里不起任何作用。普洛丁的结论是：物体美不是由物体本身，也不是由比例对称而产生的，它具有非物质的本质。物体要成为美的，它必须分有（分享）理式。

在论述物质美后，普洛丁转向灵魂美，即由感性知觉的美转入考察由灵魂知觉的美，这表明了他对美的等级态度。而这种等级态度产生于他的流溢说。他在《论美》中写道：

> 至于更高的美就不是感官所能感觉到的，而是要靠灵魂才能见出的。[1]

"至于更高的美"指比感性知觉的物体美更高的内在美，比如事业和学术的美、美德的光辉、正义和节制的美等，普洛丁认为它们远远高于自然现象的美。

灵魂美从哪里来？为了揭示灵魂美的本质，普洛丁运用反证法，首先揭示了灵魂丑的本质。丑产生于感性的放纵，对肉体欲望的追求，以及质料的蛊惑摆布。灵魂丑的本质在于无节制（即喜欢沾染肉体的快乐），不纯正，满怀无数的欲望，怯懦，寻找肮脏的快乐等。

> 我们有理由说，灵魂的丑是从这种混杂，这种向肉体和物质转化的倾向得来的。灵魂的丑就是不真不纯，好比金子掺了土，把土除掉，才回到真金。[2]

只有摆脱低级的情欲和对肉体的服从，我们才有可能获得灵魂美。因此，灵魂美，以及这一序列的其他美要求净化于一切肉

---

[1] 《朱光潜全集》第５卷，第412页。
[2] 同上书，第414页。

体、一切暂存的东西。

只顾满足肉体欲望的灵魂只能是个人的灵魂。普洛丁说的灵魂有两种：一般（世界）灵魂和个别（个人）灵魂。太一生理智，理智生世界灵魂。世界灵魂绝不同肉体相联系。然而，世界灵魂又产生出无数或大或小的灵魂。与世界灵魂相比，这些灵魂要弱小得多，这种弱小表现为，它们服从、讨好渺小的生命冲动，屈服于肉体。不过，个别灵魂也像世界灵魂一样不朽。实际上，个别灵魂并不具有欲望、苦恼、恐惧、妒忌等各种体验，所有这些体验为灵魂和肉体的混合物所特有。随着肉体的死亡，这种"混合"就自然瓦解了，但灵魂仍然不朽。

灵魂原本是美的，而灵魂的丑只是灵魂的偶然状况，这时灵魂堕入黑暗的、肮脏的质料中。普洛丁继承柏拉图的观点，描述了灵魂堕入地狱的状况，在地狱灵魂变得衰弱、恍惚、睡意蒙眬。灵魂和肉体混杂在一起，质料使灵魂衰弱，使灵魂的光和质料的黑暗相混淆。正因为如此，普洛丁指出：

> 这种灵魂就不能再是灵魂，因为它不断地被引诱到外在的低级的黑暗的东西方面去。既然变成污浊的，任各方面感性事物的蛊诱去摆布，甘心和肉体的许多因素混杂在一起，得到一大堆物质，取得一种不是灵魂所特有的形式，由于和较低级的东西混杂在一起，它就蜕化变质了。[1]

为使灵魂不落入肮脏的质料中，需要理式在灵魂中发挥作用。灵魂美是理式在灵魂中的表现。

灵魂美高于物体美，理智美又高于灵魂美。理智美也是理式在理智中的表现。灵魂由理智溢出，它的使命就是上升到理智。按照普洛丁的观点，人应该从物体（肉体）走向灵魂，但是不能停留在灵魂上，因为灵魂时而美，时而丑。灵魂须要上升到理

---

[1] 《朱光潜全集》第 6 卷，第 414 页。

智，理智永远是美的。得到净化的灵魂，上升到理智的灵魂之所以更美，因为它这时已经是纯洁独立、与肉体欲望、与低级的黑暗无沾无碍的灵魂了。

《论美》论述了理智作为美本身的一般特点：

> 我们试猜想他（原译为"他们"，指观照美本身的人——引者注）会有什么样的感受，如果他见到完全纯真的美本身，不是和肉体掺和的美，而是为着保持真纯而既不顶天又不立地的美。一切其他形式的美都是从本身以外得来的，掺杂的，不是原本的；它们这些美都是从完全纯真的美本身来的。①

美本身"向来不需从外面吸取什么来充实自己"②。在普洛丁看来，只有理智才是真正意义上的美，物体美和灵魂美仅仅是对这种美的准备。太一超越一切，因此不是本义上的美。理智本身"是一和多的统一"，而"灵魂既是一，又是多"，当灵魂与理智相通时，"它复归于原初的统一，因而是一；当它被分割在个别事物之中时，作为推动事物变化的内部动力，它是多"③。

普洛丁常常把太一称作"善"，理智的美来源于善。他写道：

> 首先应该肯定的是：美也就是善；从这善里理智直接得到它的美。灵魂由理智而美，其他各种事物——例如行动与事业，之所以美，都是由于灵魂在那些事物上印上它自己的形式。使物体能称为美也是灵魂④。

虽然普洛丁说："美也就是善"，实际上"美"和"善"在他那里

---

① 《朱光潜全集》第6卷，第416页。
② 同上。
③ 赵敦华：《西方哲学通史》第1卷，第323页。
④ 《朱光潜全集》第6卷，第415页。

是有区别的。善不是美，而是美的原则和极限。善不需要美，而美需要善，善高于美。普洛丁的善不是现代人所理解的善，与道德没有任何关系。道德是建立在明确和严格的责任或良知基础上的行为规范。而普洛丁的善谈不上任何责任或良知。物的善仅仅是物存在的形式。善高于美，是美的"原则"、"极限"、"尺度"和"父亲"。善作为绝对客观的存在，与道德无关。

普洛丁还把善或太一说成是"父亲"。他写道：

> 我们的故乡是我们所自来的处所，我们的父亲就住在那里。①

普洛丁在广义上理解"父亲"：太一是理智的父亲，同时，理智是灵魂的父亲。用希腊神话来比拟的话，天神乌拉诺斯是太一，他的儿子克罗诺斯是理智，克罗诺斯的儿子宙斯是灵魂，宙斯创造了世界。普洛丁在《论理智美》中写道：

> 于是，神（克罗诺斯）不得不恢复常态，他便把统治宇宙万有之权授给儿子（宙斯），因为他集众美于一身，不愿放弃彼岸的治权，所以另找一个比他年轻的后辈青年来代劳，他放下了这责任，便尊自己的父亲（乌拉诺斯）于上位，然后他升到上方。②

克罗诺斯是宙斯的父亲，宙斯也被普洛丁说成是"世界之父"。有时候普洛丁又把灵魂说成是理智世界的纯洁少女，在那里对父亲俯首帖耳，然而在尘世却成为轻佻女子，常常忘记自己的"父神"，就像子女忘记自己的双亲一样。总之，相对于较低的存在而言，较高的存在被普洛丁称作父亲。灵魂是物体的父亲，理智是灵魂的父亲，善或太一是理智以及取决于理智的宇宙万物的

① 《朱光潜全集》第6卷，第418页。
② 《缪灵珠美学译文集》第1卷，第259页。

父亲。

关于美的等级，普洛丁的结论是：物体由灵魂而美，灵魂由理智而美，理智由善或太一而美。他描绘了美的等级结构，这种结构由三个等级组成。第一和最高的等级是理智美。理智美的根源是太一或善，而主要载体为理智和世界灵魂。第二等级是自然的理式美，人的灵魂美，以及德行、学术、艺术（作为一门精神学科）的美。处在最低等级上的是感性知觉的美，包括物质世界的现实美和具体的艺术作品的美。整个中世纪美学深受普洛丁关于美的等级划分的影响，并对此重新作了思考。

（二）内在理式

在普洛丁看来，物体美、灵魂美和理智美分别是理式在物体、灵魂和理智中的表现。他对理式的理解和柏拉图没有本质区别，他写道：

> 理式是由理智的实质产生的，一切事物之所以美，都由于理式。①

> 美是理式所在的地方，善在美后面，是美的本原。②

要理解理式的作用，首先必须弄清普洛丁的"质料"的概念。在普洛丁那里，质料（hylē，有人译为"物质"）是一个非常复杂的问题。不能把他的质料理解成某种实体，因为他的质料仅仅是存在的可能，而不是存在本身，在存在的涵义上它仅仅是非真实。

> 质料没有任何规定性，包括形状的规定性，在此意义上，质料是"无定"。即使人们不能说出质料是什么，质料

---

① 《朱光潜全集》第 6 卷，第 419 页。
② 同上书，第 410 页。

> 不是"虚无",而是"非存在"。非存在并非一无所有,而是
> 一团漆黑的混沌。排除了事物所有性质之后,事物不成其为
> 事物,剩下的只有质料。①

普洛丁的质料确实不是真实,但是他辩证地理解这种非真实,不把它看作为抽象的、静止的逻辑范畴。质料本身没有意义,它只有在同理式的联系中才有意义。

物体美和灵魂美是分有了理式。

> 因为凡是无形式而注定要取得一种形式和理式的东西,
> 在还没有取得一种理性和理式时,对于神圣的理性就还是丑
> 的、异己的。这就是绝对丑。此外,凡是质料(原译为"物
> 质"——引者注)还没有完全由理式赋予形式,因而还没有
> 由一种形式或理性统辖着的东西也是丑的。②

普洛丁在这里感兴趣的不是美的形式特征,而是美的本质原因,他把这种本质原因看作在质料中表现出来的理式。美(不仅是肉眼可见的物体美)的主要特征是理式在各种等级的存在中得到表现的程度。理式有什么作用呢?它的作用有二:一是把一件东西的各部分加以组织安排,化为一个凝聚的整体,使各部分和全部都美。二是理式来到一个单纯的或各部分同质的东西上面,就使那东西在全体上显得美。这样,整体就不是单调的整体,而是有表现力的整体。

普洛丁还把理式作为审美判断的标准,就像用尺衡量直线一样。我们怎样判定物体,比如一座房子是否美呢?这要看理式对质料降伏的程度。如果房子的理式使杂多的砖石材料成为不可分割的整体,那么,这座房子就是美的。由此推论,如果理式没有充分地、仅仅局部地发挥作用,或者砖石材料产生了与房子的理

---

① 赵敦华:《西方哲学通史》第 1 卷,第 323—324 页。
② 《朱光潜全集》第 6 卷,第 410 页。

式相矛盾的性质，那么，房子就是丑的。这样，丑是理式和质料相互关系不协调的结果。普洛丁的著作容易使人产生误解，仿佛他仅仅主张理式是美的，质料是丑的。实际上他也认为，理式就它自身来看的话，既不是美和善，又不是丑和恶。床要成为美的或丑的，只有成为木床或铁床，也就是成为物质的床才有可能。同样，质料与善和恶、美和丑也没有直接关系。质料可能成为丑和恶的根源，也可能成为美和善的根源。对于普洛丁来说，"质料中的理式和理式本身完全不是一回事"[①]。所谓美，是理式在质料中合乎尺度的体现，这时候理式和质料都不占优势，处于某种平衡状态。抽象的理式和质料结合成为一种物体，如果这种结合合乎尺度，物体就是美的，如果不合乎尺度，物体就是丑的。普洛丁在这里把希腊的尺度原则提到首位。

当我们在物体中见出理式时，我们的审美判断就把分散的杂多部分抓住，加以组织，使它们见出协调。普洛丁在柏拉图学说的基础上，对美作了更概括的确定。他关于美的定义既适用于复合的审美客体，又适用于单纯的审美客体，既适用于物质世界的对象，又适用于物质实践活动和精神活动中的各种现象。

为了说明理式的本质，普洛丁在《论美》第 3 节中着重谈到火的问题：

> 因此在一切物体中，只有火是由它本身而美的。在其他几种元素之中火所占的位置就是理式的位置，在地位上最高，在重量上最轻，因为火已接近非物体的东西了，火是单一的，只有火才不把其他元素吸收到己体里，而其他元素却把火吸收到己体里，因为其他元素可以生热，而火却不变冷。[②]

> 火发光照亮事物，因为它是一种理式，比火低下的东西

---

① 普洛丁：《九章集》第 1 集第 8 篇第 8 节。
② 《朱光潜全集》第 6 卷，第 411 页。

没有用光克服黑暗，就不能美，因为它们还没有分享到颜色的理式全体。[1]

普洛丁把火的极限称作理式。理式是地火的极限，也就是说，它在本质上像火一样。但这种火是光，光不燃烧，但爱抚一切。理式的这种光是无形体的，但也是物体。普洛丁醉心于光和柏拉图把善比作太阳有联系[2]。普洛丁和希腊人一样，认为在地上的物体中火的地位最高，重量最轻，在这种涵义上火与地、水、风相对立。普洛丁还认为，天上也有火，没有这种火就没有宇宙。天上的火是日光和星光，天体的火是永恒的、不变的。地上的火有生有灭，只有火的理式是恒定的。普洛丁认为火最美，还因为火是明亮的，"原初的恶是黑暗，派生的恶是发暗的东西"[3]。火是无形体的光和质料（燃烧）的结合，这种无形体的光就是理式。火和理式相类似，它能发光、照亮，克服质料的黑暗。凡是理式克服质料的地方就有美。例如，在美的音调中，理式作为数的和谐而出现，如果取消了理式，那么，感性美只是幻想和阴影。普洛丁关于火、光和明亮为美的观点，对中世纪美学产生了直接的影响。

和柏拉图一样，普洛丁认为美在理式。理式的术语在普洛丁的著作中经常出现，然而他从来没有对这个术语作过明确的解释。根据对他的著作的揣摩，物的理式应是物的一般概括，但是，不能把这种一般性理解为抽象的类概念，而要具体地理解它。理式不仅是一般性，而且是一般性和个别性的同一，柏拉图和普洛丁把美的本原——理式放在彼岸世界，这当然是一种唯心主义。这种理论在西方美学史上是否有某种价值呢？柏拉图在美学史上第一次区分出美的事物和美本身（事物借助美本身而成为美的），使美学成为一门相当独立的学科。普洛丁则把美的事物

① 《朱光潜全集》第6卷，第411—412页。
② 鲍桑葵：《美学史》，第157页。
③ 普洛丁：《九章集》第1集第8篇第8节。

和美本身的区分推至极端，美学在他那里成为一种本体论。美不仅是实体的属性，而且是存在的本质。一个实体越美，它就越接近于真正的和永恒的存在。另外，普洛丁对美的理解在希腊罗马美学中也具有特色。正如塔塔科维兹所指出的那样：

> 希腊通行的美的概念既包括感性美又包括理性美。柏拉图只对理性美有兴趣，而希腊化时期的美学家只注重感性美。普洛丁和两者都不同，他在美中看到了感性世界的属性，而这个感性世界却呈现了理性世界的内容。形体是美的，但其所以美是由于精神。换言之，感性世界是美的，但它的美来自美的理想范本。①

除了理式的术语以外，普洛丁在《论美》和《论理智美》中还大量使用了"内在理式"（to endon eidos）的术语（有人译为"内在形式"或"内部形式"，如塔塔科维兹《古代美学》的中译本，见该书第412页）。甚至可以说，内在理式是普洛丁这两篇美学专论的中心概念。

什么是内在理式？它和理式有什么区别？对于这些问题，普洛丁同样没有作出具体说明。普洛丁把存在分成各种等级，体现在各种存在中的理式也有等级。物是最低的存在，物的理式也是非常原始的，它要以更普遍、更深刻的理式为前提。于是就产生了物体的内在理式。按照我们的理解，所谓物体的内在理式有两种涵义：一是它使物体形成一个整体，这是一般理式也能做到的；另一是它要求物体分有更高一级的理式，这是一般理式做不到的。灵魂的内在理式也有同样的作用：第一，把分散的灵魂变成统一的整体；第二，这种整体应该分享新的整体和新的理式。内在理式使一种存在向高一级的存在归附。普洛丁的物体美、灵魂美和理智美不仅是理式，更确切地说是内在理式分别在物体、

---

① 塔塔科维兹：《古代美学》，第412—413页。

灵魂和理智中的表现。每一种较低的存在在自身内部连成整体，然后从较高的存在那里获得新的整一。内在理式，也就是我们称作为美的东西，使物体、灵魂和理智不可分割地统一在一起。如果剔除普洛丁内在理式中的唯心主义成分，那么，这种理论最有价值的地方在于，把美说成是存在和存在得以表现的依托或对立面的统一，也就是理想和现实的统一，普洛丁力图通过对立面的相互关系来确定美。

在普洛丁那里，美学和本体论的等同还体现在他在《论美》等著作中所使用的一些概念的特定涵义上。例如，《论美》第5节主要阐述灵魂美是对超感性事物的爱。本节第一句话是：

> 所以我们须进一步研究这类非感性的事物所引起的爱。①

爱的概念在普洛丁美学以至整个希腊美学中具重要意义，它不是一种感情，而是一种宇宙潜能，是一种本体论过程。普洛丁认为，存在为了确定自身，需要有体现自身的依托或对立面，过渡到对立面，和对立面同一。这就是爱。比如，理式作为一种存在需要质料，阳性需要阴性。存在和对立面、阳性和阴性的结合一方面产生了美，另一方面产生了新的存在。这种辩证法作用于存在的各个阶段。于是，一个灵魂爱另一个灵魂，灵魂和理智相契合，理智又和太一相契合，从而表现出爱和美的辩证联系：只有被爱的才能够是美的，只有美的才能够被爱。

上文中曾经提到，普洛丁在《论美》中使用过父亲的概念。在普洛丁那里，与父亲相对应的概念是母亲。父亲的概念要远远高于母亲。柏拉图曾把质料说成理式的"接受器"和"乳母"。这些话在普洛丁的著作中也可以找到②。此外，普洛丁还把质料说成是"母亲"。柏拉图在《蒂迈欧篇》中把理智比作父亲，质

---

① 《朱光潜全集》第6卷，第413页。
② 普洛丁：《九章集》第2集第4篇第1节、第3集第6篇第13节。

料比作母亲，万物是它们的产品，它们的子女。这样的论述也见诸普洛丁的著作①。不过，普洛丁把质料看作母亲时，比柏拉图要谨慎得多，他有一个前提条件，那就是必须要有理式存在。因为孤立自在的质料什么也不是，质料不可能没有理式。普洛丁著作中的父亲和母亲是一种宇宙概念。

　　普洛丁的《论美》和《论理智美》内容相同，两者研究的对象都是内在理式。它们的区别在于从不同的层面讨论同一个问题。《论美》论述内在理式，在普洛丁看来，理式也是一种存在，所以，他不得不论及存在。《论理智美》主要论述存在，但是，在普洛丁那里，存在是一种有特殊涵义的存在，所以，他不得不论及内在理式。可以说，《论美》是本体论美学，而《论理智美》是美学本体论②。普洛丁发展了柏拉图《蒂迈欧篇》中的质料概念，把它运用于本体论的各个阶段。"质料"指"非真实"，也就是"真实"（理式）在其中得到表现的依托或异在。既然美是各种等级的理式在各种异在中的表现，那么，普洛丁的本体论就是美学。换言之，美学在普洛丁那里成为本体论不可或缺的和最发达的领域，从而获得独立的意义。虽然在古希腊罗马时期还没有"美学"的术语，不过，把美学理解成为一门独立学科的思想在古希腊罗马逐渐成熟，而在普洛丁那里得到最明确的表现。

三　审美知觉理论

　　普洛丁的美学"就形而上学基础和美的经验分析两方面而言，都是崭新的"③。前面我们考察了普洛丁美学的形而上学基础，下面我们分析他的审美知觉理论。普洛丁的审美知觉理论主要有两方面的内容：一是认识美的历程：按照他所描绘的梯级逐步上升；二是观照美本身的方法："抑肉伸灵，收心内视。"

① 普洛丁：《九章集》第 6 集第 9 篇第 5 节。
② 洛谢夫：《希腊罗马美学史》第 6 卷，第 452 页。
③ 塔塔科维兹：《古代美学》，第 410 页。

（一）审美上升历程

普洛丁的审美历程和他的美的等级划分密切相关。美的等级结构按照流溢说自上而下地形成，而审美历程则自下而上，由低级美逐步走向高级美，最后返回太一。审美上升历程有两个阶段：爱美和爱善。爱美就是从物体逐渐上升到美本体，即理智，其手段是灵魂的净化。爱善是灵魂与太一融为一体，达到迷狂，其手段是对太一或美的观照。

普洛丁的审美上升的主体是灵魂。他写道：

> 美是由一种专为审美而设的灵魂的功能去领会的。①

感官能够感觉物体美，但是不能感觉更高的美，更高的美要靠灵魂才能见出。

> 灵魂判定它们美，并不凭感官。要观照这种美，我们就得向更高处上升，把感觉留在下界。②

《九章集》第4集第7篇《论灵魂不朽》的基本思想是，只有当相应的一般性存在时，个别才可能存在。当我们称呼"张三"时，只有我们把张三看作人时，这种称呼才有意义。如果不考虑到这种一般性，也就是说不把张三看作人，那么，这种称呼就是词语无意义的堆积。肉体也是这样，单独看待时它是无意义的，分散为彼此没有关系的许多局部，要使肉体成为有组织的，必须要有一个组织原则，这就是肉体的灵魂。这正是柏拉图《斐多篇》的基本思想。灵魂对于肉体的关系，犹如理式对于质料。灵魂是不朽的生命，肉体死亡以后，灵魂飞升到真纯灵魂的世界。

---

① 《朱光潜全集》第6卷，第410页。
② 同上书，第412页。

　　《论美》论述了审美上升历程。首先由物体上升到灵魂，途径是拒斥感性知觉的美，"把肉眼的观照抛在后面，不再回头去看他过去所欣赏的肉体的光彩。如果看见肉体的美，就不应该跟踪追逐，应该知道，这些肉体美只是幻象和踪影，要追寻的是这些幻象和踪影所反映的美本身"[①]。如果追寻这些幻象和踪影，就会沉入对于理智是阴暗的深渊，"像一个瞎子落在阴魂界"。最好的忠告是"逃回到我们的亲爱故乡"，即进入更高的精神美的梯级。普洛丁认为，荷马史诗《奥德赛》中的俄底修斯就以含混的语言暗示过这点，他逃离了女妖喀尔刻和女神卡吕普索，尽管她们那里有的是悦目的东西和形形色色的满足感官的美。

　　物体上升到灵魂，这种灵魂仅仅是和肉体结合的灵魂，还需要进一步上升到纯真的灵魂。纯真的灵魂不会有罪过，有罪过的只是和肉体结合的灵魂。然而，罪过在肉体，而不在灵魂。《九章集》第1集第1篇《论活物和人》指出，灵魂真正的生活不是肉体的生活，而是理智的生活。和肉体结合的灵魂要上升到纯真的灵魂，必须经过灵魂的净化。《论美》第6节一开头说：

　　　　按着一句古话说，节制、勇敢，一切德行和智慧都在于净化。[②]

节制就是不肯沾染肉体的快乐；勇敢就是不怕死，也就是不怕灵魂与肉体分离；一切德行（比如伟大）就是对尘世事物的鄙视；智慧就是避开尘世引导灵魂向上的念头。这一切都是灵魂净化。

　　　　灵魂一旦经过了净化，就变成一种理式或一种理性，就变成无形体的，纯然理智的，完全隶属于神，神才是美的来源，凡是和美同类的事物也都是从神那里来的。[③]

---

① 《朱光潜全集》第6卷，第417页。
② 同上书，第414页。
③ 同上书，第415页。

经过净化的灵魂是纯洁独立的灵魂，它要上升到理智，即返回故园（故乡）。

至此审美上升历程还没有结束。《九章集》第 1 集第 3 篇《辩证法》对审美上升之路作了具体的说明。普洛丁的辩证法不是论辩的规则，而首先是灵魂由尘世走向太一的上升之路。他说：

> 哲学最为宝贵，辩证法是哲学最宝贵的部分。辩证法不只是规则和理论，它提供真实，认识真理，首先知道灵魂的活动①。

《辩证法》描述了灵魂到达"旅程的终点"即太一或善的历程。"旅程的终点"的说法直接取自柏拉图的《理想国》（532e）。普洛丁继承柏拉图《斐德若篇》（248d）的观点，认为只有哲学家、爱乐者（"乐"指"音乐"，爱乐者泛指艺术爱好者，朱光潜译为"诗神"②）和爱美者（有人译为"爱神的顶礼者"③）能够走上审美上升之路。踏上这条道路，还要走很久才能达到旅程的终点。哲学家走上这条道路是出于本性，而爱乐者和爱美者需要外在的引导④。

什么人是爱乐者呢？

> 必须提出这样的论点，爱乐者反应敏捷，热衷于美。实际上，他不能脱离美。他准备由美的形象性沉溺于美。就像神经质的人对噪音作反应一样，他准备对声音和声音中的美作出反应。他总是回避歌曲和节奏中不和谐、不统一的东

---

① 普洛丁：《九章集》第 1 集第 3 篇第 5 节。
② 朱光潜译柏拉图：《文艺对话集》，第 123 页。
③ 范明生：《西方美学通史》第 1 卷，第 953 页。
④ 普洛丁：《九章集》第 1 集第 3 篇第 1 节。

西，追求节奏和匀称。正是需要借助这些感性的声音、节奏和形体引导他。需要引导和教育他，使他把质料同由比例和原理导向美的东西区分开来，使他所接触的东西是理智的和谐，其中的美是一般美，而不仅仅是某种个别美。因此，必须向他灌输哲学原理，并引导他坚信他所轻视的东西。①

至于爱美者，需要向他解释清楚，他所观察的形体美完全不是存在于艺术、科学和德行中的美。无论爱乐者还是爱美者，他们都应该从美的现象上升到美本身，即理智。

哲学家在本性上就喜爱善和美，不需要外在的引导，只要向他指出美的道路的存在就够了，他能够借助数理学科和辩证法沿着这条道路走下去②。普洛丁引用了柏拉图的说法，柏拉图在《斐德若篇》中指出，完善的灵魂羽毛丰满，飞行上界（246c）。普洛丁辩证法的最后一个阶段是哲学观照。可是普洛丁的哲学也就是审美活动。因为哲学家本性上爱美，不满足于形体美，而追求灵魂美，并且上升到灵魂美的根源。

理智已经是美本身，上升到理智后，为什么还必须踏上更高的上升之路呢？要回答这个问题，有必要弄清楚普洛丁研究者常常忽视的一点，即理智中有质料。理智是诸神，诸神的形体由质料组成。不过，理智是独立存在的，它不需要从外部吸收什么东西，它的质料就存在于它自身。这和灵魂不同，灵魂要从外部吸收质料，然后克服质料。理智中的理式和质料既有同一性，又有差异性。要克服这种两重性，就要从理智过渡到太一，太一没有任何两重性，它对于美来说，不仅是美本身，而且是美的最高原则③。

尽管善或太一高于美，普洛丁有时也把善或太一称作美。理

---

① 普洛丁：《九章集》第 1 集第 3 篇第 1 节。
② 同上书，第 3 篇第 3 节。
③ 普洛丁：《九章集》第 6 集第 7 篇第 33 节。

智观照善时，就是在观照美①。在这种意义上，理智在美的领域里是一切美的原则，但还不是最终的美。理智确定一切存在的完善，但还不是最终的完善。美在自己的涵义上低于善。但是，如果善是美的原则，那么，这只会提高美的地位，使它变成绝对的现实，而不是有条件的、相对的表现。普洛丁关于善或太一的学说使他的美学成为绝对的客观主义。一切东西首先要存在，然后才可能是美的。审美上升历程是由多到一、由美的现象到美本身、由感性认识到理式认识的过程，求美的过程也是求真的过程。

灵魂在审美上升的历程中，面对美感到巨大的喜悦。美的等级越高，它所引起的审美体验越强烈。普洛丁浓墨重彩地描绘了这种审美心理感受。灵魂知觉美的物体时，和它相契，欢迎它。而接触到丑的物体时，灵魂就退缩畏避，拒绝它，把它看作异己的。在存在的等级上，灵魂与理式世界、理智相接近，"所以它一旦看到某些东西和自己同类或是有亲属关系的痕迹，就欣喜若狂地欢迎它们，因而回想到自己和属于自己的一切"②。普洛丁的这种观点来自柏拉图的《斐德若篇》。朱光潜对柏拉图关于不朽的灵魂从生前带来的回忆做过分析：灵魂依附肉体是暂时的，它脱离肉体之后（即肉体死后），"到了它再度依附肉体，投到人世生活时，人世事物使它依稀隐约地回忆到它未投生人世以前在最高境界所见到的景象，这就是从摹本回忆到它所根据的蓝本（理式）。由摹本回忆到蓝本时，它不但隐约见到'理式'世界的美的景象，而且还隐约追忆到生前观照那美的景象时所引起的高度喜悦，对这'理式'的影子（例如美人或美的艺术作品）欣喜若狂，油然起眷恋爱慕的情绪"③。

与物体美相比，内在美是更为强烈的喜悦和惊惧、渴念和心醉神迷的对象。灵魂在向美本身，即理智上升时，在净化中体验

---

① 普洛丁：《九章集》第 5 集第 5 篇第 8 节。
② 《朱光潜全集》第 6 卷，第 410 页。
③ 朱光潜：《西方美学史》上卷，第 58 页。

到强烈的爱慕和惊喜。普洛丁写道：

> ……把一切与神对立的东西都抛弃掉了，灵魂就纯然独立，一个人面对一个人似的面对着神，神就是一切所依存，一切所向往，一切凭他而能存在，生活和思维的……
>
> 如果一个人观照到这种神，在愿望使自己和神契合为一体之中，他会感受到什么样强烈的爱慕和希冀，会怎样地惊喜交集！凡是还没有观照到神的人，可以像向往善一样去向往他，但是凡是已经观照到神的人，就会为着他的美而热爱他，充满着狂热和狂喜，以一种真正的爱和热烈的希冀去爱他，就会耻笑一切其他形式的爱，鄙视过去那些僭称美的事物。①

神的美体现在哪里呢？普洛丁在《论理智美》中对这一问题作了明确回答：

> 一切神都是庄严的，美丽的，神的美不可言状。但是神之所以庄严美丽是由于什么呢？显然是由于理智，毋宁说，是由于神这种充沛于内而显露于外的理智。神之所以为神，不是因为神有美丽的肉体（神虽有肉体，但并不因此就有神性），而是因为神有理智。②

这里的神指希腊诸神。这些神也就是理智。《论理智美》第 4 节明确指出：

> 因为神的本质是理智，神自身就是理智。③

---

① 《朱光潜全集》第 6 卷，第 416 页。
② 《缪灵珠美学译文集》第 1 卷，第 249 页（译文中的"理性"均改译为"理智"）。
③ 同上书，第 250 页。

灵魂追求更高的美和更高的存在，即追求理智，就像恋人盼望期待已久的约会，恋人站在理智的门外，在入口处激动地颤抖。

观照和欣赏最高的本原的美，能够产生无比幸福。

> 谁能达到这种观照谁就享幸福，谁达不到这种观照谁就是真正不幸的人。因为真正不幸的人不是没有见过美的颜色或物体，或是没有掌握过国家权势的人，而是没有见过惟一的美本身的人。①

这些论述充分表明，普洛丁十分重视审美知觉中情感因素的作用，他把情感看作美感的要素之一。

（二）"抑肉伸灵，收心内视"

"抑肉伸灵，收心内视"指观照美本身必须"闭起肉眼，抛开用肉眼去看的办法"，而唤醒"人人都有而人人都不会用的"收心内视（缪灵珠译为"内心视觉"）的功能②。借助内在视觉可以观照更高的美。

在普洛丁看来，要回到故乡，即上升到理智世界，"依靠我们的这一双腿是办不到的，因为双腿只能把我们从这一块地上运动到另一块地上去；车船也无济于事"③。惟一的办法是靠"内在视觉"（朱光潜译为"内在的眼睛"）。《论美》第9节对内在视觉作了进一步的阐释。内在视觉"初觉醒的时候，它还不能看光辉灿烂的东西"。"光辉灿烂的东西"指最高的美，因此，"首先应该是使灵魂自己学会看美的事业，接着看美的行为"，这些事业和行为是"品德好的人所做出的"。然后"就看做出美的行为的人们的灵魂"。不过，"怎样才能看到好人的灵魂美呢？"普洛

---

① 《朱光潜全集》第6卷，第417页。
② 同上书，第418页。
③ 同上。

丁的回答是："把眼睛折回到你本身去看。"[①] 把眼睛折回自身内部、观照自己深层的内心世界，这是晚期柏拉图主义和早期基督教的一个重要原则，它由于教父哲学和中世纪宗教哲学而流行开来。它对美学思想的发展也产生了重要影响，因为这导致对人的心理的深层运动、对审美知觉和审美判断的过程等予以特别的关注。

显然，在观照自己的内心深处时，并不是都能在那里找到美，人常常有不足、缺陷和丑。因此，普洛丁强调，一个人如果在自身找不到美，那么，就应该像制作美的雕像的雕刻家那样创造美，从而达到内心的自我完善：

> 凿去石头中不需要的部分，再加以切磋琢磨，把曲的雕直，把粗的磨光，不到把你自己的雕像雕得放射出德行的光辉，不到你看到智慧的化身巍然安坐在神座上，你就绝不罢休。[②]

达到这种境界，主体就成为"一种其大无穷，其形难状，不增不减的光辉"，成为能够知觉最高美的视觉。普洛丁认为，只有知觉者同被知觉客体相近似，知觉行为才有可能。

> ……因为眼睛如果要能观照对象，就得设法使自己和那对象相近似，眼睛如果还没有变得像太阳，它就看不见太阳；灵魂也是如此，本身如果不美也就看不见美。所以一切人都须先变成神圣的和美的，才能观照神和美。[③]

也就是说，为了使自己的内心世界能够知觉客体，必须培育内心世界。在这里，普洛丁进入细致的心理观察。他表明，对美的知

---

① 《朱光潜全集》第 6 卷，第 418 页。
② 同上。
③ 同上书，第 419 页。

觉是主体的心理能动性得到充分发挥的过程。这时候主体充满了对客体的爱，同客体的美相契合，仿佛同它发生内在交融，在自身内部观照它。正如《论理智美》第 10 节所指出的那样：

> 凡是以慧眼观物的人都能见到自己心中有物在①。

有的研究者对此作出解释："只有清除观看者和被观看对象之间的隔阂，才能达到最高、最强烈的神圣之爱。这种爱就是迷狂，引起迷狂的观照是神人合一状态中神的自观。"②

在各种感官中，普洛丁最推崇视觉，尤其是视觉以光作为自己的对象时。所以，他屡次谈到眼睛对太阳的知觉问题：眼睛如果没有变得像太阳，它就看不见太阳。对普洛丁来说，眼睛应当具有被观照对象的本质。他敏锐地感觉到，在知觉美的过程中，人的内心深处产生了客体的某种心理类似物，产生了近似于、几乎等同于客体的某种形象，这种类似物和形象激起人的精神愉悦。视觉与被知觉客体的相似原理如果转移到造型艺术领域，那么，就要求所描绘的形象和被描绘的对象之间具有直接的相似性。事实上，从普洛丁时代开始，在艺术中确立了对描绘的某些细节，比如眼睛的特别清晰的、浮雕式的描绘手法。

普洛丁在《论美》中所说的"内在视觉"或"内在眼睛"指理智视觉。他专门写过论视觉的论文（《九章集》第 6 集第 5 篇）。在《九章集》第 5 集第 1、3、9 篇中他把视觉分为三种：肉体视觉（visio corporalis），我们用肉眼观看普通的客体；精神视觉（visio spiritualis），我们从自身内部观看客体的形象，我们根据经验或者表象知道这种客体；理智视觉（visio intellectualis），我们在自己的理智中观照抽象的、没有视觉形象的表象。最高的视觉当然是理智视觉，最低的是肉体视觉。没有精神视觉就不可能有肉体视觉，没有理智视觉就不可能有精神视觉，这三种视觉

① 《缪灵珠美学译文集》第 1 卷，第 257 页。
② 赵敦华：《西方哲学通史》第 1 卷，第 332 页。

同时是对客体知觉的三个阶段。普洛丁的信徒、中世纪美学家奥古斯丁在《关于创世的通信》第 12 卷中用一个例子解释这三种视觉：当你读到"你要像爱你自己那样爱你的邻人"时，你是用肉眼（肉体视觉）看见了这句话（字词），用精神视觉，即想象视觉看见了你的邻人，而用理智视觉、理智的直观看见了爱。普洛丁关于内在视觉的观点，肯定了美感比单纯感觉更为复杂的事实，丰富了审美知觉理论。

四　艺术是理智美的闪光

普洛丁没有专门的艺术理论著作，他的艺术理论散见在他的很多论文中。迄今为止，对普洛丁艺术理论的研究还很不充分。除了西方美学史著作涉及普洛丁的艺术理论以外，研究他的艺术理论的专著我们仅知道一种：德·凯泽（De Keyser）的《普洛丁〈九章集〉中艺术概念的意义》（卢汶 1955 年版）。为了分析普洛丁的艺术理论，有必要简略地描述一下普洛丁时代的艺术现实。凯泽在自己的专著中也正是这样做的。

在普洛丁时代，希腊文明的辉煌已经一去不复返，亚历山大城凋敝颓败，罗马日趋没落。艺术江河日下，音乐从学校课程中消失了，抒情诗死亡了，希腊时代鼎盛的悲剧离开了舞台，代之以华丽的舞蹈演出，伴有喧闹的乐队和解释情节的合唱。过去雅典人对职业演员抱有某种轻视，现在对演员的荣誉和声望则顶礼膜拜。亚历山大城的音乐趣味和绘画风格都不同于罗马，那里还存在古埃及艺术传统的影响。按照凯泽的见解，普洛丁应该接触到艺术形式和艺术风格的多样性。3 世纪罗马帝国的社会生活条件培植了对民族多元化和艺术多元化的容忍。正是在垂死的文明中出现了新世界的萌芽[①]。在阐述普洛丁的艺术理论时，我们主要说明他对艺术美的本质和根源的理解，顺便指出他关于艺术功

---

① 凯泽：《普洛丁〈九重集〉中艺术概念的意义》，第 19 页。

能的观点。

　　普洛丁的艺术理论和他的全部哲学、美学一样，以两条原则为基础：一、理智世界和感性世界的相互对立；二、从感性世界上升到理智世界①。普洛丁把艺术和艺术作品相区分，把艺术看作一门纯精神的学科，称音乐为音乐科学。艺术家掌握了这门学科，力图在它的基础上创作艺术的物质作品。艺术作品是某种理式的体现。在艺术领域，理式也是分等级的。最高的是艺术中的纯粹理式，次之是艺术家心中的理式，再次之是艺术作品中的理式。艺术家以自己的活动赋予理式，即先验形式于质料，然而，粗俗的质料不允许艺术家彻底体现艺术的理式美，艺术作品只能在某种程度上反映这种美。

　　朱光潜在节译《论理智美》第一节时，给它起了一个很恰当的小标题："论艺术美的本质和根源"：

　　　　假定有两种东西，例如两块石头并列在一起，其中一块还不成形，还未经艺术点染，另一块却已经由艺术降伏过，变成神与人的雕像，——如果是神，也许是某一位美神或诗人；如果是人就不是某某个别的人，而是各种人的美的综合体。这块已由艺术按着一种理式的美而赋予形式的石头之所以美，并不因为它是一块石头（否则那块未经点染的顽石也就应该一样美），而是由于艺术所赋予它的那种理式。这种理式原来并不是在石头材料里，而是在被灌注到顽石里之前，就已在构思的心灵里。理式先存在于艺术家心里，并不是他有眼睛和手，而是由于他的艺术。②

这段话表明，一块石头是质料，经过艺术家的艺术点染，它成为美的雕像。雕像的美是从哪里来的呢？这种美不取决于石头本身，而取决于"艺术赋予的那种理式"。但是，这种理式不存在

---

①　A. 洛谢夫：《希腊罗马美学史》第 6 卷，第 547 页。
② 　《朱光潜全集》第 6 卷，第 420 页。

于质料本身中。艺术家心中有理式，然而他之所以有理式，并不是由于他有眼睛和手，而是他分有了艺术、分有了艺术中的理式。

在普洛丁看来，美的理式要大大高于各种个别的物，各种物都分有了美的理式。美的理式仍然是自身，它不运转到石头上去，但是由它产生较低的、体现在质料中的理式。这种较低的理式不能在石头上保持艺术家心里原来所构思的那样纯洁，只能美到石头被艺术家降伏的程度。运转到质料上的理式不如原来的理式美，因为它分散到物体上，分散的东西总不如整一的、凝聚的东西。艺术中的理式美高于艺术家心中的理式美，后者又高于艺术作品中的理式美。正如普洛丁所言：

> 但是外在的艺术作品如果是按照艺术自己的性质和形象来造成的，而且只能美到外在作品所能允许的限度，赋予形式的艺术的美就必然更高更真实了。①

艺术作品虽然只能在某种程度上反映理式美，然而它实际上仍然是美的创造。普洛丁认为艺术美的根源在于理式或理智，艺术美仅仅是理智美的放射。这种放射具有许多等级，于是，艺术离开物质和它的实用意义越远，就越完美。最完善的艺术直接把我们带到理智世界，而实用艺术使我们疏远理智世界。

由于艺术是理智世界的反映，普洛丁在肯定艺术的摹仿本质时提出了不同于柏拉图的摹仿理论。

> 但是人们如果以艺术作品只摹仿（原译为"抄袭"，下同——引者注）自然蓝本，来谴责各种艺术，我们就可以回答他们说，自然事物本身也还各按一种蓝本摹仿出来的。此外，我们还须承认，各种艺术并不只是摹仿肉眼可见的事

---

① 《朱光潜全集》第 6 卷，第 420 页。

物，而是要回溯到自然所由造成的那些原则。还不仅此，许多艺术作品是有独创性的，因为艺术本身既然具有美的来源，当然就能了解外在事物的缺陷。例如，菲狄亚斯雕刻天神宙斯，并不按着肉眼可见的蓝本，而是按照他的理解，假如宙斯肯现形给凡眼看，他理应像个什么样子。[①]

在柏拉图那里，艺术摹仿现实，现实摹仿理式，所以，艺术是"摹本的摹本"，"影子的影子"，"和真理隔着三层"。虽然柏拉图也曾暗示过，艺术可以直接摹仿理式世界，然而那仅仅是偶然提到的。例如，柏拉图要求理想国的捍卫者观照"最高的真，不丧失它，经常尽可能仔细地再现它"，"就像艺术家那样"[②]。在普洛丁那里，各种艺术不仅摹仿肉眼可见的事物，而且摹仿理式。这对于他成为一种真正的原则。艺术作品之所以成为艺术作品，因为它体现了彼岸世界的理式。尽管艺术美远远低于理智美，然而艺术仍然是真正的美。并且，艺术的摹仿和独立创造结合在一起。例如，菲狄亚斯雕刻宙斯，与其说是摹仿从来没有见过的宙斯，不如说是创造了他。正如鲍桑葵所指出的那样，普洛丁的上述观点"十分明确地说明作者有意要接受柏拉图在'和真理隔着三层'的论点里提出的挑战"[③]。在这里，普洛丁几乎在公开反对柏拉图。《论理智美》是普洛丁较晚近的著作（按编年史顺序这是第31篇论文）。我们不清楚普洛丁此后是否完全不把艺术看作"摹仿的摹仿"，然而可以肯定的是，尽管他仍然使用摹仿的术语，他已经赋予这个术语以新的、重要的涵义。在他看来，高级艺术摹仿的不是感性事物，而是非物质的理式；而低级艺术则追求和被摹仿对象外表的相似。此外，普洛丁的摹仿还有更深刻的涵义，对理智世界的摹仿引导人上升到更高的存在。和审美上升的结合，使得希腊摹仿理论进入一个新的高度，在普洛

---

① 《朱光潜全集》第6卷，第420—421页。
② 柏拉图：《理想国》Ⅵ，484cd。
③ 鲍桑葵：《美学史》，第151页。

丁那里，真善美是同一的。

鲍桑葵还透辟地指出，普洛丁的艺术理论是象征主义的：

> 从此，人们就理解到，艺术不是摹仿性的，而是象征性的。①

摹仿和象征主义的对比引出一个形而上学的问题："艺术所再现的是哪一种实在？"② 为了清晰地阐明普洛丁的全部方法论，有必要引用一个普洛丁本人从未使用过的术语：象征主义。普洛丁从来不承认感性世界和人的感性状态的独立地位，他所承认的艺术作品就是理智世界的象征。他的这种思维特点体现在他的每一个美学问题和艺术问题上③。在普洛丁那里，原初的存在不是理性的，也不是经验的，而是象征的。他的一些抽象的哲学概念和范畴不是逻辑的，也不是历史的，而是审美的。

由于艺术摹仿理式，自然也摹仿理式，所以普洛丁不像柏拉图那样贬低艺术。但是这并不意味着普洛丁就推崇艺术，把艺术看得高于自然。在普洛丁看来，艺术作为一门精神学科、一门"科学"的美，同自然的理式美、人的灵魂美、品德美和科学美排在同一个序列上，而艺术作品的美和物质世界的美排在另一个序列上，属于美的最低等级。这里看不出艺术和自然孰高孰低，也谈不上对艺术的推崇。在总的倾向上，普洛丁和柏拉图、亚里士多德一样，是轻视艺术的。他轻视艺术的另一个佐证是，他把艺术看作上升到理智的第一个、也是最低的梯级。与柏拉图在《斐德若篇》中的有关论述相类似，普洛丁认为上升到最高智慧的梯级分别是艺术、爱和哲学，而艺术处在最低的位置上。

在早期论文《论理智、理式和存在》（按编年史顺序第 5 篇论文）中，普洛丁也对艺术作了集中论述：

---

① 鲍桑葵：《美学史》，第 152 页。
② 同上书，第 150 页。
③ 洛谢夫：《希腊罗马美学史》第 6 卷，第 547 页。

　　摹仿的艺术——绘画、雕刻、舞蹈和哑剧的手势——都
从周围现实获取自己的内容，它们利用感性原型，摹仿形式
和运动，重现看得见的匀称，所以，它们不能上升到那
里①，除非通过人的理性。如果以单独的活物中存在的合适
性为理由，得出作为整体的活物的某种状态的结论，那么，
这只能是一种能力，这种能力在那里观察和观照理智世界涵
盖一切的合适性。于是，应该认为，包含着和谐和节奏的思
想的整个音乐，也同样地存在着，它属于理智的节奏。制造
艺术的感性对象的那些艺术，例如建筑或者木工，能够从那
里和那里的推论中获取自己的原则，因为它们利用了匀称。
它们把匀称和感性对象相结合，它们就不可能整个地出现在
那里，或者说，不可能整个地出现在人心中。农作和医学也
是这样，农作种植感性的植物，医学看护这里的健康，这种
健康的涵义既是感性力量，又是良好的状态。在那里则是另
一力量和健康，由此活物是不动的，独立自在的。至于修辞
学、战略学、经济学和国家管理，如果这些艺术把美和行为
相结合，那么，当它们把注意力投向理智时，它们从那里获
得以那里的科学为基础的、科学所应有的东西。也应该把几
何学归到那里，几何学属于理智，它对于存在来说是最高的
智慧。②

　　这段论述的要点是艺术作品与理智原型的关系。普洛丁在这
里谈到三种艺术，第一种是摹仿艺术——绘画、雕刻、舞蹈和哑
剧的手势，即现代意义上的艺术，它们摹仿看得见的运动和形
式，摹仿外部世界。它们在摹仿客观的感性物体时，仅仅从理智
世界借用形式、借用匀称。这些艺术作品的内容必然是尘世的，

---

　　①　"那里"指真实界，即理式世界、理智世界。与它对应的"这里"指尘世。
参见朱光潜为普洛丁《论美》中译加的注，《朱光潜全集》第6卷，第410页。
　　②　普洛丁：《九章集》第5集第9篇第11节。

能够进入理智世界的仅仅是匀称和节奏。如果摹仿艺术要进入理智世界，"除非通过人的理性"。所谓"通过人的理性"，指艺术成为对理智的摹仿。艺术家创作的作品和灵魂创造的活物相比较，显得渺小可怜。因此，"丑的活的东西，要比雕刻中的美更美"[①]。艺术从事"暗淡和无力的摹仿，就像不甚值钱的玩具一样"[②]。第二种艺术是生产艺术——建筑、农艺、医学、战事、政治等，它们不是被动地反映感性物体，而是能动地制作它们，它们比摹仿艺术接近于理智原型，因为这些艺术家能够从理智世界获得自己的原则，他们把理智原则和感性领域相结合。这些艺术摹仿的是这种结合，而不是单纯的感性事物，它们从理智世界获取了内容。第三种艺术是音乐。普洛丁把音乐理解为音乐科学或乐理。希腊罗马美学家对音乐的理解和我们现代不同，他们首先把音乐理解为一门理论学科，而不是音乐艺术。柏拉图甚至认为音乐是一门哲学，是"各种艺术中最高的艺术"。普洛丁认为只有音乐是纯粹的理智艺术，因为它以纯粹的匀称和节奏为基础。几何学，即数理学科，和音乐一样，最接近理智原型。这样，艺术的纯粹取决于与原型的联系。结果，在普洛丁那里出现了一个悖论：我们称作纯艺术的绘画、雕刻和舞蹈，在艺术上反而不如建筑、农艺、木工等实用艺术来得纯粹。

为什么普洛丁乃至整个希腊罗马美学都贬低艺术呢？为什么柏拉图和普洛丁认为脱离物质世界的理式世界更完善呢？难道希腊罗马人想完全脱离物质世界吗？完全不是。洛谢夫认为，希腊罗马人创立了理想的宇宙，只想论证物质宇宙的美。如果在结构涵义上普洛丁把理式和物质相分离，那么，在实际涵义上对于他来说理式仅仅是物质的概括。因此，理式要高于物质。然而，对于柏拉图、亚里士多德和普洛丁来说，惟一的、最终的和最高的美是可以看见、可以听见、可以触摸的宇宙。在天国一切是那样地美、沉静和无忧无虑，生活在天国当然比生活在尘世好。于是

---

①　普洛丁：《九章集》第6集第7篇第22节。
②　普洛丁：《九章集》第4集第3篇第10节。

产生了上升到天国的不懈的追求。然而，天国仅仅是极端有序化的尘世。在普洛丁那里，最完善的艺术作品就是宇宙，其余一切都是对宇宙不完善的摹仿①。尽管普洛丁是唯心主义的，然而在美学上他并没有越出希腊罗马的范围。

普洛丁的艺术理论还涉及艺术的作用问题。他多次谈到音乐对听众的作用。在他看来，音乐反映理智世界的和谐，也能使听众和理智世界相接触。音乐爱好者感觉敏锐，他着迷于声音的和谐，为它们的美所倾倒。他感到狂喜，仿佛展翅向美飞去，完全不能自持。各种音乐作用都会在他身上留下烙印。人感觉音乐的这种能力是天生的，就像人天生是哲学家或者"道德美的朋友"一样。不过，普洛丁在强调音乐欣赏能力是一种天赋的同时，也不忽视后天对它的培养。他认为音乐爱好者应该从感性印象上升到对事物本质的理解，认识理智的和谐。也就是说，应当由科学、有意识的教育来代替个人印象。而这种教育是循序渐进的：首先把理智和感性相区分，接着领会抽象的比例，然后理解这些比例的和谐，最后观照隐匿在和谐中的全部美。普洛丁遵循希腊传统，指出了音乐对道德的影响。音乐能够改造人，使人变好或变坏。不过，音乐作用的不是意志，不是理智，而是不可分割的灵魂。它净化灵魂，使灵魂摆脱对感性物质的迷恋，上升到新的观照水平，理解和热爱太一。这样，音乐服务于最高的生活目的。体现在艺术中的美，使人从感性上升到理智。在普洛丁那里，美学和伦理学相互补充。

五　普洛丁美学的影响

在整个希腊罗马美学中，普洛丁是仅次于柏拉图和亚里士多德的第三位最重要的美学家。

---

① 洛谢夫：《希腊罗马美学史》第 6 卷，第 546—547 页。

> 普洛丁的美学比他的哲学的其他部分更明显横跨两个时代，一个是他所出生的古代社会，一个是他所影响的中世纪。[①]

普洛丁作为希腊罗马和中世纪之交的美学家，一方面对希腊罗马美学作出总结，另一方面又对中世纪美学发生直接的、重大的影响。

中世纪前期美学的思想来源主要有两个：一、新柏拉图主义；二、基督教。中世纪第一位最重要的美学家是奥古斯丁，他奠定了长达千年的中世纪美学的基础，整个中世纪没有一位理论家能够建立比他更完整的美学体系。386 年奥古斯丁阅读了普洛丁的《九章集》拉丁语译本，他对这部著作的精神力量和深刻性惊叹不已。新柏拉图主义向他指明了在自身隐秘的灵魂深处，而不是在外部物质世界中寻求美的途径。实际上，在奥古斯丁的所有著作中都可以感受到新柏拉图主义的巨大影响。当奥古斯丁成为基督教主要的思想家后，他仍然对新柏拉图主义者怀有深深的敬意，认为他们比其他所有哲学家都更接近于基督教。在希腊罗马哲学家中，奥古斯丁推崇柏拉图，他把亚里士多德看作柏拉图的学生。他特别喜爱普洛丁，并且更加喜爱普洛丁的弟子波菲利，尽管波菲利是基督教不共戴天的敌人。

在西方美学史上，普洛丁和奥古斯丁是相互衔接和承续的两个环节，普洛丁美学对奥古斯丁产生了深刻影响，奥古斯丁的某些美学理论甚至是对普洛丁著作逐字逐句的复述。在普洛丁那里，美学是一种本体论，美是分等级的。上文已经指出，他认为最高的美是理智美，其根源是太一，其载体为理智和世界灵魂。其次为人的灵魂美，德行和学术的美。位于最低等级的美是感性知觉的美。和普洛丁一样，奥古斯丁也把美学当作一种本体论，美是存在的主要标志之一。美是有等级的，美从高一级的存在向

---

① 塔塔科维兹：《古代美学》，第 419 页。

低一级的存在扩展。奥古斯丁主张在美的等级结构中，绝对美占有最高的等级。他的美的理论的下一个梯级是精神美，精神美包括道德美和艺术美。比精神美低的是物质世界的美。奥古斯丁和普洛丁不同的是，普洛丁把绝对美说成是希腊诸神或理智，而奥古斯丁在美学史上第一次把绝对美同基督的上帝完全融合在一起。

在审美知觉理论上，奥古斯丁也深受普洛丁的影响。奥古斯丁着迷于"人类意识的深海"，反对"把自身置于脑后"[①]，屡次表达了"在我身内探索：我自身成为辛勤耕耘的田地"的强烈愿望[②]。他擅长分析人的深层心理活动，他的审美知觉理论以感性知觉理论为基础，在这方面，他基本上以普洛丁的观点为依据。通常他以视知觉为例来说明感性知觉问题，因为他认为视知觉是最完善的和最具精神性的知觉。像普洛丁一样，他把视知觉分为三个阶段。第一阶段是肉眼对物体的知觉。第二阶段是人的内心产生了物体的影像。即使视知觉的第一阶段结束了，物体在知觉者心中的影像仍然存在。这样物体不在我们眼前，我们也可以看到物体。其他感性知觉也一样：声音转瞬即逝，回忆时犹余韵在耳；香气随风消失，回忆时如闻香泽。奥古斯丁在《论自由意志》第 2 卷中把人的这种能力叫做内在感官。第三阶段理性加工留在心中的物体影像，形成了对物体的认识。

根据普洛丁对美和美的知觉的理解，奥古斯丁把感性知觉看作复杂的心理生理过程，其中人的各种精神力量能动地发生作用。任何知觉最主要的特征是内心的紧张，它是心理对外部刺激的一种反应。如果刺激的作用同心理定向相协调，所产生的紧张就引起快感。这实际上就是审美知觉，其标准是协调，但这不是客体本身中的协调，而是客体同主体的心理定向的协调。这种观点在整个中世纪美学中起了重要作用。它被运用到艺术知觉中就标明一种风气的转变：分析重点从具体的、独立自在的艺术作

① 　奥古斯丁：《忏悔录》，商务印书馆 1996 年版，第 194 页。
② 　同上书，第 200 页。

品，转向"艺术作品——知觉主体心理"的系统。没有对知觉主体心理的分析，就不能完全理解艺术作品。当然，奥古斯丁也对此作了独特的思考。如果普洛丁把抽象的理式看作美的核心——平衡和协调的基础，看作知觉和创作过程的基础，那么，奥古斯丁把较为具体的数看作这种基础，他认识到知觉、创作、艺术理论和艺术作品中的某种共同性。这在美学史上迈出了新的一步。

普洛丁对中世纪美学和艺术产生影响的不仅有美的理论和审美知觉理论，而且还有艺术理论。普洛丁认为，艺术作品摹仿理智，即摹仿神。艺术作品成为认识理智的工具，虽然是极不完善的工具。艺术作品的全部价值就在于此。作为一个多神教徒，普洛丁完全没有想到他的美学理论适合基督教艺术，基督教艺术家也没有想到，最适合他们的艺术理论是由异教徒普洛丁制订的。普洛丁关于艺术的论述并不多，然而这些论述对基督教艺术的影响却很大。基督教艺术接受了普洛丁的艺术理论，把艺术作品看作摹仿上帝、表现上帝和认识上帝的工具。

关于普洛丁的艺术理论对中世纪艺术的影响，法国艺术史家A. 格拉巴（A. Grabar）曾作过具体的分析①。按照普洛丁的艺术概念，造型艺术家追求的是所谓真正的、理智的形象，而不是物质世界的现实特点；他们感兴趣的是对物的或深或浅的阐释，而不是对物的直接观照。艺术作品的作用不是供人自由地享受它的美，而是进行道德说教。这些正是中世纪艺术的特征。普洛丁的绘画理论为早期基督教艺术家所信奉，成为中世纪艺术的理论基础。如果我们从远处看一个客体，那么，它的体积就显得小，颜色会变淡，由于光线阴影的缘故，客体的外形会改变。普洛丁主张在绘画中要避免这些不足，使客体像在近处看到的一样，全都处在前景的位置上，让光线同样充分地照射它的各部分，一切细部都清晰可见。普洛丁所关注的是真实的体积、真实的距离和真实的颜色。这样，绘画中就不采用透视法来缩小远处的客体，客

---

① A. 格拉巴：《普洛丁和中世纪美学的起源》，参见洛谢夫《希腊罗马美学》第 6 卷，第 241—244 页。

体的各个部分并列在一个层面上，而没有层次性。普洛丁认为，事物最重要的本质是理式在其中的反映，这种反映处在事物的表层。事物的深处是黑暗的质料，它同光线相敌对，不值得描绘。因此，绘画必须避免深邃和阴影，只描绘事物光亮的表面。这条原则在流传至今的始于罗马晚期的大量艺术作品中得到体现。

罗马晚期还出现了所谓"逆透视"和"光（全景）透视"的绘画，在这些绘画中，画家仿佛从上方、从空中观看所描绘的客体。画家仅仅从所描绘的客体的属性出发，而与他所处的视点完全无关。客体仿佛自身在画面中展开，从而产生逆透视和全景描绘。画家的视点仿佛移植到所描绘的客体上。这种艺术也和普洛丁的观点有关。普洛丁指出，我们总是在一定的距离中看待客体，客体给我们留下的印象是在它所处的那个位置上产生的。这种印象和我们心目中存储的客体的形象不一样[1]。因此，要获得客体的真实形象，就必须把视觉移到客体上去。普洛丁的艺术理论对他同时代的艺术没有产生直接影响，然而，基督教艺术家却利用他的理论来论证艺术的宗教价值，从而使他的艺术理论在艺术史上获得重要意义。

尽管普洛丁的理论被中世纪基督教美学和基督教艺术奉为圭臬，尽管普洛丁关于太一、理智和灵魂三位一体的逻辑，对基督教关于圣父、圣子和圣灵三位一体的教义发生了重要影响，我们仍然"不能把新柏拉图主义基督教化"[2]。我国有的西方哲学史著作[3]和美学论著把普洛丁的神或者太一说成上帝，于是，美学在普洛丁那里成为基督教神学。这是很大的误解。确实，普洛丁的著作经常提到神，然而，普洛丁的神不是基督教的一神，不是上帝，而是希腊诸神。新柏拉图主义者是基督教的反对者，波菲利在他的 15 卷《反基督教》中痛斥了当时方兴未艾的基督教。基督教的出发点是绝对的不可重复的个性（上帝），而新柏拉图

---

① 普洛丁：《九章集》第 4 集 6 篇第 1 节。
② 洛谢夫：《希腊罗马美学史》第 6 卷，第 174 页。
③ 参见全增嘏主编《西方哲学史》上卷，第 262 页。

主义的个性是可以重复的，归根到底是典型的自然现象。在新柏拉图主义中没有原罪的神秘，没有堕落灵魂的忏悔，没有赎罪的渴望。在普洛丁那里，每个神不是抽象的概念，而是有生命的。每个神是自然的某个领域的概括，而不是这种领域本身。因此，这些神是某种自然领域和它的概念的综合。神不是孤立存在的，他和其他神组成一个整体，这种整体性在每个神身上得到反映，同时每个神又有自己的特点。普洛丁的神话学具有泛神论的、宇宙学的意义，与基督教一神教相对立。对于普洛丁来说，神话学就是关于理智的学说，每个神就是宇宙某个领域中最一般的理式。所以普洛丁的美学不是一种神学，而是一种宇宙学。

从普洛丁对希腊罗马哲学思想的吸收、利用和改造的情况看，他是一位真正的、典型的希腊罗马思想家。虽然他也受到东方神秘主义的影响，然而他的美学和希腊罗马美学没有矛盾，没有越出希腊罗马美学的界限，没有越出多神教的界限。他沿着柏拉图、亚里士多德和斯多亚派的方向前进，他的思想是这些最主要的希腊罗马思想的某种集合。普洛丁美学深入到希腊罗马美学的内在精神方面，在这种意义上，它是希腊罗马美学的完成阶段和终结阶段。

普洛丁不仅对中世纪美学而且对文艺复兴美学产生了重要影响。文艺复兴时期，不同思想倾向的理论家，如库萨的尼古拉、费切诺、布鲁诺等，都是新柏拉图主义者。在意大利佛罗伦萨创立的柏拉图学园，甚至把柏拉图当作神来供奉。而对于文艺复兴时期的新柏拉图主义者来说，普洛丁和柏拉图是一回事。

文艺复兴美学敏锐地感觉到世界中的自我运动，为了个人的自我确证，它必须寻找这种运动的终极原因。当时的思想家们不在物质内部，而在超自然的存在，即世界灵魂中寻找这种原因。他们把世界灵魂看作整个自然和整个宇宙的第一推动力，即自我运动的开始。普洛丁把宇宙看作世界灵魂永恒运动的结果。宇宙和宇宙万物首先是世界灵魂，然后是理智的反映和体现。普洛丁的理智仅是世界规律的系统，而他的世界灵魂则是世界和生命的恒常运动，这种运动实现某种世界规律和自然规律。在文艺复兴者看来，人自发的自我确证是对宇宙中世界灵魂和理智的趋近，世界灵魂和理智是人的自我确证的极限。在世界灵魂和理智中表现出对人的自我确证的追求。所以，这是新柏拉图主义和人文主义深刻的综合①。

文艺复兴者主张拥抱整个人、整个生活、整个历史和整个世界，"人开始感觉到自己的尊严与无限发展潜能。因此，他把个性自由，理性至上和人性的全面发展悬为自己的生活理想，带着蓬勃的朝气向各方面去探索，去扩张"②，普洛丁的太一说是他们确证自身的重要手段。太一在柏拉图那里仅仅是一个抽象的范畴，他没有把它应用于现实存在和具体生活中。而普洛丁把太一视为人的意识的对象，灵魂永恒追求的目标。在文艺复兴者那里，太一说已经远远超出宗教传统的范围。红衣主教库萨的尼古拉和坚定的反教会者布鲁诺同样成为新柏拉图主义太一说的支持者。新柏拉图主义作为关于太一、理智和灵魂的学说，成为文艺复兴美学最重要的哲学基础之一。

普洛丁对德国古典美学，比如对康德、谢林和黑格尔也产生过很大影响。新柏拉图主义对西方哲学和美学影响的断层发生在文艺复兴和德国古典美学之间的一段时间内，这时流行的是以笛卡尔为代表的欧洲大陆理性主义和以培根为代表的英国经验主义。虽然新柏拉图主义的余威犹在，比如 17 世纪下半叶英国出现了剑桥新柏拉图主义学派，但是总的说来，新柏拉图主义遭到启蒙运动的激烈反对。启蒙运动为什么反对新柏拉图主义呢？近代西方哲学是以主体和客体的分裂为基础的。理性主义重视主体轻视客体，经验主义重视客体轻视主体。而希腊罗马哲学和美学，包括新柏拉图主义是以主体和客体的交融为基础的，虽然主体或客体有时会占某种优势，但是绝对不会达到相互对立的地步。只有站在主客交融的立场，才能理解希腊罗马哲学和美学。

---

① 洛谢夫：《文艺复兴美学》，莫斯科 1982 年版，第 87 页。
② 朱光潜：《西方美学史》上卷，第 148 页。

对于普洛丁的哲学和美学来说也是这样。

罗马新柏拉图主义存在了四个世纪。除了以普洛丁和波菲利为代表的罗马新柏拉图主义外，比较重要的还有以扬布里柯为代表的叙利亚新柏拉图主义和以普罗克洛为代表的雅典新柏拉图主义。下面我们阐述这两派的美学思想。

第二节　叙利亚和雅典新柏拉图主义

我国的西方美学史著作和某些有中译的外国西方美学史著作，在论述希腊罗马美学时都到普洛丁结束。普洛丁于 270 年去世，而罗马美学终结于东罗马皇帝尤士丁尼关闭雅典柏拉图学园的 529 年。这样，罗马美学就出现一个长达两个半世纪的空白期。编撰多卷本西方美学史，我们感到有必要填补这段空白，于是有了本节的内容。

一　叙利亚新柏拉图主义

波菲利去后，新柏拉图主义中心从罗马转移到叙利亚。叙利亚新柏拉图主义创始人扬布里柯（Iamblichus，约公元 250 年至 325 年）生于叙利亚北部哈尔基斯一个富有显赫的阿拉伯家族，在亚历山大城接受了哲学教育，然后去罗马成为波菲利的学生。长期以来，扬布里柯一直被看作为巫术魔法理论家。近 30 年来，国际学术界对他的评价发生了深刻的变化。研究者指出扬布里柯醉心巫术的弊病的同时，也肯定了他独特的理论哲学。对扬布里柯评价的变化的先驱是法国学者 J. 比德（J. Bidez），他在 1919 年出版的研究扬布里柯的专著中[1]，对这位新柏拉图主义者作出了不同于传统观点的评价。迄至 20 世纪 70 年代，对扬布里柯评价

---

① 　J. 比德：《扬布里柯哲学及其学派》，巴黎 1919 年版。

的变化真正形成。扬布里柯对柏拉图对话的注释残篇[①] 的翻译出版者 J. 迪隆（J. M. Dillon）称他至少是第二方阵中的哲学明星。持类似观点的还有瑞士学者 B. 拉森（B. D. Larsen）。

扬布里柯的著作甚丰，并撰写过音乐著作，流传下来的有 5 种：《毕达哥拉斯生平》、《哲学诫谕》、《一般数学科学》、《尼各马可算术导论》和《算术神学》。此外，普罗克洛的《〈蒂迈欧篇〉注释》中记载了扬布里柯的言论。我们依据这些材料阐述扬布里柯的美学思想。

（一）象征理论

《毕达哥拉斯生平》主要阐述毕达哥拉斯的哲学及其思维方式。扬布里柯在这部论著中继承毕达哥拉斯学派的传统，研究了象征理论。他把象征分为三种，第一种回答"某物是什么"的问题：

> 幸福者的岛是什么？太阳和月亮。德尔菲的神谕是什么？由四个部分组成物体，也就是塞壬[②] 的和谐。

第二种象征以极端的和最好的方式形成概念：

> 什么是公正？献祭。什么是智慧？数。第二等的智慧是为物起名字的人。什么是我们事业中的智慧？医学。什么是美？和谐。什么是强大？思想。什么是好？幸福。什么格言最真实？人是坏的。因此，人们说，毕达哥拉斯称赞萨拉米斯岛[③] 诗人格波达曼特，他写了这样的诗："神啊，你们从哪里来？你们从哪里生成这样？人啊，你们从哪里来？你们

---

① J. 迪隆翻译、注释：《扬布里柯对柏拉图对话的注释残篇》，荷兰莱顿 1973 年版。

② 塞壬是希腊神。塞壬半人半鸟，住在海岛上，以歌声引诱水手，使之灭亡。

③ 萨拉米斯岛（Salamis）位于爱琴海萨罗尼科斯湾（属希腊）。

从哪里生得如此坏？"

第三种象征规定应该做什么：

> 应该生孩子。因为应该替自己留下神的仆从。或者（可以援引食古不化者为例子），应该先从右脚穿鞋，或者不应该走大路，不要在圣水瓶里蘸水，不要在澡堂洗澡。因为在这些情况下，不知道相伴者是否干净。[①]

扬布里柯的象征形象仿佛仅仅指出事物的一方面，事物的另一方面则是内在的智慧和涵义。这种象征表明，人的理性和人的生活是紧密相连的，而人的理性的基础是象征的。

　　在以多种方式理解毕达哥拉斯的象征时，扬布里柯力图在其中找到严肃的思想。例如，毕达哥拉斯有一则象征写道："进入神殿应该俯首在地；在神殿里不说俗语，不做俗事。"对这则象征可以仅仅在字面上理解，也可以寓意地，即在展开的涵义上来理解。扬布里柯指出，还可以从哲学上理解它。这则象征适用于人的知识，在知识中不应该把神的东西和人的东西相混淆。在《毕达哥拉斯生平》第 18 章中，扬布里柯援引了毕达哥拉斯的第二则象征："不应该顺便去神庙，根本不应该朝拜神，甚至不应该在神庙门旁出现。"扬布里柯对这则象征作了哲学解释：人的知识应当是各种各样的，它可以从原始的形式到达普遍的形式；不能以偶然的态度对待神，因为神要求充分和专门的注意。神的知识非常崇高，它不可能建立在偶然的和分散的基础上。扬布里柯解释的第三个象征是："请献祭并赤足朝拜。"这条规定不仅有字面上的涵义，它的主要涵义在于，我们关于神的知识不应该是粗野的，而应该是精神的。

　　扬布里柯对毕达哥拉斯的象征的阐释有三个层次：（1）按照

---

① 扬布里柯：《毕达哥拉斯生平》第 18 章第 82—86 节。

字面意义来理解，但这种字面意义指象征在毕达哥拉斯当时使用时的直接涵义，而不是随着时间的变迁所产生的转义。（2）理解象征的寓意。（3）把象征看作认识现实的最高领域的一种方法。至于扬布里柯援引了一些流传于民间的幼稚的、内容贫乏的象征，据有的研究者的意见，那是为了使自己的著作更加普及[①]。

毕达哥拉斯学派在比较笼统的、不太严格的涵义上使用象征这个概念，象征和它相近的概念如符号、寓意等等往往混在一起。扬布里柯在美学史上的功绩是对象征这个概念作了仔细的研究，把它和其他相近的概念明确地区分开来。按照扬布里柯的理解，象征不同于符号，它不仅指称事物，而且要说明事物。符号往往只有一种解释，而象征可以有多种解释。毕达哥拉斯的一则象征说：不要用公鸡作祭祀。这既可以解释为一种宗教传统，又可以作另外的解释：公鸡司晨，表示白天和光明的开始，也意味着理智的觉醒。象征不同于寓意。寓意是某种抽象观念的图解，在抽象观念和图解之间不一定有必然的逻辑联系。例如，毕达哥拉斯有一则象征说：在祭祀时不要剪指甲。这表示要维持和尊重友谊。为什么会有这种寓意，我们无法确定。然而，这仅仅是寓意，而不是象征。

（二）数的美学

数是希腊美学中的一个重要概念。扬布里柯的《算术神学》是古代惟一流传至今的对数的学说，特别是对毕达哥拉斯学派的数的学说进行充分研究的著作，它对从一到十的 10 个数字逐一作了阐述。

在各种数字中，一最重要。扬布里柯写道：

> 一切由一形成，一以自己的潜能包容一切。它如果不是现实地，至少也像种子一样包含一切数目中、当然也包含二

---

① B. 拉森：《哈尔基斯的扬布里柯》，瑞士阿尔高 1972 年版，第 123 页。

中的逻各斯；结果，它既是偶数，又是奇数，是奇偶数；既是线，又是面，还是立体，立方体和球面体，它也存在于棱锥体中——从四面锥体到无数角的锥体。[①]

一不仅是数列的开始，而且其他各个数，如二、三等，都是某种更复杂的一。这些数字不是彼此没有联系的一的机械总和。我们说一百时，并不是指一百个分散的、单一的一，而是指不可分割的整体，即广义的一。线条、平面和立体的情况也是这样。这种绝对的一从自身产生一切，是一切存在的潜能和种子，它形成整个现实。

> 一不仅被称作为神，而且被称作为理智和阴阳性。[②]

> 作为种子，一马上被认为是万物的阳性和阴性部分，这不仅因为一既是奇数又是偶数，而奇数难以分割，被看作为阳性，偶数易于分割，被看作为阴性，而且因为一既是父亲又是母亲，具有母亲和理式的逻各斯，具有艺术家和艺术作品的逻各斯。[③]

> 至于一本身，作为种子在播种时，既产生阳性物，又产生阴性物，在某种发展程度之前，没有区分地产生两性本质；在结果时和生长若干时间后，随着潜能向现实的过渡，种子开始呈现差异，向某一个方面变化。如果一包含任何数的潜能，那么，一就是彼岸的数，不是现实中某个单独的数，在其涵义上是一切。[④]

---

① 扬布里柯：《算术神学》第1章第1节。
② 同上书，第5节。
③ 同上书，第6节。
④ 同上。

　　　　它是理式的理式，作为某种艺术存在于艺术家中，而作
　　为思维存在于思想家中。[①]

在扬布里柯看来，一高于阳性和阴性，它不是阳性和阴性，但又
包含这两者。它是万物的父亲和母亲，是理式的理式。它是阴阳
结合，是奇数和偶数的结合。

　　扬布里柯关于一的论述对美学有什么意义呢？它鲜明地描述
了希腊罗马美学的基本倾向。一创造万物，管理万物，包含万
物，在万物中确定平衡，不允许任何东西超越界限。扬布里柯
"以自己的风格出色地表现了希腊审美思维的本质，这种思维把
一切仅仅当作可以被统一分割的整体来知觉、来思考"[②]。这包
括人、自然、整个宇宙和宇宙所管理的万物。

　　数的概念在扬布里柯的美学中起着重要作用，这个概念是他
从毕达哥拉斯和柏拉图那里继承过来的，然而他对数的论述往往
表现出新意。

　　　　二是世界构造的一种因素，它和一相对立，因此和一处
　　在和谐的联系中，就像质料和理式一样。理式是存在和永恒
　　现实的开始，而一切对立物是质料。[③]

扬布里柯把二称作"生成"、"运动"、"变化"。三包含一和
二，把一和二的功能融合在一起。三是完善的原则，由于这条原
则，一切事物有了开始、中间和结束。

　　　　三的独特性在于，它是两个起始数之和，由这两个数组
　　成。[④]

---

① 扬布里柯：《算术神学》第 1 章第 3 节。
② 洛谢夫：《希腊罗马美学史》第 7 卷上册，莫斯科 1988 年版，第 221 页。
③ 扬布里柯：《算术神学》第 2 章第 4 节。
④ 扬布里柯：《算术神学》第 3 章第 2 节。

扬布里柯把三称作美，这对希腊罗马美学具有重要意义：

> 三同其他各个数相比，具有独特的美（callos）和壮丽（eyprepeia）。[1]

在希腊语中，eyprepeia 由无人称动词 prepei 和 ey 组成，prepei 的意思是"合适"、"适宜"、"符合功能"，ey 的意思是"好"、"重要"、"有价值"。这两者的结合是美，表明美的本质在于适宜、有价值、符合功能。三是由一和二两个对立面组成的，扬布里柯以三作为例证，说明美是对立面的同一，是内部因素和外部因素深刻的综合。

在论述其他数字时，扬布里柯也体现了一以贯之的思想：数是万物的结构。前三个数字仅仅是抽象的结构，一是点，二（两个点）是线，三（不在一条直线上的三个点）是面。如果要把面看作整体，即从外面看待它，必须在面外引出一个点，即出现四，所以四是体，体有三维结构。很多事物与四有联系。一年有春夏秋冬四季，人的一生有少年、青年、中年、老年四个年龄段。世界有四种元素（火、气、水、土），它们产生四种力量（热、冷、湿、干）。认识真理的科学有四种：算术、音乐、几何和天文学。事物的形成有四种原因：质料因、形式因、动力因和目的因。球是最完善的形体，它有四种要素：圆心、轴、圆周和球面。总之，从结构的观点看待整个现实，是希腊罗马美学的一个重要特点。

扬布里柯把自己的著作叫做《算术神学》，对这里的神学，应该从希腊罗马的涵义上加以理解。作为多神教徒，扬布里柯所说的神仍然是自然力量的概括，是宇宙的某个方面的概括。在哲学上，扬布里柯遵循普洛丁关于三大本体的逻辑结构，不过，对这些本体作了新的阐述。他把普洛丁的太一一分为二，一种高于

---

[1]　扬布里柯：《算术神学》第 3 章第 1 节。

一切认识和存在，也高于任何命名；另一种是一切后续存在的起源，可以称作"太一存在"。所以，扬布里柯的三大本体是太一存在、理智和灵魂。每一本体又被分成三个次本体，每一次本体再被分为三个更次一级的本体。他把本体和神联系起来，结果出现了按等级排列的 360 位神。有的研究者认为这"真可谓群魔乱舞，妖孽丛生"①。不过，尽管这里有神秘主义和巫术魔法成分，然而仍然应该看到扬布里柯构建神话的原因。他按照新柏拉图主义三位一体的结构原则对神分类，力图恢复多神教。这是希腊罗马衰落时期以哲学形式重振多神教的最后的、无望的尝试。

扬布里柯有许多学生和追随者。叙利亚新柏拉图主义的另一个代表、罗马皇帝尤利安（Julianus，公元 331 年至 363 年）称赞他是"著名的英雄"、"希腊人的宝贵财富"。在美学方面，叙利亚新柏拉图主义提出了一些基本问题，阐述了一些基本原则，思考这些基本原则，不难得出一些美学结论。然而总的说来，叙利亚新柏拉图主义的美学思想没有形成系统。

二　雅典新柏拉图主义

普罗克洛（Proclus，公元 412 年至 485 年）不仅是雅典新柏拉图主义的主要代表人物，而且是罗马新柏拉图主义存在的 4 个世纪中仅次于普洛丁的最重要的新柏拉图主义者。他出生于君士坦丁堡一个富裕的吕西亚（位于小亚细亚）人的律师家庭。自幼在亚历山大城接受教育，喜欢哲学，成为亚历山大城新柏拉图主义者的学生。19 岁时到雅典的柏拉图学园学习，老师有西里安等人。普罗克洛具有哲学天赋，据他的传记作者马林（Marini）记载，他 28 岁时撰写了《柏拉图〈蒂迈欧篇〉注》，这是希腊罗马哲学中的优秀作品之一。西里安去世后，普罗克洛接替他担任柏拉图学园领导人，时年 35 岁。马林是普罗克洛的学生和柏拉

---

① 赵敦华：《西方哲学通史》第 1 卷，第 336 页。

图学园领导人的继任者，他对普罗克洛充满狂热的崇拜，在传记《普罗克洛，或者论幸福》中夹杂着各种奇异的和巫术的事件，这部传记不是一部很客观的传记。

普罗克洛的主要著作有《神学要义》、《柏拉图神学》，以及对柏拉图对话《蒂迈欧篇》、《巴门尼德篇》、《理想国》、《克拉底鲁篇》等的注释。普罗克洛的这些注释不是"我注六经"，而是"六经注我"，他利用注释阐述自己的观点，有时候则完全脱离柏拉图对话直抒己见。他的注释引起后人的兴趣，有人对他的注释进行再注释。例如，法国学者 A. 菲斯脱热耶尔（A.Festugière）对普罗克洛的《〈理想国〉注》和《〈蒂迈欧篇〉注》作了注释①。

像其他新柏拉图主义者一样，普罗克洛哲学的理论基础是三大体——太一、理智和灵魂的学说。当然，他对这三大体作了新的说明。他的美学观点和他的哲学基础是密切相关的。

（一）关于艺术的问答

在《〈理想国〉注》第42—43节中，普罗克洛提出了有关艺术的 10 个问题，并在第 43—69 节中对这些问题作出详细回答②。

第一，柏拉图在把诗人逐出理想国时，为什么要"把他们涂上香水，戴上毛冠"③，让他享受神的礼仪呢？普罗克洛认为，柏拉图在这里区分好诗和坏诗。坏的诗人歪曲地摹仿，把神描写得和平常人一样满身是毛病，互相争吵，欺骗，陷害。当然，这样的诗人在理想国没有立足之地。如果诗人摹仿好人的言语，并且遵守替理想国保卫者设计教育时所定的那些规范，那么，就应该给他们涂上香水，戴上毛冠。重要的不单是摹仿，而是与被摹仿对象逼真的摹仿。这不是否定诗歌，而是把诗歌提到人类生活非常高的阶段。

---

① A. 菲斯脱热耶尔译注：《普罗克洛〈蒂迈欧篇〉注》1—5 卷，巴黎 1966—1968 年版；《普罗克洛〈理想国〉注》1—3 卷，巴黎 1970 年版。

② 普罗克洛的回答十分繁复，比较简洁的阐述参见洛谢夫《希腊罗马美学史》第 7 卷下册，莫斯科 1988 年版，第 250—269 页。

③ 柏拉图：《理想国》，398a，译文见柏拉图《文艺对话集》，第 56 页。

第二，悲剧和喜剧能够舒缓强烈的情绪，它们对于人的生活是重要的，柏拉图为什么要把它们逐出理想国呢[1]？悲剧和喜剧应该使人的性格中的理智得到控制，清除情欲那些"低劣部分"。如果悲剧使观众暂图一时快感，"拿旁人的灾祸来滋养自己的哀怜癖"，如果喜剧投合人类"本性中诙谐的欲念"，那么，它们就不能在理想国中存在。普罗克洛认为，柏拉图在这两方面都是对的。

第三，在《会饮篇》中柏拉图主张同一个作家既可以作悲剧又可以作喜剧，有经验的悲剧诗人也就是喜剧诗人[2]，为什么在《理想国》中他又否定同一个作家能"在悲剧和喜剧两方面都成功"，虽然他把悲剧和喜剧同样看作是摹仿？[3] 如果一个诗人具有丰富的生活知识，既能再现悲，又能再现喜，他理应能够同时创作悲剧和喜剧。然而，生活如此多姿多彩，一个诗人很难表现人的内心世界的全部丰富性，因此，悲剧和喜剧的创作最好有所分工，这两者实际上不可兼容。

第四，达蒙是著名的音乐家，他对节奏与和谐有很好的见解，柏拉图曾经请教过他[4]。为什么柏拉图在安排乐调时和他相反呢[5]？节奏与和谐是艺术的重要方面，普罗克洛对这个方面的解释与他所主张的摹仿的基本方向有关，即与理想国的政治有关。他认为，对于艺术美来说，必须遵循理智结构。正如柏拉图所说，"应该使节奏和乐调符合歌词，不应该使歌词迁就节奏和乐调。"[6] 节奏与和谐属于艺术的非理性方面。政治家应该懂得这一切，以便确定艺术在理想国中的功能规律。

第五，柏拉图时而承认音乐，时而又不承认它，究竟应该怎样理解音乐（moysicē）这个术语呢？希腊术语 moysicē 表示诗和音乐，甚至表示教育和文化。普罗克洛在回答这个问题时，并没

---

① 柏拉图：《理想国》，42。
② 柏拉图：《会饮篇》，223d。
③ 柏拉图：《理想国》，395a，译文见柏拉图：《文艺对话集》，第51页。
④ 柏拉图：《理想国》，398e—400b。参见柏拉图《文艺对话集》，第60—61页。
⑤ 柏拉图：《理想国》，42。
⑥ 柏拉图：《文艺对话集》，第61页。

有对诗和音乐进行区分，而是筑构包括哲学、诗和专门涵义上的音乐的等级结构。哲学处在最高的等级上，柏拉图在议论缪斯时，把哲学称作"艺术（moysicē 中最高的"①。在柏拉图看来，哲学家实际上也是音乐家，他不是在竖琴和乐器中，而是在生活中表现出最美的和谐。这样的哲学灵魂摹仿阿波罗，阿波罗是宇宙的一般性。第二个等级是缪斯凭附的迷狂（mania）②。如果没有这种迷狂而单凭诗的技巧就想成为一个诗人，那只是妄想。神智清醒的诗在迷狂的诗面前黯然无光。第三等级是善于在事物中发现美的人。就像柏拉图所写的那样，"如果它（指灵魂——引者注）对于真理见得最多，它就附到一个人的种子，这个人注定成为一个爱智慧者，爱美者，或是诗神和爱神的顶礼者。"③ 这是第一流的种子，以下依次为守法的君主，政治家或者经济学家，医生，预言家，第六流是诗人或者其他摹仿的艺术家，第七流到第九流分别是手艺人或农民，诡辩家，僭主。普罗克洛坚持音乐的政治意义，同时谈到节奏与和谐。

　　第六，如果柏拉图认为和谐与节奏对教育具有重要意义，那么，他必然要详细地说明和谐与节奏，在哪里可以找到柏拉图的这些论述呢？回答这个问题时，普罗克洛主要依据理想国所准许存在的和谐与节奏。这是多里斯式和佛律癸亚式乐调④，前者是勇猛的乐调，使人在战场英勇坚定；后者是温和的乐调，适合和平的生活。普罗克洛认为最适合行军的音步是短长格、长短短格和抑抑格，他特别称赞长短短格⑤。他主张他所指出的行军性节奏，特别是长短短格，完全符合灵魂的正确结构，灵魂始终处在

---

① 柏拉图：《斐多篇》，61ε。
② 柏拉图：《斐德若篇》，245a。参见柏拉图《文艺对话集》，第118页。
③ 柏拉图：《文艺对话集》，第123页。
④ 同上书，第58页。
⑤ "希腊诗如英文诗，分行计算，每行依字音数目分若干音步，每音步以长短相间见节奏，与英文诗以轻重相间见节奏有别。每音步通常有两个或三个字音，最普通的有三种排列：'短长格'先短后长，'长短格'先长后短，'长短短格'一个长音之后有两个短音。因这种有规律的排列见节奏叫做'音乐'"（柏拉图：《文艺对话集》，第60页注①）。

美的运动状态和美的静止状态中。为了避免风格的杂多，普罗克洛和柏拉图一样，摒弃弦子太多而音阶复杂的乐器，以及笛子①。在具体论述后，普罗克洛提出一个重要的看法：诗人在自己的摹仿中，即在自己的和谐与节奏中，应该依据两种基础："美"和"简洁"。这表明了普罗克洛创立理想的艺术创作理论的意图。

第七个到第十个问题正是讨论理想的艺术创作的。柏拉图之所以批评诗，并非他不理解诗，而正因为他对诗有深刻的理解。那么，他认为什么才是理想的艺术创作呢？艺术创作的目的是什么呢？普罗克洛认为，神是真正的艺术创作的客体。于是，真正的诗是神话，柏拉图在《斐多篇》②中就直接谈到这一点。在神话中应该描绘人的生活最客观的事件，即婚配、生育、教育。在伦理领域，艺术创作的客体是美和善的东西，即法律，子女对父母的尊敬等。诗人和艺术知觉者的主观状态不应该同享乐和快感有任何共同之处。在这里最主要的是追求德性，努力成为最美和最有德性的人。

从普罗克洛关于艺术的问答中可以看出，他十分重视艺术的作用，然而又仅仅从理想国的政治标准来衡量艺术，在普罗克洛时代，上千年的奴隶制倾覆了，封建制已经成熟，罗马帝国土崩瓦解。以普罗克洛为代表的新柏拉图主义者只承认古老的希腊文化，不想接受新的东西，把当时兴起的基督教视为最凶恶的敌人。然而，古希腊仅仅成为一种理想。这种理想被新柏拉图主义者解释为惟一可能的和真正的现实。

（二）善、美和正义

德国著名的新柏拉图主义著作出版者和翻译者克莱泽（Fr. Kreuzer）从普洛丁对柏拉图对话的注释中，专门辑录了关于美的论述，以《论整一和美》为名于 1814 年在海德堡出版。这

---

① 柏拉图：《理想国》，62—63。参见柏拉图《文艺对话集》，第58—59页。
② 柏拉图：《斐多篇》，61b。

部著作成为后人研究普罗克洛美学思想的专门资料。

在《论整一和美》中，普罗克洛依据新柏拉图主义者的认识论原则，即三大本体的系统。第一本体是善。第二本体应该是理智，由于理智是美本身，所以，普罗克洛把第二本体称作美。第三本体原本是灵魂，在新柏拉图主义者看来，灵魂是自我运动的生成，这种生成应该体现理智的规则，所以灵魂当作某种正义的东西而存在。普罗克洛把第三本体称作正义。这样，《论整一和美》中的三大本体是善、美和正义。

> 善在神中，美在理智中，正义在灵魂中。①

普罗克洛认为，善作为最概括的一般性，只是理智和美的开始。当善显示出它所隐匿的对立面，并赋予这些对立面以某种结构，这就表明，善过渡到美。美和正义也存在着相应的关系：

> 当然，由此可见，正义也同时是美，但不是整个美；美的原因服从善，而任何美都是善，但是，一切善的根源以自身的单纯超过任何美，正义以美为中介与善结合时，它也是某种善；不过善本身既超越美，又超越正义。②

在普罗克洛那里，三种本体既是同一的，又是差异的。每一种本体既是自身，同时又部分地包含其他两种本体。善是美和正义的同一，这种同一是绝对的和不可分割的一。美是善和正义的同一，这种同一是可以被分割的整体。正义是善和美的同一，是绝对的一在可以被分割的整体中的生成。普罗克洛以简洁、明确的语言，阐明了希腊美学的一个基本原则。希腊人之所以欣赏美，因为他们要在美中发现善，这种善就是类似于神的某种理想实体。善高于美，这里的善不是道德范畴，与道德没有任何关系，

---

① 普罗克洛：《论整一和美》第 107 节。
② 同上书，第 108 节。

　　而是最高的存在。希腊人的审美对象不脱离存在和生活，并非不涉利害的，从功利角度看，它是合适的和合目的的。对于希腊人来说，宇宙就是这种美的和独立自在的对象，同时又是功利的对象，它决定了人的整个生活的状态。在这种意义上，普罗克洛关于美的理论是希腊罗马上千年的审美经验的一种总结。

　　中世纪和文艺复兴时期的阿拉伯哲学、犹太哲学和基督教哲学深受普罗克洛的影响。近代西方对普罗克洛的兴趣明显下降，直到黑格尔这种状况才发生根本变化。黑格尔于 19 世纪 10—20 年代讲授的、30 年代出版、40 年代再版的《哲学史讲演录》花了较多篇幅研究普罗克洛，对他的三大本体辩证法作了生动阐述。20 世纪西方学术界对普罗克洛的兴趣大增。因为近年来对中世纪和文艺复兴哲学文献的研究，表明了普罗克洛学说对这些哲学的形成的巨大意义。同时，普罗克洛著作新的大为完善的译本和注释本的出现，促进了这些著作的普及。在对普罗克洛的研究中，德国、英国特别是法国学者起了重要作用。

　　柏拉图学园的关闭意味着希腊罗马哲学和罗马新柏拉图主义的终结，然而罗马新柏拉图主义的终结并不表明整个新柏拉图主义的终结。新柏拉图主义有三种基本的、具有世界意义的类型：希腊罗马新柏拉图主义、中世纪新柏拉图主义和文艺复兴新柏拉图主义[①]。

　　希腊信奉多神教，多神教把自然力量和社会发展的物质力量神化。于是，对于新柏拉图主义者来说，物质的、感性知觉的和肉眼看到的宇宙，即地球和带有不动星体的苍穹，是存在的最后类型。在这种天文学的世界观中，诸神仅仅是宇宙循环周转的原则和宇宙内部万物的生成模式。因此，希腊罗马新柏拉图主义的基础是宇宙学，它力图解释宇宙的循环周转和存在的永恒往复的正确性。希腊罗马新柏拉图主义美学首先是宇宙学的。

　　中世纪新柏拉图主义不仅服务于自然、人和整个宇宙，而且

---

　　① 　参见洛谢夫《文艺复兴美学》，莫斯科 1982 年版，第 79—110 页。

首先服务于绝对个性的理论，绝对个性高于自然和世界，是一切存在的造物主。中世纪新柏拉图主义与多神教相对立。中世纪新柏拉图主义美学论证和表现一神教。因此，其基础不是宇宙学，而是神学。

文艺复兴新柏拉图主义既不满足希腊罗马新柏拉图主义的多神教，又不满足中世纪新柏拉图主义的一神教，不过，它和希腊罗马新柏拉图主义有某种共同之处：借助希腊罗马新柏拉图主义主要代表人物普洛丁和普罗克洛的唯心主义范畴使物质世界永存。它也和中世纪新柏拉图主义有某种共同之处，那就是对独立的和普遍的个性的崇拜。文艺复兴美学中最主要的东西是这样一种个性，它不在超世界的存在中，而在纯人的现实中是绝对的。按照希腊罗马的模式，个人仅仅从物质上、自然上被理解。而按照中世纪的模式，人把自己理解为个性，这种个性经常追求独立存在中的绝对化。这样，文艺复兴美学不是宇宙学的，也不是神学的，而是人文主义的。

中世纪美学

导　论

一　欧洲文明的崛起与
基督教的文化景观

　　罗马帝国在经历了社会的繁荣与衰败、版图的扩张与分裂之后，在内忧与外患之中走向了它的历史终点。公元476年，日耳曼将领、黑鲁尔人奥多维克（Odowakar，公元433年至493年）废黜了定都于腊万纳的最后一个西罗马帝国皇帝罗慕洛·奥古斯都（Romulus Augustulus）。由此标志着罗马帝国和欧洲古代历史的终结。

　　随着奴隶制的衰落、蛮族的入侵和民族大迁移，欧洲的历史翻开了新的一页。这是欧洲内陆各民族从蒙昧和野蛮走向文明的时代，也是封建所有制和生产方式取得大发展的时代。基督教作为一种文化生活方式，成为古代社会留给中世纪的一份独特的历史遗产。

　　作为罗马帝国国教的基督教，由于兼收并蓄了异质文化的基因，并没有随着帝国的覆灭而走向衰亡，相反却像凤凰涅槃那样在烈火中获得了新生。在古代文明的废墟上，基督教不仅作为一种社会意识形态，而且作为文化知识的活的载体和作为一种社会生活方式取得了发展的契机。它不但征服了处于氏族社会的蛮族占领者，并且由地中海沿岸逐步渗透到整个欧洲大陆和北欧诸岛，形成了超越国界的神权政治体系和文化体系，成为重建欧洲文明的组织者。在封建制度形成和发展的过程中，教会组织也成为封建制度的卫道士和最大的土地占有者。中世纪是欧洲各个民族国家特别是富有活力的大民族国家形成和发展的时期，也使各国文化打上了深刻的宗教烙印。

（一）基督教的形成及其教义的思想根源

宗教是人类心中的梦幻。它源于人对非人格的超自然力的敬畏感和人们面对生活的苦难对于终极价值的探寻。基督教产生于巴勒斯坦的犹太人当中，是从犹太教的一个革新教派分化发展而来，在传播过程中突破了民族界限而成为世界性宗教。

犹太民族是一个苦难深重而又不屈不挠的民族，千百年来一直处于外族的奴役和蹂躏之下，这与其所处的地理位置相关。犹太祖先闪米特族的希伯来人于公元前 14 世纪上半叶由阿拉伯沙漠进入巴勒斯坦地区，与当地迦南人逐渐融合，形成了农耕的以色列·犹太部落。巴勒斯坦位于亚洲西部，是濒临地中海的一块狭长地带。它是亚洲与非洲陆路交通的要冲，也是经由地中海连接欧洲的通道，因此自古以来成为大国之间争夺的对象和征战的沙场。在经历了王国的黄金时代之后，随着犹太·以色列王国的分裂和来自西亚北方、伊朗及阿拉伯半岛游牧民族的入侵，致使战乱不已，犹太民族遭到无休止的掠夺、屠杀、放逐和压迫之苦。

犹太教是对其民族神"雅赫维"（Jahweh）习称"耶和华"（Jehovah）的一神崇拜。公元前 621 年，犹太王约西亚为强化王权、振兴国力，实行宗教改革，严厉取缔了原有的多神崇拜，奉耶和华为惟一真神。公元前 6 世纪，囚禁在巴比伦的犹太人回国，异族统治者便利用耶路撒冷的祭司贵族对犹太人实行统治，由此重建了耶路撒冷圣殿而强化耶和华的一神地位并建立了神权政治的犹太教统治，使犹太教定型化。犹太教（Judaism）最早的经典"摩西五经"或称"律法书"，即《旧约》中的《创世记》、《出埃及记》、《利未记》、《民数记》和《申命记》，在公元前 444 年以前编集完成，均用希伯来文写成。

长期的民族苦难使犹太人产生了浓厚的不幸意识，在现实中得不到幸福和安宁，于是只能到宗教的天国去寻求安慰。犹太教重今生而不重冥世，这是与其他民族宗教的不同之处。犹太教把犹太人所受的无尽苦难解释为罪在自身，是由于违背了神意而招致的罪孽和惩罚。他们把家园的失落归因于天罚，这种负罪感也是对苦难现实的一种慰藉。在犹太教义中包括四大神话：其一创世说，其二负罪观念，其三末日审判，其四弥赛亚观念。《旧约》便以神话预言和文学象征的手法述说了犹太民族的苦难，并由此提出道德训诫，以加强民族意识，争取神的赦免。所以《旧约》也成为犹太人的律法。其中各种神话的思想素材多来源于东方各民族的神话传说。

关于创世神话、伊甸园和洪水传说主要取材于巴比伦的古代传说。[①] "伊甸"本是巴比伦人对幼发拉底河下游冲积平原的名称，后来在古希伯来语中引申为"一个可乐之地"的含义，从而用于指称地上人间乐园。创世和洪水传说可从两河流域古城发掘出来的古代碑碣、泥砖上得到考证。古巴比伦宗教中的创世神话主要见于《巴比伦史诗》的记载。该诗形成于公元前18世纪前后。埃及宗教与巴比伦宗教不同之处，在于它信仰神灵对死者的审判和死人的复活，相信死者灵魂在阴间接受审判并轮回到来世。这些观念也为末日审判和地狱之说提供了素材。在古埃及还流传过关于救世主降临之说，这也为犹太教弥赛亚观念的形成提供了线索。此外，在波斯宗教中对天使魔鬼的描述以及末日审判之说，也对犹太教产生了影响。

到罗马帝国统治时期，犹太教中逐渐形成了不同的宗教派别。1947年发现的《死海古卷》（*Dead Sea Scrolls*）即是公元前后犹太人艾赛尼派的经卷，其中记载的社团生活与《新约》的早期基督教活动情况十分相似，因此人们认为基督教很可能就是艾赛尼派社团中的一个分支派别。

那是1947年春天，一个名叫穆罕默德·伊尔迪伯的阿拉伯牧童在巴勒斯坦死海的西北岸山谷里寻找迷失的羊，走到一个名叫

---

① 参见卓新平《世界宗教与宗教学》，社会科学文献出版社1992年版，第259页。

库兰的山谷里，他把石头扔进陡崖峭壁间的一个山洞，听到的是陶瓮被击碎的声响。在惊奇之余，他约了其他牧童进入洞中，发现有许多陶罐的碎片和一些完整无缺的陶瓮。在瓮内装着许多用布卷着又用皮带捆起来的羊皮卷和蒲草的文件。他们便将皮卷带到耶路撒冷城出卖，辗转售给了该城圣马可修道院、叙利亚东正教大主教阿塔那修·塞缪尔。经初步研究，这是最古老的希伯来文旧约抄本。后来人们先后又在库兰 1 号洞附近找到许多洞穴，其中藏有大量《旧约》古卷和其他文献手抄本。[①]

建于公元前 140 年间的库兰宗团，是在犹太国的废墟上成立的教派组织。他们远离城镇隐居在沙漠旷野，过着正常的婚姻和家庭生活，但却实行财产的公有制，并不看重财富。艾赛尼教派居住的地方正是库兰宗团和古卷出土的地区。艾赛尼教派的生活，正如《新约·使徒行传》所描写的。公元前 31 年到公元 5 年，受地震影响房屋倒塌，这里的人员暂时撤离，宗团生活中断了三十余年，以后重新恢复，一直延续到公元 68 年，在罗马帝国第十军团镇压犹太人武装起义中终结。这段时间正是基督教的形成期，该书反映了这一历史时期的社会背景，对于《新约》的产生作出了历史性的阐释。

弥赛亚观念是犹太教的一个独特宗教观念，是对未来的向往和期待，也是走向救赎之路的企盼。[②] 相传耶和华将派遣一位受膏者恢复犹太国家，救犹太人于水深火热之中。《福音书》中所称拿撒勒人耶稣，可能就是《死海古卷》提到的被祭司贵族杀害的艾赛尼派的一个首领。这个教派关于天国临近，现实世界行将完结的宣传，不为罗马帝国统治者所容许，因此教派首领被杀。被害者的事迹在口口相传中被理想化，于是耶稣就成了弥赛亚。希伯来文的弥赛亚（mashiah），译成希腊文即基督（Christus），由此信仰上帝和信仰耶稣基督的基督教便应运而生。

---

① 参见《死海古卷》，西奥多·H.加斯特英译，王神荫汉译，商务印书馆 1995 年版。

② 参见安长春《基督教笼罩下的西欧》，中央编译出版社 1995 年版，第 10 页。

从弥赛亚的千年至福年的理想到基督救赎说的转化是基督教最终脱离犹太教而成为独立宗教的标志。在基督救赎说中，上帝的天国只存在于彼岸世界，进入天国的不再是具有血肉之躯的人，而是超脱了肉体的灵魂。基督通过自身的受难和复活，救赎了世人的罪过。此岸性与彼岸性的对立，肉体与灵魂的分离，这种灵肉二元论成为基督教的基本思想。

基督教形成的初期，仍然依据犹太教的经卷，遵守犹太教律法行事，尚未形成自己系统化的教义。基督教的传播便是依靠所谓使徒和先知，按照自己的理解宣传教义发展信徒。他们传播爱上帝和爱人如己的观念，前者体现在执著宗教信仰、轻视世俗的物质生活而潜心于精神的修养，后者则体现在宣扬人人平等的理想、传播大同世界的福音。基督教用罪孽意识对社会的衰败作出解释："世界的堕落，罪在于你，在于你们大家，在于你和你们自己内心的堕落。"① 承认每个人在总的不幸中都有一份罪孽，这种认同成为基督教同时宣布的灵魂得救的前提。这种教义在当时具有巨大的感召力和征服力。

尽管基督教的圣教历史和负罪意识来自犹太教，但是它的教义却是在犹太教神学与希腊哲学的结合中形成的。由此使基督教与犹太教产生了一系列本质区别。犹太教的核心是律法和祭祀，基督教的核心是信仰和道德。基督教克服了犹太教的此岸性和直观性，成为一种关于灵魂和彼岸世界的福音。它并不拘泥于外在的律法，而侧重内在的信仰。基督教提倡动机论的道德观，不同于犹太教的效果论；同时它侧重于灵魂得救和精神自由。这种唯灵主义是古希腊的一种文化传统，它最初以直观形式表现在希腊民间神秘祭（奥尔弗斯教）的轮回转世说中，以后在毕达哥拉斯、苏格拉底和柏拉图等人的哲学中得到理论的提炼和表述。最后是通过斐洛的隐喻神学和普洛丁的神秘主义进入基督教义中，成为一套系统化的宗教形而上学体系。

---

① 恩格斯：《布鲁诺·鲍威尔和早期基督教》，《马克思恩格斯全集》第19卷，1963年版，第335页。

早期基督教在广大穷苦人中引起共鸣，使它成为组织被压迫者的运动。它最初是奴隶和被释放的奴隶、穷人和无权者、被罗马征服或驱散人们的宗教。早期基督教的这种阶级特性，在《新约》的福音书中有鲜明的反映。在《路加福音》的《雅各书》中都有祝福穷苦人而诅咒或贬抑富人的言论。因此，基督教的传播首先遭到罗马帝国的压制和禁止。许多基督徒在被迫害时坚贞不屈而成为殉道者。艰难的逆境加强了信徒的"上帝选民"意识，反而激发了广大信徒的使命感和殉道精神。

随着罗马帝国内忧外患的加剧，一些富有的人也逐渐淡泊名利、愿意舍弃身外之物而投身基督教门下。当然也有想借助教会势力来壮大自己力量的人，包括奴隶主、高利贷者和帝国官员。他们的利益和意愿也使基督教义逐步蜕变。例如早期的耶稣形象是反抗罗马统治的造反者，而后来耶稣成了慈悲为怀、主张博爱、逆来顺受、与世无争的样子。

基督教会建立的初期，没有固定的神职人员，信徒之间一律平等。献身于传教事业的人中的德高望重者被称为使徒或先知，前者游走四方宣讲教义和发展信徒，后者组织和管理教会事务。以后随着组织的扩大，教会内部逐步形成教阶制，主教成为教会中握有最大权力者。教阶制实际上是罗马帝国世俗官僚体制在教会组织中的反映，它的实行为基督教投向罗马帝国的怀抱作了组织上的准备。公元 323 年君士坦丁大帝（Constantius I Gaius Flavius Valerius，约公元 274 年至 337 年）为求得基督教势力的支持，宣布自己为基督徒，要求举国信奉基督教并授予教会以种种特权。公元 325 年，他召开了尼西亚宗教会议，为众说纷争的基督教制定出统一的教义。

（二）《圣经》对欧洲精神文化的影响

C. 吉尔兹（Clifford Geertz）在《宗教——一种文化体系》一文中指出：宗教是一种象征体系，它的作用是在人们心中产生有

力的、具有渗透性的及持久的心态和动力，这一过程是通过形成
关于生活的一般关系的概念，并且通过给这些概念笼罩上一种真
实气味，以致这样的心态和动力看上去是极其真实的。宗教象征
在一种具体的生活方式与一种特殊的玄学之间形成一致，因而综
合成一种民族的精神气质——他们的审美方式、风气和精神品
质——以及他们的世界观。[1]

《圣经》（即《旧约》和《新约》）作为基督教的经典，既是
信奉者信仰的依据，又是他们的世界观、人生观和价值观的指
南。它以诗性的方式诉说着人与世界的故事，并对整个精神文化
产生了重大的影响，其中也包括许多积极的方面。

翻开《旧约·创世记》，首先跃入人们视野的是一幅宇宙起源
的图景：起初，神创造天地。地是空虚混沌，渊面黑暗；神的灵
运行在水面上。神说："要有光。"就有了光。神看光是好的，就
把光暗分开了。神称光为"昼"，称暗为"夜"。有晚上，有早
晨，这是头一日。在这一图景中，上帝是宇宙之源的惟一创造主
体，通过他的圣言产生了宇宙万物。显而易见，这一创世神话是
与古希腊的宇宙观念完全不同的。

在古希腊的文化传统中，人们对自然的探寻曾经采取了这样
两种不同的方式：一种是泛神论的形象思维方式；另一种是哲学
的理性思维方式。

前一种是将自然力人格化，而形成了神话传说。古希腊人认
为，最初到处是一片混沌（称为哈俄斯），从混沌中最先出现了
大地（即地神盖娅），接着在大地的底层出现了黑暗（即厄瑞玻
斯），在大地的上面出现了黑夜（即潘克斯）；黑暗和黑夜相结合
产生了光明（即埃忒耳）和白昼（即赫墨拉），这时大地又生出
了天空（即天神乌剌诺斯）。地神盖娅和她的儿子天神乌剌诺斯
结合，生下了十二个提坦巨神（六男六女）。这些巨神彼此结合，
又生出了日（即赫利俄斯）、月（即塞勒涅）、黎明（即厄俄斯）

---

① 参见布林·莫利斯《宗教人类学》，今日中国出版社 1992 年版，第 433 页。

和星辰（即阿斯特赖俄斯）等许多神。在希腊人的想象中，神与人是同形同性的，且具有人的形象和人的感情，所不同之处在于他们永生且主宰着人间的命运。[①]

另一种对自然的探索方式是自然哲学。古希腊哲学便是从自然哲学开始的，泰勒斯（Thales，公元前 624 年至公元前 546 年）作为古希腊第一位哲学家，曾经把水看作是万物的始基。认为宇宙万物最初是由水产生的，这是对自然界本原的一种探索，它把可见的、变化的、无限多样的世界，归结为一种不变的、绝对的本体。在认识论上，他已经是用概念而不是神话的感性形象来说明世界；在方法论上，他已经用归纳和类比来作出论证，从特殊中去寻求一般，把感性具体上升到思维抽象。

然而，《创世记》对宇宙生成的神学断言，却把宇宙生成和演化描述为一个超验主体的自我意志的实现过程，这是意味深远的。它给西方自然哲学带来了根本性的转变，它一方面断绝了自然力成为人格神的可能性，另方面用直接的创造性陈述取代了从质料或元素中追寻本原的逻辑过程。对于经验世界所不能解释的现象，它转向了一条超越认知理性的思路，使人类的理性能力在有限的经验之外得以拓展。由此，使西方人较早地摆脱了人与自然的含混互证或人对自然的依赖关系，并从中获得了一个相对稳定的逻辑起点。[②] 创世说表明，一切自然物都是被上帝同样创造出来的，即便是看似神圣的太阳和天地。由此，自然不再是人们崇拜的对象，人与自然的关系被人与上帝、受造物与造物主的关系所涵盖。人成为自然界的统辖者，人与自然界是一种平等关系和制约条件，宇宙万物成为人的对象，为人改造自然的实践和理性探索提供了思想前提。同时，它也表达了对宇宙内在秩序与和谐统一的神学信念。所以这一创世神话对欧洲后世的科学精神和

---

① 参见戈宝权《〈马克思恩格斯选集〉中的希腊罗马神话典故》，三联出版社 1978 年版，第 3 页。

② 参见何光沪、许志伟主编《对话：儒道释与基督教》，社会科学文献出版社 1998 年版，第 370 页。

人本精神都有一种推动作用。

由伊甸园的传说演化出的原罪观念，是《新约》和教父所作教义阐释的结果，它不仅是基督教义的立足点，并且突破了神学的思维方式，揭示了某种人类学和历史哲学的深刻命题。

据《旧约·创世记》所载：神照着自己的形象造人并将所造的男女安置在伊甸园中。一天狡猾的蛇对女人说："神岂是真说，不许你们吃园中所有树上的果子吗？"女人对蛇说："园中树上的果子我们可以吃；惟有园当中那棵树上的果子，神曾说：'你们不可吃，也不可摸，免得你们死。'"蛇对女人说："你们不一定死，因为神知道，你们吃的日子眼睛就明亮了，你们便如神能知道善恶。"于是女人见那棵树的果子好作食物也悦人的眼目，且是可喜爱的，能使人有智慧就摘下果子来吃了；又给她丈夫，她丈夫也吃了。他们二人的眼睛就明亮了，才知道自己是赤身露体，便拿无花果树的叶子，为自己编作裙子。神发现人偷吃禁果以后，首先惩罚了蛇，接着又对女人说："我必多多加增你怀胎的苦楚，你生产儿女必多受苦楚。你必恋慕你丈夫，你丈夫必管辖你。"又对亚当说："你既听从妻子的话，吃了我吩咐你不可吃的那树上的果子，地必为你的缘故受诅咒；你必终身劳苦，才能从地里得吃的。地必给你长出荆棘和蒺藜来，你也要吃田间的菜蔬。你必汗流满面才得糊口，直到你归了土，因为你是从土而出的；你本是尘土，乃要归于尘土。"耶和华怕人与他相似，能知善恶且永远活着，便把他们赶出了伊甸园，以防他们再吃生命树上的果子（《创世记》第三章）。

亚当和夏娃受魔鬼的引诱，违背了神的命令而偷吃了禁果。由此他们获了罪，从而陷入苦难。这种堕落使人类处于罪恶的悲惨之地，从亚当遗传下来成为人类的原罪。应该说，亚当和夏娃所犯之罪并不在进食行动本身，而在他们偷吃禁果的动机，就是希望眼睛明亮能如上帝一样拥有各种知识。负罪的本质是，人不甘心让上帝作造物主而自己只安分守己地作受造物，人要把上帝赶走而自作上帝。这是人的自我膨胀和对上帝的背叛。在这里，神人关系是人的存在之本，这个关系的失调和破裂，继而使人与人以及人与自然的关系也出现问题。

其实，追求认识世界和把握世界正是人的主体性的体现，人的实践活动从一开始就面临着充满矛盾与困惑的抉择：吃智慧树的果子必将心明眼亮，但同时却失掉了伊甸乐园。然而人又不安于伊甸园的狭小天地，他要去了解和掌握自身的命运。由此，他失去了乐园，却获得了世界；犯下了罪孽却赢得了历史。正是这种负罪感，使人们在上帝面前保持了谦恭的态度，不断对自我作出心灵的忏悔和灵魂的拷问，体现出一种人的理性的自我意识。这种自我意识也使欧洲文化在进取和扩张中保持了内省和悔罪的精神。

耶稣基督作为上帝之子，是神派到人间的救世主，他以自己的人生行动为人树立了效仿的楷模和榜样，通过自己的十字架受难完成对人类的救赎。

耶稣在登山训示中说：虚心的人有福了！因为天国是他们的。哀恸的人有福了！因为他们必得安慰。温柔的人有福了！因为他们必承受地土。饥渴慕义的人有福了！因为他们必得饱足。怜恤的人有福了！因为他们必蒙怜恤。清心的人有福了！因为他们必得见神。使人和睦的人有福了！因为他们必称为神的儿子。为义受逼迫的人有福了！因为天国是他们的（《新约·马太福音》第五章）。这是对常人道德修养的一种昭示和宣言，它将虚心、哀恸、温柔、饥渴慕义、怜恤人、清心、使人和睦和为义受迫等美德写在了他所张扬的人性旗帜之上。尽管它抹杀了人的阶级属性，但是它对人的个性品德和人间平等的倡导仍然具有积极的意义。

耶稣以自己的身体力行为人作出表率。他曾被圣灵引到旷野，受魔鬼的试探。他禁食四十昼夜，后来就饿了。那试探人的进前来，对他说："你若是神的儿子，可以吩咐这些石头变成食物。"耶稣却回答说："经上记着说：'人活着，不是单靠食物，乃是靠神口里所出的一切话。'"魔鬼就带他进了圣城，叫他站在殿顶上，对他说："你若是神的儿子，可以跳下去，因为经上记着说：'主要为你吩咐他的使者，用于托着你，免得你的脚碰在石头上。'"耶稣对他说："经上又记着说：'不可试探主你的神。'"魔鬼又带他上了一座最高的山，将世上的万国与万国的荣华都指给他看，对他说："你若俯伏拜我，我就把这一切都赐给你。"耶稣说："撒旦退云吧；因为经上记着说：'当拜主你的神，单要侍奉他'。"（《新约·马太福音》第四章）

这里以隐喻的方式揭示了抵制世俗的诱惑、坚守人的信念和意志，从而走向自由解放的心灵之路。三次诱惑分别代表了在物质享受与精神生活之间、在怀疑动摇和执著信仰之间、在荣华富贵和终极追求之间的抉择。《圣经》将价值选择的焦点集中在对世界终极目的的无限信仰之上。上帝便是至善至美的终极实在，与上帝的合一才是人的最大幸福，也是人的最高价值实现。耶稣背负着上帝对人类之爱，为了替人类赎罪，勇敢地迎接了十字架的受难使命。在这里，信仰是一种精神力量，它强调主观人生态度的执著和坚定，这无疑有助于杜绝人类历史上为无止境的物质索取和功利享乐所带来的社会弊端。

（三）基督教在重建欧洲文明中的文化整合作用

从公元5世纪开始，欧洲的版图彻底改变了它的面貌。民族大迁移不仅摧毁了古代奴隶制，也为全欧范围封建民族国家的形成准备了历史条件。当时，在意大利很难见到一座完整的房屋或一片耕耘好的农田，在西班牙、高卢和多瑙河流域到处是人烟绝迹的土地。从阿尔卑斯山到比利牛斯山，从大西洋岸边到莱茵河畔，罗马时代的文明迹象几乎消失殆尽。处于氏族社会的日耳曼人尚未经历过城市生活，他们怀着疑惧的心理将罗马帝国的城市夷为废墟，使工商业也尽遭破坏。

在社会经济遭到严重破坏的同时，由于西罗马帝国政权系统的崩溃，社会处于混乱和无序状态。处于原始社会末期的日耳曼人还没有治理社会的经验，新秩序和社会制度的建立需要一个长期的过程。新的文明的产生必然伴随着临产前的阵痛。这一状况给基督教的发展提供了社会土壤。基督教为遭受苦难的人们展示了一个足以令人寄托的彼岸世界，具有压倒一切异教的信仰征服力。教会在教义、组织和制度等方面日趋成熟，积累了治理社会的经验。在古代文明被一扫而光后，教会又是古代文化的惟一拥有者。因此在中世纪的历史过程中，基督教扮演了极其重要的角色。它渗透到社会生活的各个方面，形成了强大的物质力量和精神力量。

来自北方的各个日耳曼蛮族部落，哥特人、汪达尔人、法兰克人相继都皈依了基督教。正如海涅所说："那种唯灵主义对于极其强壮的北方各族人民，都产生了良好的作用，在他们过于暴烈的野蛮身躯里，注入了基督教的精神；于是欧洲文明开始诞生。"[1]

在各个蛮族王国中，法兰克王国从公元 6 世纪后期一跃而为西欧最强大的国家，是与它得到正统基督教会的支持分不开的。法兰克人一开始就皈依了正统基督教，教会大力促进了法兰克统治的稳固和扩展。而东哥特王国在意大利实行宽容政策和信仰自由，反而被当地居民视为异族统治，最后导致灭亡。公元 751 年，法兰克王国的宫相矮子丕平三世便是在罗马教皇的帮助下登上国王宝座的，他接受了罗马教皇的任命和洗礼，作为答谢把腊文纳州和罗马省土地赠予教皇，使罗马教皇成为独立的世俗君主并建立了教皇国家。

到查理曼时代，法兰克王国被教皇授予"神圣罗马帝国"称号，加洛林王朝走向兴盛，开始形成体制完备的封建神权统治，为欧洲中世纪发展奠定了基础。这一时期文化艺术的发展被称为"加洛林王朝文化复兴"，它标志着古代地中海文化已经通过基督教的媒介成功地移植到西欧内陆，并为日后发展创造了必要

---

[1]　海涅：《论浪漫派》，人民文学出版社 1979 年版，第 8 页。

条件。

　　自西罗马帝国灭亡之后，基督教会成为保存罗马法律的惟一机构，它为欧洲封建社会的法制建设提供了可供参照的范本。从公元 6 世纪起，法兰克王国的法规一般都由富有《罗马法》和《教会法规》知识的基督教学者负责修订。到 11 世纪，由意大利和法国开始，全面引用和复兴《罗马法》，从而推进了各国政治的统一。古代奴隶制是鄙视体力劳动的，把它看作是丧失自由的人的活动。基督教对于体力劳动和工艺技术的重视和倡导，对于整个欧洲经济和技术的发展起了推动作用。西欧修道院制度的创立者本尼狄克特（Benedictus，约公元 480 年至 543 年）对于修道院生活方式进行了改革，要求修道士自食其力、刻意进取。他所制定的《本尼狄克特规矩》（*Benedictine Rule*）在其后的二百年时间里，使欧洲修道院成为自给自养的机构，同时设立了各种工场并向修道士传授各门工艺。《规矩》提出：“懒惰是灵魂的大仇敌，故修道士不宜有闲空，他平常不是作劳动的事，就应当读有益的书。”① 传道士除传道以外，也教授人们各种技艺，如农耕、建筑、捕捞以及手工艺技术。特别是在欧洲北方，僧侣社区还是优秀手工艺匠人的保护所，许多僧侣本人也是手艺人。

　　基督教会不仅是欧洲各国最大的土地占有者，几乎各国都有三分之一的土地属于教会团体；而且它也是一股强大的政治力量。各国国王的顾问、首相、国务卿和中央机构官吏往往是从僧侣中选派，国会或议会等也有广泛的僧侣代表参加。因此，教会在意识形态方面发挥了主导作用，成为社会的精神领袖，并用自己的权威使中世纪封建制度神圣化。

　　在教育方面，逐渐形成了完备的初、中和高三级教育体系。在教会和修道院附近，建立了初级学校，主要学习拉丁文和宗教礼仪，以培养识文断字的出家人（修士）。中级学校则产生于主

---

　　① “Benedictine Rule” Ch. 48 Thatcher and Mc Neal, pp. 467—468. 参见杨昌栋《基督教在中古欧洲的贡献》，社会科学文献出版社 2000 年版，第 138—139 页。

教的讲坛下，入学者主要学习和研究七种自由艺术，即文法、修辞、辩证法、算术、几何、天文地理和音乐。大学产生于 12 世纪，其中一些是由拥有许多出色的神学和哲学教授的主教学校而形成，此外也有私人教师、哲学、法律（罗马法）和医学的专家联合组成。巴黎大学是欧洲最古老的大学之一，其中分为文学院、医学院、法学院和神学院。由 12 世纪开始西欧封建社会逐步达到鼎盛，其文化的发展也渐入高潮。当代西方文化史学者把这一形成于 12 世纪的西欧文化发展高潮称为 "12 世纪文化复兴"，它为十四五世纪意大利文艺复兴运动做了必要的准备。

从 11 世纪末到 13 世纪末，由基督教会发动的带有宗教性质的军事远征，即十字军东征，以收复耶路撒冷为目的地，以各西欧国家的封建领主、骑士和僧侣为主力军。这是以圣战的名义（即十字架对新月）进行的掠夺性侵略战争，它源于教皇势力的膨胀和封建社会内部阶级矛盾的尖锐化，以图在掠夺和扩张中调整利益关系。在历时 200 年中陆续组织过 8 次十字军的东征，一度建立起封建等级制度完备的耶路撒冷王国，但最后以军事上的失败告终，并为后来欧洲内部的各国间的战争所取代。十字军远征对西欧的发展产生了重大的影响。首先促进了欧洲商业在地中海地区的发展，并确立了意大利、法国南部和西班牙东部的各城市在对东方贸易中的商业领导地位。其次，它客观上促进了东西方的文化交流和对东方文化以及工农业技术的引进。

总之，西方文化及其价值观念有三大来源，其一是古希腊哲学，其二是希伯来人的宗教（犹太教），其三是古罗马的法律制度。由苏格拉底、柏拉图和亚里士多德形成的思维和逻辑推理方法构成了西方人文和自然科学的传统。犹太教的上帝一神崇拜和罪孽观导致了西方文化的人格建构和超然追求。古罗马法律的严密和细致，促成了西方法制观念及立法、执法程序。基督教的崛起，以其宗教形式构成了庞大的组织结构和文化体系，包容并整合了各种文化因素，从而在重建欧洲文明中发挥了重大作用。基督教集西方文明的三大要素于一身，在理性基础上确立了对超然上帝的信仰，用宗教伦理确立了人际关系，靠契约律法构成其立宪政体，对于西方近现代社会政治的多元化和民主化发展产生了促进作用。同时，也对欧洲精神文化和审美形态的形成发挥了导向和制约作用。

二　中世纪美学的承前启后作用
及其内在矛盾

在中世纪的精神生活中，基督教处于绝对的统治地位，基督教义成为整个社会意识形态的基础。人们的审美意识、审美实践以及审美趣味无不受到宗教生活的制约，同时美学思想也被纳入到神学论证之中。因此，中世纪美学是以神学美学的形态出现的，尽管其中也存在个别泛神论的甚至反神学的观点。上帝是人类自我中心论的产物，基督教神学实质上是一种被夸大的和被歪曲了的人学，是人的本质的异化产物。同时，宗教生活与审美心态作为人类对世界的精神——实践的掌握方式又具有某种亲缘性，这都使美学在中世纪宗教文化中获得了新的发展机遇。

（一）宗教生活与审美心态

在中世纪基督教的文化氛围中形成的美学，它的价值取向和形态特征都是以基督教神学为依据的，因此是一种神学美学。要认识神学思潮对美学的影响，单纯从某些基督教义的条文去考察是不够的，因为任何美学理论的产生和发展都不能脱离具体的社会生活实践。从文化形态上看，宗教不仅是一种抽象的世界观和意识形态，而且是一种活生生的社会综合体和文化生活方式，正是由此而形成的价值观和情感态度决定和制约着美学观念的发展。所以这里应该首先对宗教生活与审美心态的关联加以考察，这将有助于了解神学美学的独特性质及其发展态势。

一种宗教观念可以转化为一种特定的审美心理，恩格斯曾经以人们对自然景观的感受具体说明了这种关联。他指出：

> 古代希腊很幸运地看到，它的风景的性质在它的居民的宗教里被意识到了。古代希腊是一个泛神主义的国家。它所有的风景都装在——或者至少曾经装在——和谐这个框子里。
>
> 如果你站在宾根附近的德拉亨菲尔斯或罗甫斯倍克的顶峰上，越过飘荡着葡萄藤香味的莱茵山谷，眺望那与地平线融合在一起的远处青山，瞭望那泛着金色阳光的绿色原野和葡萄园，凝视那反映在河川里的蔚蓝色天空，——你会觉得天空同它所有的光辉一起俯垂到地上和倒映在地上，精神沉入物质之中，言语变成肉体并栖息在我们中间：在你面前就有着具体化了的基督教。[①]

宗教是对超自然力的人格化。"一个实际信教的人并不是相信一般的神，而是相信具有明确规定特性和行为的极具体的神。教义从思想上所固定的正是这种具体性。只要这一教义是有效的，那么它必然具有不相容的排他性。"[②] 早在犹太教中便明确规定了信徒不可崇拜别的神，这是作为"十诫"的第一条内容规定下来的。在"十诫"中不仅有人与上帝关系的戒律，也规定了人与人之间关系的道德律，正是这种伦理化的内容和动因，才使基督教徒获得一种强有力的敬畏之情和仰慕之意。耶和华并没有直接表露出任何具体的形象，但是通过他的意志、情感和欲望却表现了他的人格。这是一种超越于人性的人格，从而使上帝更接近于抽象的力量和原则，保持着至高无上的超越性，由此更易于成为哲学思辨的对象。

然而在基督教中，通过上帝之子耶稣的形象取得了神与人的

---

① 恩格斯：《风景》，见《马克思恩格斯论艺术》第4卷，人民文学出版社1966年版，第388—389页。

② 卢卡契：《审美特性》第1卷，中国社会科学出版社1986年版，第86页。

统一。耶稣不仅具有神性，也具有人形。通过对圣父、圣子和圣灵的"三位一体"和"道成肉身"的理论建构，在《新约》与《旧约》之间使上帝的观念产生了很大的变化。耶稣向人们显现了与人朝夕相处、充满爱心的亲切形象，他与那陌生、威严而满怀报复心的耶和华形象大相径庭。耶稣把爱作为教义的核心，从而克服了犹太教的宗教崇拜与道德实践关系上的困扰。

由此可以看出，尽管宗教是以神为本位的，但却仍是依据人而展开的，具有拟人化的特性。正如卢卡契所言：

> 首先在每一种宗教态度中人是处于中心的。无论这种宗教设想出多少宇宙的、历史哲学的世界图像，它所构想出来的东西总是与人有关的。这样建造的世界图像按目的论是集中于人（集中于人的命运、人的被拯救上），并且关系到人对他自己、对他的同胞和他的世界的态度，所以这种关系总是具有一种主观拟人化的特性。[①]

宗教作为人对现实的虚幻反映方式，它是拟人化的。在这里，神无非是被夸大了的人类自身的投影。宗教对世界的反映和解释，脱离不了人的生活实践的体验和一定的感性映象，它只能通过神话的形式来揭示某种事物的本质。所以马克思称宗教对世界的掌握方式是"实践—精神的掌握"，而且把它与艺术（即审美）的掌握方式归为一类。[②]

同样，审美作为人的一种对世界的反映和行为方式，也是拟人化的。审美的世界是以人为中心的世界，它反映出这个世界在什么程度上适应于人。在人的审美经验中，主体不仅将自己投入对象，使自己的情感对象化；同时也将对象主观化和人格化了，使之成为主体的自身生活，由此达到主客体之间的沟通和交融。

---

① 卢卡契：《审美特性》第 1 卷，第 92 页。

② 马克思：《〈政治经济学批判〉导言》，见《马克思恩格斯论艺术》第 1 卷，中国社会科学出版社 1982 年版，第 84 页。

这种从人性的需求出发，把世界人格化的反映方式正是宗教与审美的相通之处。上帝作为超然的存在与审美作为对现实的超越，都是人的精神本性的反映。由这一点出发就不难理解，为什么许多神学的论证也采取了审美化的方式。当把上帝称为至善至美时，也把美提升到神圣和无限的高度。

基督教的核心思想是关于上帝的观念，上帝是造物主，是一种终极实在，是全能和全知以及至善至美的。只有与上帝的合一，才是人获得幸福和解放的出路。从接近终极实在的角度，可以说"宗教是一种实现终极转变的手段。终极转变意味着什么？终极转变就是一种根本的转变，即从陷入一般存在的烦恼（罪恶、无知）到最大限度克服这些烦恼而生活的转变。这种生活能力容许一个人去体验最可靠或最深刻的实在——终极"。[1] 虽然形形色色的宗教传统对这种终极实在所下的定义不同，但这些传统的追随者却以一种终极境界来限定他们的生活，并试图以这种把缺憾变成完美的方式去生活。

所以，宗教观念和信仰的产生，离不开人的想象或幻想能力的发展。早在巫术时代，原始人已经能在心目中把巫术活动与他们所期待的一定结果联系在一起。这便是通过意识的想象力所建立起的虚构的联系。随着巫术效应的不断失灵，人们在宗教神话的基础上，逐渐创造出人格化的神。正如恩格斯所说："一切宗教都不过是支配着人们日常生活的外部力量在人们头脑中的幻想的反映，在这种反映中，人间的力量采取了超人间的力量的形式。"[2] 宗教的幻想或想象不仅创造出玄虚的形象和观念，同时还相信这些形象的实在性，在这一基础上产生出宗教膜拜的活动体系。

在现实生活中，人们经受着各种人间苦难的煎熬，如果不能在心灵中想象出另一个世界——终极或神圣存在的王国，那么人

---

① 斯特朗：《宗教生活论》，今日中国出版社 1992 年版，第 3 页。

② 恩格斯：《反杜林论》，见《马克思恩格斯选集》第 3 卷，人民出版社 1972 年版，第 354 页。

们便会陷入绝望之中。上帝或神便是人类共同体在理想和想象中的代表。这一神圣王国是神秘莫测的，但又是完美无缺和永恒无限的，从而为人提供了一种精神寄托。这一神圣王国成为宇宙秩序的赋予者和生活意义的源泉，是人类信仰、赞美和希冀的圣境。同时，神圣王国还有另一种作用，它限制了人类行为，标示出人类力量所无法逾越的界限。当人们的行为与这一绝对实在相悖时，人类就会遭到毁灭，因此神圣王国也是对人类欲望的限制，从而使人在上帝面前保持谦恭和畏惧感。

在审美活动中，想象力和理解力是构成审美经验的基础。在审美感知的前提下，理解和想象是进行识别并使对象以形象的方式组织起来或相互关联的手段。想象力对于审美鉴赏和审美创造都是不可或缺的。在艺术欣赏中所感受到的东西不只是听到或者看到的东西，而且是欣赏者所想象到的东西。审美想象力使人的意识获得了超越的功能，这是人获得审美自由的重要主观条件。在艺术形式的创造中，也存在幻象，幻象的创造对于艺术具有重大作用。它使形式脱离开现实的物象，而成为一种纯粹的意象，这种具有奇异性的幻象为人提供了一种新的境界。但是艺术作为审美创造，它明确表白：它的创造物是虚构的，不具有现实的属性。这是艺术创造与宗教信仰所完全不同之处。

此外，宗教信仰的确立在于人的内在的虔诚，所以宗教生活的基础离不开道德与情感。由此，上帝在人的道德本性和情感世界中找到了栖身之地，也成为每个人道德良心的终极目标和情感生活的最后依据。信仰使人确信，可以借助于神的无限力量，达到对自我的完善。祈祷等宗教仪式的目的便是为人们打开神圣王国的大门，通过象征性活动建立起完整的经验世界，表达人们对上帝的崇拜和热爱之情。对宗教的皈依使人获得一种认同感和归属感。在社会整合的各种形象中都能在这种意义上发现宗教象征和仪式的基本含意。这些象征形式为社会全体成员规定了真善美的标准，人们的义务便是按照这种宗教象征所表现的价值观生存。

在宗教生活中，沉思冥想便是一种精神上的修炼，它是观照上帝和聆听上帝启示的惟一方法。这种冥想也具有诗歌创作的某些特点：即意象的运用、借以唤起意志和激情的技巧、对冥想最终目标的暗示等。保罗在对以弗所人的忠告中曾经对此给以提示：愿你们心里充满圣灵，对自己唱起圣诗、圣歌和灵魂的歌；在你们的心中向主唱出优美的曲调（见《新约·以弗所书》第5章）。通过这种沉思冥想，人们希图在终极力量中获得精神的再生，从而达到对宁静、幸福、欢乐和真理的内心体验。这种体验便是宗教信仰和崇拜的感情迸发。

在审美过程中，审美经验的形成是在观照（Contemplation）即沉思过程中完成的。在跨越了中世纪文化历程以后，我们从近代美学家的论述中似仍可发现审美与宗教的某种类似之处。

在席勒那里，审美形式成为对无限事物的摹写，由此审美观照超越了必然性而达到对终极意义的探寻。他说：

> 观照（反思）是人对周围世界的第一种自由的关系。如果说欲望直接抓住它的对象，那么观照就是把自身的对象推开一段距离，使其不受贪欲的干扰，从而把它变成自己真正的和不会丧失的财富。在反思的时候，那种在单纯感觉状态中绝对支配着人的自然必然性脱离开了人，在感官中出现了瞬息的平静，永远行进的时间本身停止不动了，分散的意识之光集中在一起，形式——对无限事物的摹写——投射在无常的背景上。①

在这里，"观照"应用了纯德语词汇 die Betrachtung，同时又用 die Reflexion（反思）来加以界定。

在谢林那里，艺术也成为通向神圣的途径，审美成为对无限即绝对统一性的直观。他说："艺术好像给哲学家打开了至圣所，

---

① 　席勒：《美育书简》，中国文联出版公司1984年版，第128页。

在这里，在永恒的、原始的统一中，已经在自然和历史里分离的东西和必须永远在生命、行动和思维里躲避的东西仿佛却燃烧成了一道火焰。"①

美给艺术带来和谐、神秘感和生动性，由此也使美具有了某种宗教意味。

（二）中世纪美学的承前启后作用

在中世纪，基督教神学的美学理论是在古希腊罗马美学的基础上发展起来的。早在公元 4 世纪至公元 6 世纪的教父时代，教父们便在毕达哥拉斯、柏拉图、西塞罗和普洛丁理论的基础上，建构了基督教神学的美学理论。其中奥古斯丁成为中世纪美学的奠基人，而（托名）狄奥尼修斯的美学则成为神秘主义美学和拜占庭美学的思想基础。公元 9 世纪以后，随着卡罗林王朝文化复兴以及对亚里士多德学说的广泛研究形成了经院哲学，出现了以托马斯·阿奎那为代表的经院论美学。由此，在中世纪的哲学美学中便构成了两种不同倾向，一种是基于柏拉图学说的奥古斯丁主义，另一种是基于亚里士多德学说的托马斯主义。正如吉尔伯特和库恩在其所著《美学史》中指出的：托马斯·阿奎那与奥古斯丁的关系正如亚里士多德与柏拉图的关系；无论是在古希腊或是在中世纪，后继的思想家都是同人的美善打交道，而不是同抽象意义上的美善打交道。同时他们更有耐心地对待人类娱乐的渴望和作为满足这种渴望的手段的艺术。②

中世纪美学的探索，为文艺复兴时代艺术的辉煌发展客观上提供了一定的准备。应该说，文艺复兴作为欧洲近代文化的开端，并不单纯是由古希腊罗马学术的复兴所引起，而更主要的是中世纪文化自身的矛盾运动和发展的必然结果。正如鲍桑葵在其所著的《美学史》中说："我们值得在这里指出一些迹象，说明近代思

① 谢林：《先验唯心论体系》，商务印书馆 1977 年版，第 276 页。
② 吉尔伯特、库恩：《美学史》，上海译文出版社 1989 年版，第 183—184 页。

想界日益倾向于到愈来愈早的时代，即到中世纪初期去探索文艺复兴的根源。"①

　　在艺术实践中，最初产生变化迹象的年代，·在绘画方面可以追溯到 13 世纪中叶，在雕塑上甚至可以追溯到中世纪早期。在文学方面，12 世纪的阿伯拉尔（Petrus Abaelardus，公元 1079 年至 1142 年）无疑成为浪漫主义的先驱。在建筑方面正如威廉·莫里斯（William Morris，公元 1834 年至 1896 年）所指出的："斯帕拉托宫建筑于公元 323 年左右。圣索菲亚教堂建筑于 530 年。两者相隔二百多年，在二百多年间丝毫没有什么美丽的或惊人的建筑产生，但是圣索菲亚教堂一出现以后，美丽的建筑物就开始在地球上遍地开花，圣索菲亚教堂和罗马圣彼得教堂之间的一千年可以称之为世界的建筑时代。"② 建筑是一种社会性实用性的综合艺术，中世纪建筑艺术的代表当属哥特式建筑，在这里，艺术自由的渴望所产生的巨大冲动，在唯灵主义的宗教桎梏中，结出了体现着中世纪精神面貌的一朵艺术奇葩。

　　如果没有中世纪美学和艺术实践探索的承前启后作用，没有基督教哲学对人的精神境界的某种提升和拓展，便难以设想在文艺复兴时代会产生像达·芬奇（Leonado da Vinci，公元 1452 年至 1519 年），米开朗琪罗（Michelangelo，公元 1475 年至 1564 年）和拉斐尔（Raphael，公元 1483 年至 1520 年）那样杰出的艺术家。达·芬奇的《蒙娜丽莎》，以神秘的微笑展现出深奥莫测的表情，从来没有任何一幅肖像曾经唤起观众对其如此强烈而又开放的沟通欲望。米开朗琪罗的大卫雕像，虽然在形体方面足以与古希腊雕塑媲美，但是他所表现的精神状态却是非古典主义的，人物的紧张状态和压抑活力的情绪成为迈向新时代的一种精神象征。拉斐尔的圣母像和其他绘画作品表现了母爱的圣洁以及超越人性的高贵和优雅。

　　在文学方面，不论是文艺复兴时期的莎士比亚（W. Shake-

----

　　①　鲍桑葵：《美学史》，商务印书馆 1985 年版，第 120 页。
　　②　莫里斯：《艺术讲演集》，参见鲍桑葵：《美学史》，第 165 页。

speare，公元 1564 年至 1616 年），还是 19 世纪以来的歌德
（J.A.W. von Goethe，公元 1749 年至 1832 年）、托尔斯泰（L, Tolstoi，
公元 1828 年至 1910 年），都借鉴或吸收了基督教的文化意象或题材，
用以创作出不朽的杰作。在艾略特（E.Elliott，公元 1781 年至 1849
年）、海明威（E.Hemingway，公元 1899 年至 1961 年）等作家的作品
中则充满基督教的象征和神话。

即使中世纪的某些美学论述的影响力，也穿越了历史的长
河，从近代一直延续到现代。著名文化史学家雅可布·布克哈特
（J.Burckhadt，公元 1818 年至 1897 年）在《意大利文艺复兴时期
的文化》中追踪了人们对大自然审美趣味的兴起过程，这里包含
了中世纪美学思想的启迪。他写道："充分而明确地表明自然对
一个能感受的人的重要意义是佩脱拉克——一个最早的真正现代
人。这已是 14 世纪了。在那个时代，为登山而登山是没有听说
过的，但佩脱拉克不顾一切地登上了阿维尼翁附近的文图克斯山
峰。当白云出现在脚下时，从峰顶所看到的景象使他感动得无法
形容。他打开了经常带在身边的一本书《圣奥古斯丁忏悔录》，
目光落到第 10 章的一段上：'人们到外边，欣赏高山大海，汹涌
的河流和广阔的重洋，以及日月星辰的运行，这时他们会忘掉了
自己。'"[①]

现代艺术家仍不忘从中世纪的美学理论中汲取营养。20 世
纪著名小说家乔伊斯（James Joyce，公元 1882 年至 1941 年）在
《一个青年艺术家的画像》中援引了阿奎那对美的著名定义并且
由此阐发出他的独特体验。书中主人公斯蒂芬说道："阿奎那说：
Ad pulcritudinem tria requiruntu integritas, consonantia, clariras，我把
这话译为：无论哪种美必须由三要素构成：完整、和谐和光
彩。……美的最高特性，美之形象的清晰的光彩，能被美的完整
所吸引和为美的和谐所陶醉的心灵透彻清晰地加以感知的那一刹
那，便是美的愉悦所达到的明晰而安静的静态平衡，这种精神状

---

① 布克哈特：《意大利文艺复兴时期的文化》，商务印书馆 1979 年版，第 204
页。

态十分像意大利的生理学家路易吉·加尔法尼，用一句与雪莱所用一样美的诗句，称之为心灵的陶醉的那种心境。"①

20世纪以来，不仅涌现了一批有关奥古斯丁、托马斯·阿奎那、波那文杜拉以及拜占庭帝国美学理论的研究专著，其中具代表性的有 K. 斯沃博达《圣奥古斯丁的美学及其源流》（布尔诺，1933年）、L. 查普曼《圣奥古斯丁美的哲学》（纽约，1935年）、U. 艾柯《托马斯·阿奎那美学》（哈佛大学出版社，1988年）和 G. 马修《拜占庭美学》（伦敦，1963年）等。此外，还出现了新托马斯主义的哲学流派。法国著名哲学家、美学家 J. 马利坦（Jacques Maritain，公元1882年至1973年）便是这一哲学流派的重要代表。他不仅发表了有关阿奎那美学的研究专著《艺术与经院哲学》（纽约，1930年），而且在其美学代表作《艺术与诗中的创造性直觉》（普林斯顿，1953年）中多次援引托马斯·阿奎那的观点来论证创造性直觉中的智性作用，体现了托马斯主义崇尚理智又坚持神秘主义信仰的理论倾向。

由此可以看出，中世纪的文化艺术和美学研究并非是一段历史的空白，在经历了最初几个世纪的黑暗年代之后，中世纪文明在血与火的洗礼中仍保持着发展的态势和历史的连续性，美学研究也发挥了承前启后的作用。这种作用的发挥与中世纪神学自身的特点不无关联。

神学美学是把美学看作关于人的自由实现的各种关系的理论，这种关系体现在人的存在的有限性与无限性之间的关联上。上帝作为无限的存在，是关系到人的生存、行为目的的一种人的自我设定。在神学美学中，美学的核心问题是无限自由如何完满地实现在具体的人生存在之中。其主要特性表现在：

其一，当人第一次自觉地反思自己的思维并追问自身存在的依据时，上帝便成为人自己为自己设定的一个绝对前提，用以保障人的安身立命所具有的伦理意义，并由此使人与他的形而上学

---

①　乔伊斯：《一个青年艺术家的画像》，四川文艺出版社1995年版，第288—290页。

结成互为存在的我—你关系。

其二，人的行为指归依一种绝对的善的形式使人的自由意志所造成的行为结果成为美的，并由此使超验的美的形式作为一种绝对的价值参照系，对具体的审美活动具有了实践的真实意义。

其三，美作为人自身的绝对要求，使人的自由实现本身成为超出责任和义务之外的活动，其非功利性质正在于它的功利是将功利内含于具体自由实现本身之中的。也就是说，人们把美的实现看作是无限观念实现在有限存在之中的各种具体的自由形态。[①]

在神学美学中，美始终是一个基本概念。无论是教义本身还是教父们、神学家或哲学家们在谈到美的时候，其基本原则均是"美在上帝"。所谓美在上帝包含了多种意义：其一美是上帝的本性，上帝是至美或绝对美的。其二美的根据在于上帝，即上帝是美之所以为美的根据或原因。其三天上或人间的一切事物之所以美，都是分享了上帝的美。其四美本身既不是一种实体，也不是具体事物本身的特性，而是使实体具有美的特性的超验形式，类似于柏拉图所说的美的理式。其五在人们谈论美的时候，并不能言说美本身，而只是表达了某种体认到的关系，即主客体之间的关系。由此，使得对美的探讨不可能离开上帝的本性，同时美又只有在人的具体活动中才能实现。

基督教教义表明，由于上帝的创世活动才有了世界，也才有了实践和空间。这样万物的存在便有了一个起源。创世的意义并非在于从创造意义上所给出的"有"，而是万有都有了一个逻辑的开端和肇始。就人的被创造而言，上帝成了与人处于同一伦理链条上的原因和结果，它表明上帝本性的善是作为人的行为指归而具有意义的。这就意味着人为自己的存在、活动、目的、价值设定了一个终极原因和规范。这种"终极"对人来说是一种超验，它是不可能用经验来证实的，也不处于时空坐标的某一实际位置。但"终极"的价值却在于人的一切现实活动都有其理性的

---

① 参见司有伦主编《当代西方美学新范畴辞典》，《神学美学》条目，中国人民大学出版社1996年版，第340页。

原因和含义。就人设定上帝对人所具有的这种价值而言，它表明了人的自由向度的无限可能和自由实现的具体局限。因此上帝对人的意义在于，它是人的存在和行为的价值参照。

上帝存在的必然性，决定了美的必然性，而上帝的全能则使美的实现在任何方面都有了可能。于是，"美在上帝"的含义就是指美只在作为人的自由活动的价值参照系时才有意义，因为美特征化地表明着某种被人现实地体现的善、完满、成功和愉悦等，也就是具体的自由实现形态。所以美的必然性在于人自由活动的必然性，而美的实现则被看作是自由实现的具体特征。然而，由于上帝是超验的存在，以上帝为本位的神学美学便剥夺了人的主体地位，也使人的自由活动单纯变成了皈依上帝的精神过程。这就是说，神学美学一方面为人的存在提出了终极的关切，但另一方面又否定了人的感性实践和主体性。

（三）神学美学的内在矛盾

基督教神学的唯灵主义，是以精神与物质、灵魂与肉体、彼岸与现世以及天国与人间的一系列二元对立为基础的，它所以刻意渲染这些对立，是为了确立精神和教会对于物质和世俗王国的绝对优势，以便取而代之。也正是由此，使得基督教文化以其坚定的信仰和崇高的德性战胜了庞大而腐朽的罗马帝国，走上了历史的前台，正如罗素指出的："中世纪世界与古代世界对比之下，是具有不同形式的二元对立的特征的。有僧侣与世俗人的二元对立，拉丁与条顿的二元对立，天国与地上王国的二元对立，灵魂与肉体的二元对立等等。"①

在古希腊时代，在精神生活与物质生活之间，在人们对待灵魂和肉体、彼岸与现世的态度上，虽然存在各种矛盾和不同的观念，但上述关系仍处于原始的同一状态，人们的审美观念和趣味

---

① 罗素：《西方哲学史》上卷，商务印书馆1963年版，第377页。

表现为一种原始的感性与理性的统一。在罗马文化中，随着物质财富的积累，上层社会一味地追逐感性生活的奢华和纵欲享乐，造成物质主义的泛滥。在审美观念和趣味上，对古典传统的摹仿多于创新，以华美和壮丽取代了古典的和谐和单纯。到中世纪的基督教文化中，唯灵三义却得到了近于病态的发展。精神的超越、灵魂的不朽、彼岸之境界和天国之理想成了现实世界中人们追求的惟一生活目标。人性的欲求被压抑和扭曲，禁欲主义又使世俗生活与审美相脱离，审美观念倾向于理性和形而上学的思辨。

基督教的禁欲主义作为罗马纵欲主义的克星，代表了一条上升的文化路线。早期的禁欲主义在当时生产力极为低下的历史条件下具有一定的合理性，它主要体现在节制物质欲望、排除内心杂念以纯洁人的灵魂。它强调善良的动机，而不过分拘泥于外在形式。后来随着修道运动的发展，禁欲主义从内心纯洁的要求转向了外在的苦行，独身、贫穷和肉体折磨成了善的标志和形式。到中后期，禁欲主义和赎罪方式逐渐走向形式化和外在化，人们甚至可以用购买教会的"赎罪券"的方式来取得犯罪的特权。罗马教廷作为封建统治者的倒行逆施，最终把基督教世界推向了自我分裂的反面。一方面是教皇、主教和神父们的恣睢放纵和声色犬马，另方面是修道士的兽性残忍和疯狂变态。它所培育的不是人间之爱，而是宗教裁判所对无辜者的虐杀。

唯灵主义高扬精神和灵魂、贬抑物质和肉体，使审美脱离了感性实践的基础，成为一种信仰的精神象征，它只能靠形而上学的思辨来取代感性与理性、物质与精神的和谐统一。灵魂的解脱须以肉体的毁弃为前提、精神的胜利只能建立在唾弃物质的基础上，由此一切具有感性魅力的事物都被当作魔鬼的诱惑而遭到摧残和蹂躏。"造型艺术也非得表现精神对物质的胜利不可，可是又不得不采用物质来作为它们的表现手段"。"这种任务本身就是雕塑的一次殉难"①。这种二元对立剥夺和否定了人的主体地位，把

---

① 　海涅：《论浪漫派》，人民文学出版社 1979 年版，第 15 页。

人性与神性置于决然对立和冲突的境况。这正是基督教神学所具有的深刻的内在矛盾，它使神学与人类学的美学处于对立之中。

海涅讲述了一个"巴塞尔夜莺"的故事，生动地刻画了唯灵主义者在自然美面前的矛盾心态和尴尬。这是在1433年巴塞尔宗教会议期间，一群虔诚而渊博的主教和修士们在巴塞尔附近的森林中散步，他们热烈地讨论着各种深奥而抽象的神学问题，心中充满了对上帝的真诚信仰。突然他们在一棵枝叶繁茂的菩提树前停下了脚步，那棵树上栖立着一只夜莺，正在千回百啭地高唱着悠扬悦耳的歌声。这歌声是如此的美妙动人，如此地富有不可抗拒的魅力，竟使得那些饱受经院教规束缚的心灵陶醉在和煦的春天的曲调中，那些枯燥晦涩的神学教条早已被抛置到九霄云外。但他们从这种忘我沉醉的美好境界中清醒过来时，他们以惊愕的心情互相注视，一时间竟不知道自己置身何处。

终于有一个神性根基最为深厚的修士感觉到此事的蹊跷，他认为这只夜莺可能是个妖魔，它试图用惑人心智的悦耳歌声来引诱他们离开神圣的基督教问题而堕入甜蜜享乐的罪恶深渊。为了驱除这可怕的精灵，这个修士念起了当时通行的赶鬼咒语。据说就在这时候，那只鸟儿竟然回答道："是啊，我就是一个邪恶的精灵！"然后笑着飞走了。所有听到它那优美歌声的人在当天都病倒了，而且不久就相继死去。

这当然只是一个富有寓意的传说。对此海涅评论道：

> 这个故事不需要什么注释了。它整个儿带着一个把一切甜蜜的可爱的东西都当作妖魔来加以咒骂的时代的凄惨印记。甚至连一只夜莺也要遭受诬陷，当它唱歌时，人们便在自己身上画十字。真正的基督徒就这样战战兢兢，闭目塞听，活像一个抽象的阴魂，漫游在鲜花盛开的大自然中。①

---

① 海涅：《论德国宗教和哲学的历史》，商务印书馆1974年版，第18—19页。

随着城市生活和工商业的发展，市民阶层崛起为反封建、反教会神权斗争的主力军。世俗文化首先以民间文艺的形式和审美实践树起了人文主义的旗帜，神学美学随着教会文化一起逐渐衰退，在中世纪末终于退出了它所占据的学术统治地位。

三　中世纪的艺术形态及审美趣味

艺术是审美意识的物态化。由于审美态度和宗教态度内含的主体性、情感性和想象力，使宗教与艺术产生密切的联系和复杂的矛盾冲突。受犹太教传统的影响，基督教从一开始便是一个音乐化的宗教，一个有歌唱仪式的宗教。以后宗教艺术的范围逐步扩大，形成了宗教艺术化和艺术宗教化的过程。

"道成肉身"的基督教义，使上帝的形象通过基督得以彰显，从而拉近了神与人的心理距离，也为宗教艺术的发展提供了理论前提。希腊教父大巴塞尔和教皇格列高里一世（St. Gregory I, the pope，约公元 540 年至 604 年）对于宗教的摹仿艺术的倡导以及（托名）狄奥尼修斯对于艺术象征的阐释都为宗教艺术的发展开拓了道路。在整个口世纪的艺术中，宗教艺术占有主导地位。它不仅反映在教会音乐和灵修文学中，而且更集中地反映在教堂建筑物中，因为教堂汇集了建筑、手工艺装饰、绘画和雕塑等多种造型艺术成果。

神学美学的超验性和神秘主义倾向，必然与艺术发展的现实根源和生活情感产生冲突。神学教义的哲学倾向由柏拉图主义向亚里士多德主义的转向以及经院论美学的发展，加强了人们对感觉经验的重视，由此促进了宗教艺术走向高潮。随着人的主体性的觉醒，世俗艺术也有了新的发展。13 世纪新艺术（Ars nova）的美学探索，最先从艺术实践中看到了美学理论的基础和根据。这些都为文艺复兴的出现做了必要的准备。

音乐作为自由艺术的学科成为中世纪美学研究的重要对象，而绘画、雕塑、建筑等都是被当作为手工艺行业，它们的艺术理论研究直到 12 世纪才陆续出现。

基督教继承犹太传统十分重视音乐的作用，教会成为推动音乐发展的重要力量，以宗教仪式作为温床孕育了优秀的作曲家，从而在教会音乐中开创了复调音乐的形式并完成了对位法。

格列高里圣咏（Gregorian chant）是典型的基督教音乐。它汇集了犹太教的唱诗、教会仪式音乐以及安布罗修斯（Ambrosius，约公元 330 年至 397 年）赞歌和希腊音乐理论的精华，成为单音旋律的最富赞美意味的音乐。这种音乐既无和声也无对位，其特征是以齐唱唱出，通过教堂天井回音产生庄严的和声感，具有一种纯朴而清澈的宗教感情，与罗马式风格的教堂建筑相一致。

到 9 世纪末，欧洲北部兴起"奥干努姆"（Organum）唱法。这种唱法由圣阿芝修道院修士胡克巴尔德（Hucbald，约公元 840 年至约 930 年）提出，它的方法之一与圣咏旋律对应，作四度或五度的连续进行；另一方法是以同音开始，经过向二度、三度的斜向进行，达到四度（或五度）之后，持续以四度或同度歌唱，最后再以同音结束。它为复调音乐的发展奠定了基础。

到 12 世纪，产生了迪斯坎图斯（discantus）唱法，它是与圣咏等固定旋律相对，在其上声部即兴歌唱自由旋律的唱法，如在其上加以世俗歌曲或歌词、节奏都完全不同的二部或三部的高音部，使其成为三声部或四声部的复调结构。由此产生了多声部记谱法，并在 14 世纪初形成对位法，为巴洛克时期音乐全盛期的出现作了准备。

（一）手工艺及插图绘画

从 5 世纪到 10 世纪，西欧经历了充满战乱和动荡的岁月。但这时期也是新的欧洲文明孕育的时期，即修道院制度和封建制度的形成期。修道院的兴起，使屡经战乱的信徒有可能在遁世隐修中过稳定而安全的生活。本笃会首先把信仰的精神力量引向科学文化和生产劳动的世俗领域。修道院是宗教文化的中心，它肩负着保存古代文化遗产和孕育新的精神文化的使命。封建主的城堡则是社会经济和政治活动中心。封建制度的形成把土地占有权与服兵役的义务联系在一起，确立了每个男人的责任和权利，发展出一种简化行政机构的社会管理秩序。

各蛮族部落原处于游牧时代，没有固定的城池和大型的建筑。但这些游牧民族却精于制作盔甲和珠宝首饰，在服饰和日用品方面表现出对于鲜艳色彩和抽象设计的偏爱。当蛮族的首饰匠接触到罗马文化以后，便把罗马和拜占庭的金属品制作方法用于他们自己的设计中。后来，法兰克人、伦巴底人的手工艺品和西哥特人的装饰品都被用于教堂的陈设。

修道院的文化生活是以研究和抄写手稿的活动为中心的。修道院往往具有三种社会功能：其一是修士们内省沉思的地方，也是世俗工匠居住的地方。其二作为国家所支持的机构，它要对国王的权威负责。其三它的教堂常常成为朝圣者的目标，他们到那里去朝拜殉道者或圣徒的遗骸。"在中世纪时代，寺院是独一的消息总汇，也是王公贵族在来到他们庄园时的惟一消遣场所。如果没有寺院，乡村生活，在人们尤其是在劳动人们看来，将是一种凄凉的生活；就是单纯而无希望的苦役、没有节日夫祝活动的斋期、没有娱乐或假日的工作这一回可悲的事。"[①] 在收获季节，常有一大群变戏法者、音乐师和有趣的游荡者来到寺院，打破了乡村里的沉闷而单调的生活。当庄稼和果实收集之后，寺院或修道院常常是集会和演戏的场所，僧侣们演出宗教剧或神秘剧，角力比赛和粗俗的游戏也使庄园农民获得娱乐。

在中世纪早期，尤其是在北欧，修道院常常是一些优秀手艺人的庇护所。在盎格鲁—撒克逊的英格兰，一些有影响的僧侣们同时也是天才的手工艺人。当时的两位圣徒——圣邓斯坦（St. Dunstan，约公元 910 年至 988 年）和圣埃塞沃尔德（St. Ethelworld）都是以金属工匠著称，邓斯坦还是一位书籍装帧

---

① 汤普逊：《中世纪经济社会史》下册，商务印书馆 1963 年版，第 259—560 页。

家，并为刺绣品做过设计。他们都不是与世隔绝的人物，先后参与过不同的社会活动。从公元 981 年至 1019 年间曾经担任伊利（Ely）修道院院长的埃尔夫西格（Aelfsig）是一位从事珍贵金属制作的工匠，而阿宾顿修道院院长斯皮尔哈佛奇（Spearhavoci）则是著名的金匠，他曾受委托为亨利四世制作皇冠。此外，当时许多贵族妇女也常是灵巧的工艺家，尤其是从事刺绣品的制作。德皇亨利二世的妹妹吉塞拉（Gisela）便精于针线工艺，还在皇宫附近经营了一家刺绣作坊。

当时流行的手抄本羊皮纸福音书，常有精美的绘画插图，这种绘画表现出不同的风格和时尚。公元 8 世纪前在诺森布里亚制作的著名的《林迪斯芳福音书》中有一页插图，图中是由蟠曲虬结的龙蛇纹样绘制的十字架，配有繁复多变的底纹，如同一件精美绝伦的花边织物。谁若想顺着那回环往复、令人眼花缭乱的花纹找出一条通路，那么他会因这种尝试的困难和有趣而感到兴奋。令人惊异的是，我们在此竟然看不到杂乱无章的效果，反而发现各种纹样配合有致，使复杂的构图和色彩显得十分协调。这样的图案是怎样构思出来的，人们要以怎样的耐心和毅力去完成它，这真是难以设想的。由此可以看出，那些奉守日耳曼民族传统的艺术家是不乏创造才能和技巧的。[①]

在亚琛的查理曼（Charlemagne，公元 742 年至 814 年）的宫廷作坊里，幸存一本《戈德斯加尔克福音书》，其名来自书记员的名字，它是查理曼本人于公元 781 年委托制作的，书中的插图显示出拜占庭、伦巴第、盎格鲁—撒克逊和爱尔兰艺术因素的融合。画中传道者被画成持笔坐着写福音书的样子，这是一种取自拜占庭的艺术构图。头上的光圈和传道者的象征符号来自西方早期基督教传说。这些不同影响使画中传道者即圣马可的形态呈现出自然主义的风格，而与其后没有三度空间感的富于装饰性的桌椅之间形成对立。正是这种传统之间趣味的矛盾，使西欧美术逐

---

① 参见冈布里奇《艺术的历程》，陕西人民美术出版社 1987 年版，第 74 页。

渐萌生出新的要素。①

与此相对照的是，有一幅《加冕典礼福音书》的插图却是由精通真正古典自然主义的画家所画。这本福音书所以叫加冕典礼福音书，是因为查理曼的继任者们都依据传统拿着这本福音书宣誓。据说当奥托三世于公元 1000 年打开查理曼坟墓时，在死者的膝上发现了这本书，甚是喜爱。其插图绘画水准可与古罗马绘画精品相媲美，尤其是对背景中的风景描绘颇有印象主义风格。画中主人公圣马太神态自若地坐在椅子上伏案书写，人物形象富有体积感，运用了自然光，背景是古典理想的田园风光。② 显而易见，这幅画的作者付出了极大努力，想尽可能忠实地摹仿早期基督教时代的古老范本。而在另一本《艾勃主教福音书》（约公元 830 年）中，对圣马可的形象却有全然不同的表现。画家根本不想把这位福音书作者画成安详自若、静坐于书斋中的老学究。画家想通过画中人物表达出他自己的满腔敬畏和激动之情。于是他给这位圣徒画了两只睁得圆圆的、向前凸出的眼睛和一双粗大的手掌，以便显示出聚精会神的表情。从画家描绘衣袍与背景的用笔中，我们可以看到他作画时那种极其激动的情绪，画家突出地画出那种涡卷形的线条和波状的衣纹，由此表露出一种明显的喜悦之情。这里有代表北方美术最高成就的横斜交错的带状纹样与线条的艺术影响。从中我们看到一种崭新的中世纪美术样式的兴起，它与东方传统和古希腊传统明显不同。埃及人描绘的主要是他们"知道"的东西，希腊人描绘的是他们"看到"的东西，而中世纪艺术家则试图在绘画中表现他们感受到的东西。③ 所以，中世纪绘画目标不在于忠实地再现自然，而在于传达一种对意义的体验。

流传到今天的口世纪第一本有关绘画的著作是 11 世纪末到 12 世纪初出现的。这是一位修道士特奥菲尔（Presbyter

---

① 参见萨拉·柯耐尔《西方美术风格演变史》，第 36 页。
② 同上书，第 36 页。
③ 冈布里奇：《艺术的历程》，第 77 页。

Theophilus，公元 12 世纪）的著作《论各种技艺》（*Schedula diver-sarum artium*）。他是下萨克森的手工艺匠人。他不仅关心如何传授手工艺的诀窍，而且关心如何使自己的职业与宗教道德要求和基督教生活原则相吻合。该书为三卷本。第一卷谈壁画和微型画，第二卷谈玻璃镶嵌画，最后第三卷谈金属制品、象牙雕刻及宝石雕刻术。通过该书可以了解这位修道院工艺师工作室的状况和制作方法。除了技巧方面的问题，他还谈到艺术家创作中的神性灵感问题。他认为，手艺人可以通过七种方法认识神性的精神感召：即智慧的精神、理性的精神、合乎理智的精神、力量的精神、知识的精神、笃信宗教的精神和敬神的精神。通过这些精神效应建构了他的独特的艺术教育体系。

　　13 世纪初期出现了一本关于造型艺术理论的《素描札记》（*Livre de portraiure*，公元 1230 年至 1250 年），其作者是维拉尔·德·奥内库尔（Villard de Honnecourt），他领导着一个建筑师和雕塑家的劳动组合，这本著作便是他们劳动组合共同的工作参考书。这一时期教堂的建造和装饰、绘画和雕塑的创作已经从僧侣阶层的手里解脱出来，而成为职业手工艺匠人的行当。为了减轻工作的负担，绘画的基础技法包括了各种几何图形结构。这本书提供了有关 13 世纪手工艺匠人和建筑工匠实用原则的观念。

　　在中世纪与文艺复兴两个时代的交接点上，出现了画家琴尼诺·琴尼尼（Cennino Cennini，公元 1365 年至 1440 年）的《论绘画》（约公元 1400 年）。书中仍按中世纪传统把绘画看作是一种手工艺的职业。绘画艺术家首先是一个手工艺匠人，他要掌握颜料的研磨、画笔的制作以及石膏粉的磨制。同时，书中提出了对艺术家幻想力的要求："绘画应当具有幻想力，因为他借助于手的活动画出看不到的事物，借助于阴影使这些看不到的事物成为自然的东西，通过手使它们固定下来，把那些并不存在的东西显现出来。"[1] 在艺术中确立自由幻想的权利，这是与中世纪美学

---

[1]　参见 B.M. 舍斯塔科夫《美学史纲》，上海译文出版社 1986 年版，第 78 页。

大相径庭的新原则。同时为适应于新的艺术实践，作者还认为绘画艺术家必须描绘自然。但是这种观念又极其粗浅，比如作者建议为学会描绘山岳，应把各种巨石搬到画室，而不是走入大自然去临摹。

（二）英雄史诗与骑士文学

早期的英雄史诗是各蛮族国家在由氏族社会向封建社会过渡时期流传下来的民间传说，其中反映了氏族社会末期的生活状况和对部落英雄的歌颂。如《贝奥武甫》，是盎格鲁—撒克逊人在5—6世纪由大陆迁入英格兰时带来的传说，经过200年口头的传播，在8世纪时用中古英语整理记录而成，现存最早版本为10世纪基督教修士的手抄本。全诗长3182行，描写了瑞典青年贝奥武甫除妖、屠龙的故事，歌颂了在民族迁移中开拓英格兰、为民造福的部落英雄。其中既有神话与魔法，也有基督教成分以及私有制发生的事实。它成为英国文学的瑰宝。

《希尔德布兰特之歌》是日耳曼人的杰作，残存68行，系用古德语写成，流传于8世纪，手抄本为9世纪的。它描写了东哥特王国大将出征30年后返回故乡，在边境与不相识的儿子战斗的故事，表现了日耳曼人强悍的民族性格。其他还有冰岛的《埃达》，写成于9—13世纪，其中有神话诗和描写哥特王、匈奴王及北欧英雄的短歌。

中期的英雄史诗是封建社会全盛时代的作品。如《罗兰之歌》，它以咏唱的方式出现于11世纪，最早的手抄本见于12世纪，书中描写了8世纪法兰克王国大将罗兰的故事。罗兰是查理曼的勇将，778年查理曼从西班牙回师途中受到阿拉伯人的阻击，罗兰孤军作战英勇牺牲。罗兰的事迹在传诵中被刻画为爱国、忠君、勇敢和正直的化身，成为当时盛行的骑士阶层的理想和典范。

《熙德之歌》是西班牙的史诗，书中主人公名为罗德里格·迪亚斯·德·比瓦尔（公元 1043 年至 1099 年）。1140 年在其传略记载和民间传诵的口头文学基础上完成史诗创作，现存最早抄本为 1307 年用卡斯蒂利亚中古方言写成，全诗长 3730 行。书中描述了罗德里格·迪亚斯被国王不公正地放逐，但他以国家民族利益为重，英勇抗击阿拉伯人并取得胜利，迫使阿拉伯王臣服于西班牙国王。在他的身上，集中地体现了人民所理想的爱国英雄的品质。此外，还有德国的《尼伯龙根之歌》，它以 5 世纪民族大迁移过程中勃艮第人与匈牙利人斗争的史实为依据生发而来，史诗成书于 1198—1204 年间，全诗长 9516 行，用中古德语写成，表现了中世纪的骑士精神。

　　骑士文学是中世纪骑士制度的产物，当时的封建君主招募武士以进行征战，遂形成了世袭的骑士制度。骑士既是封建统治的护卫者，又是采邑的庄园主。原来粗野的武士在基督教的教化作用下日益变得文雅化，特别是到了十字军时代，在圣战的旗帜下为骑士阶层注入了新的精神内涵。骑士不仅要有对世俗君主的忠诚，还要有对天国上帝的虔敬，因此既要成为视死如归的英雄，又要成为虔诚高尚的殉道者。"对战争首领的个人忠诚的古代蛮族的动因受到了更高的宗教动因的影响，结果，骑士最终成为受到崇奉的人，他不仅发誓效忠于其主人，而且立誓成为教会的卫士、寡妇和孤儿的保护人"。[①]

　　宗教和道德与那种罗马式的荣誉感及北方蛮族忠诚勇敢的精神结合在一起，构成了基督教文化中的骑士理想或骑士精神的基本内容。在一些中期的英雄史诗中，便为骑士理想提供了楷模，特别像在《罗兰之歌》等作品中得到淋漓尽致的表现。这种骑士精神对近代法国上流社会的审美观念和行为方式产生了巨大的影响。不论是在法国古典主义戏剧中，还是在大仲马等人的传奇小说中，都可以看到中世纪骑士的身影，他们成为巴黎贵族极力效仿的榜样。

---

　　① 　克里托弗·道森：《宗教与西方文化的兴起》，四川人民出版社 1989 年版，第 166 页。

　　骑士文学包括由英雄史诗形式转化而来的骑士传奇，如英格兰的传奇便是取材于亚瑟王和他的 12 名圆桌骑士的故事。史诗属于口头文学，在一定史实的基础上逐渐演义而成，传奇则属游侠冒险、护教忠君的武侠传说，多以叙事诗形式出现。13 世纪以后，骑士传奇逐渐为骑士小说所取代。在民间诗歌的基础上还发展了骑士抒情诗，最早出现于法国南部的普罗旺斯地区。其中包括牧歌、破晓歌、夜曲和情歌等。以破晓歌为代表的骑士爱情诗是后世欧洲文学表现个人情爱的开端。骑士文学的浪漫情调由于与基督教的彼岸理想相结合，显得格外动人，他讴歌骑士的勇敢、虔诚和纯情。对爱情和人生享乐的赞美也是对基督教出世思想和禁欲主义的冲击和突破。

　　最能表现中世纪艺术成就的并非骑士文学，而是建筑及其相关联的艺术作品。正如麦茜所说："中世纪的艺术天才，不表现于我们目前所讨论的文学，而表现于建筑及其与建筑有关的艺术。当时的哥特式寺院，如果不能使一个近代人觉得自己的渺小，至少也可以打击他的傲慢，使他不敢对他的中世纪祖先取鄙视的态度。"①

（三）哥特式建筑与雕塑

　　在宗教狂热的激励下，朝圣成了一种赎罪方式，人们希图由此减轻自己在尘世的罪过。经过 10 世纪的战乱，从 11 世纪开始，大批朝圣者经过伦巴底涌入罗马，然后越过比利牛斯山去贡波斯特拉（Compostela），还有的经历漫长的旅途前去耶路撒冷和君士坦丁堡。修道院往往成为朝圣者的寄宿地。在这股宗教热潮中，修道院数量不断增多，教堂的建设也如雨后春笋。正如本笃会修士罗尔格拉贝所说："因此正是这个世界震撼了自己，与自己过去的时代决裂，到处都用穿上了白色长袍的教堂装点

---

　　① 　约翰·麦茜：《世界文学史》，世界书局 1934 年版，第 144 页。

自己。"①

罗马式教堂盛行于 11—12 世纪，反映了那一时期宗教生活崇尚简朴、纯洁和淡泊的倾向。罗马式建筑给人以质朴和粗犷的感觉。教堂平面呈十字形，显得僵硬而壮实，建筑立面则把两座钟楼伸向天空。作为宗教神秘主义的象征，它已经显露出对信仰和情感相结合的追求。尽管罗马式教堂体现了中世纪的封闭性和压抑感，但它却以其厚重和坚实象征着信仰的稳定和崇高，代表了 11 世纪的宗教观和美学观。

哥特式（Gothic）风格是由罗马式建筑发展而来，它的所有构成要素，无论是尖拱、尖窗，还是十字拱顶、飞扶壁或立面的双塔，都可以在罗马式建筑中找到，然而以前却从未采取过这种结合方式。哥特风格的产生在于罗马式建筑师对负荷技术的不断实验和探索，最后形成肋拱的拱顶这种结构上的创新和建筑形式上的突破。在维兹莱的教堂入口设计中，出现了拱顶技术的过渡。教堂的中庭是在 1120 年的一次大火之后建成的，它不再是筒形拱顶，而是交叉拱顶。这种拱顶的优点不是让重量沿着墙体连续分布，而是被引向每一个间格的四角。这意味着它能比其他筒形拱顶的教堂中庭设置更大的高侧窗，同时又不会削弱拱顶的负荷能力。交叉拱顶的潜在功能直到加上了能够强化交叉拱的石制肋才被充分发掘出来。

中世纪的肋拱拱顶的起源曾经使艺术史家感到迷惑，这是古罗马人已经了解的技术，可能通过伦巴底进入中世纪建筑中。伦巴底的圣阿姆布罗乔教堂早在 1100 年就已建成。肋拱拱顶也用于伊斯兰建筑，至少是用于一种装饰式样式，朝圣者和十字军在西班牙和叙利亚都会看到这类例证。诺曼人发展了肋拱拱顶，使它具有明确的形式而进入哥特式风格。

另一项技术是尖拱，它为新的建筑形式提供了创作的自由度。尖拱具有各种不同的曲率，能在不同的宽度情况下保持拱顶

---

① 参见萨拉·柯耐尔《西方美术风格演变史》，第 43 页。

处于同一高度上。通过尖拱十字形分割大教堂，可将来自屋顶的压力传给侧廊，然后由飞扶壁将压力传入地下。这样做可以不再把外墙当作结构支撑物，而是像镶板一样，几乎可以全部装上玻璃。尖拱能和十字形建筑平面共存，这种建筑平面保持着开敞的端面，可依据需要加上中央大厅和袖廊。建造者不再需要在一系列罗马式立方体形的空间单元上组装结构，而可将围合的空间加宽或变窄，并且可以向上延伸。拱形屋顶的重量不再落到墙肩上，而是通过每个开间的横向和对角线上的拱体向外传递，如同雨伞的肋骨一样。外部飞扶壁上的小尖塔，不纯粹是装饰物，而是以其自身的压力来抵抗中央大厅墙壁的侧推力。

　　把尖拱和肋拱拱顶合二为一而发展出哥特式风格的努力首先要归功于巴黎附近圣丹尼斯（Saint Denis）皇家修道院院长絮热（Suger，约公元 1081 年至 1151 年），他是国王路易七世过去的同学，并且是国王的外交官和神父，他把扩建圣丹尼斯教堂作为法国王权的弘扬。絮热写有《论圣丹尼斯教堂的贡献》的小册子，为我们提供了一份描述哥特式建筑艺术来源的珍贵资料。[①] 在设计构思上受（托名）迪狄奥尼修斯著作的影响，有意识地利用艺术手法发挥隐喻和象征功能。他把前廊的三扇门看作是象征三位一体，运用肋拱创造出飞拱，从而把人们的精神引向天国；将墙面改为玻璃屏风，在其上彩绘出有关教义和信仰的图画，利用彩色玻璃将物质提升到精神。由此，将尖拱和肋拱结构结合起来造成了一个连续流动的空间。絮热的革新激发了教堂建造者们的想象力，这种新的建筑风格从法兰西岛迅速地向外扩散传播。随着城市的发展和扩建教堂的需要，建造哥特式教堂成为 13 世纪宗教活动的重点。哥特式教堂归属于城市，它的建造不仅是为了与相邻城市在显示上帝荣耀方面竞赛，而且成为城市自身的骄傲。

　　哥特式教堂在礼拜仪式上保持了基本的十字形平面，设有为满足列队举行仪式的门厅，有供平民百姓做弥撒用的侧面礼拜

---

　　① 　参见萨拉·柯耐尔《西方美术风格演变史》，中国美术学院出版社 1992 年版，第 54 页。

堂。在结构上，它摆脱了对厚重的砖石墙体的依赖，可以做出更高更富于变化的穹顶，高耸的空间感给人一种超越苦难现实而向上升腾的意境。由此使墙面空间的处理取决于人们的想象力而获得自由，可以用雕塑、绘画来装点或加装玻璃窗。玻璃窗的美吸引着人们的目光。多彩的光线以一种神秘的光辉充盈着中庭，创造出一种有巨大威力的宗教意象。

哥特式教堂比罗马式教堂更轻盈、更明亮、更欢快、更壮观。从哥特式教堂的建设中，我们可以看到技术知识如何融入艺术想象、结构技巧如何转化为宗教的审美意象的发展过程。它不仅遵循几何学原理和力学规律，而且妥善灵巧地处理了体积与空间、功能与形式的关系，实现了力与美、信仰与情感的结合。《启示录》称，有一个天堂般的耶路撒冷，那里有珍珠镶嵌的城门、无价的宝石、纯金与透明的玻璃铺成的街衢。这一幻境如今竟从天上移到尘世。哥特式大教堂的墙壁由红绿宝石一般光彩夺目的拼花玻璃组成，给人一种朦胧而迷离的梦幻般的神韵。即使人们从远处眺望大教堂时，那高耸而空灵的形象似乎也在向人们昭示出天堂的壮丽。

哥特式建筑在结构与装饰之间达到了最古典的平衡，它把建筑与雕塑、绘画结合在一起，构成一种更加综合性的艺术并产生出整体性的雕塑感。法国夏特尔大教堂除了有大量的雕塑群和产自12世纪至13世纪的175块无与伦比的天窗玻璃外，还以它总体上的庄严肃穆同隐喻着幻想情感的个别地方的奇光异彩相结合而引人入胜。它的主体建筑建造于1194年至1221年，而塔的建造却先后拖延了几个世纪。13世纪在南面建造的塔只是简单的八角锥形，而1507年在北面修的尖塔则煞费苦心、精于雕琢。

夏特尔大教堂耳堂门廊的雕塑群显示了从早期哥特式风格向鼎盛期的转变。装饰西门的数百个极具罗马式外观的雕像是12世纪的作品，成为1194年大火中的幸存者。北门廊的705座雕像和南门廊的783座雕像制作年代约为1205年至1270年，后者带有迅速成熟的哥特式风格特征。它们不再像早期罗马式风格那样，有夸张的头部和苗条细长的身材，而是表现出完美的自然主义风格，装饰柱子的人像如同现实中的真人一样，服装随人体曲线而流动。每个人物都显得极富生气，它们神情庄严地相向而视，好像马上就会动起来。它们身上的衣袍那飘垂的褶裥使人感到，其下遮掩的是一个个活生生的躯体。熟读《旧约》的人可以从中辨认出这些圣徒的名字，它们具有不同的个性特征。造成这种风格变化的原因，正是 13 世纪以来经院论美学对于人类经验价值的强调。

由 1230 年修建的斯特拉斯堡大教堂的雕刻"圣母之死"中，可以看出哥特式雕刻家这种新的审美追求。在这幅雕刻作品中，12 个使徒围绕在圣母床边，抹大拉的马利亚跪在圣母面前，而基督站在画面中央，用手抱着圣母的灵魂，作者并不满足于单纯对称的布局，而赋予人物以生命的活力。它还希望通过衣纹去表现人体结构，圣母的手脚和基督的一只手都藏在衣服下面，通过衣纹的起伏表现出它们的外形。雕刻家不仅关注于作品表现的对象，同时还对如何表现对象的问题产生了兴趣。与此相比较，古希腊艺术家关心的主要是如何塑造体形优美的人物；而哥特艺术家却把艺术表现作为达到一个终极目的的手段，即将宗教故事刻画得更加动人而可信。①

到 14 世纪时，设计大教堂已经不再是建筑师的主要任务。日益发达和繁荣的城市生活需要更多的世俗建筑，于是市政厅、会馆、学院和桥梁等成了建设的当务之急。其中最著名而有特色的便是威尼斯的总督府，它不仅十分讲究装饰和窗饰，而且具有宏伟的外观。下部为双非拱廊优美简洁的组合，上部为同一模式的玫瑰窗，全部用白色大理石建成。在德国和各低地国家建起了带民族特色的哥特式市政厅，以高耸的钟楼和陡峭的坡顶表现出它们在商业上的繁荣。

在晚期哥特式建筑口，随着建筑技术的成熟，拱顶形式逐渐

---

① 参见冈布里奇《艺术的历程》，第 95 页。

与实用功能相分离，纯粹装饰性的拱肋大行其道。这种装饰线条的主要目的是创造体积与空间的多网眼的交错，以致使体积与空间的界限模糊不清。晚期哥特式建筑以如画般的结构建成精心装饰的住宅，成为人们当时生活方式的一种见证，也使这种建筑形式具有了不同的地域特征和民族色彩。

第一章　教父美学

公元 2—6 世纪是基督教传播、发展并取得统治地位的时期。经过这一阶段形成了制度化和正统化的教会组织并控制了整个社会的意识形态。在基督教实现大一统的过程中，教义的传播者和解释者以及教会的组织者均称为教父。早年的教父多为护教士，主要是在罗马帝国迫害下针对犹太教和希腊、罗马文化捍卫基督教存在和传播的权利。他们只能利用和吸收希腊哲学思想的遗产来发展基督教义，解释上帝、人和世界的关系。公元 4 世纪初尼西亚会议以后，教父们则转向教义的充实和争论以及对非正统异端的批驳。在他们神学著作中不同程度地涉及审美和艺术问题，其中不乏美学观念的创见。把上帝作为美和善的终极价值存在以及对人的精神属性的重视是他们的共同信念。

基督教在罗马帝国疆域的传播是由东部向西部逐渐展开的，东部地区通行希腊语，使用希腊语的教父通称希腊教父，而西部地区通行拉丁语，使用拉丁语的教父则称拉丁教父。比较而言，希腊教父比拉丁教父对于可见世界和感官现象持有更加积极的态度。[①]

希腊教父奥立金（Origenes Adamantinus，公元 185 年至 254 年）生于亚历山大城的基督教家庭。年轻时学习柏拉图哲学，后在教理学校从事讲学活动。他建构了第一个完整的神学体系，其《第一原则》（De Principlis）被认为是中世纪基督教的第一部神学著作，书中提出了对《圣经》的索隐式解释方法。他区分了《圣

---

① 参见 G. Pochat《古代至 19 世纪美学与艺术理论史》（德文版），Du Mont，1986 年版，第 96 页。

经》字句的隐义和显义，提出对其中历史事件要按精神意义去理解。他说："圣经为圣灵所写，其意义不仅是一眼可看出的，也是大多数人都没有注意的意义。因为这些文字是某种神秘的形式与神圣事物的影像。""圣灵解释者的主要目标是保留精神意义在应当做的或已经做的事情中的一致性。如果他发现历史中发生的事件可以适合一个精神意义，他以叙事的风格组合这两者，把精神意义隐藏在事件深层；在历史传说不能与事件的精神一致性相结合的地方，他有时插入没有发生或不会发生的事件以及可能发生但未发生的事件，他这样做时所使用的文字依据它们的'形体'意义，这并不包含真理。"[①] 他要求用哲学思辨来挖掘《圣经》的精神实质和隐喻含义，而不拘泥于表面的字句。

奥立金同时认为人有两种本性，即可见的有形的本性和不可见的理性。前者是支配身体欲望和活动的动物本能，后者是影响灵魂的目的与自由意志。作为一个禁欲主义者，他以对待女人的态度来说明自由意志的作用。他说，女性的美貌和引诱所引起的性欲冲动是无法阻止的，但意志可以自由地决定是依冲动行事还是克制自己的欲望。因此，人的命运取决于自己的意志，并不出于上帝事先的安排。

在希腊教父中，对待艺术和艺术家的态度是各不相同的。许多教父受古代著作家如西塞罗和普鲁塔克的影响，把宇宙的美比作艺术作品，这是对泛美观念的补充，也是早期教父所特有的观念。阿塔纳西乌斯（Athanasius Magnus，约公元 296 年至 373 年）说："创造物，如一本书的词语一样，以其秩序与和谐，标示着它的主人与创造者，响亮地谈论他。"因此，"即使看不见艺术家，我们也可以在他的作品里见出他的存在。人们谈起雕塑家菲底阿斯时这样说：通过各部分间的和谐与比例，他的作品向观赏者展示了艺术家自己，尽管他并不在其中"；"假如观赏者只赞赏艺术品而不夸奖艺术家，假如观赏者在一座城市里只为建筑喜悦

---

① 赵敦华：《基督教哲学 1500 年》，第 98 页。

而不顾建筑家，或者他只喜欢乐器而无视设计者"[1]，显然是不对的。

对于不可企及的和超自然的精神现象的崇拜，直接影响到对艺术的价值标准及其社会功能的认识，教父们要求艺术要为宗教信仰服务，去表现作为人间楷模的圣徒以及明鉴上帝的仁慈和创造奇迹的重要事件。有些教父对世俗性艺术以及追求形式和装饰性的艺术感到十分不满，认为它们是邪恶的。杰罗姆（St. Jerome，公元 347 年至 419 年）甚至说："我不会容忍在自由艺术中接受画家、雕塑家以及石匠和其他放荡的奴才。"他宁可喜欢自然美，而不喜欢艺术家。他说："什么丝绸、华贵的紫袍、编织的图案能与鲜花媲美？什么红色比玫瑰花红？什么白色比百合花白？眼睛比言语更有权断言，紫罗兰的颜色无其他紫色可比。"[2]

早期的拉丁教父德尔图良（Tertullianus，公元 160 年至 240 年）反映了下层基督徒的朴素宗教意识，表现出强烈的原教旨主义（Fundamentalism）倾向，敌视哲学特别是希腊哲学，坚持信仰至上的立场。根据《旧约》不可制作偶像的戒律，德尔图良指出："试问创造人像能使上帝高兴吗？上帝禁止制作任何偶像，更不用说他本人的偶像。真实的创造者不爱虚假，对他来说，所有虚构的东西都是虚伪的。"[3] 由此，他反对一切再现性艺术。但是，当时教会并没有采纳他的观点。

塞维利亚主教伊西多尔（Isidor da Sevilla，约公元 560 年至 636 年）在为当时的人们介绍古希腊罗马文化的工作中很有贡献。在他编纂的 20 卷的《词源》（Etymologiae）中，将流传下来的美学术语加以分类和系统化。他提出了美的三种基本类型：造型美（docorum）表现于身体的运动；外观美（speciosus）表现于外貌；仪态美（formosus）表现于禀性或形态。

---

① 参见塔塔科维兹《中世纪美学》，第 31 页。
② 同上书，第 32 页。
③ 同上。

在晚期拉丁教父中，奥古斯丁成为影响最大的基督教思想家和哲学家，也是中世纪美学的奠基者，我们将辟专章加以介绍。在本章中主要介绍大巴赛尔兄弟、（托名）狄奥尼修斯和波埃修，他们有共同的思想特征。这些教父都与古代美学思想具有直接的联系，但是由于他们自身的宗教信仰和价值观念，使他们的美学观点具有鲜明的中世纪特征，尤其表现在（托名）狄奥尼修斯的著作中，他继承了新柏拉图主义哲学传统，在思辨和超验的层次上发展了神秘主义和美的形而上学理论，并对宗教艺术的发展产生了重大的影响。

第一节　大巴赛尔兄弟

神学家大巴赛尔（Basilius Magnus，公元 329 年至 379 年）生于恺撒城（Caesarea）的一个富有的基督徒家庭。年轻时代在君士坦丁堡和雅典等地学习雄辩术、医学和哲学。曾与诗人、历史学家、雄辩家以及哲学家们有过交往，受修辞学教师影响而对希腊文学颇有造诣，并且熟悉毕达哥拉斯学派、智者学派、苏格拉底和柏拉图的学说，也受过普洛丁的影响。公元 359 年回到卡帕多奇亚（Cappadocia），在庞蒂克沙漠边缘建立修道院过隐居生活。370 年被推选为恺撒城主教。著有《创世六天说》（*Hexae-meron*，英译 *Six days*）以及《诗篇说》、《论利用希腊文学》等。他的美学观点便隐含在《创世六天说》等神学著作中。

尼萨的格列高里（Gregorios Nyssa，约公元 331 年至 396 年）是大巴赛尔之弟，其解经方法与其兄不同，在对人和自然审美价值的确认上有进一步的发展。

一　对美的界定

大巴赛尔的美学思想受古希腊折衷主义美学以及西塞罗和普洛丁美学的影响，并以《旧约》和《福音书（新约）》的神学观为依据。他的观点具有包容性和调和折衷的意味，在肯定美是事物组成部分之间的和谐关系的同时，也同意美在单纯的观点，由此引出了主体与客体的关系意识。并把美善说与上帝创世说联系在一起，从神学目的论的角度提出美的合目的性观点。他从"合适"（aptum）这一概念将美的性质扩大到秩序、形式、色彩、明度和比例。[1]

　　他首先从斯多亚学派的定义出发，指出物体的美是产生于其各部分之间的比例，并强调审美感受具有整体性特征。他认为，一尊雕像的个别部分本身无美可言，脱离了整体关系它的各个局部就失去了审美价值。雕像只有作为整体时才是美的，"孤立的手、与面部分离的眼睛、与雕像相脱离的雕像的某些局部，不能给人以美感，可一旦使它们各就其位，它们那存在于其比例之中的美，就会在一瞬间甚至使凡夫俗子也感到悦目异常"。[2] 他所以提出雕像艺术上的美，当然是为他论证上帝服务的，他把艺术家与上帝相比拟。他接着说："至于艺术家，即使他未对个别的部分加以归整，他也知道它们的美，并依它们的用途而对之加以估量。对我们来讲，上帝就是这样一个艺术家，他重视每一个单独的创造物，而且在整个宇宙完成时他也会对之表示欣赏。"[3]

　　在另一些场合，大巴赛尔则依据普洛丁的观点指出，美并不完全在于客体各部分相互关系的和谐与比例，单一的事物也可以构成美。他指出："如果说物体的美取决于各部分之间的相互比例和好看的颜色，那么这一概念是否适用于单纯与同质的光呢？它不能适用，因为光的比例并不存在于它的各部分之间，而是和视觉有关，光由于这种关系才会令人感到愉快。金子也是如此，它所以美并非由于部分间的比例，而是由于美丽的颜色本身，它吸引视觉并使之感到惬意。同理，夜晚的星星最为美丽，这也不

---

　　① 参见 G. Pochat《古代至19世纪美学与艺术理论史》，Du Mout，1986年版，第96页。

　　② 参见塔塔科维兹《中世纪美学》，第30页。

　　③ 同上。

是因为其组成部分之间的比例，而是由于它悦目的光辉。"①

对于光的审美特性的分析，使大巴赛尔由审美对象转向了对审美主体的关注。他说：我们之所以赞美太阳、黄金和星星所拥有的单纯美，就在于这些东西适应了我们的视觉。因为我们的眼睛拥有一种发光的物质——火，按照"同声相应"（Like to like）的原则，这种火使人易于与自然界中的火相遇。由于眼睛是一切感官中最为高尚的，火是宇宙一切物质因素中最为纯洁、最为美好的，所以从发光的物体中可以获得快感就完全可以说明了。同时，光或火也是使理性关系很容易经由感官潜入到我们内在理性的某种媒介物。②

他所以把西塞罗的观点与普洛丁的观点包容在一起，是从一个新的视角来理解美在关系和比例的观点。这种关系和比例不是在客体事物自身，而是在审美主体与客体之间，即客体与人的视觉的关系。因此，大巴赛尔提出了对美的一种新的界定。他将人的主体因素引入了审美的概念之中。此前人们一直是从客观外在世界去寻求美的根源，从形式、色彩和光本身去发现美，但是从未考虑到美是主客观相互作用的结果。大巴赛尔作为一个神学家，宗教态度使他把注意力从外在事物转向了人的内在特性，由客体转向了主体自身。这方面，他要比古代美学家敏感得多。因此，他指出外在事物的特质通过人的视觉作用才构成了美。在这里，客体与主体之间、可见世界与个体精神生活之间也存在一种比例与和谐的关系，这才是构成美的一种条件。由此形成大巴赛尔美学观的一大特点。

美善同一说是由苏格拉底所提出，并为智者派哲学家所强调。大巴赛尔继承了这一思想，并且依据《旧约·创世记》作了发挥。他认为，上帝之所以赞赏世界的美好，并非由于世界使上帝的感官愉悦，而是因为世界符合上帝创造它的目的。也就是说，世界的美取决于它的合目的性。大巴赛尔以大海为例，形象

①　塔塔科维兹《中世纪美学》，第 30 页。
②　参见吉尔伯特、库恩《美学史》，上海译文出版社 1989 年版，第 191 页。

地描绘了审美感受的这种二重性。大海具有直观的美，可以使人视觉愉悦。然而它还有另一种美，这种美在于它是万水之源，是一个永不枯竭的水池，可以在两个大陆之间建立起具有经济和社会效益的联系，从而提供了贸易往来并能创造财富。大巴赛尔不仅在个别事物中看到了这种合目的性的美，而且在整个宇宙中看到了这种美。在他看来，这种适合目的的性质是美的根本特性，而外在形式的比例、秩序与和谐等则处于次要地位。宇宙的完善与合目的性构成了宇宙的美，这对于信仰来说具有特殊的意义。

人们对美的判断是依据它给人的直观感受的愉悦，大巴赛尔认为人们之所以这样判断是因为他们受到了限制。如果不受限制的话，人们就会依据事物的合目的性来判断事物的美。上帝显然是这样判断美的。因此，从目的论的角度来看，世界是美的，因为世界的创造是合乎目的的。他举例说："假如你考察一下动物的数量，你会注意到，造物主不会创造多余的东西，也不会遗漏必要的东西。""事出有因，毫无偶然，每种事物均有一种不可言喻的智慧。"① 正是由于美善同一说的影响和神学目的论的结合，形成了基督教的"泛美"主题。

二　艺术观与自然观

肯定可见世界的美及其根本的意义，成为大巴赛尔对于艺术作品和审美感知的质的评价，他把这一切归结为创造物的合目的性与完善。他将上帝比作从事艺术创作的艺术家，在《创世六天说》中他写道："我们漫步于地球之上，宛如是在参观神性的雕塑家展示其奇异作品的工作间。主啊，这些奇迹的创造者，一个艺术家，召唤我们对之凝神观照！"② 大自然所以美并给人以审

---

① 参见塔塔科维兹《中世纪美学》，第39页。

② G. Pochat：《古代至19世纪美学与艺术理论史》，Du Mont，1986年版，第96页。

美愉悦，"乃是因为它是按艺术的原则创造的，而且完全符合目的。"① 在这里，他对艺术创作采取了完全肯定的态度，把美作为艺术创作的原则，把上帝比作神圣的艺术家。在他的眼里，大自然不仅犹如一部艺术作品，而且也是它的创造者的一面镜子，它所反映出来的正是上帝即全能创造者的智慧。他感叹道："上帝，伟大作品的创造者，会使你通过一切事物而获得关于这一真实认识，因此，你能够用你的智慧从可见物进而去掌握不可见物，创造物的伟大与美可以使你恰如其分地明了造物主。"② 这里，隐含了对内在美和象征美的提示。

对艺术的肯定性态度，使大巴赛尔与许多教父形成鲜明对照。当时许多教士都反对在礼拜活动中唱歌或使用乐器，对他们来说乐器会使他们联想到异教的礼拜仪式和戏剧。杰洛姆谴责所有乐器，恺撒城的主教欧赛比尤斯则认为人类肉体就是人的乐器，灵魂应当歌唱。与这种对艺术的恐惧与暧昧态度不同，大巴赛尔赞扬音乐是传播道义的行之有效的手段。他认为，肖像是摹仿的艺术，对一个肖像表现出的敬畏体现着对其原型的崇拜。

其神学著作《创世六天说》是由 9 篇布道演说构成的，大巴赛尔对《圣经》的阐释方法基本上依据安条克的提奥菲勒（Theophilus，约公元 115 年至 181 年）恪守本文原意，按字面进行解释。他在解经中利用了一些植物学、天文学、气象学和自然史方面的知识，但也有奥立金索隐方法的一些痕迹。他认为，上帝在创造我们这个世界之前，已经规定了符合理性的事物秩序，这一秩序是无形的理智实在。上帝之所以把有形的世界附加在理智实在之上，为的是创造一个教育人的灵魂的学校和训练人以及一切注定有生有灭的存在物的寓所。人的理性要在可见的世界中把握不可见的秩序。他把宇宙的秩序称为"友谊律"。"虽然宇宙整体由不同的部分组成，但它以一个必然的友谊律把这些部分结为统一的和谐整体，即使那些占据着最遥远位置的部分也处于宇

---

① 参见塔塔科维兹《中世纪美学》，第 30—32 页。
② 同上。

宙和谐之中。"① 正是从这种统一与和谐的宇宙观出发，大巴赛尔坚信大自然是美好的。

但是，作为一个苦行的基督教修士，禁欲主义扼杀了他生活中的欢乐。他曾写文章论述笑的邪恶性，认为笑似乎是基督惟一未体验过的人体情欲。

三　尼萨的格列高里

尼萨的格列高里继承了奥立金的索隐式释经方法，对创世说作了新的阐释。在《创世六天注》中他认为，创世是上帝在时间之外的活动。上帝在瞬间创造出所有事物潜在的种质，并让种质在时间中演化为现实存在的万物，上帝不需要随时干预种质的演化过程。创世的六天说只是隐喻着灵魂的哲学，说明演化的必然顺序以完善的受造物为最后结果。他的宇宙图式包括四个层次，最里层是被天空包围着的物质世界，天空是第一重天；天空之外是由星辰日月等天体构成的第二重天；第二重天之外还有第三重天，它包含着无法用语言描述的天堂的美丽。②

《旧约·创世记》说上帝是按照自己的形象造人的。尼萨的格列高里认为，人性是无形的理智，是在第二重天被创造的。最初人性是统一的，多样性和个别性只是后来随着肉体附加于人性之上的。他所著《论人的构成》是中世纪传统中少有的一本充分肯定人的尊严和价值的著作。他把人的尊严归结于人的无主性或自主性，每个人都有支配自身的权威。人分属于两个世界，身体所在的是可见的物质世界，而人性所在的是精神世界，人处于联结这两个世界的特殊地位，他构成一个"小宇宙"。人像上帝统治整个宇宙那样统治着可见的物质世界。

他的人学观没有采用灵魂与肉体两种要素的简单模式。他认

---

① 《创世六天说》，参见赵敦华《基督教哲学1500年》，人民出版社1994年版，第130页。

② 赵敦华：《基督教哲学1500年》，第135页。

为，纯粹的人性包括精神和灵魂，人的身体和情感属于可见世界。他们都是人的道德生活不可缺少的因素。人的身体以及激情和情欲本身并不是邪恶，他们是在动物王国中保存生命的必要手段。当理性支配情感时，激情产生勇敢的德性，情欲追求神圣与不朽。而当情感支配理性时，那么人的情感便降低到动物情感，它才是人的罪恶和堕落的根源。尼萨的格列高里把人性的精神因素看成联结人与上帝的纽带，精神引导人遵从上帝的戒律过完善的生活。

他的自然观具有审美的倾向，他把宇宙看作是和谐的整体。他写道："当我看到每一座山头、每一座山谷、每一座绿草丛生的平原，再看到一排排各种各样的树木以及脚下那些既被自然赋予美妙的香气又被自然赋予美丽的颜色的百合花的时候，当我们看到流云飞向远方海洋的时候，我的心中就产生了一种糅合着幸福感觉的忧郁之情。当时属秋令、果实绝迹、树叶飘落、树枝光秃的时候，我们就陷入沉思中，想起了万物怎样在自然的奇妙力量下生生不息，变化不已。谁能用灵魂的智慧的眼睛领会这一切，谁就会感觉到，同宇宙的伟大相比，人是怎样的渺小。"[①]在这里，已经萌发出对大自然的新的感觉，这种与自然的共鸣是古代人所没有的。

在《人的造成》中他认为，上帝造人，把人置于自然与上帝之间的位置。当人欣赏自然时，人与自然构成"我"、"你"的存在关系，自然是为人而设的。而当人欣赏上帝时，人与上帝构成"我"、"你"的伦理关系，人的存在向往上帝的至善至美。人性是人区别自然万物的特性，它包括身体、具有知觉的精神和理智的灵魂。神性之美与人性之美是相通的。"诚然神性之美并无任何形式或仪容，也没有美丽颜色；但其妙处在于卓绝之非可言喻的福分。""你若细察神性美被表现在人上面的其他各点，那你会发现到它们是十足地保存了上帝的形象。上帝就是心与道。""且

---

① 参见鲍桑葵《美学史》，商务印书馆 1985 年版，第 170—171 页。

你可以在你自身中见到表现力与理解力，而这些，实不过是真'心'与真'道'的摹仿物而已。"[1] 因此人性之美是一种内在的品质，它体现了美与善的结合和统一。

第二节 （托名）狄奥尼修斯

（托名）狄奥尼修斯（Pseudo-Dionysius）的《神秘神学》在公元 6 世纪初流行于东罗马帝国隐修院，被号称"拜占庭神学之父"的马克西姆（Maximus Confessor，公元 580 年至 662 年）在其名著《秘言》中称为"至圣的诠释者"。其后传至西欧，被教皇马丁一世于 649 年钦定为正统神学著作。9 世纪时，爱尔兰修士爱留根纳（Eriugena，Jonannes Scotus，约公元 810 年至 877 年）将其希腊文原著译成拉丁文，成为中世纪最通行的拉丁文本，奠定了（托名）狄氏对中世纪拉丁神学影响的基石。大阿尔伯特（Albertus Magnus，约公元 1193 年至 1280 年）和托马斯·阿奎那（Thomas Aquinas，公元 1125 年至 1274 年）均撰写过（托名）狄氏著作的注释本，由此确立了（托名）狄氏在西方神学哲学传统中的经典地位。

该著作对新柏拉图主义思想作了系统综合，提出了审美化的神学论证，确立了上帝至善至美的属性。作者认为，美不仅表现在物质层面的和谐与比例，还表现为一种道德力量、友善和整体性，由此构成作为力和世界秩序关系的基本原理。该书从终极存在的神圣本原——上帝那里引出了绝对美的概念，以象征性作为对绝对美的观照方式，从而沟通了感性世界与神性世界的联系。在对神圣存在的美的赞颂中，隐含了对美的圣洁性的褒扬。通过光之美的形而上学论述，把光的审美特性提升到极致的地位。此外，还对美的存在作出了动态阐释。尽管文中充满了神秘主义情调，但其审美精神仍给人以强烈的感染。它的美学思想对东、西欧以及拜占庭美学产生了深远影响。

---

[1] 格列高里：《人的造成》，见《东方教父选集》，基督教辅侨出版社 1962 年版，第 7—29 页。

亚略巴古提的狄奥尼修斯（Dionysius Areopagite）是公元 1 世纪雅典大法官及首任主教，亚略巴古提便是雅典最高法院的名称。据《新约·使徒行传》记载，他是使徒保罗在雅典传教时所收的弟子。[①]

在中世纪时，人们没有怀疑这本《神秘神学》的作者的真伪。直到文艺复兴时期，爱拉斯谟（Erasmus Desiderius，公元 1465 年至 1536 年）指出，这些长期被教会奉为经典的著作可能是伪作。19 世纪末，德国学者斯蒂格尔马雅（J.Stiglmayer）和考赫（H.Koch）考证出，这本著作明显带有 5 世纪新柏拉图主义者普罗克鲁斯（Proklos，公元 410 年至 485 年）思想的痕迹，因此推定他不会早于 5 世纪末之前出现，并推测其真实作者可能是生活在叙利亚的隐修士。

一 审美化的神学论证

（托名）狄氏的著作流传至今的共有五部分，统称《神秘神学》，包括"论圣名"、"神秘的神学"、"天阶体系"、"教阶体系"和"书信集"。在书中作者也曾多次提到《象征神学》与《神圣赞美歌》等著作，可能已经失传，也可能是子虚乌有。

第一章"论圣名"是对上帝的言说，它所依据的便是《圣经》。在《圣经》中对上帝的称谓涉及以下名称：善、光、美、爱（分题四），存在（分题五），智慧、心智、道、真理、信（分题七），大能、公正、拯救、救赎（分题八），全能（分题九），完全与一（分题十三）。在这里，美和真理构成了上帝属性的核心规定。也就是说，神构成了各种价值的起点和归依的最高价值本体。《圣经》一方面向人们言说着上帝的圣明，但另一方面又强调上帝是不能看见和不能言说的超越者，因为任何人都找不到踪迹以进入无限的上帝的隐秘深处。

那么，上帝究竟怎样自我启示又自我隐藏呢？（托名）狄

① 见《新约·使徒行传》第 17 章第 34 节"其中有亚略巴古的官丢尼修"一句。

氏便是依据新柏拉图主义的世界观来说明圣名的这种言说性与不可言说性的关系。"正如感觉既不能把握也不能感知心灵的事物，正如表象与形状不能包容单一的和无形的东西，正如有形体者不能触及不可触摸的和无形体的东西，同样真实无疑的是：诸存在者被超乎存在之上的无限所超越，众理智被超于理智之上的'一'所超出。事实上，不可思议的太一是一切理性过程都无法把握的。"① 因此，他把上帝作为终极存在，归结为一切生命和存在的来源与原因，充满了神圣的和谐和神圣的美。

（托名）狄氏的论证不仅是围绕上帝至善至美展开的，而且是用审美的眼光以充满情感意蕴的象征和比喻来论说。他说："我们运用所拥有的合宜的象征符号来谈论上帝的事物。我们借助这些类比，便被提升至心灵景象的真理——这真理是单纯的，是一。"因此，"我们被提升到《圣经》的明亮光芒之中，在其光照之下，我们的存在被改造成与赞颂之歌一致之时，我们以我们所相称的方式看见神圣之光。我们的赞美歌回响着，我们赞美那一切神圣启示的丰沛水源头，他在《圣经》的神圣道说中向我们传达了他自己。"②

第二章"神秘的神学"虽然篇幅短小，但却是（托名）狄氏最著名的传世之作。所谓神秘，在现代语境中带有负面的、超自然的或主观个人化宗教经验的意味。但在（托名）狄氏和中世纪的用语中，神秘的基本词义却是隐藏，是指通过冥想和修炼才能达到对上帝的了解和融合的性质。在这里，作者对神秘神学的方法作了概括的说明。

（托名）狄氏称神学是上帝的智慧，从其内容到形式他都采用了新柏拉图主义的"一分为三"的结构模式。对应于"神圣的本原"（thearchy），他将神学分为肯定（cataphatic）的、否定

① （托名）狄奥尼修斯：《神秘神学》，包利民译，三联书店1998年版，第3页。

② 同上书，第6、4页。

（apophatic）的与神秘（mystic）的三部分。肯定神学把上帝作为形式的动力因研究，通过形式研究上帝属性，因为万物所具有的秩序与上帝的范型有某种相似之处并提供了一定的形象。否定神学把上帝作为一切事物的目的因研究，通过可感的与可知的象征上升到神圣的实质，靠对万物的否定和超越追溯万物的原因。神秘神学研究上帝自身，由不可知、不可言说的超越性上升到与上帝的超理智融合。

　　肯定神学的方法是从最普遍的陈述开始，通过一些中项达到特殊的称谓。（托名）狄氏认为，善是最高的范畴，它构成了肯定神学的起点。光是善的形象，它展现出美。因此，"善、光、美"代表了一个过程的开端、连贯和终结，构成了原初的神圣三元，从中又生成中间的"智慧、生命、存在"和特殊的"智慧、力量、和平"的神圣三元。上帝的属性便是从至善与至美的概念开始并由此逐步展开的。在这里，上帝的形象正是美的形象。

　　如果说，肯定神学是研究理念原型世界，那么否定神学则是研究按原型创造的世界。否定方法从离上帝最遥远的事物开始，把其中带有人类思想局限性的因素排除掉，留下不可言说的神圣因素，沿着世界的等级秩序逐步上升。这种否定方法就是用超越的方式，即通过否定万物，来赞美那超越的太一。（托名）狄氏指出："我们应当像打算雕刻一具雕像的雕塑家。他们移去一切障碍以获得隐藏的形象的纯粹观照。他们仅仅通过这种清除行动便展现了隐秘之美。"① 由此可以看出，这一神学不仅诉诸象征和类比，而且带有强烈的审美情感色彩。

　　神秘神学则是对肯定神学和否定神学的综合。作者的神秘主义原则是：人类不可能以思想和语言为媒介来把握上帝。肯定神学虽然以范畴和名称来指示上帝的属性，但不能用语言来解释这种范畴和名称的超越意义；否定神学在被造物的世界中寻求上帝的印迹，但只能以象征和类比的方式间接地获得对上帝的体认。

---

① （托名）狄奥尼修斯：《神秘神学》，三联书店 1998 年版，第 100—101 页。

上帝超越世界和本质，是信仰而不是知识的对象。所以，人们只能通过专一的爱和坚韧的苦修才能产生神秘的洞见，感受心灵的震颤，领略上帝的超越意义，并达到与上帝的融合。由此可以看出，神秘神学不是一种理论认识，而是一种宗教的情感体验。它是审美化的精神修炼，是隐修士的思辨与情感、玄想与苦行相结合的产物。

在（托名）狄氏原创性的神学词汇中，最重要的词汇之一莫过于"阶层体系"（hierarchy）。此希腊文名词系由"神圣"（hieros）与"源头"（arche）组成，它所表述的正是神圣之起源于层级的秩序关系。在第三章"天阶体系"中，作者为宇宙系统提出了一个层级式结构，反映了他的宇宙观和价值观。"一个阶层体系是一个神圣的秩序，一种理解状态和一种与神圣者尽量近似的行动。它与所受到的神圣启示相称，被提升至对上帝的摹仿"。①在宇宙系统中，通过阶层体系可以使人导向与神合一的超验地位，去观照上帝的美。这种以世界为上帝的神圣显现的宇宙观，并不同于泛神论的宇宙观。泛神论认为神即万物，万物即神，万物是神均等的分流。（托名）狄氏在这里拒绝任何将上帝与世界等同混一的立场，认为宇宙是上帝的形象，而不是上帝的本体。

第四章"教阶体系"则是论述教会组织等级的划分和礼仪的设计。教会礼仪的形式是具有象征启示和情感激发作用的，它对于宗教生活的确立起着重要的作用。例如书中提到，受洗礼者用水进行身体清洗，便是通过身体的方式接受一种圣洁方式的教导，以洁净一切恶，过一种德性的献给上帝的生活。圣洁地唱《圣经》赞美诗和读经，便是教导人从摧毁人的邪恶中得到完全的洁净。这些活动都具有特定的象征意义并在活动中使人获得一种净化的情绪感受。通过这些方式使人向超越者提升，从而获得一种价值体验。

---

① 见《旧约·申命记》第 16 章第 20 节。

二　绝对美与象征性

在（托名）狄氏的著作中，并没有对神的单一性或字面的定义，而是认为神既是存在的一切，同时又不是存在的一切。即神无处不在，然而又超越一切。正如第二章"神秘的神学"中祈祷词所说："上升到神秘的《圣经》的最远、最高的巅峰，在那儿有上帝之道的奥秘，它们单纯、绝对而不可更易，处于隐秘的寂静的辉煌黑暗之中。"[①] 这种"辉煌的黑暗"表明，他既不可被"不存在"也不可被"存在"所描述。这就是说，上帝作为绝对实在，是超越一切存在的，但是作为存在的最高本质，它又内在于一切本质。

在"论圣名"一章中，（托名）狄氏把至善、至美和智慧、真理等作为上帝的同位语，把至善放在第一位。他把上帝称为至美者和至善者。因此说明他是坚持美善同一观点的。同时，依据《圣经》所说，上帝是道，道就是真理，信仰把人们引向真理，上帝就是智慧。作者指出，美与智慧二词也一样，都是形容上帝的整体的。因此，他把真善美的价值取向结合在一起，作为对上帝的言说。

把美作为上帝的属性，这种美便是绝对美，因为它超越任何存在之上。在柏拉图的《大希庇阿斯篇》中已经区分了美本身这一性质与具体的美的事物之间的不同。把分有美的具体事物叫做美的，而把作为万物中美的原因的那一要素称作美。同样，（托名）狄氏也认同这一区分。但是他又指出，上帝的美是超出个体之上的，因此在把"美"用于上帝时，便无须在这两个名字之间作出区分。把上帝称为美的，因为他是全然美好的，是超出一切的美者。他永远如此，不变换、不变化；他是美的，但不是像那些有生有死、有长有衰的东西，并非在一个方面美好而在其他方

---

① 《神秘神学》，第 98 页。

面丑陋。他不是现在美而其他时间又不美，好像他能对有些人美，而对另一些人就不美了似的。所以，上帝的美具有永恒性和绝对性，它超越时空的变化。这一论述又使人联想到柏拉图在《会饮篇》中对终极的美即美的本性的描述。

绝对美表明，上帝不仅是美的，也是美本身。"从这一美之中产生了万物的存在，各自都展示着自己的美的方式。因为美乃是和谐、同感受、团体的原因。美统一万物而为万物源泉。他是伟大的创造之因，他振兴世界并通过万物内在对美的追求，而使它们保持存在"。① 在这里（托名）狄氏对美作出了和谐、可感受和整体性的界定，说明这是事物所以美的缘由。同时，他又把美作为万物存在生成的原因，肯定万物具有内在对美的追求，各自会展现出自身的美的形式，使美成为创造世界的第一原则。

在（托名）狄氏看来，绝对美与现实的世俗之美具有因果的关系和等级的不同的差别。他说："物质最终是由于绝对之美而获得自己的实存，并在它的所有尘世等级中保持了可理解之美的某些回声。借助于物质，人可以被提升到非物质的原形。"② 绝对美是非物质的范型，因此也是人所无法直接观照的对象。同时绝对美是崇高，"上帝在人的领域中整个崇高无比"，从而使人心中充满对神圣的敬畏。

作为信仰和灵性的领域，绝对美属于终极的神圣存在。为了使绝对美有所显现而为人所感知，（托名）狄氏提出可以用美的事物形象来作为不可见的美好者的象征。象征便是用可感知的形式来表现某种特殊的观念。在这里，世俗事物所呈现的秩序可以成为神圣领域的和谐秩序的符号。只有这样才能通过赋予无形体者以形体的形式。也就是说，可以通过神圣象征的手法来感受上帝的美，即绝对美，使世俗世界能观照神圣存在的反光。显而易见，这种象征主义的产生是源于柏拉图关于感觉与精神的二元论和《蒂迈欧篇》的观念。

---

① 《神秘神学》，第 29 页。
② 同上书，第 112 页。

对于形式的创造，（托名）狄氏认为：

> 为无形者创造形式与给予实际上无形状者以形式，是出于两种原因。首先，我们缺乏被直接地提升至概念性的玄观能力。我们需要的是对于我们来说自然而然的提升，它可以把奇妙的无形的景象以容许的形式提至我们面前。其次，对于《圣经》的神秘段落来说，关于天界的理性的神圣和隐秘的真理，通过不可言说者和神圣者而隐藏起来。①

也就是说，神圣的启示是以双重方式工作的，一方面以想象者表现想象者，另一方面又用不相似甚至不恰当的方式来表现。这种不相似和不合宜的象征比相似性更适于将人们的心智提升到神性的国度。总之，形式的创造是以物质媒介来表现上帝之美的中介，这种手法构成了神圣的象征。他在这里所强调的是，对上帝的形象表现一般是一种不相像的象征。他认为，用并不相似而又似乎不当的象征，它所引起的惊奇可以激发我们的头脑来探索其含义的隐秘，比用意义上更相近而似乎更恰当的象征要好得多。一切象征都远不应成为真实的形象。

天阶体系是人们获得神圣启示的不同阶层，它在不同层次上反映出上帝的至美形象。作者指出：

> 上帝之美把自己启明的奥秘神圣地向外安排成阶层体系的理解力和秩序与层次，阶层体系在所容许的最大范围内与自己的泉源相像。确实，对于阶层体系中的每个成员来说，"完全化"都在于被提升去尽量最大可能摹仿上帝，并且更奇妙的是，成为《圣经》所说的"上帝的同工"和上帝工作的一个反映。②

---

① 《神秘神学》，第110页。
② 同上书，第115页。

　　如果说，象征是通过一定媒介对被象征物的一种表现，在（托名）狄氏看来，这种象征正是用摹仿的手段取得它的表现和反映功能的。天阶体系对于上帝的表现是想象者的表现，它通过象征获得了价值的提升。在这里，圣洁的象征物实际上是概念事物的感性符号，它提供了通向概念事物的道路。那么，不相似的象征则是通过世俗事物的意象对神圣存在的表现。这是在探究无形的神圣理智时对诗性想象的运用。当然，这不是为了艺术，而是为了激发信仰的感悟。在"天阶体系"一章中，作者在描述了天界存在者之后，便转向了人的领域，用人的领域中得到的形式来描述天界的存在，如铜、精金、五彩宝石等。

　　（托名）狄氏认为，由金、银组成的合金既象征着金子的不会朽坏、无价、永存和无污染的闪光，又象征着银子的柔光、平滑、美丽和天国般的绚烂光亮。在五彩的宝石中，白象征光、红象征火、黄象征金子、绿象征青春活力。在与《圣经》相关的动物形象中，狮子用以显示强而有力、不可征服的统治。牛象征力量与强大，象征能深犁知识之畦，迎接天上丰饶雨水的降临。牛角则是保卫与不可战胜的力量的标志。鹰标志着皇家威严，向峰顶的进发，速捷的翅膀，敏捷、迅速以及找到营养物的聪明，标志着自由、直接，在坚决超出视觉力当中毫不动摇的向上玄观那些神圣阳光的丰足光芒。

　　通过对上帝之美的论述，（托名）狄氏把美从人的感性领域提升到信仰和神圣智慧的高度，由此构成绝对美。绝对美与至善、智慧和真理以及上帝同一，它既是存在又是非存在。这种作为万物之美的根源和动因的绝对美，并非人的感觉所能认知，人的理解和想象所能把握，人的语言所能言说的。对于绝对美的观照，（托名）狄氏提出了作为摹仿和反映的象征方法。神圣的天界的事物可以通过并不相似的象征恰当地启示出来。象征是一种通过媒介赋予形式的传运手段，从而使绝对美获得了间接的形象观照的方式。同时，感性世界也成为上帝至善至美的显现和折光。尘世不仅保存了美的印迹和分有了绝对美，而且成为提升到神性世界的阶梯。

（托名）狄氏神学关于美的本体论，是一种真善美同一的学说。它不同于普洛丁把美只看作是善的外化特征的观点，而是作为存在的创造之因。它也不同于柏拉图的理式说，把现实美只看作是理式的虚幻的影子。它通过多重的象征关系，沟通了作为神圣存在的绝对美与现实美的联系，使人们循着物质的途径逐步走向心灵的超越之路。这种多重象征主义手法在拜占庭教堂建筑艺术中得到了充分的应用和体现。

三 光的审美形而上学

对阳光的寓意和比拟，可以追溯到柏拉图，他在《理想国》中提出了洞穴囚徒的比喻。被锁在洞穴中的囚徒所看到的，只是他们自己和他们背后东西的影子，是由火光投射到对面墙上的。最后有一个囚徒逃出洞穴来到光天化日之下，他第一次看到了实在的事，才察觉到他前此一直是被影像所欺骗。阳光使他认识了真理。同样，普洛丁也把光照与神明相联系，光亮不仅来自至高无上者而且就是至高无上者。灵魂一旦被照亮便具有了它所追求的东西，正如只有凭借太阳自身的光明我们才能看到太阳一样。

（托名）狄氏从人们的感性经验中，抓住了阳光与万物生长的因果联系以及阳光辉煌四射给人的形象感受，把它看作至善的一种直观的形象显现。通过在信仰领域的思辨构成了一种以光为美的形而上学理论。这一学说的形成直接受普洛丁关于美的流溢说和光具有特殊美的观点的影响。狄氏提出：这"光来自于至善，光是原型之善的形象"①。

任何原型都可以通过形象来加以表现。那么，巨大的、闪亮的、永远发光的太阳便是神圣之善的明白形象，是至善的遥远回声。它照亮了一切能接受它的光的东西，但永远不会失去它完

---

① 《神秘神学》，第 26 页。

的光。光在可见的世界中富足充沛地照亮了每样东西。它产生了可见的物体，给予它们生命，养育它们并使它们成长，完美它们、纯洁它们、更新它们。光作为至善的可见形象，它也吸引万物，令万物转向它。一切可见事物皆在寻找太阳，因为它们寻求被看见、被运动、接受太阳的光和温暖，被太阳维系在一起。

以光的启明作用为比喻，把光照的豁然开朗与真理的追求联系在一起，形成真与美在信仰中的统一。因此，（托名）狄氏把至善称为"心智之光"。因为心智之光照亮所有超天界存在者的心智，将盘踞在灵魂中的无知与错误驱赶出去。清除了无知之雾，便激励并解放了那些背负黑暗的负担者。心智之光把自己的光芒充满那高于和超出世界的心灵，以及环绕和内在于世界的心灵。心智之光的出现聚集与统一了接受光照者，使它们完善并回转向那真实者，从而汇聚为单一的、纯粹的、连贯的和真实的知识。由此，作者呼吁人们作为《圣经》的守望者和卫护者，尽自己的能力去追求，向神圣的光芒抬起眼来，让人们在神圣的启示中去接受真理标准。

有了光才有时日的展开和生命的延续，从这种意义上说，光是时间的尺度和记数者。阳光普照万物，因此作为上帝至善的形象，光既传到最高的存在形式中，也传到最低的形式中。万物从这里找到尺度、永恒、数字和秩序。

对于"三位一体"的统一性和区分，狄氏也用光照的例子作了阐释。不可分的三位一体在一个共有的、未区分的统一体中，维系着它的超本质之本体、超神圣之神圣性以及超美好之美好。如同在一间房子里，从各盏灯射出的光是完全互相渗透的，然而各自又是明白有别的。这里有统一之中的区分，又有区分之中的统一。当一间屋子里有许多灯时，也只有形成一个未区分的光，因为所有这些灯的光可能是完全不同的，但它们仍完全混合在一起。

（托名）狄氏呼吁人们向上帝之光伸出祈祷之手。他描述道：

　　想象有一个宏大的灿烂宝链，从天国的高处向下面的世界悬挂下来，我们用一只手、又一只手抓住它，好像在把它拉向我们。事实上，它早已存在于天际与地上，我们并没有将它拖向我们，反而是被它提至那辉煌的高处，朝向那耀目的光芒。[①]

四　美的动态结构

　　（托名）狄氏的神学是一种精神本体论的探索。上帝作为终极存在，成为善与美的同位语。美与上帝一起成为万物运动的根源和目标。美作为伟大的创造之因，使万物在美的追求中保持其存在。美作为一种精神价值和终极存在，成为万物渴求和趋向的目标。他在肯定绝对美的同时，也肯定了物质存在的美，它成为上帝形象的表征物和折光。

　　正如万物皆有静有动，（托名）狄氏认为神圣的理智和灵魂也在运动。那么神圣的理智是怎样运动的呢？

　　　　首先，当它们与无始无终地出自至善和至美者的光明合为一体时，它们圆周地运动着。然后，当它们在神命之下为所有比它们低的事物提供无误的指导时，它们直线地运动。最后，它们螺旋地运转，因为尽管它们为低于它们者提供指导，它们仍保持为自己不变，而且它们还不停地环绕着产生所有同一性的至善与至美者。[②]

　　在这里，作者是以运动方式的不同来表明各种事物之间产生的联系和相互作用。在天国，神圣的理智披着至善和至美的光辉自身旋转运动着，构成一种自律。当它们下到凡世间来引导万事万物时，构成一种直线运动以提升万物，而它们自身还要保持与

---

① 《神秘神学》，第 20 页。
② 同上书，第 30 页。

至善至美的同一性，从而形成螺旋式运动。

对于灵魂的运动，（托名）狄氏也提出了三种运动方式。作为圆周运动，它在自身中旋转，这是一种理智力量的内在凝聚，它摆脱外在物质的羁缚引向至善至美的目标取向。当灵魂接受到神圣知识的启蒙时，通过推理而做螺旋运动。当灵魂从外在物质中提升出来，同时又从多样和多重的象征性称号中感受启示而朝向单纯和统一的深思时，便作直线运动。狄氏指出，至善和至美是这三种运动的原因，也是各种运动预先保持和确立的基础。读者如果脱去它们的神秘主义的外衣，从审美的精神活动角度来看，还是可以给人以真善美相互作用的启示。

对于自然界的事物，（托名）狄氏也持有这种动态观。他认为，由至善至美中还产生了自然中大小不同的事物，产生了万物的尺度和比例、万物的联系和统一。至美至善者正是万物所欲望和渴求的对象。（托名）狄氏不仅肯定了神性世界的至美，而且也肯定了感性世界的物质的美，认为"物质也分有一定的宇宙、美丽和形式"，[①] 宇宙即有它所具有的秩序，这就肯定了现实美的存在意义和价值。

既然善与美是相互联系的，那么恶也必然会与丑相关联。（托名）狄氏在"论圣名"一章中以较大的篇幅谈到了恶。他认为恶只有在与它的相反者对立之中才能存在和被认识。因为它可以与善者清晰有别。事物是在比较中被认识的，恶作为恶从来不会产生存在或生成。它所能做的一切便是利用一种有限的方式减损和摧毁事物的基质。（托名）狄氏认为一切存在者都来源于至善。因为它们都是上帝的创造物，恶只是善的失缺或不足。所以恶无法消灭从本性上说是不可毁坏者，只能消灭事实上能被毁掉者，而存在者不可能在自己的存在和本性的领域中被毁灭。毁灭事实上就是存在者在自然秩序中的一种失败，是和谐与匀称的表现的退化。由此，他把恶与丑便联系起来，并认为丑陋与疾病是

----

① 《神秘神学》，第45页。

形式上的缺陷和应有秩序的缺乏。

（托名）狄氏并不排斥物质世界，他认为灵魂中的恶并非起源于物质，而是来自于无序和错误。恶的东西并非不运动和永恒不变的，恶与进步、目的、本性、原因、泉源、目标、限定、意志以及实体等都是相反的。它是一种缺陷、一种匮乏、一种虚弱、一种失衡、一种罪过。恶便是丑的、无生命的和无序的。这些表明了作者对于善恶与美丑的相互关联与转化的看法。

第三节　波埃修

阿尼西·曼留·托夸特·塞伏林·波埃修（Anicius Manlius Torquatus Severinus Boethius，公元 480 年至 524 年）出身于显赫的罗马贵族家庭，早年在雅典学习哲学，学识渊博。他虽生于罗马陷落之后，但就其心理和文化教养而论仍属罗马人，故史称"最后一位罗马人"。他将亚里士多德的《范畴篇》等工具论著作及波菲利的注释等译为拉丁语，此外还创立了"七种自由艺术"的体系，构成了中世纪教育的基础。著有算术、几何、音乐等教科书。从公元 510 年起，波埃修在东哥特王国任大臣。他并非神学家，但他把存在论的概念引入有关基督教"三位一体"的讨论，开辟了中世纪形而上学的新阶段。523 年他被人疑为与拜占庭有联系，而以叛国罪下狱，在狱中完成了韵文与散文交替的著作《哲学的慰藉》（De consolatione philosophiae），两年后被处死。

波埃修的美学思想主要建立在音乐理论的基础上，他继承了毕达哥拉斯和斯多亚学派的观点，认为美在比例和对称，强调美的外在的形式特性，并从量的数学观点分析音乐中的美。

一　音乐理论中的美学观念

波埃修著有《音乐原理》（De institutione musica）一书，这部著作主要是对古代音乐理论的一个总结和归纳。全书包括五卷，

127 章，主要论述了毕达哥拉斯学派以数学原理对音乐的分析方法，并对托勒密和其他学派的理论作了评价。波埃修本人从未谱写过乐曲，然而他的这一著作却无论在理论上还是实践上都成了中世纪音乐美学中不可逾越的经典。这反映出中世纪文化的纯理论倾向，其中一方面是由于美被视为上帝的一种属性，所以音乐美学便成为神学或宗教形而上学的一个直接组成部分；另一方面艺术作为一种技能退去了古希腊时代的那种神圣色彩，只能来分享上帝赋予它的一份光辉。为了不至以感官愉悦的恣纵玷污理性的纯洁，故要以数理法则为其提供一种理性的指导和解说。

该书开宗明义地提出了音乐作为一种自由艺术，具有陶冶性情和促进道德的美育功能。卷一的第一章标题便是："导论：音乐通过自然成为我们的一个组成部分，可冶性亦可矜性。"其中他谈到了音乐在他所提"四艺"中所具有的独特地位："有鉴于四门数学的学科，其他三门学科同音乐一样，以追求真理为己任；然而音乐不但关联思考，而且有涉伦理。因为没有什么比人性更易为甜美的曲子抚慰，为嘈杂的曲调骚扰。此理人无分职业老幼，莫不皆然。"[①] 这里所说的四门数学学科是指算术、音乐、几何与天文学。在波埃修看来，这些学科是将人的心智从感知引向抽象知识的四条通道，它们是哲学研究的预备知识，其中唯有音乐最影响人的性情，所以关乎伦理。

依据柏拉图《蒂迈欧篇》宇宙的灵魂系根据音乐的和音合拢为一的观点，波埃修认为人作为小宇宙，可以与大宇宙的乐音产生共鸣。在谐和有序的乐音中，人能辨认出自身内在的和谐构造，由此而生愉悦之情，人的性情也会随音乐性质的不同而改变。

对于音乐陶冶性情的例证，波埃修举出了毕达哥拉斯的一则掌故，尽管这一掌故曾为西塞罗和奥古斯丁等人援引过。他说：某夜一个年轻人酩酊大醉，被一支弗里季亚曲子勾得欲火中烧，

---

① 《音乐原理》第一卷第一章，参见陆扬《欧洲中世纪诗学》，上海社会科学院出版社 2000 年版，第 93 页。

这个人恨一名妓女闭户不出，便要烧掉那所房子。毕达哥拉斯凑巧路过这里，当即卜卦问天，得知这青年是被一支弗里季亚曲煽乱了心神，即使他的朋友再三规劝也是枉然。于是毕达哥拉斯遂命乐师改奏祭神的变格弗里季亚调，竟使那青年熄火定神，平静了下来。

音乐之所以能产生触及心灵的作用，是因为音乐曲调与人体之间具有一种同构的关系。波埃修以普鲁塔克《伊茜斯与奥西里斯》等文献的记载为例，用毕达哥拉斯学派中人曾以一些曲子催眠，而以另一些曲子催促晨起为例说明，人的身心结构可借音乐的媒介结合成一体的道理。正如好色者耽于靡靡之音，且经常是越发陷入其中不能自拔。与此相反，鲁莽的心灵在猛烈昂厉之曲中得到愉悦，并且愈见亢奋。同样，一支甜美的曲调，婴儿听了也会感到欣悦，而粗粝嘶哑的曲调，则令听觉的快感顿时消散。

波埃修进一步论证了音乐与人的身心交感的作用：其一，悼亡者即便是痛哭流涕，也总要将悲哀转化为曲调，特别是妇女尤其善于长歌当哭以抚平创痛。其二，有人不善歌唱也会自己哼哼，并非是他格外钟情这一乐曲，而是音乐天生使人愉快。其三，号角之音在战场上可以鼓舞士气。其四，当人聆听歌曲时，躯体常会情不自禁地随着音乐节拍而运动。这些例证都可说明，身心的状态和秩序与乐音的结构比例是息息相通的。

因此，波埃修十分强调音乐的美育功能。他认为应该排除使人消极堕落的萎靡之音和使人争强斗狠的猛厉之音。那种在简单乐器上演奏的清纯中和的音乐，才是健康上进的。波埃修呼吁重建柏拉图传统。柏拉图在《理想国》中提出应以纯净和蓬勃向上的曲调教育儿童，而其他曲调则一应摒弃。波埃修认为，心灵接受教育的途径没有比听觉更加通畅无阻了。他说："从科学的意义上说，没有比经由听觉更为便捷的诉诸心灵的途径。"[1] 因此，在他看来，音乐美育的独特功能是无以替代和至高无上的。

---

[1] 参见塔塔科维兹《中世纪美学》，第 108 页。

波埃修将音乐定义为音响的艺术，其实质在于音响的和谐。因此也称音乐为和音学。他把整个音乐划分为三大类型，即宇宙的、人的以及与器乐相关的。宇宙的音乐是指与天体运行的和谐相伴随的音乐，我们之所以听不到它是由于感知能力的薄弱。然而理智却能引导我们推断出它的存在，因为人类创造的乐曲在自然之中必有它的原型。对应于水、火、风、土四大元素的流变，衍生出四季，春发、夏炽、秋熟和冬敛，也都依据这一节奏而生生不息。人的音乐即指灵魂的和谐，要理解它必须深入自己的灵魂深处，这一观点也出自早期毕达哥拉斯学派。波埃修把宇宙和人的音乐视为最完美的音乐，显而易见，这是一种宗教化的和超验论的观点，但它所体现的仍是追求物质与精神、宇宙与艺术之间的和谐之境。

就诉诸听觉的音乐艺术而言，波埃修也将其分为三种。第一种使用乐器，第二种造就诗，第三种则对乐曲与诗加以评判。他把音乐的概念扩大到诗，这与古代传统有一定联系。在他看来，诗是用于吟诵而非阅读的，它也要直接诉诸听觉。他甚至将有关理论也视为音乐艺术的内容，因为：

> 建立在理性认识之上的音乐知识，比之于建立在技法和音乐效果之上的音乐知识何止高出百倍；就像思想远胜于肉体……因此，音乐家是那种从理论中获得音乐知识的人——不是俯首屈从于曲调，而是仰仗理性的指引。理论与思维中的法则也完全适用于音乐。[①]

由此，波埃修更力强调音乐的理性本质，认为唯有理论家才熟谙音乐的数理法则。所以他说："音乐家是这样的人，他具有建立在明智的理论基础上的、与音乐相一致的、能对旋律、节奏以及一切种类的歌曲、诗章作出判断的能力。"[②] 他在书中把作

---

① 参见塔塔科维兹《中世纪美学》，第107页。
② 同上。

曲家比拟为工匠（poeta），认为创作实践的感性活动是低于理性思维的，音乐也应以理性为归宿。这体现了中世纪美学的唯灵主义倾向和超验性特征。

就音乐即和音学中理性与感性的具体联系，波埃修分别对毕达哥拉斯和托勒密的乐论作了比较：

> 恪守毕达哥拉斯教诲的人声称和音学的目的是统一万物于理性。即此而言，感官是播下了知识的一些种子，然而是理性滋养它生长成熟。
>
> 托勒密对和音学的定义又有不同。所以他的理论中两耳与理性之间，没有不可协调的地方。在托勒密看来和音学所进行的研究，是让感觉鉴别，理性权衡；同理，理性审定出感官不予反对的比例来。每一个和音学者的目标，都应使两种机能协调一致。[①]

那么，毕达哥拉斯是如何凭理性来把握和音的标准的呢？在卷一第十章《毕达哥拉斯如何调习和音的比例》中又举出了一则掌故。一次毕达哥拉斯路过一家铁匠铺，他在一片叮当作响中听出了一记和音。毕达哥拉斯当即大喜过望，走进去驻足细听，一时觉得是由于铁匠出力不同而造成锤音高低的差异。于是，他让铁匠交换锤子，却又发现音质与铁匠的肌肉无关，倒是与锤子重量的不同大有关系。当时共有五把锤子，敲出和音的那两把，其中一把的重量是另一把的一倍。他接着还发现，上述两把锤子中重的那一把与第三把锤子的重量比为4:3，两把同时敲出四度和音（diatessaron）。他又发现，还是前两把锤子中重的那一把，与第四把锤子的重量比为 3:2，两把同时敲出五度和音（diapente）。第五把锤子不合音的比例舍去不计，则前四把锤子的重量比分别为 12:9:8:6。12 磅与 6 磅锤同奏出八度和音（diapasor），12 磅与

9磅锤、8磅与6磅锤同奏出四度和音，9磅与6磅锤、12磅与8磅锤同奏出五度和言。这便是用数的比例来界定音准的例证。这里体现出感性鉴别与理性权衡的相互关联。

对于音乐的研究波埃修所强调的是，不仅要满足于它给感官带来的愉悦，还要探究其内在结构以符合理性的要求，这正是他的《音乐原理》所看重的内容。他说："综上所述，音乐毋庸置疑是那么自然而然地同我们相连在一起，即令我们想摆脱它，也无以为能。所以人理应尽心竭力，把握这门与自然俱来的艺术，通过知识来领悟它。因为诚如对于博学者来说，光看不究其属性不足以认知色彩和形式，对于音乐家来说，不问音高比例的内在结构，亦不足以从歌曲中得到愉悦。"[1] 由此可以看出，波埃修的美学观念表现出一种侧重理性化的倾向。他认为，在世俗音乐中以常规方式反映出天体音乐和宇宙秩序。情感传达给听众的是一种音乐意义的幻象观念，它的整体结构只有通过理解力才能把握。因此，感官知觉和理解力是人的和谐心灵能力的两个相互协调的工具。[2]

二 哲学视界中的审美疑惑

波埃修是以逻辑和哲学思想见长的，他的主要精力投身于对古代学术的抢救和整理工作。他持有毕达哥拉斯学派美存在于形式、比例和数中的观点，同时也受斯多亚学派的影响，把美在和谐看作是事物的外部表现，因此降低了美在价值等级中的地位。特别是通过 species 这一概念，偏重于美在外部表象的观点。对于人体价值而言，波埃修人为健康比美更有价值，而精神价值则更为重要。所以与奥古斯丁相比，奥古斯丁只是对艺术价值有所贬低，而波埃修却连美的价值也贬低了。

《哲学的慰藉》是他的代表作，表现了波埃修面对死亡所保

---

① 参见陆扬《欧洲中世纪诗学》，第96页。
② 参见 G.Pochat《古代至19世纪美学与艺术理论史》，第102页。

持的宁静和从容。开卷首先以诗体韵文表述了作者的经历和不幸：

> 往昔我沉醉写出欢娱的歌诵，
> 而今我被迫流泪作悲伤的吟咏。
> 残破而苍劲的缪斯们引导着我的
> 怆苦的歌声令我满面泪如泉涌。
> 只有缪斯们没有任何畏惧蜷缩，
> 还陪着彳亍的我同上疲倦征途。（诗1）

书中从命运的变幻莫测谈起，探讨了善与恶的性质、天命决定论与人的选择自由的一致性，说明命运本身不会带来幸福，只有美德才能使人幸福。其中心主题仍是唯上帝至善是瞻的幸福论，在这里却没有美的应有地位。

对于审美，波埃修认为这只是"在不恰当的途径上追求幸福"的一种。在卷三第八章中指出："例如人欣赏宝石的美，然而这样一种既无生命且构造简单的东西，对于有生命、有理性的人而言，岂非一种外在的、低级的美？又如风景，茫茫大海、日月星辰，难道不还都是于善无涉的一种外观之美？至于穿衣打扮则更不足道，动物且以自然所赐为满足，人虽有理智，何以沉湎于那些最低级的美艳呢？须知事物的美转瞬即逝，比春日花谢更为迅疾。"① 他甚至认为"并非你的本性，而是观者视觉上的缺陷，使你显出美来"。② 显而易见，这一观点带有明显的新柏拉图主义倾向，它是从唯灵主义观念出发，贬抑物质和感性的美，而专注于理性和精神之善。

在《哲学的慰藉》中，哲学女神发现诗的缪斯们围着波埃修说个不停，于是疾言厉色地申斥道：是谁容忍这些蛊惑人心的戏子接近这个病人？须知她们从不给悲哀中人赠送良药，反是用有

---

① 参见陆扬《欧洲中世纪诗学》，第85页。
② 同上。

毒的甜言蜜语让人哀上加哀。她们是用七情六欲的不妊的荆棘来扼杀理性果实累累的丰收。"她们非但不把人们的心智从苦痛中解救出来，反而伴着她们一路沉沦下去……滚吧，塞壬女妖们，毁灭的诱饵！把他留给我的缪斯来医治吧。"[①] 这是西方以诉诸理智的哲学来压制诉诸情感的诗的传统。早在柏拉图的《理想国》中便提出了这一命题。他独尊哲学家而对诗人下了逐客令。波埃修在他生命的最后时刻，也是希图到哲学中去寻求他最后的慰藉，因此这就不足为奇了。

---

① 　参见陆扬《欧洲中世纪诗学》，第86页。

第二章　奥古斯丁

被罗马教廷奉为圣奥古斯丁（Saint Augustine）的希波（Hippo）主教，拉丁文名为奥里乌斯·奥古斯提奴斯（Aurelius Augustinus），作为后期拉丁教父，既是奠定基督教神学思想的哲学家，又是基督教美学的奠基人。他集古希腊罗马美学之大成，从基督教价值观出发，对审美和艺术现象作了多方面的探索。他的美学论述散见于不同时期的哲学和神学著作中，基本上保持了前后观点的一致性。他的美学思想在整个中世纪占有主导的地位，并产生了重大的影响。

第一节　奥古斯丁美学思想的
渊源和理论特征

奥古斯丁的一生处于罗马帝国衰亡的时代。公元 354 年 11 月 13 日，奥古斯丁生于罗马帝国所属的北非小城塔加斯特（Thagaste）。父亲帕特里修斯（Patricius）是异教徒，母亲蒙尼卡（Monica）是基督徒。他在罗马教育制度下受到良好的教育，先后在家乡马道拉（Madora）的文法学校和迦太基（Carthage）的修辞学校学习文学、语法、修辞和逻辑。在他 18 岁时，开始阅读西塞罗的演说词《荷坦修斯》（*Hortensius*，已失传），由此对哲学产生了浓厚的兴趣，[①] 他把这一经历称为"皈依哲学"。哲学引

---

① 　参见 J. A. Martin《美与神圣——美学与宗教的对话》，普林斯顿大学出版社（英文版）1990 年版，第 18 页。

导他摆脱修辞学和雄辩术的局限，去探求不朽的智慧和真理。

现实生活中的罪恶和苦难尖锐地摆在青年奥古斯丁的面前。斯多亚哲学不能为他解决理智的确定性与精神的整体性的双重问题，恶的现实的困扰，使他转向由波斯传入的摩尼教（Manicheism）。摩尼教主张善恶二元论，认为光明与黑暗都是永恒的，人的灵魂来自善与光明，而肉体则来自黑暗与恶。由于奥古斯丁早年生活的放荡，在他的人格中，向善和纵欲倾向存在激烈斗争。也许正是这种人格中的双重性，使他一度追随和信奉了摩尼教。从修辞学校毕业后，他先后在迦太基、罗马和米兰任教。在迦太基时，在一次会见摩尼教主教的谈话中，他发现其教义不能圆满解释罪恶的问题，结果大失所望，从此脱离摩尼教。

公元 383 年，奥古斯丁到罗马开办了修辞学校，同时醉心于希腊怀疑论哲学。次年经罗马市政长官介绍前往米兰任教。在米兰期间，他聆听了米兰基督教大主教安布罗斯（Ambrose，约公元 340 年至 397 年）的布道，深受其人格和信仰的感化。同时在阅读新柏拉图主义哲学中，对其世界观产生了深刻的影响。新柏拉图派以精神为实体而否定物质，认为恶不是独立存在的实体而只是善的缺乏，由此使他在理性上看到了一线曙光。阅读《圣经》，使他转向基督教的信仰。公元 387 年，他正式接受洗礼加入基督教。

关于他认信基督教的过程，他在《忏悔录》（ *Confessiones*，公元 397 年至 401 年）中做了形象的记述：当他在住所的花园里为信仰而彷徨时，思绪起伏中他听到邻近屋中传来孩子反复的吟唱声："tolle lege，tolle lege！"（拿着，读吧！拿着，读吧！）他急忙去翻开《圣经》看到："不可沉于酒食，不可溺于淫荡，不可趋于竞争的嫉妒，应顺服主耶稣基督，勿使纵恣于肉体的嗜欲。"（《新约全书·罗马书》第十三章）这时他顿觉有一道恬静的光射到心中，驱散了阴霾笼罩的疑阵。从此，他皈依了基督教。

公元 388 年，奥古斯丁渡海返回北非。回到故乡后，他建立了一个小修道团，并大量从事著述活动。391 年奥古斯丁前往希波建立修道院，并继续写作。396 年他出任了希波主教，从维护教会和帝国的立场出发，他逐渐改变了倾向人本主义的乐观思想，而对人性、教会和历史持批判的态度。430 年初夏，汪达尔人人侵北非，包围希波城不久，奥古斯丁在围城中去世。

尽管当时罗马帝国已经处于土崩瓦解的过程中，奥古斯丁仍然生活于古典文化的氛围里，深受柏拉图主义和西塞罗哲学的陶冶。他是最早将基督教思想体系化的思想家，并且具有中世纪的思想品格。他在充分利用旧有文化的基础上，创造了一种新的文化。两个时代、两种哲学、两类不同的美学体系在他的著作中汇合在一起。他继承了古代美学思想，并加以改造，以新的形式介绍给中世纪。他的美学思想成为西方美学史中的一个交会点，其中既可以看到古代美学的基本线索，又展现出中世纪美学的主要轮廓。

一　由美学起步的探索之路

奥古斯丁具有诗人和艺术家的气质，从年轻时便继承了古希腊崇尚审美的传统。他曾经对朋友们说："除了美，我们能爱什么？"并且坦诚地表示："我的眼睛喜欢看美丽的形象、鲜艳的色彩。""白天不论我在哪里，彩色之王、光华灿烂浸润我们所睹的一切，即使我另有所思，也不断用各种形色向我倾注而抚摩着我；它具有极大的渗透力，如果突然消失，我便渴望追求，如果长期绝迹，我的心灵便感到悒悒不乐。"[①]

他的理论著述活动是从美学开始的。"什么东西是美？美究竟是什么？什么会吸引我们使我们对美好的东西依依不舍？"正是对这些问题的思考，使他在公元 380 年撰写了一部题为《论美与适宜》（ De pulchro et apto ）的著作。在一次诗歌比赛中，他以一首戏剧诗的创作获得了荣誉称号。在此期间，他将该书稿献给

---

① 奥古斯丁：《忏悔录》，周士良译，商务印书馆 1981 年版，第 64、217 页。

了极负盛名却与他并不相识的罗马演说家希埃利乌斯（Hierius），以致丢失。20 年后奥古斯丁追述道："我观察到一种是事物本身和谐的美，另一种是配合其他事物的适宜，犹如物体的部分适合于整体或如鞋子适合于双足。""我写这本书的时候，大概是二十六七岁，当时满脑子是物质的幻想。"[①]

可以看出，当时他的美学思想与其说是受柏拉图的影响，不如说是受亚里士多德和西塞罗的影响。他这时是从事物的外在客观属性，即和谐比例等去寻求美的本质。

公元 385 年，他看到普洛丁《论美》一文，这是与斯多亚一折衷主义美学相对立的观点。普洛丁认为美的本质不在和谐与对称，而是表现为对神圣完善的摹仿。普洛丁强调美学与道德生活的内在联系，美的上升尺度将人由感性感受引向心灵和宇宙的非物质结构，从物质上升到灵魂和理性。显而易见，普洛丁的观点具有超验性和宗教化的趋向。这对奥古斯丁是全新的内容，对他产生了深刻的影响。此时他正向基督教靠拢，他吸收了这方面的观点，从而使他的美学具有了综合感性与理性、物质与精神的特性。但是，他既拒绝摩尼教的物质罪恶观，也拒绝美的纯粹灵性化倾向。

奥古斯丁后来追忆这一过程说："我研求着将根据什么来衡量天地万物的美，如何能使我对可变的事物作出标准的评价，确定说：'这应该如此，那不应如此'；我又研究着我是根据什么下这样的断语的，我发现在我变易不定的思想之上，自有永恒不变的真理。"[②]

在柏拉图的"理式说"和普洛丁的"太一流溢说"的基础上，奠定了奥古斯丁的美学观的基础，"道与神同在"（《新约全书·约翰福音》第一章），这便是上帝的圣言和理念。作为绝对存在的范型，一切受造物的形式（forma）都是神的理念的不完全

---

① 奥古斯丁：《忏悔录》，周士良译，商务印书馆 1981 年版，第 64、68 页，Ⅳ13、15。

② 同上书，第 130—13[ ] 页，Ⅶ17。

的影像。由此，在奥古斯丁的眼里，形式不仅是指事物的外观或可感知的样态，而且是给事物以生命的存在，他把宇宙的美，也看作是神的彰显（theophanie）。普洛丁认为只有现实的存在才是美的。同样，奥古斯丁也认为，形式给事物以生命和存在，因此构成了它的美。Forma 和 Species（外观形状）在他那里是相同的，formosus 和 speciosus 在拉丁文中也是同义的，都是指美的。①

从公元 386 年至 395 年，奥古斯丁先后完成了一系列与美学相关联的著作。他的美学观是与他的神学宇宙观密切联系在一起的，但却具有一定现实性的品格。他认为自然的正常进程服从于自身的自然律。按照自然律，一切有生命的受造物具有其特殊的禀性，无生命的物质元素同样也有特定的性质和力量。他对上帝创造的自然怀有深不可测的敬畏心情，同时认为自然秩序与道德秩序是一致的。奥古斯丁于 396 年完成了二卷本的《论秩序》（De ordine）。在书中，他把视觉作为真正的审美感官，因为只有视觉，才能感知和把握事物的形式。由此提出美在秩序的观点，而各种秩序的量度都离不开数，所以美和存在物的本质都寓于数之中。

从数学观点解释事物的美与和谐，起源于毕达哥拉斯学派。他们认为，万物的本原不是物质而是数，数的原则是一切事物构成的原理。柏拉图进一步发挥了这一思想，他在《蒂迈欧篇》中描述了世界是怎样用等腰不等边的直角三角形几何学种子创造出来的。这篇对话还用一种精密的数学原理解释地球和星体的运动。这种影响在奥古斯丁的著作中，形成了一种基督教的毕达哥拉斯主义。数和抽象的外在秩序，成了一种世界发展的原理，数把世界变成了与人们心灵相通的音乐。

在音乐中可以最清楚地表现出人的灵魂与宇宙之间的联系，因为曲调的旋律和节奏便是由数、尺度和比例导出的，它们存在于宇宙和人的心灵之中。388 年至 391 年，奥古斯丁完成了 6 卷

---

① Harrison：《圣奥古斯丁思想中的美与启示》，牛津 1992 年版，第 38 页。

本的《论音乐》（*De misica*）一书。他区分了人的理智领域和感官领域，说明灵魂被安排在上帝给定的神圣秩序中，可以获得它的爱和愉悦。在这种秩序中，地上的事物与天上的事物是相联系的，它们在时间的循环中构成和谐的秩序，成为宇宙的诗。音乐之美便是由形式和数构成的，数是存在之源和创造之美。同样，在他于 390 年写作的《论真宗教》（*De vera religione*）和前后完成的《论自由意志》（*De libero arbitrio*，公元 389 年至 395 年）等著作中也都涉及美学问题。

二　奥古斯丁的人学观念

从对人自身存在状况的反思中去阐释人类生存的价值和目标，构成了人学观念的中心内容，也是形成美学思想的重要依据。奥古斯丁的人学观是一种以上帝为本位的人学思想，以人为关注对象，以上帝为归宿。这一思想主要体现在《论自由意志》和《忏悔录》等著作中。

在古罗马时代，哲学与神学之间的区别并不明显，在后期人们则把哲学当作谋求幸福生活的一种指南。奥古斯丁把基督教学说看作是真正的哲学，因为它所关心的是提供达到幸福生活的惟一正确途径。在他看来，一般人所谓的哲学和作为真正哲学的基督教虽然都以幸福为目标，但两者对于什么是幸福、如何达到幸福等问题有不同的理解。何谓幸福呢？幸福便是自由意志朝向永恒之善运动的结果，这样的人类存在才有幸福。

在《论自由意志》中，奥古斯丁针对希腊怀疑论哲学"悬置判断"的主张，提出只有柜信自己存在的人才会怀疑，如果你不存在，你就不会弄错，由此提出了"我可错，故我存在"（Fallor, ergo sum）的命题。这是人的主体意识的一种觉醒，它比笛卡尔（R. Descartes，公元 1596 年至 1650 年）提出"我思，故我在"（Cogito ergo sum）的命题要早 1200 年。当然，笛卡尔的论证构成了一切知识确定性的基础，而奥古斯丁的命题只是知识确定性的一种表征，两者在哲学思想上并无直接的联系。然而，正是这种主体意识使奥古斯丁不仅关注于外在的审美对象，而且关注主体的审美经验。他不仅把审美看作是主客体相互作用的结果，而且具体分析了审美经验的构成和过程特性。

从人的自然本性上，奥古斯丁把人看作是灵魂与肉体相结合的共同体，两者是有主从关系的两个实体。他反对摩尼教把灵魂和肉体看作势均力敌、分别代表光明与黑暗两种势力的二元论，也不赞同柏拉图主义否定肉体具有实体性的观点。他认为人是被赋予理性并适合于统辖一个肉体的实体。由此构成了一种双重人格论，外在的人是人的外形与表象，内在的人是理性灵魂的深幽之处。人是上帝的影像，人承载着上帝之美（或形式），这是奥古斯丁的神学观和人学观。因为上帝是按照自己的样子创造人的。上帝寓居于内在的人（homo interior）之中。

人的认知功能是审美的认识论前提。奥古斯丁把人的认知功能划分为三个等级。最低一层是感官，可以感受冷热、光线、声音和颜色等。第二层是内知觉，其中包含了一定的知性判断，但还不能构成知识。最高一层是理性，可以做出是非、美丑和善恶等判断并构成知识。感官属于身体，而内知觉和理性则属于灵魂。

在《忏悔录》中，奥古斯丁提出了关于记忆的学说，实际上涉及整个人的意识活动，它涵盖了人的心灵以及感知获得的和精神的存在之整体，反映出意识的短暂性和对永恒真理的追求。在分析了记忆能力之后，奥古斯丁感叹道："我的天主，记忆的力量真伟大，它的深邃，它的千变万化，真使人望而生畏；但这就是我的心灵，就是我自己！"他把对上帝的寻求视为对人生幸福的追求，他说："我寻求你天主时，是在寻求幸福的生命。我将寻求你，使我的灵魂生活，因为我的肉体靠灵魂生活，而灵魂是靠你生活。"[1] 由此，他把自己的精神世界奉献给了对上帝的信仰，从而也决定了他的价值观。

---

① 奥古斯丁：《忏悔录》，第 201—203 页，Ⅹ17，20。

奥古斯丁关注人的具体处境。依据《圣经》所说，本来上帝按照自己的形象创造人，赐给人理性、知识、自由和永生。但是在魔鬼诱惑下人类背叛了永恒神圣，不信上帝的用心和目的，为了恶的目的而利用伊甸园中的善树，从此犯下原罪。在《论自由意志》中，奥古斯丁对于人的自由意志和原罪作出了自己的解释。

人有理性，可以理解上帝的诫命，故理性是人类正当生活的必要条件。然而既经理解，仍有违命而犯罪的可能，当人开始理解诫命之时，也就是开始可能犯罪之时。这就是说，理性的理解、意志的抉择，既是犯罪也是信仰和永福的条件。人产生原罪的原因是人滥用自由意志。人类堕落之后，从此失去了永生、知识、不犯罪的能力，这便是蒙罪后人类的处境。

奥古斯丁的原罪说，其重大历史意义在于参与塑造了西方的人性论。西方文化的人性观，既非主性善，亦非主性恶，而是说由天赋的善通过理性和意志的抉择而变恶。这种恶不是天赋的恶，而是人的罪，必须由人负责。而要恢复到善，单靠人的自身能力是不行的，还要靠创世主在基督之内的救赎。也就是说，人性中的善是靠不住的。人必须努力，但人的努力没有必然的确定性。在这种观念结构的背景中，西方文化没有产生出"人之初，性本善"的伦理学说和"内圣外王"的政治哲学。相反，各种防范人性、限制人的权力的学说和制度却应运而生。西方的伦理学说，也大都强调人格的张力而非内在的和谐。由此形成了西方的独特文化个性。"在某种意义上，似乎可以说西方文化是一种张力、不安、求索的文化，一种权利、个人主义的文化，一种理性化而又超越理性的文化，一种进取、扩张而又内省、悔罪的文化"。[①]

三　奥古斯丁的社会历史观

公元 410 年罗马城为西哥特人所洗劫。罗马的陷落，曾经在

---

① 唐逸：《希波的奥古斯丁》，载《哲学研究》1999 年第 3 期，第 68 页。

基督徒内部引起沮丧气氛，并使异教徒产生幸灾乐祸的心理。于是，异教作者纷纷指责基督教是亡城的根源。针对这一挑战，奥古斯丁发表了他的不朽名著《上帝之城》（De civitate Dei，公元413年至426年），对基督教与世界秩序的关系以及社会历史的发展提出了一种神学的阐释。他的神学历史观蕴含着"圣史"和"俗史"的区分。圣史是上帝启示于人的事件，《圣经》便是圣史的记录；俗史则是古代史学家记载的历史事件。他认为圣史已经终结，而俗史仍在继续。奥古斯丁从重新评价罗马的历史地位出发，解释了基督教与国家的关系。他用乐观主义的神学社会观清除了基督徒对世俗政权的依赖心理以及由于世俗政权被挫败产生的悲观情绪。

在《上帝之城》中，他以隐喻的方式提出了地上之城与上帝之城的区分。前者是指异教徒的群体或物质生活的群体，而后者是指真正虔诚的基督徒心目中朝拜的目标，即精神生活的群体。或者说，世上有两种爱，由此而形成两种城。爱自我，形成地上之城，至于蔑视上帝；爱上帝，形成上帝之城，至于蔑视自我。地上之城的君主受制于统治欲，上帝之城的君主与臣民在圣爱中互相服务。罗马是地上之城，由于上帝给了它统治世上之权，使它一度强盛以便弘扬福音。这个历史使命一旦完成，罗马便因其自身的罪而衰亡。由此，奥古斯丁提出了一种以终极意义为基础的目的论历史观，同时包含了一套完整的国家学说。

奥古斯丁的国家学说，就其政治和经济功能而言，与亚里士多德的学说相仿。但是，奥古斯丁由此引申出亚里士多德从未想过的结论。这就是国家通过秩序的平衡而促成现世的和平。他指出："现世的和平，它保持着与人类生活跨距不大的比例，这种和平使人们享受到人体的健康、安定以及人间情谊。为了维持和恢复这一和平，我们的感官需要适宜的东西：光线、语言、呼吸的空气、饮用的水、供人享用的衣食以及护理和装饰人们的一切。"①

---

① 奥古斯丁：《上帝之城》（英译本）V.2，ⅩⅨ13，中国社会科学出版社，第872页，ⅩⅨ13。

关于实现永久和平这一主题，经历了 1300 年以后又为康德所阐释。

在实现现世和平这一社会理想中，也贯穿着奥古斯丁和谐与秩序的美学观，这是他终生所关注的审美理想。他说：

> 我们得出结论，身体的和平是各部分处于适当安排的比例中；非理性灵魂的和平是欲望的安置适度的宁静；理性灵魂的和平是认识和行动的有序的一致；肉体与灵魂的和平是生命受造物的良好有序的生活与健康；世俗之人与上帝之间的和平是皈依信仰服从永恒律。人们之间的和平是心与心的协调一致。家庭的和平是共同生活者围绕付出与遵从秩序上的协调一致；天国之城的和平是在欢悦上帝中达到完美有序与完美和谐的共处。整个宇宙的和平是秩序的平衡。①

在《上帝之城》的后部，他仿佛在回顾自己一生的探寻，困惑地写道："存在着精神与肉体的一种不同的接触方式，它产生出活生生的存在。这种结合极其令人惊异，并超出了我们的理解力。我所说的就是人本身。"② 因此，人的生活与其精神世界的关系始终是他所关注的焦点。

经历了漫长的中世纪之后，17 世纪的法国科学家和哲学家帕斯卡尔（B. Pascal，公元 1623 年至 1662 年）在沉思中仍在继续咀嚼着奥古斯丁提出的问题，感叹道："人对于自己，就是自然界中最奇妙的对象；因为他不能思议什么是肉体，更不能思议什么是精神，而最为不能思议的则是莫过于一个肉体居然能和一个精神结合在一起。这就是他那困难的极峰，然而这就正是他自身的生存。"③

---

① 奥古斯丁：《上帝之城》（英译本）V.2, XIX 13，中国社会科学出版社，第 870 页，XIX 13。

② 同上书，V.2, XXI 10，第 986 页。

③ 帕斯卡尔：《思想录》第 2 编第 72 节，商务印书馆 1985 年版，第 36 页。

第二节 关于美与审美经验的学说

作为古希腊罗马文化的继承者和基督教文化的开拓者，奥古斯丁的美学观念具有极大的包容性。他对美学的探讨早于对基督教的皈依，尽管宗教信仰影响并支配了他后来的世界观和价值观，但是，在具体的美学观点上仍有前后的一致性，特别表现在早期著作与晚期著作中，其美学思想具有一定的连续性。

一 美在和谐、秩序和数的观念

由于审美活动与物质现象和感性经验具有直接的联系，奥古斯丁对于美的本质的探讨便是从这一层次开始的。事物究竟是因其给人以快感才美，还是因其美才给人以快感？他明确地答道：它们之所以给人以快感，是因为它们美。在这里，他不仅肯定了美的存在的客观性，并且区分了美感与快感的不同。在《论美与适宜》中，他指出："美是事物本身使人喜爱，而适宜是此一事物对另一事物的和谐。"[①] 在对美与适宜的区分中，他不仅肯定了美来自事物自身的和谐，而且也指出美与功利性效用的适宜之间有质的不同，这就隐含了对美的非功利性质的界定，由此比苏格拉底的美善同一说跨进了一步。

美在和谐的观点，也反映在他晚期的著作中。在《上帝之城》中，他谈到人体美时指出："因为所有人体的美都取决于身体各部分之间的和谐，并带有一种亮丽的色泽。"[②]

他在不同的著作中涉及与和谐相关联的概念有：对称、比例、尺寸、均衡、统一、秩序、重量以及数等。在《论真宗教》和《论秩序》中，他举出各种例证，如在建筑物中门和窗的比例尺度（dimensio）和对称（Similitudo）是构成建筑之美的一些要

① 《忏悔录》卷四第十五章，第 66 页。
② 《上帝之城》（英译本），V.2, ⅩⅢ19，第 1061 页。

素。在诗中适当的音节、舞蹈中的节奏运动以及躯体的和谐（convenientia）、均衡（aequalitas）和统一（unitas）都会给人以美。他进一步由和谐谈到秩序和统一，指出没有一种有序的事物是不美的，统一则是一切美的形式。

在《论音乐》中奥古斯丁指出，声音的合理结合，即可以表现为最简单的算术比例，它比不合理的结合要好。美的东西以自身的比例而令人愉快。均衡不仅存在于听到的声音之中，而且可以在身体的运动中以及可见的许多形式中都能够找到。在这些形式中比起在声音中，人们习惯上更是以均衡当作美。如果没有均衡，即没有几对相同的部分互相对应，也就没有匀称或节奏感。

对于审美原理的构成，奥古斯丁认为在语言中可以发现一种存在的根基，这也就是美的根基。当一个影像等同于它所摹写的那个东西时，便产生完美的一致，这种一致表现为对称、相等和相似，在原型与它的摹写物之间没有不同、没有矛盾和不相等。摹写物在每一局部上都符合原型，因此它的美和我们所说它的形式是相称的。这种基于相似的原型美，又在所有分有美中被发现。一个物体的各部分越相似，物体越美。秩序、和谐、比例都是一种统一，都是由相似而产生的，它形成美。

在《论善的性质》（*De Natura Boni*）一书中，他把事物的完善与它的尺寸、外观和秩序联系在一起，认为这三种特性决定了事物的价值，任何包含这三者的事物都是完善的，一个事物含有这三者的程度决定了该事物完善的程度。其中外观（species）一词在拉丁文中是多义的，它既指外观的美，又指事物的种属或种型，同时作为知识对象还指事物的形式或本质。由此，奥古斯丁的这种三位一体式的界定——尺寸、外观和秩序（modus, species et ordo）便成为中世纪美学的固有公式之一。[①]

奥古斯丁的美学视野，从来没有局限于艺术范围，而是包罗

---

① 塔塔科维兹：《中世纪美学》，中国社会科学出版社 1991 年版，第 61—62 页。

了宇宙万有和整个世界。他说："看那天空、陆地、海洋以及充塞其间的一切，当空照耀的、地下爬行的、天上飞的、水中游的，所有这一切都有其形式，因为它们都有数的尺寸。去掉这些尺寸，离开数，它们将不复存在。它们来自何物？只能来自创造数的造物主。数是它们存在的条件。而制作各类物体的人类艺术家，在其工作中也运用着数。因此，如果你想寻找驱动艺术家双手的力量的话，那就是数。"① 同时，他把数作为存在和美的基础，并概括地指出："考察物体形式的美，你会发现任何事物都是由数构成的。"②

数作为秩序原理，使数学成为审美的尺度。奥古斯丁利用寓多于一的形式原则对几何图形的美作了分析。在《论灵魂的量》（*De Quatitate Animae*）中他指出：等边三角形比不等边三角形美，因为后者含有的均等少。但是，三角形只能根据一般的均等把角和线组合起来，而在正方形中，均等则组合为一些恒等式，即边与边的相等、角与角的相等。因此，正方形一般比三角形拥有更多的均等性，所以从美学观点看来，正方形也就比三角形更为可取。但是，甚至正方形也有一定的缺陷，即某种程度的不规则性，因为它的边不同于角，而中心与各角的边接线也不等于中心与各边中腰的边接线。因此，具有最高度均等性的圆形，比所有其他的图形都更美。③ 显而易见，这一论证最后又回到了毕达哥拉斯的结论上去了。

当这种数的理论进入宗教领域，也成了上帝无中生有的创造世界的原则。奥古斯丁写道："数为秩序之组合。数始于一，一以其相等和相似而为美，其他各数皆依次附加于一。……因此，一切形成之初皆有赖于与数相等与相似之形式，有赖于这种形式美之硕果，借最宝贵之爱，自一而始，一一相加，增殖

---

① 《论自由意志》，引自塔塔科维兹《中世纪美学》，第 75 页。
② *De libero Arbitrio*，引自《哲学百科全书》（英文版）第一卷，第 23 页。
③ 参见吉尔伯特、库恩《美学史》，上海译文出版社 1989 年版，第 175 页。

不已。"①

和谐与秩序可以表征为一种数学结构，这无疑在美学史上是一个重大的发现。然而在当时的历史条件下，要寻找数学关系与审美秩序之间的内在联系，是十分艰难的。在《论音乐》中，奥古斯丁认为，自然数中为首的四个基数构成了最美的音乐调子的递进。1:2:3:4 的比例，包括了一切数中的第一个数——1，这第一个数作为一个有机整体包括有开始、中间和结束三个部分——即 3，为了表示这一比例，要用 4 个因素，这四个数字之和等于10，它构成整个运算体系的基础。在物质层次中大地是最基础的事物，它也是具有精确平衡和有序排列的。大地的构成也体现了数字 1 至 4 的奇妙过程，从点到长宽高。就三维向度而论，地球拥有均等性；就四种属性而论，大地拥有比例性，而大地的球形其完美则源于一切形式之父——上帝。

这种数学关系最终被引向了宗教象征，奥古斯丁进一步将数字 7 说成理想秩序的一部分，认为它是一个富有魔力的数字，有 7 种年纪、7 种美德、7 种罪孽、向"在天之父"有 7 个请求、7 颗行星以及音阶中有 7 种音调。显而易见，这种数学联系中大多数并不能说明审美秩序的原理，而只是为非理性的或宗教的象征服务。最突出的是把洗礼用的圣水盘作成八面形状以表示复活者的八个方面：其中四面象征人的四种气质，三面象征人的三种精神因素（灵魂、心灵和头脑），一面象征基督教的使人新生。这种对毕达哥拉斯关于数的审美理论的发挥被称为基督教的毕达哥拉斯主义。它说明，对形式的观照通过数的抽象，才使理性找到同自己相结合的各种本质，从而通过秩序和数使人取得了通向真理和救赎之路。

二 美的层次论

奥古斯丁认为，几何图形的均等和对称所以能为人所感受和

---

① 《论音乐》，引自吉尔伯特、库恩《美学史》，第 173 页（译文有所改动）。

了解，是因为灵魂能够依据它自身具有的无形的理式形式（for-ma）或规律（lex）来进行判断。在《论秩序》中他指出，正是通过对数的本质的把握，而不是通过能制作适度的物品，才证明人被创造得比其他动物卓越。制作的适度可以是一种直觉活动，如鸟儿筑成合乎比例的巢，或人以自然发声方法来歌唱；然而对数的本质的把握却是人所独有的，因为只有人才具有理性。[①] 这样他把比例和秩序上升到数，又把数上升到理性和真理。美存在于与真和善的统一之中。数提供了一条通向理性认识的道路，由此，使美与至高的存在联系在一起。

奥古斯丁通过数的和谐，使审美活动上升到灵魂和理性，从而与上帝相通。人们观照神性之美（The divine beauty），以获得灵魂的安宁。人们灵魂的回归，可以通过认识事物形式的本质来进行，直到最后领悟了理式形式本身为止。在拉丁文中，forma是与柏拉图的理式相对应的，它不仅是指事物的外观，更是指事物的存在和生命之本。

因此，依据柏拉图上升的辩证法，奥古斯丁对美的概念作出了不同层次的划分。美由感官层次的显现上升到精神的境界，从而达到灵魂对上帝之美的静观。在美的阶梯中，物质世界处于最低的层次，经由人的精神、灵魂直达上帝，上帝便是至美。只有接近美的本原即上帝时，美才充分显示出它的纯洁性。虽然大地和天空是美的，但是那看不见的创造物则是更美，因为只有人的理智才能接近那无形体的美。通过攀登美的阶梯，人的精神可以不断上升，从单纯的感觉印象最终将达到理性和神圣的殿堂。

作为基督教神学家，奥古斯丁还提出了由重量（Pondus）、数（numerus）和尺度（mensura）三个概念作为秩序的具体表征，他把这三者与神圣的三位一体（即圣父、圣子和圣灵）相对照。重量描述了圣父或事物的实际存在，而数和尺度则描述了圣子的生命和圣灵的爱，它们适应于更高层次的秩序，[②] 由此，可见事

---

①　Harrison：《奥古斯丁思想中的美和启示》，第 22 页。

②　G. Pochat：《古代至 19 世纪的美学与艺术理论史》，第 99 页。

物的美，通过其重量、数和尺度以神秘隐喻的方式使观照者领受到三位一体的上帝之美。

奥古斯丁指出："我们赖以生存于此世的生命，由于它另有一种美，而且和其他一切较差的美相配合，也有它的吸引力。"[①]但是，这与天上的美相比便不足称道了。美的上升运动展示出美的不同层次，逐渐把人带到更加统一、更富有道德性、更加内在的美的境界，最终同上帝的统一性结合在一起，即同上帝的形式融为一体，这便是尽善尽美的境界。奥古斯丁给这些不同层次的美提出了不同的名称，有时他称之为：生灵美、感觉美、艺术美、忠贞美、安详美、入神美和观照之美；有时他称之为：肉体（或译在体）之美、肉体周围（过体）之美、趋向灵魂（向心）之美、灵魂内在（在心）之美、趋向上帝（向神）之美以及与上帝共存（守神）之美；有时他称之为：外路美、过路美、近路美、自求美、自在美、求源美以及本体美。[②]

在《忏悔录》中，奥古斯丁对于上帝之美与世俗之美作了区分，他说："我爱你，究竟爱你什么？不是爱形貌的秀丽，暂时的声势，不是爱肉眼所好的光明灿烂，不是爱各种歌曲的优美旋律，不是爱花卉膏沐的芬芳，不是爱甘露乳蜜，不是爱双手所能拥抱的躯体。""我爱天主，是爱另一种光明、音乐、芬芳、饮食、拥抱，在我内心的光明、音乐、馨香、饮食、拥抱：他的光明照耀我心灵而不受空间的限制，他的音乐不随时间而消逝，他的芬芳不随气息而散失，他的饮食不因吞啖而减少，他的拥抱不因长久而松弛。"[③] 他把上帝之美称为至美，它是至高无上的永恒的神圣存在，即绝对美。他说：上帝"是我最慈爱的父亲，万美之美"。"是灵魂的生命，生命的生命。"[④]

在奥古斯丁的美的层次论中，既接受了柏拉图关于绝对美的

①　奥古斯丁：《忏悔录》卷一第五章，第30页。
②　参见吉尔伯特、库恩《美学史》，第187页。
③　奥古斯丁：《忏悔录》卷十第六章，第190页。
④　奥古斯丁：《忏悔录》卷三第六章，第41、43页。

观点，也受到普洛丁美的超验和灵性化影响，从而具有宗教的、注重理性和形而上学的特点。但是，他并未排斥或否定物质现实的美，并且把宇宙之美看作是上帝之美的彰显，认为凡是存在便具有一定的形式和美。由此，也与摩尼教把物质和肉体看作是罪恶之源划清了界限。这种美的层次论，在客观上无疑拓展了美的精神空间，也赋予了内在美以神圣性和纯洁性。

三　美丑对比与多样统一

当奥古斯丁把美学与神学联系在一起时，丑的问题便具有了古代所不曾有过的意义。世界作为上帝的创造物，它应该是和谐而富有秩序的。那么在上帝创造的世界里，怎么可能有丑，又怎样来理解丑呢？奥古斯丁认为，世界上并没有绝对的丑，丑的存在只是相对的，它往往表现为残缺或不足。正如人与猿猴相比，人是美的，而猿猴是丑的，猿猴不如人美。因此，他把丑作为美的从属要素，是美的衬托物。与古希腊人相比，奥古斯丁更直接而广泛地处理了丑的问题。

奥古斯丁认为，要领悟和感受各种事物的和谐，就需要使自己的心灵与之相协调，这样就可以从各种事物的相互联系中来观察事物。只有把各种事物放到它们自身的环境中，才能对它们作出正确的评价。乍一看来，某些令人生厌的创造物，它本身也存在一定的技艺，如跳蚤是一种微小而卑劣的动物，但是它自身也表现出某种精巧的结构。任何事物不能孤立地看待，一切事物的美都来源于差异和多样性所构成的整体统一。在这里，矛盾双方的对立也是多样性的表现。他特别强调了对比和变化在和谐表现中所发挥的作用。

宇宙的和谐在本质上就包含矛盾双方的对立，正是这种对立使宇宙之美更加丰富。在《上帝之城》中，奥古斯丁指出："上帝造人，更不用说造天使了，不可能预先知道其未来的险恶际遇，若是不得而知，他又如何将这些受造物置于善的功业之中。

因此，通过对立的反题丰富了世界历史的进程，它给美一种诗意，对立的反题为文学创作提供了最富魅力的形象。"①

他引用《哥林多后书》中圣保罗的话："仁义的兵器，在左在右；荣耀、羞辱、恶名、美名，似乎是诱惑人的，却是诚实的；似乎不为人所知，却是人所共知的；似乎要死，却是活着的；似乎受责罚，却是不至丧命的；似乎忧愁，却是常常快乐的；似乎贫穷，却是叫许多人富足的；似乎一无所有，却是样样都有的。"②

奥古斯丁认为，在文学中这种矛盾的对立给语言添加了一种美。同样，用于对立的反题使世界史的构成也产生美——它是一种事件的修辞，而非语言的修辞。③

从他的善恶观和美丑观出发，他更强调的是对丑在整体的对比中来把握、在转化中来加以利用。他说：

> 一幅画，当它在适当的位置涂上阴影时，它是美的。同样地整个宇宙，我们若是把它看作一个整体，它也是美的，尽管其中有罪孽深重的人们，若从他们自身来看，他们的丑是令人厌恶的。④

这就是说，黑暗的阴影本身是丑的，但是它在画中作为明亮的陪衬，却使画面丰富多彩。修辞学中的对偶，也是通过不同的对比造成变化，演讲中的反衬法会令人愉快。同样，罪恶本身是丑陋的，但是一经得到惩治，它就会成为正义美的一个组成部分。他强调在道德基础上的统一，善恶对比的丰富性作为整体的和谐，使整体展现出一种美。⑤

对于善恶与美丑的对比和转化，奥古斯丁所强调的是要将事

---

① 《上帝之城》（英译本），V.2，XI 18，第449页。
② 《新约全书·哥林多后书》第六章。
③ 《上帝之城》（英译本），V.2，XI 18，第449页。
④ 同上书，V.2，XI 23，第455—456页。
⑤ 参见 J.A.Martin《美与神圣——美学与宗教的对话》，第19页。

物放在特定的秩序中看待，并应善于掌握适度的原则。他举例说，对于火焰、寒冷和野兽这类事物，有人表示反感是因为：

> 他们没有看到这些事物在其自身范围及其自身性质上的价值，它们在神的秩序的辉煌中的位置以及通过它们自身特有的美，会对整个物质结构和对宇宙的共同繁荣作出贡献。他们即使看不到这些事物对我们的利益有多大贡献，如果我们变得聪明并会适当地利用它们，尽管是极其有害的毒品在适当运用时也可以转化为有利健康的药物。相反，令人愉悦的事物，如食物和饮料，甚至光亮本身，无限度地或不适当地应用也会造成伤害。①

这就是说，对于事物调配得当或运用适度，害可以转化为利，同样丑也可以转化为美。脱离了适当的条件，利也可以转变为害，美也可以转变为丑。这正是从事物的相互联系和转化的角度提出的美丑观，它强调了事物的整体关联和动态发展。

他在同一处还举例说明，一个微不足道的细节也可能对整体的美产生重大的影响："以人的视觉外观为例。一个眼眉实际上是与整个人的身体无法相比的，但若刮掉它，那对人的美也会造成莫大的损失！因为美不仅取决于尺寸，还取决于各个组成部分的对称和比例。"②

作为一种残缺或不足，非理性的或无生命的自然物，它们在宇宙之美中也应该有自己的位置。奥古斯丁说：

> 考虑到动植物和生生死死、变化不居的事物的缺陷，以为它们缺乏理智、感觉或生命，便当作该给它们定罪的理由，这是可笑的。这些缺陷确实影响到它们本性的衰退，从而造成自身的毁灭。但是，这些受造物依从造物主的意志接

---

① 《上帝之城》（英译本），V.2，Ⅺ22，第453页。
② 同上书，第454页。

受了自身的生存方式，其目的是通过它们的变换和在各种季节更替中的延续，完善了宇宙低层次部分的美。这是它自身种类的美，它可以在这个世界的构成中找到自己的位置。①

在这里，通过自然界中的不同存在物说明了美丑存在的相对性以及它们与自然界整体的关联。

四 论审美经验

关于审美经验，奥古斯丁在《论真宗教》中首先指出，它的获得是与有用无涉的，是在视觉或听觉印象的基础上形成的，但是审美不是只凭感官的作用，对美的感知要经过一种规范的判断。②他认为，这种能力包含在人的智力之中。

在《论美与适宜》中，奥古斯丁曾经问道：为什么我们被美所吸引，为什么正如柏拉图在《会饮篇》中所指出，美和爱是密切相关的两个概念？在这里，他提出了审美主体与审美对象的关系，对象的审美特质为什么会唤起主体的情感反应，使美与爱相关联？他认为，吸引我们注意力的优美的样式，原来是被我们看到或听到的事物的完整性和统一性。通过人的门户向同它一致的感觉敞开着，而摒弃那些同它不相称或有损于它的感觉。感觉与客体之间的相互吸引是由这两者相互之间的内在和谐和相互适应造成的。

奥古斯丁在《论秩序》中把人的视觉和听觉称作高级感官，即审美的感官。与其他较低级的感官相比，这两种感官能使我们以更合理、更完整的形式感受事物。依靠触、味或嗅觉只能感知事物的某一方面，然而依靠视听觉就能把握事物的整体，从而完整地领悟事物的形式和意义。他强调，人的感觉是受理性所主宰和制约的，看到和听到的东西可以由心灵根据理性范畴来判断。

---

① 《上帝之城》（英译本），V.2，XII 4，第 475 页。
② 参见《哲学百科全书》（英文版）第一卷，第 23 页。

视听觉印象所获得的快感，是由恰当的比例提供的。这种比例是一种中和适度，它们在数量、程度、质量和种类上，都使刺激适合于感官。例如人总要避免过分的黑暗或过分的明亮，避免过于强或过于弱的声音。视觉物的对称和听觉物的节奏，都以刺激的"同一性"而使主客体之间达到和谐。通过内在的一致性，建筑物的对称和诗及音乐的节奏，使理性借助感觉而大放光彩。在这里，他把视觉对象的审美形式称为美，而把听觉对象的审美形式称为雅（Suavity）①。

审美要诉诸感性直观和形象感受。奥古斯丁对于色彩和音乐具有天生的敏感，因此他难以抑制自己对古代艺术和审美现象的关注。当他站在卡斯西阿戈（casciago）山坡上观看波浪的时候，他敏锐地觉察出波面的色彩变化。而且，当他想起在曲调和旋律触动并改变他的心境时，他的内心也在歌唱。所以，他深刻地理解审美现象所具有的感性魅力和价值，并在各种场合给以理智的辩护。在《忏悔录》中他一方面表示皈依上帝和摆脱世俗生活的享受，但另一方面不得不承认："我们内心的各式情感，在抑扬起伏的歌声中找到了适合自己的音调，似被一种难以形容的和谐而荡漾。这种快感本不应使神魂颠倒，但往往欺弄我。"②

对于审美经验的产生，奥古斯丁认为，它不仅有赖于客体，还有赖于主体。即审美主体心灵与美的事物之间必须有某种和谐或相似，否则心灵便不会为这一美的事物所感动。因此，如果我们只是从实用态度来看待事物，那么我们就会对它的美视而不见。只有在喜爱美的事物的人们面前，美才会呈现出来。当我们向某一挚友出示一幅优美而又熟悉的风景画时，我们对它的久已淡漠的感情会突然苏醒，因为我们已把挚友的爱移寓其中，而这一景色的美也将因此重现在我们面前。

奥古斯丁对构成审美经验的两种因素作出了区分：一种是直接的、来自感官的，即对于色彩、音响的感官印象和知觉；另一

---

① 参见吉尔伯特、库恩《美学史》，第 183 页。
② 奥古斯丁：《忏悔录》卷十第三十三章，第 217 页。

种是间接的和理智的，即色彩和音响所表现和描绘出来的东西，它具有更多的精神内涵。他发现，这两种因素不仅存在于诗和音乐中，也存在于舞蹈中。他认为，对于审美经验而言，艺术显现中所表现和描绘出来的东西，其重要性并不亚于由感官直接感知到的东西。也就是说，我们不是凭肉眼，而是凭心灵去把握事物的美。以肉眼所见之物愈是接近于以心灵理知之物，它便愈加完美。然而，感官却往往窃居了美的最高仲裁者的地位。[①] 这表明，奥古斯丁已经意识到，美虽然是感性事物的表现，但是它又是超越于感官层次的。它是外物与人的心灵、精神、理性共同作用的结果。

在奥古斯丁看来，人的审美经验本身也具有美的特质，即节奏。节奏不仅存在于审美对象中，同时存在于主体的感知、运动、记忆和判断中。他说：假如我们正在朗诵诗歌，你认为诗中所含的那四种短长格存在于何处？是仅存在于可闻的朗诵声中，还是也存在于与听觉有关的感觉印象之中，存在于朗诵者的动作中，或是由于诗章已为我们所熟知，在记忆里也有它的存在。甚至存在于对所获听觉印象本能的欣赏中，建立在我们因音程的有序性而欣喜、因其中的缺陷而愤慨的基础上。[②] 由此，他区分出五种不同的节奏：第一种是音响的节奏，它存在于外在事物对人的作用中；第二种是感知的节奏；第三种是运动的节奏；第四种是记忆的节奏；第五种是判断的节奏。这后四种节奏是主体自身形成的，存在于主体之内。这就是说，他把审美经验的产生看作是主客体相互作用的过程，美是外在事物在人身上所引发的一种情感共鸣和理智判断。这里隐含了事物外在结构与人的心理结构的某种同构关系的揭示。

由于主体意识的觉醒，使奥古斯丁更加注重内心体验和审美经验的考察，并且意识到人的趣味和态度的差异会造成人对事物全然不同的反应。同时，奥古斯丁反对斯多亚学派谴责一

---

① 参见塔塔科维奇《中世纪美学》，第 64 页。

② 同上书，第 77 页。

切激情的做法。他认为基督徒的激情可能成为道德的起因；愤怒或怜悯本身不该受到谴责。① 我们必须探究它的起因，所以他特别分析了悲剧引起的怜悯和同情心产生的根源在于人间的友谊。

<h2 style="text-align:center">第三节　论艺术及艺术创作</h2>

众所周知，古希腊的传统是将各种艺术包含在技艺范畴之内的，柏拉图将应用和制造的艺术与摹仿性艺术作了区分，并且强调了艺术的摹仿功能。到古罗马时代，普洛丁否定艺术家是单纯的摹仿者，而强调了彼岸世界的超验的理式为艺术创作提供了范本。奥古斯丁的艺术观念则与他们既有联系又有明显的区别。

一　论艺术

对于艺术的概念，奥古斯丁仍然依据古代的传统，一般是作广义的理解，即艺术是包括各种技艺在内的一切需要熟练技巧的活动。然而他又对技艺与单纯涉及审美的艺术作了更为明确的区分。他确信，艺术是人类所特有的活动，它不仅是一种摹仿，而且是以认识为基础的。鸟类的鸣叫并非艺术，但如人用自然声调摹仿性的歌唱也不能称为艺术。

在奥古斯丁看来，上帝是包括艺术在内的一切人类活动的目的，所以把摹仿和想象作为艺术的固有功能是他所不能接受的。如果说，绘画的功能并非摹仿和制造幻象，那么除了达到尺度与和谐之外，还有什么其他可能呢？美存在于尺度与和谐之中，所以绘画的功能便是创造美。由此，他将艺术与审美的概念更紧密地联系起来，这是奥古斯丁的一种创见。在确信任何事物都有自身的美、都存在整一性迹象的基础上，他断言艺术摹仿在任何时候都不是摹拟事物的所有方面，而是发现和深刻把握它的美。对

---

① 参见罗素《西方哲学史》上卷，商务印书馆 1976 年版，第 441 页。

于这一点，德国艺术史学家 A. 里格尔（Alois Riegl，公元 1858 年至 1905 年）曾经指出：要想比奥古斯丁更加完美地把艺术的自然主义因素与理想主义因素结合在一个公式里是不可能的，而这二者对艺术作品都是不可或缺的。①

在《上帝之城》中，奥古斯丁以雕塑的创作来譬喻上帝造人。在这里，他更是把审美原理看作是艺术创作的法则："由于某种原因而制作出丑陋雕塑的艺术家，可以将其重塑并使之变美，即消除丑陋而丝毫无损于物质实体。比如在原来形象的某些部分有令人不悦的多余物，或任何与其他部分比例不当之处，他无须去掉或抛弃整体的某一部分，只要把整个材料加湿并重新合成，使之瑕疵既除而又不减损材料数量。如果人类的艺术家能做到这一点，那么我们可以设想，全能的艺术家会怎样?"② 这里的全能艺术家即指上帝的造物活动。

如何看待艺术的真实性，涉及创作中的虚构问题。奥古斯丁认为，艺术是允许虚构的，艺术的欺骗不是真正的欺骗。他给谎言下的定义是，冒充相似才为虚假，欺骗就是佯装自己不是的东西，或者装成自己不是的东西。他在《独语录》（Soliloquia，公元 386 年至 387 年）中指出：刻意虚假是一回事，无法做到真实是另一回事。从而我们可以把诸如喜剧、悲剧、哑剧和其他这类人文艺术与绘画及其他摹仿艺术归为一类。因为正如喜剧作家在其作品中讲述的故事并非真事一样，尽管画家努力使其所画之人具有人的外貌，但它却不可能是真实的。追求虚假并非这些作品的本意，而它们的虚假也非出自艺术家的偏好，但是从某种意义上说，只要它们仅能追随其创作者的意志，它们便唯有如此。

所以奥古斯丁认为，虚构是艺术作品所必不可少的。没有虚构，它们便不成为真正的艺术品。画中的马必然是虚构的马，舍此这幅画便不成其为真正的绘画。如果一个演员不做假的赫克托

① 里格尔：《空间的艺术工业化》（1904），参见塔塔科维奇《中世纪美学》，第 69 页。

② 《上帝之城》（英译本），V.2，ⅩⅩ 19，第 1060 页。

耳，他就不能成为真正的悲剧演员。镜中反映的人必须是虚假的，这才能成为真实的映象。

艺术具有情感激发的作用，情欲意味着诱惑的力量，当然它既能成为至善的力量，也能成为至恶的力量。对于艺术的以情感人，奥古斯丁是从向善的道德功能和服务于宗教信仰的角度上加以肯定，他特别看重作为自由艺术之一的雄辩术的这种作用。他说，为了威吓、感化鼓舞和唤醒人们，基督教传教士们应该掌握雄辩术。他们不应该是迟钝的、冷漠的和昏聩的。他们应该知道怎样去安抚有敌意的人、唤醒无所用心的人。修辞术手段可以使所讲之道更有吸引力，从而给人以教诲。由此，善的目的便净化了激发情感的这一手段，修辞学中诸如设问、对比、隐喻、夸张及其他修辞手段的审美要素就得到了教会的庇护。①

同样对于歌曲的艺术感染力，他也有深切的体会。他坚持情感必须服从于理智，艺术的感受必须服从宗教的内容和目标。"听到这些神圣的歌词，通过乐曲唱出，比不用歌曲更能在我心中燃起虔诚的火焰"；"但如遇音乐的感动我心过于歌曲的内容时，我承认我在犯罪、应受惩罚，这时我是宁愿不听歌曲的"。②

奥古斯丁十分看重音乐的作用，他认为在音乐中最清晰地表现出人的灵魂与宇宙之间的联系。旋律、曲调与和谐，依据毕达哥拉斯的观点，是由数和比例尺度所导出，他们存在于宇宙和人的心灵之中。在《论音乐》中他指出：由简单的、可测量的数比所形成的愉悦感是基于由统一、相似和秩序等的美。数的等式是以可见的、可听的世界的美为根据的，它使观众产生审美感受。在《论秩序》中，他将音乐划分为不同的种类：人声的音乐（和谐）、管弦乐（有机统一）和打击乐（节奏）。这些不同的音乐反映了尘世和宇宙的和谐，其中融入了人的理解和情感。同样，舞蹈、诗和建筑也可以揭示宇宙的秩序③。

---

① 《论基督教义》，见吉尔伯特、库恩：《美学史》，第167—168页。
② 奥古斯丁：《忏悔录》卷十第三十三章，第216—217页。
③ 参见 G. Pochat《古代至19世纪美学与艺术理论史》（德文版），第100页。

以不同的媒介构成的艺术往往具有不同的性质。这就造成对不同艺术的鉴赏要以不同的方式来进行。在《评约翰福音》中，奥古斯丁以作为语言艺术的文学和作为视觉艺术的绘画为例指出，观赏绘画是一种方式，阅读文章则要用另一种方式。当你看到一幅画时，观看就是全过程，看到它即可称赞它。而当你看到一篇文字时，却不能停留在文字的绚丽和表现技巧的优点上，而要通过阅读去理解文字作为媒介所表达的具体内容。这就是说，作为语言艺术的文学是通过语言的媒介来表现艺术内容的，只有经过阅读和理解的转化，这个艺术内容才能以形象的方式呈现出来。

青年时代的奥古斯丁曾经为诗的虚构和戏剧表演进行过辩护，要求人们注意这些文艺形式所包含的审美意义。在《斥学园派》（*Contra Academicos*，公元 386 年）中曾指出，哲学不应该藐视诗歌，因为诗歌能够借助形象表现真理。[①] 但是，在他皈依基督教以后，则完全是从宗教道德的眼光来看待异教的文艺作品了。对于荷马史诗，他依据西塞罗的口吻加以贬斥："荷马编造这些故事，把神写成无恶不作的人，使罪恶不成为罪恶，使人犯罪作恶，不以为仿效坏人，而自以为取法于天上神灵。"[②]

他在忏悔自己年轻时沉湎于戏剧的体验时，也对悲剧的情感特性作了分析。他说：人们愿意看自己不愿遭遇的悲惨故事而伤心，这究竟为了什么？一个人愿意从看戏引起悲痛，而这悲痛就作为他的乐趣。这岂非一种可怜的变态？一个人越不能摆脱这些情感，越容易被它感动。一人自身受苦，人们说他不幸；如果同情别人的痛苦，便说这人有恻隐之心。但对于虚构的戏剧，恻隐之心究竟是什么？戏剧并不鼓励观众帮助别人，不过引逗观众的伤心，观众越感到伤心，编剧者越能受到赞赏。如果看了历史上的或竟是捕风捉影的悲剧而毫不动情，那就败兴出场，批评指摘；假如能感到回肠荡气，便看得津津有味，自觉高兴。

---

① 吉尔伯特、库恩：《美学史》，第 204—205 页。
② 奥古斯丁：《忏悔录》卷一第十六章，第 19 页。

　　他从而得出结论：如此可见，人们欢喜的是眼泪和悲伤。但谁都要快乐，谁也不愿受苦，却愿意同情别人的痛苦；同情必然带来悲苦的情味。那么是否仅仅由于这一原因而甘愿伤心？这种同情心发源于友谊的清泉。①

　　他强调艺术的社会功能应该有利于道德的教化和对上帝的信仰。他认为古代异教文学艺术的最大祸害在于不敬神明。在《上帝之城》中他称赞柏拉图把诗人赶出他的理想国，是比诸神选择用戏剧表演来荣耀自身高明得多。创作无稽之谈损害公民声誉的诗人是被法律所禁止的，但是在罗马他们却把这些污泥浊水泼向了诸神，他们为什么不考虑演员名声会被损害。柏拉图把这些诗人作为真理的敌人驱除出去，以免毒化或腐蚀市民的心灵。

　　他所赞赏的是耶路撒冷的大卫（David）。"大卫是位能歌善唱的人，他热爱音乐的和谐，但大卫不是把音乐只用于娱乐的普通人，而是把音乐服务于他的信仰的目的。他用音乐这一伟大事物的神秘表现来为他的上帝——真正的上帝服务。因为不同声音的和谐和被控制在适当的比例，就暗示出秩序井然的天国的统一与其和谐的多样性。"② 这就是说，他坚持艺术的创作应该将人引向对上帝的观照，艺术的情感激发应该唤起人的理智和对上帝的信仰。

二　论艺术创作

　　对于基督教的创世说，奥古斯丁提出了上帝是用言语从虚无之中创造万有的。上帝的创造活动是用形式创造形式，因此，形式和艺术都是上帝的恩赐。这种恩赐使艺术家在他们的创作活动中成为类似于上帝的人。艺术家的摹仿活动首先是指向上帝的原则和理念的，依据新柏拉图主义的观点，艺术家是在上帝精神的指引下去揭示世界的组成秩序。上帝创造了现实世界，而艺术作

----

　　①　奥古斯丁：《忏悔录》卷三第二章，第 37 页。
　　②　《上帝之城》（英译本），ⅩⅦ 14，第 744 页。

品创造的是虚拟的世界。在艺术创作中，知识和智慧最为重要。通过上帝的启示，艺术家能够遵循一定原理达到对原型的认知。进行创作是一种服务功能，艺术摹仿不只是达到与原型的表面相像，而是要揭示内在的本质，通过艺术作品的结构唤起观众的想象。①

推动艺术家创作的是反映着世界秩序的数，这些数就像乐队的指挥一样，为塑造形象和规定肌肉运动打拍子。艺术家可以用自己的眼睛去洞察上帝所洒下的智慧之光，并且把这种光的作用转移到木料、石头、琴弦和皮革上去。艺术家借以创作的光和数，是艺术家不朽的一种要素。上帝是创造自然界的艺术家，而作为凡人的艺术家却只是沿着上帝的足迹行进，去观摩那永恒的"智慧"赐予他的样本。艺术家是受物质媒介条件的制约的，而上帝却不受这种制约。与造物主上帝不同，艺术家是根据寓于自己心灵中的观念用物体来创造物体。②

在器物的制作中，奥古斯丁要求人们摆脱对奢侈豪华的追逐，使生活保持虔恭肃穆以注重心灵的修养，从而净化自己的身心。他说："人们对衣、履、器物以及图像等类，用各种技巧修饰的百般工妙，只求悦目，却远远越出了朴素而实用的范围，更违反了虔肃的意义；他们劳神外物，钻研自己的制作，心灵中却抛弃了自身的创造者，摧毁了创造者在自己身上的工程。"③这里从宗教道德角度提出了内在美与外在美的关系，要求人们更注重修身的内在美，而不要只求外在修饰的悦目。

由此奥古斯丁指出，世俗的、感性美的根源在于上帝的至美，创造或追求外界的美，应从这至美取得审美的法则。然而一般的艺术家却舍近求远、舍本求末，停留在物质和官能的层次上，不注重在理智和心灵上去感悟上帝的至美。他慨叹道："艺术家得心应手制成的尤物，无非来自那个超越我们灵魂、为我们

---

① G. Pochat：《古代至19世纪美学与艺术理论史》（德文版），第101页。
② 参见吉尔伯特、库恩《美学史》，第209页。
③ 《忏悔录》卷十第三十五章，第218页。

的灵魂所日夜想望的至美。创造和追求外界的美，是从这至美取得审美的法则，但没有采纳了利用美的法则。这法则就在至美之中，但他们视而不见，否则他们不会舍近求远，一定能为你保留自己的力量，不会消耗力量于疲精劳神的乐趣。"[1] 由此，他倡导艺术创作不要停留在娱乐大众的层次上，而要服务于对上帝的信仰，把至善至美作为根本目标和创作依据。

　　艺术创作要运用比喻和形象。那么，为什么比喻和形象要比普通的语言更容易感染我们呢？在其书信中奥古斯丁提出了一种解释，这种解释使我们回忆起柏拉图有关艺术起源的理论，即生物皆爱运动。从猜谜到谜底的揭开，从呈现于我们的想象力之前的画面到神圣的真理，都需要我们精神上的活动，这种精神运动会给我们以快感。正如运动中的火炬燃烧得更加明亮一样，思想处于生气勃勃时感情也会欢快地燃烧。

　　形象的东西给人的感受更愉快，也更令人回味。奥古斯丁在《论基督教义》（*De Doctrina christiana*，公元 397 年）中指出：为什么有的人会这样说，有一些圣洁的和正直的人，基督教会把他们的活动和交谈作为拯救那些愿意信奉基督教的各种异端者的一种手段，使他们通过摹仿善人变成教会本身的成员。我说，为什么一个人讲述这种意思，却不如他从《旧约全书》里那假借美女形象来颂赞教会的《雅歌》中得出同样意思使他的听众满意。这段《雅歌》说："你的牙齿如新剪毛的一群母羊，洗净上来，个个都有双生，没有一只丧掉子的。"（见《旧约·雅歌》第四章）听者从这里所获得的知识，不是比听没有形象的帮助而用最平淡的语言表述同样的思想更丰富吗？可是，在我观照圣洁的神父时，我感到异常快乐！这时我把神父们看作教会的牙齿，它把人们与他们的罪过一口咬断，并把他们吸引到教会的怀抱。他们的粗野性被削弱，正如他们被牙齿撕裂和咬断一般。此外我也乐于用剪过毛的一群绵羊的形象来看待神父们，就像它们剪掉了自己

---

[1]　《忏悔录》卷十第三十五章，第 219 页。

身上的毛一样，除去了现实世界的重负，它们洗净刚出来，便是指它们受过了洗礼；它们个个都有双生，便是指关于爱的双诫；而且它们没有一个是不育有这种神圣之果的。这就表明，借助形象获得知识是令人愉快的；另外，通过艰难的探索获得的东西就更令人愉快。

外在形象是通向作品内在精神意蕴的途径。奥古斯丁在《论信念的用处》（*De Utilitate Credendi*，公元 392 年）中说，神性的存在作为一种象征就表现在"昼夜的交替、岁月的流转、树叶的凋落和再生、种子的无穷力量、光之美以及各种各样的颜色、声音、滋味和气体之中"，[1] 在一切事物的外部形式中存在着最真实之美的本原的某种溢出物。正如一首赞美诗所说："外在的肉眼看大理石和黄金，内在的精神之眼看智慧和正义。"因此，在《论自由意志》中他承认，经由象征之路去追求真理时，存在半途而废的危险。"唉，那些人爱的不是你，而是你的形象，他们离开了正路，他们是不幸的"。[2] 也就是说，对精神意蕴的传达，应避免使人只停留在外部形象的诱惑上。

三 论语言的符号功能

作为一个修辞学者，奥古斯丁对于语言具有特殊的兴趣。在不同的著作中，他对语言的符号功能作了多方面的探讨。

在《忏悔录》中他指出：

听到别人指称一件东西，或看到别人随着某一种声音做某一种动作，我便记下来；我记住了这东西叫什么，要指那件东西时，便发出那种声音。又从别人的动作了解别人的意愿，这是各民族的自然语言：用面部的表情、用目光和其他

---

① 参见吉尔伯特、库恩《美学史》，译文见《美学译文》（2），中国社会科学出版社 1982 年版，第 149—150 页。

② 同上。

肢体的顾盼动作、用声音表达内心的情感，或为要求，或为保留，或是拒绝，或是逃避。[①]

这就是说，语言是表达意义和指称事物的符号。现代分析哲学家维特根斯坦在其名著《哲学研究》的开头便引用了这段话，把这段话的意义归结为长期统治着人们对语言看法的"奥古斯丁图式"。

然而，奥古斯丁对于语言符号功能的认识却不在于对语词与事物的对应关系上，而是在不假语言而认知或语言的词不达意等方面。

在《论教师》（De magistro，公元 387 年）里，他在教育儿子阿德奥达图学习语言意义的过程中说明，事物可以不假语言符号或身体动作而由光照传递到人的心灵中。他说：

> 我们应该把握与记住给予词语意义的事物。对事物的把握依赖的不是词语，而是我的眼睛。
>
> 不通过任何符号，以显示自身方式发生于我的心灵的事物何止一两件，而是成千上万件。……正是由于太阳，光弥漫、笼罩所有事物，月亮、星辰、地球、海洋以及它们承载的无数事物，岂不都由上帝将它们显示给注视它们的人们？[②]

这就是奥古斯丁的光照说，真理之光赋予语言以意义和生命，人通过观念和印象来理解语言。由此，也使语言深深打上使用者的个人痕迹。

奥古斯丁进一步指出，人不能表达他无法经验和无法想象的东西，但是反过来人可以经验他无法用语词表达的东西。从文学

---

① 奥古斯丁：《忏悔录》卷一第八章，第 11—12 页。
② 《论教师》，引自赵敦华《基督教哲学 1500 年》，人民出版社 1994 年版，第 151 页。

实践说来，这正是作者搜索枯肠无端下笔的苦衷，也是读者可以海阔天空自由遐想的根由。在该书第十一章中，他还指出人经常因为它的"邪恶意志"，而致使他在理解方面出现障碍。这就是说，当他没有理解的意愿，当他不愿意去理解时，障碍就必然会发生。他认为这是反映了人类认知功能上的弱点。这样来看，说话人的背景即话语的语境，就变得格外重要了。奥古斯丁说，倘若我们在内在思想和外在表达之间有断层存在，倘若言语是旨在表达我们所知或所感觉到的什么东西，那么说话人的意向就成了特别要关注的目标。这表明在言语主体与其客观表述之间可能存在心理差距。

人是通过语言来表达内心意向的，但有时却词不达意，不能恰到好处地表达出心里想说的话。在奥古斯丁看来，这也反映了人类行为的一个更为普遍的弱点。因为用语词符号来言说世界，是在告诉别人这世界是何等模样，所以是假二手的途径来传达我们的思想和经验。在该书中他指出，如果我们要理解世界或世界中的任何东西，而不仅仅是相信它们，那么就应当在第一手的途径上来体验它们。不仅如此，我们对自己言说这世界的模样，一定程度上与我们听他人来描述世界没有太多的差别，因为它只是或可称之为第一手的那一类经验的记录，而不是第一手经验本身。这就是说，语言所传达的知识是与自身活生生的经验之间仍有距离的。

对于语言表达的内容，奥古斯丁认为它是与说话人的目的、意向、习惯、信念和偏见等相关联的，也就是说应该在具体语境中来把握语言表达的内容。

人们往往产生词不达意的现象，奥古斯丁并没有把这一现象归结为语言本身的缺陷。在《论三位一体》（*De Trinitate*，公元406年至416年）中他说："外在言说出来的语词，是内心发出光辉的语词的符号，内心的语词才是名副其实的'语词'。"[①] 他只

---

① 《论三位一体》，参见陆扬《欧洲中世纪诗学》，上海社会科学院出版社 2000 年版，第 79 页。

是把语言交流产生的困顿归咎于人类的堕落。就是说，上帝造人不可能使他在语言工具上存在困难，语言的困难应由人类自己负责。他还提出了先行于言语的思想，即非语言形式的意念。在《上帝之城》中奥古斯丁重申，在天堂里我们的思想是彼此清澈透明的，语言交流就非是舍此不可的了。正如保罗在《哥林多前书》中的一段话所说："我们如今仿佛对着镜子观看，模糊不清（'模糊不清'原文作'如同猜谜'），到那时，就要面对面了。"（《新约全书·哥林多前书》第十三章第十二节）

　　奥古斯丁最后是从神学的角度提出了突破语言符号的局限和对人际交流前景的展望。

第三章　拜占庭美学

拜占庭（Byzantium）原是博斯普鲁斯海峡岸边的一座古希腊时代的移民城市，地处黑海与地中海、欧洲与小亚细亚之间的交通要冲。公元330年罗马皇帝君士坦丁在此建成罗马新都，改名为君士坦丁堡（即现伊斯坦布尔）。6世纪上半叶以前，罗马帝国东部通称东罗马帝国，7世纪以后，由于在国家管理和社会发展上已与早期罗马帝国大不相同，故史称拜占庭帝国。拜占庭帝国横跨欧、亚、非三洲交界处，领土以巴尔干半岛和小亚细亚为中心，包括亚美尼亚、叙利亚、巴勒斯坦、美索不达米亚和埃及。作为一个多民族国家，曾对欧亚"蛮族"产生很大影响，同时外族的入侵和影响也始终不断。

帝国初期，手工业和商业发达，城市繁荣，农业上以隶奴制占优势。5世纪时，拜占庭在经受"蛮族"入侵之后渡过了奴隶制的危机，未曾打破原有国家机器，经自上而下进行的改革，逐步演变为封建制国家，并加强军事化统治。自公元476年西罗马帝国灭亡后，拜占庭帝国继续存在了近千年。"拜占庭帝国在封建割据的世界中的特点，是它实行了严格的中央集权制。它掌握有高度发展的、一切取决于中央的国家机构，它进行了对世界各国的贸易。它的经济是建立在货币制度上并且有经常固定的收入"。[①]

拜占庭人自以为他们是奥古斯都恺撒帝国传统惟一的继承人和代表，基督教与罗马帝制的结合形成了基督教—帝国的观念。继任的罗马皇帝便被认为是由全能的上帝选择的代理人，来管理

---

① 参见列夫臣柯《拜占庭简史》，三联书店1959年版，第5页。

上帝所创造的世界。皇权神授，在上帝之下，皇帝拥有所有权力，成为至高无上的统治者。由于东部地区普遍使用希腊语，从7世纪开始拜占庭的官方语言即为希腊语，东部教会以君士坦丁堡为中心，并将希腊语作为礼拜仪式用语，称为希腊正教（Orthodox）。在5—6世纪时，由于东方教会支持基督只具神性的一性论观点，引起与罗马教会的基督二性（神性和人性）论之间在教义上的长期论争。查士丁尼一世（Justinianus I，公元483年至565年）掌权（公元527年至565年）后，正式接受基督教会正统教义，恢复罗马教会与东方教会（除埃及外）的交往，并四处征战空前扩大了帝国的版图。

马其顿王朝（公元867年至1025年）是拜占庭历史上的黄金时代，成为欧洲最强大和富裕的国家，此时内政稳固并开始向外扩张以收复失去的版图。对阿拉伯人的长期战争转为攻势，还恢复了拜占庭在东地中海的优势。除收复若干失地外，又占领了格鲁吉亚和保加利亚。它开展广泛的传教活动，使斯拉夫人和保加利亚人皈依了基督教，并使基辅罗斯正式接受基督教，自此俄国教会便隶属于君士坦丁堡总主教。当拜占庭帝国灭亡以后，甚至俄国沙皇还自认为是拜占庭皇室的继承者。

拜占庭帝国融合了罗马帝国的政治传统与希腊文化以及东方教会观念，广泛吸收了东方文化的影响，创造出具有独特风格的拜占庭文化。帝国在国际经济和文化交流方面发挥了联结东西方的桥梁作用，成为"丝绸之路"的终点。由于通用希腊语，使得古希腊和希腊化时期的文化遗产得以大量保存下来，这些古典文化对意大利文艺复兴运动的兴起发挥了启迪作用。

公元1054年罗马教会与君士坦丁堡教会彻底分裂，成为东西欧关系变化的转折点。1071年诺曼人占领了拜占庭在意大利最后一个据点，切断了它同意大利的最后联系，从此造成拜占庭的希腊世界与西欧的拉丁世界不仅在地理和政治上而且在宗教和文化上的永久分离。此后拜占庭只能偏安于一隅，至1453年，君士坦丁堡被土耳其人攻占，拜占庭帝国为奥斯曼帝国所取代。

第一节　拜占庭人的世界观与美学观

　　拜占庭美学是在全面继承和接受希腊教父美学的基础上形成的，它并非来自审美经验的总结，而是一种宗教观念的产物，反映了一种基督教——新柏拉图主义的世界观。这种世界观是二元论的，它把世界分为世俗的和神圣的、物质的和精神的，这两个世界反映了不同的存在等级，精神世界是物质世界的摹本，它是更高的和完善的存在。物质世界并非完全邪恶，因为它也是上帝创造的，上帝的隐秘性便是人的全部希望与慰藉的所在。尽管人们生活在世间，却属于一个更高的世界。正如拜占庭神学家奈斯福尔·布雷米德（Nicephorus Blemmides，公元 1179 年至 1272 年）所说：“天国是我们真正的家园。”人生的目的便是设法走向这一家园，“我们降生于世，并非为了吃喝，而是为了显示造物主的美德，为其增辉。”①

　　在这种二元论世界观基础上形成的美学观，必然具有明显的超验的性质。它并不否定经验世界，但只是把经验世界看作引向精神世界的手段。正如拜占庭神学家大马士革的约翰（Joannes Damascenus，公元 700 年至 754 年）所说：

　　　　当我们崇敬我们从中听到上帝之声的《圣经》时，我们赞美上帝。同样，依据画出的外观，我们观看上帝的物质形态、伟业和人的活动的形象。我们变得纯洁了、认识到信仰的充实、喜悦非常、体验到极乐，我们自豪，我们尊崇并赞美上帝的物质形态。在看着他的物质形态时，在可能的范围内，我们也能洞悉他的神性的光辉。因为我们具有肉体和灵魂的双重本质，没有物质媒介我们无法认识精神事物。依此途径，通过对物质的观照，我们达到对精神的观照。②

---

① 参见塔塔科维兹《中世纪美学》，第 43—44 页。
② 同上书，第 57 页。

　　与西欧美学相比，拜占庭美学与古希腊罗马美学传统具有更紧密的联系。这首先与通用语言的共同性有关。用希腊人写成的古希腊罗马哲学文献比在西欧更普及。同时在拜占庭，不像在西欧那样对古代异教（多神教）传统采取极端排斥的态度。如像拉丁教父德尔图良谴责古希腊罗马艺术淫荡腐化，视其为罪恶深重。拜占庭的作家们对古希腊罗马传统更加宽容，并竭力汲取其中适应自身需要的东西加以改造利用。在这方面希腊教父大巴赛尔兄弟成为他们的榜样。大巴赛尔被看作是晚期古希腊罗马美学传统的直接继承人。

　　同样，柏拉图的著作在拜占庭也有广泛影响。在拜占庭美学史中的一位重要人物是著名作家和哲学家迈克尔·普塞罗（Michael Psellus，公元 1018 年至 1078 年），他是君士坦丁堡大学教授，从事柏拉图著作研究，著有关于公元 976 年至 1077 年的《年代记》（Chronographia）以及《论一切科学》（Patrogia）。在与其他僧侣的论战中，他写道：

　　　　不，我决不让你诋毁柏拉图，最神圣和最明智的（教父）！我要像舞台上的悲剧演员一样大声呼喊，噢，大地和太阳，柏拉图是我的。你辱骂我长期阅读他的对话，辱骂我偏爱他的文体和对他的各种论证之崇拜。然而你却为什么不责骂那些伟大的教父？要知道他们也在搞三段论……①

　　拜占庭美学创立了与古代美学传统不同的新的范畴体系。它很少注意诸如和谐、尺度、美等范畴，却突出了崇高，特别是由（托名）狄奥尼修斯所提出的崇高范畴，把崇高视为"心中充满对神圣的敬畏"。这一范畴最大限度地与拜占庭美学和艺术中的心理描写相适应。正如 B.B. 贝奇科夫所指出："在拜占庭思想

---

① 　参见舍斯塔科夫《美学史纲》，第 62—63 页。

家们看来，任何一个古典范畴，如'尺度'、'和谐'、'美'等等（这一古典化过程早就从柏拉图开始了），自身都带有上述意义的崇高的痕迹，都必须把人提高、上升到超越于人类经验的角度来研究。这一点正是新的美学范畴体系的心理色彩所强调的。结果，在范畴体系本身中提高到首要地位的概念便是'形象'和'象征'，而不是古希腊罗马的'美'、'和谐'、'尺度'，尽管它们像整个古希腊罗马遗产一样对拜占庭思想家们任何时候都是重要的和有意义的。"①

在这里，（托名）狄奥尼修斯的《神秘神学》对于拜占庭美学的发展产生了至关重要的作用。君士坦丁堡的神学家克里斯普利士的马克西姆（Maximus de Chrysopolis，约公元580年至662年）为（托名）狄氏著作所作的注释也成了中世纪的神学经典。马克西姆同样表现出强烈的神秘主义色彩，他强调人的灵魂要超越感性领域而向理智领域复归，以便进而与上帝相融合。他说：

> 她（灵魂）在单纯观照中与上帝融合，不用思想、知识和语言，因为上帝不是与她的认识能力相对应的认识对象，他不是关系，而是超越知识的统一体，不可言说与解释的道，只有上帝知道他，并将这一不可言说的恩典赋予一切值得消受的人。②

为了通过象征手段以观照上帝的形象，由此形成了对于圣像的崇拜和"圣像哲学"。圣像哲学的理论代表之一便是大马士革的约翰。他否认人类通过语言和概念能够认识上帝的本质，而是肯定感性直观可以体察上帝。所以他强调视觉艺术手段的重要性，由此把宗教膜拜与审美直观联系在一起。

对于画像的概念，他指出：

---

① 贝奇科夫：《拜占庭美学中的形象问题》，引自舍斯塔科夫：《美学史纲》，第64页。

② 参见赵敦华《基督教哲学1500年》，第200页。

画像是原型的一个外观上的复制品，但又与原型不尽相同，因为它与原型并非一样，基督是不可见的上帝的活的、真实可信的形象。在上帝心中，也存在着他的未来创造物的形象和模型。

除此之外，画像是象征不可见也无法显现的事物的可见物：画像对那些事物加以描绘以加强我们的不充分的推想。通过它们，我们认识了无法想象的事物，并使无形物在我们面前有了形式。

其次，画像这个名称也用称呼那种以神秘的形式给出未来事物之轮廓的事物。

画像的概念还与过去有关，无论是回忆非凡事物，回忆荣耀还是羞辱、美德还是邪恶。它可为那些以后将观照画像的人提供帮助。画像具有双重性，它既可通过写在书里的词语来认识，也可通过感官观照来认识，因为画像是回忆的工具，一本书对于会书写者的意义，也就是一个形象。对于既不会读也不会写的人的意义，一个词对于听觉的意义，也就是一个画像对于视觉的意义。[1]

总之，他认为在这种创造中，我们看到画像使我们朦胧瞥见神的光辉。

这就是说，在基督教的观念里，尽管神本身是纯粹的心灵的统一性，它也显现为现实中的人，因为基督是神性与人性的统一。同时，神性的东西在现实中一般都显现在凡人的感觉、情绪、意志和活动里，在凡人的心灵中起作用，所以神的心灵所凭附的圣徒和殉道者就成为艺术表现的对象。

显然，这里形成了一个二律背反的悖论。因为当艺术把神性的东西当作表现中心时，"神性的东西本身既然就是统一性和普

---

① 参见塔塔科维兹《中世纪美学》，第56页。

遍性，在本质上只能作思考的对象，而且它本身既是无形的，就不能纳入艺术想象所造的图形，所以犹太人和伊斯兰教徒就禁止画神像，来供感官观照。"[①] 正是在形象与原型的关系上，逻辑地产生了圣像崇拜与反圣像崇拜的对立，它为"圣像破坏运动"的产生提供了思想前提。这一运动的前因和后果我们将在下面专题评介。

以形象问题为中心，拜占庭美学十分看重视知觉的作用以及它给人的审美心理效应，它把视知觉看作形象化地认识真理的手段。奈斯福尔·布雷米德指出："往往是，智慧无法借助于所听到的话语来把握的东西，视觉只要领会得不错反而能解释得更加清楚。"[②] 迈克尔·普塞罗则针对视觉效果的心理影响写道："一般说我是一个圣像的鉴赏家，而其中有一幅圣像以其无法形容的美而特别使我为之倾倒，它像雷击电闪那样，使我失去情感，夺去了我的理智，使我丧失了处理（世俗）事务的力量。我并不完全相信，这一描绘会与其超自然的、神的原型相类似，但我坚定地认为，色调的混合确实表现了血肉之躯的本质。"[③] 因此，他把绘画看作一切科学和艺术创作的榜样。

但是，作为神学家的职责，他们不会让人的审美感受压倒宗教体验。因此奈斯福尔·布雷米德在另一个地方又指出：在宗教活动中不应引吭高歌，也不应时常改变旋律，"因为对于痛下工夫的人们来说，宁可在精神专一纯洁的状态中，毫无享受地飞升为神。"[④]

另一点与西欧中世纪美学不同的是，拜占庭美学涉及了形象创造中幻想的作用问题。他们认为幻想也是一种人的认识能力，它就像人的情感或理智一样是不可或缺的。君士坦丁堡修道士、历史学者斯图迪特修道院的西奥多罗（Theodorus Studita，公元

---

① 黑格尔：《美学》第 1 卷．商务印书馆 1979 年版，第 224 页。
② 参见舍斯塔科夫《美学史纲》，第 62 页。
③ 同上书，第 61 页。
④ 参见乌格里诺维奇《艺术与宗教》，三联书店 1987 年版，第 106 页。

759年至828年）指出："心灵的五种力量之一就是幻想；幻想可以想象成某个圣像，因为无论哪个圣像都包含着描绘在内。所以，与幻想相类似圣像并非无益的。"另一位学者格列高里·帕拉马在幻想—圣像中看到某种介乎情感与理智之间的东西，他说："心灵的幻想—圣像是从情感中领悟到的形象，把它们和对象与外表分开来……幻想—圣像甚至在没有对象本身的情况下包含着价值以达到内在的运用，并赋予价值自身（通过形象）看得见的东西……幻想—圣像是智慧和情感的界限……而经常回旋的智慧创造出各种形象，通过多种多样的方式对话着，类比着，推论着。"[1]

显而易见，幻想比想象具有更大的主观色彩，它并不需要现实性的依据。

总之，拜占庭美学的贡献主要不在于美的概念上，而是在其形成的独特的艺术观，它要求艺术表现为对上帝的膜拜服务，将人的心灵从物质提升到庄严神圣的境地。与古希腊摹仿说不同，它的艺术观强调了象征和光的照耀，以体现上帝的无限崇高和令人敬畏。在它的崇高的和精美的形式背后也隐藏着统治者的暴政和民众的迷信狂热和无知。

第二节 圣像风潮的美学思考

随着基督教会的强大和富有，宗教的礼拜仪式也越来越讲究豪华和威严，摹写基督和圣徒的圣像已经不再是一种象征，而成为维护自身利益的力量。到6世纪时，礼拜仪式已经普遍采用对圣像的膜拜。到8世纪初，对圣像的供奉具有了更大的迷惑力，教会和修道院也以此作为一种赚钱的手段。同时在受东方宗教和异教影响的小亚细亚地区，反对圣像崇拜的情绪也直接影响到拜占庭，不承认教会的保罗派教徒也抵制供奉圣像并要求教会进行改革。

---

[1] 参见舍斯塔科夫《美学史纲》，第62页。

一　圣像破坏运动的始末

圣像破坏运动发生在伊苏里亚王朝时期。这一王朝的第一个代表人物是利奥三世（Leo Ⅲ lsauricus，执政于公元 717 年至 740 年），他出身于小亚细亚军事贵族阶层，原为军区司令官，正值帝国外患严重之际登上皇位。其时阿拉伯人从陆地和海上包围了君士坦丁堡达一年之久。最后拜占庭取得了军事的胜利，由此巩固了王朝政府的地位。为了治理国内混乱状态和加强军事实力，必须增加军事装备并安置好士兵，政府不得不广泛征用教会和修道院所占有的土地和财产。因为当时修道院和教会几乎占有帝国一半的土地并享有免税权。帝国政府要扼制修道院的畸形发展就必然会与教会势力发生冲突。

这场斗争采取了极其特殊的形式，即破坏圣像运动，因为当时修道院靠制造和出售圣像收敛大量钱财。公元 726 年，利奥三世颁布了第一道反对供奉圣像的诏令，他把供奉圣像视为偶像崇拜，应在禁绝之列。同时他还采取措施，减少修道院数量和修道士人数。这一措施得到了军事贵族、宫廷贵族、整个军区和一部分主教的支持，同时也得到城市手工业者的拥护，因为修道院的手工业作坊成了手工业组合的市场激烈竞争者。但这一举措遭到教会、修道士和一些信徒的反对。

罗马教皇格列高里二世坚决反对皇帝破除圣像的诏令，作为回击，他于 731 年在罗马召开的会议上将利奥三世及反对供奉圣像者革除了教籍。属于拜占庭管辖的中部意大利，包括腊文纳和罗马，本已与拜占庭日渐疏远，这时也起来反对帝国政府，并与伦巴底人结成同盟。利奥三世废黜了君士坦丁堡的总主教，并对罗马教皇实行惩罚，没收了他在南意大利的收入并取消了他对伊利里克的管辖权。

到利奥三世之子君士坦丁五世（公元 740 年至 775 年在位）时期，对修道士和圣象供奉者的斗争更加严酷。由于个别军区的背叛，曾发生了推翻皇帝的内乱。当内乱被镇压下去之后，753年在君士坦丁堡召开了宗教会议，进一步谴责了圣像供奉行为。君士坦丁五世开始大规模没收修道院财产，封闭修道院，强迫修士们和修女们还俗结婚，并要修道士担负国家公役，致使数以千计的大批僧侣逃向西欧。修道院则被改为兵营或作为奖励对国家的服务而分给私人。皇帝为充实兵源还将一大批斯拉夫人移居到小亚细亚来。

圣像破坏运动持续到 80 年代，产生了第一次形势的逆转。此前君士坦丁的继承者利奥四世（公元 775 年至 780 年在位）虽然保持了反对圣像供奉的观点，但已停止了对修道士的斗争，使修道士的势力又振兴起来。利奥四世去世后，摄政的皇太后艾琳表态反对圣像破坏运动。公元 787 年召开的第二次尼西亚主教公议会上宣布了恢复正教和圣像的供奉。继而由于国内赋税过重而爆发农民起义和内战，艾琳皇太后也被废黜。

最后一次推行圣像破坏运动是在 833 年。利奥五世发布诏令，封闭所有城市修道院并禁止供奉圣像。这时教会和修道院的土地大部分已被没收，教会财产也已处于政府的管辖之下。由此，这场历时一个多世纪的运动便接近了尾声。后来利奥五世被暗杀，在皇后狄奥多拉摄政时（公元 843 年），便彻底恢复了正教和圣像供奉。同时，保罗派教徒也遭到了残酷的镇压。

一般说来，圣像破坏者并非文化的敌人，他们虽然关闭了圣像供奉者所掌握的君士坦丁堡高等学校，在没收修道院财产时只是清除了有关圣像崇拜的书籍，但是他们却促成了世俗绘画的发展，并倡导用花鸟绘画来装饰教堂。然而，这场旷日持久的风潮也带来了破坏性后果，致使此前的大部分绘画、雕塑被毁，最后的胜利者——圣像供奉者又将所有反圣像崇拜者和保罗派教徒的文稿付之一炬。

这场圣像破坏运动体现了不同的利益及观念的冲突和斗争，其中包括两种不同的神学观和文化观，也反映出不同的政治和经济利益的角逐。产生这场斗争的根本原因，与其说是宗教文化的，不如说是政治经济的。它首先是在政教合一的集权制国家中皇权与教权的斗争，通过这场斗争在一定程度上遏制了教会势力并强化了帝国的军事实力和军事封建主的势力。由此，促进了帝国的封建化进程，为其后马其顿王朝的兴盛做了必要的准备。但是，它的历史结局却是圣像崇拜者的胜利。看来在圣像供奉中所体现的，似乎是形象的希腊文化战胜了抽象的希伯来的文化，然而它在根本上所反映的则是宗教与艺术的关系。

二　圣像风潮的美学启示

强调神的彼岸性、非物质性和精神性，是所有一神教的一个主要教义，也是基督教的一个主要教义。这就关系到神与世界以及神与人的相互关系问题，也直接关系到膜拜艺术在一神教中的命运。

在犹太教和伊斯兰教中，神庙是禁设任何神像的。《旧约全书·申命记》中记载耶和华对摩西所言：“除了我以外，你不可有别的神。不可为自己雕刻偶像，也不可作什么形象，仿佛上天、下地和地底下水中的百物。不可跪拜那些像，也不可侍奉它，因为我耶和华你的神，是忌邪的神。”[①] 这就是说，犹太教是反对偶像崇拜的，它是禁止供奉圣像的。在伊斯兰教中，这种神像的禁忌推广到禁忌任何活物的像，包括人物像和动物像。穆斯林按禁忌不得绘制和雕塑人物像和动物像，因为创造活动是神所独有的权柄。艺术家如果制作人物像和动物像，就意味着同安拉在进行危险的竞赛。所以在伊斯兰的清真寺中，只能有花草的装饰图案。

在基督教的早期几个世纪中，已经存在两种不同的倾向，一种是反对供奉圣像的，另一种则是同意供奉圣像的。属于前一种倾向的如拉丁教父德尔图良以及亚历山大城的希腊教父克莱门

---

① 《旧约全书·申命记》第 5 章第 7—9 节。

特；属于后一种倾向的如恺撒城的大巴赛尔及（托名）狄奥尼修斯。

德尔图良宣称：

> 自从恶魔把泥塑、木雕和各种幻影的制造者引入世界之后，人类的这个瘟疫就得到了从偶像那里借来的肉体的名字。由此可以认为，不管制造哪种偶像的艺术都是偶像膜拜。无论神像是出自雕塑家之手也好，出自刻板家之手也好，出自女绣工之手也好，也无论神像是石膏做的也好，颜料做的也好，石料做的也好，青铜制的也好，白银制的也好，玉帛制的也好，统统都不需要。[①]

克莱门特虽然在神学和哲学观上与德尔图良迥异，但是对于圣像禁忌的观点却如出一辙。他说：

> 立法者想要使人心上升到直观领域，而不是使之停留在物质上……对只有心灵之眼才能洞察的非物质的存在物，以感性形象刻画出来进行膜拜，这徒然有损于他的尊严。[②]

拜占庭反对供奉圣像者正是继承了这一观念传统，认为神是超越于经验世界的，是无法用形象来表现的。任何画像都无法揭示神的本质，只有靠冥思和内省才能与上帝沟通。对于上帝的形象描绘不仅是不可能的，也是不恰当的，这种形象造成神俗莫辨，有损神的圣洁。所以，754 年君士坦丁堡宗教会议决定："具有光荣的人性的基督，虽然不是无形体的，却崇高到超越于感官性自然的一切局限和缺点之上，所以他是太崇高了，绝不能

---

① 《德尔图良文集》，参见乌格里诺维奇《艺术与宗教》，三联书店 1987 年版，第 113 页。
② 同上书，第 114 页。

通过人类的艺术，比照任何别的人体，以一种尘世的材料绘为图像。"①

然而，基督教义本身却为圣像供奉提供了理论前提。通过"道成肉身"（Incarnation），使神与人同在，别开生面地创造了神与人之间的中介形象。耶稣基督作为上帝之子来到人间，把神性与人性结合在一起，成为人间的救世主。由此，也为圣像的绘制提供了依据。希腊教父大巴赛尔兄弟成为圣像绘制的首倡者。②拜占庭斯图迪特修道院的西奥多罗首先援引（托名）狄奥尼修斯和大巴赛尔的观点作为权威根据。他宣称：

> 有一个神学家狄奥尼修斯说："外观中有真实，画像中有原型，一个存在于另一个之中，只是本质不同。"另一个神学家大巴赛尔说："艺术家画的画像是原型的转换，凭借艺术家的观念和手的感觉，将原型的外观移入材料，从而分有原型的属性。这样，画家和石匠，还有金铜雕像的制作者，看着原型，领会所看到的相貌的模式，用物质材料体现对该模式的印象。"③

依据（托名）狄奥尼修斯的观点，不论是相似的摹仿还是不相似的摹仿，都可以发挥形象的象征作用。这就为膜拜艺术的存在找到了根据。

面对圣像破坏运动，大马士革的约翰首先论证了圣像供奉的必要性，他说：

> 通过与我们相似的感性的画像，我们可以发奋思索神的和非物质的事物；因为出于对人的爱，为了指引我们，神明的上帝将形状赋予无形状的事物……我们看到画像，使我们

---

① 参见《大英百科全书》"偶像崇拜"条目。
② 参见 H.L.Nickel《拜占庭艺术》，莱比锡版 1964 年，第 113 页。
③ 参见塔塔科维兹《中世纪美学》，第 57 页。

朦胧瞥见神的光辉。[1]

圣像崇拜者正是在与反圣像崇拜者的论战中发展了自己的理论。斯图迪特修道院的西奥多罗在对比中确认：

> 反对偶像崇拜者说：既然基督是自然生成的，而基督的偶像是靠人的创造而产生的，那么对基督的崇拜和对他的偶像的崇拜怎么能保持一致呢？对此，亲偶像崇拜的人回答说：无论谁看见了基督的偶像也就在其中看见了基督本人。我们应该坚定不移地说偶像中的基督与基督本人相似。因此，基督的偶像与基督具有同等尊严。[2]

他甚至说神就存在于偶像之中，也就是说，摹写神的肖像可以分有神的原型。

圣像崇拜者的最终胜利表明，基督教本身需要利用造型艺术，以便从情感上、心理上和思想上加强对信仰者的影响。正如基督教曾经把哲学作为自己的婢女，以便建立自己的神学理论；同样基督教也要把艺术变为自己的婢女，以便消解人性与神性、物质与精神之间的距离和隔阂。由此，作为一种膜拜艺术的圣像画便成为"彩绘的神学"，它有助于使人们超越物质世界而进入精神的彼岸的王国。这就要将具有审美本质的艺术纳入宗教信仰的轨道，以便从感觉和情感上征服人心。拜占庭艺术充分展示了这一特性，成为神学美学的感性直观的呈现者。

在西欧，宗教与艺术的关系没有激化到如此程度。教皇格列高里和查理曼大帝采取了肯定宗教艺术的态度。他们的主张是："我们知道图像不可能是感官知觉所达不到的一种本质的摹本。因此，不应该去崇拜图像。但是它们可以发挥启迪作用，因为可见的事物可以是有意义的。因此，不应该反对图像，而应该把它

---

① 参见塔塔科维兹《中世纪美学》，第56页。
② 同上书，第57页。

们保留下来，作为教育工具和帮助记忆的工具。"[1]

第三节　艺术的理念及其风格的传播

拜占庭艺术是拜占庭帝国政教合一体制的产物，是在其特定的神学美学思想指引下形成的。其表现的主题紧紧围绕基督教义而展开，它在东方文化与古希腊罗马文化的交融中创造了独特的艺术形式，并且产生了广泛而深远的影响。

一　艺术发展概况

随着帝国形势的变化，拜占庭艺术的发展经历了几起几落。它的发展一般分为三个阶段：前期4至6世纪，从君士坦丁大帝迁都君士坦丁堡开始，经狄奥西多二世（公元401年至450年）走向繁荣，到查士丁尼大帝（公元483年至565年）时代达到鼎盛；中期7—12世纪，其间经历了圣像破坏运动的冲击，从马其顿王朝（公元867年至1056年）到圣康尼努斯王朝（公元1081年至1185年）再次达到恢弘的发展；晚期13至15世纪，此时国力已经衰微，十字军于公元1204年攻占君士坦丁堡，使这个东部最繁华的城市遭到空前浩劫，无数艺术珍品毁于一旦，但其后在帕里奥洛加王朝时期教堂绘画和装饰艺术等又得到再次复兴。至1453年土耳其攻占君士坦丁堡，拜占庭艺术随着帝国的灭亡而告终。

民族构成的多元性反映出拜占庭文化根源的多元性。初期的拜占庭帝国地跨欧、亚、非三洲的要冲，其居民大多数为希腊人和希腊化的东方人——叙利亚人、犹太人、亚美尼亚人、埃及人和波斯人。在帝国的欧洲部分除意大利人以外还有斯拉夫人、蒙古人和日耳曼人。斯拉夫人属于农业民族，到7世纪时不仅渗入日耳曼统治区以东的欧洲全境，而且成为巴尔干半岛人数最多的民族。蒙古人属于游牧民族，保持了剽悍和尚武的习性，与斯拉

---

①　参见鲍桑葵《美学史》，第184页。

夫人融合产生了保加利亚和塞尔维亚人。①

对于拜占庭艺术所具有的民族和地域特性，卡尔·包斯尔（Karl Bosl）指出："拜占庭艺术的色彩斑斓和沉闷的照度给人一种神秘而威严的魔力。这些形式起源于叙利亚和小亚细亚。这种由东方向西方的新的文化运动，其起始点在萨珊王朝的波斯，来自聂斯托利派（即景教）从事手工艺的叙利亚人和科普特的埃及人。这场运动一开始在拜占庭便卓有成效地达到了全盛。由此，东方的符号性装饰战胜了希腊的自然主义；色彩战胜了线条；穹隆和圆顶战胜了木质的屋顶构架；丰富的装饰性战胜了严格的简单性；丝质的法衣战胜了平滑的古罗马宽外袍。波斯君主制的专制主义通过戴克里先和君士坦丁征服了西方。新首都君士坦丁堡的艺术取向于小亚细亚和埃及。蛮族的西欧失去了辐射力。波斯帝国的胜利为东方艺术形式的涌入创造了条件。埃德萨（Edessa）和尼西比斯（Nisibis）是美索布达米亚文化的中心，这里融合着伊朗、亚美尼亚、卡帕多西和叙利亚的诸多因素。商人、僧侣和手工艺人将这些形式带到安条克（叙利亚旧都）、亚历山大城、伊非索斯、君士坦丁堡、腊文纳和罗马。"②

君士坦丁堡位于融贯东西方文化的交叉点上，它虽然是希腊化移民城市，保留有浓郁的希腊古风，但东方基督教艺术传入以后，它仍以一种温和的态度调和了东西方文化因素，在多元文化的基础上创造出拜占庭艺术的独特性。自公元330年以后，君士坦丁堡便成为帝王、宫廷和政府的所在地，后来又成为正教会的中心。它既是一个繁华的经济中心，又是一个富有吸引力的国际大都市。它还吸引了许多慷慨的艺术赞助人，来这里投资于艺术以及奢侈工艺品的生产。在这里形成的艺术风格，又借助政教合一的权力杠杆和文化影响向周围传播开去。

公元6世纪是拜占庭艺术的第一个高峰期。当时，查士丁尼大帝妄图重建罗马帝国，经过长期征战重新夺回了北非，并在那

① 伯恩斯、拉尔夫：《世界文明史》第1卷，商务印书馆1987年版，第424页。
② Karl Bosl：《中世纪的欧洲》，维也纳1970年版，第119页。

里建筑了许多教堂。他一度占领了意大利，在腊文纳等地大兴土木，修建了圣维塔列教堂和新圣阿波利纳教堂等建筑。在君士坦丁堡，他还建成了著名的圣索菲亚大教堂（Hagia Sophia，意为神的智慧）。

圣索菲亚教堂初为巴西利卡式，是在君士坦丁大帝和狄奥西多执政期间所建，532 年被火灾烧毁，查士丁尼大帝决定重建。由小亚细亚建筑师特拉利斯人安泰缪斯（Anthemios of Tralles）和米利都人伊西多尔（Isidore of miletus）主持设计。大教堂的建筑平面呈方形，它是巴西利卡式与集中式相混合的产物，带有中厅和侧廊。教堂规模宏大，仅中间大厅的巨大圆顶直径就达 33 米，高达 60 米，几乎与古罗马的万神庙一样大。除了四根粗大的立柱支撑外，在圆顶的两侧有两个起支撑作用的直径相等的半圆顶，而这两个半圆顶本身又各有三个附属的小圆顶来支撑。中央圆顶底部开有一圈窗户，既减轻了大圆顶的沉重感，又改善了室内采光。它象征着宇宙苍穹，人们在这里可以仰望基督教的威严和崇高。

这一教堂是作为君士坦丁堡的标志和查士丁尼大帝的纪念碑来建筑和装饰的。教堂的外形直接反映出内部空间的容积，以其巨大的形体、简朴的轮廓给人以突出的印象。一位历史学家在谈到这种结构的组合时说："它们以令人难以置信的技巧在半空中彼此上下飘动，最后在这些构件上面矗立起的工程表现出无比杰出的和谐。"保罗在主持落成典礼时说："这圆顶好像是从天国上用金链子吊下来的。"① 当灿烂的阳光照进教堂，室内金底马赛克彩色镶嵌的壁画与带有神秘意味的圆顶显得辉煌壮观。当查士丁尼大帝看到这一杰作时，他感叹道："啊，所罗门王，我终于胜过了你！"

拜占庭教堂是以砖块作为建材的圆顶式建筑。砖块建筑技术来自东方两河流域。萨珊王朝的波斯（公元 3 至 7 世纪）在古代

---

① 钮金斯：《世界建筑艺术史》，安徽科学技术出版社 1990 年版，第 151 页。

两河流域拱券技术的基础上发展了圆顶。遍布波斯各地的火神庙多为正方形开间，上面加有圆顶，形成了最初的集中式建筑形制。在方形平面上覆盖圆顶，必须解决这两种几何形状之间的承接过渡问题，以保持圆顶的力学平衡。拜占庭建筑在借鉴巴勒斯坦等地传统建筑的基础上具有重大的创造。

它的具体做法是沿方形平面的四边发券，在四个券之间砌筑以对角线为直径的圆顶。一个完整的圆顶四边仿佛被发券切割而成，它的重量全由四个券承担。为保持圆顶的平衡，拜占庭匠师们在四面对着帆拱下的大发券砌筑筒形拱抵挡圆顶的侧推力。筒形拱下面两侧再做发券，靠里面一端的券就落在承架中央圆顶的支柱上。这样，外墙就不必承受圆顶的侧推力，内部也只有支撑圆顶的四个柱墩，由此使教堂获得更开敞、自由的内部空间。巴西利卡式建筑与圆顶的结合问题同样得到了良好的解决，形成了十字形平面与圆顶的结合物。

对于教堂的内部装饰，拜占庭艺术家显示了巨大的创造热情。在相当长的时期内，教堂的内部装饰形成了一种模式。在低矮的部分墙面贴彩色大理石嵌板，靠窗的墙体则用马赛克镶嵌壁画，因为这里有较好的光线照明。马赛克也用于圆顶和拱券的弯曲表面，用半透明的小块彩色玻璃镶制而成。6世纪以后，重要教堂建筑的马赛克全用金箔作底。彩色斑斓的马赛克统一在黄金的色调中显得格外明亮辉煌。人物形象上金色、银色的部分则用金箔或银箔裹在玻璃块外面镶成，其表面略作不同方向的倾斜，造成明灭闪烁的效果，给教堂增添一种神秘的幻觉效应。在这里光的辉煌与明亮成为上帝的至圣的象征。

在意大利的腊文纳，曾经是拜占庭帝国的一个重要艺术活动中心。那里的圣维塔列教堂和巴西利卡式的新旧两座阿波利纳教堂的创造，显示了拜占庭美学思想的成就，尤其是圣维塔列教堂精致华丽的内部装饰与粗犷生动的柱头镂花雕饰相应生辉，装饰意味极为浓重。这里的镶嵌壁画《查士丁尼大帝和随从》及《皇后西奥多拉和随从》也是拜占庭早期造型艺术的代表性杰作。作品表现了皇帝和皇后朝访教堂的故事。皇帝作为上帝的代理人也属于圣徒之列，体现了皇权神授，政教合一的思想。艺术家一反古希腊罗马的艺术手法，将平面描绘的人物化入金色背景的抽象空间之中，对称的构图处理和正面肖像式的凝神的目光，形成静止的仪式般的场面。艺术家避免了人物个性的刻画，只保留了某些肖像特征，犹如进入一种抽象化的精神世界。镶嵌画那种独特的色调和分明的节奏、闪烁的色块都为画面带来一种生气。

《圣经》手抄本是当时人们携带和阅读的重要图书，其中以细密画装饰的插图成为拜占庭艺术创作的重要方面。由于创作的个人性质，很快形成了两个画派：即亚历山大画派和安提柯画派。前者是用优美高雅的希腊艺术来表达和体验信仰的存在；后者则更具东方色彩也更写实，形成一种历史纪念碑式的风格。前一画派的作品未能存留下来，只有创作时期的记载。后一画派作品有由叙利亚修道士拉巴拉（Rabula）于586年所绘福音书插图，他从真实人物的观察出发画出了福音传教士的肖像，展现出历史性的场面特征，富有东方情调。现列入佛罗伦萨劳伦斯藏书目中。

奢侈工艺品的生产是拜占庭的一大特色。在塞浦路斯的凯里尼亚发现的由叙利亚作坊制作的金银器中，有一套9个银盘的餐具，制作于610—629年，在其凸纹饰的场面中展现了大卫的系列故事，这是根据《旧约·诗篇》而来。这套餐具看来是为拜占庭皇帝希拉克略专门制作的。许多拜占庭皇帝都喜欢把自己比作大卫，在排场考究的宫廷生活中处处体现出政教合一的原则和理想。同样，拜占庭制作的刺绣和纺织品也十分精美，蜚声于世。有的图案具有基督教象征意味，有的构图精巧色彩斑驳。

在世俗建筑艺术方面，由于保存下来的很少，难以反映整体面貌。但是，拜占庭在工程建筑方面绝不比古罗马帝国逊色。君士坦丁堡的宫殿废墟在二战以前有几处出土，皇宫那精美的地板马赛克给人留下设施豪华的印象。皇帝的宫廷建筑紧挨教堂，同样是采用巴西利卡式的建筑平面以及圆顶的中央大厅。保留最好的是各种防卫设施和地下贮水池。君士坦丁大帝为他的城市建造了第一道城墙。随着城市的扩大狄奥多西二世时又扩建了城墙，并建成气势恢弘的凯旋门，称作金门，其中间的通道专供皇帝凯旋回师之用。后世巴黎的雄狮凯旋门即参照君士坦丁堡凯旋门建成。

公元 7 世纪，拜占庭帝国陷入军事和经济危机之中，先后失去了埃及、美索不达米亚、叙利亚和意大利等地，由此文化艺术也受到不利影响。8 世纪至 9 世纪间发生圣像破坏运动，宗教艺术受到极大冲击，而世俗艺术得到一定发展，并受到皇帝的青睐。

到马其顿王朝时，帝国经济复苏，国内矛盾也趋向缓和，由此迎来了文化艺术发展的第二个黄金期。圣像破坏运动的反作用，却激发和推进了宗教艺术的发展。这一时期是细密画发展最辉煌的阶段，艺术风格呈多样倾向，有摹仿古希腊罗马风格的，也有东方格调的。现藏巴黎国家图书馆的旧约《诗篇》手抄本（现通称《巴黎诗篇》），其大量插图是 10 世纪中叶拜占庭细密画的杰出代表。其中许多幅画面是描绘大卫和摩西等人的故事。在艺术构思和技法上接近于古典风格，整个画面格调雅致，带有抒情意味。这一时期的修道院成了手抄本生产和插图绘制的繁忙中心。

由于圣像供奉派的胜利，教堂装饰排除了以自然景物和十字架为中心的象征性抽象艺术，新的教堂建设为圣像画和装饰艺术提供了用武之地。教堂壁画主要表现从基督"受胎告知"到"磔刑"的传记式题材。在前期时选题比较混乱，也没有明确的规定。马其顿王朝之后，这些传记式题材基本上是按教会的十二个大祝祭来排列的。此外还有"最后的晚餐"、"给弟子们洗脚的基督"等与受难有关的内容以及"逃亡埃及"等基督幼年时期的题材。不但题材是基本规定的，甚至连墙面位置的安排也不是随意的。教堂中央的圆顶中心是全能的基督，周围是天使们，祭室的半圆形顶上是正在祈祷的圣母像，其他墙壁则绘制旧约时代的族长、先知、使徒和殉教者等。

壁画在技法上不受镶嵌手段的制约，线条可以得心应手地自由运转，色彩的浓淡变化和中间色的运用也容易处理。奥尼达大教堂的《基督升天》中，人物和树木都有强烈的动感，这种动势成功地表现了惊奇地看到基督升天时使徒们的心理状态。这种动势的表现在12世纪的一系列壁画中都可见到。特别是逐渐兴起的与"受难"有关的图像，其悲剧性的情感表现已达相当高度。这一时期呈现不同的风格倾向，如"动态风格"（the Dynamic Style）、"激昂风格"（the Agited Style）或"风暴风格"（the Storm Style）等。

在十字军东征和拉丁人的掠夺破坏之后，拜占庭似乎已不再具有新的艺术创造力，但在马其顿地区和圣山地区，仍然出现了绘画艺术的复兴。在建筑装饰方面，壁画逐渐代替了镶嵌画，这一方面与财力不足有关，另方面也因壁画更易于对形体的塑造和设色的自由，从而符合新的时代精神。这一时期壁画首次完全用于装饰教堂的整个墙面，出现了更多、更复杂的绘画作品，甚至用来图解祈祷、圣诗和圣歌的特定意义和内容。13世纪的拜占庭绘画，是欧洲绘画史上的重要成就之一，人物呈现出宁静、柔和及三度空间感。到这一时期，拜占庭的黄金饰品和宝石艺术在世界上仍处于前列，在威尼斯圣马可教堂中的珠宝便可展示出这一时期黄金宝石饰品的独特魅力。

二　艺术理念

拜占庭艺术是在神学美学思想指引下形成的一种极具成就的宗教艺术，无论从建筑到绘画，从手工艺到雕刻品，都是围绕着宗教信仰的内容和政教合一的题材展开的。政教合一的国家，即皇帝和教皇等，成为大型艺术作品的惟一委托人和顾主。由他们确定题材提出任务，要求这些艺术首先用于阐释基督教义并显示统治者的权威。这种艺术的基本特征是：辉煌、抽象、静穆、光与色的充分运用，两度空间的平面造型手法，人物于背景间组合的韵律感等。这些特征,不仅表现在教堂建筑、镶嵌艺术和壁画上,也表现在圣像艺术和福音书手抄本的插图中。大型的艺术项目都是由匿名的大师集体完成的。所绘的景象和人物要严格根据各自特定的象征意义来安排,由此逐步形成了一种程式化的规范。

正如尼可尔所指出的:"没有任何艺术门类像圣像画那样,与正教会的礼拜仪式结合得如此紧密和彻底。圣像的特殊地位使它完全取决于宗教活动的用场,所以,不论在题材还是形式上只是不惹人注目地随着时代的风格而变迁。"①

教会对于圣像画的规范性要求是:首先出现在圣像中的形象——基督、圣母、先知、使徒和圣徒等,应该突出他们的非尘世的超自然的神性,因此人物形象中头部与身体相比,头部应该成为传神的中心,而身体应退居第二位,成为隐藏在衣服皱纹后面的几乎无足轻重的东西。拜占庭美学认为,艺术不单纯刻画形体,更要刻画灵魂。为了尽量显示这种灵魂,面部应作独特的描绘,前额要宽,凝视观众的眼睛要大。其次,因为神的天界是常驻不变的永恒世界,所以要把圣者的形象刻画成静止不动的样子。在拜占庭人的心目中,一个人当他内心充满超自然的神秘感受时,当他在一定程度上沉浸于静谧的神秘生活时,是处于不动的状态。其三,艺术家的任务是要洞察事物背后的形而上的永恒本质,所以对圣像在时空中的表现提出专门的要求,它不应是在某时某刻从一定视点看上去的样子,而应体现出一种本质性的正面形象。因此,它不再具有像古代绘画从一点上观察的线条透视,而是一种"反影透视"。②

要求恪守统一的规范,抵制任何创新的尝试和变革,由此势必造成一种保守的倾向和单调化的特征。受到神学思想和教会规范的束缚,艺术家容易养成仿制因袭的习惯。于是仿照比创新更值得提倡。所以在表现耶稣受难故事的作品中,愈是最初、最原

---

① H.L.Nickel:《拜占庭艺术》,莱比锡1964年版,第112页。
② 乌格里诺维奇:《艺术与宗教》,第137—139页。

始的作品，就被认为愈接近于它们的原型。艺术创作的审美本质与宗教艺术的社会职能之间在这里存在深刻的矛盾和冲突，因为教会要求为信徒提供一种一成不变的宗教形象，以便强化人们的宗教感受；而艺术创作只有从现实生活中吸收灵感、只有创新才能取得生命力。

表现神的圣洁和崇高成为宗教艺术的首要目标。黑格尔在谈到艺术理想的纯洁化时指出："只有在神、基督、使徒、圣徒、忏悔者和虔诚的信徒们身上表现出沐神福的静穆和喜悦，显得他们解脱了尘世的烦恼、纠纷、斗争和矛盾。在这个意义上，雕刻和绘画特别适合于用理想的形式表现个别的神，乃至于救世主基督和个别的使徒和圣徒。因为雕刻和绘画之表现本身真实的东西，只是表现它的自己对自己发生关系的客观存在，而不是表现它与许多其他有限事物的错综复杂的关系，这种集中于主题本身的表现固然不排除个别性相，但是这种在外在有限世界中彼此分立的个别性相是经过净化成为单纯定性的，所以外在影响和外在情况的痕迹却显得已经被清除了。这种永恒的无为自宁的安静，这种安息——例如赫克里斯所表现的那样——就是理想本身的定性。"[1] 这就是说，用绘画以理想的形式表现个别的神，就要刻画与主题有本质的内在联系的方面而排除其他外在因素。这就是拜占庭圣像采用抽象和平衡静止形态的原因，由此使它所表现的神学理想获得一种静穆和崇高感，给艺术带来了新的要素。

新柏拉图主义的超验性和精神与物质、人性与神性的二元对立，这些都强化了拜占庭艺术源于东方的抽象风格。艺术中的人物形象不是作为表现肉体的物质存在而被描绘，而只是作为思想和信仰的居所。它要超越世俗生活中的过眼烟云，全神贯注于神性的永恒。因此，这种艺术更注重于精神的共性，而非对人物个性的表现。个性的形象受到限制，取而代之的是标准化的脸型，巨大的眼睛和锐利的目光，体形则是平面化的，不讲究形体的描

---

[1] 黑格尔：《美学》第一卷，第 225—226 页。

绘，而是以生动的线条和色彩的平涂为主。服装的衣褶被简化为卷曲的线条图案。整个画面给人以灵魂超脱肉体的感觉。

　　拜占庭艺术的抽象化倾向，不仅表现在对人物形象的刻画上，也表现在人物之间的关系和背景的处理上。这种抽象化在观念上是将全部自然现象、人类生活和历史事件看作是一种暂时的和必朽的东西，把它们只是看作时间之外的、永恒的、精神的和神灵的东西的一种象征和符号。他们认为，历史事件在时间上的顺序是没有意义的，所以在同一幅圣像画里，描绘的每个特定人物在时间上都处于彼此分割的状态。甚至发生在一个人物身上的两个不同历史时刻的事件，可以同时出现在同一画面上。例如一幅约翰的圣像里，施洗的约翰手托一钵，盛着的却是自己被砍下的首级。圣像用金色背景加以渲染，也突出了它的非现实性。它仿佛把每个形象从尘世的背景中隔离出来，推到超自然的理想境界中。金色所代表的是神圣之光，它与任何物质性的色彩没有联系。这种金色背景看上去，使人物形象宛如悬浮于墙壁与观众之间的空间某处，突出了它的精神力量。

三　拜占庭艺术的传播

　　在拜占庭帝国存在的时期，由于政教合一的帝国权威，君士坦丁堡成为拜占庭艺术传播的中心，先后传入西欧各国和斯拉夫民族国家（基辅罗斯、保加利亚、塞尔维亚）以及高加索地区（格鲁吉亚、亚美尼亚和外高加索）等。拜占庭文明成为决定东欧发展进程最有影响的因素，它对东正教国家的艺术产生了深远的历史影响。当拜占庭帝国灭亡之后，拜占庭艺术的风格和形式仍然为这些国家所沿用和继承。此外拜占庭艺术也对阿拉伯即伊斯兰的萨拉逊人产生了影响。

　　在加洛林王朝时，法兰克的查理曼大帝曾经参观过意大利，他亲眼目睹了君士坦丁时代在罗马兴建的纪念碑式的教堂建筑以及查士丁尼大帝在腊文纳的建筑遗迹，他决心在自己的帝国通过建筑来再现这种宏伟的威严。因此，加洛林王朝的教堂建筑便是以罗马早期基督教式样和拜占庭帝国初期的教堂为楷模。同时，查理曼在其亚琛宫殿内殿建造的帕勒泰恩礼拜堂也是摹仿腊文纳的圣维塔列教堂，采用了八角形平面设计。这一时期的维也纳加冕福音书手抄本，其插图的绘制者都是来自君士坦丁堡的拜占庭人，它们所掌握的绘画技法源于古代画室的传授。

意大利曾为拜占庭帝国的版图，持续达 500 多年。在圣像破坏运动期间又有大量僧侣由拜占庭逃亡于此，这些僧侣和东方商人都曾对拜占庭艺术的传播发挥了作用。在 9 世纪时，威尼斯的一些商人从亚历山大城运回了福音传道者马可（ST. Mark the E-vangelist）的遗体，并为他修建了一座神庙。11 世纪时神庙改建为圣马可教堂。该教堂是以查士丁尼大帝在君士坦丁堡建造的圣徒教堂为蓝本。它采用了希腊式建筑平面和 5 个圆顶。其立面给人以三层半圆形波浪式叠加的鲜明印象。底层有 5 个华丽的圆顶门道，第二层为 5 个半圆形山墙端面支撑着的半圆形壁窗。它成为晚期拜占庭式建筑的代表，这一建筑使人们不断回想起威尼斯与拜占庭帝国的亲缘关系。在西西里岛上的罗马式建筑，也明显地受到拜占庭风格的影响。尤其在教堂装饰的马赛克镶嵌、墙壁和地板的五彩大理石装饰等方面，比之于建筑的平面设计和结构方面，影响更为突出。甚至在法国西部佩里格的圣弗朗特教堂，其平面图几乎与圣马可教堂一样，它建于 1120 年。在法国这一地区许多建筑物也都采用了拜占庭式的圆顶。

幼发拉底河以东高原上的亚美尼亚，在拜占庭帝国统治时期曾经辉煌一时。昔日曾以千座教堂闻名的首府阿尼（Ani）如今已成荒原一片。公元 1001 年君士坦丁堡圣索菲亚大教堂的中央圆顶在地震中毁坏，便是邀请了建造过阿尼大教堂的建筑师拉达特（Tradat）参与其修复工作。

塞尔维亚、保加利亚等地也处于拜占庭风格直接影响之下。在黑海边的奥赛巴尔是中世纪建筑的兴盛之地，在 11 至 14 世纪兴建的教堂几乎都是芎有中央圆顶的集中式构造。奥赛巴尔教堂的最大特色是外壁的装饰，它不仅包括砖石纹饰还加装了陶板，这一外壁装饰的手法是与拜占庭后期建筑的特色——即外观美化相一致。

早在公元 863 年，两个来自拜占庭萨朗尼卡的传教士兄弟二人，西里尔（Cyril）与美多迪乌（Me thodius），便将《圣经》译成斯拉夫语。为此，它们还创造了一种格拉哥里字母系统，并用这种文字去阐释斯拉夫人的世界，从而使这套字母系统在斯拉夫语中取得了正统地位。保加利亚的恰尔·波莫斯和基辅罗斯公国的弗拉基米尔大公先后于 864 年和 989 年皈依了正教。

关于基辅罗斯接受基督教的过程，还有一段趣谈，说明宗教艺术对于信仰的传播具有的直观感染力。据涅斯托尔在《往年纪事》中记载，信奉伊斯兰教的伏尔加河保加尔人、信奉犹太教的卡扎尔人、信奉天主教的日耳曼人和信奉东正教的拜占庭希腊人都曾向弗拉基米尔大公推荐他们的宗教，但大公对伊斯兰教徒说，喝酒是罗斯人的乐趣，没有酒他们就活不下去。他也拒绝了犹太教，因为他觉得犹太教的神不够强大，甚至不能保护自己的子民留在耶路撒冷。而罗马天主教和希腊正教也有不足，它们都要实行一定时间的斋戒。于是大公派出了一个使团去考察信奉不同宗教的国家。使团回来后向他报告说，伊斯兰教徒中没有欢乐，在罗马天主教徒的仪式中看不到荣耀，而在拜占庭的东正教教堂里，能见到人间罕见的光辉壮丽，使人不知是置身天堂还是尘世。[①] 由此可见出拜占庭宗教艺术给人的巨大感召力。

最先在罗斯得到传播的正是拜占庭的宗教艺术。罗斯受洗后，到处兴建起拜占庭风格的教堂。洋葱式穹顶（Onion dome）是罗斯对拜占庭风格的特殊贡献，也是拜占庭风格的巴洛克式化。圆形的顶部在向内收缩以前先向外膨起，这种屋顶好像更能承受北方冬季大雪的重压。到 11 世纪，仅基辅一地就有数百座教堂。基辅城中心建造的索菲亚大教堂从形制到

---

① 参见姚海《俄罗斯文化之路》，浙江人民出版社 1992 年版，第 8 页。

名称都与君士坦丁堡大教堂一样。然而这座高大的石结构建筑却有13个葱头形圆顶。在教堂内部同样用镶嵌画、壁画和雕塑等进行了装饰。受拜占庭的影响，圣像画的传播更为广泛。到14—15世纪时，罗斯的圣像画发展达到全盛。作为"通往天国的窗户"，圣像画不仅供奉于教堂和修道院，而且进入了寻常百姓之家，成为全家精神生活的寄托。圣像画的发展也从对拜占庭的摹仿走向形成具有民族和地域特色的独特风格。

罗斯教会在中央集权化过程中起了重要作用。13世纪后期，当罗斯政治中心从西南向东北转移时，教会也从基辅迁到了弗拉基米尔。随着莫斯科公国的崛起，总主教驻节地便转到莫斯科。在拜占庭帝国没落之后，原来笼罩在君士坦丁堡的东正教世界中心的灵光，移到了莫斯科的上空。1497年，拜占庭帝国君士坦丁一世的徽记——双头鹰首次出现在俄罗斯的国玺上，成为延续至今的国家象征物。罗斯教会的思想家们适时地制造出新的理论，来迎合莫斯科大公的需要。16世纪初，普斯科夫叶利扎罗夫修道院的修道士菲洛费伊在给莫斯科大公的信中宣称：莫斯科是罗马和拜占庭的继承者。罗马由于被基督教分离派控制而灭亡，拜占庭由于同渎神的拉丁教徒签订合并条约而毁灭。现在莫斯科是真正的基督之都，第三个罗马，莫斯科的君主是普天之下所有基督徒的沙皇。[①] 皇权神授的思想和中央集权制的政体也使拜占庭的宗教艺术在俄国产生了更深远的影响。

---

① 　参见姚海《俄罗斯文化之路》，第23—24页。

第四章　前经院美学

经院哲学（Scholasticus）是指在教会学院中展开的思辨性宗教学术研究，其特点是运用理性形式，通过抽象而繁琐的辩证方法来论证基督教信仰。这一哲学的兴起，标志着神学已经从对《圣经》的阐释发展到对思维与存在关系的理性探讨。由此形成唯名论和实在论两大派别。爱留根纳（Scotus Eriugena，约公元810年至877年）通过对亚里士多德《逻辑学》的拉丁文翻译和诠释，为经院哲学的产生作了理论准备。经院哲学形成于11—12世纪，我们将这一时期的美学称为前经院美学，其主要特点是在美学研究中尚未形成概念性体系。

在12世纪出现了三个著名的教派团体，他们分别具有不同的美学观念。正如神学家布鲁伊那（E. de Bruyne）所指出的，在中世纪看待世界的美有三种方式：即以肉眼在可见的形式中直接看到美；以心灵的眼睛在世界的美中发现精神的类似性和意义；以及以学者的眼睛科学地看待美。持有第一种观点的是圣维克多的雨格（Hugues de Saint-Victore，英译名 Hugo of st. Victor，约公元1096年至1141年）；持有第二种观点的为西都派（Citeaux）明谷的伯纳德（Bernard de clairvaux，公元1090年至1153年）；持有第三种观点的为夏特尔学派（Chartre）的学者们。[①]

圣维克多修道院位于巴黎塞纳河畔，1108年香浦的威廉（William de Champeaux，公元1070年至1121年）来此开办了一所学校，向其追随者传授知识，1113年后离去。先后在圣维克多学校任教并任校长的还有维克多的雨格和维克多的理查德

---

① 参见塔塔科维兹《中世纪美学》，第249页。

（Richard de st. Victore，公元 1123 年至 1173 年）。该校发展为神秘主义神学的中心，体现了辩证神学与神秘神学的合流。维克多的雨格是 12 世纪最有影响的神学家，他有美学的专论一卷，收入《学问之阶》中，我们将设专节介绍。维克多的理查德是雨格的学生和继承人，他所关注的是神秘论美学，对审美观照作了专门研究。

维克多的理查德在《新牧师篇》中，从审美观照与想象和理性的关联上对观照方式作了多种区分。他指出："观照有相互完全不同的六种类型。第一种在想象，并以想象为基础。第二种也在想象，但却以理性为基础。第三种在理性，却以想象为基础。第四种在理性，并以理性为基础。第五种在理性之外，但却不与理性相悖。第六种也在理性之外，而且明显地与理性相悖。"[①]

对于其中第一类型的观照，他又进一步划分为不同层次和步骤。"我们可以正确地将第一种观照划分为七个步骤。第一步是源出于对材料的考虑而赞美事物。第二步是源出于对形式的考虑而赞美事物。第三步是产生于对自然的考虑的赞美。第四步是以对自然作品的考虑和赞美为基础的。第五步也是对作品的考虑和赞美，但却是艺术的作品。第六步是对人的习俗的考虑和赞美。而第七步则是对神的习俗的考虑和赞美。"[②] 这里所说的对自然的考虑是指超出视觉的感知要素，而对自然作品的考虑则是指自然的运动及其产物。这就是说，他把观照的范围依次由自然的到人的再到神的层次逐步扩大开来。

他特别强调了审美形象与想象力之间的关联。他说：

> 当我们的观照涉及可见物的形式与形象的时候，当我们在赞美之中感受并在感受之中赞美那些我们以肉体的感官所注意的物质的东西是多么异常繁多、多么雄伟、多么多样、多么美或多么令人愉悦的时候，当我们在所有这些东西中赞

---

① 参见塔塔科维兹《中世纪美学》，第 247 页。
② 同上。

美地崇尚并崇尚地赞美那创造性的至高无上存在的力量、睿智与豁达的时候，我们的观照无疑是位于想象之中的。①

他对于审美感受和观照过程中想象力的强调，无疑对于审美心理学的探索提供了启示。

在审美观照的较高层次上，会产生不同的心灵状态。维克多的理查德将它们划分为心灵的扩展、心灵的升华和最高状态的"迷狂"，这时心灵发生转变超越自身而达到一种"异化"。他指出："心灵的扩展发生在精神的敏锐较为广泛而且变得较强烈的时候，但却绝不超出人的能力的程度。心灵的升华发生在上帝所惠赐的认识活力超出了人的能力的界限的时候，但却并未达到心灵的异化。心灵的异化则发生在心灵失去了对现存物的记忆，通过上帝训谕的转化而达到了某种异化的并为人的能力无法把握的精神状态的时候。"② 他认为，产生这种异化是由于极大的虔诚而使人的心灵超出了自身，由于极大的赞美和迷狂而使心灵上升到顶点并驾驭了自身同时也就与自身相异化。显然，这是一种带有神秘论色彩的审美心理描述，但是它反映了中世纪所特有的审美态度。

西都教派于 11 世纪末在法国创立，12 世纪上半叶在明谷修道院（abbot de clairvaux）院长伯纳德领导下出现学术的繁荣，这一教派具有神秘论和禁欲主义特征。他们的美学观念反映在对赞美歌的评论中，如伯纳德的《赞美歌启示录》（*De Diligendo Deo*）、托马斯（Thomas de Citeaux）的《赞美歌诠释》以及伦敦教区主教吉尔伯特·菲里奥特（Gilbert Foliot，公元？至 1187 年）③的《赞美歌释意》等。

西都派的美学观具有唯灵论色彩，在艺术观上提倡禁欲主义。伯纳德认为："内在的美比外在的装饰更美"，并且"没有一

① 参见塔塔科维兹《中世纪美学》，第 247 页。
② 同上。
③ 主教吉尔伯特·菲里奥特生卒年不详。——作者

种肉体的美可以和灵魂之美相比"，强调灵魂之美在于人们的品德、爱和心灵的纯洁，说明他把审美的价值取向集中在精神内涵的善上。他说：

> 当心灵的深处充满了这种宝贵的美的时候，它就会照射出来，像是掩遮在树丛之中的黑夜的光，或者像是不能掩藏起来的光照射在黑暗之中。这光一束束地闪耀着，照耀着；或者就像心灵一样，为肉体所接受并分散在肢体和感官之中，而心灵则具有权威性和神圣的价值，直到每一个行为，每一句话，每一个外貌，每一个动作，甚至每一个笑容都变得光艳照人。①

正是由于唯灵论的倾向才坚定了他的禁欲主义，在一次布道演说中，伯纳德指出：

> 你那桂冠对你有什么价值呢？你那宝石上的璀璨光华，你那衣着上的绫罗绸缎的华丽，你那珠光宝气的冠冕，你那繁多的金银装饰，这一切又对你有什么价值呢？冲破这一切吧，从你思想中清除这一切吧，就像清除漂浮不定、轻若浮云、转眼消逝的早晨的迷雾一样，这时在你面前就会出现一个赤贫的人，一个不幸的值得怜悯的人；因为他是人，才受苦受难……②

由此，他反对宗教艺术的豪华倾向，认为这将转移人们对神的注意力，反对教堂建筑的奢侈。伯纳德说：

> 某位圣者的异常美的肖像被展示出来；大家都相信，这圣者愈是色彩斑斓就愈是伟大。人们跑上前去吻这肖像；他

---

① 参见塔塔科维兹《中世纪美学》，第231页。
② 参见 B.M. 舍斯塔科夫《美学史纲》，第69页。

们被激励起来，作出奉献；他们更多地是赞美这肖像的美而非敬服其神圣。你认为这之中所寻求的是什么呢？是那种赎罪的忏悔呢，还是那种观看者的赞赏？哦，就是那种空幻的虚荣，而且比虚荣还要愚蠢！教堂的高墙金碧辉煌，而那里面的穷困的人却全无掩饰；教堂披上了金灿灿的石头，而它的儿子们却是赤条条的。[1]

更不必说教堂的无边高度、过分的长、多余的宽、奢侈的装饰以及夸张的壁画了，这些在吸引了祈祷者的目光时便妨碍了他们的感情。[2]

由这种美学观出发形成了独特的西都式建筑，它着重建筑基本要素和比例的完善，从而达到庄严、单纯和规范。

另一位西都派成员托马斯则对美的类型作了区分，他指出："衣着因四个原因而受到赞赏：即材料的价值、创造的巧妙、色彩的鲜艳和气味的芳香。"[3] 这里涉及视觉、触觉和嗅觉的感受和设计创作的意蕴，应该说这是很有见地的美学观点。他进一步把感性表现的美纳入到心灵美之中："美有三种类型：其一是当事物无瑕的时候；其二是当它具有了优雅的趣味和装饰的时候；其三是当它的各部分色彩具有了某种魅力，能唤起看见它的人们的感情的时候。这三种类型的美都在心灵之中：第一种生于赎罪，第二种生于僧侣的生活，第三种则生于隐避的感恩灵感。"[4] 在这里，他把事物的完善性、它的文化旨趣和感性魅力都归于宗教情感之中，表现了强烈的神学倾向。

夏特尔是位于巴黎西南约 90 公里的城镇，福尔伯特（Fulbert de Chartres，约公元 960 年至 1028 年）在此创立了主教坐堂学校，该校把教学重点放在古代文化和世俗知识上，他们的思想反映出

---

① 参见塔塔科维兹《中世纪美学》，第 233 页。
② 同上书，第 232 页。
③ 同上。
④ 同上。

当时哲学和科学所达到的水准。先后有拉波里的吉尔伯特（Gilbert de la Porree，公元 1076 年至 1154 年）和萨里斯伯利的约翰（Joannes Salesberiensis，英文名 John of Salisbury，公元 1120 年至 1180 年）等人在该校执教并任校长，在 12 世纪初该校成为拉丁语区的柏拉图主义中心。在夏特尔学派中从事哲学和美学研究的还有诗人和哲学家里勒的阿兰（Alanus de Insulis，英文名 Alan of Lille，公元 1128 年至 1202 年）等。夏特尔学派继承了柏拉图的观念，柏拉图在《蒂迈欧篇》中认为世界的构成是数学性质的，创造的原则便是比例的原则。所以哥特式经典建筑首先出现在夏特尔并非出于偶然。夏特尔大教堂的每一个细节都是经过周密计算的，而非只是为了装饰，这与夏特尔学派的柏拉图主义美学相符。当然，建筑从一开始就运用了几何学，这是出于技术性的原因，然而哥特式建筑的几何学应用却达到了美学目标。

在中世纪时形式这一概念一般是取古希腊用法，即认为是事物的形而上的本质的那种形式。拉波里的吉尔伯特指出："形式是在多种含义上使用的，包括指物体的形状。"[1] 这就强调了与审美相关联的事物外在特征。里勒的阿兰同时也指出："形式、形状、尺寸、数以及关系适于每一局部，并创造出严格的比例。协调地联结起来的局部相互完满地适应，其中任何一点都不无协调关系。"[2] 这样就把和谐及美与形式概念更直接地联系起来了。

萨里斯伯利的约翰进一步提出了形象的概念，指出："形象即某种通过摹仿而产生出来的东西。"由此将艺术的概念与再现的概念联系在一起，同时他还认为："艺术之所以被称作是自由的，或是由于古代人以此来塑造天生自由的儿童，或是由于这些艺术需要人的自由，以便他在摆脱各种牵挂之后有时间运用智慧。而这些艺术也确实最为经常地使他摆脱了智慧所不允许的种种牵挂。"[3] 在这里，他把艺术活动同人的内在自由联系起来，

---

[1] 参见塔塔科维兹《中世纪美学》，第 258 页。
[2] 同上书，第 257 页。
[3] 同上书，第 259—260 页。

说明艺术实践中心灵必须免于各种牵挂，而不像以前人们只是把艺术与人的天生自由状态相联系。这对于揭示艺术活动的审美本质有所启示。

神学家亚历山大·耐克昂（Alexander Neckham，公元？至 1217年）还指出："由于全能的上帝的睿智，艺术、心灵、秩序与美将单个的事物排列起来，并使之相互联结，从而也就提供了娱乐、创造、安排和装饰。"① 将艺术和美与游戏和创造性相连，这是一个颇为近代的观点。看来，这一观点也是从神学的命题中引申出来。

除了以上三个学派之外，在 12 世纪上半叶还有独树一帜的经院哲学家和神学家彼得·阿伯拉尔（Petrus Abaelarus，公元 1079年至 1142 年）。他通过自身的文艺实践，提出了艺术的情感论，要求诗和艺术从神学的统治下解放出来，使人间情感在审美生活中占有一席之地。这是对神学美学的唯灵主义和禁欲主义的有力回击。

第一节 爱留根纳

约翰·司各脱·爱留根纳（Johannes Scotus Eriugena，约公元810 年至 877 年以后）是卡罗林王朝文化复兴时期最著名也最富思辨的哲学家，为经院哲学的产生打下了基础并提供了理论的准备。他是爱尔兰僧侣，当时爱尔兰尚未受到蛮族的入侵，因而保留着古代文化的遗产并处于基督教的化外之地，受教会神学影响较少。正如罗素所说："野蛮人的入侵中断了西欧文明达 6 个世纪之久，但它在爱尔兰却不绝如缕，直到 9 世纪时丹麦人才摧毁了它；在它灭亡之前它还在那里产生过一位出色的人物，即司各脱·厄里根纳。"②

公元 843 年应秃头查理之召，爱留根纳赴巴黎宫廷任教。他

---

① 参见塔塔科维兹《中世纪美学》，第 259 页。
② 罗素：《西方哲学史》上卷，商务印书馆 1976 年版，第 15 页。

具有泛神论倾向，认为人的理性高于宗教信仰，漠视教会的神学权威。在授课中他表达了一系列柏拉图主义观念，与特洛伊斯主教普鲁登提（Prudentius）发生了第一次神学争论。第二次神学争论是针对富尔达修道院僧侣戈特沙尔克（Gottschalk，约公元808年至868年）提出的"双重前定论"，他于851年发表了《论神的预定说》（De divina praedestinatione）一书进行反驳。由于当时文化气氛比较宽松，他未因此而受到基督教迫害。

爱留根纳是12世纪以前西欧最后的一位希腊学者。他受命将（托名）狄奥尼修斯的《神秘神学》及马克西姆的注释由希腊文译为拉丁文。当时正值卡罗林王朝迁都巴黎不久，而狄氏被认为即是巴黎的守护圣走丹尼斯，致使这一著作的翻译获得了特殊的宗教的和政治的意义。

公元862年至866年爱留根纳完成了其最重要著作《论自然的区分》（De divisione naturae）。这是中世纪第一部完整的哲学体系，以师生对话的形式写成。书中以理性而不以神学权威为依据，由此使哲学摆脱了对神学的依赖，体现了哲学中的理性精神。同时在该书中，他自觉地运用了辩证法，他认为辩证法不仅是一种思想方法，而且是自然运动的本性。此书被教皇奥诺留斯三世斥为"异端"。877年秃头查理去世，爱留根纳离开宫廷，相传在担任一修道院院长时被僧侣所杀。

一　对现实美的肯定和美的特性分析

在《论自然的区分》一书中，爱留根纳开门见山地解释了他所说的自然的意义。他把自然作为最高的哲学概念，它包括存在和非存在两个方面。在他看来，一切可以被感觉和理智认识的对象是存在，否则是非存在。但是，非存在的不可知并不等于非实在。如上帝超越人的理解，因此是非存在，但不能否定上帝的现实性。自然包含着由低到高的事物等级，否定低一级事物是对高一级事物的肯定，对人的生死的肯定蕴含着对天使不朽的否定。

实在的事物是潜在的种质的展开，展开是存在，种质是非存在。物质服从生灭变化，赋予它的形式是静止不变的。物质属于非存在，形式属于存在，但两者共同构成现实事物，物质也是实在。他在这里区分了存在与实在、实体与实有，前者属于本体范畴，后者属于本质范畴。

自然作为种概念，包括存在和非存在两个方面，这两个方面的意义又分别等于创造和非创造。创造的意义包括能创造或被创造，非创造的意义则包括不能创造或不被创造。由此可以形成四个属的概念：其一是能创造而不被创造的自然，其二是能创造而且被创造的自然，其三是被创造而且不能创造的自然，其四是不被创造而且不能创造的自然。他从"创世说"的角度区分出自然生成和发展的四个阶段。这四个阶段相当于自然的起源、原型世界、可感世界和归宿。这里他表达出人的认识过程和自然运动过程的一致性。他把自然的运动过程称为辩证法，由此他从存在论的角度得出结论，上帝与被造物是具有同一性的，即造物主和被造物是同样一个东西，因为被造物无非是上帝的自我显示，而不会是什么别的东西。同时他又从本质论的角度，依据柏拉图的"分有说"和普洛丁的"流溢说"，对上帝与世界作了区分，上帝既是动力因，又是目的因。他说：万物犹如喷泉的水珠，这喷泉就是它们的原型，上帝是供给喷泉水源的源泉。[①]

我们通常所指的自然界，便是爱留根纳所说的第三种自然，即可感的世界。这一现实的世界是一切知识的根源。认识只能面对现实，所以认识现实也就是认识上帝。人的视觉是一种与生俱来的能力，它是上帝为使人们能感知自然之光而赐予人的。通过它，富有理智的心灵有可能得到可感事物的形式、形状和比例。因此，现实美就体现了上帝的美，认识美的能力是人性所固有的。他说：

---

① 参见赵敦华《基督教哲学 1500 年》，第 210—214 页。

　　对于一切事物的真知识，植根于人性中，不过心灵尚未觉察真知识的存在，等到心灵排除了杂念，恢复它的固有的完整性，人就完全能够认识各种烙印于万象中的雄伟和优美，于是雄伟和优美的观念也就烙印于心灵，仿佛被上帝的灵光所照亮，而转向上帝，观照万象的美无疑是观照上帝的美。①

　　在这里，他不像普洛丁那样，按照美的阶梯上升，把感性美留在最下层；而是始终停留在感性美之中，认为感性美就是神的美。所以，他从理念世界回到了现实世界，始终从现实世界出发去感知和认识世界。

　　爱留根纳认为，宇宙的美在于和谐，在于组成为一个整体的事物和形式的和谐："整个上帝创造的世界的美，所有相同和相异的部分间的神奇的和谐，是由不同的种类、多样的形式以及各种各样物质和结构的秩序所组成，并被联结在一个无可言喻的整体中。"②他同时强调美在于多样的统一，因此局部即使缺乏美，但是仍可在整体中构成美的一个组成部分。"某一处于宇宙某一部分、本身被认为丑陋的事物，在整体中将不仅因其美妙的构成而显得美丽，还将被证明是构成宇宙美的一个因素。"③他在对美的整体性的认识中，虽然包含了丑的构成因素，但对丑的认识显然没有达到奥古斯丁的深度。

　　在对美的感知过程中，爱留根纳强调了主体排除贪欲和保持心灵纯洁的必要性。他指出："智者在心中估量这一器皿的外观时，只是简单地把它的自然的美归于上帝。他不会为诱惑所动，没有任何贪婪的毒害能够浸染其纯洁的心，没有任何贪欲能玷污他。"④这里隐含了审美是无利害关系的观照的思想，它为后世康德美学提供了重要的思想线索。他进一步指出，带着欲求看待

　　① 《论自然的区分》卷匠，参见缪朗山《西方文艺理论史纲》，中国人民大学出版社1985年版，第229页。
　　② 塔塔科维兹：《凸世纪美学》，第126页。
　　③ 同上。
　　④ 同上。

形态美的人是在滥用人的视觉能力："视觉被以欲求的心理看待可见形态美的人们滥用了。因为上帝在《福音书》中说：'谁以贪恋的目光注视一个女子，谁已在心里犯了通奸罪。'因而通常把女人视为一切满足感官的创造物的最美之物。"[1] 这里，从道德意义上强调了美的超功利性质。

二 美的象征理论

爱留根纳对于（托名）狄奥尼修斯的《神秘神学》极为推崇，他在自己的著作中用很大篇幅讨论了人何以能够认识上帝的可能性，提出了"创世即自我显示"的观点。他的这一观点也同样带有明显的神秘主义色彩。他认为，人类认识的对象只是运动着的东西，上帝的运动就是创世活动，在创世之前或创世之外是无法被人们所认识的。上帝创世过程是一种自我显示，这种自我显示是"不显露东西的显相，隐蔽东西的昭示，否定东西的肯定，对不可把握东西的把握，不可言说东西的表达，对不可接近东西的接近，对不可理解东西的理解，无形东西的现形，超本质东西的本质化，无形式东西的形式化"。[2]

这一自我显示说实质上是要求人们在上帝创造的世界中去追寻上帝的踪影。他认为每一事物的本质都闪耀着上帝之光，人们只能通过事物及其本质间接地认识上帝。这种间接认识即象征，即一个事物成为标示另一事物的符号。在该书的另一处他以对话的方式写道：

> 导师说："请想想这个可见的宇宙各部分的局部而暂时的再现现象不是有某种神秘意味吧？"学生回答说："我不能爽快地肯定这些现象没有神秘意味，因为照我的想法，一切

---

[1] 塔塔科维兹：《中世纪美学》，第 126 页。
[2] 《论自然的区分》第 3 卷第 4 节，参见赵敦华《基督教哲学 1500 年》，第 219—220 页。

可见的和有形的对象莫不多多少少是无形体的东西和纯智慧的东西的符号.'①

由此，他对美也做出了象征化的阐释，把美视为上帝的映象和具体化。他说："上帝在造物中实现着自身，以神奇和难以言喻的方式显现着他自己。他尽管无形，却变得有形；尽管难以理解，却变得易于理解；尽管不易窥见，却变得显而易见；尽管没有形式与形态，却变得具有美好的形态。"② 由此，感性世界的美变成了上帝的彰显和象征。

美是感性直观的，在这里可见的形式成为不可见的无形美的标志。"可见的形式并非因其自身的价值，而是作为无形美的标记被创造并展示给我们的，借助于它，神圣的上帝使人类心灵回到真理本身的纯净无形的美中"③。可见事物都是某种只能以心灵领悟的精神实体的象征，由此使美可以表现理性、秩序、智慧、真理、永恒、伟大、爱与和睦。他认为，美所以能取得这种象征和表现力是"通过一种至为神奇、无可理喻的方式"完成的，从而它能引起"难以理喻的兴奋"④。他在这里对美的象征性作了神秘主义即不可理喻的解释，但是却拓展了美的精神空间和内涵。

同样，爱留根纳对于艺术也采取了象征主义的解释。在他看来，现实世界既具有现实性也具有神秘性，因此一切现实现象也都含有神秘意义。所以他认为艺术就是象征，一切艺术品都有两层意义，即表面意义和象征意义；而后者比前者更高深一层。欣赏艺术品就不应拘泥于它的表面意义，而应寻求它的象征意义。古希腊的美神像，其表面是裸露的人体美，但这人体美却象征着神性的美。在整个中世纪中，爱留根纳的象征说给艺术创作开拓了一条道路，它逐渐取代了古希腊的摹仿说。象征主义在这里既

① 《论自然的区分》，引自《大英百科全书》"经院哲学"条目。
② 参见塔塔科维兹《中世纪美学》，第 126 页。
③ 同上。
④ 同上书，第 119 页。

是一种解释方法，又是一种思维方法。通过象征进行艺术的构思和创作，这一点直接影响到但丁。

三 艺术实践观

对于艺术所持的态度，爱留根纳要比其他基督教学者更为积极些。他认为：通过创造虚构的故事与寓言式的比拟，构成有关道义与自然的哲理，诗的艺术使人类灵魂受到锻炼。他对艺术，特别是诗的精神功能作了充分的肯定，确信它有助于道德的教化和对世界的认识作用。

就爱留根纳的哲学体系而言，人类的知识可以划分为三种，即感性知识、悟性知识和理性知识。技巧属于感性知识；人凭悟性来领会神的真理，也可以从感性印象求得本质的认识；而对规律性把握则属于理性知识。艺术实践便涉及技巧、悟性和规律性的认识，这三者是相互联系而相辅相成的。

爱留根纳说：

> 请你告诉我，人是凭借技巧而认识规律，还是凭借规律而学会技巧呢？
>
> 毫无疑问，一切规律都是凭悟性来领会的；但是如果我说，规律也可以从技巧本身学得来，正如规律是凭悟性来领会那样，我怕你误会，以为技巧和悟性是两回事，都是从规律知识产生的，其实技巧和悟性来自同一根源，规律知识也来自这个根源。那么，如果技巧和悟性不是两回事，是二而一，我就不得不承认，凡是凭悟性可以认识的东西，都可以凭技巧来认识；如果认识的能力先于被认识的事物，那么，由此可见，悟性和技巧，也就是说，灵巧的悟性，比它所认识的规律还要早些。①

---

① 《论自然的区分》卷四，参见缪朗山《西方文艺理论史纲》，中国人民大学出版社 1985 年版，第 230—231 页。

　　这里，强调了感性或艺术实践的重要性，以及它们对于认识的作用。

　　在艺术的实践中，熟能生巧，技巧含有悟性在内，否则熟练只能产生机械的动作，不能产生技巧，但技巧还不是规律性的知识，它知其然而不知其所以然。由此，人是通过技巧和悟性来逐步掌握规律的，从而他得出结论："因此，悟性能领悟到技巧和规律，而技巧和规律也可以帮助人认识悟性，这不是说知道悟性本身是什么，而是说知道如何去领悟，所以技巧、悟性、规律知识三者是同质而且同等的三位一体。"①

　　从人的感官印象到对事物的认识，总是伴随着人的心理表象和意象活动，这一过程必然要涉及人的想象力和创造活动，这里也可以反映出他对艺术创作过程的理解。他说："真的，我认为各种感性事物，我凭感官认识了它们的质和量，总多少要在我心中经过一番创造；因为当我把它们的影像印在记忆中，当我在心中对它们进行处理，分析它，比较它，仿佛把它们集合成一种统一体，我对于外在事物就有某种认识，因而产生了心象。"② 这是对意象活动中心理功能的创造作用的肯定。

第二节　阿伯拉尔

　　法兰西经院哲学家波得·阿伯拉尔（Petrus Abaelardus，公元1079 年至 1142 年）生于南特（Nantes）附近巴莱（Le Palais）的一个骑士家庭，他自幼聪敏过人，善于言辩，自愿放弃家庭遗产投身经院学习。熟谙古希腊罗马文化，曾研究过柏拉图、亚里士多德和西塞罗的著作。他在自己的作品中经常援引古希腊、罗马作家的话，对古代作家权威性的尊重程度不亚于对《圣经》和教父的尊重。他捍卫哲学的独立权利，尽力使它摆脱依附于神学的

---

① 《论自然的区分》卷四，参见缪朗山《西方文艺理论史纲》，第 230—231 页。
② 同上。

羁绊；坚持先理解而后信仰的观点，对教会权威不断提出挑战和批判。他曾遍访名师，先后在当时闻名遐迩的逻辑学家罗色林（Roscelinus，约公元 1050 年至 1125 年）、著名的实在论者香浦的威廉（William de Champeaux，公元 1070 年至 1121 年）、享有盛誉的神学家拉昂的安瑟尔谟（Anselm de laon，公元 1050 年至 1117 年）处学习，但每次都以他对老师的激烈批评导致不欢而散。

在中世纪哲学家中，阿伯拉尔是最富个性和传奇色彩的人物，他是虔诚的基督教修士，一生坎坷，成为宗教禁欲主义和思想专制主义的牺牲品和时代的悲剧。1114 年他在巴黎圣母院的主教学校任神学教师，受到学生们的热烈拥戴。1117 年他在受聘担任同僚侄女家庭教师时，与这一芳龄 17 岁的博学才女海洛依斯（He'loise）陷入热恋中。为了不妨碍阿伯拉尔的神学教师前程，二人秘密举行婚礼并生有一子。海洛依斯的族人拒不承认这一婚姻，并指使人对阿伯拉尔施以阉割私刑。此后二人分别进入修道院。

阿伯拉尔先后著有《是与否》（*Sic et non*）、《认识你自己》（*Scito Teipsum*）、《辩证法》（*Dialectica*）、《一个哲学家、一个犹太人和一个基督徒之间的对话》（*Dialogus inter philosophum，Judaeum et Christianum*）、《论神圣的三位一体和整体》（*De unitate et trinitate Divina*）以及《我的苦难史》（*Historia calamitatum*）等。年轻时曾写作赞美诗和恋歌，恋歌脍炙人口曾广为流传。他在担任鲁伊修道院院长期间因力主改革险遭杀害，部分著述多次受教会谴责并被罗马教廷宣判为异端。

直到 19 世纪初，拉姆萨特（de Ramusat）在《作为一个人、一个哲学家和神学家的阿伯拉尔》一书中记述了他的不幸遭遇以及与海洛依斯的坚贞爱情，同时编辑出版了《阿伯拉尔与海洛依斯书信集》，又引发了强烈的社会反响。1817 年阿伯拉尔与海洛依斯的遗骸被移至巴黎拉雪尔兹神父公墓合葬。他们的爱情故事也成了文艺创作的不衰主题，美国好莱坞还以此为题材拍摄了电影《天堂窃情》。

一 辩证哲学观与理性伦理观

阿伯拉尔主张用辩证法来探索和理解有关信仰的真理。他依据亚里士多德对辩证推理和证明推理的区分，指出：根据西塞罗和波埃修的权威意见，逻辑包括两部分，即发现论据的科学和判别论据，或认可与证明被发现论据的科学。只有在确定了论据的真理性之后，证明推理才能进行。因此辩证法的首要任务不是证明、解释而是探索、批判。在《是与否》一书中，他列举了156个神学论题，对每个论题都提出了肯定和否定两种不同的理解，在发展辩证神学的理论形式上首开先河，而为以后经院哲学进一步用逻辑分析和推理方法展开论辩提供了范例。

他主张对一切未辨真伪的权威著作有进行批判的自由，以免堵塞从事研究的道路。对一权威著作中显出自相矛盾的原因，他认为这涉及人们对语言的不同理解以及教父著作使用语言上的歧义。语言的歧义以及由此产生的理解错误是不可避免的，因为"同样一个词可以有不同的意义，它有时被用作一种意义，有时被用作另一种意义。一种意义也可用很多词来表达，这种情形以及表达的异常方式严重阻碍我们获得充分的理解。正如人们所说，重复是腻厌之母，就是说它引起苛刻的反感。因此，最好用各种词语表述同一事物而不要用同样的、通俗的词语表述一切事物"。① 这里明确地提出了词的多义性及词语运用对意义表达的重要性。这一思想无疑对于语义学研究具有一定启示。

运用辩证方法，对于阿伯拉尔来说主要目的仍是通过疑问方式获得信仰的真理，而不是要否定宗教信仰。他就此指出："这种疑问使青年读者最大限度地探索真理，这种探索使他们的心灵敏锐。坚持不懈的、经常性的疑问确实是智慧的第一关键。在所

---

① 《是与否》，参见赵敦华《基督教哲学 1500 年》，第 257 页。

有哲学家中最有眼光的亚里士多德促使学生热情地从事疑问工作。他说：'如果不深入讨论，可能很难对自己所谈及的问题有信心。对具体的论点的怀疑不是无疑的。'因为通过怀疑，我们开始探讨，通过探讨，我们按照主自身的真理来知悉真理。主说：'寻找，你将发现'，'推敲，它将向你敞开'。"[①] 在这里，他坚持要通过疑问来取得理解，并通过理解然后导致信仰。针对把哲学当作神学婢女的口号，他提出了"真理不会反对真理"的主张，以调和哲学与神学的关系。

在早期唯名论与唯实论的争论中，阿伯拉尔是站在唯名论一边的。他是从概念论的角度批判唯实论的，同时他也不同意罗色林的极端唯名论。在《波菲利集注》（*commentaries on the lsagoge of Porphyry*）一书中，他从波菲利关于共相性质的三个问题出发，把这些问题理解为关于一般名词与事物的关系问题。他指出：第一，只有个别事物才是独立存在的实体，共相不是实体，也不表述个别实体以外的实体；第二，共相作为名词是有形的，作为名词的意义是无形的，但心灵中有关于它的印象；第三，共相的事物存在的共同状态在感性事物之中，但共相把握这一状态的方式却在理智之中，表现为心灵中的一般印象；最后，个别事物是产生共相的原因，但共相一旦产生，便有了不依赖个别事物的心灵印象，即使个别事物消失，印象仍然存在。比如，在"这里没有玫瑰"这句话中，"玫瑰"的意义不表示实体的玫瑰，只表示心灵中的印象。即使没有相应的事物，共相仍有意义。由此可以看出，他的"共相就是语词"（Universale est sermo）的命题是从逻辑学和认识论的角度来说明共同存在与概念的普遍逻辑功能以及心灵中的一般印象之间的对应关系的。这无疑有助于促进人们对审美的认识论的基础性研究。

阿伯拉尔的《认识你自己》一书，被看作是中世纪最早在理性基础上探讨伦理学的著作。他在探讨善问题时并没有完全依据

---

① 《是与否》，参见赵敦华《基督教哲学 1500 年》，第 257 页。

基督教义，而是以理性和事实为根据。他把罪恶的倾向归因于灵魂的不完善，认为罪恶本身在于罪恶的意图，它表现在邪恶的意志和欲望中，其后果是造成邪恶的行动。在这里，他一方面反对把人的意志倾向当作罪恶的根源；另方面也反对以实际效果定罪的法律观点。他认为：人们不能为他们无法自主的自然禀赋承担道德责任，如软弱和屈服不能算作犯罪；人的自然欲望如性欲和食欲等本身并不是邪恶的，如一个男人看见美丽的女人会萌发爱慕之心，一个路过邻居花园的人看到成熟的硕果会有馋涎之感，这些欲望都是正常的，但如果由此产生占有欲或偷窃意图那就是犯罪了。他反对禁欲主义的论调，即在婚姻生活和饮食活动中不能追求快感，他认为这些物质欲望的满足必然伴随快感，否则它们根本无法进行下去。阿伯拉尔的伦理观无疑具有进步意义，它也同时正面肯定了人有爱美之心，这属于人的自然欲求和正当行为。

二　艺术情感论

阿伯拉尔不仅重视世俗文学，而且自己也从事恋歌等的创作。他在《我的苦难史》中写道：“如果我有时间写诗，我总是写恋歌，不写颂扬哲学的圣诗。你知道的，这些诗大部分流传到今日，在许多地方还有人歌唱着，尤其是那些生活象我那样的人们。”[①] 他精通世俗文学，并常引用贺拉斯、奥维德、琉坎等诗人的作品。对于他所创造的恋歌的感染力，海洛依斯曾经指出：“我得承认，你有两个优点，能够很快便俘获一个女子的心灵，那是你的诗才和歌喉。这是别的哲学家所绝没有的。在研究哲学的余闲，你常常作诗以自遣，你的不少恋歌在民间流传，因为诗词优美，音调和谐，博得人人歌唱，使你扬名于世，有口皆碑，甚至不识字的人也懂得欣赏你的诗韵和美。正为了这缘故，许多

---

① 《我的苦难史》，参见缪朗山《西方文艺理论史纲》，第237页。

妇人为了爱你而自怜薄命！你的诗多半是歌唱我们的爱情，不久我的名字也传播到天涯海角，使得许多女子羡慕我、妒忌我。"[①]这些恋歌今已失传，但显而易见是对男女爱情的歌颂，这一创作实践本身便是对宗教禁欲主义传统的挑战。

在艺术观念上，阿伯拉尔的主张更为大胆，他在许多著作中都申明：艺术有其自身特有的目的，与神学的目的不同，所以世俗文艺应有其相对的独立地位，文艺不应做神学的奴婢。用他自己的话说就是"诗神要求从上帝的宝座下获得解放"。阿伯拉尔认为，是情感激发了文艺创作的兴趣，它构成了世俗文学的合理性，这种文艺可以不必依附教会而独立存在。除了情感因素，决定艺术的还有其生活的环境及其影响。

在阿伯拉尔看来，诗的创作源于人的情感，是人的情感的表露和抒发。性爱作为人的一种自然情感，是诗的创作根源之一。他以自己热恋中离别的痛苦怎样触发了他的创作为例指出："相爱的男女在分离时是何等痛苦啊！离愁、别恨、惭愧、后悔交混在我的心头！我为她的悲哀而后悔，后悔又加重了我的悲哀！她为我的惭愧而悲伤，悲伤又加重了她的后悔！我俩谁也不埋怨自己的不幸，但谁也为对方的不幸而埋怨自己！然而，肉体的分离却是加强我们心灵结合的最大力量，爱情的障碍却更有力地推动我们的感情，我们所经历过的羞惭使我们对于我们的爱情更没有羞惭畏缩，我们愈没有羞惭畏缩，我们就愈想歌颂我们的爱情。无怪，荷马要高歌战神与维纳斯的真情的恋爱！"[②]

恋歌在中世纪的冷峻气氛中无疑是一股人性和暖的春风，它对教会的禁欲主义是有力的回击！阿伯拉尔的思想给中世纪神学美学的唯灵主义打开了一个缺口，使人间情感在人的审美生活中占有一席之地。

然而，他的现实处境又使他深刻地感受到在经院学者与家庭

---

① 《阿伯拉尔与海洛依斯书信集》，参见缪朗山《西方文艺理论史纲》，第 238 页。

② 《我的苦难史》，参见缪朗山《西方文艺理论史纲》，第 238 页。

生活之间存在的尖锐矛盾。

> 学生与婢仆之间，黑板与餐具之间，书籍与尿布之间，笔墨与机杼之间，怎能够彼此和谐呢？一个专心于哲学深思的人，怎能受得了婴孩的啼哭、母亲的催眠歌、家庭的喧扰呢？谁能够容忍小孩们天真的欢笑、顽皮的嬉戏呢？你说，富人有巨大的居室，有安静的书斋，有舒适的生活，可以摆脱家庭的烦扰，安心治学。我说，哲人的生活不可能是富人的生活，一旦有了资产的欲念，有了世俗的操心，人就再也没有心情来探讨哲理了。所以古代的哲学家总是鄙视世俗的繁华，逃避现实的烦嚣，抛弃尘世的欢乐，才能够安睡在哲学的怀抱中。①

所以在他看来，哲学生活与世俗生活不能相容，理性生活与感情生活不能相容。他终于选择了哲学家的理性生活，遁入修道院为僧。当然，这也是他在被人阉割之后为掩盖这一耻辱不得已而为之的。但他一经踏上这条宗教道路便走得十分执著。正是他所面对的现实矛盾，也使他划清了哲学与文艺的界限，理性生活属于哲学范围，而感情生活属于艺术范围。既然人类的自然情感不能被禁绝，那么艺术就有其独立的地位。他在《是与否》中也再三申述了这一观点。

其次，阿伯拉尔认为，具有现实品格的文艺作品最能打动人心也最有教育意义。他在《我的苦难史》中现身说法，把自己的亲身经历和真实情感坦诚道出，用以安慰和鼓励他人面对人生的磨难。他说："生活的实例往往比诸千言万语的说教更有力量，它能够激发或者和缓人类的激情。所以，在我当面给了你一些安慰的话之后，我就决定把自己的苦难经历写给你，来安慰你，希望你拿我的苦难同你的比较一下，你就会觉得你的苦难毕竟是微

---

① 《我的苦难史》，参见缪朗山《西方文艺理论史纲》，第238—239页。

乎其微的，你也就有勇气来面对人生的一切磨难。"① 将阿伯拉尔《我的苦难史》与奥古斯丁《忏悔录》相比，在对待现实生活和审美情感方面，前者显得更多了一份真情和坦率，更少了一份矫揉造作。

其三，对于审美感受的主体相关性，阿伯拉尔是有深刻认识的。在《是与否》中他指出："因为我们观照自然现象时的心情不同，我们有时把秋夜的星星称作明珠，有时称作眼泪；有时欢呼晚霞的美，有时悲悼落日的斜晖；有时觉得月亮分外光明，有时埋怨它撩起怀人的愁绪。宇宙间没有永恒不变的美，事物的美总染上我们自己的感情。"② 事物的美随着审美观照的主体而变易；在审美观照中，审美主体总是下意识地把主观的情感投射到知觉对象中，形成物我交融，这是审美心理的主体性特征。所以事物的美总染上人们自己的感情色彩这一观点，成为审美心理学中移情说的前奏。

此外，在看待自然美与人工美方面，他无异于一般神学的见解，认为自然美高于人工美。同时在看待教堂建筑方面，他也与他的论敌、西都派的伯纳德相接近，即反对富丽堂皇而主张教堂装饰的平民化。

他在诗中写道：

> 富贵之家的画栋雕梁，
> 金碧辉煌的宫殿，
> 用人工的虚伪的装饰，
> 摹仿美丽的苍天，
> 贫苦人有真实的天空，
> 光明的月亮和星星，
> 上帝用耀眼的星辰，
> 点缀着自然的美景；

---

① 《我的苦难史》，参见缪朗山《西方文艺理论史纲》，第239页。
② 《是与否》，参见缪朗山《西方文艺理论史纲》，第240页。

人为的可毁于一旦，

天然的却万古长青。

阿伯拉尔自己的文学和诗的创作实践，对后世浪漫主义的形成也产生了有力的影响。

第三节　维克多的雨格

维克多的雨格（Hugues de st. Victore，约公元 1096 年至 1142 年）生于弗兰德（Flanders）地区的伊普雷的一个下层家庭，曾在萨克森（sachsen）当教士。1125 年之后到圣维克多学校执教，1133 年起任该校校长。他认为，神秘的境界只有在穷尽世俗知识之后才能达到。所以，他要人们尽可能地学习一切，然后才会发现，没有一种知识是多余的。而所有的人文学科都能为神学学生服务。他的美学专论主要收在大型著作《学问之阶》（*Didascalicon*）中。

一　美的类型说

雨格把美区分为高级和低级，即不可见和可见的两类，可见的美使人产生赞叹，也使人喜悦。但这种可见的美只是高级的美即不可见的美的反映。不可见的美是单纯而统一的，而可见和可感的美则是复杂和多样的。他说：

> 我们的心灵是无法上升到不可见物的真实的，除非它得到了对可见物的思考的启迪，亦即它将可见的形式认作是不可见的美的观念……不过，毕竟可见的自然的美是一种东西，而不可见的自然的美是另一种东西；因为后者是单纯的和单一的，而前者则是多样的和具有多种比例的。然而，由于不可见的创造者在可见的美与不可见的美之间造就出某种仿效性，使其多样的比例之光似乎构成了一样的形式，因而

在这两种美之间存在着某种相似之处。就可见物来说，它们具有使眼睛愉悦的形式和状态，使鼻子感到清新的芳香气味，使食欲增强的合适的口味，使触觉受到刺激的诱惑的滑腻的体肤。但是，在不可见物之中，形式是美德，形状是正义，甜美是开朗，芳香是恒久，而歌咏则是欣喜与狂喜。[①]

在这里，可见物的美是可以直接为人的感觉和想象所把握的，而不可见物的美由于其形式消融在本质中，所以具有不可直接感知的性质。但是，可见的美通过人去思考的启迪又可将心灵引向不可见的美，使心灵从可见的美上升到不可见的美，或者说将可见的形式认作不可见的美的观念。超感性的美（即奥古斯丁所说 pulchritudo）赋予事物一种形式，这种形式使事物与它的根源相关联，可见事物的美所以被看作是超感性的上帝的美的形象和符号，前者用可爱、舒适等概念（jucunditas, suavitas, dulcedo）来表述，在可见事物的变化的形式中唤起了人类灵魂对其创造者的渴望和要求，其本质和美通过完善、统一、道德和真理而表现出来。与此相反的是，地上的美只是事物的和谐与搭配的结果。[②] 雨格通过这种带有神秘论色彩的论述，告诉人们美具有从可感觉到超感觉的不同层次，这里隐含了对美的观念内容的丰富性的指涉。

对于可感知的美的形态，雨格作了进一步的划分，他指出：

造物的美在方位、运动、外观和性质。方位依于排列与秩序，秩序涉及地点、时间和属性。运动有四种，即位置的、自然的、动物性的和理性的。位置的运动基于前后、左右、上下及转动，自然的运动则基于生长和死亡；动物性的运动是感觉和欲望；理性的运动则是作品的创造和思索。外

---

① 参见塔塔科维兹《中世纪美学》，第 243 页。
② 参见 G.Pochat《古代至 19 世纪美学与艺术理论史》（德文版），第 141—142 页。

观是视觉所感受的可见的形式，如身体的颜色和形状。性质
则是其他感觉所感受的一种内在属性，如耳朵所听到的曲调
的声音，舌头所尝到的味道，鼻子所嗅到的香气和手可摸到
的物体的光滑感。①

这里对造物的美的形态，包括自然的和人工的，作了全方位
的扫描，从静态到动态，从外观到内在运动。值得注意的是，雨
格由此提出了一种泛审美论的观点，即在人的所有感官范围内都
可以发现美的存在。在视、听觉和触觉之外，他把味觉和嗅觉的
内容也纳入了审美的范围。他说："色彩的美款待视觉，曲调的
愉悦抚慰听觉，气味的芳香抚慰嗅觉，味道的甜美抚慰味觉，肉
体的圆润抚慰触觉。"② 但是在这种泛审美观念中，他仍然保持
了一定的差别，他用 pulchritudo（beauty）来表示视觉的感受，而
用 suavitas（sweetness，甜美）、dulcedo（pleasantness，愉悦）和
aptitudo（adapt，适宜）表示其他感官感受的和谐。

由此，他进一步提出了美的多样性。他说：

> 和谐的种类是那样的千变万化，以致无法用思想来加以
> 评述，无法用语言轻而易举地加以说明，但是它们都服务于
> 听觉，都是为使听觉得到愉悦所创造出来的。对于嗅觉的情
> 况亦复如斯。烧香的气味，润滑油的气味，灌木丛、草地、
> 小树林、鲜花……的气味以及所有香气散发出来的味道和呼
> 吸到的甜蜜的芬芳，所有这一切都服务于嗅觉，并为使嗅觉
> 得到愉悦而创造出来的。③

同样，在他看来，形象的雄伟或娇小，恰到好处的丑等也是
视觉中美的多样性的表现。

---

① 参见塔塔科维兹《中世纪美学》，第 244 页。
② 同上。
③ 参见舍斯塔科夫《美学史纲》，第 66 页。

雨格把和谐与美看作是统一的相互包容的对立面，看作是相反的现象在同一整体中的结合。他说："如果你把相似的东西归并到相类似的东西中去，各部分之间的同一性就会显露出某一部分的优越性。如果你把不相似的东西对比一下，那么每一个不相似的东西之差别就会变得更加明显了。于是，同一类东西的结合加深了各部分之间的差别，而一种东西的不同的质由于另一种东西而得到更新。把白和黑、哲人和蠢人、傲慢的人和谦逊的人、恶和善相对比，这时也由于相去甚远的对立面的存在，其本质的真实内容似乎可以和每一种类型结合在一起。"① 这里，差别与对立被包容在统一的整体中，甚至智慧与愚蠢、善与恶的对比也可以包容在整体的和谐与美之中。这表现了雨格美学观念中的辩证思想。

继承了（托名）狄奥尼修斯的观点，雨格把可见的美看作是不可见的美的一种符号或象征。他说："所有可见物都有其象征意义，亦即它们都被规定要比喻性地表示和说明不可见物……它们是不可见物的符号，是那些处于完善的和通过所有认识也无法把握的神的本性之中的东西的形象。"② 可见之美作为神性的形象表现，使可见物获得了一种象征意义，从而提升了现实美的意义蕴含。他接着说："通过被创造物的美，我们寻找所有的美之中那种最美的东西，这种东西是奇妙而又无法言说的，任何现世的美无论如何真实，都无法与之相比。"③ 由此他把整个感性世界看作是上帝亲手写下的一部书，通过各种可见的美引向那不可见的美，引向彼岸天国的超验的上帝。把上帝作为终极真理的化身，激励人们实现至美的精神追求，这正是神学美学对审美境界的精神拓展。

二 论艺术的类型及其功能

在中世纪，艺术被看作是一种精神活动，是一种知识类型，

---

① 参见舍斯塔科夫《美学史纲》，第 67 页。
② 参见塔塔科维兹《中世纪美学》，第 246 页。
③ 同上。

当时的自由艺术由三艺经波埃修扩大为七艺，即文法、修辞、论辩术、音乐、算术、几何及天文学。其实只有像音乐这样的自由艺术才是近代意义上真正的艺术。这种狭隘的见解无疑不利于艺术的发展。因此，雨格认为当时被看作机械性的艺术也是真正的艺术。这种将艺术视为按一定规则并经实践制作的观点是与亚里士多德相一致的，但这一观点在中世纪时尚未被人提及。

有鉴于此，雨格对艺术作了新的界定，他说："艺术可以说是一种存在于规则与秩序之中的知识……或者，艺术也可以说是对某种或然的或假设的东西的处理。而另一方面，科学则表现为对只能是实际存在的东西的真实思考。或者说，艺术可以被称作是一种在材料中实现并通过行为得到发展的知识。如建筑中的情形。"[1] 他将艺术与科学相区分，强调了艺术的人工制作性质，所以艺术总是要通过材料来实施并具体地表现出来的东西。

雨格认为，机械艺术通常与手工艺人的灵巧相关联，利用对技术规则的知识他能赋予材料以形式。他同样是在一个较低阶段上摹仿科学家（即自由艺术的代表）的活动，这里涉及的是理论知识与实践知识的区别。手工艺人要引起对他的生产活动的思考。在他摹仿自然之先，他必须对未来的作品有一个设想。这种能力是艺术家先天具有的，他把这种精神能力称为"ingenium"，它是灵魂中的一种自然力量，具有一种自身的内在价值。这种才能由自然而产生，通过运用而促进，在过多的工作负担下会受到抑制，通过适当的需求可以强化。[2]

接着他对机械性艺术作了进一步的划分，对应于七种自由艺术，他提出了七种制作性艺术：其一为 armatura（相应于 equipment，设备），包括建筑在内，可为人提供保护。其二为 lanificium（相应于 working in wool，spinning，纺织），可为人提供衣物。其三为 agricultura（agriculture，农业），其四为 venatio（相应于 hunting，狩猎），此二者为人提供食物。其五为 medicina（means

---

① 参见塔塔科维兹《中世纪美学》，第244—245页。
② 参见 G. Pochat《古代至19世纪美学与艺术理论史》（德文版），第144页。

of healing），可为人提供医药保健。其六为 navigatio（sailing），可为人提供航运交通。其七为 theatrica（places for dramatic performances or exhibition of game），这是提供和组织娱乐的艺术。① 这种划分在当时是十分新颖而独特的。

雨格进一步对艺术的功能作了分析。艺术的功能无疑体现了人在制作中的目的性，他依据这些目的的不同层次，划分为四种类型，即必需（necessaria）、便适（cimida）、合宜（congrua）与美（grata），这四者构成了具有不同重要性的等级体系。人的首要目的是满足其生存需要，为此他要制作出必需的东西，当他的生存需要得到一定满足以后，便产生出新的需求，这时他开始寻求舒适，于是制作能提供便捷的东西，进一步便追求制作的完善合宜。最后，他还要使之看上去和用起来给人带来愉悦，这种令人愉悦的品质便是美。他说："造物的功用在于其美、合宜、便适与必需。美即提供愉悦，合宜即完善适当，便适即有所助益，必需即事物之不可或缺。"② 无疑，这里反映了人的需要的层次递进性质以及器物审美发生学的客观进程，反映了从物质需求向精神需求、从实用向审美的转化，成为近代有关学术研究的先声，这是十分难能可贵的。

在此基础上，雨格似乎看到了美对功利价值的超越性，他把美看作是目的不在使用的惬意而在视觉上的快感（adspectandum delectabile，相应于 visible pleasure）。对于自然事物的美，他认为："美的东西，虽然并不适用，但却使眼睛喜悦。这种东西或许就是某种植物和动物、鸟和鱼以及类似的东西。"③ 而对于人工制作物和建筑等的美，他则认为："我们赞美某些事物的形象，是因为这些事物具有特殊的装饰与和谐的结构，以致作品的构成似乎表现了建筑师对事物的特有关注。"④ 对于达到优美这一层次

---

① 参见塔塔科维兹《中世纪美学》，第 237 页。
② 同上书，第 245 页。
③ 同上。
④ 同上。

的艺术，他使用了 decens（handsome，文雅），gratum（agreeable，令人舒适）以及 species（splendour，形式完美）等术语来界定。

制作性艺术概念的提出，无疑把人工制作物都列入了艺术的范围，这显然是一种泛艺术观，它混淆了实用功利与审美的界限。这种艺术观强调了艺术与自然的区别，自然是受本能和直接经验制约的，而艺术则是人的自觉目的的产物。当然，艺术是在自然基础上的制作，自然作为艺术的物质媒介，是艺术的构成要素之一。因此，雨格认为艺术中包含了人的活动、知识和自然的材料。这种泛艺术观在中世纪的艺术实践中，对于提高工艺活动的人文内涵来说，还是具有积极意义的。

此外对于艺术的审美特质，雨格也从和谐的角度作了界定。他说："音乐即和谐，即是将许多并不相近的要素连为一体的协调。"① 在谈到建筑时他也指出了局部与整体的协调构成多样的统一这一原理。

---

① 参见塔塔科维兹《中世纪美学》，第 245 页。

第五章　经院论美学

　　经院哲学的发展是围绕共相问题的争论而展开的。自从古希腊苏格拉底确立了科学的任务是用概念对世界进行思考之后，关于类或属的概念与现实的关系便成为哲学的重大问题。由此产生了柏拉图的理式论和亚里士多德的逻辑。中世纪的思想家几乎对前辈的有关争论一无所知，他们从教义里承袭了一种哲学，认为万物本质寓于普遍的关联之中。新柏拉图主义的形而上学在基督教神秘主义的面纱掩盖下发展起来，由此助长了实在论的形成，它认为最高存在即是共相，它成为产生一切实体的根源。而唯名论思想则是在亚里士多德残篇影响下产生的。它认为经验中的个体才是真实的第一实体，共相不可能是实体。唯名论与实在论的争论推动了经院哲学研究的深化。实在论作为柏拉图理论而流行，唯名论则作为亚里士多德的理论而流行。

　　13世纪经院哲学进入鼎盛期，这是一个构建思想体系的时代。经院哲学家在总结过去成果的基础上，进一步吸收外来思想在自然哲学、神学和哲学等方面作出了新的综合。真、善、美作为价值体系构成的三个要素，它们的相互联系使任何系统的哲学研究都难以回避对美学问题的思考。美的问题不能不包含在那些包罗万象的"大全"之中，尤其是在谈到上帝和世界的章节里。尽管在其他问题上存在争议，但是在美学上经院哲学家们的看法一般说来却较为一致，这部分的是由于，对他们来说美学问题并不处于争论的焦点上，所以比较容易取得一致。

　　作为前经院美学，不论是西都派还是维克多派，他们对美学的研究仍然停留在描述性的阐释上。由维克多派发展的二元论，在他们的神秘主义思想中，肉体和灵魂之间的联系被割裂了，精神世界与物质世界成为各自独立的领域。神秘主义和经验主义虽然处于辩证法的对立面上，但是为了达到拯救灵魂的目的，信仰仍会追求对于灵魂的认识。由此，一些神秘主义者为了探求内在生活的秘密，从而使自己变成了心理学家。作为内在经验科学的心理学，正是在肉体与灵魂的二元论形式中找到了自己的起点，它无疑推进了对于审美心理和审美经验的探索，这是中世纪美学的独特贡献。

随着大学的建立，经院哲学逐渐以大学为研究基地，遂形成了巴黎大学、牛津大学以及科隆大学馆三个研究中心。当时修道院的隐修制度日渐衰落，于是开始出现四处云游布道的修行方式，这些僧侣被称为托钵僧。13 世纪初期分别由西班牙僧侣多米尼克（西班牙名 Domingo de Guzman，英文名 Dominic，约公元 1170 年至 1221 年）创办了多明我会（Dominicans），意大利阿西西僧侣弗兰西斯（意文名 Francesco，英文名 Francis，约公元 1181 年至 1226 年）创办了圣芳济会（Franciscans）。他们的势力很快渗入各大学，成为经院哲学和美学研究的重要力量。

圣芳济会成员首先注意到美学问题，这与他们创始人有一定关系。阿西西的弗兰西斯是意大利最早的诗人，他既是个市民诗人，又是个市民哲学家。他对世界所持的态度，既是道德的又是审美的。在他身上神秘的禁欲主义达到登峰造极的地步，但是他又能够同自然界产生异乎寻常的共鸣，同时也体现出自我专注的近代意识。[①] 该会的第一位神学教授、巴黎大学的哈勒斯的亚历山大（Alexander Halesius）主编了《亚历山大同仁大全》（*Summa Fratris Alexandri*），其中一章的标题便是"美的创造中的完善品德的创造"。另一位圣芳济会成员、巴黎大学神学教授奥沃金的威廉（Guillaume'd Auvergne'）在《论善与恶》（*De Bono et Malo*）中也直接论及美学问题。牛津大学的第一任校长，也是圣芳济会成员的格罗塞斯特（Robert Grosseteste），继承了夏特尔学派的思想，

---

① 参见鲍桑葵《美学史》，第 191—192 页。

广泛涉猎了亚里士多德的自然哲学和阿拉伯科学，将光的形而上学体系化，提出了光与数学的美学观。他们对美学的探讨已经上升到哲学的高度，对美的本质和真、善、美的关系以及美与现实的关联都有所涉及。

圣芳济会的核心人物是巴黎大学神学教授波那文杜拉（Bonaventura），他坚持奥古斯丁主义传统，继承奥古斯丁和（托名）狄奥尼修斯思想，成为象征主义和神秘主义美学的集大成者。

经院哲学最突出的代表，也是中世纪最杰出的哲学家托马斯·阿奎那（Thomas Aquinas，公元1225年至1274年），他是多明我会成员，巴黎大学神学教授。他发展了基督教的亚里士多德主义，并在调和包括奥古斯丁主义在内的各派经院哲学的基础上建立了中世纪神学和哲学的最大也最全面的体系。在美学方面，他虽然没有专门著作，但仍广泛深入地涉及审美和艺术问题，本书将另辟专章予以评介。

多明我会成员中，托马斯·阿奎那的老师大阿尔伯特（Albertus Magnus，约公元1193年至1280年）以对哲学、神学和自然科学的知识广博而著称。多年在科隆（Koeln）主持多明我会大学馆，从事教学活动。他很早便发现，亚里士多德对正统基督教神学也有重要价值，所以对亚里士多德著作做过大量注解。在早期的《论善》（Summa de bono）一文中受奥古斯丁影响，以独特的辩证方法探讨了真、善、美的关系，强调道德美并提出了一种存在论美学。① 他认为当事物的本质通过其外观而折射出来时，事物便是令人愉悦的和美的。他进而区分了物质美与精神美、本质美与偶然美。他的美学思想直接对托马斯·阿奎那产生了巨大的影响。

14世纪以后，经院哲学走向分裂和衰退，它逐渐让位于新的学术思潮。

---

① 参见竹内敏雄《美学百科辞典》，第18页。

第一节 奥沃金的威廉

奥沃金的威廉（Guillaume'd Auvergne'，拉丁文名 Guilelmus Auvernus，英文名 William of Auvergne，约公元 1180 年至 1249 年）为巴黎大学神学教授，1228 年被教皇格列高里九世任命为巴黎大主教。主要著作为百科全书式《神学或哲学教程》（*Magisterinm divinale sive philosophia theologica*），并写有《论善与恶》（*De bono et Malo*），其中直接涉及美学问题。

在他生活的年代里，大部分的亚里士多德著作仍遭到禁止，但是他本人已经感受到亚里士多德哲学的传播对基督教神学的压力。他说，他的职责是维护所有神学的真理，反对不虔诚的哲学家的错误，但不诉诸基督教信仰与天启的权威，只是依靠自然理性与逻辑论证。他虽然不赞成亚里士多德主义，但仍主张面对现实积极与之对话。在《论善与恶》一文中，他说："心灵沿着证明的道路走得越远，它越接近于黑暗，离本原之光越远。"[①] 这就表明，他仍是以神学作为最高依据的真理。

对于人的理智和认识功能，他提出了"上帝是自然之镜、自然之光"的理论。威廉认为，人的灵魂的自然位置是处于两个世界的交界面上，其中一个是维系人的身体的可感事物的世界，另一个是造物主的理念世界。造物主是永恒的真理，他是一切表象的型相，是反映一切事物的毫无疵点的最纯净的镜子和活生生的书。这面镜子自然地搁置在人的理智之前，我们可以不假中介地从它上面读到世界的各种规则和规范。理智可以从中读出或直接看到事物的真理。与奥古斯丁的光照论相比，威廉的"自然之镜"的比喻，更加强调了人的理智的主动性质。人的理智不仅能主动地"认读"真理的规则，而且能根据这些规则构造思想。在这种意义上，他把人的理智比作"蜘蛛"。这一比喻为三百年之后，弗兰西斯·培根（F. Bacon，公元 1561 年至 1626 年）在《工

---

① 参见赵敦华《基督教哲学 1500 年》，第 323 页。

具论》中对理性主义者的批判所用的著名比拟提供了借鉴。

在威廉看来，审美经验包含在整个人所具有的能力之中。美唤起爱（affectio），它构成人的认识的前提，审美经验也具有重要的认识功能。内在的道德的美通过外在的形式表现出来，知觉作为人的认识能力的一部分发挥作用。①

一 从"善与恶"引出对"美与丑"的思考

奥沃金的威廉继承了古希腊美善同一说的传统，在《论善与恶》中把善看作是一种内在的美，这与亚里士多德在《尼各马可伦理学》中的观点是一致的。如果说物质的美是美的基本形式，那么同样可以用美来评价精神，这种美便是与外在、可见的美相比较而言的。人们是从内部而非外部来评价精神的美，同时内在的、道德的美也会通过外在形式表现出来。另一方面，即使是外在的美也要以作为一种道德属性的"适度"为依据来评价。

作为经院学者，在谈到美的时候必然首先涉及概念上的规定。因此威廉指出：

> 正如我们把对眼睛来说是美的东西称作是本身即能够使看到它的人愉悦并提供视觉喜悦的东西，我们也将内在的美称作是使看到它的人内心喜悦并对之喜爱的东西……而且，这一切全为实际的感性经验所感受……我们不应当停留在对此的解释上，因为内在视觉本身对于我们来说就是内在的和理智认识的美的证明，正如外在的视觉便是外在美的证明一样。②

在这里，他把美规定为令人产生愉悦并使人喜爱的东西，它既适应于外在美，也适应于内在美。他认为这两种美都可以为人

---

① G.Pochat：《古代至 19 世纪美学与艺术理论史》（德文版），第 157 页。
② 参见塔塔科维兹《中世纪美学》，第 271—272 页。

的感性经验所感受，前者通过视觉，而后者通过内在视觉即理智认识而达到。

在威廉看来，美首先具有客观的性质，即事物的美首先在于事物自身的性质或本质。他说："在那些无疑在本质上美的和正当的东西之中，其根本与性质便美，亦即它们可以依其自身而无需任何附加条件使我们的内在视觉愉悦。"[①] 也就是说，事物的美是客观性存在，离开了我们在事物中感到愉悦的这种必然性质，美就不复存在了。

他认为，美的形式（pulchritudo, decor）取决于各部分的适当比例，道德的美可以隐喻地描述成：一个人如同一座雕像，是上帝赋予他以形式、色彩和灵魂。这种美包含三种要素：灵魂的、精神的和行为的美；灵魂的或是整体的或是综合的；精神相应于形式和色彩；行为的美如同作品在其自身承载着意义。[②]

那么什么是外在美的属性呢？威廉进一步指出：美，就其本身来考虑，或者是形式和位置或者是色彩，或者是二者兼备，或者是一方与另一方相比较。显而易见，这一观点并没有什么新意，但是他对这些要素的进一步分析却使对美的认识有深化的可能。

作为美的对立面，威廉对丑也作出了规定："我们谈论丑是与美相对而言的。事物可以以两种方式同美相对立，即当它显现出某种不适当的东西或显现了某种缺乏的时候。我们应当将三只眼的人称作是丑的，也应当将仅有一只眼的人称作是丑的。但是，对于前者，我们这样称呼是因为他有着他所不应有的东西；而对于后者则是因为他没有他所应有的东西。"[③] 也就是说，美是形式或构成的适当性，而丑则是这种适当性的缺失或构成的冗余。

美与丑作为价值存在的两极，是与善与恶相互对应的。当美

---

① 参见塔塔科维兹《中世纪美学》，第272页。
② 参见 G.Pochat《古代至19世纪美学与艺术理论史》（德文版），第157页。
③ 参见塔塔科维兹《中世纪美学》，第273页。

与善直接相关联时，丑也必然与恶相关联。威廉解释道：关于恶我们之所以称之为丑，则是因为恶本身使我们的心灵感到厌恶并在我们心中产生反感，而且触犯了我们的有着自己视觉的内在的感觉。显然，这是与美的界定方式相一致的。

二　美的关系论及感受性

在肯定美与事物的本性相关即美的客观性的同时，威廉还提出了美发生作用的具体条件。他举例说：红本身看上去就是令人愉悦的，就是美。然而，如果它出现在眼睛应当感到白的那个部位上，它就会使眼睛感到别扭……因为，那种本身就是善的和美的东西，在不恰当的对象中会变成丑；譬如绿，虽然看上去使人愉悦，但在某些它所不适合的对象中却又变成了丑。这里所提到的"不恰当的对象"问题实际上还是涉及色彩应用的场合与环境条件以及不同色彩的搭配关系。这主要仍是局限在客体自身或外在的客观性层次来论美的，并不像大巴赛尔那样自觉认识到与审美主体的联系。

同样，他还举出了另外的例子，如眼睛本身是匀称的和美的，但只有当它是在恰当的和正确的位置上时，它才会以其美来装饰人的脸。然而，如果它是在耳朵的地方或者是在脸的正中央，亦即是在不恰当的位置上，它就会使同一张脸变丑。这是对"美在形式和位置"这一原理的具体化，它体现了美存在于事物的正常关系之中的思想。

由此，威廉把这一思想进一步发展成一种美的客观关系论。他说："本身便是美的东西，在同另外的某种东西的关系中却是丑的；这或者是当它与其他东西相联系时，或者是当它构成了另外一种东西的成分时。"[①] 也就是说，即使是美的东西，在不恰当的关系组合中也会变成丑的，这种关系既包括了并列的也包括

---

① 参见塔塔科维兹《中世纪美学》，第 272 页。

了从属的关系在内。500 年以后，狄德罗（D. Diderot，公元 1713 年至 1784 年）提出了著名的"美在关系说"，两者之间无疑反映了美学思想的一种思维进程。

对于美的感受性特征，奥沃金的威廉与维克多的雨格形成了鲜明的两极，他认为只有视觉才具有美的感受性。他说："除去视觉之外，任何东西都不可能同美联系在一起，我指的是可见的美。除了外在的视觉之外，任何东西都不会喜欢美。内在的视觉与内在的美的情况也与此类似。"同样，对于内在美或精神美的感受，则是"求教于内在的影像并确信其证明"。也就是说，他把视觉作为惟一的审美感官，这形成另一种极端的主张。

作为一位神学家，最后他把上帝作为美的终极评判者。他说：我们确信，除了使上帝愉悦的东西之外，任何东西都不是美的；除了不使上帝愉悦的东西之外，任何东西都不是丑的。这里以神学的方式提出了审美判断的客观标准问题，审美的判断会因人而异，那么它是否具有一种普遍的、客观的标准呢？他认为这个终极的标准和评判者便是上帝。

第二节　哈勒斯的亚历山大

哈勒斯的亚历山大（Alexander Halesius，英文名 Alexander of Hales，约公元 1185 年至 1245 年）生于英格兰，15 岁左右进入巴黎大学学习，毕业后一直在该校教授神学。大约 40 岁时加入了圣芳济会（Franciscans），成为第一个取得神学教授席位的该会会员，被誉为"不可辩驳的博士"。主编有《神学大全》（*Summa universae theologiae*），或称为《亚历山大同仁大全》（*Summa Fratris Alexandri*）。该书是圣芳济会学者的集体性成果，书中依据奥古斯丁主义观点，充分利用了新传入的亚里士多德及其阿拉伯注释者著作中的材料，在体例的编排上注意了系统化的要求，书中对美学作了相应的探讨。

亚历山大是一个实在论者，他认为共相存在于上帝的理性之中。作为理念的共相是万物的上帝的原型。上帝按照这种方式从无中创造了世界。共相存在于物中，并且是物的形式。他继某些东方哲学家之后，认为万物都是由物质和形式构成的，但并不排除有精神实体。

在13世纪上半叶，欧洲仍处于十字军征伐的狂热气氛中，第四次十字军东征掠夺君士坦丁堡的暴行，已经把这场战争的非正义性暴露无遗。亚历山大在《神学大全》中对正义战争性质的界定，具有进步的社会意义，它反映了经院哲学中的理性精神和对这一非正义战争的拒斥。

一 对真、善、美的区分

在（托名）狄奥尼修斯那里，上帝就是真理的化身，上帝就是至善和至美。因此真、善、美三者在上帝那里具有同一性。对于真、善、美的区分，在中世纪时涉及这一问题的为数不多。

《神学大全》对此明确地作出了不同的界定。作者问道：善与美究竟在多大程度上是相同的，它们是否与人的同一种精神能力相对应呢？接着他指出：一个事物可能是善的和美的，但在观照它时善是与一定目的相联系的，指向一定的目的。而美（decor = pulchrum）只是使感官愉悦。这是与奥古斯丁和爱留根纳的观点相接近的。在整个创造中都表现出善，即所有事物都具有适当的位置并趋向完善，也包括人的意识同样是指向上帝的终极目标的。这种意识态度也会引发审美经验，即唤起超感性美的观念。[①] 这里，已经明确提出善与目的性的关联，而美则在于感知的令人愉悦的性质上。

在另一处他还指出，美是指善的一种使知觉愉悦的属性，而善则是一种使欲望愉悦的属性。也就是说，善是人类欲求的对象，它是直接与一定功利价值相联系的，美虽与善相关联，但只

①　G.Pochat：《古代至19世纪美学与艺术理论史》（德文版），第158页。

是一种观照的对象。

对于真与美的区别，他则提出了内在形式与外在形式的不同："真实是内在形式的性质，美是外在形式的性质，因为我们习惯于将那种具有使之看上去愉悦的属性的东西称作是美。"[1]

那么究竟怎样理解内在形式与外在形式呢？他说：

> 我们讲到形式，有两种含义。一种含义是指那种区别事物的东西；在这个意义上，形式与尺寸和秩序相对，因为尺寸是那种限定事物的东西，形式是区别事物的东西，而秩序是使之与他物柜关的东西。就第二种含义而言，形式则指"那种事物由此而使人愉悦并为人欣赏的东西。"在这一含义中，形式则表示那三种属性（尺寸、秩序与形式）所共同的确定性。[2]

在这里，他基本上采用了亚里士多德的观点。亚里士多德在《形而上学》中探讨实体范畴时，提出了质料和形式是构成事物的基质。形式既是事物的本质，又是事物的外在形状或模型，质料是潜在的东西，只有获得了形式才能成为可感知的事物。同样，亚历山大也提出形式有两种含义，其第一种含义是指区别事物的东西，即事物的本质，在这种意义上形式与尺寸和秩序是有别的；第二种含义则是指事物的外在确定性，由此令人愉悦并为人欣赏的东西，在这和意义上形式与尺寸和秩序相通。

由此可以看出，他所谓的内在形式即是指事物的本质，而外在形式则是指事物的感性确定性。这样便对真实与美作出了区分。真实涉及对事物本质的认识，美则涉及对事物外在可感特性的欣赏和令人愉悦的性质。

形式的上述两种意义的结合，正如塔塔科维兹所指出的，还进一步使美获得了更丰富的内涵。由于把形式也看作是事物的本

---

[1]　参见塔塔科维兹《中世纪美学》，第274页。
[2]　同上。

质，这就把逻辑学的、非感性的、非视觉的含义带到了美学之中，使两种含义在同一个概念中结合了起来。外在的感性的形式当其表现了内在的、理智的形式时便是美的。由此，美的形式不同于那种仅与眼睛相适应，仅使感官愉悦的形式，也不仅是使人愉悦的形象或有一定组织的结构，它还要表现出一个事物区别于其他事物的个性特征，要与心灵向善的特性相一致。

二　对美与艺术的进一步思考

经院哲学的发展促进了对美学探讨的系统化，从而不再是孤立地对个别问题的分析，而能将问题逻辑化地展开。例如在《神学大全》中对美的思考便涉及一系列问题：首先，美是什么的问题；其次，美与实用的区别；再者，美依附于哪些东西；第四，世界上的美是否可以增减；第五，世界的美主要由何物构成；第六，对美起作用的东西是什么等等，不一而足。

哈勒斯的亚历山大认为，美不仅存在于物质世界中，也存在于精神世界中。所有创造的事物都分有形而上的美，这种美表现在宇宙的秩序、数、比例、种类、形态和排列之中。可见事物所表现出的美可以作为显示于道德行为之中的灵魂美的对应物。[①]当事物依循恰当的尺寸、形式和秩序时，它便是美的。事物愈是具有尺寸、形式和秩序，事物也就愈显得美。"在一切物质的和精神的东西中，都存在着尺寸、形式与秩序。在物质的东西中，这些是较易于把握的；而在精神的东西中，则不易于把握。"[②]精神是与心灵相联系的，"心灵的美也源于力量的和谐与能力的秩序"。[③]

在《神学大全》中，亚历山大进一步把美作为创造的属性。他指出：创造的美是人们由此达到对非创造的美的认识途径。这

---

① G.Pochat：《古代至19世纪美学与艺术理论史》（德文版），第158页。
② 参见塔塔科维兹《中世纪美学》，第274页。
③ 同上。

就是说，创造世界是上帝的职能，因此美的根源来自上帝。"创造有三种属性，即尺寸、形式与秩序，而决定着美的似乎主要是形式。所以，我们习惯于将美的事物称作是有形式的。"① 这里又把美的界定归结于形式，或者说对美起作用的东西首先是形式。

那么，世界的美是否可以增减呢？在此，他并没有直接作出肯定或否定，而是首先区分出两种类型的美，本质的美和非本质的美。然后他指出："存在着某种本质的美，这种美在世界上无所增减（而且，人们如果依照整体的形式来看待完善的美，那么，宇宙就总是完善的）。"② 也就是说，宇宙从整体上看它总是完善的、美的。这种美是由理性创造物所决定的，它无所增益和减损。

亚历山大对人的审美活动作了世俗的与宗教的区分。他指出："有时，我们考虑创造物的美以及包含在其中的喜悦，并不将这些创造物同上帝相联系……而在另外的时候，我们考虑这些创造物，则认为它们的美源于至高无上的美，其喜悦也源于喜悦的至高无上的根源。"③ 显而易见，前者是世俗生活中人们的自然情感的流露，而后者是把审美情感纳入在宗教生活中。这种分化说明神学的绝对统治在人们的情感生活中已经发生了动摇。

世俗生活中的审美活动往往与艺术实践有密切关系。对于当时自由艺术和机械艺术的划分，哈勒斯的亚历山大也提出了自己的看法。他认为，自由艺术主要为人提供了某种知识，而机械艺术则是对物品或作品的实际制作。这种艺术制作是要通过摹仿进行，其中艺术家的想象力在发挥作用。艺术家要根据一个模型或范例（causa exemplaris）利用他的想象来完成作品。艺术家的意识活动包括三方面的内容：其一，他在作品中加以摹仿的事物或范例。其二，他所利用的规则或技术手段。其三，他完成作品时

---

① 参见塔塔科维兹《中世纪美学》，第 274 页。
② 同上书，第 275 页。
③ 同上。

所具有的想象。在这里，事物或范例是现实的一个方面，通过艺术家的感知把它转化为一种精神的占有，然而艺术家的表象若离开了他的想象力却是不可思议的，这种想象力将对象作为一个整体包含在它的本质和实体之中。

艺术创造使人联想到上帝的创世活动。创造尽管包含在才能的概念中，但其意义却引发出神学的联想。亚历山大写道："从事创造的艺术工匠在他的作品中感到心满意足"（artifex creatus complacet sibi in opero suo），① 这自然会使人想到《旧约·创世记》中上帝对他的创造物的满意心情。

第三节　格罗塞斯特

罗伯特·格罗塞斯特（英文名 Robert Grosseteste，拉丁文名 Robertus Lincolniensis，约公元 1168 年至 1253 年）生于英格兰萨福克郡的农民家庭，早年在牛津教会学校和巴黎大学艺学院学习，毕业后在牛津艺学院任教，该校被关闭后他赴巴黎大学神学院学习，毕业后到牛津教授神学，后被推选为牛津大学第一任校长。1229 年，格罗塞斯特加入圣芳济会，1235 年起任林肯郡主教。他是亚里士多德著作的著名翻译家和评注者，所译《尼各马可伦理学》是大学标准教材，并对《后分析篇》、《辨谬篇》、《物理学》加以注释，其代表作是《论光》（De luce）。

《论光》把亚里士多德的自然哲学、奥古斯丁的神学与数学、光学知识结合在一起，形成奇特的光的理论。众所周知，光的观念在柏拉图主义中有特殊意义，从柏拉图的"太阳说"到普洛丁的"流溢说"，都离不开光的比喻。在奥古斯丁那里，神圣之光仍是一种隐喻的说法。格罗塞斯特则对光的这些隐喻进行了科学和数学的研究，由此提出了符合基督教义的一种本体论、宇宙论和认识论。这一光学理论被称为"形而上的光学"。

---

① G.Pochat：《古代至 19 世纪美学与艺术理论史》（德文版），第 158 页。

一 光与数学的美学观

格罗塞斯特所描绘的世界图像是新柏拉图主义的。上帝在形态上是完善的、善的和美的（或者说是和谐的——consinantia），世界便是按照上帝的图像创造的。这一整体所表现的和谐也为所有的个体所分有。它显示了它们的协调与合目的性（concordia, convenentia）。由这些特性出发向周围辐射开来。与哈勒斯的亚历山大的观点相反，在格罗塞斯特看来，事物的超感性的美不仅存在于一定的秩序和原则中，而且本身有真实的大小。作为一种存在的质，"光是任何可见事物中的美和装饰物"。[①] 光不能按尺寸、数和重量来测量和分解，它是简单的并与自身处于协调的比例中。即使在它的无形体的表现以及独特的比例中，对光的观照也给人以美和舒适感。光可以表现事物的合目的的形式及其和谐的比例。由此，格罗塞斯特从物理学的立场上取得与原有新柏拉图主义理论的一致，并将宇宙设想为一个巨大的几何之网。

在格罗塞斯特看来，光是赋予一切事物以形体的形式，上帝最初创造的光便是具有形体性的质点，然后扩展成整个世界。他说："第一个形体形式，或有些人称形体性，我称之为光。光自身向任何方向扩散。除非受到一个不透光东西的遮挡，一个光点在瞬间可产生你所愿设想的巨大领域。"[②] 也就是说，光不是在事物存在之后才作用于事物的形式，而是赋予事物以形体的形式，是质料与形式的结合物，它充满整个有形世界。由此，他把世界的物质基础归结为光，自然的运动实质上是光的运动，它们都可用几何学加以解释。所以光既是事物的原初形式，又是生成形体的自然力量，而且是实体之间的传递纽带。所有形体的形式都来自神圣之光，人类心灵的活动也来自光的推动，认识的最终动力便是神圣之光。

---

① G. Pochat：《古代至19世纪美学与艺术理论史》（德文版），第160页。
② 《论光》，参见赵敦华《基督教哲学1500年》，第332页。

他认为光是美的，这种美是以均一的视觉性为基础的，同时光又为感受事物的美提供了条件。他说：

> 光本身就是美的，因为它的本性是简单的，而且同时自身就是一切。所以，它是最统一的，而且由于其均一性而与自身处于最和谐的比例之中；和谐的比例即是美。所以，无论物质的形式是否有和谐的比例，光本身却是最美的和看上去最使人愉悦的……是光使事物变美并在最高程度上展示出事物的美。①

由于光的传播是沿直线进行的，所以格罗塞斯特认为，它使世界具有了规则的、几何学的形式，从而具有了形式的美。在他看来，整个物质世界便是由线、面及几何结构组成的体系，世界之所以美，正是由于它有着几何的构成。一定的数值关系是构成和谐的比例的基础，他指出："所有协调的东西，其协调与和谐只来自四个数之间的五种比例，即 1、2、3 和 4 之间的比例，只有这五种比例才在音乐的曲调、运动与节奏之中产生出和谐。"②

当然，作为一个神学家，不论他对于光和数学有怎样的偏爱，最终的至美仍然要归结为上帝：

> 因此，上帝是最为完善的完善，最为充实的充实，最形象的形象和最美的美。我们讲美的人、美的灵魂、美的马、美的世界以及这样那样的美，却忘记了在这样那样的美之中有着美本身；如有可能的话，你去看一看美本身。依此方式，你就会看到上帝；他并非由于其他的美而成为美的，而是存在于一切美的东西之中的真正的美。③

---

① 参见塔塔科维兹《中世纪美学》，第 281 页。
② 同上。
③ 同上书，第 282—283 页。

上帝就是美本身，同时又是所有美的根源。在这里，他引用了奥古斯丁的话"去看一看美本身，依此方式你就会看到上帝"。由此，他又回到了柏拉图关于绝对美及"分有说"的观点上来。

二 论艺术的特性及其形式

在中世纪的传统中，艺术被看作是一种知识。格罗塞斯特对此提出了不同的看法，他说："知识同艺术之间的区别似乎在于，知识从根本上说是考察真实的原因，而艺术则更多地根据掌握的或假定的真实来考察活动的方式。因此，哲学家与艺术家有着共同的问题，但却有着不同的规则，亦即有着不同的原则和目的。"① 显而易见，这是对科学和艺术在功能和目的上的一种区分。他已经意识到科学在于获取知识以探寻事物真实的根源，而艺术则在于如何去表现掌握的真实。它们虽然面对共同的问题，但却有不同的活动原则和目的。这无疑是对科学和艺术的功能原理在认识上迈出的重要一步。

格罗塞斯特也持有艺术摹仿自然的古希腊观念，同时认为艺术家对自然的摹仿与自然的生产力具有同样的价值，这表明艺术在社会生活中地位的提高。在 1250 年牛津出版的《哲学大全·导言》中他指出："因为艺术在摹仿自然，而自然总是以最佳可能的方式工作，所以艺术同样是无懈无击的。"（Cum ars imitetur naturam et natura semper facit optimo modo, quo ei possibile est, et ars est non erans similiter.）②

在他看来，艺术并不一定要有装饰，因为装饰并非艺术完善性所必不可少的东西。然而所有的艺术都要有这样三种要素：即逻辑、音乐性和数学。这是因为：艺术要作出恰当的表述，就需要逻辑学；要达到和谐以及一定的尺寸和节奏，就要有音乐性；要赋予事物以形状、要在事物间作出区分和联系、要取得一定的

---

① 参见塔塔科维兹《中世纪美学》，第 282 页。
② 参见 G.Pochat《古代至 19 世纪美学与艺术理论史》（德文版），第 161 页。

排列和秩序，就需要算术和几何学。

艺术的传达或表现必然涉及到艺术的形式，所以格罗塞斯特也对艺术形式概念作出了界定。他说："因此，形式一词可以表示：（1）艺术家从事工作所依从的模式，他要通过摹仿使其作品在形状上与此相似；在这个意义上，人们说，鞋匠为使鞋有样子所用的楦头便是鞋的形式。（2）形式也表示塑造材料所用的东西，材料因此而获得了所采用的东西的被摹仿的形式。在这个意义上，我们说银的印章便是蜡的印章的形式，也可以说铸造雕像的黏土翻铸模便是雕像的形式。（3）当艺术家心中想到了要制作的形象时，当他仅仅根据心中所想的形象而工作，以便用这种形象来构成他的作品时，这种心中的作品形象也就被称作是作品的形式。从概念上讲，形式的这一含义与前面提到的含义略有不同"。①

在这里，格罗塞斯特从三个层次上对艺术形式作了界定：首先形式是艺术家摹仿对象的外在形态，作为他的工作模型以完成与其相似的作品；其次形式作为作品物质材料的形态构成物，成为艺术家加工的具体对象；再者形式作为艺术家观念的产物，是他心目中所具有的形象。这一界定，使艺术形式的概念获得了充分的感性确定性，这为形式概念从亚里士多德向黑格尔的发展提供了线索。在《De unica forma omnium》一文中，格罗塞斯特在艺术家的精神观念与其后在可见形式上的实施之间同样作了区别。他说，正如一位建筑师对他所要盖的房子始终就像在眼前一样，造型艺术家也得努力将他想象中的图像转化成可见的形式。在这里，建筑师的活动可与上帝相比拟。"正如建筑师要将材料成形化，并使他的房子建成；艺术也表现出全能上帝的智慧和语言，它们作为形式使各种事物分有其独特的存在。"② 在这里，形式成为上帝的智慧和语言的化身，取得了美的品格。

---

① 参见塔塔科维兹《中世纪美学》，第 282 页。
② 参见 G.Pochat《古代至 19 世纪美学与艺术理论史》（德文版），第 161 页。

第四节　波那文杜拉

波那文杜拉（Bonaventura，公元 1221 年至 1274 年）原名菲丹萨的乔凡尼（Giovanni di Fidanza）或称菲丹萨的约翰（John of Fidanza），生于意大利巴格劳里镇（Baguorea in Tuscany）的一个医生家庭。15 岁起到巴黎大学艺学院学习，1243 年加入圣芳济会，并跟随哈勒斯的亚历山大学习神学。1253 年完成学业后开始讲授神学，1257 年获神学硕士学位，同年被推选为圣芳济会总会长。他在主持修会事务中推行稳健路线，被视为圣芳济会第二创始人。在学术观点上，波那文杜拉坚持奥古斯丁主义，对亚里士多德学说持批判立场。在神学论战中往往将对方当作异端，从而开了 70 年代思想迫害的先河。1273 年被教皇格列高里十世任命为红衣主教。

在哲学观上，波那文杜拉以柏拉图—奥古斯丁思想为基础，坚持上帝创造世界的原型论。他认为时间是由上帝创造的，创世是有开端的，个别事物是依据原型被创造出来的。但在解释上帝创世的过程，他却使用了亚里士多德"原因"这一范畴，并对"质料"与"形式"这对概念作了新的解释。他认为这对概念首先表示了受造物的最普遍构造。造物主是纯粹的一、纯粹的精神及纯粹的活动，受造物却有活动与潜在两个方面的特性。活动与潜在的区分便是形式与质料的区分，因此受造物都是由形式与质料所构成。实体的形式是多样的，从最低级的有形形式开始，经过偶性形式，最后才达到最高级的本质形式，这是一个从有形到无形的等级系列。与奥古斯丁的看法一样，他认为种质是上帝创造事物的间接原因，种质在由潜在到现实的过程中展现为个别的事物。在事物生灭的过程中，种质不生不灭，变化的只是有形形式。

这种原型论在认识论领域的推论便是光照说。依据奥古斯丁的光照说，波那文杜拉肯定人的认知开始于感觉。他同意亚里士多德对感觉作出的分析，认为感觉是灵魂与身体的共同活动，而不单纯是灵魂的活动；共同感觉和想象是感觉的最高阶段。他把人类知识的来源和动力说成是"光线"，把"光线"隐喻地划分为六个等级：第一种为机械技巧之光，它照耀着人的工艺活动和思想，第二种为感觉之光，它照耀感官去认识自然形式，以上是外在光线；而内在光线则是哲学之光，它与人的理智和真理相关；这三种光线都以恩典之光为来源和动力。波那文杜拉把天赋的潜在真理分为三类：理性哲学是语言的真理，自然哲学是事物的真理，道德哲学是规范的真理。由内在之光又分化出理性之光、自然之光和道德之光。他把这六种光线比附于上帝创世的六天工作日，创世第七天休息日象征永恒之光。

他从极端实在论出发，认为事物的本质是独立于事物而存在的原型，共相对原型的认识，产生共相的抽象活动受原型光照的推动。他的认识论是一种天赋观念论，他把知识的性质、起源和认识过程归诸于上帝的恩典和神圣的光照，在他看来人的感觉只是取得认识的机缘，从而激发出潜在于内在之光的关于原型的知识和真理。[①]

在美学思想上波那文杜拉主要承袭了新柏拉图主义传统，他曾深入研究了奥古斯丁的《论音乐》和《论秩序》等著作，并将圣芳济会学者的美学思想加以系统化，对艺术创作有独到见解。他的美学思想主要见于《通向上帝的心灵历程》(*Itinerarium Mentis ad Deum*，公元 1259 年)、《论艺术向神学的复归》(*De Reductione Artium ad Theologiam*)以及有关《箴言》的评注和其他短论中。

一 基本美学观念

波那文杜拉承认世界的美，赞颂上帝创造的完善性，肯定美

---

① 参见赵敦华《基督教哲学 1500 年》，第 418—425 页。

的直观性对人的情感价值。他把世界和宇宙看作是一个分级的阶层结构，最后引向最高的存在——上帝。世俗的美反映了上帝的秩序与和谐，可见现实表现了真实的上帝世界的影子（umbra）。他说："每个受造物依照它的本质既表现了永恒智慧的一幅图画，也表现为它的相似物。"① 他与亚里士多德的观念决然不同，坚持在创造主与其受造物之间具有同一性，即实体相似性。因此宇宙自身是达到神的阶梯，神是最高的统一和最高的真善，现实世界分有了上帝的光辉，可见世界成为神性世界的一面镜子。这里表现了波那文杜拉宇宙观的美学乐观主义精神。

同时，在他看来世界的美具有整体性特征，他首先是从整体上而不是从局部上看待世界的美，因为它反映了一种上帝的普遍秩序。他指出：

> 处于完善地秩序化过程中的整体世界，可以被描述为自始至终如依照规则写下的最美的诗一样的过程；在此，人们依于时间过程，可以见到神的许多评判的多样性、区别、单纯、秩序、公正以及美。所以，人们除非在整体上注视诗，否则就无法看到这首诗的美；同样，人们除非在整体上来看，否则也无法见口那种依于宇宙秩序和规则的美。②

以光照说作为认识论基础的波那文杜拉，同样也把光看作是最美的事物，他说："在物质的东西之中，光是最美的、最令人愉悦的和最完满的。"同时他也认为美在事物的形式，"一切存在的东西都具有某种形式，具有形式的东西都具有美。"③

正如哈勒斯的亚历山大将事物的某些形式特性作为事物美的前提，波那文杜拉则将这些形式特性归结为尺寸（或比例

---

① 《通向上帝的心灵历程》，参见 G. Pochat《古代至 19 世纪美学与艺术理论史》（德文版），第 169 页。

② 参见塔塔科维兹《中世纪美学》，第 289 页。

③ 同上。

modus)、形式（forma）和秩序（ordo）。秩序是指各部分之间的和谐。对于各部分的统一与不相称的基本要求之间出现的矛盾，他用奥古斯丁"美在于多样性与统一"这一原理来解释。在另一个地方，他又根据奥古斯丁数的均一（aequalitas numerosa）说，指出："若事物存在各部分的和谐与均一，那么这个事物便被认为是美的，因为美是一种数的均一。"[①]

当他把美规定为和谐的时候，这种和谐包括以下内容：首先，它既见于精神的东西，又见于物质的东西之中，并且是由观念和物质材料各部分所构成的；其次，这种和谐既包括简单的对象，也包括相互关联的复杂的对象；其三，这种和谐不仅存在于客体之中，也存在于感受的主体之中。

在一般美的概念中，波那文杜拉还区分出一个独立的物质的、感性的和可见的美的范畴，他称之为形状。他把形状规定为由封闭的线所产生的一种排列，同时它又存在于外部现象中。显而易见，这一概念排除了事物的形而上学的内容和本质规定，更接近于近代的形式概念。

作为新柏拉图主义者，波那文杜拉的美学观念具有鲜明的超验性质和禁欲色彩。他说："自然本性的美有两种，一种是心灵的，一种是肉体的。心灵的美是不朽的，而肉体的美则是空虚的；那些想要保留内在的美的人，不应当屈从于肉体的美，而应当摈弃它。要献身于精神生活，就应当排除对外在东西的眷恋。"[②] 在物质与精神、肉体与灵魂的二元对立中，他仍然是贬抑物质世界而强调精神世界的终极性质，强调摈弃肉体的美而献身于精神生活。

二　关于审美经验的理论

与奥沃金的威廉的观点相一致，波那文杜拉认为，爱是审美

---

① 参见 G.Pochat《古代至 19 世纪美学与艺术理论史》（德文版），第 170 页。
② 同上。

感知的一个前提，因为它确立了在观赏者的心灵与被知觉事物之间的一种和谐关系。此外，爱还作为人间相互关系的基础，表现出更为强大的力量。他说："如果有人以爱的冲动去观赏一位妇女，他便会去歌唱她并为她写出歌曲。"[1] 这里体现了审美的情感前提和他对生活的肯定态度。

对于感知觉与审美的关系，他指出：

> 通过知觉，整个的感性世界便因此而渗入到人的心灵之中。这种知觉，如果它关心一个适当的东西，它便伴随着愉悦。感觉通过认识形式把握对象，或者观看形状的美，或者是倾听乐音和闻嗅芳香，最后，或者是在广义的味觉和触觉的场合，体验整个身心的健康；这时，感觉便在对象中得到了愉悦。所有的美都依于比例。而比例则依于：（1）包括形状或形式原则的相似性，因此被称作是"形状性"，因为"美不过是数的均一"或者说"各部分的某种排列是同色彩的愉悦相联系的"。（2）或者，当比例性保持了能力或力量的关系时，它就会出现，并因此被称作是"愉悦性"；这种情形是在起作用的力量并未不相称地超过接受者的能力时发生的；因为心灵因过度而颓丧，因适度而喜悦。（3）最后，比例性的出现，是在它保持了行动与结果的关系的时候；当行动的因素满足了接受者的需要，给他以活力并使他得到营养的时候，那种关系便是有比例的，它主要出现在味觉和触觉之中……这便是关于美、愉悦与身心健康的基础这一问题的答案。[2]

在这里，知觉是感性世界与人的心灵取得联系的桥梁，在人产生的愉悦之中存在不同的根源，由此他区分出不同性质的愉悦，嗅觉和味觉由于促进人的身心健康而生愉悦，视觉形式则引发人的审美的愉悦。任何愉悦的产生都存在某种规律性，它与外

---

① 参见塔塔科维兹《中世纪美学》，第289页。

② 同上书，第289—290页。

在作用的力量与主体能力和需要的适应性有关，也与行动与结果
之间的适应性有关，这种适应性表现为一种比例关系，它就是和
谐适度。由此他引申到审美经验，即除了感受者所感受的和谐之
外，不存在任何美。

　　形式的和谐和数的均一，既被看作构成美的本体的核心要
素，又被作为审美经验的具体内容。在波那文杜拉看来，艺术中
的统一可以通过形式、形象和尺寸（unitas-forma，figura，metrum）
来描述，各部分之间的关系可以用尺度、比例、均一性、相似性
（dimensio，proportio，aequalitas，similitado）来表征。在这里，数 1
是最小的单位或单体，数的均一与数的和谐原理都需要由此出
发。在算术和几何学中，由数 1 发展出各种数的序列。奥古斯丁
曾经由此构筑出数的美学，波那文杜拉也从数中去寻找一切事物
的根基，从而引发出秩序感和意义。所以他认为，数的均一原理
既存在于可见世界和宇宙的事物中，也包含在人的知觉体验中，
它以人的心理经验构成了审美享受的基础。①

三　关于艺术的再现性与表现性

　　对于艺术的能动性和创造性，波那文杜拉给予了比古典时代
和中世纪前期更高的评价。他说："能动的力量有三种，即上帝、
自然和理智。它们以下述方式发生从属关系：第二种力量以第一
种力量为前提，而第三种力量又以第二种力量为前提。上帝从虚
无中进行创造；自然则使潜能转变为现实的存在；而艺术则根据
先在的自然活动，并使存在的东西发生转变，因为艺术并不创造
石头，而只创造出石屋。"② 也就是说，自然的能动性在于使潜
能转化为现实，艺术的能动性则在于使物质的形式发生相应的变
化。在艺术的创造中，它总是以自然物作为物质媒介的。这无疑
是对艺术的能动性和创造性的一种正面的肯定。

---

① 　参见 G. Pochat《古代至 19 世纪美学与艺术理论史》（德文版），第 171 页。
② 　参见塔塔科维兹《中世纪美学》，第 290 页。

　　艺术的创造性源于人的心灵，这是艺术产生的内在根源。波那文杜拉从古代学者那里接受了关于摹仿即再现的艺术概念，但是他对再现却有不同的理解，在他看来，再现性艺术的功能与其说是再现外部的对象，不如说是再现艺术家心中的非物质的、内在的观念。因为心灵创造出新的结构，虽然它并不创造出新的物质，它外在地描绘和雕凿着源于内在的东西。由此，他强调了想象和艺术家的观念在艺术创作中的作用。

　　相似性（similitudo，即 likeness）是波那文杜拉艺术理论的一个重要概念。在他看来，艺术家是根据他所产生的观念或其他范型进行创作的。相似性由此联结着事物（或观念）及其形象。与哈勒斯的亚历山大观点相接近，波那文杜拉对不同的相似性作出进一步区分：其一，相似性反映了一个可见事物的准确形象，例如一个人的肖像便涉及一种外在的相似性。其二，相似性构成一种精神观念的物质对象，例如在雕塑中人们可以发现那些只是由艺术家的想象力所产生的作品，像童话人物或妖魔鬼怪。其三，相似性作为一个可见事物、图像或人物的精神（或抽象）对应物。[①] 从这种意义上说，艺术作品既是摹仿性的，也是富有独特表现力的。

　　在阐释从观赏者的角度对艺术作品的理解和评价时，波那文杜拉区分出作品自身和它的形式美以及与一个作品由其对象或观念的相似性而产生的摹仿美之间的不同。因此，他指出："可以用两种不同的方式来理解一幅画，或者作为图画本身，或者作为任何其他事物的形象。"（Pictura dupliciter cognoscitur, aut sicut pictura, aut sicut imago.）也就是说："绘画的美既与外在形式有关，也与艺术家表现的相关特性有关。"（Imago dicitur pulcra, quando bene protracta est, dicitur etiam pulcra quando bene repraesentat illum, ad quem est.）[②] 由此可以看出，波那文杜拉比他的前辈对于艺术形象和审美经验作了更深入的研究，他区别出对事物的美的描绘以及对美的事物的描绘之间的不同。他发现艺术美的前提，不仅

---

① 参见 G. Pochat《古代至 19 世纪美学与艺术理论史》（德文版），第 172—173 页。
② 同上书，第 173 页。

取决于作品自身，还与作品所反映的事物的性质相关联。

由此，他对艺术形象的概念也作了概括。他指出："当考察形象概念时，有三种东西是应当提到的。首先，形象可以从它与在它之中被再现的东西之间的相符性来考虑；其次，同形象相符的东西通常也就同（形象中）所再现的东西相符；因此，看到彼得画像的人也就看到了彼得；再次，心灵与其能力相符，使自己同化于它所注视的客体，或在知觉中或者在爱中。"① 在这里，他说明艺术形象既与它所再现的事物相关联，又与艺术家或观赏者的精神观念相关联，从而在直观中与对象相同化。

从当时的艺术即技艺概念出发，他强调所有艺术家都应创作出美的、实用的和经久的作品。这里涉及到技艺作品功能上的多样性，可以依靠技艺使作品达到美，若能满足人的欲求便可达到实用，若耐用坚固则可以达到经久。这显然是从世俗生活的实际出发提出的要求。

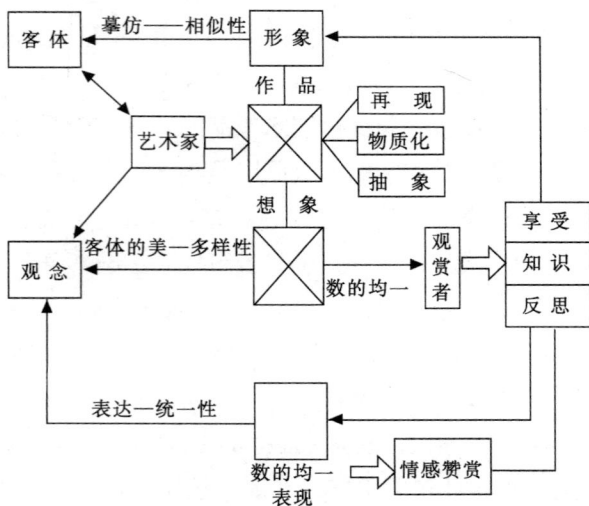

波那文杜拉的美学(引自 G.pochat)

----

① 参见塔塔科维兹《中世纪美学》，第 291 页。

第六章　托马斯·阿奎那

13 世纪的欧洲，进入了中世纪发展的鼎盛时期，农业的增长和商业的繁荣促进了城市的发展和文化的兴旺。先后 7 次十字军东侵给东方和西欧各国人民带来深重的灾难，也使西欧看到了具有更高文明水准的东方文明，使阿拉伯的科学和哲学在西欧得到了传播。与此同时，经过在西班牙的阿拉伯学者、犹太学者和从拜占庭移居意大利的希腊学者的共同努力，也使古希腊的学术文化在西欧重现光辉，特别是亚里士多德哲学的复兴形成了与基督教神学相对应的“新学”，吸引了许多城市的青年学生，大学也成为传统神学与“新学”之间进行角逐的场所。亚里士多德哲学适应了城市市民重视物质世界、崇尚理性的思想要求，对基督教会的精神权威构成了威胁，由此也迫使基督教神学进行相应的变革，在这一变革中托马斯·阿奎那（Thomas Aquinas，公元 1225年至 1274 年）脱颖而出，成为经院哲学和美学的集大成者。

面对时代所萌发的科学理性主义的要求，阿奎那成功地将亚里士多德的思想与基督教神学结合起来，构筑了一个包罗万象的庞大的体系，以其逻辑性和明晰性而见长。这个体系后来成为基督教教义的哲学基础。他的美学思想散见于他的多种论著，在《神学大全》中得到了更集中的反映，且表现得更为成熟。他的某些论述为近代理性主义美学提供了启迪。

1225 年初，托马斯·阿奎那生于西西里王国那不勒斯附近的洛卡塞卡城堡（Roccasecea）。他是阿奎那家族郎杜尔佛（Landolfo）公爵的第七子，5 岁便被送到蒙特卡西诺（Montecassino）的本督修道院学习，9 年后入那不勒斯大学（University of Naples）学习语法、逻辑、修辞、算术、几何、音乐和天文等七艺。由此开始接触亚里士多德的逻辑、宇宙学和其他科学著作。1244 年，阿奎那入多米尼克修会，先在巴黎，1248 年起在科隆师从大阿尔伯特。在此期间，大阿尔伯特正在开设有关（托名）狄奥尼修斯的课程。同期亚里士多德全集的拉丁文译本也已问世，大阿尔伯特倡导用公正的态度来理解亚里士多德哲学，把它看作是不同于神学的科学，力图以此来论证神学。这为后来阿奎那调整神学与哲学的关系，将哲学与神学作了相对的区分，但仍把哲学看作神学的婢女，并致力于用亚里士多德哲学为神学服务做了充分的准备。

1252 年，阿奎那入巴黎大学神学院学习，1256 年完成学业，与波那文杜拉一起取得硕士学位。在此期间完成的代表作《反异教徒大全》（*Summa contra Gentiles*）及《狄奥尼修斯〈论圣名〉评注》（*In Librum Dionysii de Divinis Nominibus*）中已经涉及美学问题。

1265 年阿奎那受修会委托去罗马创办大学馆，在这里开始写作另一部代表作《神学大全》（*Summa Theologiae*），1268 年完成该书第一部分，同年重返巴黎大学。在这里，他在两条不同的战线开展论战，一方面反对艺学院激进的亚里士多德主义，另方面反对神学院以圣芳济会学者为代表的奥古斯丁主义。这一时期，他还对亚里士多德著作做了大量评注。1272 年他被修会召回，受命筹建修会的学术中心——总学馆，选址那不勒斯，同时他也在那不勒斯大学任教。1274 年他的健康急剧恶化，3 月阿奎那死于前往里昂参加主教会议的途中。

阿奎那对于美学的贡献，首先在于他以美的经验概念取代了中世纪盛行的柏拉图象征型的理式观，在对美的界定中包含了主体与客体的相互关联和同一性。他对美与善的区分、艺术与科学的区分、审美快感与生理快感的区分以及审美经验中理智成分的强调都为后世提供了重要启示。

第一节　美的本体论

本体论研究涉及事物的本原问题。亚里士多德在《形而上学》中指出，所谓本原就是万物都由它构成，最初由它产生，最后又复归于它的那个东西。巴门尼德提出的"存在"学说，为本体论的研究提供了明确的指向，所以亚里士多德把作为存在的存在当作第一哲学研究的对象，从而本体论便是研究存在的学问。

考察事物的生成过程有助于揭示它的存在本质和类型。亚里士多德指出，生成的事物可分为三种：即自然生成的，它是通过自然界中的运动和变化而产生的事物；人工造成的，它是人通过技术制作而成的事物；自发产生的，如人患了病未经治疗而痊愈的过程。每一个自然生成的事物都包含以下三个因素：质料、形式（同时也是动因）以及由质料与形式组成的整体。人造的事物在构成有质料的事物之前，必须在制作者的心目中有了这个事物的形式，这一形式便是事物的本质，是事物的第一本体。托马斯·阿奎那正是抓住了形式因这一要素，从中对美作了界定，因此"形式"一词在阿奎那美学中具有重大意义。他不仅是从客体的形式结构要素中找到了美的存在的客观基础，而且也是从形式的精神内涵中区分了美与善的不同。

在阿奎那的宇宙论中，他把奥古斯丁的上帝学说与亚里士多德的物理学结合起来，形成阿奎那神学和本体论的一大特色，在他的宇宙论的美学中，人类在世界上的地位得到了提升，人类不仅具有主宰自然界的权利，而且人也具有自身的美。

一 美与形式概念的关联

在本体论的研究中，阿奎那把亚里士多德关于活动与潜在的关系学说运用于存在和本质的关系。他认为，任何事物、形式或本质在未获得存在之前都只是一种潜在、一种可能性。存在的特征在于它的现实性，它是使潜在转变为现实的活动。在这里，存在是高于、优于和先于本质的东西。本质总是依赖于存在的，没有存在就没有实在的本质。阿奎那创造性地发挥了亚里士多德实体论的"存在优先"的基本原则，提出了以存在主义取代本质主义的观点，扭转了在形而上学中的柏拉图主义倾向。他把实体区分为三类：上帝是最高实体，他是存在与本质的统一。第二类则是精神实体，它是从上帝那里获得使其成为现实的存在活动。在精神实体中只有存在与本质的区分，而无形式与质料的区分。第三类则是物质实体，它包含着存在与本质、形式与质料的双重区分。由此，构成了一个存在的等级系统。

阿奎那对亚里士多德的"四因说"作了新的发展。他将作为内因的质料和形式做了进一步划分：将质料区分为原初质料即有形实体的潜在质料以及第二性质料，后者是变化的载体和存在着的形体。将形式因区分为实质性形式即有形实体的基本现实和作为其附加规定性的偶性形式。同时，他把形式也看作第二动力因，因为第一动力因只能是上帝。对于质料和形式概念的理解，不能按日常语言的含义把它们等同于物质的材料和形状。如人们用一块面团，先把它捏成一只船，后又把它捏成一个女人。阿奎那指出：这并非哲学意义上的质料和形式，在这里，形状的变化是一种偶性的变化，而不是实体的变化。一块面团不是严格意义上的实体，而只是一些自然物的人工凑合，真正的实体变化是在变化前后成为不同的实体。①

在谈到"创造的秩序趋向多样化"的问题时，阿奎那指出：

> 如果说没有赋予形式的那种质料是指缺乏任何种类的形式的质料，那就不能说，在质料被形式化和多样化之前，还有一个无形式的阶段。这在形式化这种情况中是显而易见的，因为如果无形式的质料在时间上是领先的，那么它就已经现实地存在了。由于创造的目的是在现实中的存在，现实本身便是一种形式。所以说，质料首先无形式地存在着，等

---

① 参见赵敦华《基督教哲学 1500 年》，第 380—388 页。

于是说某物非现实地现实地存在着，这是一个矛盾。[①]

　　在这里阿奎那断然否定存在着无形式的质料。对于其他教父所提到的无形式性的概念，他是从形式与其所表现的美的关系上进行解释，由此以调和在观点上的对立。因此，在上文最后他指出："其他教父所理解的无形式性，不是排除了所有的形式，而是在物质创造物中的表现缺乏那种美和秀丽。"[②] 这里可以看出，在阿奎那看来形式因是构成美的前提，但没有美不等于没有形式。

　　出于神学的需要，阿奎那还认为，除了由质料和形式构成的有质料的实体外，还有纯粹由形式构成的、无质料的实体。他认为犹太教—基督教传统中的天使就是这样。在他看来，这种天使与希腊和阿拉伯天文学中假定的宇宙神是同一个东西。[③]

　　阿奎那认为，不存在柏拉图主义的"理式"这样的东西，因为在某种意义上说，人的理智只能理解它自己的创造物。他指出：

　　　　柏拉图认为，自然物的形式独立于质料而存在，因而是可以被思考的。若使事物实际上可以被思考，正是在于它是非质料的。柏拉图称这样的形式为种型（species）或理式（ideas）。他认为，有形的质料通过分有这些种型或理式而具有他所具有的那些形式，从而使个别物通过这种分有归入它们自然的类和种型。而且我们的理智也正是通过分有这些形式而认识那些不同的类和种型的形式的。但是亚里士多德认为，自然物的形式不能独立于质料而存在。并认为存在于质料中的形式还不是实际上可以被思考的东西。只有借助某种

----

　　① 《神学大全》Ⅰ Q66A1，旦《托马斯·阿奎那基本著作选》（英文版），中国社会科学出版社，第 619 页。

　　② 同上。

　　③ 参见安东尼·肯尼《阿奎那》，中国社会科学出版社 1987 年版，第 79 页。

已经是现实的东西，事物才能从潜能变为现实，例如感官知
觉是由某种现实地可知觉的东西实现的。因此必须假定理智
有一种能力，它通过从质料的各种限制中抽象出这一种型的
观念而使事物现实地成为可以被思考的东西。这就是我们要
设定有一种主动理智的理由。①

亚里士多德的形式概念，构成了事物的一种结构原理，它所
表示的不是具有一定结构的客体，而是结合质料以产生一个客
体。形式在这种意义上意味着现实性、完善性或事物的确定性。
阿奎那的形式概念则与亚里士多德略有不同，他是在广义上使用
形式这一概念的。它不是指存在的结构原理，而指结构化的存
在。在这种意义上形式即指存在，它是可理解和可确定的客体。
在阿奎那看来，形式是物质的现实化原理，即指具体事物的结构
构成。美基于事物的形式，它是一种超验的、与存在共生的特
性。一个事物若被人体验为美，必定是从它的形式因的观点来考
虑的。阿奎那正是在客体的形式结构上，找到了美的客观基
础。②

阿奎那有时也使用自奥古斯丁以来形成的 "modus，species et
ordo" （尺度、外观和秩序）来指称美，这三项内容涉及比例的
不同形态，是事物存在的完善性的判据，完善在这里便是指形式
的完满实现。总之，形式构成事物的完善，使事物取得它的本质
和质量，所以它正是事物的美的本体论上的根源。正是在这种意
义上，阿奎那说美属于形式因的范畴。

二 美与善的区分

在早期所写的《〈论圣名〉评注》中，阿奎那已经涉及美与

---

① 《神学大全》IQ79A3，见《阿奎那基本著作选》（英文版）第 2 册，第 749
页。

② 参见 Eco Umberto《托马斯·阿奎那美学》（美国英译本），1988 年版，第 6 页。

善的问题。整个中世纪的美学基本上承袭了（托名）狄奥尼修斯美善同一的观点，不论是善还是美都是上帝的属性。上帝的美是绝对的，美就是它本身，它的美没有变易和衰退，没有增益和减少。正是上帝将美赋予了它的所有创造物，因为上帝是所有和谐与光辉的根源。

然而，阿奎那的美学却不能还原到美与善（de Pulchro et Bone）同一的主题上来。他确信，美是一种超验的稳定的存在特性，就像真和善一样，是实体存在的某一方面的性质。"正如存在及其他超验的事物那样，美在性质上是可以类推出来的。也就是说，它可以由不同理性观来界定，由不同主体来界说。每一种存在都是以自己的方式显示其美。"① 由此可以看出，阿奎那的观点与爱留根纳是迥然不同的。对于阿奎那说来，美并非是一种象征，而是实体存在的一种特性。

在《神学大全》一书中，当论及善与美的联系和区别时，针对如下的异议，即"善似乎无涉于终极因（目的因）而涉及其他原因，因为正如狄奥尼修斯所说，善被称赞为美，但美具有形式因，所以善也具有形式因"，托马斯·阿奎那回答道：

> 美与善在一个事物中基本上是相同的，因为它们是基于同一种东西，即形式。这就是为什么善被称赞为美的原因。但是它们在逻辑上却是不同的，因为善实际上与欲求相关（善是各种事物所欲求的），所以它具有目的因的一面（欲求是一种朝向事物的运动）。另一方面，美与认知能力相关，因为对于美的事物人们看见它就会产生愉悦，所以美由适当的比例组成，因为感官对于与它之间在比例上适当的事物会感到愉悦。由于感官也是一种理性（官能），它就像每一种认识能力一样。因为知识是通过同化作用而达到理解，相似

---

① 参见 J. Manitain《艺术与经院哲学——关于阿奎那的审美理论》，纽约 1930 年版，第 30 页。

性便关系到形式，所以美实际上具有形式因的性质。①

这是一段极其重要的美学论述，其中包含了对美的多重界定：

其一它指出了美具有令人愉悦的性质。当然能使人产生愉悦的事物很多，其作用方式各不相同，但并非所有给人快乐的事物都是美的。阿奎那对美的界定是"当人们看见它就会产生愉悦"（id Quod Visum Placet）。这里涉及一种对美的认知方式和美对人产生的心理效应。"人们看见它"是指视觉观照的方式，而非对客体的应用或占有。这里反映出审美的无利害关系或超功利性质。只是由观照产生愉悦是美的一种特性。

其二说明美与善具有共同性。对任何神学家说来，美与善首先都是上帝的属性，阿奎那也不例外。然而他从另一方面指出，美与善在一个事物中基本上是相同的，因为它们是基于同一种东西，即形式。这就是为什么善被称赞为美的原因。也就是说，美和善都具有形式因的性质。这一论证说明阿奎那是从他的存在学说对事物的界定，而不再用上帝的象征来说明现实事物。

其三说明美与善又有所不同，即它们存在逻辑上的差别。善是与人的欲求相关的，即善具有功利的性质；而审美则与人的欲求无关，它具有超功利性的性质。

其四阿奎那仍然是把美在本质上看作是理智的对象，因此认为美与真相关联。因为在他看来对美的观照要依靠人的认知能力，而人的感官具有理性官能，要以理性认识为基础。

其五在这里阿奎那还提出了审美主体与客体的相互关系问题，人对于客体的认知是通过同化作用，它是以某种结构或形式的相似性为基础的，也就是说感官对于与它之间在比例上适当的事物会产生共鸣而引起愉悦。这一点我们将在以后相关处再详细讨论。

_____

① 《神学大全》IQ.5A.5，见《阿奎那基本著作选》（英文版），第47页。

　　对于阿奎那说来，美不只是一种处于概念层次的抽象实在，而且是建立在现实的经验基础之上的。他熟悉美在诗歌、音乐、器物以及自然现象中的各种表现。人从客体中对美的体认所产生的快乐是一种无利害感的愉悦，这表明这种愉悦与人的生物需要和功利的满足无关。这种快感的萌芽已经存在于人的游戏活动之中。游戏是一种其目标在于自身活动的完成，由此使人产生心理的自由感受。阿奎那在《神学大全》第 2 卷中指出："游戏活动并非指向某种外在的目的，其目标在于游戏者的良好存在状态。"① 因此，他认为，审美观照的无利害特性在游戏中可以得到充分说明："观照的智慧可以恰当地与游戏相比拟，因为在游戏中也存在这两种特性：其一游戏给人以快乐，其二游戏并不达到特定的目的，而只是为了它自身的缘故。"② 如果说，游戏的快感与审美快感相似，那么动物的快感则与人的审美快感根本不同。阿奎那指出："惟有人才从感觉客体的美中为了其自身的缘故而得到愉悦"（Solus homo delectatur in ipsa pulchritudine sensibilium secundum seipsam）。

　　显而易见，阿奎那对美的上述界定对于后世产生了深远的影响，人们很自然地会联想到康德对美的无利害关系的规定以及席勒对审美与游戏之间关系的论述。

三　人类的地位与人的美

　　按照阿奎那的宇宙论模型，世界的秩序是一种金字塔式的结构：由尘世的大自然，经行星领域至水晶天和静止的运动者上帝。上帝主宰着宇宙的秩序。在这里，人是由四种元素构成的。行星则是由以太构成的，它们不具有构成新形式的潜能，但处于运动之中。人越升到更高层次，运动就越小，以便到水晶天固定下来。作为上帝与行星的中间媒介，有天使在侍候。天使作为一

---

① 参见 U.Eco《托马斯·阿奎那美学》（英文版），第 17 页。
② 参见 G.Pochat《古代至 19 世纪美学与艺术理论史》（德文版），第 181 页。

种实体，并不具有躯体，因此是不死的。它们的理智犹如一面镜子，反映着事物的永恒的理式。作为最后的根基、原因和意志，上帝和三位一体驾临于宇宙的水晶天之上。

在《神学大全》中，托马斯·阿奎那把人类置于宇宙的突出地位，人统治和支配着整个自然界。人是上帝的影像并且是朝向上帝的，他以不可摧毁的心灵面对其他的创造物，而成为一个自由独立的个体。阿奎那指出：

> 人处于地球的顶点，他是最完善的自然存在物，处于创造物宇宙的中心，通过发育和感知等中间环节将最完善的躯体与最不完善的精神结合成躯体—精神—人格。他是一个小宇宙，在其中所有宇宙的存在原理都在运行。[①]

在这里，他肯定了人是最完善的自然存在物，并且处于创造物宇宙的中心，这样就使人类的地位在整个自然界中得到空前的提升。阿奎那并不接受德谟克利特的原子论，但是却接受了他的"大宇宙"和"小宇宙"的观点。与整个大宇宙相比，人便是一个小宇宙，他依据整个大宇宙的存在原理而运行。所以人所具有的结构秩序，成为大宇宙的一种合乎比例的精确形象。在自然存在物中，人是一种最卓越的存在形式，是尘世形式中最可宝贵的。

在谈到人体的结构适应性时，阿奎那提出了事物的结构形式要适应其目的或功能的思想，这对于美学具有重要意义。他指出：

> 所有自然存在物都是由神的艺术产生的，因而可以说是上帝的艺术作品。每一种艺术意图都应使作品达到最佳安排，当然不是绝对的最佳，而是适应其目的的最佳。例如人们为了切割的目的而制作一把锯子，他取材于铁，由于铁适合于这一目的，他不会由于玻璃是一种更美的材料而用玻璃来做，

---

①　《神学大全》，参见 G. Pochat《古代至 19 世纪美学与艺术理论史》（德文版），第 178 页。

因为这种美会妨碍他实现这一目的。所以上帝给每一种自然存在物以最佳的安排，这并非绝对意义上的，只是相对其恰当的目的而言。正如那位哲学家（即指亚里士多德——作者注）所说：因为如此更好并非绝对，却适应于各物的本质。①

从事物的目的性来看待它的结构这一观点，体现了亚里士多德形式因的思想。尽管玻璃的材料更高贵和华美，但它却不适应这一应用的目的，如果用玻璃做锯，那么玻璃的美将成为实现这一目的的一种障碍。在这里，阿奎那所强调的并不是美应服从更紧迫的功能需要，而是说真正的美包含在合目的的适应性之中。

在谈到人的直立状态时，阿奎那进一步从人的精神活动的需要的角度作出了解释。针对以下的异议，即人与动物之间比人与植物之间更为接近，为什么植物处于直立状态，动物处于匍匐状态，而人却处于直立状态？阿奎那回答道：

> 人变为直立状态有四个原因：其一因为五官赋予人不仅像其他动物满足生存的需要，而且还需要求知。所以，其他动物只在充饥和求偶的感觉对象中得到快乐，惟独人却从感觉事物的美中得到愉悦，因而人的感官位于面部之上。其他动物的面部是朝向地面的，以便寻食来维持生存。然而人的面部是直立的，以便通过感官特别是视觉，可以更敏捷地发现事物的差别，人可以自由地观察他周围的各种感性事物，无论是天上的和地上的，以便从各种事物之中取得理智的真理。②

在这里，阿奎那把求知和感受美作为人区别于动物的属人的性质，在此可以明显见出与新柏拉图主义的区别。依据新柏拉图主义的观点，美只是上帝赋予事物的一种性质，它把人引向对上

---

① 《神学大全》IQ91A3，参见《阿奎那基本著作选》（英文版），第847页。
② 同上书，第875页。

帝的膜拜。而在阿奎那看来，美是事物自身的一种特性，它可以给人带来愉快的享受。人所以能获得这种审美享受，是人通过自己的审美观照所完成的。人对于这些事物是作为一个自由的个体在活动。由此表明，这些事物也是指向人的，人在整个创造物的世界中处于一种积极和主动的地位。

在阿奎那看来，人体作为一个有机体，它的结构适应于其形式的需要，这种需要表现在它的直接目的和它的实体活动中。因此，人体的每一部分都适应于它的形式的确定的活动性并表现出那种支配着它的秩序。早在《〈论圣名〉评注》中，阿奎那就依据奥古斯丁的观点指出："我们称一个人的美，是指他具有肢体的适当比例（在数和位置上），此外还有色泽的鲜明和靓丽。"[①]人体比例的概念反映了各个肢体与整体的协调一致。他认为，若身体的各个构成部分如手和脚，都是处于与自然相协调的状态，那么就可以说这种安排是美的。只要身体的每一部分都能反映出它自身的功能特性，那么它们就是美的，而对整个身体说来，只要它与各个部分是协调一致的，那么它也是美的。

总之，人体的目的在于适应理性的灵魂和它的活动。所以，人的美正是来自这种身体与灵魂的实体统一性，它反映出形式的合目的性特征。这些都体现了阿奎那人类学思想的美学内涵。

第二节　构成美的三个要素

关于美具有令人愉悦的性质，阿奎那在《神学大全》第 2 卷中还有一句著名的说法，那就是："美是以其外观给我们带来愉悦的事物"（pulchra enim cicuntur quae visa placent）。[②] 显而易见，这种对美的界定是就审美主体角度来说的。然而，由于审美主体

---

① 《〈论圣名〉评注》，参见 G.Pochat《古代至 19 世纪美学与艺术理论史》（德文版），第 182 页。

② 《神学大全》Ⅱ Q5A4，参见 G.Pochat《古代至 19 世纪美学与艺术理论史》（德文版），第 179 页。

可能具有不同的知识水准和审美趣味，对客体美的界定就会造成
因人而异的不同结果。既然美具有形式因的性质，那么从形式特
性上便可以对美作出一种客观的界定，由此阿奎那认为：美的事
物是一种具有整体性、协调性和明晰性的东西，从这一角度他提
出了构成美的三要素的著名论断。在《神学大全》中谈到人与本
质的联系时，他指出：

> 美包括三个条件：其一是整一或完善，因为那些残缺的事
> 物就这一方面看来便是丑的；其二是适当的比例或和谐；其三
> 是靓丽或明晰，因为具有鲜明色泽的东西被称作是美的。[①]

这段话在美学史上被不断引述，具有广泛的影响，我们不妨把
它的拉丁原文列出，以免在不同语言的转译中造成语义的失误：

> Nam ad pulchritudinem tria requirunter, Primo quidem, in-
> tegritas sive perfectio; quae enim diminuta sunt, hoc ipso turpia
> sunt. Et debita proporio sive consonantia; et iterum claritas. Unde
> (quae) habent colorem nitidum, pulchra esse dicuntur.[②]

在这一拉丁原文与上述英译的对照中可以看出，对于三要素
的提法略有出入，应为"整一或完善"、"比例或和谐"，最后是
"明晰"。

阿奎那这一美的形式规定的提出，并非是针对美学问题而来
的，而是就"三位一体"中圣子的属性而言，在这里是作为神学
论证的一种依据。所以，阿奎那接下来写道：

> 其中第一条类似于圣子的属性，作为圣子在他身上具有
> 真正的、完善的圣父的性质。奥古斯丁在他的阐释中曾就此

---

① 《神学大全》I Q39 A8，参见《阿奎那基本著作选》（英文版），第378页。
② 参见 G. Pochat《古代至19世纪美学及艺术理论史》（德文版），第182页。

指出：在圣子之中具有至高和本真的生命（见《论三位一体》）。其二与圣子的特性相符，因为他表现出圣父的形象。所以我们说，一个形象只要完善地再现出，即便是丑的事物也是美的。这一点正如奥古斯丁所指出的，在此只要有奇妙的比例和本真的均衡便可。其三就圣言而论符合圣子的特性，如大马士革的约翰所说，它是智慧之光的辉煌。奥古斯丁也曾就此指出：作为完善的圣言，白璧无瑕，可以说是万能上帝的艺术。①

这种以美的形式规定来论证圣子基督的神圣性质，使我们联想到（托名）狄奥尼修斯的《论圣名》。作为基督教神学，它们都无法摆脱宗教的神秘主义和象征主义色彩。但是，阿奎那的这一美学思想，却是对包括古希腊罗马以来直至经院哲学中相关美学论述的一种概括和提炼，其中在不同层次上具有了本体论的、形而上学的以及感性体验的意义蕴涵。

一　整一性或完善

整一性的概念最初见之于亚里士多德《诗学》，书中指出："因为美要倚靠体积与安排，一个非常小的活东西不能美，因为我们的观察处于不可感知的时间内，以至模糊不清；一个非常大的活东西，例如一个一万里长的活东西，也不能美，因为不能一览而尽，看不出它的整一性。"② 整一性的提出无疑涉及人在知觉对象时的整体感受。

在阿奎那看来，整一性的概念与完善的概念有直接的联系，从客体各部分结构可以组成一个完整的整体这一角度说来，整一性也是一种完善。因此他指出：

---

① 《神学大全》I Q39 A8，参见《阿奎那基本著作选》（英文版），第 378 页。
② 亚里士多德：《诗学》，人民文学出版社 1982 年版，第 25—26 页。

一个事物的完善包括两个方面，第一种完善是指事物在实体方面的完善，这种完善是在于整个形式，它来自客体各部分的整一。而第二种完善则在其目的。但是，第一种完善是第二种完善的原因，因为其形式是运作的原理，最后一种完善是整个宇宙的目的……[1]

由此他将整一与完善结合在一起。在这里，整一性反映了事物在结构形式上的完整性，而完善反映了事物的功能和目的上的实现。

一个事物若在结构形式上有残缺或不完整，自然会给人一种丑的感觉。所以，整一性概念的本体论意义在于，它反映了事物的完整与其自然本性上的一致。而完善的概念既涉及善的内容也涉及美的形式。阿奎那也把奥古斯丁关于"modus，species et ordo"作为美的整一性或完善的界定。在这里，尺度在物质和效能原则上与形式相关联，种型或外观形状是对形式的一种限定，而秩序的建立总是指向事物自身的目的，这些也可以看作是对整一性和完善的一种具体表现。

总之，整一性首先涉及对事物形式的完整性规定，它既是对客体自身性质的要求，也是审美观照中主体感受的整体性要求。其次完善概念涉及感性事物或审美形式与功能目的性的联系。它还涉及一个事物或形式自身规定的实现。当然，事物的善的内容不应直接成为审美的依据，但对事物目的性的认知总是与审美过程相关联。

二 比例或和谐

最早确立比例概念的艺术家是古希腊雕刻家波里克雷托（Polykleitos，公元前 452 年至公元前 405 年）。他在从事大理石人

---

[1] 《神学大全》IQ73，A1，参见《阿奎那基本著作选》（英文版），第 669 页。

像的雕刻中，以头部和手的长度为基准构成了人体的均衡关系，以严格的比例创造出人体美的理想形象，其现存作品为多里佛罗斯（Doryphoros）像。毕达哥拉斯学派对这一艺术实践作了理论的概括。此后，古罗马的西塞罗也提出了美是物体各部分的适当比例，加上悦目的颜色。

在奥古斯丁及其中世纪的追随者那里，比例概念往往是指音乐中的数的关系，声音的合理结构表现为最简单的算术比例。比例概念也用于表征那些形而上的美和它的秩序原理，它显现在可见世界的秩序和相互关联之中。格罗塞斯特将宇宙和可见世界的秩序与和谐称为 consonantia；大阿尔伯特则用均衡（aequalitas）一词，这是与亚里士多德和波埃修相一致。均衡既表示事物的确定的尺寸，也表示它们的相互协调。波那文杜拉则把各部分之间的比例说成与数的均一关系。斯特拉斯堡的乌利希把和谐看作是秩序、量、数和整体性。①

比例概念在阿奎那看来，不仅是指事物在数量关系上的对比，而且可以指事物在性质上的对应关系。他指出：

> 比例有两重意义，其一是指一个数量与另一数量之间的一定关系，就此而言他可以是二倍、三倍或相等，它们都构成一种比例。另一种意义是指一个事物与另一事物的各种关系，也可以称为比例。在这种意义上，可以有创造物与上帝之间的比例，就此而言他涉及结果与其原因或潜在活动之间的关系，以及被创造的头脑与认识上帝之间的比例。②

显而易见，这后一种比例关系是基于某种因果或关联性的类比，阿奎那把这种比例关系广泛用于神学和他的存在学说中。

首先，他谈到质料与形式或原因与结果的关系。在《反异教徒大全》中他指出：比例首先是指质料对于所接受的形式的适应性。

---

① 参见 G. Pochat《古代至 19 世纪美学与艺术理论史》（德文版），第 183 页。
② 《神学大全》IQ12，A1，参见《阿奎那基本著作选》（英文版），第 93 页。

质料本身要适应于形式，它由一种与形式相关联的潜质构成，从而产生相应的秩序和现实性，以便质料与形式两者逐渐地相互适应和统合。所以阿奎那说：每一种动因其活动都要求在事先存在的质料中具有与其活动成比例的质料。在关于"上帝使事物从无到有"的论题中，他补充道："所以形式与质料必须总是相互地成比例，即自然地相适应，因为适当的活动产生于其适当的质料。"[①]

他在《亚里士多德〈论灵魂〉评注》中还进一步指出，形式只有与质料的结合中才具有现实性。他说：

> 不像人们通常所认为的那样，这种比例就是形式，毋宁说它只是质料在接受一种形式时的安排。质料接受了这种形式就等于说质料与形式和谐地结合在一起。由此当质料接受一种形式的安排被显现出来，形式也就显示出来了。如若这一安排被破坏，形式也就不存在了。[②]

在这里，阿奎那再一次强调了形式作为存在的构成性原理，同时也表明了他关于存在先于本质的观点。

另一种比例则是指本质与存在之间的关系。在阿奎那看来，这是一种自然的和必然的联系，即在事物的本质及其存在的活动能量之间的适应性关系，这也是潜在与活动的关系。托马斯·阿奎那把亚里士多德关于活动与潜在关系的学说运用于存在和本质的关系，存在的特性在于它的现实性，它是使潜在转变为现实的活动。他指出：

> 不论在什么事物中我们都发现有两种要素，其中一种是另一种的补充。其中一种与另一种的比例就像潜在与活动的

---

① 《反异教徒大全》Ⅱ，80—81，8，参见 B.Eco《托马斯·阿奎那美学》（英译本），第83页。

② 《亚里士多德〈论灵魂〉评注》I9，144，参见 B.Eco《托马斯·阿奎那美学》，第84页。

比例，因为除了它自身的活动之外无所完成……所以存在本身就是所存在实体的补充。①

这段话有助于说明美的超验性质，因为看来一个事物具有比例是由于它存在，即事物处于将其本质与其实在相结合的活动之中。这个活动包含一种比例、一种协调、一种和谐。这种比例便进一步构成了美。因此，凡是凭借本质与存在的和谐而存在的事物都是美的。对于阿奎那说来，这也是对于美的一种本体论说明。

此外，比例不仅涉及可感知的事物，如音乐中的比例；而且涉及逻辑关系，即事物之间纯粹理性的适应性。阿奎那指出："精神的美存在于经过良好组织并洋溢着理智的对话和行为之中。"② 他还说："在人类事物中，美是与符合理智秩序的事物同行的。"③ 这些说法继承了从西塞罗到奥沃金的威廉关于美与道德相关联的传统。在这里，阿奎那更强调了这种美的比例的和形式的特性；同时，他并没有把这种比例与美直接相等同。对于道德的比例或美可以有两种解释：美只能表现在具体的实体中，理性的比例作为一种形式关系，只有具体表现出来才能为人所感知；另一方面阿奎那也考虑到那些不能外化到活动中的纯精神性节奏，也会具有审美的性质。④ 总之，阿奎那的比例概念具有极其复杂的内涵，它不仅涉及两个事物之间的单一关系，而且涉及密集的关系网络。

和谐的概念起源于毕达哥拉斯学派，他们把和谐看作是杂多的统一，是不协调因素的协调。人们首先从音乐中认识了不同音高和长短所形成的曲调的和谐。

在阿奎那看来，和谐表现在以下不同的方式中：首先，和谐

---

① 《反异教徒大全》Ⅱ 53，2，参见 B.Eco《托马斯·阿奎那美学》（英译本），第84页。

② 《神学大全》Ⅱ Q145，A2C 及 Q142，A2C，参见 B.Eco《托马斯·阿奎那美学》（英译本），第86页。

③ 同上。

④ 同上书，第85—87页。

作为事物的整体构成特性，反映了它的各部分组成的是一个完整的实体。每一个别事物都是通过它的形式和功能促进了整体的实现，并指向其最终目标。在事物的动态结构中，每个个别部分总是服从于它的整体性，从而达到和谐。其次，和谐作为一种尺度关系，具有量的意义。量的和谐既存在于多样性中，也存在于统一之中。在自然界的秩序中，它表现为不同种类生物的相互关联和共生，在审美领域通过数的均衡或比例而达到协调一致。再者，和谐也可以表现为相同或不同事物的一种质的特性，甚至涉及道德领域和人的行为，它们也是构成和谐的重要内容。

三　明晰

明晰的概念起源于柏拉图的洞穴隐喻，光使人们看到了一个可见的世界，由于光照的作用世界才成为可以被认识的。(托名)狄奥尼修斯发展了光的形而上学，使上帝的形象笼罩在神圣之光和启蒙之光当中，他用心智之光驱散了盘踞在灵魂中的无知与错误。大阿尔伯特则把辉煌看作是美的本质，并且认为美德具有一定的明晰度，即使没有被人所知道。因此，在大阿尔伯特那里，所谓鲜明或明晰并不涉及认知主题。阿奎那则对明晰概念做了更深刻的解释：

> 从狄奥尼修斯在《论圣名》第4章中所说的一段话可以得出结论，美的（pulchrum）或者美（decorum）的概念包括有明晰和适当的比例。因为他说过，上帝作为世界的和谐和明晰的原因而被称为是美的。正因为如此，人体的美在于四肢的端正匀称，再加上鲜明的色泽。同样，精神美在于人的行为或者人的行动是与理智的、精神上的明晰构成良好的比例关系。[①]

[①]　《神学大全》ⅡQ145，A2，参见马奇主编《西方美学史资料选编》上卷，上海人民出版社1987年版，第217页。

在这里，阿奎那不仅把明晰与色泽的鲜明联系在一起，而且也与人的精神的、理智的明晰联系在一起。这种明晰是与分有概念相关的，阿奎那认为上帝是明晰的原因，通过事物的形式使事物分有了神圣之光，因而使人从中窥见上帝的饱含生命的光辉。优美的道德品质由于有理性的秩序在它们的上面照耀着，就有美在它的上面照耀着，尤其是节制的德性清除了那蒙蔽理性光辉的淫欲。

由此，阿奎那把明晰作为构成美的第三个要素，这一要素不仅有直观的含义，还有更多的隐喻。不论从天体之光与它的实体之间，还是人体的色泽与它的灵魂之间，都存在着同一种形式与事物本质的联系。此外，明晰更着重于人的理性的光辉，从而使它与事物的认知建立更直接的联系。正如雅克·马利坦所说："这种光彩或明晰的成分，涉及对智性最基本的渴求，因而是最主要也最难于解释的。如果我们能完全地认识到亚里士多德式的形式的概念含义——它不是指外在的形式，而是相反，指内在的本体论原则，这一原则决定了事物的本质和特点，事物通过它才能成其为事物，才能存在并行动——我们才能理解伟大的学者们想要给出的完全的含义。"[①]

第三节　审美心理的探索

阿奎那把美首先界定为事物令人愉悦的性质，这就把审美对象的存在与审美主体联系在一起，说明美作为客体的一种属性与主体的心理活动存在一定的关系。由此引出有关审美心理的某些探索。

---

① 雅克·马利坦：《艺术与诗中的创造性直觉》，三联书店 1991 年版，第 136 页。

一　审美的心理要素

在阿奎那看来，人对自然事物的认知是通过感觉经验获得的，认知的第一步是感官的感觉。在亚里士多德学说的基础上，阿奎那指出：感觉不仅是单纯地接受个别形象，而且还有综合形象的能力。所以他把感觉分为两种，一种是内在感觉，一种是外在感觉。外在感觉包括五种感官的活动：视觉、听觉、嗅觉、味觉和触觉；内在感觉共四种，包括通感、鉴审力、记忆力和想象力。在这里，他把亚里士多德提出的辨别力改为鉴审力，以表明人的感觉受思维的影响，从而具有更高的判断力。对于心灵的理智活动，他指出："亚里士多德选择了一条中间路线。他同意柏拉图的意见，认为理智有别于感官，但他同时坚持感觉没有肉体的参与不能正常活动，因此感觉不是灵魂的单独活动，而是肉体与灵魂的复合的活动。"[①] 显而易见，这既是亚里士多德的观点，也是阿奎那的观点，他通过这一引述表达了自己的认同。

对于外在感觉的区分，阿奎那并不是单纯依据感觉器官判定的，而是以感官与感觉对象的结合作出划分，每一种感觉都是人感知外部物体的不同方式。他认为，触觉是最基本的和最一般的外在感觉，不但因为从事感觉的器官包括人体（皮肤）的全部，而且触觉与可感物体有直接接触。人的感觉是在理智的参与下从灵魂的本性中取得发展的。通感则是对五种外在感觉的综合，它将不同感官获得的不同感受汇总形成统一的印象。想象是最重要的内在感觉，它对感觉印象进行了初步的抽象，把印象中的可感性质与可感质料相分离，或在分离后重新组合产生出新的印象，因此想象是通过智性从灵魂的本性中流泻出来的。

---

① 《神学大全》Ⅰ Q84，A6，参旦《阿奎那基本著作选》（英文版），第 806—807 页。

感觉是审美感知的基础，五官感觉不仅可以满足人的生存需要，而且可以求知。动物只在充饥和求偶的感觉对象中得到快乐，而人却从感觉事物的美中使自己获得愉悦。阿奎那曾经提到，视觉、听觉和嗅觉都与审美经验有关，因为在人的反思意识中它们都与人的精神能力相关联。但是，在审美中他最强调视觉的作用。他说："视觉不论在其感官方面还是在其客体方面都没有自然的不变性。它是最具精神性，最完善，并在所有感官中最具普遍性的。"①

在审美知觉中，他所以总是从视觉角度来界定美，这里还涉及语言习惯问题。他曾经指出："任何名称都可以从两方面来考虑，也就是说，或者在本义上或者按习惯来使用。如'视觉'一词就清楚地表明，它原本是指视觉的感官活动，因为这个感官在所有感官中是最宝贵的和最可靠的，由此便在日常语言中扩及到通过其他感官获得的所有知识。所以我们说，看看它的味道如何，或气味如何，是否烧痛了。"② 这就是说，阿奎那在界定美时用"人们看见它"是从普遍的语言习惯上使用的，当然也可以说"人们听到它"。因为在阿奎那看来，视觉和听觉是具有最大的认知特性的感官，所以与审美的关系最密切。

在谈到人是如何理解事物的时候，阿奎那特别指出了人的想象力的抽象、分解和组合作用。他说："有两种抽象，首先通过组合和分解，由此在我们理解时使一个事物不与其他事物一起存在或者把它分离开来，第二是单纯化或绝对化，从而使我们只去理解一个事物而不考虑其他事物。"③

从人的感觉经验到思索活动，都贯穿着不同层次的抽象，他指出：

---

① 《神学大全》Ⅰ Q78，A3，参见《阿奎那基本著作选》（英文版），第 739 页。
② 《神学大全》Ⅰ Q14，A8，参见《阿奎那基本著作选》（英文版），第 629 页。
③ 《神学大全》Ⅰ Q85，A1，参见《阿奎那基本著作选》（英文版），第 813—814 页。

作为个别物质质料中的存在的各种色彩，与视力具有相同的存在模式，因此在人眼中可以留下它自身的影像，但是存在于人体器官中的想象，它是对于个别事物的影像，与人的理智并不具有相同的存在模式，它没有能力使自身在人的理智中留下印象。只有通过积极理智的作用，即积极理智向想象的转化才能在理智中产生一定的相似性，这种相似性代表想象中的东西，但只包含种型（species）的本质。因此，理智中的种型可以说是想象力抽象的结果。[①]

在这里，阿奎那得出了两种不同层次的抽象。在感觉经验中，抽象的作用是使某种形式要素可以脱离具体的物质质料，但不能脱离物体形状的印象，它所达到的只是一种可感知的形式。而在理智的思维活动中，抽象作用则排除了一切有关形状和大小等印象的联系，从而达到对于普遍化的形式的认识，而这种认知是建立在主体与客体在形式上的相似性基础上。

当人的思想以心灵图像或默默自语的方式出现时，阿奎那看到了想象与理智活动之间的密切联系。在这种场合，不是图像给理智的思想以内容，而是理智在特定情况下使用特定的图像，从而赋予图像以意义，不管这些图像是想象出来的词还是心灵图像。当我想到特洛伊时，也许我构成了一个图像，但使这个图像成为特洛伊图像的，却不是这个图像与特洛伊的相似性，而是赋予这个图像的思想和我可能用来表达这个思想的语言，如若把思想比作一本书，那么理智是正文，心灵图像不过是些插图。这就是说，阿奎那意识到：人们的思想不能完全脱离形象，任何思想，即使是最抽象、最普遍的思想，都必然存在对形象的关注。只有适当的伴生的心灵图像或感觉背景才能把一个关于苏格拉底的思想同关于柏拉图或其他人的思想区别开来。

按照亚里士多德的观点，人的各种活动伴随着某种享受的情

[①]　《神学大全》ⅠQ85，A1，参见《阿奎那基本著作选》（英文版），第815页。

感。阿奎那从审美活动中看出了审美享受与物质享受之间的区别。他以动物与人的对比来说明，狮子看到或听到一只鹿时感到欣喜，是由于它预感到自己的猎物可以充饥。而人在和谐有序的声音中得到愉悦，这一快感却与他维持生计并无关联。在那些由基本的自我保存的冲动所决定的行为中，生物性——物质的享受成为主要的成分，而审美的享受只是作为偶然的、次要的成分出现。由此，阿奎那区分出三种不同类型的享受：其一是由实用的需求—生物性需求所制约的，其二为生物性需求—审美需求所制约的，其三为纯粹审美需求所制约的。前者由目的因所驱动，后者则为自主性活动。他认为趣味和情感也属于由生物性制约的官能。[①] 这就是说，审美需求具有渗透性，它渗入人的许多日常生活活动之中，从而形成了生物性需求和审美需求相互交织的状态。E. 波夏特在《古代至 19 世纪美学与艺术理论史》中给出了托马斯·阿奎那美学的一种图示，对理解他的美学观点提供了一定参考（如下图）。

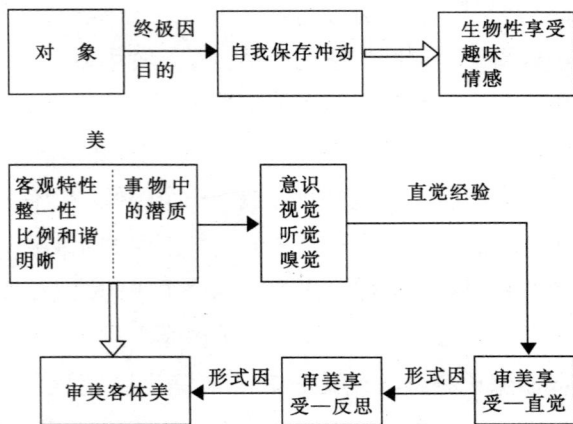

阿奎那美学示意图

---

①　参见 E.Pochat《古代至 19 世纪美学与艺术理论史》，第 181 页。

二　审美主客体的同一性

对阿奎那说来，审美是与人的理智（思维）活动相关联的。他把人的理智分为消极的和积极的两种。他认为，在人的感觉中包含着消极理智，因而被感觉到的事物印象中隐含着事物的本质。感觉是身体—灵魂的复合活动，与之对应的对象是包含着质料—形式的复合体即有形事物。理智则是灵魂的纯粹活动，与之对应的对象是纯粹形式。他肯定在人的感觉活动中有理智因素的介入，但这是消极理智，它只是潜在于感觉活动的过程中。积极理智则是从抽象活动开始，它一方面推动消极理智的活动，另一方面从抽象而获得普遍性的观念和理性。

在《艺术与诗中的创造性直觉》一书中，雅克·马利坦指出："托马斯·阿奎那所说的智性的结构，在我看来似乎特别地有意义。问题并不在于同诗有关，而是相反，在于同抽象认识和抽象思想的诞生有关。但就真正的理由而言，我们发现这儿的这些智性的精神的前意识的基本观点，以后在谈到诗时能为我们所利用。"[1] 也就是说，在阿奎那的认知结构的理论中包含着某种更深层次的审美原理。

阿奎那在强调理智认识时，提出了认识与对象统一的精神性同化作用，即认知者与所认知对象的统一或同一性问题。在认识过程中，认知者通过理智对所认知的对象进行抽象化即精神化，以取得一般即共相的这种普遍性内容。也就是说，认知者主要是认知对象的本性，即把握事物的形式，因此认知者与认知对象的同一便是一种形式的同化过程。阿奎那指出：

那位哲学家（指亚里士多德）的说法在各种理智中都是普遍的真理。活动中的感官具有活动的感知能力，因为感知

---

[1]　雅克·马利坦：《艺术与诗中的创造性直觉》，第81—82页。

的相似性是活动中的感官的形式，同样地活动中的理智是活动中所理解的客体，因为被理解事物的相似性是活动中的理智的形式，通过被理解事物的种型使人的理智起作用，理智是通过同一种型作为自身的形式来进行理解的。①

在这里，阿奎那说明认知活动与认知对象具有某种同质性。认知活动与认知对象的同一，即它们在形式上的相似性，实际上构成了在人的形式与质料与外部事物的形式与质料之间的某种统一。在认知者和被认知者之间能够产生某种同一性的基础正是因为它们都是自然存在物。这里似乎暗示了主体心理结构与被认知客体结构的某种同型或同构，成为近代完形心理学有关同构理论的某种历史先声。

依据安东尼·肯尼的观点，在阿奎那的认知心理结构学说中提出了形式的意向性存在的概念。② 他指出：对阿奎那说来，感性知觉和理智思想都是把形式以一定的非质料的方式接受于心灵之中。形式在知觉和思想中，都是意向性地存在的。当我看到落日的红色时，红色就意向性地存在于我的视觉中，当我想到地球之圆时，圆就意向性地存在于我的理智中。在这每一种情况中，形式的存在都离开了它在实在中与之结合的质料，因为太阳本身并没有进入我的眼睛，地球也没有整个儿地进入我的理智。

但意向性存在本身却并非就是离开质料的存在。阿奎那认为，红色不仅意向性地存在于我的眼睛中，而且也意向性地存在于我借以看到红色的透明的中介中。而且即使在眼睛里，可感觉的形式也是可以任感官中发现的质料的形式。但是在理智中，却不存在任何可以赋之以形式的质料。事实上，接受理智的本性不是别的，就是被赋予意向性地存在的形式。阿奎那说：

　　任何事物都是以其形式被认知者所认知的，而理智灵魂

---

① 　《神学大全》ⅠQ87，A1，参见《阿奎那基本著作选》（英文版），第839页。
② 　安东尼·肯尼：《阿奎那》，中国社会科学出版社1987年版，第134页。

正是这样而绝对地认知事物的本性的。例如，石头的形式就是这样绝对地存在于理智灵魂中的，所以理智灵魂本身也是一种绝对形式，而不是某种由质料和形式组成的东西，因为如果它是由质料和形式构成的，各种事物的形式就只能具体化、个别地存在于理智灵魂中，那么理智灵魂就只能认知个别事物了，像感觉能力只能在人体器官中接受形式那样，因为质料是使形式个体化的原理。①

阿奎那关于形式的意向性存在的学说，对于人的思维本质的哲学原理提供了一定的启示。在罗曼·英伽登的现象学美学中，他把文学艺术作品的存在方式便理解为一种纯粹意向客体，因为作品既不是一个纯粹的客观对象，也不是一个纯粹的主观创造物。在这两种学说中是否可以发现某种思想联系呢？读者不妨作进一步研究。

第四节　艺术哲学观

一　关于制作的艺术

依据亚里士多德和当时的传统观念，阿奎那将人的实践活动划分为两个领域，一个是行为领域（agibile，英译 doing），另一个是制作领域（factibile，英译 making）。人的行为取决于人的欲念和意志，行为领域的活动应听命于全部人类生活的共同目的，它涉及人的存在的完善性，这是道德的领域或人的善良意志的领域。制作则是一种生产活动，其中包括为实用目的和审美目的的各种手工艺品的制作，它的活动结果见之于被生产的东西或作品本身。制作活动听命于特定的目的，而不是人的生活的共同目的，体现在制作品的完善或精良。依据古希腊传统，制作（poi-et）活动是依靠技艺（techne）来完成的，对于实用性艺术在中

①　《神学大全》ⅠQ75，A5，参见《阿奎那基本著作选》（英文版），第690页。

世纪时代通称为 artes mechanicae（机械艺术）。

在阿奎那看来，一切自然的东西都是上帝的艺术所创造的，可以称为上帝的艺术作品。在《反异教徒大全》中他指出，艺术乃是创造者（上帝）心里有关制作事物的思想，或者说艺术是被制作的各种作品的不可背弃的规定，对于艺术家的创作，他首先与上帝的创造相比拟，指出：

> 上帝的真知是事物的原因，因为上帝的真知是针对所有的创造物，艺术家的真知是针对他的艺术所制作的物品，艺术家的真知是他的艺术所制作的物品的原因，这是基于通过艺术家的理智来完成艺术作品这一事实而言的。所以理智中的形式必然是行为的原理，正如热是加热的原理一样。①

在这里，阿奎那所强调的是制作活动中的理智因素的决定性作用。他说："因为在建筑师的头脑中房子的形式是他所理解的事物，根据这一形式的相似性，他建成了物质的房子。"② 也就是说，观念中的形式是建成的物质形式的依据，由此阿奎那提出了在艺术创作中观念在先这样一个艺术原理。

对于艺术制作的具体步骤，阿奎那指出：

> 首先，人们必须对此有明确的了解，这件物品的制作应该如何实施；其次，人们必须准备好所需应用的材料；其三，才是实施艺术活动本身。③

对于具有实用目的的艺术制作活动，依据目的性选择材料成为艺术制作活动的重要原则，在这里，美与合目的性相比只能居

---

① 《神学大全》Ⅰ Q14，A8，参见《阿奎那基本著作选》（英文版），第 147 页。
② 同上。
③ 《伦理学》，参见 G. Pochat《古代至 19 世纪美学与艺术理论史》（德文版），第 188 页。

于第二位。正如阿奎那在前面所指出的，为了制作用于切割的锯子，只能选材于铁而不能选材于玻璃，因为玻璃虽然美却不适用于切割。所以艺术的美必须与它的合目的性相统一。

艺术摹仿自然是古希腊的传统观点，阿奎那对此表示认同，他在《神学大全》Ⅰ，Q117，A1中指出："艺术在其运作上摹仿自然。"因为对于阿奎那说来，大自然首先是上帝的艺术作品，它为人提供了榜样。其次，他的艺术摹仿自然观更接近于德谟克里特的观点即仿效自然的范本和活动方式。自然秩序本身具有合目的性特征，艺术作为建构活动其方式应该向自然事物学习。

如何衡量艺术活动的效果和价值，成为艺术实践的重要课题。阿奎那将艺术活动与科学活动和人的行为进行了比较。首先，他认为衡量艺术的标准不是在艺术工匠的主观意图，而是在艺术作品的客观质量和效果上。他指出：

> 艺术只是制作某些物品的一种适当的方法，这些制作物的善，不在于人的欲念的意向，而在于完成作品的上乘与否。对于工匠的赞赏，不在于他是否有制作某一作品的意愿，而在作品的质量。因此可以说，艺术是一种操作的习性。然而它与思辨的习性也有某些共同点，因为思辨习性所关注的是所思考事物的结果，而不是关注人们对那些事物的意图的性质。只要几何的证明是对的，无论几何学家的意图和态度如何，他或者高兴或者发怒是并不相干的。①

这就是说，艺术制作品的善不在于人的欲念的善，而在于人工制作物本身的善。因此，艺术并不以人的欲念的正直为前提。这里提出了艺术活动的效果论，而不是动机论。这与科学活动具有相同的性质。

其次，对于艺术活动的效果，阿奎那认为，不是针对工艺匠

---

① 《神学大全》Ⅱ Q57，A3，参见白玄主编《中世纪的巨人托马斯·阿奎那》（中英对照），中央文献出版社2000年版，第66页。

人本人而言，而是针对他所制作出的物品而言。他指出：

> 艺术的善不存在于工艺匠人身上，而存在于艺术产品之中，因为艺术是制作物品的适当方法，制作是加于外在质料的，它不是要求制作者的完善，而是要求被造物的完善。其操作是指向事物的活动。艺术关乎对物品的制作。另一方面，审慎的善性在行为者自身，他的完善包含在活动本身之中，审慎是做事的适当方法。所以艺术并不要求工艺匠人的活动是一种善行，但他的作品应该是善的，被制作出的物品应该有良好的效用（如刀子应该好削物，锯子应该好切割）。[1]

在这里，阿奎那对艺术活动的创作与道德活动中的审慎作了比较。审慎属于人的行为领域，它不涉及存在中的某一客体，而是主体对自身自由的运用。它没有确定的方法和固定的规则，而是指向道德价值的目标，为达到这一目标可以应用道德科学的普遍原则。而艺术制作则不同，它有明确的目的和一定的方法。造船是为了航行，制作钟表是为了报时，它们的制作规则是由理性确定的，与行为的审慎相比，它需要更专门的理智。它涉及实践理性，需要预定正确的意志，并依靠它完成制作活动，并使创作过程借助经验、想象和悟性而指向一种理想观念。在这一点上与人的道德行为有相通之处，人的行为也是由它的目标所规定的，人性的明智和审慎是一种基本道德表现，它服从于人的理性，以达到人性的完善为目标。

最后，阿奎那区分了两种不同的美的形态，一种是存在于形式的和谐之中的美，另一种是存在于对一个对象合乎要求的描绘之中的美。这后一种当然是指绘画，他说："一个形象，如果完善地再现了事物，即使这个事物本身也许是丑的，但这形象却可

---

[1]　《神学大全》Ⅱ Q57，A5，参见白玄主编《中世纪的巨人托马斯·阿奎那》，第 72 页。

以称作是美的。"①

二 文本意义的多重性

《圣经》是基督教义的经典，也是一部诗性的宗教文学作品。"太初有道，道与神同在，道就是神"。（《新约全书·约翰福音》第一章）在中世纪，每一位虔诚的教士日复一日地、代复一代地吟诵着这些经文。人们通过对世界的基督化，似乎使生命神圣化了，也使物质精神化了。由此，世界显示出真理，生命被赋予了意义。从基督教诞生起，人们便对《圣经》文本的意义不断作出各种解释，这为解释学的形成提供了舞台，也为《圣经》的诗性和意义世界打开了新的窗口。

对于《圣经》的意义，阿奎那在《神学大全》开篇的第一题中便作了阐释。他首先提出了现存的三种异议：

异议之一是，在《圣经》中一词似乎不应具有多义，即历史的或字面的、寓意的、比喻的或道德的以及神秘的意义。因而在一段文本中，多种不同意义会使论证的力量产生混淆、误解和破坏。所以由主题的多重性会导致谬误而不是论证。然而《圣经》应该表现真理而不含任何谬误，因此不应有一词多义的存在。

异议之二是：奥古斯丁说旧约文本的意义有四种划分：根据历史的、原因论的、类比的和寓言的。看来这四种与上述异议中的划分不同，它似乎不适宜根据上述四种不同义解释《圣经》的同一个词。

异议之三是：除了这些意义之外，还有一种寓言式的，它不属于上述四种。与此相反，教皇格列高里说，《圣经》在其语言上超越每一种科学。因为在同一个句子中，它不仅描述一种事实，而且揭示一种奥秘。

阿奎那认为，《圣经》的作者是上帝，他有能力表明他的意

① 《神学大全》IQ39，A8，参见《阿奎那基本著作选》（英文版），第378页。

义，不仅像人所做的那样是以文字，而且还以事物本身来表达意
义。一般的科学都是用言词来表达事物的，而神学中用言词表达
的事物本身也有一种意义。因此，他指出：

> 用词表达事物属于第一种意义，称为历史的或字面的意
> 义；用言词所表达的事物本身所具有的意义称为精神意义，
> 它是基于字面意义并以它为前提的。这种精神意义进而又可
> 划分为三种。如使徒所说，旧的律法是新的律法的图像；狄
> 奥尼修斯说，新的律法本身是未来荣誉的图像；再者在新律
> 法中只要是我们首领所做的一切，都是我们应该做的一种类
> 型。所以只要旧律法的事物表明新律法的事物，这就是一种
> 寓意。只要是基督所做的事，只要是表示基督的事，都是我
> 们应该做的事的符号，这就是道德意义。只要它们表示与永
> 久荣誉相关的事，就是神秘意义。因为字面意义传达作者的
> 意图，《圣经》作者是上帝，他可以由一个行动来理解他的
> 理智的所有事物。[①]

由此，他将《圣经》文本的意义划分为四种，即字面的、寓
意的、道德的和神秘的意义。他认为这种意义的多重性不会产生
含混或任何其他种类多重性，因为所有意义都是基于字面意义
的，即以字面意义为前提。他认为奥古斯丁所提出的"历史的、
原因论的和类比的"都属于字面意义一类，这些只是从不同角度
对字面的阐释。关于文本的意义，维克多的雨格只列出三种，即
历史的、寓意的和比喻的，他是把神秘意义归在寓意之中。实际
上，道德的和神秘的意义均可归入寓意一类。关于这四种意义的
说法，当时流传着里利的尼柯拉斯的一首诗：

> Littera gesta docet, quid credat allegoria, moralis quid agas,

---

① 《神学大全》Ⅰ Q1，A10，参见《阿奎那基本著作选》（英文版），第 17 页。

quo tendas anagoria.

（字面意义告诉我们各个事件，寓意教我们以真理，道德意义告诉我们该做什么，神秘意义引领我们走向何方。)[1]

总之，不论对于《圣经》的释义，还是文学作品的解释，阿奎那都肯定了隐喻的作用。他指出："诗用隐喻以产生一种再现。因为人自然而然地从再现产生快感。但《圣经》运用隐喻，既在必要也在有用。"[2] 他进一步探索了这种隐喻的美学价值，认为在历史事件与其超自然意义之间以及语言表述与历史事件之间存在某种比例关系。

---

① B.Eco:《托马斯·阿奎那美学》，第 145 页。
② 《神学大全》ⅠQ1,《阿奎那基本著作选》(英文版)，第 15 页。

第七章　冲破神学樊篱的美学

　　经院论美学在经历了它的集大成者托马斯·阿奎那的高峰以后，逐渐式微。与此同时，也出现了冲破神学樊篱和经院论美学体系的新的美学探索。首先出现的是视觉心理学方面的美学研究，它是在撒拉逊（即阿拉伯）自然科学和光学理论成就的基础上产生的，代表人物是德国哲学家维特洛（Witelo，约公元 1230 年至约 1275 年），代表著作是《透视学》（De Perspectiva）和《理智的自由》（Liber de intelligentiis）。

　　另一项则是在语言学方面的美学探索。语言作为一种艺术媒介和符号体系，它是审美地把握世界的重要方式。民族语言问题的提出具有深刻的历史背景，它是欧洲民族国家日趋成熟的表现。代表人物便是意大利诗人亚利基利·但丁（Alighieri Dante，公元 1265 年至 1321 年），他的《飨宴篇》（Convivio）和《论俗语》（De vulgari elo-quentia）都是对民族语言的美学探索。民族语言的提炼为民族文学的发展开拓了道路。同时，作为诗人，但丁又是划时代著作《神曲》的作者，虽然他的宇宙观和神学观都是中世纪的，但他对当时历史和思想的概括却具有了批判的精神，因此恩格斯称"他是中世纪的最后一位诗人，同时又是新时代的最初的一位诗人"。[1]

　　人民是推动历史发展的动力，也是促进文化变革的最活跃的因素。民间文艺的兴起，反映了人民大众审美意识的高涨，它的主流具有反封建和反教会神权的性质，成为新时代即将来临的一朵报春花。在民间文艺中，特别是市民文学的出现，反映了新的

---

　　① 恩格斯：《共产党宣言·1893 年意大利文版序言》，见《马克思恩格斯选集》第 1 卷，人民出版社 1995 年版，第 269 页。

社会力量的审美意识和审美取向。它表现了在社会生活的审美实践中，主体意识的增强和对新的价值观念的探求。作为批判的武器，滑稽、幽默等喜剧性审美范畴受到了格外的关注。此外作为民间礼仪游艺活动的狂欢节也是中世纪俳谐文化的重要形式。在中世纪时，虽然民间文艺没有形成它自身的美学观念，但是它的审美取向却为新时代美学观念的形成开拓着道路，它的文艺素材为新时代的审美创造提供了营养。

第一节　维特洛

依其父亲的血统而论，维特洛是德国学者，若依其母亲的血统而论，也可称他为波兰学者。因此，塔塔科维兹在《中世纪美学》一书中称他原籍波兰，是历史上与波兰有血缘关系的第一位哲学家。维特洛不仅是哲学家，也是自然科学家。他求学于巴黎，其后在意大利生活过一段时间。他关于视觉心理的研究是建筑在撒拉逊人（习称阿拉伯人）自然科学和光学研究的成果之上的，他的《透视学》一书是在译介阿尔海森同名著作的基础上加入自己的观点和观察资料而形成的，因此也可以看作是阿尔海森与他的共同成果。这本书对文艺复兴时期的艺术发展产生了重大影响，受到列奥纳多·达·芬奇（Leonardo da Vinci，公元 1452 年至 1519 年）的高度关注，并于 1535 年、1551 年和 1572 年先后多次再版。

一　研究背景：视觉心理学的发展

引起基督教欧洲的社会和学术变革的一个重要因素是撒拉逊帝国的文明，这也是西方社会最重要的文明之一。撒拉逊人最初即指阿拉伯人，随着伊斯兰教的兴起而扩展到犹太人、波斯人和叙利亚人。撒拉逊帝国的文明史始于公元 630 年，终于 1300 年。[①] 在 12 世纪以前，这里曾产生了辉煌的学术成就，它对欧洲文明产生了重要

①　参见伯恩斯、拉尔夫《世界文明史》第 1 卷，商务印书馆 1987 年版，第 443 页。

影响。

公元 9—10 世纪在巴格达的哈里发统治区，哲学和医学等自然科学十分发达。撒拉逊人在光学和视觉领域的学术成就对于审美心理学的探索具有特殊意义。他们不仅熟悉这方面的古代文献，而且在这一科学领域有进一步发展。关于视觉原理，此前曾经提出了三种不同的光学理论：其一为"内辐射型"，即在视觉领域内物体发出光线到达眼睛而产生视觉，这是亚里士多德的观点。其二为"外辐射型"，即由眼睛发出动态的视线而产生视觉，这是托勒密以及欧几里得在抽象意义上提出的。其三为前两者的结合，它在视觉的形成中把注意力集中在眼睛与客体之间的媒介上。撒拉逊人在这三种理论上都有所发展。[1]

哲学和自然科学家阿尔·肯迪（Al—kindi，死于公元 880 年）发展了第二种理论。他指出光和视线是直线传播的，通过它们的相互作用形成了统一的视场，他还分析了知觉的选择作用和视线在透明介质中产生的变化。他的理论对大阿尔伯特及其后牛津学派都产生了影响。

另一位同时代学者和医学家胡奈恩（Hunain，原名 Ibn lshaq，约公元 809 年至 873 年），他试图把盖伦（Galenos，约公元 129 年至 199 年）后继者对眼睛的生理学研究与动态的外辐射型视觉理论结合起来。他指出，视线和阳光将空气转化为一种光学仪器，通过它使物体的形式和色彩显现出来，由眼睛的晶状体形成视觉印象传导到视神经。他所著《眼科十论》被译成拉丁文得到广泛传播。

针对外辐射理论，哲学和医学家阿维森纳（Avicenna，原名 Ibn Sina，公元 980 年至 1037 年）提出了一系列质疑性论证，根据亚里士多德的物理学和光学理论，他怀疑视线在物理学意义上是否存在以及视线会影响空气介质的观点。他认为视知觉是一种仅局限于个体的能力。在《医典》中他解释了由物体的形式到达

---

[1] 参见 G. Pochat《古代至 19 世纪美学与艺术理论史》（德文版），第 150 页。

眼睛的传播过程以及传播介质的作用。依据亚里士多德的理论，他把颜色归结为物质的特性。他指出，光线遇到物体的坚实表面产生反射，同时将其颜色传递给眼睛。他的主要医学著作《医典》，直到17世纪末一直在欧洲被奉为权威。

在埃及从事研究的撒拉逊自然科学和数学家阿尔海森（Alhacen，公元965年至1039年），其相关著作是《视觉景象》（*Kitab al-Manazir*，拉丁文 *De aspectibus*）；曾有大量阿拉伯和拉丁文版本，到14世纪初甚至译为意大利语，标准拉丁文本为 Risners，1572年于巴塞尔出版。阿尔海森证明，人的视线在物理现实中是不存在的，它只是作为一种假定用于进行研究。他解释了强光的疼痛感觉以及视后象的现象原理，说明透明介质的存在是传播物体的形式、色彩和亮度的前提。人们以前认为形式和图像是整体地传递给眼睛的。阿尔海森刚把视场解释为许多视点的合成。

维特洛正是在阿尔海森《视觉景象》一书的基础上完成了《透视学》的，后者包含了前者的内容并有所补充。维特洛在书中就视觉心理学提出了四个方面的命题。[①]

其一，我们只有通过视觉印象才能把握可见世界的各种现象。光和色可以为视觉所感受，而且只有光和色才能为视觉所感受。离开了光和色，可见的事物便无法为视觉所把握。

其二，人对于形状的把握单靠视觉印象是不够的，复杂的形状是复杂知觉的对象，不能只凭单纯看的印象得出，还需要观察性的活动。所谓观察性活动是指视觉在勤勉的注视中力求正确地把握事物的形式，即不满足于感受到的印象，而要对事物作深入的考察。也就是说，知觉不限于单纯的视觉印象，还涉及其他思维能力。

其三，在人的知觉中包含有判断和想象的因素。这种知觉活动虽然与理智活动不是一回事，但仍是一种理智的能力。对于可见形式的把握，是与人们原有的知识相关联的。因此，记忆在人

---

① 参见塔塔科维兹《中世纪美学》，第320—321页。

的知觉过程中起着一定作用。记忆的内容包括事物的个别形象以及物种的类别形象，这种物种的类别形式在知觉中有重要意义。在比较复杂情况下的知觉，需要集中注意力并付出意识努力，这是因为在知觉过程中，理性、判断、记忆及心灵的活动都在起作用。阿尔海森还解释说，我们没有注意到心灵是借助于思维的敏捷性发生作用的。显而易见，关于知觉结构是与人在记忆中存贮的观念和规则相关联的观点，接近于奥古斯丁的认识论，即意识总是接近自然的秩序和规则。

其四，亚里士多德认为联想只是伴随着知觉的，而阿尔海森和维特洛则认为，联想即是知觉过程的一部分，而且对我们理解可见世界来说具有根本性作用。视觉总是将许多个别的感受联结起来，这些感受是想象借助判断的能力区分开来的。当我们看到一个事物的局部时，便会想象出事物的整体，如看到他的手便想到他的整个人，在阅读时看到几个字母便认出完整的单词。

有关视知觉的研究为美学的探索提供了心理学的支撑。其中理解和想象的自由无疑是审美感知中最核心的问题。有关知觉和反思也包含一种光的份额或照耀，它使认知能力取得自身的动力这一观点，也为波那文杜拉所采用，并且在波那文杜拉的认识论和美学理论中处于中心地位。

二 视觉审美心理的探索

维特洛首先列举了各种引起人的美感的知觉对象和特性，其中包括光、远近、大小、位置、形状、体态、连续性、数量、运动和静止、粗糙性、透明度、密度、阴影、相似和差异等。他说：太阳、月亮和星星便是因其光芒而成为美；同样，色彩也是以光的形式传播开来。远近距离对美感的产生有一定作用。有些体态很美的人却有小小的、难看的疤痕或皱纹，而在一定距离上便可避免这些细小缺憾的影响。事物的大小会影响人的美感，如月亮似乎比星星更美，因为它显得更大一些。位置的影响表现在书法、绘画和有序的视觉印象中，在于各部分有自己适当的位置安排。美由形体所决定，连成一片的绿色以及浓密的绿色植物给人以美感。因为连续的比零散的要美。数量在视觉中可以引起美的感受，如天穹中的繁星点点。粗犷和细腻都可以唤起视觉的愉悦，同样，空气的透明使景物清晰，阴影造成了黑暗才使人看到闪光的星星。[①]

除了在简单对象的知觉中存在的美之外，维特洛认为还从某些视觉形式的结合中产生美。他说："在视觉对象的许多形式中不同形式的结合创造着并非每一个形象所能单独创造的那种美。"而这种结合是以恰当的比例为前提。"因为由感性形象在相互结合之中所创造的一切美，都建立在合比例的基础上，而这种合比例总是跟那些在相互结合之中所获得的种种形式相吻合的。"[②]例如一圆团团的脸蛋再结合着柔媚而清秀的神态，就比单纯的圆脸更加艳丽动人。

作为心理学家和经验论者，阿尔海森和维特洛并不怀疑美可以为人的经验所感知。他们所关注的也首先是美所具有的客观性质。然而维特洛通过进一步的观察发现，人的审美经验是多样的、可变的、相对的并与个人的气质和社会习俗相关联。人的习惯直接影响对美的感知。丹麦人赞赏某些颜色和匀称的东西，而摩尔人则喜欢另外一些色调。由此看来，绝对的美是不存在的，美总是相对的，它依存于一定的文化传统、习俗和个人气质。"因为正如每一个人有他自己的性格一样，任何人也都有他自己对于美的判断……往往会出现这种情况，这个人看来是丑的东西，而在另一个人看来却是非常之美"。[③]因此，在美学研究中关注对审美主体要素的考察就变得十分必要了。

此外他们还发现，人的知觉并不总是真实的。这就是说，我们只有在一定条件下才能真正感受到事物及其形状。如果这些条

---

① 参见塔塔科维兹《中世纪美学》，第328—329页。
② 参见舍斯塔科夫《美学史纲》，第74页。
③ 同上。

件得不到满足，那么就可能产生错觉，从而也导致审美判断的失误。由此阿尔海森和维特洛指出：

> 在观看美和丑的时候，如果被观看物的周围八种环境有了不适当的安排，判断的能力就会出现失误：（1）光线不恰当；（2）距离过度（也是观看失误的原因）；（3）被观看物的位置异常，如不在通常位置上；（4）太小；（5）轮廓不清晰；（6）由于昏暗的气候条件而显得过于模糊；（7）观察过于短暂；（8）观看者视觉有缺陷。[①]

从视知觉的角度去寻找造成审美失误的根源，这在历史上还是第一次。总之，维特洛的审美心理探索具有很强的实践性，因此在文艺复兴时期引起普遍兴趣。

第二节　但丁

但丁生于意大利佛罗伦萨（Florence）的贵族家庭。据他在《神曲》中所述，他的远祖卡恰基达（cacciaguida）是一位骑士，1090 年便居住在佛罗伦萨，死于 1147 年的十字军东征。但丁原名为杜兰丁（Durante），简名为但丁。他在少年时代曾游学各地，研究哲学、神学、科学和音乐、绘画等。当时的意大利，在政治斗争中形成了两个主要党派，即代表封建主利益的教皇党和代表新兴市民阶级的皇帝党。但丁家族属于教皇党，但丁也是该党成员并曾任要职。后来随着政治斗争形势的发展变化，教皇党分化为黑白两派，黑党亲近教皇和贵族，白党亲近工商界和市民。但丁始终站在白党方面，在重大问题上坚持维护市民利益。1301年黑党夺得政权，遂判但丁终生放逐并没收了他的财产。此后，他过着流亡生活，先后客居维罗纳（verona）和腊文纳的权贵门下。他曾与皇帝党及流亡的白党联手，策划武装夺回佛罗伦萨，

---

① 参见塔塔科维兹《中世纪美学》，第 326 页。

但计划未能实现，他也客死腊文纳。

他的创作生涯是从抒情诗开始的。在《新生》（*La vita nuova*，约公元 1293 年）诗集中，他指出，他所以用俗语即意大利语言来写作，是为了供广大不懂拉丁文的人来欣赏。在 1302 年至 1309 年间，他先后撰写了《论俗语》（*De vulgari eloquentia*）和《飨食篇》（*convivio*，未完成），在其中提出了维护民族语言并建立意大利文学语言的问题。《神曲》（*Divina commedia*）的创作先后经历了多年，其中《地狱篇》写作始于 1304 年，《天堂篇》则到晚年才完成。

一　民族化语言的审美取向

在 13 世纪的欧洲，拉丁语是基督教会的官方语言。在神学领域具有至高无上的权威地位。因此，各国在学术领域和文化人中间都使用拉丁语，它与各民族国家日常用语相比，显得更优雅高贵。然而它却远离人民大众的日常生活，正在逐渐丧失自身的生命力。

针对这一现象，但丁首先提出了文言与俗语的区分。他说：

> 所谓俗语，就是孩提在起初解语之时，从周围的人们听惯而且熟悉的那种语言，简而言之，俗语乃是我们不凭任何规律从摹仿乳母而学来的那种语言。从俗语又产生第二种语言，罗马人称之为文言。这种第二语言，希腊人以及其他民族也有，但不是一切民族都有。然而，只有少数人能够运用这种语言，因为我们必须费许多时间勤学苦练才能学到它。这两种语言中，俗语更为可贵，因为它是人类最初使用的，而且全世界都使用它，虽则俗语分为多种语系，在发音和词汇方面各不相同。俗语之所以更为可贵，是因为对我们来说，它是自然的。而文言却是人为的。①

---

① 《论俗语》卷一第一章，参见《缪灵珠美学译文集》第一卷，中国人民大学出版社 1987 年版，第 267—268 页。

　　这里所谓俗语是自然的，而文言是人为的，是指前者是在日常生活的原生状态下习得的，而后者是规范化了的古代语言。所以俗语具有广泛的群众基础，是人们思想的自然流露，显得生动活泼。而文言已经脱离日常现实的生活，只能供少数文化人使用，显得呆板凝滞，有时甚至矫揉造作。

　　接着，但丁分析了语言作为一种符号系统和传播媒介所具有的感性和理性相结合的特征。他指出：

　　　　人类必须有某种既是理性的又是感性的信号来交换思想。这种信号，既要把思想从一个人的理性传给别人的理性，它必须是理性的信号；既然除非是通过感性的媒介，就绝不可能把思想从一个人的理性传给别人的理性，它就必须是感性的信号；因为，倘使它只是理性的，它就不可能传达。倘使它只是感性的，它就不可能取之于一人的理性，而授之于别人的理性。①

　　这就是说，作为传播媒介，语言具有可感觉的性质，可以传达思想情感；作为思想的媒介和媒体，它又具有理性的内涵。

　　他首先从自己对家乡和祖国的情感出发，提出了民族语言即俗语的应用。他说：

　　　　一个人对自己的家乡话最有亲切感，因为家乡话和他的关系最为密切；在一切事物中他首先想到家乡话；这种关系不但是自然的而且是偶然的，因为家乡话使他联想到自己的父母、自己的亲友、自己的人民。所以，可以说，家乡话对于一个人不但是亲切，而且最为亲切。②

---

　　① 《论俗语》卷一第三章，参见《缪灵珠美学译文集》第一卷，第 269 页。
　　② 《飨食篇》第十二章，参见缪朗山《西方文艺理论史纲》，第 275 页。

　　乡情和乡音使每个人产生回到家乡的感觉。这是他在背井离乡之后产生的对于乡情和乡音的怀念，这使它对于自己家乡和民族的语言更充满热爱之情。

　　一个民族是在大体相同的语言、思维方式、生活方式和精神信仰的地域内形成的生活共同体，民族成员在长期共同生活中产生了相对稳定的民族特性，并通过集体无意识沉积在民族心理中，代代相传构成了民族文化的底蕴。在这里，正是靠民族的语言才使民族文化得以传承和交流。它也是文学的民族性的重要标志，成为文学的民族形式的第一要素。中世纪后期正是欧洲大陆各民族国家日趋成熟的时代。因此维护民族语言并进一步建立民族化的文学语言成为走向新时代的需要。

　　对于意大利民族语言，但丁充满自信。他说：

　　　　我认为这位朋友（意大利语）是伟大的，因为它有许多优点，不过它的优点是潜隐的，是秘密的，我要使它的优点变成现实，公之于世，发扬其固有的作用，就是说，把它所含有的思想显露出来。[①]

　　作家的使命正是要将民族语言的优点由潜在转化为现实。他同时批判了轻视祖国语言的现象，揭露产生这一现象的根源。他指出："意大利有些不良分子，他们重视外国语言而轻视祖国语言，对于他们不断的诋毁和贬抑，我要宣布，他们的动机出于五个可鄙的原因：第一是盲从的判断，第二是可鄙的辩解，第三是虚荣的欲望，第四是嫉妒的驱使，第五个最后原因是心灵的怯懦，没有志气。每种不良的倾向都有许多追随者，只有少数人能免于这些病态。"[②] 但丁解释说，第一种人因为没有学识而缺乏判断力；第二种人因为没有才能，不善于运用祖国语言而归咎于语言本身；第三种人能够用外国语写作而沾沾自喜；第四种人不

---

　　① 《飨食篇》第十章，参见缪朗山《西方文艺理论史纲》，第274页。
　　② 《飨食篇》第十一章，参见缪朗山《西方文艺理论史纲》，第277页。

指摘诗人不会写诗，却指摘其作品所用的语言，从这方面贬低作品的价值；第五种人有民族自卑感，因而贬低自己祖国的语言，显而易见，这是民族虚无主义的表现。

如何提炼俗语使之成为民族化的文学语言，这是新文化作家的历史使命。文学语言的建立反映了语言的审美取向，但丁将这种语言称之为光辉的语言。他为这种语言提出了四个标准。他认为，这种语言必须是光辉的、中枢的、宫廷的和法庭的。

所谓光辉的，是：

> 指照耀他物而本身又受照耀的东西……我们所说的这种语言是因训练和力量而提高的，同时又以荣誉和光荣提高它的拥护者。这种语言大概因训练而提高，因为我们知道它是从许多粗野的意大利词汇，繁杂的结构，错误的词句，村俗的发言中间挑选出来，而达到像匹斯托雅人齐诺及其友人在歌体诗中所表现的那样优美、清楚、完整、流畅。而且它显然是因为力量而提高；因为像这种语言那样激荡人心，使不愿意者愿意，使愿意者不愿意，还有什么比它有更大的力量呢？[①]

这就是说，他希望这种民族语言在艺术创作中去粗取精、去芜存菁，逐步达到优美、清晰、完整、流畅，从而富有审美的感染力。

所谓中枢的：

> 正如门随枢而转，枢转向哪方，门也转向哪方，向里或向外，同样，所有城市的方言都随着这种光辉语言动、静、往、返，它正像一家之父。[②]

也就是说，这是一种标准或规范的语言，没有土语方言的局

---

① 《论俗语》卷一第十七章，参见《缪灵珠美学译文集》第一卷，第286页。
② 同上书，第287页。

限性，同时通过它来影响各地方言，使之随它转动，使各种方言
统一起来。

所谓宫廷的：

> 理由是：如果意大利人真的有个宫廷，在宫廷中就要说
> 这种语言。区为宫廷是全国的共同家庭，是境内各部分的威
> 严的统治者，所以，凡是各部分所共有而非一部分所特有的
> 人物，都应该常常往来于宫廷，或者逗留在宫廷之中；任何
> 其他地方都不配接待这样伟大的住客。①

当时意大利尚未统一，但丁希望在国家统一之后，使用一种
统一的通用语言。

所谓法庭的：

> 因为"法"不外是衡量必须做之事的准绳，而衡量所需
> 要的天平只有在最好的法庭上才能找到，因此，凡是我们行
> 为中经过仔细衡量的言行，都可以称为"法庭的"。②

在古罗马，法学是与哲学和逻辑学相并列的，所谓法庭的语
言，便是具有高度准确性、合乎逻辑、经过斟酌的语言。由此，
他对民族化的文学语言提出了全面的要求和标准。

那么如何在这种标准化的语言基础上进一步提炼诗的语言
呢？这就要从语言的音乐性、宏伟性和感染力上再加以选择。他
指出：

> 词有多种：有些是孩子气的，有些是女子气的，有些是
> 男子气的；在男子气的词汇中，有些是乡村的，有些是城市
> 的。在城市的词汇中，有些是"淡妆梳理"，有些是"发光

---

① 《论俗语》卷一第十七章，参见《缪灵珠美学译文集》第一卷，第287页。
② 同上。

可鉴"，有些是"粗眉豪鬓"，有些是"首如飞蓬"。在这些词汇之中，梳理的和粗豪的两类就是我们所说的宏壮的词汇，而所谓光滑的和蓬松的词汇就是字音冗赘的词汇。正如在伟大作品中，有些重如泰山，有些轻如烟雾；至于后者，虽然在表面看来，似乎是扶摇直上，但是仔细审察，则绝非凭虚飞升，而显然是险峰直堕，因为它舍正路而不由，所以，读者，你要小心观察，想一想你在选择高尚的词汇之时，多么应该使用筛子。因为，假如你虑到光辉的俗语，——上文说过，这是诗人用俗语写悲剧风格时应该采用的语言，而且我们所要培养的正是这种诗人，——你就必须只让最高尚的词汇留存筛子里面。①

但丁对诗的语言的审美感染力是从词汇的音乐性和词义的宏伟性角度来考察的。使词汇读出来的语调能长短配合、抑扬顿挫，给人一种甜美感；同时在词义的表达上也避免粗野鄙俗、油滑轻薄，而给人一种宏伟的意境。他不仅从理论上提出了民族语言的这一审美取向，而且在自己的创作实践中实现了自己的理想。在《新生》中，他的散文比诗还要优美，除了深沉的意境之外还有音乐性的节奏美。他的《神曲》则是划时代的作品，成为奏响"文艺复兴"交响诗的先声。

二 《神曲》的人文主义闪光

《神曲》是一首长诗，记述了作者一次"灵魂世界"的漫游。它以这种虚幻的象征手法和对冥冥世界的生动描绘，构成了 13 世纪的一幅政治、历史和伦理的画卷。这是一部表现了精神由黑暗走向光明的历程，其中充满科学和哲学的议论。就此雅·布克哈特指出："整个中世纪，诗人们都是在有意识地避开自己，而他是第

---

① 《论俗语》卷二第七章，见《缪灵珠美学译文集》，第 299 页。

一个探索自己灵魂的人。在他那个时代以前，我们看到了许多艺术诗篇，但他是第一个真正的艺术家——第一个有意识地把不朽的内容放在不朽的形式里。主观的感受在这里有其充分客观的真实和伟大。"①

鲍桑葵认为，《神曲》的形式是独一无二的，是一种全新的诗的艺术体裁。但丁把它命名为"神圣的喜剧"，也有一定道理。因为它的开端虽然森严可怖，而结尾的气氛却颇为欢快，特别是它使用了富有生命力的妇孺皆知的俗语。但是这部作品并没有戏剧的形式和戏剧作品的统一性。《神曲》构思的结构虽然十分严谨，但它没有情节。由此与叙事诗不同，当然也并非抒情诗。所以从美学上看来，这种艺术形式提出了艺术原理方面的一个根本问题，艺术体裁是永恒不变的吗？它的回答当然是否定的。

在《神曲》中，作者所体现的宇宙观仍然是中世纪的。《神曲》描绘的"地狱—炼狱—天堂"的宇宙图景，是对基督教文化的肯定和弘扬。其中"地狱"是对人类社会的艺术写照，色彩黯淡、气氛凝重；"炼狱"是进入理性的境界，体现人类的反思精神和忏悔意识，色彩清丽、气氛静谧；"天堂"是进入信仰的境界，它充溢着强烈的光芒和无形的力场，使人产生难以言传的神秘体验。这里体现了作者对神的信仰、追随以及对于天国圣境的向往。但丁把地狱设想为一个漏斗，底在地球的中心点，净界的山孤立在水面上。地狱里居住着贪婪、强暴和欺诈等罪恶的灵魂，净界则是一个涤罪的炼狱，灵魂在这里忏悔和修炼，天堂则是圣洁灵魂的永居之所。他对天堂的划分是以地球为宇宙中心的，由诸天一层层包裹在外，分别是月球天、水星天、金星天、太阳天、火星天、木星天、土星天、恒星天和水晶天九重。这无疑是依据托勒密的地心说而构想出来的。他对于天堂秩序的描绘，体现了他以对称、秩序和统一为美的美学观。在《天堂》中便有这样的诗句：

① 雅·布克哈特：《意大利文艺复兴时期的文化》，商务印书馆1979年版，第307页。

万物秩序何井然，

宇宙面貌神意焉。

（Le cose tutte quante

Hann' ordine tra loro; e questo e forma,

Che l' universo a Dio fa somigliante.）[1]

在谈到《神曲》的艺术构思时，鲍桑葵指出："他的思想代表了他的思想所表现出来的中古时代的意识，即近代早期的意识。他使天国遭到了柏拉图的理念所遭遇的同一命运。他使统一原则本身凝固为某种物质的东西，至少是某种感官性的东西，同具有这种统一的东西对立起来，作为'另一'世界同'这一'世界对立起来。这样一种思路是不可避免的。对于早期的年代来说，实在不能不意味着物质的实在。精神上的世界除了作为非现世的栖息之所外，不可能成为人民信仰的对象。这第一个二元论——我们的这个形象世界和另一个形象世界之间的二元论——就构成了但丁的作品的内容。但是，在这个二元论之外和这个二元论后面，还有另外一个二元论——整个感官形象的世界同它的精神意义（即道德意义）之间的二元论。"[2] 也就是说，但丁在虚构了这样一个彼岸的形象世界时，也赋予了这些形象以现实的精神意义，他是通过寓意和象征手法来完成的。

在《神曲》中，但丁把批判的矛头直指教会的腐败，反对蒙昧主义，肯定理性和人的自由意志，坚持凭借个人信仰走上救赎之路。这就与中世纪强调世人得救的间接性、被动性、外在性和彼岸性具有了实质的区别。然而，他的思想与文艺复兴时期人文主义者追求人从神权统治下的解放仍然是不同的。在对现实的批判中他所贯穿的主题正如他所说："人，由他自由意志的选择，

---

① 参见鲍桑葵《美学史》，第 206 页。

② 同上书，第 206—207 页。

照其功或过，应该得到正义的赏或罚。"①

此外，《神曲》中也表达了但丁的许多美学思想。如在《地狱》第十一篇中写道："研究哲学的大概都知道：自然取法乎神智和神意。假使你留意你所学的《物理学》，你马上可以知道，艺术取法乎自然，好比学生之于教师。所以你可以说：艺术是上帝的孙儿。假使你记得《创世记》中开头几处说的话，你就知道：自然和艺术是人类赖以取得面包，并因此而繁荣的。"② 在这里，艺术取法自然的观点无疑是对古代摹仿说的继承，而把自然和艺术看作人类生存和发展的基础却颇具新意。这里所指的艺术是宽泛的，包括各种文艺或审美创造，它反映了走向新时代的美学观和价值观。

光照说是中世纪的特有的认识论，也是它独特的美学观。但丁便把天堂描绘成充满永恒之光的世界。"丰富的神恩呀！你使我敢于定睛在那永久的光，我已经到了我眼力的终端！在他的深处，我看见宇宙纷散的纸张，都被爱合订为一册；本质和偶有性和他们的关系，似乎都融合了，竟使我所能说的仅是一单纯的光而已。我相信这个全宇宙的结我已经看见了，因为我说到此处心中觉得广大的欢乐呢"。③ 但丁在遍游三界的精神历程中，所获得的终极体验便是围绕着爱和欢乐而展开的。

天府是圣洁灵魂的居所，也是但丁最高价值观念的体现者，对此，他的精神恋爱的情人贝雅德说道："我们已从最大的形体入于最高的天；此天乃纯粹的光，此光乃智慧的光，充满着爱；此爱乃对于真善的爱，充满着欢乐；此欢乐乃超于一切的幸福。"④ 也就是说，智慧之光便是美的最高体现，它充满对于真和善的爱，感受到这一光，也就获得了欢乐和幸福。因此，但丁的审美理想便是这种真善美的统一，便是通过爱来取得普世的

---

① 《致斯加拉亲王书》，见《缪灵珠美学译文集》第一卷，第312页。
② 但丁：《神曲》，王维克译，人民文学出版社1980年版，第50页。
③ 同上书，第545页。
④ 同上书，第527页。

欢乐。

第三节　民间文艺的审美趋向

民间文艺一般是指与专业作家创作相区别的、由劳动群众口头创作、口耳相传的文艺作品，它直接反映了劳动人民生活，表现了劳动人民思想感情、审美理想和艺术趣味。中世纪最早的口头文学就是广泛流传的民间情歌和民间叙事谣曲，这种诗歌或民谣形式朗朗上口便于口耳相传，所以传播广泛。那些出身于劳动人民或下层教士的流浪歌者，他们走街串巷生活于民众之中。他们创作的题材成为后来市民文学的源泉。

封建统治者和教会当局对于民间文艺采取了限制甚至迫害的政策。查理大帝曾命令禁止讽刺歌曲。1124 年一位诺曼底民间诗人吕克·德·拉巴尔因在诗中讥讽了国王亨利一世而被挖掉双眼。13 世纪一份教会文件中规定，只允许"歌颂君王武功及圣徒生平"的民间诗人接受圣礼。①

一　民间文艺的兴起

中世纪城市产生以后，市民与封建统治阶级和教会神权的斗争，不但表现在政治和经济领域，而且也表现在意识形态领域。从 12 世纪末到 14 世纪初，欧洲风行讽刺故事，故事的题材来自社会生活中的轶闻趣事。编唱者的加工还要迎合市民听众的趣味，这些讽刺故事通过对现实生活的滑稽写照，不仅反映了社会现实生活，而且表现了市民阶级的价值观念和审美倾向。

城市是在村镇发展的基础上形成的，因为"中世纪的起点则是乡村"。② 在那些不是从过去历史中现成地继承下来的，而是

---

① 参见柳鸣九等《法国文学史》上册，人民文学出版社 1979 年版，第 10 页。

② 马克思恩格斯：《德意志意识形态》，见《马克思恩格斯选集》第 1 卷，人民出版社 1995 年版，第 70 页。

由获得自由的农奴重新建立起来的城市里，下层市民原来是来自农村的，在思想情感方面还与农民有着天然的联系。所以许多文学作品的主人公是农民，作者以赞赏的态度讲述农民主人公的机智和勇敢。如法国故事《农民舌战天堂》，描写一个农民死去，天使不接他升天堂，他便径自到天堂门口，先后同彼得、多玛和保罗三位圣徒辩论，揭露了他们的恶行，赞扬农民的美德，证明劳动人民比天神品德高尚得多。他将圣徒们驳得理屈词穷，最后上帝不得不答应他进入天堂。这是对教会神权和传统观念的挑战。

同样，德国农民的滑稽故事《误解》，讲述一个麻衣赤脚的圣芳济会教徒，带了一头小猪来找农夫，求他把小猪放在自己的猪圈中代养。快到屠宰的日子，教徒来了，睡在农夫的阁楼上，等明天农夫将自己猪宰好带走。半夜农夫起床后，一边磨刀一边对妻子讲："把'教徒'一起抓来，顺便宰了吧。"他是把教徒的猪称为"教徒"，而躺在床上的教徒听到却害怕极了，急忙起床背起要饭袋趁夜色逃走了，此后再也没来取猪。这个故事是对托钵僧的一种揶揄，对于他们的不劳而食和胆小怕事给予无情的取笑。

法国市民文学最突出的成就，是大量以列那狐为主人公的故事诗，其中包括《列那狐传奇》、《列那狐加冕》、《新列那狐》和《冒充的列那狐》，它们产生于 12 世纪到 14 世纪的漫长岁月，这正是法国封建社会在经济上和政治上发生深刻变化的时期。不同的历史时期，列那狐的故事也具有了不同的特色。前者通过动物世界揭露封建社会中弱肉强食的现象，后者攻击的矛头指向了整个教会。此外，还有《玫瑰传奇》等作品对后世都产生了深刻的影响。

在中世纪的英国，以古英语完成的长诗《农夫皮尔斯之幻象》(*The Vision Concerning Piers the Plowman*)，也是民间文学的杰出代表。它的作者可能是一个名为威廉·朗格兰 (William Langland，公元 1330 年至 1400 年) 的小教士，也可能是几个不同的人，它们以假托做梦的手法描绘了所见到的景象：

> 田野上
> 熙熙攘攘
> 有穷人，也有富人——
> 或是劳作，或是逍遥：
> 均在天意。
> 种田人难得有闲暇
> 去做游戏，
> 它们撒种插秧
> 勤勤恳恳地劳动
> 而收获却被饕餮者挥霍。
> 富人过着奢侈的生活，
> 个个穿着豪华的服装。

在诗中，把辛勤劳作的穷人与不劳而获的富人作了对比，揭示了封建制度存在的不公正，表现出作者鲜明的是非观念。同时，作者也把讽刺的笔触指向教会，揭露了教士利用宗教愚昧骗取民众钱财的行为：

> 一个赦罪僧
> 在那边传道
> 仿佛他就是教士，
> 取出盖着
> 主教印鉴的
> 教皇之训谕；
> 并且说道
> 他本人有权
> 将他们人人赦免——
> 诸如忘记戒斋，

抑或未能恪守誓言。

大字不识的汉子

相信他，

喜欢听他的话，

纷纷挤到跟前，

双膝跪下，

亲吻训谕。

他用委托书

敲敲信徒的头，

使它们感激不尽，

泪水涌涌。

于是他把训谕

卷成筒状，

将胸针、戒指

一起往袋里扒。

就这样，

他们把金钱送上，

去填满

贪婪之徒的袋囊，

把钱白白花在

寻花访柳的

淫棍身上。[①]（范守义译文）

在这里，农民皮尔斯成为艺术表现的主体，通过他的所见所闻和喜怒哀乐反映出当时社会的现实生活，成为广大农民喜闻乐见的文艺作品。由于这一作品的影响，使皮尔斯这一名字成了1381 年农民大起义富有号召力的一面旗帜，到了 16 世纪又成为激励宗教改革运动的一种精神力量。

----

① 参见王佐良《英国文学史》，商务印书馆 1996 年版，第 8—10 页。

前苏联著名文艺学家 M. 巴赫金在《拉伯雷的创作与中世纪和文艺复兴时代的民间文化》一书中指出，狂欢节（carnival）是西欧中世纪俳谐文化的重要形式。狂欢节是举行各种礼仪——游艺活动的一个节日。在狂欢节的活动中是没有观众和演员之分的，各种社会阶层的代表都参与其中，活动带有全民的性质。在狂欢节的日子里，各处充满声乐喧闹、激情洋溢的氛围。它暂时地取消了所有社会等级的关系、特权、规范和禁忌，通过戏谑和嘲弄的形式去模拟教会的礼仪或宫廷的规范。由此，在狂欢的娱乐和情绪的宣泄中表现出对教会神权统治和封建人身依附关系的不满和反抗。

在东正教区，与西方天主教相比，对民间俳谐文化不能容忍的情绪要大得多，以至 1648 年沙皇颁布了制裁俳优的著名命令。这一命令的产生是根据库尔斯克神甫的一份呈文做出的。呈文中说："陛下，在你的国家中，在克里米亚一带和立陶宛一带的远方，在北部和波兰各地，在边境的各个新旧城乡，许多人和他们的妻室儿女，在礼拜日和主日，在圣母日和大圣者日，在节庆和唱圣诗时，不上神的教堂去做礼拜。他们在节庆乃至礼拜日，在许多日子里，每晚在火树银花的景象里，在街头，在城市广场，在游艺场和娱乐场，同俳优们一起魔鬼似的口咏声哼，昂扬激越，手舞足蹈，跳跃回旋。他们挥以老拳和兵杖，彼此进行殴斗和厮杀，闹得人仰马翻。当神甫和教区牧师以及教师对这种恶行加以制止和处理时，那些作祟者却不服管辖，不顾惩儆。"在这里，以鲜明的色彩描写了接近西部的居民对于教会和对于狂欢节的不同态度。尽管有夸大其词之处，但仍说明了民众的思想倾向。

在中世纪的罗斯，虽然没有形成狂欢节，但不乏滑稽戏或杂耍演员（即俳优）。别尔金在《俄罗斯俳优》一书中研究了俳优在中古俄罗斯文化中的地位和作用。他指出，"俳优"一词只是到 11 世纪中期才在罗斯出现，但俳优本身存在较早。俳优的活动同民间的许多信仰、风俗和娱乐的排场浑然融合一体，因此很早以来就是整个俄罗斯文化体系中的一个永久性的要素。这些俳优可以分为三类：一类是定居在乡村的，他们并不专门以滑稽表演为业，主要是在传统的民间节日——圣诞节、谢肉节、悼亡节及结婚典礼时充当乐师、吹鼓手和谐笑者。另一类是居住在城市的，大多在王侯、贵族及其他权贵家中供职，靠自己的技艺为生，接近于以谐为业。还有一些到处流浪的行脚俳优，他们并不专门配合节日的游乐形式从事创作，而是靠平日的创作和表演为生。由俳优组织的娱乐场起源于异教的节庆，并要求居民参与歌舞和杂耍的表演，这是与基督教的戒律和行为规范相违背的，所以往往受到排斥和打击。

二 民间文艺的审美趋向

民间文艺是在漫长的历史过程中逐步形成的，作为一种群众性文艺，往往是劳动人民集体创作的成果。一个笑话、一个寓言故事，从创作到流传，从加工修改到长期保存，始终与广大群众保持着血肉联系，即使是个别民间艺人的创作也脱离不了群众的集体创作的基础。因此，它直接反映着人民群众的思想感情和审美趣味。许多民间文艺具有口头创作和传播的性质，它与各民族的口语相依而存，既通过民族语言进行创作，又凭借民族语言来传播，所以具有浓厚的生活气息。它所形成的艺术形象和故事情节往往渗入一个民族的深层心理，在不同的时代被不断地沿用、加工和丰富。

许多民间故事、童话或寓言都采用了韵诵体，具有特定的节奏和音韵，形成了叙事诺曲（The ballad）的艺术形式，读来朗朗上口或可吟诵歌唱，为它的传播提供了便利，也成为重要的诗歌形式，为后世许多大诗人所沿用。

《列那狐传奇》等既是一种故事诗，又是一种寓言作品。它将一定的人生哲理寄寓于动物的故事之中，带有明显的比喻性。作为寓言，整个故事构成了一个喻体，而本体则是人生世相。如在禽兽之国中，狮王诺勃勒是最高封建统治者，雄狼伊格兰和狗熊勃仑等宫廷重臣构成了封建统治阶级的中坚，而鸡、猫、乌鸦、麻雀等弱小动物则是广大被压迫阶级，狐狸列那则是个小贵族或新兴的有产者市民，它的阶级本性决定它必然欺凌弱小，而在统治者内部它必然要与狼、熊等大权贵进行斗争，以便保存和发展自己。故事以列那狐为主要角色，由此展现出中世纪封建社会各种力量对立和斗争的错综复杂的状况。

作为动物寓言，在情节和处理上则要将复杂的生活关系简单化，形成一个个单独的故事情节。如列那狐以剃发入戒可以吃到美味的烤点为诱饵，用开水把伊桑格兰狼烫得焦头烂额。它授意伊桑格兰狼把吊桶拴在尾巴上伸入河中钓鱼，河水结冰使狼无法脱身，被人痛打一顿等。显而易见，列那狐故事并非是对古代伊索寓言或拉丁童话的简单摹仿，它的思想内容是与中世纪法国社会生活紧密相连的。它所描写的宏大场面和丰富寓意，大大拓展了动物故事的深度和广度，鲜明地体现了法国市民文学普遍具有的喜剧性和讽刺性。直到 1794 年，德国大诗人歌德还将这些民间故事写成了叙事诗《列那狐》。

笑话是以事物的内容与形式之间存在的悖理、倒错或异常所产生的诙谐效果而引人发笑的喜剧性作品。其中正面人物与反面人物往往同时出现在作品中，以鲜明的对比或智斗来揭示主题。它在形式上可以用韵体诗，也可用散文来表现。一般具有形体短小，生动幽默的特点。例如一个德国笑话说，有人问威斯特伐里亚的农夫为何祈祷，农夫们答道："为富人们的马，若是这些马有三长两短，他们就要骑我们了。"在这里，通过对农夫的一问一答便构成一个笑话。它通过对人与马的移位和情节的夸张产生了幽默的效果。但是，在笑话的背后却饱含着农夫们受压迫和剥削的辛酸和苦难。

强烈的讽刺性和尖锐的批判精神是民间文艺和市民文学的基本特色。它的批判锋芒既是指向封建制度的，也是指向教会神权的。因为宗教是封建制度的护法神，教会又是最有势力的封建主，"一般针对封建制度发出的一切攻击必然首先就是对教会的攻击"。① 所以被封建文学虔诚膜拜的教会，成为市民文学中首当其冲的批判对象。封建文学为之歌功颂德的帝王、贵族和法官等也无不在市民文学的嘲弄之列。封建文学所无视和排斥的平民形象，作为封建统治的受害者和反抗者出现在市民文学里，弱小而足智多谋的平民往往战胜强暴而昏庸的统治者，使作品具有强烈的反封建意义。但市民阶级作为资产阶级的前身，它的剥削阶级世界观也会给市民文学打上深深的烙印。

民间文艺把笑和戏剧性的审美范畴作为一种精神批判的武器，使讽刺性文艺得到空前的发展。在德国 14 世纪产生了农民出身的讽刺作家蒂尔·厄伦史皮格尔（Till Eulenspiegel），他的作品曾经家喻户晓。它的斗争矛头直指封建统治者和基督教会的神权，使文艺从宗教的神学婢女转变为世俗生活的精神园地。整体说来，基督教对艺术中的笑和滑稽是持否定态度的。翻开《新约》，人们根本看不到丝毫笑、滑稽和欢快的情绪色彩。人们在现世的苦难和挫折中总是忧心如焚、悲痛欲绝，而把从苦难中获得拯救的渴望寄托在上帝或耶稣那里。俄罗斯正教会的一位宗教道德家曾经在手稿里写道："笑不能建树业绩，保持业绩，反而弄得前功尽弃，笑使圣灵悲伤忧郁，对肉体也有百害而无一利，笑使善行沦丧无遗，因为笑叫人忘记死亡和惩罚。主呵，愿您让我面无笑容，让我痛哭流涕。"② 因此通过讽喻引起人们的欢快这本身便具有反对中世纪神权的积极意义。

另一种民间文艺形式便是狂欢节，它成为西欧中世纪世俗生活中的一种盛大活动。巴赫金指出："在这里——在举行狂欢节的广场上——占统治的是人们之间恣情纵欲地相亲相爱地进行接触的一种形式，这些人在狂欢节以外的寻常生活中却被阶层、财产、职业、家庭和年龄等状况的不可逾越的樊篱分隔开来。在中

---

① 恩格斯：《德国农民战争》，见《马克思恩格斯全集》第 7 卷，人民出版社 1959 年版，第 401 页。

② 参见乌格里诺维奇《艺术与宗教》，第 221 页。

世纪的封建制度下，等级极其森严，人们平时由于阶层和行会隔阂而不相往来，以此为背景，所有人们之间的这种任意的狎昵的接触被十分敏锐地感觉出来，因而构成狂欢节的一般世界感的一个重要部分。"[1]

显而易见，狂欢节具有一种社会心理的补偿和调节功能，它让被压迫群众得到一种社会缓解，通过戏谑和恣情的游乐转移日常生活严酷现实的压迫感。从这种意义上说，它既是对现存社会秩序的一种否定，又在一定意义上是对现存社会秩序的肯定。它打破日常生活的平静和秩序，让人们在经历了狂欢体验并释放出内在激情之后，再恢复到日常生活状况中来。

对于基督教会说来，狂欢节文化是一种异教的文化传统，它源于古希腊的酒神崇拜。酒神神话出自色雷斯的野蛮氏族，当地盛产葡萄酒，这个氏族以嗜酒著称。以后维奥蒂亚移民将这种酒神信仰传入那克索斯岛并相继传入希腊。酒神崇拜对于热爱神秘并自然地倾向重返原始状态的人富有吸引力，也成为希腊民族神之一。在希腊，狄奥尼索斯不仅是酒神，也是树神和农业神，在本性上它是一位欢乐神和自由神。后来，奥菲斯教的盛行为狄奥尼索斯祭仪提供了舞台。酒神庆典作为一种狂欢仪式，成为希腊宗教活动的一部分。

酒神崇拜体现出一种欢快和放纵的性质，人们在酒神的旗帜下，追求一种心灵的自由和行动的自由。因此，狂欢节总是与音乐、语言和舞蹈密切相关。音乐很容易给人带来迷狂的心态，语言在庆典中具有很大煽动性，舞蹈则是狂欢的一种直接表现形式。狂欢的舞蹈充满一种感性的诱惑和生命的活力。在这种狂欢活动中体现出一种崇尚自然和自由精神的审美追求。狂欢节文化实质上是古代人生命理想的一种象征。人的生命冲动和情感宣泄在一定文化习俗许可的前提下进行，并以游戏和娱乐的方式得到充分的表现。

---

[1] 巴赫金：《拉伯雷的创作与中世纪和文艺复兴时期的民间文化》，参见乌格里诺维奇《艺术与宗教》，第214页。

　　酒神精神的意义，正如尼采（F.W.Nietzsche，公元 1844 年至 1900 年）在《悲剧的诞生》中所说："在酒神的魔力之下，不但人与人重新团结了，而且疏远、敌对、被奴役的大自然也重新庆祝她同她的浪子人类和解的节日……每个人感到自己同邻人团结、和解、融洽，甚至融为一体了。摩耶的面纱好像已被撕裂，只剩下碎片在神秘的太一之前瑟缩飘零。人轻歌曼舞，俨然是一更高共同体的成员，他陶然忘步忘言，飘飘然乘风飞飏。"① 因此，在酒神状态下，人更容易瞥见自己的自由本质。由此，它的反封建反教会神权的倾向是显而易见的，也是为基督教会所难以见容的。

---

　　① 尼采：《悲剧的诞生》，三联书店 1986 年版，第 6 页。

第八章　中世纪美学的现代启示

　　欧洲的中世纪经历了一千年的漫长历史，成为欧洲文化发展的重要阶段。显而易见，中世纪美学呈现出与古希腊罗马美学不同的特点，这种区别特别表现在宗教文化与审美实践和艺术间不同的关系上。如果就艺术与宗教的关系而论，可以说中世纪的艺术中占主导地位的是宗教的艺术，而古代的宗教却可以说是一种艺术的宗教。那么就美学与宗教的关系而论，则可以说古代的美学与宗教是平行的关系，而中世纪的宗教与美学却是一种主从的关系。在中世纪，美学同哲学一样，都只是宗教的婢女，美学往往只是神学论证的一个组成部分。因此，研究中世纪美学，不仅要把握美学理论发展的历史脉络，还应该考察基督教文化所建立的形而上学神学体系为美学发展所提供的新的思维空间，这是一种间接的文化效应，也是我们今天重温中世纪历史所应该取得的新的启示。

第一节　宗教的神秘主义与审美的形上追求

　　中世纪是基督教神学世界观占统治地位的时代。任何宗教都是建立在一定的神秘论基础之上的，其思想观念都具有某种神秘主义的色彩，基督教当然也不例外。F. 麦耶尔（F. Mayer）在《古代及中世纪哲学史》一书中指出："要了解中世纪哲学的矛盾，就得谈到中世纪宗教的神秘精神。神秘主义可以界定为与现实原理相融合的一种直觉探索，这种体验通常分为三个阶段：其一净化，其二启示，其三融通。在中世纪的犹太教和穆斯林（伊斯兰）教中，神秘主义起着重要的作用。在本质上，它标示着人们全神贯注在超自然的领域，在几乎所有中世纪杰出的基督教思想家身上，我们都可以发现这种神秘情调。"①

神秘主义源于巫术时代的自然崇拜，随着巫术观念的破产和宗教观念的形成，人们逐渐由自然崇拜发展为对超自然力即神的信仰和崇拜，并以此作为人们自我认识、自我安慰和自我激励的方式。西方神秘主义始于古希腊的秘教，它源于古代的地母崇拜。柏拉图哲学的理式论为神秘主义奠定了哲学的基础，成为西方思想史上第一个完整的形而上学的神秘主义哲学体系。他把本来统一的世界一分为二，一个是变幻的、个别的、相对的、有限的、现象的感性世界，另一个是不变的、永恒的、普遍的、绝对的、本质的理式世界，只有否弃和超越前一个世界，才能进入后一个世界。这种神秘主义在普洛丁的新柏拉图主义和诺斯替教中得到了进一步发展。它与东方犹太教一神论神性意识结合在一起，进一步形成了基督教的神秘主义传统。由此使一切存在的价值根源和善都被归于人的灵魂与神的融合。

面对战乱、饥荒和人对人的剥削与压迫，人们如何分辨功罪与是非，如何摆脱现世的苦难呢？基督教义宣称：上帝创造了世界，上帝要在世界的末日进行审判，将善人送入天堂，将恶人打入地狱。一个光明而美丽的天堂便在人们的幻想中出现了。为了拯救世人于水火，耶稣甘愿被钉死在十字架上，以他的受难分担人类的痛苦，以他的复活和再临人世，实现惩恶扬善的目的。这种信念有力地支撑着中世纪的价值观念和伦理观念，同时也为人和世界存在的意义提供了终极的关切。

基督教是一种更具人生态度和个人情感性质的宗教，对于神性的体悟便是依靠精神直观或升华了的个人感受作为手段，去获取理性认识所无从达到的对神秘的了解。这种宗教沉思和对神的观照无疑成为激发人对精神世界探求的一种途径。与此相比，审美的世界是人类对于真善美的自由境界的一种情感追求，它同样

---

① F. Mayer：《古代及中世纪哲学史》，American Book Company，1950，第419页。

是通过感性直观的方式来获取对于人生和世界意义的体认和把握。在这里，基督教文化的神秘主义无疑也激发了审美的形上追求。因为神秘主义是建立在精神体验之上的思想学说，这种体验可以极大地拓展体验者对精神世界的思维空间，由于它把美与上帝联系在一起，也把审美的目标引向了终极存在。这就有助于，使人们的审美体验不再停留在感官的愉悦和与外在事物的和谐上，而专注于人生真谛的寻思和完美生命的塑造。

现在让我们从这一视野来重新审视中世纪走过的思想历程。

面对罗马帝国的解体和蛮族的入侵，基督教战胜了古代文明而取得最终的胜利。究其原因，也是利用了神秘主义，即对神的崇拜和信仰。正如文德尔班在《哲学史教程》中指出的，"耶稣的宗教取得胜利的真正的力量在于它进入这个衰老、乏味的世界时带着纯洁高尚的宗教感情的青春活力，带着勇于面对死亡的信念。"[①] 希腊哲学认为死亡是不可抗拒的自然过程，而基督教宣称，只要信仰上帝，人便可以获得永生。这一永生的天国无疑正是神秘主义的世界。所以亚历山大城的克莱门特提到了《圣经》的奥秘，说基督正是"奥秘的导师"。其他的神学家也认为，圣礼是秘迹（mysteria），洗礼是秘事（mystikon），而圣餐奥秘的司仪神父则是"引入神秘者"（mystagogues）。

基督教学说从神秘主义的方向提出了探索人类历史整体意义的问题，这是与古希腊宇宙论观念不同的一种思维取向。正如文德尔班所说："基督教从一开始就在伟大人物的经验中找到整个世界发展的本质，对于基督教说来，外部自然只不过是人与人之间的关系的发展的舞台，特别是有限精神与神之间的关系的发展的舞台。除此之外，作为进一步决定力量的还有爱的原则、人类的团结意识、对'普遍罪孽'的深刻信念，以及对共同赎罪的信心。所有这一切导致人们认为'灵魂堕落'和'灵魂拯救'的历史就是世界现实真正的形而上学涵义。"[②]

---

① 文德尔班：《哲学史教程》上卷，商务印书馆1987年版，第284页。
② 同上书，第344页。

这就是说，在基督教的世界观中，把人和人与人的相互关系看作是最现实的本质，把人类的命运看作是宇宙的中心。这种世界观使人获得了一种亲切感，并由此产生一种新的历史观，即人类生活事件从整体看来也是具有合目的性的意义。也就是说，人类的历史犹如一出悲壮的戏剧，黑暗和邪恶只能暂时压倒光明和善良，人与上帝的结合将使人类步入圣洁的天国。这无疑也为人们提供了一种审美的理想，它成为对人的终极的关切和追寻。

在奥古斯丁皈依基督教的过程中出现的"花园里的奇迹"，成为基督教史上神秘主义直觉的著名范例。正如他在《忏悔录》中所追述的，当他在花园中痛苦地彷徨时，耳边突然响起清脆的童声："拿起，读吧！拿起，读吧！"他于是急忙翻开身边的《圣经》，使徒保罗的教每便他顿觉有一道恬静的光射到心中，驱散了阴云笼罩的疑云。"光照说"成为奥古斯丁的认识论和真理观，光照的概念即源于柏拉图神秘主义的理式论。奥古斯丁认为人的真正知识并非来自经验，而是来自上帝的恩典之光的照耀。光照论的哲学意义在于，它在认识者与认识对象之间设置了认识的一个先决条件。由此，认识绝非认识主体对认识对象的简单经验和实践，而是取决于认识者的主观条件和认识对象所处的客观条件，从而丰富了认识研究的视野，也为审美意识的探索提供了思想前提。

面对牢狱之灾和人生命运的乖戾，波埃修对人世间命运为何与自然秩序如此不同而苦苦思索。在《哲学的慰藉》中，他借命运女神之口宣示了天命的神秘莫测："恒常不是我的本性，我的本性是一场不停的游戏。"[①] 由此他得出结论：一切依命运降临的东西都不是真正的幸福，幸福是一种善，人一旦获得了它，就不再有进一步的欲望，而官职、名誉、财富和享乐都并非幸福，因为它们会引起更大的欲望，只有美德是人通过自己追求、不依赖命运而得到的，是人的真正幸福，也符合自然的秩序。因此，

---

① 参见赵敦华《基督教哲学1500年》，第191页。

他渴望超越时间、超越流逝而追求永恒的境界。

（托名）狄奥尼修斯的《神秘神学》成为基督教神秘主义神学思潮的典型代表，它突出地强调了上帝的超验性和神秘性。在第二章《神秘的神学》的卷首，他写道：

> 基督徒在智慧天国中的向导啊，
> 引导我们向上越过无知与光，
> 上升到神秘的《圣经》的最远、最高的巅峰，
> 在那儿有上帝之道的奥秘，
> 它们单纯、绝对而不可更易，
> 处于隐秘的寂静的辉煌黑暗之中。
> 它们在至深的幽暗之中
> 把淹没一切的光撒遍在最清楚者之上。
> 它们在完全感觉不到和看不见的事物中
> 用超越一切美的宝藏
> 充满我们无视力的心灵。[①]

书中把三位一体的上帝称为神圣的幽暗者。（托名）狄奥尼修斯认为，上帝具有超越性，因为一切可感物的最高原因本身是不可感觉的；而一切概念性事物的最高原因本身并非概念性的，所以上帝也是不可言说的。上帝既不可被"非存在"也不可被"存在"所描述，但上帝作为最高本质，又内在于一切本质之中。

在这里，《神秘神学》的作者昂首远望，极目天穹，内心充满对神圣的敬畏和崇高体验，这正是人类宗教心理的核心体验。人们在超越一切的至高存在——上帝面前，感到一种畏惧和神往相交织的神秘感。作者以想象的方式，将无限时空中有限人类的生存处境和必然产生的恐惧、依赖和向往之情，寄托于神圣和崇高的天国的追寻之中。他不满足于有限人生的有限意义，而要将

---

① （托名）狄奥尼修斯：《神秘神学》，第98页。

有限物纳入一个无限性的诗意境界中，以获取无限的价值、意义和美，从而使人的生命由生生死死、变幻无常的境遇里挣脱出来，进入想象中的永恒福乐之地。

君士坦丁堡的神学家马克西姆在对《神秘神学》的注释中，进一步发挥了这一神秘主义思想。他说，上帝的本质就是存在，但又高于存在本身。形式逻辑的矛盾律不能限制上帝的本质，否定与肯定相互对立，但于上帝之中却是相互调和、相互融合的。因此说"上帝不是存在而是非存在"与说"这一非存在是存在"是一致的。非存在是对存在的超越，上帝的本质存在于具体的存在者之中。它把亚里士多德的相关概念加以神秘化，但依然保留了这一概念的超越和内在的双重含义。同时，他又把信仰的过程描述为"她（灵魂）在单纯观照中与上帝融合，不用思想、知识或语言，因为上帝不是与她的认识能力相对应的认识对象，它不是关系，而是超越知识的统一体，不可言说与解释的道，只有上帝知道它，并将这一不可言说的恩典赐予一切值得消受的人。"[1]

正是这种神秘主义神学思潮促成了拜占庭的圣像崇拜和圣像哲学的形成。大马士革的约翰在否认人类可以通过语言、概念认识上帝本质的同时，却肯定感觉（主要是视觉）直观可以体察上帝。他把视觉对象——形象称为"无字的书"，认为圣像更有不可言说的神秘作用："我们到处建立上帝的可感形象，把第一感觉——视觉神圣化，……通过它我们在精神上与上帝融合。"[2]这种对于感性直观和形象体验的精神意义的强调，无疑强化了宗教态度和审美态度的作用。既然由人工圣像可以感受神圣的真谛，那么由人工而及自然，逐渐扩大到对自然现象的体认，于是出现了"自然是一本无字的大书"的流行观念。

神秘主义神学对于爱留根纳也产生了深刻的影响。爱留根纳的神秘主义倾向表现在他对《神秘神学》的推崇上，并由此提出了上帝的"自我显示"说。他认为，上帝创世活动是一个从无走

---

① 参见赵敦华《基督教哲学 1500 年》，第 200 页。
② 同上书，第 202 页。

向有、从非存在走向存在、从不可言说走向自我显示的过程。人类认识的对象只能是运动着的东西，上帝的运动便是创世活动。从词源学的角度看，希腊文的神（theos）来自两个动词"我见"（theore）和"我跑"（theo），后者的意思在创造，前者的意思则是显示。上帝的创世活动便是一种自我显示的过程。自我显示是"不显露东西的显相，隐蔽东西的昭示，否定东西的肯定，对不可把握东西的把握，不可言说的东西的表达，对不可接近东西的接近，对不可理解东西的理解，无形东西的现形，超本质东西的本质化，无形式东西的形式化"。[①] 这一学说要求人们在上帝创造的世界中去追寻上帝的踪迹。正如圣保罗所说："一切能显明的，就是光。"[②] 上帝从未向人显示过自身，但上帝之光却普照世界。认识了世界，也就认识了上帝之光。据此他认为，每一事物都闪烁着上帝之光，象征着上帝不可见的形象和特征。这一思想正是中世纪美学的一个重要特征，它用神秘主义的语言为感性世界增添了一份神圣的形而上学的含义和色彩。

在 12 世纪，当经院哲学尚未成为公教会统一的意识形态时，神秘主义的神学仍然占据着基督教思想的正统地位。维克多的雨格认为，神秘的境界只有在穷尽世俗知识之后才能达到。他给信仰下了一个独特的定义：信仰是"意志以大于意见的确定性和小于直接知识的确定性来肯定不可见的东西"。[③] 这里所说的直接知识是指哲学，理性是以抽象的方式来把握那些直接的对象，而信仰则依靠权威，带有盲目性，它的确定性小于直接知识的确定性。热爱上帝的热忱会将盲目的信仰转变为神秘的洞见，把对看不见的对象的不确定的肯定上升为对它们的直接清晰的把握。神秘洞见的确定性高于知识的确定性，但它属于意志状态，不再是可以通过学习传授所能达到的认识水平。雨格以信仰、知识和洞见这三者来代替（托名）狄奥尼修斯所划分的肯定神学、否定神

---

① 参见赵敦华《基督教哲学 1500 年》，第 219—220 页。
② 见《新约全书·以弗所书》第 5 章第 13 节。
③ 参见赵敦华《基督教哲学 1500 年》，第 285 页。

学和神秘神学的三个阶段，以此来适应 12 世纪依赖知识的发展水平，对后来的经院哲学产生了较大的影响。

维克多的理查德在《论沉思的心灵准备》（*De praeparatione animiad comtemplationem*）和《论沉思的恩赐》（*De gratia comtemplationis*）中，进一步描述了心灵的沉思活动过程。他将这一过程划分为六个阶段：即感觉、想象、推理、沉思、洞察和迷狂。其中推理和沉思是必然论证的阶段，它将为爱的意志所超越，在最后的阶段则达到对上帝的忘我的爱。他说："由于极大的虔诚，人的心灵超出了自身；由于为神的灵光所照耀并且缠于对最高美的赞叹之中，它又上升到顶点，似乎驾驭了自身。由于极大的喜悦和迷狂，人的心灵则被异化于自身。"① 由此，可见他的神秘主义的根本立场。在这里，上帝是终极的存在，人的理性和信仰只有通过沉思最终才能达到与上帝的融通。

经院哲学虽然强化了辩证法的因素，但是由于信仰与理性之间根本上的对立，仍然为神秘主义保留了发展的余地。特别表现在波那文杜拉的柏拉图主义倾向中，他的神学和美学思想都具有强烈的神秘主义色彩。波那文杜拉的《通向上帝的心灵旅程》一书的主题，便是有关人类知识如何由感觉上升到神秘洞见的问题。他指出：可见世界通过身体感觉进入心灵，导致对上帝的沉思。感性认识是由感觉到想象再到判断的过程，但判断服从于更高一级的规则，这些规则使我们能对所有被认识的感觉对象作出确定的判断。规则是不变的、绝对的、永恒的，"因为它们是无形的理智，不是被造的，它们永恒地存在于永恒艺术之中。依靠、通过并遵照永恒艺术，才形成了所有美的东西"。② 在波那文杜拉那里，"永恒艺术"是与世俗学艺知识相对的概念。他认为，世俗知识并不能说明逻辑必然性，只有"永恒艺术"才是逻辑的根源和依据。"永恒艺术"既是神圣知识，又是神圣光照，它可以引导心灵对永恒之光的沉思。这无疑是继承了奥古斯丁的

---

① 参见塔塔科维兹《中世纪美学》，第 248 页。
② 参见赵敦华《基督教哲学 1500 年》，第 415 页。

光照说，而对于亚里士多德认识论的一种抵制。同时，他也以诗性的语言表达了对神秘天国的向往。

总之，基督教文化的神秘主义对精神境界的追求和思维空间的拓展，为审美文化的发展提供了某种借鉴和激励。因为宗教的神秘主义与审美的形上追求在注重心灵的沉思和意会、个人的体验性、想象与实践操作的同一性以及过程的独一无二和不可言说的性质上，具有某种一致性。它们都注重对某种终极存在的追问。对于宗教神秘主义说来，神是那潮汐涨落的大海，涌动不息；对于审美的形上追求说来，则是人生体验的无限丰富性及其深沉莫测和转瞬即逝。正是从这种意义上，克莱夫·贝尔（Clive bell，公元1881年至1966年）提出了审美对象就是有意味的形式这一命题。他说，一个事物本身的意义就是其现实意义，那么为什么我们如此之深地为某些线、色的组合所感动？因为艺术家能用线条、色彩的各种组合来表达自己对这一现实的感受，因此"'有意味的形式'就是我们可以得到某种对'终极实在'之感受的形式"。[①] 如果说，宗教终极实在是上帝，那么审美的终极实在则是蕴含在审美经验中的人生意义的无限性，它对人类的存在具有永恒的价值。

第二节　审美形象中的寓意和象征

审美活动要诉诸形象直观，离开了可感知的形象要素，也就否定了审美。同样，宗教总有转化成图像的倾向。似乎只要赋予其可感知的形式，神秘感就可把握了。以可见之形来崇拜不可名状之物的需要，持续不断地造就着新形象。基督教"道成肉身"的教义，使得教会十分注重对直观形象的利用，以便扩大宗教的影响。基督教文化中有关寓意和象征的理论，对于形象及其意义的关系提供了新的阐释，由此也丰富了审美形象的意义蕴含。

基督教对于形象的推崇最初还是从摹仿论的角度提出的，作

---

① 克莱夫·贝尔：《艺术》，中国文联出版公司1984年版，第36页。

为宣传和普及教义的一种手段，受到普遍重视。正如教皇格列高里一世所说："绘画陈列于教堂中，因而不会阅读者至少能通过观看墙上的绘画，得知无法从书中得知的事。"[①] 在这里，显然并不涉及审美意义的形象问题。但是对于形象的理解，却涉及了摹仿论。巴赛尔对于形象的认识，便是从摹仿论角度提出的，他强调肖像与原型的同一性。他说："对肖像的崇拜转变为对其原型的崇拜，因为肖像是摹仿的艺术，而耶稣基督实有其人。"[②] 由此打破了《旧约》关于不可制作偶像的禁忌。

中世纪的象征主义发端于对于《圣经》的阐释。早在罗马帝国时代，斐洛便用隐喻的方式解释犹太教经典，使《旧约》从纪实性历史典籍变成一部象征性的寓言启示录，他为"道成肉身"提供了理论上的雏形。格列高里一世提出了对理解《圣经》的寓意或象征说。他认为《圣经》中的故事包含有三种意义：一是字面意义，指所讲的故事本身；二是讽喻意义或寓意，指所写的事物其实是一种比喻；其三是道德意义，指寓意中所包含的道德教训。托马斯·阿奎那又进一步把圣经的意义概括为四种，即字面意义、寓意、道德意义和神秘意义。

比喻是最古老的修辞方法，它是将两个本质不同但又有相似之处的事物进行比较，形成词语之间的替代和沟通。隐喻是比喻的一种，在本体与喻体的关系上，由于隐去了喻词的连接方式，因此它比明喻更为紧切。亚里士多德认为，隐喻是一种意义转换的形式，它涉及至少两个词或事物，其中一个在构成隐喻时语义发生了偏离，而造成意义的变化。隐喻的构成就是把属于其他事物的词给予某一事物所致，由此产生词义的偏离和移位。

隐喻不仅是一种语言现象，也是人类的一种思维方式和认知的工具。人的思维便是隐喻性的，它通过对比来进行，从而形成语言中的隐喻。由此，使隐喻成为人类理解周围世界的一种感知和形成概念的工具，它可以帮助人们利用已知的事物来理解未知

---

① 参见塔塔科维兹《中世纪美学》，第127页。
② 同上书，第33—34页。

的事物，或者用来探索、描述、理解和解释各种新的情景。正如大马士革的约翰所说："因为我们具有肉体和灵魂的双重本质，没有物质媒介我们无法认识精神事物。依此途径，通过对物质的观照，我们达到对精神的观照。"① 显而易见，描写人类精神活动和宗教观念的词语都是借自描述物质活动的词语而来。

人与神的关系便是一种永恒的隐喻，是人类在宇宙中的命运的一种象征。它是人企图抓住某种终极的存在和意义而引入生存境界中来的，以便使人在终极存在和终极价值的影响下，成为自身所是的存在。失去了这一隐喻象征，有限的生命就失去了与无限者或宇宙生命的联系，人就被置于孤立无援的状态。因此，《新约全书·路加福音》说："耶稣设一个比喻，是要人常常祷告，不可灰心。"② 那永远不会到来的都只能在象征之中到来。

早期希腊教父奥立金便是索隐派的解经者。他把《圣经》的字句区分为显义和隐义，这种隐义便是寓意式表达的结果。他认为，当一句话的文字意义导致逻辑上的不可能性、违反事实的荒谬性和有损上帝的结论，它的意义便应被解释为隐喻。例如，《圣经》提到上帝的手、脸、声音等，这只是一种隐喻，因为上帝不可能包含物质或作物质运动。因为任何物质都在变化，变化蕴含着衰亡的可能。从一切变化的东西都是不完善的这一前提出发，可以推论出上帝只是精神存在的结论，这才可能是超时空的和永恒的。《圣经》记载的历史事件也只能按精神意义去理解。这就是说，《圣经》记载的事件并不都是真实发生的，上帝选用一些历史传统传达他的戒律和秩序，这才是贯穿历史记载的精神意义。

应用这种索隐式方法，奥立金第一次对"圣父、圣子、圣灵"的意义作出哲学解释。他说：

"上帝是不可把握、不能测定的，因为不管我们用知觉

---

① 参见塔塔科维兹《中世纪美学》，第 57 页。
② 见《新约全书·路加福音》第 18 章。

或反思能获得什么样的关于上帝的知识，我们必然会相信他
比我们所能感知到的好得多。"这就是说，上帝是人类知识
所不可穷尽的。而圣子则是上帝智慧的本体化，"如果把上
帝的独生子正确地理解为他的智慧的本体性的存在，那么我
知道这一本体不含有任何形体的性质。"①

对于圣灵则如《新约全书·加拉太书》所说："圣灵所结的果
子就是仁爱、喜乐、和平……"② 这是他对三位一体的解释，即
圣父、圣子和圣灵三位一体是上帝的本体、存在和善的统一体。
显而易见，这与后来正统教义的观点并不完全一致。它说明，索
隐法对寓意的测度具有极大的主观倾向性和因人而异的性质。

大巴赛尔在布道演说中，虽然坚持遵照字面意义的解释方
法，但也仍然保留了奥立金索隐方法的痕迹。因为哲学越是抽
象，就越需要借助隐喻进行思索。

尼萨的格列高里则继承了奥立金揭示隐喻意义的方法。他认
为，对于《创世记》所写的六天过程，不能按照字面理解它，
"六天说"只是隐喻着"灵魂的哲学，说明演化的必然顺序以完
善的被造物为最后结果"。③ 在这里，"演化的必然顺序"便是指
宇宙的形成过程，而"完善的被造物"便是指人。

中世纪象征主义的倡导者可以说是（托名）狄奥尼修斯，他
把世界通过象征加以符号化，从而使一切事物都变成神的体现而
给人以启示。他说：

> 一切思考者须意识到，美之外表乃是一种不可见的美好
> 者的象征。影响感觉的美味是一种概念性弥散状态的表象。
> 物质性的光是非物质性的光的满溢的形象。
> 圣洁的象征物质实际上是概念事物的感性符号。它指明

---

① 参见赵敦华《基督教哲学 1500 年》，第 99 页。
② 见《新约全书·加拉太书》第 5 章第 22 节。
③ 参见赵敦华《基督教哲学 1500 年》，第 134 页。

了通向概念事物的路，并引向这些事物；概念事物是在阶层
体系的感性表现之下的泉源与理解。

这种象征并不要求表征物与被表征物之间的相似性，"神圣
的和天界的事物甚至可以通过不相似的象征恰当地启示出来"。①
这种象征主义首先在教堂建筑中得到了充分的体现。教堂象
征着上帝的住所，它是新的耶路撒冷。拱顶在象征性上是教堂中
最有意义的部分，它是天空的一种意象。对于君士坦丁堡圣徒大
教堂的拱顶，有人描述说：它是要请天堂的神降世到凡间来。教
堂中的光线则是基督本人的一种体现。对于教堂的象征意义，正
如《菲桑修道院书信录》中所称："这座建筑物被称作是天堂之
门和上帝的宫殿，而且与天国的耶路撒冷相对比，它闪耀着金银
之光，还装点着丝质帷幕。"②
爱留根纳的上帝"自我显示说"，就包含了象征说的内容。
他要求人们在上帝创造的世界中追寻上帝的踪影。按照他对上
帝、原型和事物关系的解释，原型分有上帝的神圣本质，同时内
在于事物之中。因此每一事物的本质都闪耀着上帝之光。人们只
能通过事物及其本质间接地认识上帝，这种间接认识即象征。爱
留根纳说："可见的与有形的事物无一不象征着无形的与不可见
的东西。"③ 这是从神学的角度提出的，以便从可感知的现象中
获得超感知的神的启示。同时他也涉及文艺作品中寓意和象征，
他说："通过创造虚构的故事与寓言式的比拟，构成有关道义与
自然的哲理，诗的艺术使人类灵魂受到锻炼。"④ 也就是说艺术
总是要利用隐喻和象征的。
在物质世界中，光是最具象征意义的，在教堂中人们更加重
视对于光的处理。奥顿的霍诺苗斯曾经写道：

---

① 参见（托名）狄奥尼修斯《神秘神学》，第 107、167、108 页。
② 参见塔塔科维兹《中世纪美学》，第 216 页。
③ 参见赵敦华《基督教哲学 1500 年》，第 220 页。
④ 参见塔塔科维兹《中世纪美学》，第 125 页。

烛吊灯挂在教堂里有三个缘由：首先是为了以其光线照亮教堂而装饰之，其次是为了借其本身的外观告诫人们那些全心献身于上帝的人将获得生命的荣誉与喜悦的光芒，再次也是为了令我们回忆起天国耶路撒冷，而教堂则显得是以它为原型造成的。[①]

同样，中世纪绘画也表现出象征主义趋向，绘画大多采用轮廓的描绘，其目的是以整体形象的手法唤起人们相应的观念，这在拜占庭艺术中更加突出。

在中世纪寓意文学的基础上，产生了但丁的《神曲》这样一部划时代的著作。在这部诗作中，"由隐喻意义的多重性和意象与观念的想象性融合造成的理解上的无限激动的共鸣和联想，借助三韵诗和反复咏唱"（雅克·马利坦语）微妙地传达出作者的情感体验。诗中充满了议论和训诫，《神曲》里的每一个角色都在训诫人。然而为什么读者并不感到其说教的单调乏味呢？雅克·马利坦（Jacques Maritain）指出："如果说，书中的一切都失去了其自然的分量，变得轻盈、剔透和无比天真，那是因为，如同诗人的创造性天真的正常结果那样，它们尽管抽象，却都能被他的感情所把握，并从他的感情中获得了单纯的灵魂和比这些事物本身更为重要的无限含义。我能否设想，但丁是带着儿童想象的那种模棱两可的严肃性来相信他的谜和他的宇宙的与地理的沙城堡呢？对于寓言，他赋予它那么形象的旋律，以致我们已经从它那里获得了某种直觉性愉悦。"[②] 也就是说，他对比喻和象征的运用达到了创造性直觉的水准，以致其诗性意义总是先于概念意义而处于支配地位，由此它也就突破了神学信仰的局限而展现了更深刻的哲理和更丰富的情感蕴含。

对于文学作品的含义，但丁在《飨宴篇》中也依据托马斯·

---

① 参见塔塔科维兹《中世纪美学》，第213页。
② 雅克·马利坦：《艺术与诗中的创造性直觉》，三联书店1991年版，第279页。

阿奎那的观点作了分析。他指出：

> 一切作品可以而且应该用四种意义来解释。第一是字面意义，就是说，它不超过文字所表达的意思；第二是讽喻意义，它披上故事的外衣遮掩着自己，它是在美丽的虚构下藏着的真理。譬如，奥维德说奥菲士用竖琴使得野兽驯服，使得树木和石头向他走来，那是说聪明人用他的歌喉使残酷的心灵变得温柔谦虚，使没有科学和艺术生活的人也服从他的意志。第三种叫做道德意义，那是教师们在讲课时所发挥的意义，为他自己的也为他学生的利益。……第四种叫做神秘意义，就是说"高于原意"，一篇经典作品要从其精神来解释，甚至就其字面而论，它所表示的东西也暗示着一些永恒光辉的神圣事物。[①]

显然，这里所说的第二种、第三种和第四种意义都可以纳入隐喻和象征范围，只是其中第二种侧重哲理方面，第三种侧重道德方面，而第四种侧重审美体验方面。

但丁正是用他自己的诗作对这种寓意说作了现身说法的体证，他在《神曲·炼狱篇》中通过马可·伦巴杜之口说道：

> 你们活着的人把一切的因
> 一概归于上面的诸天体，仿佛它们
> 必然带动一切随着自己行动似的。
>
> 真是这样的话，你们的自由意志
> 就要被破坏，而且为善而欢喜，
> 或是为恶而悲恸都是不应当的了。

---

① 但丁：《飨食篇》卷二第一章，参见缪朗山《西方文艺理论史纲》，第 295—296 页。

诸天体使你们的冲动开始引动，

我不是说一切；但假定我说了，

你们就得到了借以知道善恶的慧悟，

和自由意志；后者若是善加培养，

又在和诸天体最初的搏斗中

坚持，最后就会获得全部胜利。

你们在你们的自由中，服从于

一个更大的权力和更善的自然；

使你们具有不受天体约束的心灵。①

　　在这里，他以诗性的认知和音乐的节奏道出了简单而明确的哲思。

　　与此构成鲜明对照的是，在中世纪文艺中还存在另一种寓意式作品，它们是将抽象概念人格化。如圣方济会修士利尔的阿兰（Alain of lille，公元 1128 年至 1203 年）创造了史诗风格的长篇六音步诗《反克劳狄安》（Anti-Claudianus），他一反克劳狄安在《鲁非诺》中依靠邪恶进行创造的思路，不是以历史和现实人物作为文学形象，而是把诸如理性、智慧、感情、自然等抽象概念人格化，当作人物形象来描写。同样《玫瑰传奇》等也采用了这种寓意式写作方法。这种创作的表现形式与内容的关系是外在的，艺术形象往往只是某种抽象观念的图解，因而缺乏艺术生命力。

　　对此，黑格尔（G.W.F.Hegel，公元 1770 年至 1831 年）在《美学》中从形象与意义的相互联系上对于寓意（die Allegorie，the Allegory）、隐喻（die Metapher，the metaphor）和象征（das Symbol，the Symbol）作了区分。他把寓意看作是从普遍意义出发

---

　　①　参见雅克·马利坦《艺术与诗中的创造性直觉》，第 280 页。

的一种比喻，是抽象概念的人格化，"寓意是冷冰冰的东西，就连它的意义也不过是知解力的抽象品；从创造的角度来看，它只是知解力的运用而不是想象力的具体观照和深刻体会。"① 黑格尔把隐喻看作是一种自觉的象征表现，"单就它本身来看，隐喻其实也就是一种显喻，因为它把一个本身明晰的意义表现于一个和它相比拟的类似的具体现实现象。"② 而象征则具有暧昧性，"象征一般是直接呈现于感性观照的一种现成的外在事物，对这种外在事物并不直接就它本身来看，而是就它所暗示的一种较广泛较普遍的意义来看"。③ 然而，这些还未能说清隐喻和象征的联系和区别。

现代符号学对于符号性质的界定，有助于对寓意和象征的理解，特别是对于（托名）狄奥尼修斯提出的不相似物的象征的理解。在皮尔斯（Ch. S. Peirce，公元 1839 年至 1914 年）符号体系中，依据符号媒介（能指）与指涉对象（所指）的关联，可以区分出三种不同性质的符号，即图像符号（icon）、标示符号（index）和象征符号（symbol）。图像符号是以能指和所指之间相似性为基础的，标示符号是以能指与所指之间的相关性（即接近或因果联系）为基础的，而象征符号则是以能指与所指的约定俗成为基础。④ 这将有助于对审美形象中寓意和象征的进一步探讨。此外，罗兰·巴特（Roland Barthes，公元 1915 年至 1980 年）则把语言符号不仅看作是意义的交流，而且看作是意味的表达，由此区分了语言的符号功能与其信号（signal）和征象（sympton）功能。⑤ 这些都扩大了审美形象的意义蕴含。

---

① 黑格尔：《美学》第二卷，商务印书馆 1979 年版，第 122 页。

② 同上书，第 126—127 页。

③ 同上书，第 10 页。

④ 参见本泽、瓦尔特著，徐恒醇编译《广义符号学及其在设计中的应用》，中国社会科学出版社 1998 年版，第 25 页。

⑤ 参见滕守尧、张金言编《当代西方著名哲学家评传》第八卷，《艺术哲学》，山东人民出版社 1996 年版，第 412 页。

第三节　宗教经典的文化意象和审美内涵

　　基督教《圣经》提供的表象世界的形象特征，随着西方文化的发展，逐渐转化为一种审美意识或审美的形式感。它一方面积淀于西方人的文化心理结构之中，规定和制约着他们从事文艺创作的审美趋向和审美方式，另一方面又存储于西方人文文化的感性形态中，给西方文艺创作提供了取之不竭、用之不尽的意象储备。[①] 也就是说，当《圣经》作为一种神学权威体系逐渐淡出以后，曾经作为人类集体表象的圣经故事所寄寓的情感和记忆，却受到人们生生不息的生命冲动的不断滋养，在人们心底扎下了根，成为一种原始的文化意象，在人类生存矛盾的不断召唤之下催生出千姿百态的文艺景观。

　　《圣经》的历史观和人生价值观，将人类历史现实的残酷无情同人类追求理想的永恒坚定以对立冲突的形式展示了出来。这种冲突和对立为文学艺术的探索提供了创作的母题，西方文艺便不断将历史中的矛盾转化为艺术虚构中的平衡，将现实的痛苦转化为审美的悲壮。亚当与夏娃的堕落无情地证明了人的懦弱与目光短浅，人难以常与自己心中的守护神和睦相处，于是文学中便有了一个又一个原罪和堕落、沉沦与获救的故事；于是基督与撒旦、善与恶、堕落与皈依在文学艺术世界中展开剧烈冲突的同时，也获得了艺术的化解，从而以审美的方式实现了人性与神性、此岸与彼岸、本体与价值的和谐统一。

　　作为人类文化的丰厚遗产，《圣经》等基督教经典文献为后世提供了数不尽的意象、典故和素材。一代又一代的西方作家，似乎都在通过引用、化用、借用、隐喻等方式，分享着这笔财富。据统计，莎士比亚（W. Shakespeare，公元 1564 年至 1616 年）在其作品中平均每个剧本引用《圣经》14 次。乔叟（G. Chaucer,

---

　　① 　参见马小朝《宙斯的霹雳与基督的十字架》，学林出版社 1999 年版，第 62 页。

公元 1343 年至 1400 年）的作品提到亚当 23 次、摩西 8 次、参孙 16 次、保罗 30 次、以赛亚 5 次、耶稣 300 次。勃朗宁（R. Browning，公元 1812 年至 1889 年）的《圣诞前夜和复活节》（*christmas-eve and Easter-day*，1850）共引用《圣经》130 次，《指环和书》（*The ring and the book*，公元 1868 年至 1869 年）涉及《圣经》500 次。[①] 当然，《圣经》对西方文化根本性的影响，并不是在它所奠定的文化习俗和语言传统，而是在于它所启示的又经不同时代不断体验、补充和发展而成的基督教精神。

如果把《圣经》所描述过的故事分解为情节单元，我们会在西方文学作品中看到许多反复的"母题再现"。S. 汤普森编著了 21 卷本的工具书《民间故事母题索引》和 1988 年出版的《文学主题与母题辞典》，为研究这一现象的学者提供了极大的方便；而心理学批评和原型批评等，则为这种现象找到了若干深层的根据。荣格（Carl Gustav Jung，公元 1875 年至 1961 年）在《创造的赞美诗》中曾指出："上帝……就是生活中一切必然性、一切不可避免性的一个意象……是一系列具有原型性质的观念的聚集。"[②] 在这里，他试图用"集体无意识"来解释人们对《圣经》的"原始意象"的不断重复。

基督教的核心问题，是关于人的本质、人的处境以及人的归宿问题。《圣经》对此作了悖论式的描述。根据《圣经》的记载：人是上帝照着自己的样子塑造的，并且要管理海里的鱼、空中的鸟和地上的牲畜。本来人应该具有向善的神性。但是实际上，人的罪恶很快为上帝所不容，在失望和愤怒之间，上帝屡屡降下灾难和惩罚，甚至不惜用灭世的洪水来洗刷他曾赐福的造物。人由于上帝的驱遣来到尘世，领受生育和耕作的苦楚，"从土而出"又"归于尘土"。但是，"创世—原罪—审判—救赎"所描述的人类过程，又分明透露出来自另一世界的诱惑和召唤，使人感到自

---

①　参见杨慧林等主编《基督教文化百科全书》，济南出版社 1991 年版，第 340 页。

②　同上书，第 341 页。

己的起点和终点都与他在现实中的存在状态相悖逆，从而使人厌弃尘世。那么人生的意义何在？现实追求的意义何在？改造生活的意义何在？这成为人类本质、处境和归宿的悖论。它不仅在基督教经典中贯彻始终，而且也在西方文学中激荡着久远的回声。近代以来的西方文学大都是在这种基督教的思想氛围下对这些悖论的沉思、摸索、希冀或叹息。

如果说西方文艺本来就存在着摹仿人生、再现历史的叙事性传统，那么基督教观念的参与，则使它更多地着眼于人生的矛盾、人性的复杂、人世的荒诞和人类命运的无常。人的主题之所以能在西方文学中不断深化、变幻无穷，显然与其植根其中的深厚的基督教土壤息息相关。

"原罪"是基督教的基本观念。从始祖亚当和夏娃的被逐开始，凡肉身者，生而有罪。人的降世亦是罪的降世，罪恶与人生俱在。据《创世记》第4章记载：该隐因为耶和华喜欢亚伯的贡物而心生忌妒，在田间杀死了弟弟亚伯，耶和华罚他"流离飘荡在地上"。该隐说："我的刑罚太重……凡遇见我的必杀我。"于是耶和华给该隐立了一个记号，免得人遇见他就杀他。这个故事代表了一种与东方人截然不同的思维逻辑和伦理意识。它使人们感到：无论犯了什么罪都只是罪人当中的一个而绝非惟一的罪人。所以当耶稣准许"没有罪的人"用石头打那个"行淫时被拿的妇人"时，人们都灰溜溜地离去了。最后耶稣对那妇人说："没有人定你的罪么？……我也不定你的罪。"在这种人皆有罪的前提下，罪恰恰成为人类共有的最一般特征，从而使"原罪"背景中的西方文化更强调"罪"与"恶"的属人性、自然性，彻底否定了理想人格的存在。

如果说"原罪"在中世纪的教父那里只是伴随着结束生命的企盼和自残自虐的修炼，那么到宗教改革时代，加尔文却相信人类的现世成功乃是获救的标志，路德相信人类始终处在"罪、称义和正义的矛盾统一之中"。这种崭新的基督教伦理，成为文艺复兴时期大量世俗文化的思想前提。这也为后世西方文艺对于人性的阐发奠定了基础。

按照《圣经》的记载，人类的"原罪"是由于夏娃和亚当偷吃了"分别善恶的树"的果实所致。渴望知识，想变得更加智慧，是人类的初次堕落，人类沿着这条路陷入了永久的地狱。但是，一方面我们的始祖从获得理性的一开始便蒙受了相伴而来的惩罚；另一方面，诱惑了他们的毒蛇又分明意识到：正是理性具有使人变成上帝、使人与上帝平等的力量。《圣经》一方面鼓励人们"宁得知识，胜过黄金"，认为"得智慧胜似得金子，选聪明强如选银子"，一面又告诫人们"多有智慧就多有愁烦，加增知识的就加增忧伤"；甚至还威胁说："智慧人的智慧必然消灭，聪明人的聪明必然隐藏。"这里以隐喻的方式，阐发了理性的进步与堕落所构成的深刻历史冲突。它也表现在几百年来西方再三反思的自然与发展、爱欲与文明、人道与科学、善与恶的矛盾冲突，这也正是西方文艺的一个永恒主题。

西方近代文艺，一方面用基督教的"原罪观"界说人的本质，使魔鬼撒旦理直气壮地成为参与历史的力量，与上帝共同塑造出无比丰富的人格；另一方面又用基督教的"救赎观"否定一切自相矛盾的现世价值，在一个超越了现世善恶纠葛的立足点上使二者的悖论得以消解。西方文艺所体现的这种基督教人生观念的双重选择性，成了科学与人道、文明与爱欲、进步与自然最终趋向统一的基础。

总之，基督教观念为人类提出了一种对人生的终极关切，没有哪一种艺术样式能够排除对人的终极关切的艺术表现，同时这种终极关切又存在于每个人的审美体验之中。对于人生价值的探寻在艺术中的表现是多种多样的，它可以作为一种境况的隐秘的基础间接存在着，也可以通过一幅风景画、一幅肖像画或一幕生活场景闪现出来，并将意义深度赋予这幅风景画、肖像画和这幕人间生活场景。这便是基督教经典提供的最根本的文化意象及其审美内涵。

参考文献

(不含原著和资料辑)

第一、二编

Beardsley, M. C., *Aesthetics from classical Greece to present*, New york, 1966. (《自柏拉图迄今的美学》)

Ekbert Faas, *The genealogy of aesthetics*, Cambridge university press, 2002. (《美学谱系学》)

Warry, J.G., *Greek aesthetic theory*, London, 1962. (《希腊美学理论》)

Lippman, E., *A History of western musical aesthetics*, Nebraska university press, 1992. (《西方音乐美学史》)

Melberg, A., *Theories of mimesis*, Cambridge university press, 1995. (《摹仿理论》)

Stephen Halliwell, *The Aesthetics of mimesis*, Princeton university press, 2002. (《摹仿美学》)

Murray, P., *Plato on poetry*, Cambridge university press, 1966. (《柏拉图论诗》)

Barasch, M., *Theories of art from Plato to Winckelmann*, New York University press, 1985. (《从柏拉图到温克尔曼的艺术理论》)

Hazard Adams, *Critical theory since Plato*, New York: Harcourt Brace Jovanovich, 1971. (《柏拉图以来的批评理论》)

Fine, G., *On ideas*: *Aristotle's criticism of Plato's theory of forms*, Oxford: Clarendon press, 1993. (《论理式：亚里士多德对柏拉图的形式理论的批评》)

Else, G. F., *Plato and Aristotle's on poetry*, North Carolina University press, 1986.（《柏拉图和亚里士多德论诗》）

Stigen, A., *The structure of Aristotele's thought*, Oslo, 1966.（《亚里士多德思想的结构》）

Belfiore, E. S., *Tragic pleasures*: *Aristotle on plot and emotion*, Princeton University press, 1992.（《悲剧快感：亚里士多德论情节和情绪》）

Olson, E. 编, *Aristotle's poetics and English literature*, University of Toronto Press, 1965.（《亚里士多德〈诗学〉和英国文学》）

Rist, J.M., *Stoic philosophy*, Cambridge, 1969.（《斯多亚派哲学》）

Graiser, A., *Plotinus and the stoics*, Leiden, 1972.（《普洛丁和斯多亚派》）

Rist, J.M., *Epicurus*, Cambridge, 1972.（《伊壁鸠鲁》）

Stough, Ch. L., *Greek skepticism*, Berkeley. Los Angeles, 1969.（《希腊怀疑论派》）

Brink, C. O., *Horace on poetry*: the "*Ars poetica*", Cambridge University Press, 1971.（《贺拉斯论诗：〈诗艺〉》）

Merlan, Ph., From platonismus to neoplatonismus, The Hague, 1975.（《从柏拉图主义到新柏拉图主义》）

Gerson, L. P., Plotinus, London: Routledge, 1994.（《普洛丁》）

A.F. 洛谢夫：《希腊罗马美学》第 8 卷第 10 册，莫斯科 1963—1992 年版。

A.F. 洛谢夫：《公元 1—2 世纪希腊化时期和罗马美学》，莫斯科 1979 年版。

V.V. 贝切科夫：《晚期罗马美学（2—3）世纪》，莫斯科 1981 年版。

A.F. 洛谢夫：《希腊罗马象征主义和神话学概论》，莫斯科 1993 年版。

A.F. 洛谢夫：《希腊人和罗马人的神话》，莫斯科 1996 年版。

A.F. 洛谢夫：《混沌和结构》，莫斯科 1997 年版。

A.F. 洛谢夫：《哲学，神话学，文化》，莫斯科 1991 年版。

A.A. 塔霍—戈基、A.F. 洛谢夫：《希腊文化：神话，象征和术语》，莫斯科 1991 年版。

M.F. 奥夫相尼科夫主编：《美学思想史》第 1 卷，莫斯科 1985 年版。

M.S. 卡冈主编：《美学史教程》第 1 卷，列宁格勒 1973 年版。

朱光潜：《西方美学史》上卷，人民文学出版社 1979 年版。

塔塔科维兹：《古代美学》，杨力等译，中国社会科学出版社 1990 年版。

鲍桑葵：《美学史》，张今译，商务印书馆 1985 年版。

克罗齐：《作为表现的科学和一般语言学的美学的历史》，王天清译，中国社会科学出版社 1986 年版。

奥夫相尼科夫：《美学思想史》，陕西人民出版社 1986 年版。

舍斯塔科夫：《美学史纲》，樊莘森等译，上海译文出版社 1986 年版。

吉尔伯特、库恩：《美学史》，夏乾丰译，上海译文出版社 1989 年版。

陈燊编选：《西欧美学史论集》，中国社会科学出版社 1989 年版。

赵敦华：《西方哲学通史》第 1 卷，北京大学出版社 1996 年版。

汪子嵩、范明生、陈村富、姚介厚：《希腊哲学史》第 1、2 卷，人民出版社 1988、1993 年版。

陈中梅：《柏拉图诗学和艺术思想研究》，商务印书馆 1999 年版。

叶秀山：《苏格拉底及其哲学思想》，人民出版社 1986 年版。

汪子嵩：《亚里士多德关于本体的学说》，三联书店 1982 年版。

策勒尔：《古希腊哲学史纲》，翁绍军译，山东人民出版社 1996 年版。

泰勒：《柏拉图——生平及其著作》，谢随知等译，山东人民出版社 1996 年版。

爱德华·吉本：《罗马帝国衰亡史》上、下册，黄宜思、黄雨石译，商务印书馆 1997 年版。

吉塞拉·里克特：《希腊艺术史手册》，李本正、范景中译，中国美术学院出版社 1992 年版。

第三编

Mayer，frederick，*A history of ancient & medieval philosophy*，American book com.，1950.（《古代及中世纪哲学史》）

Eusden，john dykstra，*Sensing beauty：aesthetics，the human spirit and the church*，United church press，Ohio，1998.（《感受美：美学，人类精神及教会》）

Pochat，Goetz，*Geschichte der Aesthetik und Kunsttheorie von der Antike bis zum 19. Jahrhundert*，Koeln Du Mond，1986.（《古代至 19 世纪美学与艺术理论史》）

Maritain，Jacques，*Art and scholasticism*，New york，1930.（《艺术与经院哲学》）

Nickel，Heinrich，*Byzantinische Kunst*，Leipzig，1964.（《拜占庭艺术》）

Male emile，*Art & artists of the middle ages*，Black Swan Books，1986.（《中世纪的艺术和艺术家》）

Harrison，Carol，*Beauty and revelation in the thought of saint augustine*，Oxford clarendon press，1992.（《圣托马斯思想中的美与启示》）

Martin，james alfred，*Beauty and holiness：The dialogue between aesthetics and religion*，Princeton university press，1990.（《美与神圣：美学与宗教的对话》）

Sherry，patrick，*Spirit and beauty，an introduction to theological aesthetics*，Oxford clarendon press，1992.（《精神与美——神学美学引论》）

Eco，umberto，*The aesthetics of thomas aquinas*，Harvard university press，1998.（《托马斯·阿奎那美学》）

Bosl，Karl，*Europa im Mittelalter*，Gondrom，Wien，1970.（《中世纪的欧洲》）

Tatarkiewicz，Wladyslaw，*Gesschichte der Aesthetik*，Basel，1980.（《美学史》）

E.J.M.Spargo，*The category of aesthetic in philosophy of st. bonaventure*

(《波那文杜拉哲学中的美学范畴》)，New york，1953.

G. Mathew，*Byzantine aesthetics*（《拜占庭美学》)，London，1963.

J. Beck，*Early christian and byzantine Art*（《早期基督教及拜占庭艺术》)，London，1979.

Charles rufus morey，*Mediaeval art*（《中世纪艺术》)，New york，1970.

R. Assunto，*Die Theorie der Schoenen im Mittelalter*（《中世纪美的理论》)，Koeln，1963.

塔塔科维兹：《中世纪美学》，褚朔维等译，中国社会科学出版社1991年版。

鲍桑葵：《美学史》，张今译，商务印书馆1985年版。

舍斯塔科夫：《美学史纲》，樊莘森等译，上海译文出版社1986年版。

乌格里诺维奇：《艺术与宗教》，王先睿、李鹏增译，三联书店1987年版。

杨慧林等主编：《基督教文化百科全书》，济南出版社1991年版。

保罗·蒂利希：《文化神学》，陈新权、王平译，工人出版社1988年版。

布林·莫利斯：《宗教人类学》，周国黎译，今日中国出版社1992年版。

赵敦华：《基督教哲学1500年》，人民出版社1994年版。

吉尔伯特、库恩：《美学史》，夏乾丰译，上海译文出版社1989年版。

赵林：《西方宗教文化》，长江文艺出版社1997年版。

人 名 索 引

（此表为中译名和英文名的对照，按英文字母顺序
排列。部分英文名所依据的拉丁名在括弧内标出）

术 语 索 引

703

后　记

　　古希腊罗马和中世纪美学历时两千余年，不同时代的学者已从各个方面对它作过很多研究。如何在前人的基础上，把这种研究引向深入，这是西方美学史研究者面临的共同任务。20 世纪初期，德国马堡新康德主义学派首领那托尔普（P. Natorp）的希腊哲学史著作出版后，德国哲学史家策勒尔（E. Zeller）19 世纪末期的希腊哲学史著作就显得有些幼稚。同样，那托尔普1914—1921 年的希腊哲学史著作出版后，他本人于 1903 年出版的希腊哲学史著作就显得有些幼稚。这表明希腊哲学史有很大的阐释空间。对于古希腊罗马和中世纪美学史也完全可以这样说。为了拓展西方美学史的阐释空间，有必要向原著深入、向横向深入、向纵向深入。

　　阅读原著是研究西方美学所必备的基本功。只有弄清西方美学是什么，才谈得上对它的评价。何况，在说明"是什么"的问题时，本身也包含了评价。可以说，对西方美学史的理解，很大程度上取决于对原著的理解。向原著深入就要细读原著。亚里士多德的《诗学》我国主要有 4 种中译本：罗念生译的《诗学》（人民文学出版社 1962 年第 1 版）、缪灵珠译的《诗学》（载《缪灵珠美学译文集》第 1 卷，中国人民大学出版社 1998 年版）、崔延强译的《论诗》（载《亚里士多德全集》第 9 卷，中国人民大学出版社 1994 年版）和陈中梅译的《诗学》（商务印书馆 1999年版）。我国很多的美学教科书都引用了罗念生译的《诗学》中的一段话："一个美的事物——一个活东西或一个由某些部分组成之物——不但它的各部分应有一定的安排，而且它的体积也应有一定的大小；因为美要倚靠体积与安排……"（第 25 页）这里的"安排"在希腊文中由 taxis 表示，陈中梅把它译为"顺序"，崔延强译为"有序的安排"，缪灵珠译为"秩序"。我们认为，从亚里士多德的美学体系看，这个词只能译作"秩序"。

亚里士多德在论述现实事物的美时，在《形而上学》中提出了一则非常重要的美的定义："美的最高形式是秩序、对称和确定性，数学正是最明白地揭示它们。"（《亚里士多德全集》第 7 卷，第 296 页）这里的"秩序"就是 taxis。像希腊美学家一样，亚里士多德具有明确的结构感，他不喜欢混沌无序，强调秩序是他一贯的思想。亚里士多德所理解的秩序存在于自然、天体、人和社会生活中。在他看来，宇宙是最高的审美对象。它的球体形状是最美的，它永恒的、匀速的圆周运动也是最美的。宇宙整体的真实名称是"井然有序"。在《政治学》第 3 卷中亚里士多德谈到政体是城邦中各种官职配置的一种秩序，法律也是一种秩序。秩序是善的实现。亚里士多德认为，一切都在运动着，而这种运动是有规律的、有秩序的。作永恒的圆周运动的宇宙最有秩序，而宇宙理性是秩序的终极原因。在亚里士多德的结构范畴中，秩序占据首位。所以，taxis 一词的翻译关系到对亚里士多德美学思想的准确理解。

美学思想和同时代的其他思想文化现象交织在一起，相互联系和影响。向横向深入，就要加强研究与美学思想有密切关系的那些思想文化现象，从而充分揭示美学思想的丰富性、复杂性和矛盾性；避免在单一的层面上理解美学思想。古希腊美学作为西方美学的源头，在漫长的历史时期中，始终笼罩着浓郁的神话氛围。不研究古希腊美学和希腊神话的关系，不研究古希腊美学中的神话，我们对古希腊美学的理解就是跛脚的。在柏拉图的著作中，哲学和诗、逻各斯和神话紧密地结合在一起。他不愿意在纯逻辑结构中结束对事物的认识，而要把凭借抽象思维所得到的理性认识，通过生动、具体的神话形象体现出来。在这里，柏拉图本身是一个矛盾的现象。一方面，他要把诗人连同他们的想象和虚构逐出理想国；另一方面，他作为充满激情的诗人，不仅回忆起传统的希腊神话，而且常常根据希腊神话和现实需要编造神话。在《会饮篇》中，柏拉图通过阿里斯托芬之口讲了一个神话故事，并通过女先知第俄提玛之口又虚构了一个神话故事。在《斐多篇》中，他杜撰了关于天堂的神话。在《理想国》中，他臆造了英雄埃尔死后至还阳的 12 天里灵魂经历的神话。在《蒂迈欧篇》中，则以神话讲述了他的宇宙生成说。

在古希腊美学家，包括在柏拉图那里，神话往往具有象征意义。每个神话人物可以表现若干种哲学意义，或者同一个哲学概念可以由若干种神话人物来体现。分析神话形象和哲学概念之间的关系，研究希腊神话的本质和意义，阐述它和中世纪神学的区别，比较神和柏拉图的"理式"、亚里士多德"奴斯"、普洛丁的"理智"的异同，对于我们理解古希腊美学无疑具有积极的意义。

纵向研究是不同历史时期的影响研究。与原著研究和横向研究相比，我们的西方美学史研究中纵向研究最为薄弱。这种薄弱首先表现在我们对西方美学史中实际存在的某些历史影响不知不察，当然更谈不上对它们的分析评价。同时，这种薄弱也表现为：指出了某种美学思想在各个历史时期影响的存在，却未能对这些影响作具体的、深入的分析，结果这种影响的线索若明若暗、似断还续。而切实的纵向研究有助于我们认识西方美学发展的内在脉动，从整体上、深层联系上把握西方美学。

毕达哥拉斯学派数的美学在西方美学史中起到重要作用，对这种作用的研究使我们甚至可以说，希腊罗马美学具有数学性。在希腊美学中，赫拉克利特的"尺度"具有数的痕迹，原子论者留基波和德谟克利特是毕达哥拉斯的学生。柏拉图从数的角度论述宇宙的构成和美的问题。在希腊化和罗马美学中，新毕达哥拉斯学派存在于公元前 2 世纪至公元 2 世纪。普洛丁的《九章集》中有一篇论文叫《论数》。3—4 世纪的新柏拉图主义者扬布里柯的《算术神学》阐述了毕达哥拉斯学派对前 10 位数的理解。在这些方面，毕达哥拉斯学派的影响是明显的。再往后看，文艺复兴时代钻研形式技巧的艺术家们也深受毕达哥拉斯学派的影响。

而往前看，希腊思维中数的传统可以追溯到荷马史诗和赫西俄德的《神谱》。在希腊史诗时代，3 出现的频率最高。在荷马史诗中，3 出现 123 次。在赫西俄德那里，天神乌拉诺斯和地神该亚生了 12 个提坦（3 的 4 倍）；宙斯和赫拉生了 3 个孩子：赫柏、阿瑞斯和爱勒提亚；欧律诺墨为宙斯生下了美惠三女神；宙斯与谟涅摩绪涅生下了 9 个女神缪斯（3 的 3 倍）；乌拉诺斯的长女忒亚和许佩里翁生下了赫利俄斯（太阳）、塞勒涅（月亮）和厄斯（黎明）；提丰和厄客德那也生了 3 个孩子：俄耳托斯、刻耳柏罗斯和许德拉。10、50 也是荷马喜欢使用的数字。特洛伊战争延续了 10 年，俄底修斯在外漂泊了 10 年。"50"表示中等的数量，兵士一队 50 人，一群牲畜也是 50 头。由此可见，数的结构是希腊思维的基本因素之一。数字成为世界审美结构的原则，荷马远远早于毕达哥拉斯学派赋予数以审美意义。

向原著深入、向横向深入、向纵向深入是我们的一种愿望，我们在实际上做得还很不够，欢迎广大读者对本书提出批评指正。本书作为汝信先生主编的四卷本《西方美学史》的第一卷，是在汝信先生的统筹规划、精心安排和编写组全体成员反复讨论、集思广益的基础上、在中国社会科学出版社的大力支持下完成的。初稿完成后，主编和副主编作了审读，并提出具体意见。我们逐一进行修改。本书具体的写作分工是：徐恒醇先生撰写中世纪美学部分，即第三编；笔者撰写古希腊罗马美学部分，即第一、二编。这是笔者和徐恒醇先生合写的第二本书，我们合写的第一本书《艺术设计学》于 2000 年由上海人民出版社出版，并于 2001 年重印，2004 年第三次印刷。和徐恒醇先生的合作是令人愉快的，他为学严谨求实，为人谦和敦厚，笔者从他那里获益良多。

凌继尧

2004 年 2 月于南京